CATALOGUE

MÉTHODIQUE

DE LA

BIBLIOTHÈQUE COMMUNALE

DE LA

VILLE D'AMIENS

THÉOLOGIE

SECONDE PARTIE

AMIENS
IMPRIMERIE YVERT, RUE DES TROIS-CAILLOUX, 64

1870

CATALOGUE

MÉTHODIQUE

DE LA

BIBLIOTHÈQUE COMMUNALE

DE LA

VILLE D'AMIENS.

THÉOLOGIE.

SECONDE PARTIE.

CATALOGUE

MÉTHODIQUE

DE LA

BIBLIOTHÈQUE COMMUNALE

DE LA

VILLE D'AMIENS.

THÉOLOGIE.

SECONDE PARTIE.

AMIENS.

IMPRIMERIE DE E. YVERT, RUE DES TROIS-CAILLOUX, 64.

1870.

CATALOGUE

DE LA

BIBLIOTHÈQUE COMMUNALE
D'AMIENS.

THEOLOGIE.

TITRE V.

Chapitre IV. — Théologie catéchétique.

a. — Catéchismes généraux.

3733. — La science sacrée du Catéchisme, ou l'obligation qu'ont les Pasteurs de l'enseigner, et les peuples de s'en faire instruire. Par feu M. *Marie-Henry* Boudon. **Paris. 1749. Hérissant. 1 vol. in-12.**

3734. — *Johannis-Philonii* Dugonis libri Christianarum institutionum quatuor.
Augustæ Vindelicorum. 1538. Weissenhorn. 1 vol. in-8°.

3735. — Catechismus, ex decreto Concilii Tridentini, ad Parochos, Pii Quinti. Pont. Max. jussu editus.
Romæ. 1566. P. Manutius. 1. vol. in-fol.

3736. — Idem opus.
Parisiis. 1567. J. Kerver. 1 vol. in-8°.

3737. — Idem. Nunc denuò syncerus et integer opera P. D. L. H. P. (*Petri* De La Haye).
Parisiis. 1650. Jost. 1 vol. in-12.

3738. — Idem. Editio recentior.
Lugduni. 1741. Bruyset. 1 vol. in-12.

3739. — Catechisme et sommaire de la religion chrestienne, fait par l'ordonnance et decret du sainct Concile de Trente, qui commande à tous Curez de l'enseigner au peuple. La traduction françoise (de *Jean* Gillot) respond au latin, qui est à costé.
Bourdeaux. 1633. Millanges. 1 vol. in-8°.

3740. — Le catechisme du Concile de Trente. Traduction nouvelle. Troisième édition revue et corrigée par l'Auteur (*François* Varet de Fontigny).
Paris. 1686. Desprez. 1 vol. in-12.

3741. — Le même. Nouv. éd. rev. et corr. par l'Auteur.
Paris. 1754. G. Desprez. 1 vol. in-12.

** — Partitiones catechismi catholici per *G.* Ederum.
Voyez : N° 42.

3742. — Abrégé du catéchisme du Concile de Trente. (Par le P. *Boniface* Grivault).
Paris. 1736. Matthey. 1 vol. in-12.

3743. — Institutio catholica elementa christianæ pietatis succincta brevitate complectens. Cui subjungitur Isagoge ad pleniorem cognitionem universæ religionis catholicæ... Per *D. Joannem* Gropperum.
Lugduni. 1566. Jovius. 1 vol. in-16.

— Dominicæ precationis explanatio. Cum quibusdam aliis.
Lugduni. 1546. Gryphius. in-16.

3744. — Summa doctrinæ christianæ, per quæstiones luculenter conscripta... authore *D. Petro* Canisio.
Coloniæ. 1566. Cholinus. 1 vol. in-8°.

3745. — *Petri* Canisii opus catechisticum : sive summa doctrinæ christianæ. — Ed. ult.
Lutetiæ. 1618. Societas typog. 1 vol. in-fol.

3746. — Le grand catechisme du R. P. Canisius. Contenant le sommaire de la doctrine chrestienne. Traduict de latin en françois par N. Carteron.
Paris. 1621. Du Fossé. 1 vol. in-8°.

3747. — Catéchisme ou instruction familière sur les principales véritez de la Religion catholique. Par demandes et responses. Très-utile aux nouveaux convertis. Par *Pierre* Canisius, et traduit par le R. P. J. D. H. (*Jacques* Des Hayes).
Paris. 1686. Michallet. 1 vol. in-12.

3748. — Catecheses christianæ *Andreæ* Crocquetii. Ex *Matthæi* Galeni homiliis catecheticis.
Lugduni. 1593. Soubron. 1 vol. in-4°.

3749. — Libellus Sodalitatis : hoc est, christianarum institutionum libri quinque, in gratiam Sodalitatis B. Virginis Mariæ : Auctore R. P. *Francisco* Costero.
Antuerpiæ. 1601. Off. Plantiniana. 1 vol. in-16.

3750. — Les cinq livres des institutions chrestiennes, dressez premièrement pour l'usage de la Confrerie de la très-heureuse Vierge Marie... Depuis mis en françois pour l'utilité commune des Catholiques. Du latin du R. P. *François* Coster.
Rouen. 1624. N. De Preaulx. 1 vol. in-12.

3751. — Institutionum religionis christianæ libri IV, ad Catechismi Romani methodum, ex Concilii Tridentini præscripto, concinnati. Cui accessère de venerabili Eucharistiæ sacramento et sacrificio libri III. Auctore *Jacobo* Bayo.
Antuerpiæ. 1624. Keerbergius. 1 vol. in-fol.

3752. — Idem opus.
Parisiis. 1626. Moreau. 1 vol. in-4°.

3753. — Catechismus solidam et orthodoxam continens explicationem Symboli apostolici, Orationis dominicæ, Salutationis angelicæ, præceptorum Decalogi, et Sacramentorum. Authore *Joanne* Hesselio...

Ed. 7ᵃ cui ad calcem subnectitur ejusdem Censura super Legenda Sanctorum, cum notis *Joa.* MOLANI. Recensente et accurante R. P. M. *Joa.* RIVIO.
Lovanii. 1674. Nempæus. 2 vol. in-4°.

3754. — Doctrina S. Concilii Tridentini et Catechismi Romani, de Symbolo Apostolorum, de Sacramentis, et justificatione, Oratione dominica, et Decalogo, fideliter collecta, distincta et, ubi opus est, explicata, per R. D. *Joannem* BELLARINUM. Ed. noviss.
Lugduni. 1683. Martin. 1 vol. in-8°.

— R. BELLARMINI christianæ doctrinæ explicatio.
Voyez : BELLARMINI opera. T. VII. N° 2665.

3755. — Doctrina christiana Ill. et Rev. D. *Roberti* S. R. E. *Card.* BELLARMINI, nunc primùm ex italico idiomate in arabicum, jussu S. D. N. Pauli V. P. M. translata, per *Victorium* SCIALAC et *Gab.* SIONITAM.
Romæ. 1613. Paulinus. 1 vol. in-8°.

3756. — Sancti Augustini doctrinæ christianæ praxis catechistica. (Authore *Martino* BEAUGRAND).
Lugduni. 1677. Certé. 1 vol. in-8°.

3757. — Compendium totius doctrinæ christianæ, authore R. P. F. JOANNE A S. THOMA (*Joan.* POINSOT). Octava editio latina post septem hispanicas, per R. P. *Henricum* HECHTERMANS.
Bruxellis. 1658. Vivien. 1 vol. in-12.

3758. — Introduction del Simbolo de la Fe. Compuesto por el muy rev. Padre Maestro Fray *Luys* DE GRANADA.
Barcelona. 1603. Seb. de Cormellas. 1 vol. in-fol.

3759. — Catechismus, sive introductionis ad symbolum Fidei libri quatuor: Auctore R.P.F. *Ludovico* GRANATENSI. A *Joanne-Paulo* GALLUCIO ex italico sermone latinitate donati.
Coloniæ. 1602. Quentelius. 1 vol. in-4°.

3760. — Catéchisme et Introduction au Symbole de la Foy. Par R. P. F. *Loys* DE GRENADE... Traduite par *Nicolas* COLIN.
Paris. 1623. Matthieu Le Blanc. 1 vol. in-fol.

3761. — Le Catéchisme ou l'Introduction au Symbole de la Foy, par le R. P. *Louis* DE GRENADE... Le tout traduit de l'espagnol par le R. P. *Simon* MARTIN.
Lyon. 1659. Pierre Compagnon. 1 vol. in-fol.

3762. — Le Catéchisme ou Introduction au Symbole de la Foy... Composé en espagnol par le R. P. *Louis* DE GRENADE. Traduit de nouveau en françois par M. GIRARD.
Paris. 1688. Pierre de Launay. 1 vol. in-fol.

3763. — Même ouvrage. nᵉ édit.
Paris. 1709. Delespine. 4 vol. in-8°.

3764. — Le tableau des véritez chrestiennes. Contenant les résolutions de plusieurs belles questions théologiques et morales. Traduict de l'italien du R. P. *Ange* DELY. Par *M.-J.* SAULNIER.
Paris. 1646. Corrozet. 1 vol. in-8°.

3765. — Il catechismo in pratica, ovvero istruzioni familiari sopra le materie più necessarie a sapersi, e praticarsi dal Cristiano. Pubblicato da *Pietro* VANNI.
Venezia. 1751. Recurti. 3 en 2 vol. in-12.

3766. — Catechismo all' Altare ad uso de' Parrochi, e de' capi di famiglia nelle lor case, ovvero discorsi familiari sopra il Catechismo in pratica... Pubblicato dall' istesso Autore *Pietro* VANNI.
Venezia. 1747. Gio. Bap. Recurti. 3 vol. in-12.

3767. — Den catholycken Pedagoge oft christelycken onder wyser in den catechismus. Door Pater *Petrus* VAN DEN BOSSCHE.
T'Antwerpen. 1685. Dunwallt. 1 vol. in-4°.

3768. — La practique du Catéchisme Romain, composé de l'ordonnance du Pape Pie V. suivant le decret du Concile de Trente... Par *C.* THUET.
Paris. 1625. Buon. 1 vol. in-4°.

3769. — Appendix à la pratique du Catéchisme Romain... Par *C.* THUET.
Paris. 1634. Buon. 1 vol. in-4°.

3770. — Trois catechismes pour ayder à former la mémoire, à instruire l'entendement, et à exercer la volonté à la dévotion.
Rouen. 1627. Courant. 1 vol. in-12.
— Aides à la dévotion, et à l'oraison pour les principales heures du jour.
Rouen. 1627. N. l'Oysclet. in-12.

3771. — Le roy du catéchisme, sortant des escholes de la charité, en faveur des Religieux missionaires de l'Ordre des Pères Minimes de S. François de Paule. Par le P. C. L. R. (*Charles* LE ROY). 3° édit.
Paris. 1643. 1 vol. in 12.

3772. — La sainte curiosité, ou questions curieuses sur les principaux articles de la Foy, mystères de la Religion et cérémonies de l'Eglise. Par le Sr D. C.
Paris. 1643. Danguy. 1 vol. in-8°.

3773. — Abbrégé de la doctrine chrestienne, ou l'enfant catéchisé respond à son père sur les mystères de la Foy. Par le R. P. *Amable* BONNEFONS.
Paris. 1648. Piquet. 1 vol. in-16.

3774. — Instructions catholiques des misteres de la Foy, l'Exercice de la journée et les Prières du Chrestien. En faveur de ceux qui sont parmy les Religionaires. Par le R. P. G (GUILLERY).
Paris. 1660. Boullenger. 1 vol. in-12.

3775. — La vie du chrestien, ou le catéchisme de la mission. Par le P. *Jean* EUDES.
Paris. 1660. Marcher. 1 vol. in-12.

3776. — Le vray thrésor de la doctrine chrestienne descouvert. Recueilly et mis en lumière par *Nicolas* TURLOT.
Paris. 1660. Angot. 1 vol. in-4°.

3777. — Le docte catéchisme du R. P. *Michel* LE CONTE, auquel sont briefvement déduits et déclarez les principaux et plus importans mystères de notre Foy. Dernière édit. rev. et corr.
Rouen. 1675. Robert Daré. 1 vol. in-12.

3778. — L'Encyclopédie sainte de la Foy dans l'explication du Symbole des Apostres, de l'Oraison dominicale, et de la Salutation angélique... Par M⁴ *Jean* LE MARCANT.
Caen. 1679. Poisson. 1 vol. in-4°.

3779. — Abrégé très-clair de la doctrine chrétienne, avec les preuves de l'Ecriture Sainte... Par le P. BASILE *de Soissons*. 3ᵉ éd.
Paris. 1680. Fosset. 1 vol. in-12.

3780. — Catéchisme des Curez, selon le Concile de Trente, divisé par demandes et réponses... Par M. *Honoré* SIMON.
Lyon. 1683. Barbier. 3 vol. in-12.

3781. — Le pédagogue des familles chrestiennes, contenant un recueil de plusieurs instructions sur diverses matières. Recueilly par un Prestre du Séminaire de S. Nicolas du Chardonnet. (*Charles* CERNÉ).
Paris. 1684. J. de Laize de Bresche. 1 vol. in-8°.

3782. — Instructions familières sur les quatre parties du Catechisme Romain. Par le vén. P. *César* DE BUS. Imprimées par les soins du R. P. *H.* LE BIGOT.
Lyon. 1685-88. Molin et Barbier. 5 vol. in-12. Port.

3783. — Instructions chrétiennes pour la jeunesse après la première communion, où l'on enseigne la religion par des principes tirez de l'Ancien et du Nouveau Testament. (Par le P. *C.* GOUSSIN).
Amiens. 1691. G. Le Bel. 1 vol. in-12.

3784. — Instructions chrétiennes ou conférences tirées de l'Ecriture, des Conciles et des Pères. Par Messire *Gaspard* BESSON.
Paris. 1692. R. Pepie. 1 vol. in-8°.

3785. — Catéchisme dogmatique et moral, ou abbregé méthodique pour apprendre facilement les principaux points de la doctrine et de la morale chrétienne.
Paris. 1695. Couterot. 1 vol. in-12.

3786. — Instructions chrétiennes par demande et par réponse, en faveur des enfans, et particulièrement de ceux que l'on prépare à la première communion.
Paris. 1720. Muguet. 1 vol. in-8°.

3787. — Abbrégé des devoirs du chrétien, en forme de catéchisme. Par un Docteur de Sorbonne.
Paris. 1720. Hérissant. 1 vol. in-12.

3788. — Le pasteur apostolique, enseignant les fidèles par des instructions familières dressées en forme de catéchisme... Par le R. P. J. C. Ducos. N° éd.
Lyon. 1730. Chavance. 2 vol. in-8°.

3789. — Explication des premières vérités de la religion. Par M. P. C. (*Pierre* Collot) Docteur de Sorbonne.
Paris. 1763. Ganeau. 1 vol. in-8°.

3790. — Instructions crétiennes, mises en ortografe naturelle, pour faciliter au peuple la lecture de la Sience du Salut. (Par *Gilles* Vaudelin).
Paris. 1715. Lamesle. 1 vol. in-12.

3791. — Catéchisme en vers dédié à Monsgr le Dauphin. Par M. d'Heauville, Abbé de Chantemele.
Saumur. 1669. Ernou. 1 vol. in-16.

---

b. — Catéchismes des divers diocèses.

3792. — Les devoirs du chrestien, dressez en forme de catéchisme, par feu Messire *Claude* Joly, Evêque et Comte d'Agen, en faveur des Curez et des Fidèles de son diocèze. 9° édit. augm. par Mg. l'ill. et rev. *Jules* de Mascaron, Evêque et Comte d'Agen.
Agen. 1686. A. Bru. 1 vol. in-12.

3793. — Catéchisme dressé par l'authorité de Mg. l'ill. et rev. Père en Dieu *Claude* Joly, Evêque et Comte d'Agen. En faveur des prétendans à la tonsure et des Clercs de son diocèze.
Agen. 1674. A. Bru. 1 vol. in-12.

3794. — Catéchisme fait par le commandement de Monseigneur l'illustrissime et reverendissime Evêque d'Amiens (*François* Faure). Pour être enseigné en son Diocèse.
Amiens. 1683. Ve de Robert Hubault. 1 vol. in-12.

— Instruction de la doctrine chrestienne, ou catéchisme imprimé par l'ordre de Mg. l'ill. et rev. M. *Pierre-Daniel* Huet, Evesque d'Avranches. Pour estre seul enseigné par tout son diocèse.
Avranches. 1673. Motays. in-12.

— Catechisme de la doctrine chrestienne dressé par le commandement de Messire *Toussains* de Forbin de Janson, Evesque et Comte de Beauvais... Pour être seul en usage dans son diocèse.
Beauvais. 1681. Vallet. in-12.

— Instruction chrestienne. (Catéchisme de Coutance).
in-12. Sans titre.

— Abrégé des principaux devoirs du chrétien. Pour les plus jeunes enfans. Imprimé par l'ordre de Monseigneur de Bar, Evêque de Lectoure.
Paris. 1690. Langlois. in-12.

— Le catéchisme du diocèse de Meaux, dressé par le commandement de Monseig. l'ill. et rev. *Dominique* de Ligny, Evesque de Meaux, et distribué en deux ordres de questions sur la doctrine chrétienne.
Paris. 1682. Rob. de la Caille. in-12.

— Abregé de la doctrine chrétienne, pour l'usage du diocèse de Sens. Imprimé par l'ordre de Monseigneur l'Archevêque (*Henry* de Gondrin).
Sens. 1673. Prussurot. in-12.

— Abregé de la Confirmation.
Paris. 16... Trichard. in-12.

— Essai d'une Ecole chrétienne, ou la manière d'instruire chrétiennement les enfans, en les enseignant à lire et à écrire.
S. n. n. l. n. d. in-12.

3795. — Catéchisme dogmatique et historique, à l'usage du diocèse d'Amiens. Par le R. P. (C. Goussin) Prêtre de l'Oratoire. N° édit. corr. et augm.
Paris. 1693. Roulland. 1 vol. in-12.

3796. — Catéchisme du diocèse d'Amiens, avec des prières pour le matin, pour le soir, et pendant la messe. (Par *François* Masclef ; publié par Mgr. *Henri* Feydeau de Brou, Evêque d'Amiens).
Amiens. 1715. Ch. Caron-Hubault. 1 vol. in-12.

3797. — Même ouvrage.
Amiens. 1737. Ch. Caron-Hubault, 1 vol. in-12.

— Abregé de la doctrine chrétienne, pour l'usage du diocèse de Sens...
Sens. 1674. Prussurot. in-12.

— Abregé du catéchisme imprimé par ordre de Mgr. l'ill. et rev. *Jean* le Normant, Evesque d'Evreux. Pour être enseigné dans son diocèse.
Evreux. 1749. Malassis. in-12.

— Catéchisme du diocèse de Noyon, imprimé par l'ordre de Mgr. *Jean-François* de la Cropte de Bourzac. A l'usage des fidèles de son diocèse.
Noyon. 1743. Rocher. in-12.

3798. — Catéchisme du diocèse d'Amiens...
Amiens. 1769. V° Ch. Caron-Hubault. 1 vol. in-12.

3799. — Même ouvrage. N° édit.
Amiens. 1824. Caron-Berquier. 1 vol. in-12.

3800. — Explication du catéchisme du diocèse d'Amiens, par M. Voclin (1). 2° édit.
Amiens. 1823. Ledien-Canda. 1 vol. in-8°.

3801. — Catéchisme du diocèse d'Amiens, imprimé par ordre de Mgr. *Jean-Marie* Mioland, pour être seul en usage dans son diocèse. Nouv. éd.
Amiens. 18... Lenoel-Hérouart. 1 vol. in-12.

---

(1) Voclin (Jean-Baptiste-Joseph), né à Amiens le 22 août 1773, est mort le 18 août 1838.

3802. — Explication du catéchisme du diocèse d'Amiens, par M. l'Abbé *A.* Langevin (1). N° éd.

Amiens. 18... Lenoel-Hérouart. 1 vol. in-12.

3803. — Catéchisme ou doctrine chrétienne ; imprimé par ordre de Messeigneurs les Evesques d'Angers, de la Rochelle et de Luçon. 4ª éd.

Paris. 1690. Dezallier. 1 vol. in-12.

3804. — Catéchisme à l'usage du diocèse d'Angers, imprimé par l'ordre de Mg. l'ill. et rev. *Michel* Poncet de la Rivière, Evêque d'Angers. 7° édit.

Angers. 1727. Avril. 1 vol. in-12.

3805. — Catéchisme du diocèse de Nantes, à l'usage du diocèse d'Arras. (Par *Jean* De la Noe Mesnard).

Arras. 1719. Duchamp. 1 vol. in-8°.

3806. — Catéchisme imprimé par ordonnance de Mg. *François* de Baglion de la Salle, Evêque d'Arras. Pour être seul enseigné par toute l'étendue de son diocèse.

Douay. 1741. Willerval. 1 vol. in-12.

3807. — Catéchisme du diocèse d'Arras, publié par ordre de S. E. Mgr. *Hugues-Robert-Jean-Charles* de la Tour d'Auvergne-Lauragais. Pour être enseigné dans son diocèse.

Arras. 1851. Brissy. 1 vol. in-12.

3808. — Catéchisme du dioceze d'Autun, extraict de celuy du Concile de Trente. (Par *Jean* Loppin).

Autun. 1657. Simonnot. 1 vol. in-12.

3809. — Catéchisme ou instruction sur les principales véritez de la religion catholique. Imprimé par ordre de Mg. l'Evêq. d'Auxerre (*Charles* de Caylus).

Auxerre. 1736. 1 vol. in-12.

3810. — Catéchisme du diocèse de Bayeux, contenant les 4 parties de la doctrine chrétienne. Par l'ordre de Mg. l'Evêque de Bayeux (*François* de Nesmond).

Paris. 1700. Coustelier. 1 vol. in-12.

---

(1) Langevin (Amédée) naquit à Amiens le 25 septembre 1803.

3811. — Catéchisme ou abrégé de la Foy et de la doctrine chrétienne, imprimé par ordre de Mgr. *P. J. C.* de Rochechouart, Evêque de Bayeux. Pour être enseigné seul dans son diocèse.
Bayeux. 1760. Briard. 1 vol. in-12.

3812. — Catéchisme du diocèse de Boulogne. Avec des Prières pour le matin, pour le soir et pendant la messe. (Publié par Mg. A. C. d'Hervilly de Devise).
Boulogne. 1740. Battut. 1 vol. in-12.

3813. — Catéchismes ou abrégés de la doctrine chrétienne. Imprimés par l'ordre de Mg. l'ill. et rev. Archev. de Bourges. Pour être seuls enseignés dans son diocèze. (Par M. de la Chétardie). 4e édit.
Bourges. 1699. Toubeau. 2 vol. in-12.

3814. — Catéchismes ou abrégez de la doctrine chrétienne, ci-devant intitulez, Catéchismes de Bourges. Par M. de la Chétardie. 6e édit.
Paris. 1708. Mazières. 4 vol. in-12.

3815. — L'escole chrétienne où l'on apprend à devenir bon chrétien, et à faire son salut. Dressée et publiée par le commandement de… M. *Félix* Vialart, Evesque et Comte de Chaalons. 2e édit.
Chaalons. 1664. Seneuze. 1 vol. in-12.

3816. — Catéchisme de la Foy et des mœurs chrétiennes; dressé par l'ordre de M… *Gilbert* de Vény d'Arbouze Evêque de Clermont. Pour l'usage de son diocèse.
Clermont. 1674. Jacquard. 1 vol. in-12.

3817. — An abstract of the Douay catechism.
Douay, 1682. 1 vol. in-18.

3818. — An abstract of the Douay catechism. To which is added instructions for Confirmation, (Confession and Communion).
Paris. 1703. I. de Bats. 1 vol. in-12.

3819. — Abbrégé de la doctrine chrestienne… (Catéchisme du diocèse de Grenoble. Par *Gilles* Vauge).
Lyon. 1685. Aubin. 1 vol. in-12.

3820. — Les principaux devoirs du chrétien, ou abrégé de Théologie. Imprimé par ordre de Mg. DE BAR, Evêque de Lectoure.
   Paris. 1689. Coignard. 1 vol. in-12.
3821. — Abrégé des principaux devoirs du chrétien. Imprimé par ordre de Mg. DE BAR, Ev. de Lectoure.
   Paris. 1690. Langlois. 1 vol. in-12.
3822. — Institutiones doctrinæ christianæ, sive catechismus novà methodo concinnatus, ad usum studiosæ Juventutis venerandæ Facultatis Artium Studii generalis Lovaniensis. (Auctore P. L. DANES).
   Lovanii. 1713. Denique. 1 vol. in-16.
3823. — Catéchisme du diocèse de Meaux.
   — Second catéchisme pour ceux qui sont plus avancez dans la connoissance des mystères, et que l'on commence à préparer à la Communion.
   — Catéchisme des festes et autres solennitez et observances de l'Eglise.
   Par M. Jacques-Benigne BOSSUET, Evesque de Meaux.
   Paris. 1687. S. Mabre-Cramoisy. 1 vol. in-12.
3824. — Catéchisme du diocèse de Meaux, par le commandement de M° Jacques-Benigne BOSSUET.
   Paris. 1764. Bon. Duchesne. 1 vol. in-12.
3825. — Catéchisme du diocèse de Montpellier, contenant les IV parties de la doctrine chrétienne. Par l'ordre de Mg. l'Evêque de Montpelier (Charles DE PRADEL).
   Montpelier. 1687. Peronnet. 1 vol. in-12
3826. — Instructions générales en forme de Catéchisme, où l'on explique en abrégé par l'Ecriture-Sainte, et par la Tradition, l'histoire et les dogmes de la Religion, la morale chrétienne, les sacremens, les prières, les cérémonies et les usages de l'Eglise. (Par le P. François-Aimé POUGET). Imprimées par ordre de feu M°. Ch.-Joach. COLBERT, Evêque de

Montpellier... Avec deux catéchismes abrégés, à l'usage des enfans. N° édit.
Paris. 1706. Vandive. 1 vol. in-4°.

3827. — Même ouvrage. N° édit.
Paris. 1730. Simart. 1 vol. in-4°.

3828. — Même ouvrage. N° édit.
Paris. 1751. Hérissant. 3 vol. in-12.

3829. — Institutiones catholicæ in modum catecheseos... Ex gallico idiomate in latinum sermonem translatæ ; adjectis singulis è Scriptura et Traditione petitis probationibus et testimoniis. Auctore eodem et interprete *Francisco-Amato* POUGET.
Parisiis. 1725. Simart. 2 vol. in-fol.

3830. — Idem opus. Nova editio.
Nemausi. 1765. Gaude. 6 vol. in-4°.

3831. — Lettres importantes sur les différentes éditions du Catéchisme de Montpellier. (Par l'Abbé RICOURT).
S. n. n. l. n. d. (1765). 1 vol. in-12.

3832 — Catéchisme du diocèse de Nantes, par le commandement de Mg. *Gilles* DE BEAUVAU, Evêque de Nantes. Composé par le sieur MENARD. 2° édit.
Nantes. 1723. Verger. 1 vol. in-8°.

3833. — Le vray thrésor du Chrestien, ou instruction familière de catéchisme, dressé en faveur de la jeunesse qui désire de s'avancer en la cognoissance de Dieu. Par le commandement de Mg. l'Evesque et Comte de Noyon, Pair de France (*Henri* DE BARADAT).
S.-Quentin. 1648. Cl. Le Queux. 1 vol. in-8°.

3834. — Catéchisme composé par Mg. l'Evêque, Comte de Noyon... (*François* DE CLERMONT), en faveur des Fidèles de son diocèse.
St.-Quentin. 1691. Cl. Le Queux. 1 vol. in-8°.

3835. — Catéchisme du diocèse de Noyon, imprimé par l'ordre de Mg. *Jean-François* DE LA CROPTE DE BOURZAC, Ev. de Noyon. A l'usage des Fidèles de son diocèse, pour y être seul enseigné.
Noyon. 1755. P. Rocher. 1 vol. in-12.

3836. — Catéchisme du diocèse de Noyon, imprimé par ordre de Mg. *Louis-André* DE GRIMALDI, *des Princes* DE MONACO, Evêque-Comte de Noyon...
Paris. 1783. Lottin. 1 vol. in-12.

3837. — Catéchisme du diocèse d'Orléans, imprimé par ordre de Mg. *Nic.-Joseph* DE PARIS, Evêque d'Orléans. Pour être seul enseigné dans son diocèse.
Orléans. 1743. Couret de Villeneuve. 1 vol. in-12.

3838. — Petit Catéchisme, dressé en faveur des plus jeunes enfans, par le commandement de Mg. HARDOUIN DE PEREFIXE, Arch. de Paris.
Paris. 1665. Muguet. 1 vol. in-16.

— Catéchisme servant de disposition pour faire avec fruit la première communion. Avec la Pratique tant de la Pénitence que de la Communion.

— Instruction de la doctrine chrestienne, ou Catéchisme...

— Instructions en forme de catéchisme, pour toutes les festes et solemnitez paroissiales...

— Instruction familière pour ceux qui doivent recevoir le sacrement de Confirmation, imprimée par le commandement de Mg. HARDOUIN DE PEREFIXE.
Paris. 1665. Muguet. in-16.

— Du Jubilé et des dispositions avec lesquelles il le faut gagner, selon l'esprit et les intentions de l'Eglise. Par M. *Antoine* GODEAU.
Paris. 1653. P. Le Petit. in-16.

— Prières chrestiennes, pour dire en visitant les Eglises durant le Jubilé. Par M. *Antoine* GODEAU.
Paris. 1653. P. Le Petit. in-16.

— Instruction donnée à une personne qui fait les stations du Jubilé à pied.
Paris. 1653. in-16.

— Secours spirituel et medicinal, pour se preserver contre le peste, recueilly pour le bien d'un chacun.
Amiens. 1668. Musnier. in-16.

3839. — Catéchisme ou abrégé de la Foy et des véritez chrétiennes, fait par l'ordre de Mg. l'ill. et rev. *François* De Harlay, Archevesque de Paris. Pour estre seul enseigné dans tout son diocèse.
— Abrégé du catéchisme pour les jeunes enfans...
Paris. 1687. Muguet. 1 vol. in-12.

3840. — Catéchisme ou abrégé de la Foi, dressé par l'ordre de Mg. *François* de Harlay et approuvé par Mg. *Chr.* de Beaumont, Archev. de Paris. Pour être seul enseigné dans son diocèse. N° édit.
Paris. 1751. Simon. 1 vol. in-16.

3841. — Catéchisme ou doctrine chrétienne, imprimé par ordre de Mg. l'Archevêque Duc de Reims (*Charles-Maurice* Le Tellier).
Paris. 1692. Dezallier. 1 vol. in-12.

3842. — Catechisme imprimé par ordre de son Altesse Mg. le Prince De Rohan, Archevêque Duc de Reims. Pour l'usage de son diocèse.
Reims. 1762. Multeau. 1 vol. in-12.

3843. — Catéchisme et instruction chrestienne sur les sept Sacremens de l'Eglise, pour ceux qui commencent à communier. Fait par le commandement de Mg. le rev. Archevesque de Rouen... Par *Jacques* Desmay.
Rouen. 1617. Osmont. 1 vol. in-8°.

3844. — Catéchisme ou abrégé de la Foy et de la doctrine chrétienne, imprimé par ordre de Mg. *Louis* de Lavergne de Tressan, Arch. de Rouen, à l'usage de son diocèse.
Rouen. 1736. Le Boullenger. 1 vol. in-12.

3845. — Instructions chrétiennes pour les nouveaux Catholiques. 2ª édit. augmentée par l'ordre de Mg. l'Evesque de Saintes (*Guill.* de la Brunetière).
Saintes. 1686. Bichon. 1 vol. in-12.

3846. — Catéchisme du diocèse de Saint-Omer, imprimé par ordre de Mg. *Joseph-Alphonse* de Valbelle de

Tourves, Evêque de Saint-Omer. Pour être seul enseigné dans son diocèse.
Saint-Omer. 1746. Fertel. 1 vol. in-12.

3847. — Catéchisme ou instruction chrestienne pour le diocèse de Sens. Imprimé par ordre de Mg. l'Arch. (*Louis-Henri* De Gondrin). 4ᵉ édit.
Sens. 1671. Prussurot. 1 vol. in-12.

3848. — Catéchisme du diocèse de Sens. Par Mg. *Jean-Joseph* Languet, Archev. de Sens. Pour être seul enseigné dans son diocèse.
Sens. 1742. Jannot. 1 vol. in-12.

3849. — Catéchisme du diocèse de Soissons. Par Mg. *Jean-Joseph* Languet de Gergy, Evêque de Soissons. Pour être seul enseigné dans son diocèse.
Paris. 1718. Vᵉ Mazières. 1 vol. in-12.

— Instruction pour préparer à la première communion et à la confirmation. Par le même.
Paris. (1718). Vᵉ Mazières. in-12.

3850. — Même ouvrage.
Soissons. 1724. Courtois. 1 vol. in-12.

3851. — Catéchisme, ou exposition de la doctrine chrétienne, imprimé par l'ordre de Mg. l'Evêque de Soissons (*François* De Fitz-James).
Soissons. 1756. Courtois. 1 vol. in-12.

3852. — Catéchisme du diocèse de Toul. 2ᵉ édit.
Toul. s. d. Vᵉ Rollin 1 vol. in-12.

3853. — Instructions sur les principales vérités de la religion; et sur les principaux devoirs du christianisme; adressées par Mg. l'ill. et rev. Evêque de Toul (*Claude* De Drouas De Boussey) au Clergé séculier, régulier et aux fidèles de son diocèse.
Neufchâteau. 1768. Monnoyer. 1 vol. in-8º.

3854. — Catéchisme ou doctrine chrétienne. Imprimé par l'ordre de Mg. l'ill. et rev. Arch. de Tours (*Michel* Amelot de Gournay).
Tours. 1681. Poinsot. 1 vol. in-12.

3855. — Catéchisme abrégé de la doctrine et institution chrestienne du S. Concile de Trente. Traduit en langue vulgaire pour l'usage du diocèse de Vabres. (Par *Isaac* HABERT, Evêque de Vabres).
Tolose. 1648. Boude. 1 vol. in-12.

** — Catéchisme nouveau et raisonné, à l'usage de tous les catholiques français.
En France. 2ᵉ année de la Persécution (1791) in-8°.
Voyez : Hist. des Religions. N° 428. t. 3.

3856. — Catéchisme à l'usage de toutes les Eglises de l'Empire français. Imprimé avec permission de Mg. J.-F. DEMANDOLX Evêque d'Amiens.
Amiens. 1811. Caron-Berquier. 1 vol. in-18.

3857. — Catéchisme à l'usage de toutes les Eglises de l'Empire français.
Amiens. 1811. J.-B. Caron. 1 vol. in-12.

3858. — Explication du Catéchisme à l'usage de toutes les Eglises de l'Empire français. 3ᵉ édit.
Paris. 1808. Vᵉ Nyon. 1 vol. in-12.

c. — *Explications des principales vérités de la religion.*

3859. — Instruction du chrestien par Monseigneur l'Eminentissime Cardinal Duc DE RICHELIEU.
Paris. 1642. Imprimerie royale. 1 vol. in fol.

3860. — La même. Rev. corr. augm. et remise en meilleur ordre par S. E. peu de temps avant sa mort.
Paris. 1658. Huré. 1 vol. in-12.

3861. — Enseignemens catéchistiques, ou explication de la doctrine chrestienne. Par *Jean-Pierre* CAMUS.
Paris. 1642. Clousier. 1 vol. in-8°.

3862. — Théologie familière, avec divers autres petits traitez de dévotion. Par Messire *Jean* DU VERGER DE HAURANNE, Abbé de S. CYRAN. 5ᵉ édit.
Paris. 1644. Le Mire. 1 vol. in-12.

3863. — Même ouvrage. 13ᵉ édit.
Paris. 1693. Vᵉ Le Myre. 1 vol. in-16.

3864. — Instruction chrestienne, tirée du Catéchisme du Concile de Trente. Par le P. *Jacques* TALON.
Paris. 1667. Le Petit. 1 vol. in-12.

3865. — Le théologien familier et facile, où par une méthode aisée sont enseignés briefvement les principes du Christianisme et de la Théologie. Par M. *Philippe* COQUEREL. 2ᵉ édit.
Paris. 1657. J. de la Caille. 1 vol. in-12. Figures.

3866. — Le chrestien champestre, ou le villageois catéchisé. En faveur des peuples de la campagne du diocèse de Sées. Par Mᵉ *Enguerran* LE CHEVALIER.
Caen. 1672. Poisson. 1 vol. in-12.

3867. — Instructions chrétiennes pour les nouveaux catholiques. Tirées des Pères des premiers siècles.
Paris. 1686. Coignard. 1 vol. in-16.

3868. — Idée de la religion chrétienne, en forme de dialogue. Donné au public par le R. P. VOLLANT.
Lille. 1691. Malte. 1 vol. in-12.

3869. — Instructions chrétiennes, ou théologie familière des Dames chrétiennes. Par le R. P. *Charles-Gaspar* DE LA FEUILLE. 2ᵉ édit.
Paris. 1700. Pralard. 2 en 1 vol. in-12.

3870. — Les entretiens d'Arquée et de Néotère, sur divers sujets qui regardent la religion. Par M. DE MEREZ.
Lyon. 1711. Certe. 2 vol. in-12.

3871. — Instruction sur la Religion, où l'on traite des sentimens qu'il faut avoir de Dieu, de Jésus-Christ, de l'Eglise catholique et de la Vertu. Par M. *Charles* GOBINET. 2ᵉ édit.
Paris. 1733. Vᵉ Estienne. 1 vol. in-12.

3872. — Traité des Principes de la Foy chrétienne. (Par l'Abbé J. J. DU GUET).
Paris. 1736. Alix. 3 vol. in-12.

3873. — La science du chrétien, ou l'abrégé de la connoissance de Dieu, de la religion chrétienne et de sa morale. Par un Carme déchaussé (FÉLIX DE S. JOSEPH).
Nancy. 1737. Antoine. 4 vol. in-12.

3874. — Idée de la religion chrétienne, où l'on explique succinctement tout ce qui est nécessaire pour être sauvé. (Par *J.* Louail et *L.* Blondel).
Paris. 1740. Lambert. 1 vol. in-12.

3875. — Exposition de la doctrine chrétienne par demandes et par réponses. Divisée en trois catéchismes. I. Catéchisme historique. II. Catéchisme dogmatique. III. Catéchisme pratique. Par le Père *G. H.* Bougeant.
Paris. 1741. Rollin. 1 vol. in-4°.

3876. — Même ouvrage.
Paris. 1741. Rollin. 4 vol. in-12.

3877. — Exposition de la doctrine chrétienne, ou instructions sur les principales vérités de la Religion. (Par *François-Philippe* Mésenguy).
Utrecht. 1744. La Compagnie. 6 vol. in-12.

3878. — Même ouvrage.
Cologne. 1758. La Compagnie. 1 vol. in-4°.

3879. — Même ouvrage. N° édit.
Paris. 1767. Desaint et Saillant. 4 vol. in-12.

3880. — Mémoire justificatif du livre intitulé : Exposition de la doctrine chrétienne, ou instructions sur les principales vérités de la Religion. Ouvrage posthume de M. l'Abbé Mésenguy.
S. n. n. l. 1763. 1 vol. in-12.

— Mémoire sur la vie et les ouvrages de feu M. l'Abbé *François-Philippe* Mésenguy, Acolythe du diocèse de Beauvais. (Par l'Abbé *Claude* Lequeux).
S. n. n. l. 1763. in-12.

3881. — Entretiens de Théophile et d'Eugène, sur la religion chrétienne, avec un discours sur la nécessité de l'étudier, et une bibliothèque chrétienne. (Par *Fr.-Ph.* Mésenguy).
S. n. n. l. 1760. 1 vol. in-12.

3882. — Manuel de la jeunesse, ou instructions familières

en dialogues, sur les principaux points de la religion. (Par M° Le Prince de Beaumont).
Paris. 1771. Fournier. 2 vol. in-12.

3883. — La dévotion éclairée, ou magasin des dévotes. Par M° Le Prince de Beaumont.
Lyon. 1779. Bruyset. 1 vol. in-12.

3884. — Les principes fondamentaux de la religion, ou le catéchisme de l'âge mûr. Par M. Alletz.
Paris. 1767. Babuty. 1 vol. in-12.

3885. — Bibliothèque ecclésiastique, par forme d'instructions dogmatiques et morales sur toute la religion. Par M. l'Abbé Guyon.
Paris. 1771. Delalain. 6 vol. in-12.

3886. — Instructions historiques, dogmatiques et morales en faveur des simples fidèles, et surtout des habitans de la campagne. (Par Madame *Catherine* de Villers de Billy). 2ᵉ édit.
Paris. 1751. Desprez. 1 vol. in-12.

3887. — Le Catéchiste des peuples de la campagne et des villes. Par un Prêtre Missionnaire. Nᵉ éd.
Lyon. 1773-1781. Perisse. 4 vol. in-12.

3888. — Les fondemens de la Foy, mis à la portée de toutes sortes de personnes. Par M. Aymé.
Paris. 1775. Berton. 2 vol. in-12.

3889. — Catéchismes sur les fondemens de la Foi, tirés du livre des Fondemens de la Foi... Par M. Aymé.
Paris. 1776. Berton. 1 vol. in-16.

3890. — Institution et instruction chrétienne, dédiée à la Reine des Deux-Siciles, imprimée en italien à Naples, en 1776, chez Simoné. (Par l'Abbé Gourlin).
s. n. n. l. 1778. 3 vol. in-12.

3891. — Instructions familières, dogmatiques et morales, sur les quatre parties de la doctrine chrétienne. Par *Pierre-Joseph* Henry. Nᵉ éd.
Rouen. 1783. Vᵉ Dumesnil. 4 vol. in-12.

3892. — Doctrine chrétienne en forme de lectures de piété,

où l'on expose les preuves de la religion, les dogmes de la Foi, les règles de la morale, ce qui concerne les sacremens et la prière... (Par *Charles-François* LHOMOND) (1).
Paris. 1783. Berton. 1 vol. in-12.

3893. — Démonstration des grandes vérités de la religion chrétienne, d'un père à sa fille : par *Fr.* DUPUIS, Jurisconsulte, à Amiens.
Amiens. 1825. A. Caron. 1 vol. in-8°.

3894. — Entretiens de Christine et de Pélagie maistresses d'Ecole, sur la lecture des Epitres et Evangiles des Dimanches et Fêtes. (Par le P. *J. Cl.* FABRE).
S. n. n. l. 1717. 1 vol. in-12.

3895. — Instructions courtes et familières pour tous les Dimanches et les principales Fêtes de l'année, en faveur des pauvres, et particulièrement des gens de la campagne. Par M° *Joseph* LAMBERT.
Paris. 1736. Lottin. 2 vol. in-12.

3896. — Epitres et Evangiles pour toute l'année, avec les explications par demandes et par réponses. (Par *François* PERDOULX). N° éd.
Orléans. 1709. Boyer. 2 vol. in-12.

3897. — Instructions sur les dimanches et les festes en général, et sur toutes les festes qui se célèbrent dans le cours de l'année. Par M. P. C. (P. COLLOT).
Paris. 1740. Ganeau. 1 vol. in-12.

3898. — Même ouvrage. N° édit.
Paris. 1746. Ganeau. 2 vol. in-12.

3899. — Catéchisme historique, dogmatique et moral des fêtes principales. Par M. l'Abbé MEUSY, 4° édit.
Besançon. 1788. Lépagnez. 1 vol. in-12.

---

(1) LHOMOND (Charles-François), né à Chaulnes le 26 octobre 1727, mourut à Paris le 31 décembre 1794.

d. — Traités spéciaux.

** — Commentaria magistri *Petri* DE OSOMA in Symbolum *Quicunque vult salvus esse.*
Voyez : N° 3276.

3900. — Brevis et catholica Symboli apostolici explicatio. Autore *Joanne* HESSELS. 2ᵃ edit.
Lovanii. 1562. J. Bogardus. 1 vol. in-8°.
— *Michaelis* BAII de meritis operum libri duo. — Ejusdem de prima hominis justicia et virtutibus impiorum, libri duo. — Ejusdem de Sacramentis in genere contra Calvinum tractatus unus. — Item de verbis sine quibus non perficitur sacramentum Baptismi, tractatus brevis.
Lovanii. 1565. J. Bogardus. in 8°.
— *Michaelis* BAII de libero hominis arbitrio ejusque potestate, liber unus. — Item de justitia et justificatione libri duo. — Accessit præterea ejusdem autoris de Sacrificio liber unus...
Lovanii. 1563. B. Gravius. in-8°.
— De libero hominis arbitrio adversus Joannem Calvinum, et quotquot impiè illud auferunt, Lutherum imitati. Autore *Richardo* SMYTHÆO.
— Controversiarum præcipuarum in Comitiis Ratisponensibus tractatarum et quibus nunc potissimum exagitatur Christi fides et religio, luculenta explicatio, per *Albertum* PIGHIUM.
Parisiis. 1542. C. Gaillard. in-8°. Sans titre.

3901. — De, Fide et Symbolo libri quatuor. *F. Thoma* BEAUX-AMIS autore.
Parisiis. 1573. Chaudière, 1 vol. in-8°.

** —*Jac.* USSERII de Romanæ ecclesiæ Symbolo.
Voyez : N° 670.

3902. — Explication familière et morale du Symbole des Apostres, et des Commandements de Dieu. Par *François* PEAN *de la Croullardière.*
Paris. 1651. Boulanger. 1 vol. in-16.

3903. — Explication familière et morale des Sacrements et de l'Oraison Dominicale. Par *François* PÉAN...
Paris. 1652. Boulanger. 1 vol. in-16.

3904. — Morale chrétienne sur le Symbole des Apostres. (Par le P. DROINET).
Paris. 1676. Coustellier. 1 vol. in-8°.

3905. — Conférences chrétiennes sur le Symbole des Apostres. Par le R. P. ALBERT *de Paris.*
Paris. 1688. Laize de Bresche. 2 en 1 vol. in-12.

c. — Catéchismes historiques et histoires édifiantes.

3906. — Catéchisme historique, contenant en abrégé l'Histoire Sainte et la Doctrine chrétienne. Par M° *Claude* FLEURY.
Paris et Mons. 1683. Grégoire. 2 en 1 vol. in-16.

3907. — Même ouvrage. N° édit.
Paris. 1768. Hérissant. 1 vol. in-12.

3908. — Le catéchisme de l'Ancien et du Nouveau Testament ; avec plusieurs remarques des saints Pères et Autheurs ortodoxes. Composé par le R. P. *Jean* DE LESTANG.
Fontenay. 1690. Blanchet. 1 vol. in-12.

** — Biblia aurea cum suis historiis. Voyez : N° 805.

** — Selectæ è veteri Testamento historiæ. Voyez : N° 1049-1050.

** — Selectæ è novo Testamento historiæ. Voyez : N° 1064-1065.

3909. — M. MARULI dictorum factorumque memorabilium libri sex. De benè beatèque vivendi institutione ad normam vitæ sanctorum utriusque Testamenti collecti, atque in ordinem digesti...
Antuerpiæ. 1584. Steelsius. 1 vol. in-8°.

3910. — Opera omnia M. MARULI, nunquam antea simul excusa, divisa in duas partes, quarum prior dictorum factorumque memorabilium libros sex continet : posterior vero de fide, spe et charitate libros septem... et Parabolas quinquaginta.
Antuerpiæ. 1601. Nutius. 2 en 1 vol. in-8°.

3911. — Le thresor des faictz et dictz memorables des hommes saincts et illustres du Vieil et Nouveau Testament, pour servir d'exemples à bien et sainctement vivre, avec un Traicté très-excellent du Jugement dernier. Recueillis premièrement en six livres latins, par *Marc* MARULUS. Depuis mis en françois par *Paul* DU MONT.
Douay. 1596. Jean Bogart. 1 vol. in-8°.

3912. — Theatrum historicum, sive promptuarium illustrium exemplorum, ad honeste, pie, beateque vivendum cujusvis generis et conditionis homines informantium, ex antiquis simul ac recentioribus sacrarum et prophanarum historiarum monumentis collectum, et in decem classes secundum Mosaicæ legis præcepta distinctum; initio quidem a R.V. D. *Andrea* HONDORFFIO idiomate germanico conscriptum : jam vero, labore et industria *Philippi* LONICERI latinitate donatum, multisque in locis auctum et illustratum. Editio tertia.
Francofurti. 1598. J. Feyrabendius. 1 vol. in-8°.

3913. — R. P. *Joannis* FAII manipulus exemplorum, virtutum vitiorumque serie digestus... Editus nunc primum in lucem è Belgicis mss. IIII perantiquis Benedictinorum bibliothecis, Vedastina, Elnonensi, S. Amandi et Hasnoniensi. Operâ et studio D. *Maximiliani* THIEULAINE.
Duaci. 1614. B. Bellerus. 1 vol. in-4.

3914. — Flores exemplorum, sive catechismus historialis, auctore R. P. *Antonio* DAUROULTIO.
Duaci. 1616. J. Bogardus. 4 vol. in-8°.

3915. — Flores exemplorum, auctore R.P. *Ant.* DAUROULTIO, sive catechismus historialis... Editio postrema.
Coloniæ. 1624. J. Kinchius. 1 vol. in-4°.

3916. — Fleurs des exemples ou catéchisme historial. Par M. *Antoine* D'AVROULT.
Rouen. 1606. R. De Beauvais. 2 vol. in-8°.

3917. — Magnum speculum exemplorum, ex plus quam centum auctoribus, pietate, doctrina et antiquitate venerandis, variisque historiis, tractatibus et libellis excerptum, ab Anonimo quodam, qui circiter annum Domini 1480 vixisse deprehenditur. Opus variis notis, Autorumque citationibus illustratum, et centum sexaginta exemplis locupletatum.., studio R.P. *Joannis* Maioris Hac novissima editione citationibus, et ex *Floribus exemplorum*, seu *Catechismo Historiali* R. P. *Joannis* Dauroutii selectioribus... auctum ; cui interjecta suis locis, quæ in tomo secundo, qui *Manipulus exemplorum* inscribebatur, nec non ea quæ in Appendice, ita accuratè ut quicquam melius illi desiderari vix possit....
Duaci. 1624. B. Bellerus. 1 vol. in-4°.

3918. — Magnum speculum exemplorum (ut supra).
Coloniæ Agrippinæ. 1653. W. Friessem. 1 vol. in-4°.

3919. — Exemplorum memorabilium cum Ethnicorum, tum Christianorum è quibusque probatissimis scriptoribus per Andream *Eborensem* selectorum, tomus posterior.
Parisiis. 1569. G. Julianus. 1 vol. in-8°.

3920. — Paradisus Puerorum, in quo primævæ honestatis totiusque pueritiæ rectè informatæ reperiuntur exempla... Per R. P. *Philippum* de Berlaymont.
Duaci. 1618. Bogardus. 1 vol. in-8°.

3921. — Parabolæ evangelicæ, mysteria, miracula et documenta Christi. Colligebat, et ordinabat *Josephus* Vallart. Editio altera.
Parisiis. 1750. N. Lottin. 1 vol. in-12.

3922. — Idem opus. (Avec traduction françoise).
Lutetiæ Paris. 1742. Lottin. 1 vol. in-8°.

3923. — Les paraboles de l'Evangile (traduites en vers), avec une Explication morale et allégorique tirée des SS. Pères. Par M. de Furetière.
Paris. 1683. Ant. Warin. 2 en 1 vol. in-12.

— 31 —

3924. — Les apophthegmes ou les belles paroles des Saints.
Paris. 1721. Mariette. 1 vol. in-12.

3925. — Histoires choisies, ou livre d'exemples, tirés de l'Ecriture, des Pères, des Auteurs ecclésiastiques les mieux avérés, avec quelques réflexions morales. Suivant l'ordre des matières dont on traite dans les catéchismes. (Par *Denis* GENEVAUX).
Paris. 1747. Desprez. 1 vol. in-12.

3926. — Histoires édifiantes et curieuses tirées des meilleurs auteurs; avec des réflexions morales sur les différents sujets. Par l'Auteur de l'Ame élevée à Dieu. (L'Abbé *Bart.* BAUDRAN) 5ᵉ édit.
Lyon. 1779. Périsse. 1 vol. in-12.

3927. — Nouvelles chrétiennes, suivies de la légende de Saint-Véran, Evêque de Cavaillon.
Paris. 1837. Bailly. 1 vol. in-12.

CHAPITRE V. — THÉOLOGIE PARÉNÉTIQUE.

1. — *Introduction à la science du prédicateur.*

3928. — De ritu sacrarum Ecclesiæ catholicæ concionum libri tres. Auctore *Francisco Bernardino* FERRARIO.
Parisiis. 1664. Billaine. 1 vol. in-8°.

3929. — Sapientia foris prædicans ex omnibus scripturis seu Bibliotheca concionatorum per omnes ætates et sæcula. Opera ac studio M. *Ludovici* BAIL.
Parisiis. 1666. De La Caille. 1 vol. in -4°.

3930. — Histoire de la prédication, ou la manière dont la Parole de Dieu a été préchée dans tous les siècles. Par *Joseph Romain* JOLY.
Amsterdam et Paris. 1767. Lacombe. 1 vol. in-12.

3931. — Dictionnaire portatif des prédicateurs françois, dont les sermons, prônes, homélies, panégyriques, et oraisons funèbres sont imprimés… (Par *Ant.* ALBERT et *J. Fr.* DE COURT).
Lyon. 1757. Bruyset-Ponthus. 1 vol. in-8°.

3932. — De ad sobrietatem sapiendo libellus verbi Dei concionatoribus, christianisque omnibus perquam utilis. *Christophoro* Turrano authore.
Avenione. 1555. Bonhomme. 1 vol. in-8°.

3933. — *Des.* Erasmi Ecclesiastæ sive de ratione concionandi libri quatuor.
Antuerpiæ. 1535. Cæsar. 1 vol. in-8°.

3934. — Idem opus.
Basileæ. 1535. Froben. 1 vol. in-fol.

3935. — R. P. F. *Didaci* Stellæ de modo concionandi liber. — Item, explicatio in Psalm. CXXXVI. Super flumina Babylonis.
Coloniæ. 1586. Off. Birckmannica. 1 vol. in-8°.

3936. — Orator christianus in quo primum de concionatore ipso, tum de concione, demum de concionantis prudentiâ et industriâ agitur.... Authore R. P. *Carolo* Regio.
Coloniæ. 1643. Gualtherus. 1 vol. in-4°.

3937. — Idea cœtûs concionatoribus efformandis addicti, ad munus suum in Domino, ex voto Ecclesiæ, et ita ut oportet eos loqui obeundum.(Authore Logotimo).
Tolosæ. 1650. Colomerius. 1 vol. in-12.

3938. — Ad eloquentiam christianam via. Autore Domno *Simpliciano* Gody.
Parisiis. 1657. P. De Bresche. 1 vol. in-16.

3939. — Idea concionatoris, seu methodus practica concionem componendi. Authore Patre Hyacintho, *Alenconiensi*, Capucino.
Rothomagi et Parisiis. 1659. Buon. 1 vol. in-4°.

3940. — Paulus Ecclesiastes seu eloquentia christiana, quâ orator evangelicus ad ideam et doctrinam D. Pauli formatur. Authore P. Amadæo *Bajocensi*.
Parisiis. 1662. Thierry. 1 vol. in-4°.

3941. — Augustinus Ecclesiastes, sive regulæ et ideæ concionum tripartitæ, ex operibus S. Aurelii Augustini desumptæ. Authore F. *Augustino* Lubin.
Parisiis. 1669. Gasse. 1 vol. in-12.

3942. — R. P. *Natalis* Alexandri præcepta et regulæ ad prædicatores verbi devini informandos ; cum ideis concionum per totum annum.
Venetiis. 1731. Basilius. 1 vol. in-4°.
3943. — La rhétorique de l'Eglise, ou l'éloquence des Prédicateurs. Composée par le R. P. *Louis* de Grenade. Et traduite nouvellement de l'espagnol en françois. (Par M. *Nicolas-Joseph* Binet).
Paris. 1698. De Nully. 1 vol. in-8°.
3944. — Le sainct caractère de l'éloquence sacrée: vray contrepoyson de l'éloquence à la mode. Extrait des plus éloquens hommes du monde : et présenté en III livres... Par le P. *Robert* Guyart.
La Flèche. 1638. Griveau. 1 vol. in-8°.
3945. — Le Prédicateur chrestien. Par M. Lescalopier.
Paris. 1640. Sevestre. 1 vol. in-8°.
3946. — Tableau de l'éloquence sacrée, ou l'entretien de l'Académie chrestienne. (Par *Felix* Dumas).
Paris. 1642. Hénault. 1 vol. in-4°.
3947. — La vraye méthode et manière de bien et utilement prêcher, sur tous les textes de l'Escriture Sainte. Par *Thomas* Friard.
Paris. 1654. Bobin. 1 vol. in-8°.
3948. — L'art de prêcher, ou l'idée du parfait prédicateur. Par M. de Hauteville.
Paris. 1683. Couterot. 1 vol. in-12.
3949. — L'Eloquence de la chaire ou la Rhétorique des Prédicateurs. Par le Sr de Riche-Source. 2e éd.
Paris. 1673. A l'Académie des Orateurs. 1 vol. in-12.
3950. — L'Orateur chrétien, ou traité de l'excellence et de la pratique de la chaire.
Paris. 1675. Ol. De Varennes. 1 vol. in-12.
3951. — Nouveau journal de conversations sur toutes les actions publiques des prédicateurs. Par *René* Bary.
Paris. 1675. Couterot. 1 vol. in-12.
3952. — L'art de prêcher la parole de Dieu. Contenant les

règles de l'éloquence chrétienne. (Par le P. *Marc-Antoine* DE FOIX).
Paris. 1687. Pralard. 1 vol. in-12.

3953. — De la sainteté et des devoirs du prédicateur évangélique, avec l'art de bien prêcher, et une courte méthode pour bien catéchiser. Par un Religieux Bénédictin.
Paris. 1692. Pépie. 1 vol. in-12.

" — Réflexions sur l'éloquence des prédicateurs. Par *Ant.* ARNAULD.
Voyez : Belles lettres. N° 780.

3954. — La véritable manière de prêcher selon l'esprit de l'Evangile. (Par le P. ALBERT *de Paris*, Capucin).
Paris. 1695. Couterot. 1 vol. in-12.

3955. — De la meilleure manière de prêcher. Par le Sr ***
(*Olivier* DES BORDS DES DOIRES).
Paris. 1700. Boudot. 1 vol. in-12.

3956. — Règles de la bonne et solide prédication.
Paris. 1701. Osmont. 1 vol. in-12.

3957. — Maximes sur le ministère de la chaire. Par M... P. D. L. O. (*Jean* GAICHIÉS, prêtre de l'Oratoire).
Paris. 1711. Damien Beugnié. 1 vol. in-12.

3958. — Le ministère évangélique, ou réflexions sur l'éloquence de la chaire, et la parole de Dieu annoncée avec l'autorité de la mission : ou Rhétorique sacrée... Par M.** (l'*Abbé* DU JARRY). Nᵉ éd.
Paris. 1726. Knapen. 1 vol. in-12.

3959. — L'éloquence chrétienne dans l'idée et dans la pratique. Par le P. B. GISBERT. Nᵉ édit. où l'on a joint les Remarques de M. LENFANT.
Amsterdam. 1728. Bernard. 1 vol in-12.

3960. — Même ouvrage. Nᵉ édit. avec préface, notes et appendices par *A.* CRAMPON et *J.* BOUCHER (1).
Paris. 1860. V. Palmé. 1 vol. in-12.

3961. — Principes de l'éloquence sacrée. (Par *J. B. Ant.* HÉDOUIN, sur le plan de *Fr.* L'ECUY).
Paris. 1788. Desray. 1 vol. in-12.

---

(1) BOUCHER (Jean-Baptiste-Désiré-Jules) est né à Amiens le 4 juin 1819.

3962. — Lettres sur la prédication. (Par *J.H. Sam.* Formey).
Berlin. 1753. Etienne de Bourdeaux. 1 vol. in-12.

** — Réflexions sur l'éloquence en général et sur celle de la chaire en particulier. Par M. l'Abbé Trublet.
Voyez : Belles lettres. N° 779.

3963. — De la prédication
Londres. Paris. 1766. V⁰ Duchesne. 1 vol. in-12.

** — Essai sur l'éloquence de la chaire. . Par le Cardinal *J. S.* Maury.
Voyez : Belles lettres. N° 781.

2. — *Répertoires, Dictionnaires, Plans de sermons.*

3964. — Tabulæ compendiosæ in Evangelia et Epistolas quæ dominicis festisque diebus populo in ecclesia proponi solent... Editæ primùm à *Johanne* Spangenbergo, nunc verò ab innumeris quibus scatebant hæreseon erroribus restitutæ opera atque industria F. *Laurentii* a Villavicentio.
Lovanii. 1563. Pet. Tiletanus. 1 vol. in-fol.

3965. — Thesaurus concionatorum, in quo, septem libris, non solùm accuratè traduntur omnia documenta, quæ ad concionandi munus cum dignitate subeundum servare oporteat, sed etiam sanctorum graviumque doctorum et philosophorum fontes indicantur copiosissimi, ad omnes totius anni dominicas, ferias, quadrag. festivitates præcipuas, Sanctorum commune... Autore R. P. F. *Thoma* de Trugillo.
Lugduni. 1594. Pesnot. 2 vol. in-fol.

3966. — Bibliotheca sive theatrum concionum è celebrioribus, tam antiquis novisque authoribus et postillatoribus, quam è variis lectionibus et meditationibus per dominicas, festivitates, vigilias præcipuas, ferias quartas et sextas totius anni et per totam quadragesimam ordine congesta,.. authore R. D. *Georgio Bartholdo* Pontano *a Braitenberg.*
Coloniæ. 1625. Gymnicus. 4 en 2 vol. in-fol. Port.

3967. — Moralis encyclopædia, id est, scientiarum omnium chorus, expendens moraliter sacrosancta Evangelia, adjectis homiliis de festis Christo Domino sacris, de Eucharistia, et omnibus festis B. V. Mariæ. Autore P. MARCELLINO DE PISE. 2ᵃ ed.
Parisiis. 1646. Jost. 2 vol. in-fol.

3968. — Lux evangelica sub velum sacrorum emblematum recondita... Per R. P. *Henricum* ENGELGRAVE.
Coloniæ. 1657. Cnobbarus et Busæus. 4 en 2 vol. in-fol.

3969. — Manipulus sacer concionum moralium, collectus ex voluminibus R. P. *Hieremiæ Drexelii*, per R. P. *Petrum* DE VOS.
Antuerpiæ. 1644. Vid. et Hæred. Cnobbari. 1 vol. in-16.

3970. — Annonæ de cælo promus-condus, exquisitam et uberem divinarum epularum copiam subministrans. Opus... digestum studio et meditatione P. F. *Antonii* BOYENVAL, Peronensis.
Parisiis. 1651. Charles. 1 vol. in-12.

3971. — Tertullianus prædicans, et supra quamlibet materiam, ordine alphabetico dispositam, sex ad minus conciones formans..., Auctore R. P. *Michaele* VIVIEN. 2ᵉ ed.
Parisiis. 1679-1681. Couterot. 6 vol. in-4°.

3972. — Dictionnaire apostolique plein de desseins pour les mistères, panégyriques, oraisons funèbres, prônes, sermons, exhortations... Composé par le R. P. P. C. D. V. P. D L. Nᵉ édit.
Lyon. 1685. Certe. 1 vol. in-8°.

3973. — La bibliothèque des Prédicateurs. Par le R. P. *Vincent* HOUDRY. 4ᵉ éd.
Lyon. 1721-1734. Bruyset. 22 vol. in-4°.

** — Cet exemplaire se compose ainsi qu'il suit : 1ᵉ partie I. VIII. Morale chrétienne. — 2ᵉ partie. IX. XI. Mystères de Notre Seigneur et de la Vierge. — 3ᵉ partie. XII. XV. Panégyriques des Saints — XVI. Table des trois parties. — 4ᵉ partie XVII. XVIII. Supplément aux sujets de morale. — XIX Supp. aux mystères — XX. Suppl. aux Panégyriques — XXI. Cérémonies, pratiques, coutumes et maximes de l'Eglise. — XXII. L'éloquence chrétienne dans l'idée et dans la pratique. Par le P. GISBERT.

3974. — La science universelle de la chaire, ou dictionnaire moral dans lequel on trouvera par ordre alphabétique ce que les Pères grecs et latins, les Interprètes de l'Ecriture Sainte et les Théologiens, les Prédicateurs françois, italiens, allemands, etc. ont dit de plus curieux et de plus solide sur différens sujets de morale. (Par *Jean* RICHARD). N° édit.
Paris. 1730. H. L. Guerin. 5 vol. in-8°.

3975. — Supplément au dictionnaire moral, contenant des exhortations morales sur la sainteté, les devoirs, les dangers de la vie religieuse. N° éd.
Paris. 1731. H. L. Guerin. 1 vol. in-8°.

3976. — Dictionnaire apostolique, à l'usage de MM. les Curés des villes et de la campagne, et de tous ceux qui se destinent à la chaire. Par le P. *Hyacinthe* DE MONTARGON.
Paris. 1755-1758. Lottin. 13 vol. in-8°.

3977. — Pandectæ scripturarum veteris et novi Testamenti, jam postremò magna, et non pœnitenda accessione auctæ.... *Othone* BRUNFELSIO authore.
Basileæ. 1551. Bryling. 1 vol. in-8°.

3978. — *Georgii* WICELII divorum ex veteri Testamento ὑποδείγματα. i. Exempla, ordine, elegantia et utilitate præstantia, nunc primum ac recens excusa.
Coloniæ. 1535. Melch. Novesianus. 1 vol. in-8°.

— *Thomæ Rad.* TODISCHI in Philippum Melanchthonem Lutheranæ hæreseos defensorem oratio.
Rhomæ. 1522. in-8°.

3979. — Figuræ Bibliæ, clarissimi doctoris Theologi F. *Antonii* DE RAMPELOGIS. Nuper castigatæ,...
Lugduni. 1570. Rovillius. 1 vol. in-16.

·· — Figuræ Bibliæ F. *Antonii* DE RAMPELOGIS. Voyez : N° 954.

3980. — Sententiæ sive loci communes ex sacris et profanis

authoribus ab Anthonio Monacho cognomento Melissa collecti, *Conrado* Gesnero et *Joanne* Ribitto interpretibus.

Lugduni. 1556. Barricatus 1 vol. in-16.

3981. — Moralitates bibliorum V.P. *Petri* Berthorii. Ed. 8ᵃ.

Duaci. 1609. Pinchon. 1 vol. in-8°.

3982. — Bibliotheca sacra, seu repertorium biblicum, per quatuor libros distinctum, in quo omnes textus, ad quascumque veritates tractandas necessarii, opera et studio *Augusti* Monchy (1), seliguntur et ordinatim referuntur.

Abbavillæ. 1835-1836. Boulanger. 3 vol. in-8°.

3983. — Summa magistri Johannis de Sancto Geminiano de exemplis et similitudinibus rerum.

Basileæ. 1499. P. de Laugendorff. 1 vol. in-4°.

3984. — Summa de exemplis et rerum similitudinibus locupletissima, verbi Dei concionatoribus, cunctisque literarum studiosis maximo usui futura. F. Joanne a S. Geminiano auctore. Nunc demum... à Magistro *Ægidio* Gravatio... castigata et aucta.

Antuerpiæ. 1615. P. et J. Bellerus. 1 vol. in-8°.

3985. — Selectæ similitudines sive collationes, tum ex Bibliis sacris, tum ex veterum orthodoxorum commentariis : per Alardum *Aemstelredamum*, tomis tribus accuratius concinnatæ....

Parisiis. 1538. Gaultherot. 1 vol. in-8°.

3986. — Virtutum vitiorumque exempla, ex universæ divinæ scripturæ promptuario desumpta, per R. P. D. *Nicolaum* Hanapum.— His accessit tam illustrium quam obscurorum virorum mulierumque utriusque Testamenti catalogus.

Antuerpiæ. 1534. Steels. 1 vol. in-8°.

3987. — Virtutum vitiorumque exempla, ex utriusque legis promptuario decerpta. Per R. D. D. *Guilielmum*

---

(1) Monchy (Auguste) né à Albert le 25 avril 1793, est mort à Acheux (canton de Moyenneville) le 5 décembre 1852.

Peraldum (*Nicolaum* de Hanapis.— Additur etiam index Breviarii sacri Concilii Tridentini.
Lugduni. 1680. J. De Ville. 1 vol. in-12.

3988. — Divina incentiva piorum affectuum è sacris literis collecta, et ad usum concionatorum potissimùm edita. Operâ *Joannis* Renaudiani.
Augustoriti Pictonum. 1611. Mesnerius. 1 vol. in-8°.

3989. — Clavis cellarii divinæ et humanæ sapientiæ ad conciones formandas per totum annum.. introductoria... Auctore P. F. *Michaele* Francisci. A.R.P. F. *Guill.* Oonselio... mendis restituta...
Antuerpiæ. 1613. Bellerus. 1 vol. in-8°.

3990. — Sylva locorum communium omnibus divini Verbi concionatoribus... necessaria. Authore et collectore R. P. F. *Ludovico* Granatensi.
Lugduni. 1592. Landry. 1 vol. in-8°.

3991. — Christus crucifixus : sive selectorum ex Scriptura universa locorum in certas classes pro variis Christi titulis digestorum nova et accurata discussio, sacrorum interpretum, et concionatorum usui accommodata. Authore R. P. *Jacobo* Pinto.
Lugduni. 1624. Landry. 1 vol. in-fol.

3992. — R. P. *Josephi* Speranzæ scripturæ selectæ, variis translationibus, ac sanctorum Patrum sententiis, sacrorumque interpretum cum veterum, tum recentiorum expositionibus elucidatæ, ad principales sacras atque morales materias, easque ad orationem relatas....
Lutetiæ Par. 1631. Sonnius. 1 vol. in-fol.

3993. — Theologia Scripturæ divinæ, sententiarum libris IV... digesta. Authore R. P. *Henrico* Marcellio.
Bruxellis. 1658. Vivien. 1 vol. in-4°.

3994. — *Augustini* Marlorati thesaurus sacræ scripturæ propheticæ et apostolicæ. In locos communes rerum, dogmatum, suis exemplis illustratorum, et

phraseôn Scripturæ familiarium ordine alphabetico digestus.
Genevæ. 1624. Pet. et J. Chouet. 1 vol. in-fol.

3995. — *Pauli* Tossani aliorumque eruditorum virorum lexicon corcordantiale biblicum, ex veteri novoque Testamento concinnatum, et in tres partes.. distinctum... Opus post priorem editionem.. iteratò prodire jussum, curà et industrià *Joh. Frid.* Clotzii.
Francofurti. 1687. J. Erythropilus. 1 vol. in-fol.

3996. — Scriptura sacra in locos communes morum et exemplorum novo ordine distributa ; commodiore quam hactenus methodo ad usum concionatorum digesta.... Auctore R. P. *Antonio* de Balinghem.
Trivoltii. Parisiis. 1705. Boudot. 1 vol. in-fol.

3997. — Synopsis doctrinæ sacræ, seu insigniora et præcipua ex veteri ac Novo Testamento loca, quæ, circa fidei et moralis christianæ dogmata versantur,.. ordine alphabetico digesta (per *P.A.* Alletz).
Lutetiæ Par. 1763. P. Guillyn. 1 vol. in-8°.

3998. — Exempla sacre scripture ex utroque testamento secundum ordinem litterarum collecta.
Parisius. s. d. Per Petrum Levet. 1 vol. in-8°.

3999. — Thesaurus bibliorum, omnem utriusque vitæ antidotum secundum utriusque instrumenti veritatem et historiam succinctè complectens. Opera et industria *Gulielmi* Allotti collectus ac concinnatus...
Lugduni. 1580. Alex. Marsilius. 1 vol. in-8°.

4000. — Enchiridii locorum communium theologicorum, rerum, exemplorum atque phrasium sacrarum ; ex *Aug. Marlorati* Thesauro, et *Christ. Obenhenii* Prompturario, ab *Isaaco L.* Feguernekino collecti, editio secunda. — Accessit Gemmula partitionum theologicarum, auctore *Amando* Polano à *Polansdorf.*
Basileæ. 1596. Waldkirck. 1 vol. in-8°.

4001. — Doctissimi viri fratris *Johannis* de Bromyard,

ordinis predicatorum, in Summam predicantium opus utique commendatissimum.

(Basileœ). S. n. n. l. n. d. 1 vol. in-fol.

Initiale manuscrite en or et en couleur. — Le dernier feuillet manque.

4002. — Summa prædicantium omnibus dominici gregis pastoribus divini verbi præconibus.. per necessaria... Auctore *Joanne* BROMIARDO.

Antuerpiæ. 1615. Verdussius. 2 en 1 vol. in-fol.

4003. — Opus trivium validis auctoritatibus tam ex lege divina, canonica, quam civili refertissimum, cunctisque Dei declamatoribus perquam necessarium. (A venerabili viro *F. Johanne* DE BROMYARD.. editum. Castigatum vero per *F. Symonem* BERTHERII).

Lugduni. 1500. N. Wolff. 1 vol. in.4°.

4004. — R. P. F. *Philippi* DIEZ Summa prædicantium : ex omnibus locis communibus locupletiss.

Lugduni. 1592. Pesnot. 2 en 1 vol. in-4o.

4005. — Speculum morale totius Sacræ Scripturæ *Joannis* VITALIS S. R. E. Cardinalis....

Venetiis. 1603. Societas Minima. 1 vol. in-4°.

4006. — Mensa spiritualium ciborum tum è sacra Scriptura, tum è sanctorum Patrum interpretatione selectorum pro verbi divini concionatoribus. Collectore P. *Didaco* LOPEZ DE MESSA.

Lugduni. 1614. Cardon. 1 vol. in-fol.

4007. — Epitome sanctorum Patrum ad sacras conciones per locos communes digesta, et in quatuor tomos distributa, per R. P. F. *Joannem* LOPEZ.

Antuerpiæ. 1622. Keerbergius. 4 en 2 vol. in-fol.

4008. — Apparatus concionatorum, seu loci communes ad conciones ordine alphabetico digesti. Authore P. *Francisco* LABATA.

Lugduni. 1616. Cardon et Cavellat. 2 en 1 vol. in-fol.

4009. — Loci communes ad conciones, auctore P. *Francisco* LABATA. Opus distinctum ab Apparatu..

Lugduni. 1621. J. Cardon. 1 vol. in-fol.

4010. — Παναριον, hoc est, Arca medica variis divinæ scripturæ priscorumque Patrum antidotis adversus animi morbos instructa... edita à *Joanne* Busæo.
Moguntiæ. 1608. J. Albinus. 1 vol. In-4°.

4011. — Idem opus. Nova ed.
Parisiis. 1682. E. Couterot. 2 vol. in-12.

4012. — Speculum magnum Episcoporum, Canonicorum, Sacerdotum et aliorum Clericorum omnium tam secularium quam religiosorum. Ex admirandis Pontificum, Episcoporum, Sacerdotum, aliorumque Ecclesiasticorum dictis et factis in gratiam concionatorum et eloquentiæ studiosorum per locos communes juxta alphabeti seriem digestis, concinnatum per *Matthæum* Tympium. — Accessit ejusdem industria Spiritualis militia Clericorum.
Moguntiæ. 1614. Henningius. 1 vol. in-8°.

4013. — Theatrum historicum, continens vindictas divinas et præmia christianarum virtutum, ex gravissimis græcis, latinis, sacris ac profanis historicis, per locos communes juxta alphabeti seriem dispositum, studio D. *Matthæi* Tympii. — Cum ejusdem Authoris Cynosura morum evangelica, accessit in hac editione magnus Exemplorum numerus, opera R. P. *Bern.* Dorhoff.
Monasterii Westphaliæ. 1625. Dalius. 1 vol. in-4°.

4014. — Officina sacra biblica locupletissima : in duas partes divisa. Opera ac studio R. P. F. *Guillelmi* Oonselii.
Duaci. 1624. Bellerus. 1 vol. in-8°.

4015. — Hieroglyphica sacra, id est, rerum sacratarum et divinæ sapientiæ arcanorum sacræ notæ, ex Sacris litteris et Ecclesiæ Doctorum scriptis studiosè collectæ ac in ordinem redactæ et breviter explicatæ. — Quibus accessit quorundam dictionum moralis syntaxis ad expeditam verbi Dei tractationem. Per R. P. F. *Guilel.* Oonsel.
Antuerpiæ. 1627. G. a Tongris. 1 vol. in-12.

4016. — Syntaxis moralis ad expeditam Verbi Dei tractationem ex variis conceptionibus sacræ Scripturæ, ordine alphabetico concinnata.... Per R. P. F. *Guil.* Oonselium. Ed. nov.
Parisiis. 1682. De Launay. 1 en 2 vol. in-12.

4017. — Manuale concionatorum, selectissimis Scripturæ divinæ et sanctorum Patrum sententiis per locos communes ordine convenienti digestis adornatum, ac varia ad formandos christiani hominis mores eruditione refertum... R. F. *Didaco* Alvarez auctore.
Coloniæ. 1642. J. Munich. 1 vol. in-4°.

4018. — Breviarium concionatorum, ex lectissimis Scripturæ sanctorumque Patrum sententiis concinnatum : ordine alphabetico dispositum (à *Cl.* Bruyer).
Parisiis, 1674. Savreux. 1 vol. in 12.

4019. — Flores sacrorum bibliorum : sive loci communes omnium ferè materiarum Veteris et Novi Testamenti. Ordine alphabetico digesti per F. *Thomam* Hibernicum.
Lugduni. 1679. Joan. Certe. 1 vol. in-12.

4020. — Flores omnium Ecclesiæ Patrum et Doctorum illustrium, qui cum in Theologia, tum in Philosophia hactenùs claruerunt. Sedulò selecti per *Thomam* Hibernicum et alphabetico ordine digesti....
Parisiis. 1669. Variquet. 1 vol. in-12.

4021. — Flores omnium Doctorum illustrium, qui cum in Theologia, tum in Philosophia hactenùs claruerunt. Sedulò collecti per *Thomam* Hibernicum....
Lugduni. 1678. Joan. Certe. 2 vol. in-12.

** — Adagia ex sanctorum Patrum ecclesiasticorumque Scriptorum monumentis prompta.. studio R. P. *Aloysii* Novarini.
Voy. : N° 1164.

4022. — Sententiæ ex duodecim Bibliothecæ Patrum tomis selectæ : et ad faciliorem usum pastorum et prædicatorum, ordine alphabetico dispositæ. Per Fratrem *Franciscum* Hache.
Ambiani. 1675. Mich. Du Neuf Germain. 1 vol. in-fol.

4023. — Virtutum et vitiorum exempla. Ex canonicis libris, veteris et novi Testamenti (tum ex Apocryphis scriptis) singulari studio... collecta, concinnata, et ordine alphabetico digesta, per *Christophorum* Obenheinium. Ed. nova.
Genevæ. 1600. Stœr. 1 vol. in-8°.

4024. — Viridarium christianarum virtutum ex sacrosanctæ Scripturæ sanctorumque Patrum sententiis, quasi lectissimis stirpibus constructum, et in gratiam concionatorum et religiosæ vitæ cultorum editum à *Joanne* Busæo.
Moguntiæ. 1610. Albinus. 1 vol. in-4°.

— R. P. *Joannis* Busæi de statibus hominum liber posthumus.
Moguntiæ. 1613. Jo. Albinus. in-4°.

4025. — Idem opus. Ed. nov.
Parisiis. 1669. Societas Typographorum. 2 vol. in-12.

3. — Recueils de Sermons.

4026. — Homiliæ, seu, si mavis, sermones sive conciones ad populum, præstantissimorum Ecclesiæ Doctorum Hieronymi, Augustini, Ambrosii, Gregorii, Origenis, Chrysostomi, Bedæ, Herici, Haymonis, aliorumque, tam de Tempore quàm de Sanctis, in hunc ordinem digestæ per Alchuinum Levitam, idque ei injungente Carolo Magno Ro. Imp. cui à secretis fuit. — Adjectis ejusdem Alchuini de Trinitate libris tribus.
Parisiis. 1537. J. Parvus. 1 vol. in-fol.

4027. — Bibliotheca sanctorum et antiquorum Patrum concionatoria, in qua omnium ferè Patrum et antiquorum Doctorum ad annum MD conciones, homiliæ, orationes et ejusmodi alia summatim exposita, servato ordine temporis et festorum Ecclesiæ proponuntur. Primum à R. P. *Petro* Blanchot, postea

à R. P. *Michaele* DE LA NOVE collecta... 3ᵃ ed. à R. P. *Petro* PIJARTIO locupletata...
Trecis. Parisiis. 1654. Clouzier. 1 vol. in-fol.

4028. — Bibliotheca Patrum concionatoria, hoc est anni totius Evangelia, Festa dominica, Sanctissimæ Deiparæ, illustriorumque Sanctorum solennia, Patrum symbolis, tractatibus, panegyricis... illustrata.... Opera et studio F. *Francisci* COMBEFIS.
Parisiis. 1662. Bertier. 8 vol. in-fol.

4029. — Recensiti auctores Bibliothecæ Patrum concionatoriæ, in iis, ob iter ferè insinuata, strictimque delibata Cyriacorum immunitas, à censura ementiti auctoris, Petri de Valle Clausâ. F. *Fr.* COMBEFIS prolusit, necessariàque satisfactione reposuit.
Parisiis. 1662. Foucault. 1 vol. in-8°.

4030. — EPIPHANII Episcopi, HESYCHII et CHRYSIPPI, presbyterorum Hierosolymitanorum sermones aliquot, de laudibus beatissimæ virginis Mariæ deiparæ, è græca in latinam linguam versi. Opera *Joannis* PICI. (Græc.-lat.).
Parisiis. 1565. Vid. Guil. Morelii. 1 vol. in-8°.

4031. — Très-rares discours à prescher durant le sainct temps de l'Advent. Recueillis de divers pieux et doctes personnages de ce temps, et rassemblez en un volume par le R. P. *Anthoine* LOZIER. (Sermons de Dom *Gab.* FIAMMA, du R. P. *Arnould* SORBIN, du R. P. *Philippes* DU BEC).
Paris. 1610. Fouet. 1 vol. in-8°.

4032. — Sermons et panégyriques de Saints. Recueil factice. 1 vol.. in-4°, contenant :

1. — Actions publiques de M. *Estienne* GRAS.
Montpellier. 1655. Pech.

2. — Sermon panégyrique récité en l'honneur du glorieux S. Joseph en l'église des incurables à Paris, l'an 1665, la Reyne présente. Par Mᵉ *Mathieu* DE MORGUES Sieur de S. GERMAIN.
Paris. 1665. Cramoisy.

3. — Panegyrique de la Bienheureuse Rose, prononcé à Rome dans l'église de la Minerve, par le très-rev. P. *Jean-Paul* Oliva, et traduit de l'italien (par le P. *Dominique* Bouhours).
Paris. 1669. Seb. Mabre. Cramoisy.

4. — Panégirique de S. Thomas d'Aquin. Prononcé le jour de sa fête, le 7 mars 1697; dans l'église des FF. Précheurs de Toulouse. Par le R. P. Fejacq.
Toulouse. 1697. J. et A. Pech.

5. — Le triomphe de Saint Pie, Pape V[e] de ce nom, ou sa Vie et sa Canonization. Par le R. P. Laplace.
Paris. 1713. J. Edouard. Fig.

6. — Panégyrique de S. Augustin, prêché dans l'église des Grands Augustins, le 28 aoust 1730. Par M. l'Abbé Seguy.
Paris. 1730. Coignard.

7. — Panégyrique de Saint François d'Assise, prononcé dans l'église du Grand convent des R. P. Cordeliers de Paris, le 4 octobre 1732. Par le Père Poisson.
Paris. 1733. Josse.

8. — Reflexions du P. Poisson sur le Journal des sçavans pour le mois de juin 1733. Article du panégyrique de S. François d'Assise.

9. — Discours de la conception immaculée de la saincte Vierge : récité dans l'église métropolitain de Sainct Estienne de Tolose, le 8 décembre 1661. (Par le P. Allemand).
Tolose. 1662. Boude. in-4°.

4. — *Prédicateurs Grecs.*

Nous croyons inutile de rappeler ici les noms de tous les Pères grecs qui ont écrit des sermons ou des homélies ; le lecteur saura les trouver ; il consultera d'ailleurs les N°˚ 4027 et 4028.

" — Decem et septem excellentissimorum theologorum declamationes, in præcipuis Christi servatoris festis ..
Voyez : N° 3395.

4033. — Sermones ingeniosissimi ac sanctissimi patris Ephrem Edissene ecclesie dyaconi, per fratrem Ambrosium de greco in latinum conversi.
Parisiis. 1505. Jehan Petit. 1 vol. in-4°.

4034. — Ex libris D. Basilii Archipiscopi Cæsareæ Cappadociæ, orationes de moribus xxiiii. Simone magistro ac logotheta auctore. (Græcè).
Parisiis. 1556. G. Morelius. 1 vol. in-8°.

4035. — Ethica sive de civili sapientia Christianorum sermones græcolatini XXIV. in locos communes redacti à SIMEONE magistro et sacri palatii imperialis quæstore. Collecti autem ac congesti ex scriptis D. BASILII *Magni*. Nunc primum ex Mss codd. eruti, et in lucem editi, interprete *Stanislao* ILOVIO.
Francofordiæ. 1611. Kopffius. 1 vol. in-8o.

4036. — Homilies de S. BASILE le Grand sur l'Hexaemeron, c'est à dire : sur les six jours de la première sepmaine, ou création du monde. Mises de grec en françois par Fr. JEAN DE S. FRANÇOIS (GOULU).
Paris. 1616. De Heuqueville. 1 vol. in-8°.

4037. — Sermons de S. BASILE le Grand. Avec les sermons de saint ASTERE, Evêque d'Amasée. Traduits du grec. (Par J. B. MORVAN DE BELLEGARDE).
Paris. 1691. Pralard. 1 vol. in-8°.

4038. — Sermons de Saint GREGOIRE de Nazianze, surnommé le Théologien, traduits du grec, avec des notes. (Par J. B. M. DE BELLEGARDE).
Paris. 1693. Pralard. 2 vol. in-8°.

4039. — S. Patris MACARII Ægyptii homiliæ quinquaginta : interprete *Joanne* PICO.
Parisiis. 1562. Morelius. 1 vol. in-8°.

4040. — XXVI homelies de sainct JEAN CHRYSOSTOME. Traduictes en françois, par *François* JOULET, Sieur de CHASTILLON et doyen d'Evreux.
Paris. 1621. L'Angelier. 1 vol. in-8°.

4041. — Homélies ou sermons de saint JEAN CHRYSOSTOME au peuple d'Antioche, augmentez en cette seconde édition des homélies sur l'incompréhensibilité de Dieu, contre les Anoméens ; avec les Panégyriques des saints Philogène, Juventin et Maxime, et de sainte Pélagie. Par M. de MAUCROIX.
Paris. 1689. Pralard. 1 vol. in-8°.

4042. — Sermons choisis de S. JEAN CHRYSOSTOME, traduits du grec. (Par *J. B. M.* de BELLEGARDE).
Paris. 1690. Pralard. 2 vol. in-8°.

4043. — Les homélies ou sermons de S. Jean Chrysostome sur la Genèse. (Traduits par M. de Bellegarde).
Paris. 1702. Pralard. 2 vol. in-8°.

4044. — Les panégyriques des Martyrs, par S. Jean Chrysostome, traduits du grec. Avec un abregé de la vie de ces mêmes Martyrs. Par le R. P. (*Joseph* Duranti) de Bonrecueil.
Paris. 1735. Osmont. 1 vol. in-8°.

" — S. P. N. Cyrilli homiliæ xix in Ieremiam.
          Voyez : N° 724.

" — S. P. N. Cyrilli sermones paschales trigenta.
          Voy. : N° 347.

4045. — B. Theodori Studitæ, Abbatis et Confessoris, sermones catechetici cxxxiv, in anni totius festa. — Ejusdemque testamentum. — De græcis latini facti, ac notis illustrati : à *Joanne* Livineio. — Accesserunt Homiliæ S Eucherii, falsò hactenus Eusebio *Emisseno* attributæ.
Antuerpiæ. 1602. Bellerus. 1 vol. in-8°.

4046. — Nicetæ laudatio sanctorum archangelorum Michaelis et Gabrielis. Prodit nunc primùm à *Petro* Possino latinitate et luce donata.
Tolosæ. 1637. Colomerius. 1 vol. in-8°.

5. — *Prédicateurs latins.*

Le lecteur devra consulter les ouvrages des Pères latins.

4047. — Discours de S. Victrice, Evêque de Rouen, à la louange des Saints et de leurs reliques, traduit en francois (par l'Abbé J. B. Morel) sur un très ancien manuscrit de la célèbre Abbaye de S. Gal près du lac de Constance, et suivi du texte latin. (Publié par l'Abbé *André* Mignot).
Auxerre. 1763. Fournier. 1 vol. in-8°.

4048. — Preclarissima et inestimabilis doctrine atque utilitatis Divi *Aurelii* Augustini sermonum opera...
Parrhisiis. 1520. Rembolt. 1 vol. in-fol.

4049. — S. *Aurelii* Augustini sermones novi numero xl.

Ex diversis antiquis exemplaribus collecti. Studio et opera *Jacobi* SIRMONDI.
Parisiis. 1631. Seb. Cramoisy. 1 vol. in-8°.

4050. — Les sermons de S. AUGUSTIN sur le nouveau Testament, traduits en francois, sur l'édition latine des P P. B B. Par M. DU BOIS....
Paris. 1694. Coignard. 4 vol. in-8°.

4051. — Sermons de S. LEON Pape surnommé LE GRAND. Traduits sur l'édition latine du R. P. Quesnel (par J. B. M. DE BELLEGARDE).
Paris. 1698. Pralard. 1 vol. in-8°.

** — Liber quadraginta omeliarum beati GREGORII pape de diversis lectionibus Evangelii. Voyez : N° 737.

4052. — Les Omelies sainct GREGOIRE.
Paris. 1521. Jehan Petit. 1 vol. in-4°.

4053. — Les quarante homilies ou sermons de S. GREGOIRE LE GRAND, Pape, sur les Evangiles de l'année. Traduits en francois (par le Duc DE LUYNES).
Paris. 1665. P. Le Petit. 1 vol. in-4°.

** — D. ABSALONIS sermones festivales eruditi.. Voy. : N° 528.

4054. — Sermons du tems de S. BERNARD, premier Abbé de Clairvaux. Nouvellement traduits en françois, par le R. P. Dom ANTOINE DE S. GABRIEL.
Paris. 1677. De Bresche. 1 vol. in-8°.

4055. — Sermons de S. BERNARD sur les festes des Saints. Nouvellement traduits en francois, par le R.P. Dom ANTOINE DE S. GABRIEL.
Paris. 1678. De Bresche. 1 vol. in-8°.

4056. — Les sermons de S. BERNARD sur le Cantique des cantiques. (Traduits par *Pierre* LOMBERT). N° éd.
Lyon. 1686. Plaignard. 2 vol. in-8°.

4057. — Les sermons de S. BERNARD sur le Pseaume : *Qui habitat in adjutorio...* Avec les deux sermons de S. AUGUSTIN sur le mesme Pseaume, traduits en francois. (Par l'Abbé G. LE ROY).
Paris. 1659. Savreux. 1 vol. in-8°.

4058. — Fasciculus moralitatis vener. Fr. CAESARII Heisterbacensis monachi (homilias dominicales complectens). — Ejusdem homiliæ festivæ. Per R. P. F. *Joannem Andream* COPPENSTEIN. Nunc primum ex pervetusto Ms. cod. ad typos eloborata...
Coloniæ Agripp. 1615. Henningius. 4 en 1 vol. in-4°.

— Passionis Domini nostri Jesu Christi quadripartitæ prædicatio quadrihoraria : compilata digestaque succintè... per R. P. F. *J. And.* COPPENSTEIN.
Coloniæ Agripp. 1615. Henningius. in-4°.

4059. — R. P. *Jacobi* DE VITRIACO. S. R. E. Card. Sermones in Epistolas et Evangelia dominicalia totius anni...
Antuerpiæ. 1575. Stelsius. 1 vol. in-fol.

4060. — *Philippi* DE GREVE, in Psalterium Davidicum CCCXXX Sermones.
Parisiis. 1523. Badius Ascensius. 2 en 1 vol. in-8°.

4061. — Quadragesimales Sermones S. ANTONII *de Padua*. — Sequuntur sermones de Sanctis.
Parisiis. 1521. Badius Ascensius. 1 vol. in-8°.

4062. — D. THOMÆ DE AQUINO sermones valde pii et docti pro dominicis et festivis diebus, ex bibliotheca Vaticana nunc primum editi. — Additum est eximium opusculum de venerabili Sacramento Altaris.
Parisiis. 1578. Nivellius. 1 vol. in-8°.

4063. — Sermones triplices et quadruplices per omnes dominicas totius anni. Auctore *Guilhelmo* PERALDO.
Coloniæ. 1629. Boetzerus. 1 vol. in-4°.

4064. — Seraphici doctoris sancti BONAVENTURE Sermones de tempore et sanctis cum communi sanctorum.
Haganaw. 1496. 1 vol. in-4°.

4065. — B. ALBERTI MAGNI Ratisb. Episcopi sermones in dominicas festaque per annum... Recogniti et ex prototypo reproducti, operâ R. P. F. *Joan. And.* COPPENSTEIN. — Accessit ejusdem, (quia Albertina deerat) Coppensteiniana prædicatio quadrihoraria Passionis dominicæ.

— B. Alberti Magni Eucharisticum, sive sermones de SS. Eucharistia planè divini. Dati ad prælum... operâ R. P. F. *J. A.* Coppenstein.
Moguntiæ. 1615. Albinus. 1 vol. in-8°.

4066. — R. P. F. *Jacobi* de Voragine sermones in dominicas et festa per annum. Aliàs illustrati studio R. P. F. *Rudolphi* Clutii...
Lugduni. 1687. Martin. 2 vol. in-8°.

4067. — R. P. F. *Jacobi* De Voragine sermones aurei de præcipuis Sanctorum festis quæ in Ecclesia celebrantur : à vetustate et innumeris propè mendis repurgati, aliàs per R. P. F. *Rud.* Clutium.
Lugduni. 1688. Martin. 2 vol. in-8°.

4068. — R. R. P. F. *Jacobi* de Voragine sermones in dominicas et ferias quadragesimæ aliàs illustrati studio R. P. F. *Rud.* Clutii.
Lugduni. 1688. Martin. 1 vol. in-8°.

4069. — R. P. F. *Jacobi* de Voragine Mariale. De laudibus Deiparæ Virginis, ordine et artificio alphabetico ex manuscripto vetustissimo codice recens compilatum... Operâ et industriâ R. P. F. *Rud.* Clutii.
Lugduni. 1688. Martin. 1 vol. in-8°.

4070. — Sermones dominicales ex epistolis et evangelys atque de sanctis secundum Ecclesie ordinem Wilhelmi Cancellary parisiensis.
Thubinge. 1499. J. Otmar. 1 vol. in-fol.

4071. — Convivium quadragesimale, hoc est conciones et sermones tam sacri quam suaves singulis totius Quadragesimæ feriis et dominicis earundemque Evangeliis et Epistolis correspondentes. Auctore R. P. F. Joanne a S. Geminiano.
Coloniæ. 1612. Butgenius. 1 vol. in-8°.

4072. — Conciones funebres F. Joannis de Sancto Geminiano. Opus... in lucem emissum studio et diligentia magistri *Joachimi* Forgemoultii.
Parisiis. 1611. Nivellius. 1 vol. in-8°.

4073. — Sermones dominicales et festivales per totum anni circulum, per Rev. Pat. Fr. *Jacobum* DE LAOSANA,
Parisiis. 1530. Girault. 1 vol. in-8º.

4074. — Sermones dominicales Rev. Pat. *Nicolai* ab AQUÆ-VILLA, quos ob sententiarum pondera Ven. Bedæ in antiquo exemplari falso ascriptos deprehendimus.
Parisiis. 1519. Badius Ascensius. 1 vol. in-4º.

4075. — Sermones de sanctis per annum... editi à fratre *Hugone* DE PRATO FLORIDO.
Parisiis. 1542. Oudinus Petit. 1 vol. in-8º.

4076. — ALBERTI *Patavini* in Evangelia totius anni dominicalia, inque Evangelia sanctorum aliquot, utilissimæ conciones.
Parisiis. 1544. Aud. Parvus. 1 vol. in-8º.

4077. — Sermones sive enarrationes in Evangelia, de Tempore, ac Sanctorum festis, et Epistolas quadragesimales, qui *Thesaurus novus* vulgò vocantur. *Petro* DE PALUDE authore.
Lugduni. 1575-1576. G. Rovillius. 3 vol. in-8º.

4078. — Dominicale fratris *Philippi* DE MONTE CALERIO (abbreviatum per F. *Jonselmum* DE CANOVA). — Ejusdem quadragesimale.
Lugduni. 1515. Jacobus Myr. 1 vol. in-8.

4079. — F. *Armandi* DE BELLOVISU sermones plane divini assumptis ex solo Psalterio Davidico thematis: per totum fere anni circulum declamabiles...
Lugduni. 1525. J. Moylin alias de Cambray. 1 vol. in-8º.

4080. — Fundamentum aureum omnium totiusque anni sermonum magistri *Nicolai* DE GORRA...
Parisiis. 1523. De Marnef. 1 vol. in-8º.

— Conciones breves ac familiares, in duodecim articulos fidei, baptismi sacramentum, decem legis divinæ præcepta, Eucharistiæ et Matrimonii sacramentum, in misericordiæ opera, et septem peccata capitalia, ex sacris Scripturis et veterum Patrum authoritatibus elaboratæ. Per D. *Jo.* CHEVERINUM.
Rhemis. 1578. Fognœus. in-8º.

— Sermones de Adventu, tam dominicales quam feriales, à reverendo patre domino *Johanne* Cleree declamati, rursusque emaculati, ac denuo circiter tempus ipsum adventus impressi MCCCCCXXIX.
Parrhisiis. 1529. De Marnef. in 8°.

4081. — Sermones electissimi sancti Vincentii Ferrariensis per tempus estivale.
Coloniæ. 1485. 1 vol. in-fol.

4082. — Compendiosa quidem sed utilis sermonum quinquaginta super dominicam orationem compilatio... devotissimi preclarissimique viri ac domini Hermanni cognomento de Petra...
S. n. n. l. n. d. 1 vol. in-8°.
Quelques feuillets manquent au commencement.

4083. — Idem opus.
Lovanii. 1484. Joannes de Westfalia. 1 vol. in-fol.

4084. — Divinum ac proinde inestimabile, sed et omnium que hucusque de christifera virgine scripta sunt, preclarissimum Mariale opus à *Santio* Porta.. feliciter editum...
— Sanctorale vel sermones de sanctis venerabilis *Santii* Porta sacri ordinis predicatorum...
— Venerabilis *Santii* de Porta introductiones naturales non infructuose lectionis, in sermones tum de tempore, tum de sanctis.
Lugduni. 1517. J. Cleyn. 1 vol. in-4°.

4085. — Sermones quadragesimales fratris *Johannis* Gritsch, una cum registro sermonum de tempore, et de sanctis, per totum anni circulum.
Lugduni. 1506. Huguetan. 1 vol. in-4°.
— Tractatus Ricardi *de Sancto Victore* qui dicitur Benjamin minor.
Parisius. 1489. in-4°.

4086. — Sancti Bernardini *Senensis* opera omnia synopsibus ornata, postillis illustrata, necnon variis tractatibus, præcipuè eximiis in Apocalypsim

commentariis locupletata. Opera et labore R. P. *Johannis* DE LA HAYE.
Lugduni. 1650. Huguetan. 5 en 2 vol. in-fol.

4087. — Sermones discipuli. — Opus perutile simplicibus curam animarum gerentibus : per venerabilem et devotum *Johannem* HEROLT, de tempore et de sanctis, cum promptuario exemplorum atque tabulis collectum Discipulus nuncupatum.
S. l. 1493. Mathias Huss. 1 vol. in-4°.

4088. — Questiones super evangelia de tempore *Johannis* DE TURRECREMATA.
Nurimberge. 1478. Fr. Creussner. 1 vol. in-fol.

4089. — Questiones evangeliorum tam de tempore quam de sanctis collecte per reverendum dominum *Johannem* DE TURRECREMATA.

— Materia aurea enucleata ex originalibus virtutum et vitiorum, flos theologie nuncupata, secundum ordinem alphabeti pro sermonibus applicabilis tam de tempore quam de sanctis totius anni.
Basilee. 1481. Eberhardus Fromolt. 1 vol. in-fol.

4090. — Sermones quadragesimales de legibus eximii... fratris *Leonardi* DE UTINO.
Parisius. 1478. M. Udalricus et Michael. 1 vol. in-fol.

4091. — Sermones aurei de sanctis fratris *Leonardi* DE UTINO.
S. n. n. l. 1473. (Colonie). 1 vol. in-fol.

4092. — D. DIONYSII *Carthusiani* Epistolarum ac Evangeliorum Dominicalium totius anni enarratio, adjunctis homiliis et sermonibus variis tam ad plebem quam ad religiosos....
Parisiis. 1544. Amb. Girault. 2 en 1 vol. in-fol.

4093. — Fructuosissimi atque amenissimi sermones F. *Gabrielis* BARELETE, a toto verbisatorum cetu diu desiderati. Summa cura, multis sumptibus, et tum ab Italia tum Germania Galliaque collatis exemplaribus,.. in usum publicum prodeunt.
Parrhisiis. 1518. Jehan Petit. 1 vol. in-8°.

— Divini eloquii preconis celeberrimi fratris *Oliverii* MAILLARDI sermones dominicales, una cum aliquibus aliis sermonibus valde utilibus.
Parrhisiis. 1515. J. Petit. in-8°.

— Fructuosi sermones de adventu precellentis verbi divini preconis fratris *Oliverii* MAILLARDI.. Parisius in sancto Johanne de Gravia proclamati anno Domini M. CCCCXCIIII...
Parisius. 1515. J. Petit. in-8°. Incomplet.

— Quadragesimale opus declamatum Parisiorum urbe ecclesia sancti Johannis in Gravia: per venerabilem Patrem... fratrem *Oliverium* MAILLARDI.
Parisiis. 1516. Mich. Lesclencher. in-8°.

— Passio domini nostri Jesu Christi a reverendo P. *Oliverii* MAILLARD Parisius declamata.
Parisius. s. d. Jehan Petit. in-8°.

4094. — Fructuosissimi atque amenissimi sermones F. *Gabrielis* BARELETE....
Parrhisiis. 1527. Jehan Petit. 1 vol. in-8°.

4095. — Sermones quadragesimales venerabilis fratris *Johannis* AQUILANI merito vitiorum lima nuncupati.
Parisiis. 1508. Fr. Regnault. 1 vol. in-8°.

4096. — Sermonarium triplicatum per adventum, in quo tractatur de peccato in generali, et per duas quadragesimas, in quarum una tractatur de tribus peccatis principalibus superbia videlicet, luxuria et avaricia cum speciebus et filiabus suis. In alia vero de reliquis quatuor peccatis capitalibus, gula videlicet, accidia ita et invidia cum speciebus ac etiam filiabus suis diffuse discribitur. Quod quidem conpilatum est per venerabilem fratrem MICHAHELEM *de Mediolano*.
Basilee. 1479. M. Wensler. 1 vol. in-fol.

4097. — Sermonarium de commendatione virtutum et reprobatione vitiorum per R. P. Patrem *Michaelem* DE CARCANO.
Mediolani, 1495. Uldericus Scinzenzeler. 1 vol. in-4°.

4098. — *Roberti* DE LICIO predicationes a prima dominica de adventu quottidie inclusive usque ad quartam, et de festivitatibus a nativitate domini usque ad epiphaniam cum nonnullis aliis suis predicationibus.— (Sequitur *Dominicus* BOLLANUS in questionem de conceptione gloriosissime virginis Marie).
S. n. n. l. n. d. 1 vol in-fol.

4099. — Sacre theologie magistri necnon sacri eloquii preconis celeberrimi fratris *Roberti* DE LICIO opus quadragesimale... quod de penitentia dictum est.
S. n. n. l. n. d. initiales peintes. 1 vol. in-fol.

4100. — Sermones *Gabrielis* BIEL de festivitatibus Christi.
— De festivitatibus gloriose virginis Marie.
S. n. n. l. 1499. 1 vol. in-4°.

4101. — Sermones dominicales de tempore tam hyemales quam estivales *Gabrielis* BIEL. Dominice singule habent duos sermones. — Sermones medicinales contra pestem epidimie.— Tractatulus Defensorium obedientie apostolice intitulatus.
Hagenaw. 1515. H. Gran. 1 vol. in-4.

4102. — Sermones *Gabrielis* BIEL de festivitatibus Christi.
— Passionis dominice sermo historialis notabilis atque preclarus venerabilis domini *Gabrielis* BIEL.
Hagenaw. 1515. Henricus Gran. in-4°.

4103. — Sermones *Gabrielis* BIEL de festivitatibus gloriose virginis Marie.
— Sermones de sanctis magistri *Gabrielis* BIEL.
Hagenaw. 1515. Henricus Gran. 1 vol. in-4°.

4104. — Sermones quadragesimales thesauri novi.
Nuremberge. 1496. Anth. Koburger. in-fol.
— Sermones thesauri novi de sanctis.
Nuremberge. 1496. Anth. Koburger. 1 vol. in-fol.

4105. — Sermones notabiles atque per utiles de sanctis per circulum anni, quibus ab editore suo doctore et predicatore famosissimo nomen ut Thesaurus novus intitulent inditum est.
1 vol. in-fol. incomplet.

4106. — Paratus de tempore, continens evangeliorum de tempore expositiones necnon de tempore epistolarum sermones. — Paratus continens sermones de sanctis per circulum anni.
s. n. n. l. n. d. 1 vol. in-fol.

4107. — Sermones venerabilis magistri *Nicolai* DE BLONY valde deservientes populo, sed et clero utcunque docto eos digne legenti, predicanti, aut audienti, de tempore et de sanctis.
Argentine. 1495. 1 vol. in-fol.

4108. — Opus sermonum dominicalium de epistolis per anni circulum in duas partitum partes. s. Hyemale et Estivale : una cum sermonibus de dedicatione collectum et predicatum in conventu Osnaburgensi per eximium sacre theologie lectorem *Gotschalcum* HOLEN. — Inserti sunt pro die veneris sancta duo subtilissimi sermones per modum dialogi inter Christum et latronem atque Cain : una cum uno sermone in sabbato sancto Pasce egregii doctoris patris *Joannis* DE SANCTO GEMINIANO....
Hagenaw. 1517. Henricus Gran. 1 vol. in-fol.

4109. — Sermones Pomerii *Fratris* PELBARTI *de Themeswar* de tempore.
Argentine. 1500. Joan. Knoblouch. 1 vol. in-fol.

— Stellarium corone benedicte Virginis Marie.
Argentinæ. 1505. Knoblouck. in-fol.

4110. — Sermones quadragesimales Pomerii Fratris PELBARTI *de Themeswar*.
Hagenaw. 1502. Henricus Gran. 1 vol. in-fol.

— Stellarium corone benedicte virginis Marie in laudem ejus pro singulis predicationibus elegantissime coaptatum.
Hagenaw. 1502. Henricus Gran. in-fol.

4111. — Sermones Pomerii de sanctis comportati per F. PELBARTUM *de Themeswar*.
Hagenaw. 1500. Hen. Gran. 1 vol. in-fol.

4112. — Rosarium sermonum predicabilium ad faciliorem predicantium commoditatem noviter compilatum : in quo quiquid preclarum et utile in cunctis sermonariis usque in hodiernum editis continetur, hic ingeniose enucleatum atque solerti cura collectum invenies. (Per fr. BERNARDINUM *de Busti*).
Lugduni. 1513. Joan. Cleyn. 2 vol. in-4°.

4113. — Mariale eximii viri BERNARDINI *de Busti* de singulis festivitatibus beate Virginis per modum sermonum tractans....
Lugduni. 1502. J. Cleyn. 1 vol. in-4.

4114. — Divini eloquii preconis celeberrimi fratris *Oliverii* MAILLARDI sermones dominicales : una cum aliquibus aliis sermonibus valde utilibus.
— Divini eloquii preconis celeberrimi fratris *Oliverii* MAILLARDI sermones de adventu.
— Quadragesimale opus declamatum Parisiorum urbe ecclesia sancti Johannis in Gravia : per ven. patrem.. fratrem *Oliverium* MAILLARDI.
Lugduni. 1498. Johannes de Vingle. 1 vol. in-4°.

4115. — Summarium quoddam sermonum de Sanctis per totum anni circulum, simul et de communi sanctorum, et pro defunctis : hactenus nusquam impressorum Reverendi patris fratris *Oliverii* MAILLARD.
— (Una cum expositione devotissima super salutatione angelica).
Paris. 1507. Jehan Petit. 1 vol. in-8°.

4116. — Sermones quadragesimales magistri *Joannis* CLEREE.
Parrhisiis. 1524. Fr. Regnault. 1 vol. in-8°.

4117. — Hortulus reginæ, sive sermones MEFFRETH. 2ᵉ edit.
Monachii. 1614. Henricus. 3 vol. in-4°.

4118. — Preclarissimi viri *Bonifacii* DE CEVA.. sermones quadragesimales inter declamandum excerpti...
Parisius. 1517. B. Rembolt. 1 vol. in-4°.

4119. — Sermones hortuli conscientie fratris *Petri* DORBELLI super epistolas quadragesime.
Parisius. 1518. J. Petit. 1 vol. in-8°.

4120. — Liber beate Dei genitricis semper Virginis Marie, et sancti Joannis Baptiste Ecclesie Premonstratensis. — In codice isto continentur libri tres. — Primus est de ordine et habitu atque de professione canonicorum ordinis Premonstratensis, sermones XIIII continens. — Secundus de tripartito tabernaculo... — Tertius vero de triplici tractat genere contemplationis... (Autore Fr. ADA ord. Prem).
Parrhisiis. 1518. Eg. de Gourmont. 1 vol. in-fol.

— Sermones Joannis *Geileri* KEISERSPERGII de arbore humana. — De XII excellenciis arboris crucifixi. — De XII fructibus spiritus sancti. — De morte sub typo majoris villani arborum cesoris. — De morte virtuali. — De disposatione ad felicem mortem... — De XXIIII obsequiis mortuis impendendis.
Argentine. 1519. J. Grunniger. in-fol.

— ALEXANDRI ALENSIS destructorium vitiorum.
Parisius. 1521. J. Ferrebouc. in-fol.

4121. — Sermones quadragesimales de peregrinatione generis humani a venerabili patre fratre *Joanne* REYNARDI... editi....
Lugduni. 1518. J. De la Place. 1 vol. in-8°.

— Sermones quadragesimales de infirmitatibus generis humani, editi ab eodem fr. *J.* REYNARDI.
Lugduni. 1518. De la Place. in-8°.

4122. — R. P. F. *Joannis* RAULIN sermones de adventu.
Antuerpiæ. 1612. Bellerus. 1 vol. in-4°.

4123. — R. P. F. *Joannis* RAULIN sermonum quadragesimalium pars prima et secunda.
Antuerpiæ. 1612. Bellerus. 2 vol. in-4°.

4124. — R. P. D. *Joannis* RAULIN sermonum de sanctis pars prima.
Antuerpiæ. 1611. Bellerus. 1 vol. in-4°.

4125. — Sermones dominicales perutiles a quodam fratre Hungaro (MICHAELE *de Hungariis*) ordinis Minorum de observantia comportati: *Biga salutis* intitulati.
Hagenaw. 1516. Henr. Gran. 1 vol. in-4°.

4126. — Navicula penitentie, per excellentissimum sacre paginę doctorem *Joannem* Keyserspergium predicata. A *Jacobo* Otthero collecta.
Argentorati. 1517. Matthias Schurer. 1 vol. in-4°.

— Navicula sive speculum fatuorum *Joannis Geiler* Keysersbergii, a *Jacobo* Otthero collecta. — Compendiosa vite ejusdem descriptio per *Beatum* Rhenanum.
Argentorati. 1513. J. Knoblouch. 1 vol. in-4°.

4127. — Sermones quadragesimales R. patris F. *Michaelis* Menoti, ab ipso olim Parisiis declamati...
Parisiis. 1530. Joa. Petit. 1 vol. in-8°.

4128. — Fratris *Petri* ad Boves aureorum sermonum nusquam alias impressorum partes tres.
Lugduni. 1520. Ja. Mareschal. 1 vol. in-8°.

4129. — Rosa aurea, seu margarita theologica, omnia totius anni Evangelia complectens, Authore *Silvestro* (Mozolino) à *Prierio*.
Lugduni. 1551. Hæredes Juntæ. 1 vol. in-8°.

4130. — Hortus concionatorum, sive prædicator generalis mysticus et moralis, in omnes dominicas et festa totius anni, et ferias Quadragesimæ. Auctore R. P. *Guilielmo* Pepin.
Antuerpiæ. 1636-1656. Gymnicus. 9 en 4 vol. in-4°.

** — La 8ᵉ partie a pour titre : Rosarium aureum B. Mariæ virginis; et la 9ᵉ : Elucidatio in Confiteor.

4131. — Pars occidentalis in accommodas hisce temporibus Evangeliorum quadragesimalium expositiones, incipiens à dominica Septuagesimæ usque ad feriam secundam Resurrectionis. Suntque septem sermones beatæ Mariæ sub hoc. *Beatus venter qui te portavit*, pro diebus sabbatinis: et passio compassionis Christi, per F. *Franciscum* ab Ossuna in lucem prodita.
Parisiis. 1546. Gaultherot. 1 vol. in-8°.

4132. — Enarrationes Evangeliorum per sacrum quadragesimæ tempus occurrentium, authore fratre *Nicolao* Herborn ...
Antuerpiæ. 1533. Hillenius. 1 vol. in-8°.

4133. — Sermones *Judoci* Clichtovei.
Parisiis. 1534. Thiel. Kerwer. 1 vol. in-fol.
" — De immensa Dei misericordia D. Erasmi concio. — Ejusdem concio de puero Jesu.
Voyez : N° 2818.

4134. — D. *Joannis Justi* Lanspergii in omnes totius anni Dominicales Epistolas et Evangelia paraphrases et exegeses catholicæ, adhibitis ad singulas dominicas concionibus singulis, interdum binis....
Coloniæ. 1554. Novesianus. 1 vol. in-fol.

4135. — D. *Joannis Justi* Lanspergii in omnes Epistolas et Evangelia quæ quidem in festivitatibus sanctorum per totius anni decursum in Ecclesiis recitantur, paraphrases et exegeses singulis sermonibus uniquilibet festivitati adhibitis....
Coloniæ. 1554. Novesianus. 2 en 1 vol. in-fol.

— D. *Joannis Justi* Lanspergii conciones parænéticæ quas habuit in præcipuis anni sanctorumque solennitatibus....
Coloniæ. 1554. Novesianus. in-fol.

4136. — *Claudii* Guilliaudi homiliæ quadragesimales....
Parisiis. 1568. M. de Roigny. 1 vol. in 8°.

4137. — Homiliarum doctiss. viri *Joannis* Eckii adversus quoscunque nostri temporis hæreticos, super Evangelia de tempore (tomi I et II).
Parisiis. 1546-1549. A. Parvus et J. Roigny. 2 vol. in-8°.

— Tomus III qui est pecu1ariter de Sanctis.
Parisiis. 1538. J. Parvus. in-8°.

— Tomus IV, de septem Ecclesiæ sacramentis.
Parisiis. 1555. Cl. Formica. in-8°.

4138. — Homiliarum F. *Johannis* Royardi in omnes Epistolas et Evangelia dominicalia per totius anni decursum... tomi duo.
Coloniæ. 1550. Novesianus. 2 en 1 vol. in-fol.

4139. — Homiliæ in Evangelia feriarum quadragesimæ juxta literam, per fratrem *Joann.* Royardum jam primùm æditæ. — Adjecta est Apologia contra zelotem. — Item Soliloquium, seu formula Deum precandi.

— Homiliæ in omnes Epistolas feriales quadragesimæ juxta literam, per fratrem J. Royardum æditæ....
— Enarratio passionis Domini nostri Jesu Christi, secundum utriusque testamenti scripturas, per fratrem J. Royardum ædita...
Parisiis. 1554. J. Macceus. 1 vol. in-8°.

4140. — Homiliæ per festivitates Sanctorum, per Fratrem Joannem Royardum.
Parisiis. 1544. Aud. Parvus. 2 en 1 vol. in-8°.

4141. — R. P. ac D. D. *Friderici* Nauseæ homiliarum Evangelicæ Veritatis centuriæ quatuor.
Coloniæ. 1558. Quentel. 1 vol. in-fol.
— Sermones adventuales *Friderici* Nauseæ tam de tempore quam de sanctis. — Sermonum adventualium liber i. — Sermonum priorum quadragesimalium lib. i.— Sermonum posteriorum quadragesimalium lib. i.— Sacrarum homiliarum fragmentorum lib. i.
Coloniæ. 1536. Quentel. in-fol.

4142. — Illustrissimi ac reverendissimi D. *Thomæ* a Villanova concionum sacrarum tomi duo.
Coloniæ Agrippinæ. 1619. Boetzerus. 2 en 1 vol. in-4°.

4143. — *Joannis* Docæi homiliæ seu enarrationes in omnes totius anni Dominicas, necnon et festa occurrentia, in quatuor partes digestæ.
Parisiis. 1560. Perier. 1 vol. in-4°.

4144. — Christiani hominis institutio, adversus hujus temporis hæreses, et morum corruptiones, quinquaginta homiliis quadragesimalibus distincta. Authore *Stephano* Paris, Episcopo Abellonensi.
Parisiis. 1552. Gaultherotius. 1 vol. in-4°.

4145. — Homiliæ in Evangelia dominicalia. Authore F. *Henrico* Helmesio Germipolitano.
Parisiis. 1552. Aud. Parvus. 2 en 1 vol. in-8°.

4146. — Homiliarum F. *Henrici* Helmesii in Epistolas et Evangelia de sanctis per totum anni circulum.
Lugduni. 1574. Pesnot. 1 vol. in-8°.

4147. — Homiliæ in Evangelia, quæ in dominicis et aliis festis diebus leguntur per totum annum. Ex S. Patribus, neotericisque orthodoxis scriptoribus, magno studio collectæ per *Renhardum* LUTZ.
Antuerpiæ. 1559. J. Latius. 1 vol. in-16.

4148. — Sermones dominicales moralissimi et ad populum instruendum exquisitissimi jam pridem a venerabili magistro *Johanne* QUINTINI visi et ordinati, nuper vero a magistro *Ludovico* VASSORIS recogniti.
Parisiis. 1540. J. Petit. 1 vol. in-8°.

4149. — *Isidori* CLARII in Evangelium secundum Lucam orationes quinquaginta quatuor...
Venetiis. 1565. Franciscius. 1 vol. in-4°.

4150. — *Claudii* ESPENCÆI conciones aliquot : cum totidem præfationibus.
Parisiis. 1562. F. Morellus. 1 vol. in-8°.

4151. — Conciones in Evangelia et Epistolas quæ dominicis diebus populo in Ecclesia proponi solent, è Tabulis D. *Laurentii* à VILLAVICENTIO elaboratæ... auctæ et locupletatæ per F. D. *Ægidium* TOPIARIUM.
Parisiis. 1578. Sonnius. 2 en 1 vol. in-8°.

4152. — Conciones in Evangelia et Epistolas quæ festis totius anni diebus populo in Ecclesia proponi solent : è Tabulis D. *Laurentii* A VILLAVICENTIO elaboratæ. Nunc verò.. auctæ et elaboratæ per F. *Dom. Ægid.* TOPIARIUM.
Parisiis. 1572. M. Sonnius. 2 en 1 vol. in-8°.

4153. — Homiliæ vigenti quatuor tempore Adventûs habitæ in Ecclesiâ Meldensi 1577. per *Hugonem* BURLATUM.
Parisiis. 1578. J. Macæus. 1 vol. in-8°.

— Astutiarum vulpeculæ Domini vineam demolientis, declaratio per *Hugonem* BURLATUM.
Lutetiæ. 1578. J. Macæus. in-8°.

— Expositio in Genesim ab Adami noxa, ad natum Isaac usque, aliquot homiliis partita, ac concionibus tempore adventus Salvatoris accommoda. In

calce libri habetur de immaculata Conceptione sacratissimæ Virginis brevis concio.... : necnon aliquot homiliæ de sacrosancto Eucharistiæ sacramento. Fratre *Firmino* Capitis autore.
Parisiis. 1570. Nic. Chesneau. in-8°.

— Expositio in Exodum a principio ad primogenitorum Ægipti necem usque, aliquot homiliis partita, ac concionibus tempore adventus Salvatoris accommoda. In calce libri, habetur de immaculata Conceptione sacratissimæ Virginis brevis concio, juxta vicissitudinem atque Adventus tempora breviora vel prolixiora declamanda. Fratre *Firmino* Capitis autore.
Parisiis. 1579. Nic. Chesneau. in-8°.

4154. — Conciones in Epistolas et Evangelia quæ per sacram quadragesimam populo in Ecclesia proponi solent : è Tabulis D. *Jacobi* Veldi concinnatæ, atque nunc primum... auctæ et locupletatæ per D. *Ægidium*-Topiarium.
Parisiis. 1573. Sonnius. 1 vol. in-8°.

4155. — Sermones in parabolas evangelicas totius anni. Auctore R. P. *Alphonso* Salmerone.
Antuerpiæ. 1600. Bellerus. 1 vol. in-4°.

** — Orationes tres sive conciones habitæ in synodali conventu Diœcesis Redonensis, per R. P. *Æmarum* Hennequinæum.
Voyez : N° 1296.

4156. — Vigenti conciones in Jonam prophetam, et quinque in dominicas Adventûs, et festum Nativitatis Christi. Per fratrem *Rochum* Mamerot.
Virduni. 1574. Mercator. 1 vol. in-8°.

4157. — Conciones de tempore et de sanctis, auctore R. P. *Ludovico* Granatensi.
Antuerpiæ. 1586-1614. Plantinus. 6 en 5 vol. in-8°.

4158. — Homiliæ in omnia quæ per quadragesimam leguntur Evangelia. F. *Thoma* Beaulxamis auctore.
Parisiis. 1567. G. Chaudière. 1 vol. in-8°.

4159. — In sacro sancta cœnæ mysteria, passionem et resurrectionem Domini nostri Jesu homeliæ, et tabulæ, annexis quibusdam scholiis, ex primis Ecclesiæ Patribus. F. *Thoma* Beauxamis (autore).
Parisiis. 1570. G. Chaudière. 1 vol. in-8°.

4160. — In Habacuk prophetam homeliæ 28 habitæ in Regia, anno MDLXXVI. Per F. *Thomam* Beauxamis.
Parisiis. 1578. G. Chaudière. 1 vol. in-8°.

4161. — Conciones *Joannis* Osorii, in quinque tomos distinctæ. Postrema editio.
Parisiis. 1607. Petitpas. 5 vol. in-8°.

4162. — R. P. F *Philippi* Diez conciones quadruplices (dominicarum et festorum omnium). — Quibus etiam funebres conciones accesserunt.
Venetiis 1600 et Moguntiæ. 1614. 4 vol. in-4°.
A la suite du tome IV on trouve :
— Compendium sive index moralium conceptuum, ad hominum animos virtutis studio, vitiorumque odio in morum reformationem impellendos ; ex operibus P. F. *Philippi* Diez selectum, et per alphabetum digestum. Authore F. *Francisco* Campos.
Coloniæ Agripp. 1613. Hierath. in-4°.

4163. — Notæ in evangelicas lectiones, quæ per totum annum dominicis diebus in Ecclesia catholica recitantur.. Authore R. P. *Petro* Canisio.
Friburgi Brisgoiæ. 1595. Bocklerus. 1 vol. in-4°.

4164. — Notæ in evangelicas lectiones quæ per totum annum festis Sanctorum diebus in Ecclesia catholica recitantur. Authore R. P. *Petro* Canisio.
Friburgi Helvet. 1593. Ab. Gemperlin. 1 vol. in-4°.

4165. — R.P.F. *Adriani* Hofstadii ex Ord. Min. Sermones Eucharistici LXIIX.
Antuerpiæ. 1608. Trognæsius. 1 vol. in-8°.

4166. — Promptuarium morale super Evangelia dominicalia totius anni : ad instructionem Concionatorum,

reformationem Peccatorum, consolationem Piorum. Authore *Thoma* STAPLETONO. Ed. altera.
Antuerpiæ. 1593. Off. Plantiniana. 2 vol. in-8°.

4167. — *Thomæ* STAPLETONI promptuarium catholicum. Ad instructionem concionatorum contra hæreticos nostri temporis. Super omnia evangelia totius anni tam dominicalia, quam de festis.
Parisiis. 1617. Jacquin. 2 en 1 vol. in 8°.

— *Thomæ* STAPLETONI promptuarium catholicum, super Evangelia ferialia in totam Quadragesimam.
Parisiis. 1617. Jacquin. in-8°.

4168. — Collatio saporum sacrosancti corporis et sanguinis Christi, cum octo beatitudinibus ab eodem enunciatis; per octavam dicti Sacramenti, aut per Adventum prædicanda. Per Mag. *Petrum* COURTIN.
Lutetiæ. 1585. Beysius. 1 vol. in-8°.

4169. — *Josephi* ACOSTÆ conciones in Quadragesimam.
Venetiis. 1599. Ciotti. 1 vol. in-8°.

4170. — Sermones spirituales totius anni, divisi in duas partes. Authore D. *Jacobo* DE GRAFFIIS.
Venetiis. 1596. Zalterius. 1 vol. in-4°.

4171. — In quinquaginta duarum dominicarum totius anni Evangelia, quæ juxta sanctæ Rom. Ecclesiæ usum leguntur, homiliæ : nunc primùm in lucem editæ.... Auctore F. *Mauricio* HYLARETO.
Parisiis. 1604. Chappelet. 2 vol. in-8°

4172. — Sacræ decades quinquepartitæ, Conciones quadragesimales atque paschales, numero quinquaginta, varia et rara, rerum ac verborum suppellectile, apparatas instructasque complectentes... Collectore F. *Mauricio* HYLARETO.
Parisiis. 1587. Nivellius. 2 vol. in-8°.

4173. — R. P. F. *Bernardini* BONAVOGLIA Sylva inventionum sacrarum quadragesimalium Evangeliorum.
Coloniæ. 1607. Crithius. 1 vol. in-8°.

4174. — Myrrhitecium pœnitentiæ, in quo conciones super

Evangelia Adventus Domini, et Quadragesimæ, Sanctorumque eo tempore pœnitentiali occurrentium exquisitissimæ. Auctore R. P. *Martino* Doyza.
Coloniæ. 1610. Crithius. 2 en 1 vol. in-8°.

4175. — Discursus prædicabiles super mysteria fidei. Cum brevissimis tractatibus super ipsa mysteria. Authore F. *Joanne* de Ovando.
Parisiis. 1606. Nivellius. 1 vol. in-8°.

4176. — Quadragesimale Ambrosianum duplex, in duos tomos divisum. Auctore R.P.F. *Matthia* Bellintano.
Lugduni. 1625. Pillehotte. 2 vol. in-8°. Port.

4177. — Conciones viginti tres in tria prima Apocalypsis capita : habitæ in celeberrima cathedrali Ecclesia Lugdunensi, per R. P. F. *Jac.* Suarez.
Lugduni. 1605. Cardon. 1 vol. in-8°.

4178. — R. P. F. *Didaci* de la Vega quadragesimales conciones à Septuagesima usque ad feriam secundam Resurrectionis.
Lugduni. 1602. Cardon. 1 vol. in-8°.

4179. — Conciones vespertinæ quadragesimales, super septem pœnitentiales psalmos. Per R. P. F. *Didacum* de la Vega. 3ª edit.
Lugduni. 1603. Cardon. 1 vol. in-8°.

4180. — R. P. F. Joannis de Carthagena, de religionis christianæ arcanis homiliæ sacræ cum catholicæ, tum morales, in tres tomos dstributæ.
Antuerpiæ. 1622. Keerbergius. 3 vol. in-fol.

4181. — Solemne convivium bipartitum de præcipuis solemnitatibus D. N. Jesu Christi, B. Mariæ et Sanctorum. Authore *Nicolao* à Montmorency.
Antuerpiæ. 1617. Bellerus. 1 vol. in-8°.

4182. — Conciones catechisticæ universam catechismi doctrinam cum insigni moralitate ad captum populi christiani complectentes. Auctore R. et Eximio D. *Roberto* Fossano.
Leodii. 1618. Hovius. 1 vol. in-4°.

4183. — Quadragesimalis in sacrosancta Evangelia. Tomus primus et secundus. Auctore Patre *Fr. Joanne Baptista* Goro. 3ª ed.
Parisiis. 1618. Chaudiere. 2 en 1 vol. in-4°.

4184. — Paradoxa quadragesimalia in sacro-sancta Evangelia. Auctore R. P. F. *Hugone* Carbonello.
Parisiis. 1621. Petitpas. 1 vol. in-8°.

4185. — Conciones sive conceptus theologici ac prædicabiles in omnes Quadragesimæ et Paschatis dominicas, ac ferias.. Authore R. D. *Petro* Besseo.
Coloniæ Agripp. 1613. Kinckius. 1 vol. in-8°.

4186. — Sacrificium vespertinum sive de passione et cruenta Christi in ara crucis immolatione conciones quadraginta, ex verbis utriusque Testamenti, aliisque scriptoribus tam antiquis quam neotericis.. contextæ per V. P. F. *Godefridum* a Lit.
Coloniæ. 1628. Gualtherus. 1 vol. in-8°.

4187. — Panarion Pastorale, in quo varia antidota sermonibus aptata, adversus septem vitia criminalia, autore R. D. *Paulo* Wan.
Moguntiæ. 1615. Lippius. 2 vol. in-8°.

4188. — Evangelicus concionator, et novi hominis institutio ex doctrinà verbi — Dei Patris in veteri Testamento, — Filii in Evangelio, — Spiritus sancti in Paulo, Canonicis et Apocalypsi. Auctore *Francisco* Garoia del Valle.
Lugduni. 1622. Cardon. 2 vol. in-fol.

4189. — Illustriss. et reverendissimi D. *Roberti* Bellarmini conciones habitæ Lovanii ante annos circiter quadraginta : nunc consensu auctoris publicatæ (curà *Simonis* Ryckii).
Cameraci. 1617. Riverius. 1 vol. in-4°.

4190. — R. P. *Bartholomæi* Descobar conciones de festis Domini, nunc primùm in lucem editæ....
Mussiponti. 1625. Cramoisy. 1 vol. in-4°.

4191. — Aurora concionatorum, hoc est, conceptus sive

discursus tripartiti ad sensum speculativum, moralem et litteralem, ad singulas dominicas ordinati, nunc variis figuris theologicis et historicis expoliti, et in tres partes divisi, auctore R. P. F. *Johannis Andræ* COPPENSTEINNI (sic).
Francofurti. 1643. Schonwetterus. 3 en 2 vol. in-4º.

4192. — Nucleus Coppensteinius ex conceptibus Besseanis prædicabilibus enucleatus, autore R. P. F. *Joanne Andrea* COPPENSTEIN, qui et in festa Sanctorum ex parte supplevit.
Moguntiæ. 1618. Henningius. 2 en 1 vol. in-4º.

4193. — R. D. *Nicolai* POLONI Sermones super evangelia dominicalia et præcipua Sanctorum festa totius anni, ad populum instruendum exquisitissimi, vulgò Viridarium nuncupati.
Coloniæ. 1613. Critbius. 3 en 1 vol. in-4º.

4194. — Promptuarium morale super evangelia festorum totius anni... Auctore *Laurentio* BEYERLINCK.
Coloniæ 1634. Vidua Hierati. 3 vol. in-8º.

4195. — *Adriani* MANGOTII monita sacra ex S. Scriptura et SS. Patribus potissimum collecta.
Lugduni. 1684. Anissonii. 4 vol. in-8º.

4196. — Conciones triginta de Judæ proditoris apostasiâ, sive triplici ejus defectu, a fide, gratia, et apostolatu, per quem omnes reprobi figurantur. Authore F. *Nicolao* ORANO.
Duaci. 1611. Bellerus. 1 vol. in-8º.

4197. — Concionum moralium pro dominicis, festivitatibusque totius anni ac feriis Quadragesimæ tomi duo. Auctore R. P. F. *Guilielmo* SPOELBERGIO. 2ª ed.
Antuerpiæ. 1632. Lesteenius. 2 en 1 vol. in-4º.

4198. — Oratio in laudem S. Thomæ Aquinatis Doctoris Angelici, habita in templo PP. Prædicatorum Insulis, 7 Martii anno 1622, per *Petrum* MOURCOURT.
Insulis. 1622. Petrus de Rache. 1 vol. in-12.

4199. — V. P. F. *Balduini* Junii conciones super evangelia dominicalia.
Antuerpiæ. 1610-1611. Hæredes Nutii. 2 en 1 vol. in-8°.

4200. — V. P. F. *Balduini* Junii conciones super evangelia festorum totius anni.
Antuerpiæ. 1613. Hæredes Nutii. 1 vol. in-8°.

4201. — R. P. F. *Philippi* Bosquieri opera omnia quæ hactenùs prodierunt, in tres tomos digesta. Nov. ed.
Coloniæ. 1621-1629. Crithius. 3 vol. in-fol.

4202. — R. P. Fr. *Abrahami* Bzovii concionum dominicalium totius anni tomi iii. — 2ᵃ ed.
Coloniæ Agrip. 1617. Boetzerus. 3 en 2 vol. in-4°.

— R. P. Fr. *Abr.* Bzovii conciones quadragesimales.
Coloniæ Agripp. 1617. Boetzerus. in-4°.

— R. P. fr. *Abrahami* Bzovii monile gemmeum divæ Virgini Deiparenti sacrum....
Coloniæ Agrippinæ. 1615. Boetzerus. in-4°.

— R. P. Fr. *Abrahami* Bzovii florida Mariana : seu, de laudibus sanctissimæ Deiparæ Virginis Mariæ, panegyrici xxiv. Opus novum...
Coloniæ Agrippinæ. 1617. Boetzerus. in-4°.

4203. — Flores aurei ex paradiso Sacræ Scripturæ et Sanctorum Patrum super totius anni dominicarum evangelia collecti studio... F. *Abraam* Bzovii.
Venetiis. 1601. Societas Minima. 1 vol. in 4°.

4204. — R. P. Fr. *Abrahami* Bzovii thesaurus laudum sanctiss. Deiparæ super canticum *Salve Regina*.
Coloniæ Agripp. 1620. Boetzerus. 1 vol. in-4°.

4205. — Oratio habita in festo S. Philippi Nerii.... in Ecclesia Congregationis Oratorii Domini Jesu Lovaniensis... 31 Maii, anno 1627. Per R. P. *Franciscum* Bourgoing.
Bruxellis. 1628. Pepermanus. 1 vol. in-8°.

4206. — Oratio synodalis habita Rothomagi coram ill. et rev. Principe D. Carolo a Borbonio Archiepiscopo, et ejus clero. A R. P. *Ægidio* Camart.
Parisiis. 1643. Blaizot. 1 vol. in-8°.

4207. — Sermones spirituales et exhortationes monasticæ, religiosis personis necessariæ, et sæcularibus utilissimæ. Accesserunt unus tractatus de scrupulis, et alius de impensis factis in Templo Salomonis. Authore Fratre *Laurentio* DE PORTEL. 4ª ed.
Antuerpiæ. 1655. Lesteenius. 1 vol. in-4°.

4208. — Aurea corona anni in SS. Rosario, per singula evangelia dominicalia variis figuris, allegoriis, hieroglyphicis et exemplis cælata ; id est, Manuale prædicatorum, tum cæterorum, tum præcipuè SS. Rosarii.... Auctore R. P. F. *Goswino* HENRICI.
Coloniæ Agripp. 1634. C. Munich. 2 en 1 vol. in-8°.

4209. — Institutiones sacræ litterales, morales, speculativæ, in Dominicas totius anni. Auctore R. P. *Petro* POSNANIENSE *Polono*.
Antuerpiæ. 1638. Bellerus. 2 vol. in-fol.

4210. — *Barnabæ* KEARNÆI Heliotropium, sive conciones tam de Festis, quàm de Dominicis, quæ in solari totius anni circulo occurrunt, adjectis in fine concionibus de Sacerdotio et Morte.
Lugduni. 1622. Pillehotte. 1 vol. in-8°.

4211. — *Cornelii* JANSENII Homiliæ in evangelia quæ dominicis diebus in ecclesia populo proponi solent, nunc primum à D. *Georgio* BRAUN collectæ et præfationibus illustratæ.
Lugduni. 1678. Pesnot. 1 vol. in-8°.

4212. — Traduction d'un Discours de la réformation de l'homme intérieur. Prononcé par *Cornelius* JANSSENIUS. (Traduit par *Rob.* ARNAULD D'ANDILLY).
Paris. 1659. P. Le Petit. 1 vol. in-12.

4213. — R. P. *Maximiliani* SANDÆI conciones de morte, in quibus Symbola mortis commentationibus theologicis illustrantur.... Plato christianus.
Moguntiæ. 1624. Birckmanus. 1 vol. in-4°.

4214. — Discursus morales in decem Decalogi præcepta ; ad usum concionatorum. Authore *Davide* à MAUDEN.
Antuerpiæ. 1630. Meursius. 1 vol. in-fol.

4215. — Discursus prædicabiles super litanias Lauretanas B. Virginis Mariæ, in duos tomos distributi. Studio et opera P. F. *Justini* Miechoviensis.
Lugduni. 1660. Borde 2 en 1 vol. in-fol.

4216. — Vitis florigera de palmitibus electis odorem spirans suavitatis, ac cæli vinum suis propinans cultoribus, hoc est, dissertatio et doctrina moralis de festis, vita, gestis Sanctorum qui in Ecclesia coluntur annua solennitate. Auctore R. D. *Jacobo* Marchantio.
Parisiis. 1640. Alliot et Soly. 2 vol. in-8°.

4217. — Rationale evangelizantium, sive doctrina et veritas evangelica, à sacerdotibus, pastoribus, concionatoribus, pectori appendenda, plebique per anni circulum è cathedris proponenda exponenda. Auctore R. D. *Jacobo* Marchantio.
Parisiis. 1646. Allyot. 1 vol. in-4°.

4218. — R. P. *Joannis Eusebii* Nierembergii homiliæ catenatæ, sive collectaneæ ex vetustis Patribus, sacris Doctoribus et eruditis Scriptoribus.
Lugduni, 1649. Baudrand. 1 vol. in-fol.

4219. — Eucaristiæ sacrificium vigenti concionibus explicatum studio et labore V. P. F. *Bonaventuræ* Camus.
Tulli Leucorum. 1649. Belgrand. 1 vol. in-8°.

4220. — R. P. *Matthiæ* Fabri opus concionum tripartitum. Editio quinta, correctior et auctior, cui accessere conciones funebres et nuptiales.
Antuerpiæ. 1663. Verdussen. 3 vol. in-fol.

4221. — Auctuarium operis concionum tripartiti, adjectum ab ejusdem operis authore R. P. *Matthia* Fabro. 3ᵃ ed.
Antuerpiæ. 1653. Verdussius. 2 en 1 vol. in-fol.

4222. — Disciplina monastica prædicabilis, sive sermones domestici et exhortationes asceticæ ad omnes christianæ et religiosæ perfectionis amatores. Opus bipartitum.. Opera et studio R. P. Ludovici a S. Petro, cognomento Lucas.
Leodici Eburonum, 1698. Broncart. 2 en 1 vol. in-fol.

4223. — Reverendi Domini *Alexandri* Calamato conciones sacræ ac morales, in duos tomos distributæ. — Cui accesserunt R. D. *Francisci* Maidalchini sermones in omnes dominicas et festa Adventus. — Quibus adjunctæ sunt Laudes et Encomia Deiparæ Virginis pro diebus sabbatinis.
Antuerpiæ. 1656. Aertssens et Woons. 2 en 1 vol. in-4°.

4224. — Rev. Dom. *Alexandri* Calamato auctuarium, seu stella concionatorum in septem tractatus divisa.
Antuerpiæ. 1657. Aertssens et Woons. 1 vol. in-4°.

4225. — Concionum in Quadragesimam reverendi Patris *Claudii* de Lingendes tomi tres.
Parisiis. 1661. Muguet. 3 vol. in-4°.

4226. — Idem opus. 2ª edit.
Parisiis. 1664. Muguet. 3 vol. in-8°.

4227. — Rev. P. *Cl.* de Lingendes conciones decem de sanctissimo Eucharistiæ sacramento. Opus posthumum diligenter ab autoris amico recognitum.
Parisiis. 1663. Muguet. 1 vol. in-8°.

4228. — Discursus prædicabiles in aureas sententias Doctoris Gentium. Auctore R. P. Leandro *Divionensi*.
Parisiis. 1665. Thierry. 1 vol. in-fol.

4229. — R. P. *Antonii* de Escobar et Mendoza *Vallisoletani* in Evangelia temporis commentarii panegyricis moralibus illustrati.
Lugduni. 1648. Hæredes Prost. 6 en 3 vol. in-fol.

4230. — *Antonii* de Escobar et Mendoza ad evangelia Sanctorum et Temporis commentarii panegyricis moralibus illustrati.
Lugduni. 1642-48. Prost. 6 en 3 vol. in-fol.

4231. — Vera fraternitas declamanda confratribus sodalitatum — S. Rosarii Dominicani, — S. Scapularis Carmelitani, — S. Zonæ Augustinianæ, — S. Funiculi Franciscani. Pro congregationibus menstruis sodalium prædictorum. Auctore F. *Henrico* Jonghen.
Antuerpiæ. 1662. Bellerus. 1 vol. in-4°.

4232. — Nuptiæ Agni, sive discursus exhortatorii pro sacris vestitionibus, professionibus et jubileis Religiosorum. Itemque de dedicationibus Ecclesiarum, strenisque spiritualibus novorum annorum. Auctore F. *Henrico* Jonghen.
Antuerpiæ. 1658. Bellerus. 1 vol. in-4°.

4233. — *Jacobi* Lobbetii gloria Sanctorum, sive quæstiones morales in festa Sanctorum totius anni, eorum maximè qui ab Ecclesia coluntur sub præcepto.
Leodii. 1659. Hovius. 1 vol. in-4°.

4234. — Octava de Assumptione sacræ Virginis Mariæ in quibusdam antiquæ legis mulieribus figuratæ. Authore V. P. F. *Petro* David.
Parisiis. 1661. Le Cointe. 1 vol. in-8°.

4235. — Demonstrationes evangelicæ, seu practicæ veritates, ex quolibet evangelio, in Ecclesia catholica per annum recitari solito, eductæ ; tum ex theologia, tum ex physica, tum ex morali, rationibus stabilitæ... Auctore P. *Alphonso* Cornutæo.
Parisiis. 1666. Couterot. 1 vol. in-4°.

4236. — Tractatus quadragesimalis supra cunctas ferias et dominicas Quadragesimæ, authore R. P. F. *Carolo* Van Hoorn.
Gandavi. 1665. Max. Graet. 1 vol. in-4°.

4237. — Annus apostolicus seu conciones toto anni decursu prædicabiles... in quatuor tomos distributæ. Auctore F. *Zacharia* La Selve.
Tutelæ. Parisiis. 1690-1700. 4 vol. in-4°. rassortis.

4238. — Homiliæ in Evangelia in quatuor partes divisæ. Autore Ecclesiæ parochialis s. Sulpicii Parisiensis Rectore (*Joach.* de la Chetardie).
Parisiis. 1706-1707. Mazieres. 4 vol. in-12.

4239 — Homiliæ SS. D. nostri Clementis XI. hactenùs habitæ ad Pop. Rom. græcæ è latinis factæ. Labore ac studio R. P. *Joannis* Saguens.
Tolosæ. 1706. Colomiez. 1 vol. in-8°.

4240. — Incineratio mortalium, hoc est, conciones funebres, in quinque libros digestæ, è variis authoribus collectæ....Authore Rev. D. *Georgio Bartholdo* Pontano.
Coloniæ. 1611. Hierat. 1 vol. in-4°.

— Aureum breviarium concionatorum, sive sermones breves in dominicos et festos dies totius anni, quibus in fine accedunt conciones sive adhortationes breves nuptiales. Authore R. D. *Georgio Bartholdo* Pontano *à Braitenberg.*
Coloniæ Agr. 1611. Hieratus. in-4°.

6. — *Prédicateurs italiens.*

4241. — Prediche del Rev. P. F. *Hieronymo* Savonarola sopra alquanti salmi et sopra Aggeo Profeta fatte del mese di Novembre, et Dicembre l'anno mccclxxxxiiii; raccolte dalla sua viva voce da frate *Stefano* da Co *di Ponte* suo discepolo.
Vineggia. 1544. B. de Bindoni. 1 vol. in-8°.

4242. — Prediche per tutta quaresima, et per alcune principali feste dell' anno. Con alcuni sermoni fatte parte à Religiosi, parte à Secolari. Con un breve compendio di confessione. Et con alcune lettere spirituali à diversi amici.. Composte et date in luce dal R. P. Fra Giovanni *Aquilano*.. Nuovamente stampate et con molta diligenza riviste, et corrette, dall' Eccl. M. Borgaruccio Borgarucci.
Vinegia. 1569. Regazzola. 1 vol. in-4°.

4243. — Prediche sopra il Simbolo de gli Apostoli, — le due dilettioni di Dio, e del Prossimo,— il sacro Decalogo, et la Passione di nostro Signor Giesu Christo, descritta da S. Giovanni Evangelista. Del R. M. *Cornelio* Musso, Vescovo di Bitonto.
Venetia. 1590. Giunti. 1 vol. in-4°.

4244. — Prediche quadragesimali del Rev. M. *Cornelio*

Musso.... Sopra l'Epistole et Evangeli correnti, per i giorni di Quaresima, et per li due primi giorni di Pascha. E sopra il cantico di Maria Vergine per li sabbati. Con la vita dell' autore (descritta dal rev. Don *Gioseppe* Musso).
Venetia. 1596. Giunti. 2 vol. in-4°. fig.

4245. — Les Sermons très-doctes et éloquens de très Rev. P. Messire F. *Corneille* Musso. Mis d'italien en françois par *Gabriel* Chappuys.
Paris. 1584-1586. Chaudière. 4 vol. in-8°. Le 2ᵉ manque.

4246. — Sermons du Rev. Dom *Gabriel* Fiamma sus l'Evangile de S. Luc : *Missus est Gabriel Angelus.* Traduits d'italien en langue françoise par R.P.F. *Loys* Benoist.
Paris. 1587. Chaudière. 1 vol. in-8°.

4247. — Di *Giulio* Mazarini cento discorsi su'l cinquantesimo salmo e'l suo titolo intorno al peccato alla penitenza et alla santita di Davide.
In Roma. 1600. Zannetti. 2 vol. in-4°.

4248. — Cent discours sur la cheute, penitence, et restauration du Roy et Prophete David, composés par le R. P. *Julius* Mazarini, et traduits en nostre langue par F. N. De la Rue.
Paris. 1610. Huby. 1 vol. in-4°.

4249. — Leçons catholiques sur les doctrines de l'Eglise. Par F. *François* Panigarole. Traduictes de l'italien par G. C. T. (*Gabriel* Chappuys *Tourangeau*).
Chaalons. 1602. C. Guyot. 1 vol. in-8°.

4250. — Eloquentes predications de Caresme dernier presché par docte et rev. P. F. *Françoys* Panigarole : à Rome en l'Eglise S. Pierre, en la presence de N. S. P. le Pape Sixte V, en l'année 1588. Fidellement traduictes de l'italien en françoys par P. L. M., Docteur en Theologie.
Paris. 1609. Foucault. 1 vol. in-8°.

4251. — Les Sermons de très rev. P. F. Panigarola,

pleins d'instruction et de doctrine, sur les Evangiles de chacun jour de Caresme et festes de Pasque ; mis en nostre langue, du vray exemplaire italien, par *Gabriel* CHAPPUYS.
Paris. 1698. De la Noue. 1 vol. in-8°.

4252. — Sermons de Caresme, par tres rev P. Messire *François* PANIGAROLE, par luy preschez à S. Pierre de Rome, l'an MDLXXVII. Traduit d'italien en françois par I. D. M. (*Jean* DE MONTLYARD).
Lyon. 1599. Frellon. 1 vol. in-8°.

4253. — Les sermons de R. P. M. *François* PANIGAROLE faits et prononcez par luy hors le temps de Caresme, en divers lieux, et occasions plus illustres. (Traduits par *Pierre* MATTHIEU).
Paris. 1597. Micard. 1 vol. in-8°.

4254. — Excellentes conceptions, pleines de moralité et de doctrine : sur le devot cantique d'Ezechias, Roy de Juda : *Ego dixi in dimidio dierum meorum*, etc. Divisées en quarante sermons, par le R. P. *Apollonius* PAINI, propres pour l'Advant et le Caresme. Et traduictes de l'italien, en françois, par R. P. F. *Jean* BLANCONE.
Paris. 1604. Pillehotte. 1 vol. in-8°.

4255. — Les divines voyes du ciel. Sermons admirables du R. P. Don *Gabriel* INCHINO. Œuvre singulier et docte, nouvellement fait italien par l'Autheur, et traduit en françois par R. P. F. *Jean* BLANCONE.
Paris. 1605. N. Du Fossé. 1 vol. in-8. Incomplet.

4256. — Sermons sur les quatre fins dernières de l'homme. Par Dom *Gabriel* INCHINO. Traduits d'italien.... (Par *F. I. S.* à *S. Maria*).
Paris. 1604. Bertault. 1 vol. in-8°.

4257. — L'Arbre de vie planté au milieu du Paradis terrestre de l'Eglise où est deffendue la reelle présence de Jesus Christ au S. Sacrement de l'Eucharistie.

Preschée en italien durant l'Octave de la feste Dieu, au temple du S. Jannuaire de Naple, par le R. P. *Petrus* Muranus.

Paris. 1613. Du Fossé. 1 vol. in-8°.

4258. — Conceptions théologiques autant pieuses que doctes sur l'hymne de la sacrée Vierge Mère de Dieu *Ave maris stella*, composées par le R. Maufredo. Traduictes d'italien en nostre langue par F. N. De la Rue. — Avec un discours d'Helye et du Paradis terrestre.

Paris. 1607. Huby. 1 vol. in-8°.

4259. — Discours moraux sur les sept Pseaumes pénitentiaux, composez en italien par R. P. M. *Innocent* Cibo Ghisi; rev. et corrig. par R. P. M. *Augustin* Barretti : et par sa diligence traduits en françois par *Jean* Baudoin et par R. P. F. *N.* De la Rue.

Paris. 1615-1622. Huby. 3 vol. in-8°.

4260. — Le Sacré pasturage de l'ame, ou Octave du S. Sacrement sur le Psalme xxii. Presché durant les féries de la Feste-Dieu par le Rev. et ill. Cardinal Farneze. Et traduit de l'italien en françois par *Pierre* D'Authun *Bourguignon*.

Paris. 1615. T. Du Bray. 1 vol. in-8°.

4261. — Les chastes et divins amours de Jesus Christ avec son Eglise, représentez en huict discours du sainct Sacrement de l'Eucharistie. Preschez en italien par le R. P. Dom *Marcello Ferdinandi* de Barry, et traduit en françois par I. P. (*Jean* Petit).

Paris. 1617. Tiffaine. 1 vol. in-8°.

4262. — Sermons sur tous les jours de Caresme, distinguez en discours théologiques et moraux. Preschez en langue italienne, par le R. P. Dom *Marcello Ferdinandi* de Bari. Et mis en françois par F. A. S. (*Antoine* Simeon).

Paris. 1625. Huby. 2 vol. in-8°.

4263. — Doctes et éloquents Sermons sur toutes les festes des Saincts que l'Eglise célèbre en l'année. Distinguez en discours théologiques et moraux. Preschez en langue italienne par le R. P. Dom *Marcello Ferdinandi* DE BARI. Nouvellement traduits en francois par S.D.R.I.C. — Ausquels sont adjoustez les sermons pour les festes des Saincts Patrons de France.
Paris. 1628. Soly. 1 vol. in-8º.

4264. — Thrésor des plus excellentes vertus qui conduisent l'àme au ciel. Par le R. P. F. *Augustin* BARRETTI.
Paris. 1618. Moreau. 1 vol. in-8º.

— Quatre excellens et doctes sermons, composez par le R. P. F. *Augustin* BARETTI.
Paris. 1619. D. Moreau. in-8º.

4265. — L'Eschele de Jacob, accommodée aux béatitudes évangéliques, qui servira autant aux prédicateurs à toutes occurrences, comme aux ames dévotes pour parvenir à la cognoissance du souverain bien. Composée premièrement en italien par le docte et R.P. *Jean-Paul* BERLENDI. Et traduicte nouvellement en françois par le R. P. F. *Jean* BLANCONE.
Paris. 1620. Daumalle. 2 vol. in-8º.

4266. — Sermons doctes et admirables du fameux et rev. P. *Hypolite* CARRACIOLE. Traduicts d'italien en françois par R. P. *Nicolas* COEFFETEAU.
Paris. 1622. Huby. 1 vol. in-8º.

4267. — Le sacre corone dell' anno ecclesiastico tessute per il Rev. *P. D. Vincenzio* GILIBERTO... 2ª edit.
In Venezia. 1693. Guerigli. 1 vol. in-4º.

4268. — Sermons théologiques et moraux sur les Evangiles de toutes les solennitez de nostre Seigneur, et des Saincts de l'année. Composez en italien par Dom *Hyppolite* CHIZZOLAI, et mis en françois par. *J.* BAUDOIN.
Paris. 1631. Chevalier. 1 vol. in-8º.

4269. — Della tribolatione, e suoi rimedi, lettioni di Monseignor *Paolo* Aresi.
In Venetia. 1634-1635. Sarzina. 2 vol. in-4°.

4270. — Mundi tribulatio ejusque remedia Scripturis, Patrum testimoniis, exemplisque curiosè illustrata. Auctore D. *Paulo* Aresio. Nunc primùm per R. P. *Petrum* Wemmers ex fonte translatus.... 2ª edit.
Coloniæ Agrippinæ. 1653. Busæus. 2 en 1 vol. in-4°.

4271. — Delle sacre imprese di Monsignor *Paolo* Aresi libro quarto.
In Tortona. 1630. Calenzano et Viola. 1 vol. in-4°.

4272. — Delle sacre imprese di Monsignor *Paolo* Aresi libro quinto.
In Tortona. 1630. Calenzano et Viola. 1 vol. in-4°.

4273. — Quaresimale overo considerationi sopra i vangeli della Quaresima appartenenti al predicatore. Del P. Maestro F. *Benedetto* Fedele *di S. Filippo*.
In Venetia. 1637. Sarzina. 2 en 1 vol. in-4°.

4274. — Paradisus voluptatis Verbi incarnati : hoc est, sermones in Evangelia dominicalia et festorum D. N. Jesu Christi quæ in Ecclesia leguntur a dominica 1 Adventus usque ad Quadragesimam. Authore rev. P. Magistro *Benedetto* Fideli à *S. Philippo*. — Interprete R. P. M. *Jacobo* Emans.
Coloniæ Agrippinæ. 1659. Busæus. 1 vol. in-4°.

4275. — R. P. M. *Benedicti* Fidelis à *S. Philippo* Paradisus concionatorum.. hoc est, pars prima et secunda sermonum quadragesimalium in singulas totius quadragesimæ dominicas et ferias distributorum... Quorum singuli tribus considerationibus seu sectionibus.... subdividuntur, olim italicè conscripti..., nunc verò latinitate donati opera et studio R. P. M. *Jacobi* Emans.
Coloniæ Agrippinæ. 1663. Busæus. 2 en 1 vol. in-4°.

4276. — Prediche fatte nel Palazzo Apostolico dal M. R. Padre F. *Girolamo* Mautini *da Narni*. 3ª ed.
Romæ. 1638. Typis Vaticanis. 1 vol. in-8°.

4277. — Prédications faites dans le Palais Apostolique. Composées par le R. P. *Jerome* Mautuni *de Narni*. Et traduites en françois par M. Du Bosoq.
Paris. 1636. Meturas. 1 vol. in-8°.

4278. — Pensieri predicabili sopra tutti gl' Evangelii correnti nella Quaresima. Del molto R. Padre F. Domenico Paolacci.
In Venetia. 1641. Sarzina. 2 en 1 vol. in-4°.

4279. — Il parto della maraviglia, Quaresimale del M. R. P. F. *Giam-Battista* Giuliano.
Venetia. 1643. Combi. 2 en 1 vol. in-4°.

4280. — Prediche quaresimali del Padre F. *Emmanuele* Orchi *da Como*.
In Venetia. 1656. Giunti. 1 vol. in-4°.

4281. — Direttorio de' Superiori regolari et ecclesiastici, che hanno governo di Frati, e di Monache. Composto dal M. R. P F. *Evangelista* da Momigno. 3ᵃ ed.
In Venetia. 1657. La Noù. 1 vol. in-4°.

4282. — Directorium Superiorum regularium et ecclesiasticorum, continens centum et septem sermones doctrinales ac spirituales, et varia themata pro visitationibus, investitionibus, professionibus, etc. Authore R. P. F. *Evangelista* de Momigno, post tres editiones italicas, nunc latinitate donatum operâ et studio R. P. F. *Brunonis* Neusser. 2ᵃ ed.
Coloniæ Agrippinæ. 1665. Busæus. 1 vol. in-4°.

4283. — Prediche dette nel Palazzo Apostolico da *Gio. Paolo* Oliva.
Romæ. 1659. Vitalis Mascardi. 2 vol. in-fol.

4284. — *Joannis Pauli* Olivæ conciones habitæ in Palatio apostolico ad Innocentium x. et Alexandrum vii. Pontifices maximos. Factæ ex italicis latinæ à *Joanne* De Bussières.
Lugduni. 1665. Girin et Comba. 2 vol. in-4°.

4285. — Stachilogia eucaristica, overo scelta de' concetti

predicabili in lode del santissimo sacramento dell' altare del Sig. D. *Carlo* Guadagni.
Napoli. 1660. Savio. 1 vol. in-4°.

4286. — Sanctuarium, hoc est sermones utilissimi et omni conceptuum genere refertissimi, panegyrici Sanctorum omnium quorum memoriam sive solemnitatem per totius anni decursum celebrat sancta Mater nostra Ecclesia orthodoxa romano catholica, editi opera,... adm. R. P. M. *Augustini* Paoletti. (Latine reddidit ex italico R. P. *Jacobus* Emans).
Coloniæ Agripp. 1662. Busæus. 1 vol. in-4°.

4287. — Discursus prædicabiles sive viridarium sacrarum concionum in dominicas et festa... Primo fabricatum opera et studio adm. R. P. M. *Augustini* Paoletti. Dein latinè redditum ex italico studio R. P. Gratiani a Sancto Elia.
Coloniæ Agrippinæ. 1662. Busæus. 2 en 1 vol. in-4°.

4288. — Quadragesimale sive discursus prædicabiles in omnes totius Quadragesimæ dominicas et ferias, authore R. P. *Augustino* Paoletti. (Ex italica in latinam linguam transtulit R. P. *Jacobus* Emans).
Coloniæ Agripp. 1662. Busæus. 1 vol. in-4°.

4289. — Quaresimale del Padre F. Giuseppe di Como.
Venetia. 1665. Baglioni. 1 vol. in-4°.

4290. — Reverendi Patris *Thomæ* Reinæ quadragesimale sive conciones in totius Quadragesimæ dominicas et ferias.... Ex italico in latinum sermonem translatæ opera et studio R. P. *Jacobi* Emans.
Parisiis. 1667. Couterot. 1 vol. in-4°.

4291. — Avvento del Padre *Luigi* Giuglaris, con altre prediche insigni.
Milano. 1668. Monza. 1 vol. in-4°.

4292. — Quaresimale del Padre *Luigi* Giuglaris.
Venetia. 1671. Guerigli. 1 vol. in-4°.

4293. — Fatiche apostoliche dell'Abbate D. *Filippo* Picinelli. Esposte nel primo Quaresimale co i discorsi nelle

feste de i Santi Mathia, Giuseppe, et dell' Annontiatione.
Milano. 1672. Vigone. 1 vol. in-4°.

4294. — Discorsi morali da farsi a, Religiosi, e Religiose claustrali detti in varie occasioni da Fra Francesco *da Sestri.*
Genova. 1675. Franchelli. 1 vol. in-4°.

4295. — Panegirici sacri di diversi Santi occorrenti nell' anno, con l'aggiunta di quattro prediche nel geno deliberativo,.. composti e recitati dal R. P. *Felice* Brandimarte *da Castelvetrano.* Tomo primo.
Palermo. 1677. Anselmo. 1 vol. in-4°.

4296. — Prediche quaresimali del P. D. *Romolo* Marchelli.
In Venetia. 1682. Storti. 1 vol. in-4°.

4297. — De' panegirici composti, e recitati in Roma. Dal Padre *Giuseppe Maria* Perrimezzi.
In Roma. 1702. Zenobi. 2 vol. in-12.

4298. — Conciones in apostolico Palatio habitæ et sanctissimo Domino nostro Innocentio XII Pont. Max. nuncupatæ a R. P. *Paulo* Segneri. Quas latinas fecit R. P. *Maximilianus* Rassler. 3ª edit.
Dilingæ. 1727. Jo. Caspar Bencard. 1 vol. in-4°.

4299. — Panegyrici sacri ven. P. *Pauli* Segneri. Ex postrema editione italica latinè redditi à R. P. *Max.* Rassler. — Accedit R. P. *Eusebii* Truchses oratio habita feria V in Cœna Domini. — Itemque dissertationes academicæ R. P. *Maxim.* Rassler de monarchia summi Pontificis. 2ª edit.
Dilingæ. 1725. Bencard. 1 vol. in-4°.

4300. — R. P. *Pauli* Segneri quadraginta sermones per verni jejunii tempus, Florentiæ, aliisq. Italiæ urbibus dicti... Ex italico idiomate latinitate donati à R. P. *Udalrico* Dirrhaimer. 4ª ed.
Augustæ Vind. et Dilingæ. 1735. Bencard. 1 vol. in-4°.

7. — Prédicateurs espagnols et portugais.

4301. — Sermons du R.P. *Louis* DE GRENADE. Pour l'Avent, le Carême, l'Octave du Saint Sacrement, les dimanches et les fêtes principales de toute l'année. Traduction nouvelle, de l'espagnol en françois (par *Nicolas Joseph* BINET).
Paris. 1698. Hérissant. 3 vol. in-8°.

4302. — Discursos predicabiles de las ceremonias de la Missa del Missal Romano reformado segun el decreto del santo Concilio de Trento, por mandado de nuestro muy santo Padre Pio V. P. M. Compuestos por el rev. Padre Fray *Melchior* DE HUELAMO.
Cuenca. 1605. Cano. 1 vol. in-4°.

4303. — Consideraciones sobre los evangelios de la Quaresma. Por el P. F. *Joseph* LAYNEZ.
Toledo. 1625. Hortizy Saravio. 1 vol. in-4°.

4304. — Sermons et exercices saincts sur les Evangiles des dimanches de toute l'année. Composé en espagnol par R. P. F. *Diego* DE LA VEGA. Mis en françois par *Gabriel* CHAPPUIS.
Paris. 1608. R. Chaudière. 2 vol. in-8°.

4305. — Les conceptions admirables sur la pénitence de David, contenant cinquante excellens discours et sermons sur les sept Pseaumes penitentiels. Œuvre docte et richement elaboré, par R. P. F. *Didaco* DE LA VEGA. Traduit par M. J. CORBIN.
Paris. 1609. Guill. Chaudière. 2 vol. in-8°.

4306. — Sermons sur les Evangiles de tous les jours du Caresme. Ensemble un discours de la dédicace et solemnité de l'Eglise. Le tout composé en espagnol par R. P. F. *Diego* DE LA VEGA. Mis en françois par *G.* CHAPPUIS.
Paris. 1612. Chaudière. 2 vol. in-8°.

4307. — Le paradis de la gloire des Saincts, et triomphe d'iceux, sur les principales festes de l'année. Avec

un traicté de la gloire et triomphe de Jesus Christ en sa passion. Composé en espagnol par le R. P. F. *Diego* DE LA VEGA. Mis en françois par G. CHAPPUIS.
Paris. 1606. R. Chaudière. 2 vol. in-8°.

4308. — La Mariade ou considérations spirituelles tirées de l'Escriture Saincte sur toutes les festes de la Vierge Marie. Composée premièrement en espagnol par le R. P. *Philippe* DIEZ. Et nouvellement traduite en françois par R. P. *Jean* BLANCONE. Avecque deux autres conceptions, l'une sur la Passion de Jesus Christ, et l'autre sur la Solitude de la mesme Vierge.
Paris. 1609. Sonnius. 2 vol. in-8°.

4309. — Veyntiquatro discursos sobre los pecados de la lengua : y como se distinguen,... Compuesto por el P. F. *Luys* DE TORRES.
Barcelona. 1607. Seb. De Cormellas. 1 vol. in-8°.

4310. — Le Théâtre des Religions. Composé en espagnol par le R. P. F. *Pierre* DE VALDERAMA. Traduict d'espagnol en françois.
Paris. 1618. Chevalier. 2 vol. in-8°.

4311. — Sermons sur toutes les festes des Saincts de l'année et sur les dimanches de l'Advent. Composez en espagnol par le R. P. F. *Pierre* DE VALDERRAMA. Traduicts en françois par *F. A.* SIMÉON.
Paris. 1612. N. Du Fossé. 2 vol. in-8°.

4312. — Sermons et saincts exercices tres-doctes et éloquents sur tous les Evangiles du sainct Caresme. Composez en espagnol par le R. P. F. *Pierre* DE VALDERAMA. Traduits en françois par G. CHAPUYS.
Paris. 1610. Robert Fouet. 2 vol. in-8°.

4313. — Sermons sur tout le Caresme et feries de Pasques. Composez en espagnol par le R. P. F. *Pierre* DE VALDERRAMA. Traduicts en françois, par *F. A. (Antoine)* SIMÉON.
Paris. 1611. Thierry. 2 vol. in-8°.

4314. — Sermons sur les festes et feries du S. Sacrement de

l'Eucharistie. Composés en espagnol par le R. P. F. *Pierre* DE VALDERRAMA. Traduicts en françois, par F. A. S. (*Antoine* SIMÉON).
Paris. 1609. Ol. De Varennes. 1 vol. in-8°.

4315. — Sermons sur toutes les festes de Nostre Dame : composez en espagnol par le R. P. F. *Pierre* DE VALDERRAMA. Traduicts en françois, par F. A. SIMÉON.
Paris. 1611. Chevalier. 2 en 1 vol. in-8°.

4316. — Trois très-excellentes prédications prononcées au jour et feste de la Béatification du glorieux Patriarche le Bien-heureux Ignace fondateur de la Compagnie de Jesus. Par le R. P. F. *Pierre* DE VALDERAME. — Le R. P. F. *Pierre* DEZA. — Le R. P. F. *Jacques* REBULLOSA. Le tout nouvellement traduict par le P. *François* SOLIER.
Poictiers. 1612. Mesnier. 1 vol. in-8°.

4317. — Flores del Carmelo compuestas por el R. P. presentado Fray *Francisco* CASTANA.
Brusellas. 1620. H. De Hoeymaeker. 1 vol. in-8°.

4318. — Sermons rares et excellens sur toutes les festes principales de l'année, preschés en divers lieux par le renommé Docteur le R. P. *Diego* MURILLO. Avec l'Octave du très sainct Sacrement de l'Eucharistie. Traduits d'espagnol en françois par F. D. R. (*François* DE ROSSET) Prieur de S. Agathe.
Paris. 1614. R. Fouet. 2 en 1 vol. in-8°.

4319. — Tres rares discours à prescher pour tous les jours de la Ste Quarantaine, tournez de l'espagnol du P. F. *Diego* MURILLO par M. *Eluthere* LOSIER.
Poictiers. 1609. Anth. Mesnier. 1 vol. in-8°.

4320. — Second Caresme du R. P. *Diego* MURILLO. Tourné par M. *Eleuthere* LOSIER.
Poictiers. 1611. Ant. Mesnier. 1 vol. in-8°.

4321. — Considérations admirables sur tous les Evangiles des dimanches et feries du Caresme. Avec une

briefve paraphrase de la lettre. Composées en espagnol par le R. P. F. *Hernando* DE SANTIAGO. Traduites en françois par ordre du R. P. Fr. I. SUAREZ *de Saincte Marie.*
Paris. 1605. N. Du Fossé. 1 vol. in-8°.

4322. — Considérations admirables sur les festes des Saincts que l'Eglise célèbre avec plus grande solemnité. Avec une breve paraphrase et exposition des lettres des Evangiles. Composées en espagnol par le R. P. F. M. *Hernando* DE SANTIAGO. Et traduites en françois par le R. P. MEURISSE.
Paris. 1617. Taupinart. 1 vol. in-8°.

4323. — Discours sur tous les jours de Caresme, composez par M. F. *Basilio* PONCE DE LEON. Traduits d'espagnol en françois par le R. P. F. *Bert.* LAUGAR.
Paris. 1612. Sonnius et Chevalier. 2 vol. in-8°.

4324. — La volonté de Dieu, sermons pour l'Advent : sur les dix Commandemens du Décalogue. Distinguez en discours théologiques et moraux. Preschez par le R. P. Dom *Antonio* FERDINANDI. Et mis en françois par *Anselme* DOVELLE.
Paris. 1613. R. Fouet. 1 vol. in-8°.

4325. — Sermones predicados en la Beatificacion de la B. M. Teresa de Jesus Virgen, fundadora de la Reforma de los Descalcos de N. Senora del Carmen, colegidos por orden del padre fray JOSEPH DE JESUS.
Madrid. 1615. Martin. 1 vol. 4°.

4326. — Concionum liber à primâ Dominicâ Adventûs Domini, usque ad Epiphaniam, inclusivè. Auctore R. P. F. *Ferdinando* PERALTA. R. P. F. *Hippoliti Mariæ* TALEA PETRA labore atque studio omnia (ex hispano latinè versa et) disposita.
Parisiis. 1614. R. Chaudière. 1 vol. in-8°.

4327. — Discours théologiques des grandeurs et prérogatives de nostre Seigneur Jesus Christ. Composez en espagnol par R.P.F. *François* TAMAYO. Traduicts en françois par M. F. SIZE.

Poictiers. 1615. Mesnier. 2 vol. in-8°.

4328. — Glosa moral sobre los Evangelios de Quaresma. Por el Padre Maestro Fr. *Iuan* GALVARRO.

Sanlucar. 1622. Fern. Rey. 1 vol. in-fol.

4329. — Sermones del Adviento, con sus festividades, y Santos. Predicados en el Hospital real de Zaragoça. Por el Maestro fray *Christoval* DE AVENDANO.

Madrid. 1627. Sanchez. 1 vol. in-4°.

— Sermones para algunas festividades de las mas solenes de los Santos, predicados en la Corte de Madrid. Compuestos por el padre Maestro Fray *Christoval* DE AVENDANO.

Barcelona. 1626. De Cormellas. 1 vol. in-4°.

4330. — Sermons pour les dimanches et festes de l'Advent. Composez et preschez en espagnol par le R. P. F. *Christophle* D'AVENDANO. Traduit fidellement d'espagnol en françois (par *Barthélemy* MILET).

Paris. 1636. Rouillard. 1 vol. in-8°.

4331. — Sermons très doctes sur tous les Evangiles du Caresme. Composez par le Rev. P. F. *Alphonse* DAVANDAGNE. Traduits d'espagnol en françois par le R. P. F. *Jean* DUMAS.

Paris. 1628. Boulanger. 2 vol. in-8°.

4332. — Sermons divers sur les principales festes de l'année, avec l'Octave du sainct Sacrement. Composez en espagnol par le R. P. *Christofle* D'AVENDAGNO. Et traduict en françois par le R. P. DE BOSC.

Paris. 1629. Rouillard 1 vol. in-8°.

4333. — Aurea corona sanctuarii sive sermones verè aurei verborum ac sententiarum auro, conceptuumque unionibus ac moralitatum gemmis locupletissimi in præcipuis Sanctorum totius anni festivitatibus in regali Curia Madritensi habiti ab eloquentiss. ac sapientiss. Hispanorum Chrysologo R. P. M.

Christophoro Avendagno, Italicum et gallicum in idioma jam pridem translati, nunc demum latinitate donati et notis marginalibus illustrati studio et opera R. P. F. Georgii *à Regina Angelorum*. — Accesserunt ad calcem ejusdem Interpretis conciones quatuor de festo Commemorationis solemnis B. V. Mariæ de Monte Carmelo sive sacri Scapularis.
Coloniæ Agripp. 1660. Busæus. 1 vol. in-4°.

— Sertum marianum contextum ex foliis nempe virtutibus SS. Deiparæ, hoc est sermones morales de Rosario B. Virginis Mariæ quomodo ad ejus imitationem coronare nos debeamus.
Coloniæ Agr. 1660. Busæus. 1 vol. in-4°.

4334. — Sermons pour les festes les plus solemnelles des Saincts. Composez par le R. P. M. F. *Christophle* d'Avendano. Traduits d'espagnol en françois par J. Baudouyn. 2ᵉ éd.
Paris. 1626. Methuras. 1 vol. in-8°.

4335. — Marial ou sermons sur toutes les festes ordinaires et extraordinaires de la Vierge : composez par le R. P. Fr. *Christophle* de Avendano. Traduits nouvellement en françois par le R. P. F. J. Verbiale.
Paris. 1632. Boulenger. 1 vol. in-8°.

4336. — La couronne sainte ornée et enrichie de soixante et quinze prédications tres-excellentes pour toutes les festes de nostre Seigneur, de la Vierge Marie, et des Saincts de l'année. Le tout presché en divers temps, par le R. P. Philippe *de Cartagène*. Mis en françois par le R. P. F. Anthoine de Jesus.
Paris. 1631. R. Fouet. 2 vol. in-8°.

4337. — Conceptions prédicables sur douze passages du Genèse. Composées en espagnol par le R. P. F. *Christophle* de Gonzales. Traduictes en françois par le R. P. F. *Jean* Solinhac.
Paris. 1634. Boullanger. 2 vol. in-8°. — Le tome 1ᵉʳ manque.

4338. — Discours prédicables pour tous les dimanches, remplis de rares conceptions et pensées relevées, tirées tant de l'Ecriture saincte que des Pères de l'Eglise. Composez en espagnol par le R. P. F. *Jacques* NISSENO. Et traduits en françois par le R. P. BOUILLON et par le R. P. VERBIAL.
Paris. 1637. Solly. 2 vol. in-8°.

4339. — Le politique chrestien, formé sur le modèle des vertus du Patriarche Abraham, par discours prédicables pour les Advents. Composé en espagnol par le R. P. *Jacques* DE NISSENO. Et mis en françois par le R. P. Fr. BOUILLON.
Paris. 1643. Taupinart. 1 vol. in-8°.

4340. — Très rares et doctes conceptions sur toutes les Evangiles du Caresme : tirées de l'Escriture Saincte et des plus riches pensées des Pères. Par le R. P. *Jacques* NISSENO. Traduictes d'espagnol en françois par le P. *Jean* ROLLE. 2ᵉ édit.
Paris. 1633. Quesnel. 2 vol. in-8°.

4341. — R. D. P. *Didaci* NISSENI opera omnia in quatuor tomos distributa, interprete *Joanne* FREIILINCK.
Moguntiæ. 1650. Schonwetterus. 4 vol. in-4°.

4342. — Homiliæ quadragesimales Rev. Dom. P. F. *Hieronymi Baptistæ* DE LANUZA. Ex hispanico idiomate in latinum... translatæ... opera et labore V. P. F. *Onesimi* DE KIEN.
Antuerpiæ. 1649. Lesteenius. 4 vol. in-fol.

4343. — Les Homélies pour tous les jours de Caresme. Traduites de l'espagnol de Messire *Hierosme* DE LANUZA. Par Messire *Louis* AMARITON.
Paris. 1646. Huré. 2 vol. in-4°.

4344. — R. P. F. *Ignatii* COUTINO conciones, quas ex idiomate hispanico in latinum transtulit R. P. F. *Henricus* HECHTERMANS. (Mariale. — Sanctorale. — Quadragesimale).
Bruxellis. 1652-1657. Vivienus. 3 vol. in-4°.

4345. — De' discorsi morali sopra tutti li giorni di Quaresima, del P. *Emmanuel* DI NAXERA... Trasportati dalla lingua spagnuola nell' italiana dal Signor *Girolamo* BRUSONI.
Venetia. 1655. Baba. 1 vol. in-4°.

4346. — Homélies théologiques et morales de feu Monsieur DE PALAFOX, sur la Passion de Jesus-Christ, traduites par le Sieur AMELOT DE LA HOUSSAIE.
Paris. 1691. Boudot. 1 vol. in-12.

4347. — Doctes et rares sermons pour tous les jours de Caresme, composés en portugais par R. P. F. *Anthoine* FEO. Nouvellement traduicts en françois par R. P. F. *Raymond* DE HEZECQUE.
Paris. 1618. S. Cramoisy. 2 vol. in-8°.

8. — *Prédicateurs allemands et belges.*

4348. — D. *Joannis* THAULERI tam de Tempore quam de Sanctis conciones plane piissimæ cæteraque... omnia opera,... nunc primum ex germanico idiomate in latinum transfusa sermonem..: interprete *Laurentio* SURIO.
Coloniæ. 1548. Quentel. 1 vol. in-fol.

4349. — Postillæ sive conciones in epistolas et evangelia totius anni, authore R. patre D. *Joanne* FERO, interprete verò M. *Joanne* GUNTHERO.
Antuerpiæ. 1560-1563. Stelsius. 4 vol. in-8°.

4350. — Epitome sermonum reverendi D. *Joan.* FERI dominicalium utriusque cum hyemalis tum æstivalis partis conscripta, et diversis temporibus anno MDLVI... pro concione habita : per *Joannem* A VIA nunc primum in lucem ædita. Huic adjectæ sunt ejusdem D. *Joannis* FERI in Threnos Hieremiæ Prophetæ conciones....
Lugduni. 1562. Hæredes Juntæ. 1 vol. in-8°.

4351. — Postillæ sive conciones Rever. D. *Joannis* Feri in Epist. et Evang. de Sanctis, quorum in Ecclesia catholica celebratur memoria. Jam primùm latinitati donatæ per M. *Joan.* a Via.
Antuerpiæ. 1562. Stelsius. 2 en 1 vol. in-8°.

4352. — R. D. *Joan.* Feri in sanctorum festa quæ per totum annum in catholica celebrantur ecclesia postillæ, nunc demùm per R. D. *Joannem* a Via latinitate donatæ.
Lugduni. 1559. Hæredes Junctæ. 1 vol. in-8°.

4353. — R. D. *Joannis* Feri opuscula varia.
Lugduni. 1567. Rovillius. 1 vol. in-8°.

** = Joelis prophetia pro concione explicata : per Rev. D. *Joannem* Fabri. Voyez : N° 765.

4354. — Postilla, hoc est, enarratio D. *Georgii* Wicelii super Evangelia et Epistolas de Tempore et de Sanctis per totum annum, latînè sedulò reddita, interprete *Gerhardo* Lorichio. (Cum indicibus *Bartholomæi* Laurentis cura digestis).
Coloniæ Agripp.. 1545. Quentel. 1 vol. in-fol.

4355. — Quadragesimales conciones, hoc est, exegemata seu expositiones Evangeliorum, Epistolarum, aliarumque lectionum, epistolicè, in sacro Missæ officio diebus quadragesimalibus publicè legi canive solitarum... Autore *Georgio* Wicellio seniore, interprete autem M. *Gerhardo* Lorichio. Cum indice... opera *Barth.* Laurentis studiosè aggesto.
Parisiis. 1565. Desboys. 1 vol. in-8°.

4356. — Catechismus catholicus R. quondam Dn. Michaelis Episopi Merspurgensis in conciones lxxxiiii sanè pias et eruditas pulchrè distributus, continens explicationem Symboli apostolici, Orationis Dominicæ, Salutationis angelicæ, Decalogi, septem Sacramentorum, nunc primùm latinitate donatus per *Tilmannum* Bredembachium. Adjectæ sunt ejusdem Episcopi egregiæ conciones xv de augustissimo

Missæ sacrificio et seorsim una de sacrosancta Eucharistia, interprete F. *Laurentio* SURIO.
Coloniæ. 1562. Hæredes J. Quentel. 1 vol. in-fol. Fig.

4357. — Die Sommertheil der Postillen uber die Sontage Evangelien.
Sans titre. Les deux premiers feuillets manquent. **1 vol. in-8°**

4358. — R. P. *Francisci* COSTERI conciones in Evangelia dominicalia. Jam recens ex belgico idiomate latinitate donatæ (à *Theod.* PETREIO) et in lucem editæ.
Coloniæ. 1608. Hieratus. 3 en 2 vol. in-4°.

9. — *Prédicateurs français.*

4359. — Les sermons et instructions chrestiennes pour tous les jours de l'Advent, jusques à Noel, et de tous les dimenches et festes, depuis Noel, jusques à Caresme. Fidellement recueilliz ainsi qu'ils ont esté prononcez par feu de bonne mémoire M. *François* LE PICART.
Paris. 1562. Chesneau. 1 vol. in-8°.

4360. — Les sermons et instructions chrestiennes pour tous les dimenches et toutes les festes des Saincts, depuis la Trinité jusques à l'Advent.... Par feu de bonne mémoire M. *François* LE PICARD.
Paris. 1563. Chesneau. 1 vol. in-8°. Incomplet.

4361. — Les sermons et instructions chrestiennes pour tous les jours de Caresme et festes de Pasques. Enrichis d'un sermon pour le jour et feste de l'Annonciation de la vierge Marie... par feu M. *François* LE PICART.
Paris. 1567. Chesneau. 1 vol. in-8°.

4362. — Sermons catholiques, pour tous les jours de Caresme et feries de Pasques, faits en l'Eglise S. Estienne du mont à Paris, par feu de bonne mémoire maistre *Simon* VIGOR. Reveuz par M. *Jean* CRISTI.
Paris. 1588. L'Angelier. 1 vol. in-8°.

4363. — Sermons catholiques sur les dimanches et festes

depuis l'Octave de Pasques jusques à l'Advent, et depuis l'onziesme après la Trinité jusques au Caresme. Faicts par feu.. Maistre *Simon* Vigor. Mis en lumière et reveuz par M. *Jean* Cristi et par M. *Jean* Erard.
Lyon. 1592. Th. Soubron. 2 vol. in-8°.

4364. — Sermons catholiques sur le Symbole des Apostres, et sur les Evangiles des dimanches et festes de l'Advent... par feu Maistre *Simon* Vigor. Ensemble quatre sermons du mesme Autheur touchant le Purgatoire.. Reveuz par Maistre *Jean* Cristi.
Paris. 1588. Sonnius. 1 vol. in-8°.

4365. — Sermons catholiques du S. Sacrement de l'autel, accommodez pour tous les jours des octaves de la feste Dieu. Recueillis fidèlement selon qu'ils ont esté prononcez présent le Roy,.. par feu Maistre *Simon* Vigor. Mis en lumière et reveus par M. *Jean* Cristi. — Plus dix sermons de la saincte Messe et ceremonies d'icelle, par feu M. Dyvolé.
Paris. 1582. Chesneau. 1 vol. in-8°.

4366. — Instructions et sermons pour tous les jours de Caresme, depuis le lendemain des Cendres jusques au dimanche d'après Pasques...Recueillis et rédigez en forme de lieux communs soubs feu de bonne mémoire M. *Pierre* Dyvollé.
Paris. 1576. Chesneau. 1 vol. in-8°.

4367. — Sermons de l'Evesque de Valence (*Jehan* de Monluc) sur certains poincts de la Religion, recueillis fidelement, ainsi qu'ils ont esté prononcez.
Paris. 1559. M. De Vascosan. 1 vol. in-8°.

— Recueil des lieux de l'Escriture servant à descouvrir les fautes qu'on commet contre les dix Commandemens de la Loy : prononcé mot à mot par l'Evesque de Valence (*Jehan* de Monluc).
Paris. 1559. M. De Vascosan. 1 vol. in-8°.

4368. — Catholiques expositions avec exhortations sur les Epistres et Evangiles des cinquante trois dimenches de l'année. Reveues, corrigées et augmentées, oultre les précédentes impressions. Par F. *Gabriel* Dupuiherbault.
Paris. 1573. Michel Sonnius. 2 en 1 vol. in-8°.

4369. — Expositions, avec exhortations, sur les Leçons, Epitres et Evangiles du Quaresme : par F. *Gabriel* Dupuyherbault.
Paris. 1564. Jehan De Roigny. 2 vol. in-8°.

4370. — Catholiques expositions sur le Symbole des Apostres, où sont traictez les principaux poincts et plus signalez mystères de nostre Foy.... Par F. *Pierre* De la Coste.
Paris. 1602. G. De la Noue. 1 vol. in-8°.

4371. — Les sermons sur les dix commandemens du Décalogue... Par F. *Pierre* De la Coste.
Troyes. 1602. Chevillot. 1 vol. in-8°.

4372. — Vingt et quatre sermons sur l'Oraison dominicale... Par F. *Pierre* De la Coste.
Paris. 1600. Sonnius. 1 vol. in-8°.

— Quatre sermons sur la Salutation angélique... Par F. *Pierre* De la Coste.
Paris. 1600. Sonnius. 1 vol. in-8°.

— Quatre sermons sur l'antienne *Salve Regina*, esquels est faict mention des louanges de la Vierge Marie : ensemble de l'invocation et intercession des Saincts.... Par F. *Pierre* De la Coste.
Paris. 1600. Sonnius. 1 vol. in-8°.

4373. — Les catholicques démonstrations sus certains discours de la doctrine ecclésiastique, ensuivant simplement la divine parolle de l'Escriture canonique, avec l'universel consentement de l'Eglise chrestienne. Par F. I. Porthæsius.
Paris. 1567. Jullian. 1 vol. in-8°.

4374. — Sermons doctes et catholiques pour tous les jours de Caresme et feries de Pasques.. Par feu de bonne mémoire F. C. DE SAINCTES. Soubs luy fidellement colligez, par feu M. R. HOULLEBRAQUE. Et enrichis d'une table.. par (M. D. DESMARES).
Paris. 1600. G. Chaudière. 1 vol. in-8°.

4375. — Trésor quadragésimal, ou conceptions théologiques tres doctes et éloquentes sur toutes les Evangiles de Caresme et feries de Pasques, preschées en l'Eglise Nostre Dame de Paris par un grand Prélat et digne Evesque de nostre temps (*Claude* DE SAINCTES).
Paris. 1622. R. Fouet. 1 vol. in-8°.

4376. — Neuf sermons sur l'excellence de l'Oraison de Nostre Seigneur prononcez par Messire *Jean* DU BEC.
Paris. 1586. Orry. 1 vol. in-8°.

4377. — Sermons de Reverend Père en Dieu, Monsieur *Philippes* DU BEC.
Paris. 1586. Chaudière. 1 vol. in-8°.

** — Homelies par Me *Estienne* PARIS.
          Voyez : N° 940.

4378. — Le triomphe de Marie Vierge et Mère de Jesus, où par figures et propheties de l'ancien Testament, par les tesmoignages et authoritez de l'Escripture, et des saincts Pères, sont esclarcis les plus signalez mystères de nostre Redempteur, depuis le commencement de son triomphe sur le peché dès son origine, jusques à la consommation de sa gloire. Par V. Père F. *Pierre* CRESPET. 2e édit.
Lyon. 1594. Pillehotte. 1 vol. in-8°.

4379. — Le triomphe des Saincts, où les gestes, vertus, victoires, gloire et mérites de plusieurs Confesseurs, Vierges et Anachoretes sont exprimez et declarez en doctes et notables sermons accommodez aux principalles festes de l'année. Ausquels sont joincts trois sermons faicts par l'Autheur visitant les Mo-

nastères de son Ordre qui luy estoient enchargez, l'an 1591. Par V. P. F. *Pierre* CRESPET.
Paris. 1595. G. Dela Noue. 2 vol. in-8°. Le tome 1ᵉʳ manque.

4380. — Sermons catholiques tant sur le Symbole des Apostres, que sur aucunes Epistres, et toutes les Evangiles des dimanches et festes, depuis le premier dimanche de l'Advent jusques à la Quinquagesime... Par Maistre *Pierre* COURTIN.
Paris. 1597. L'Angelier. 1 vol. in-8°.

4381. — Sermons sur les Epistres et Evangiles des dimenches de l'année. Prononcez en diverses années en l'Eglise Cathédrale de Tournay. Par M. *J.* COTREAU.
Paris. 1588. G. Chaudière. 2 vol. in-8°. Le 1ᵉʳ manque.

4382. — Sermons sur la prophétie de Jonas. Prononcez en l'Eglise Cathédrale de Tournay durant le sainct temps de l'Advent. Par M. *Jean* COTREAU.
Paris. 1588. Chaudière. 1 vol. in-8°.

4383. — Discours chrestiens de la Divinité, Création, Rédemtion et Octaves du sainct Sacrement. Augmentées. Par M. *Pierre* CHARRON.
Paris. 1629. Bertault. 1 vol. in-8°.

4384. — Huict sermons de la résurrection de la chair, prononcez au Chasteau du Bois de Vincennes, durant le temps de parade et deuil de feu trespuissant et treschrestien Charles IX. Roy de France, vrayement piteux et debonnaire, propugnateur de la Foy, et amateur des bons esprits. Par A. SORBIN dit DE SAINCTE FOY.
Paris. 1574. G. Chaudière. 1 vol. in-8°.

4385. — Sermons sur le Pseaume cent trente-sixiesme, *Super flumina Babylonis*, etc. — Avec quelques exhortations et remonstrances faictes sur divers subjects. Par Mᵉ *Claude* DE MORENNE.
Paris. 1605. Bertault. 1 vol. in-8°.

4386. — Sermons et exhortations catholiques sur les Evangiles des cinquante et deux dimanches de l'année, pour l'instruction du peuple chrestien... Par M. *Denis* Peronnet. Augm. corr.
Paris. 1599. Lombart. 2 en 1 vol. in-8°.

4387. — Sermons et exhortations catholiques pour tous les jours de Caresme. Par M. *Denis* Peronnet.
Paris. 1601. N. Du Fossé. 1 vol. in-8°.

4388. — Sermons et exhortations catholiques, pour les festes de Jesus-Christ et des Saincts... Par M. *Denys* Peronnet.
Rouen. 1607. R. Valentin. 2 en 1 vol. in-8°.

4389. — Vingt discours sur le xii chapitre de l'Apocalypse de S. Jean, où il est traité des principales marques de l'Eglise, afin de recognoitre quelle est la vraye, et par ce moyen se ranger à la vérité, et finir tous débats touchant la religion. Composez par P. R. P. F. *Jacques* Suarès *de S. Marie*..
Paris. 1608. N. Du Fossé. 1 vol. in-8°.

4390. — Trésor quadragesimal enrichi de plusieurs relevées et admirables considérations tant de l'Escripture saincte que de la doctrine des SS. Pères pour les sermons de tous les jours du Caresme. Composez par le R. P. *Jacques* Suares *de saincte Marie.*
Paris. 1607. N. Du Fossé. 1 vol. in-8°.

4391. — Traicté du sainct Sacrifice de la Messe, pour la confirmation des fidèles en la créance d'icelle, et ruine de tous ses adversaires. Par le R. P. Fr. *Jacques* Suares *de Saincte Marie*. 2e édit.
Paris. 1605. N. Du Fossé. 1 vol. in-8°.

— Sermons pour les octaves du St. Sacrement de l'autel. Contenantz huict causes pour lesquelles nostre Seigneur nous a laissé sa chair et son sang reallement et substantiellement en ce très-auguste Sacrement. Preschez par le R.P.F. *Jacques* Suares.
Paris. 1605. N. Du Fossé. 1 vol. in-8°.

— Torrent de feu sortant de la face de Dieu, pour desseicher les eaux de Mara encloses dans la chaussée du Moulin d'Ablon. Où est amplement prouvé le Purgatoire et suffrages pour les trespassez, et sont descouvertes les faussetez et calomnies du Ministre Molin. Composé par le R. P. F. *Jacques* SUARES. Rev. corr. aug., avec plusieurs additions,...
Paris. 1606. N. Du Fossé. 1 vol. in-8°.

4392. — Sermons ou traictez de l'estat des trespassez, déduits en douze amples chapitres. Dédiees à Messieurs les Pères, Eschevins de la ville d'Amyens, zelateurs de la Religion catholique, apostolique et romaine. Par Maistre *Nicolas* GAUDRAN, Chanoine et Pénitencier de l'Eglise nostre Dame d'Amyens(1).
Amyens. 1616. J. Hubault. 1 vol. in-12.

4393. — Homélies et consolations spirituelles sur les dimanches et festes, depuis Pasques jusques à la saincte Trinité. Avec les sermons tant du jour que de l'Octave de la feste du sainct Sacrement. Faicts par le R. P. F. *Sebastien* MICHAELIS.
Paris. 1617. Chastellain. 1 vol. in-8°.

4394. — Homélies sur les dimanches et festes de toute l'année. Composées par le R. P. *Ignace* LE GAULT.
Paris. 1624-1634. Moreau. 3 vol. in-8°.

4395. — Sainctes exhortations sur tous les Evangiles du Caresme. — Avec un sermon de sainct Joseph, et de l'Annonciation de la Vierge. Composées par le R. P. *Ignace* LE GAULT.
Paris. 1633. Denys Moreau. 1 vol. in-8°.

4396. — Morale interprétation sur les premiers chapitres du Prophète Ezechiel, divisée en vingt-cinq sermons pour les Advents. Composée et preschée par le R. P. F. *Olivier* DE CUILLY.
Paris. 1611. Huby. 1 vol. in-8°.

---

(1) GAUDRAN (Nicolas) né à Amiens, mourut en cette ville le 12 février 1616.

4397. — Homélies morales sur les principaux mystères et la dévotion du précieux Sacrement de l'autel. Composées par le R. P. Denis de la Mère de Dieu.
Paris. 1618. Sonnius. 1 vol. in-8°.

4398. — Sermons du bien-heureux *François* de Sales. Nouvellement reveus, corrigez et augmentez de quelques sermons, avec une explication mystique du Cantique des Cantiques. 2° édit.
Paris. 1643. Huré. 1 vol. in-4°.

4399. — Sermons sur les principales et plus difficiles matières de la Foy Faicts par le R. P. *Pierre* Coton. Réduicts par luy mesme en forme de méditations.
Arras. 1617. G. De la Rivière. 1 vol. in-8°.

4400. — Le pourtraict du sacré et céleste Epoux, tiré du cinquiesme des Cantiques. Composé par le R. P. F. *Pierre* Brun. — Sermons sur les dimanches de l'Advent, par le mesme Autheur.
Tolose. 1627. Colomiez. 1 vol. in-8°.

4401. — Sermons prononcez à Castres, durant l'octave du sainct Sacrement, le 25 May 1606, contenans l'exposition du mystère de l'Eucharistie, et autres poincts de Religion. Avec réfutation des hérésies, et erreurs insérées en la créance des Calvinistes, et de leur Ministre Jean Josion. Par R.P.F. *Gilles* Camart.
Tolose. 1608. V° Colomiez. 1 vol. in-8°.

— Examen de la conférence tenue le 2 et 3 Juin entre R. Père Frère Gilles Camart et le Ministre Jean Josion, sur les falsifications contenues es escrits dudict Josion. Divisé en trois briefves parties. Par le sudit R. P. F. *Gilles* Camart.
Tolose. s. d. V° Colomiez. 1 vol. in-8°.

4402. — Sermons ou thrésors de la piété chrestienne cachez dans les Evangiles des dimanches de l'année. Par le P. Boucher. N° édit.
Paris. 1623. Boullengier. 1 vol. in-8°.

4403. — Sermons pour tous les jours de Caresme. Par le R. P. Boucher.
Paris. 1635. Taupinart. 1 vol. in-8°.

4404. — l'Epitome des merveilles de Dieu, presché durant l'octave du S. Sacrement dans l'Eglise des PP. Cordeliers de Paris, en l'an 1619. Par le P. Boucher.
Paris. 1628. D. Moreau. 1 vol. in-8°.

4405. — Les magnificences divines chantées par la Vierge sur les montagnes de Judée, et preschées... par le P. Boucher.
Paris. 1630. Estienne. 1 vol. in-8°.

4406. — Sermons pour les festes principales de l'année et octave du S. Sacrement. Composez et prononcez en divers lieux par feu le R. P. *Pierre* Blanchot. Reveus et mis en lumière par le R. P. F. *Michel* De la Noue.
Paris. 1645. Rouillard. 1 vol. in-8°.

4407. — Le vray accomplissement des désirs de l'homme en la vie présente. Presché durant l'Advent en l'Eglise S. Mederic. Par le P. F. *Pierre* Blanchot.
Paris. 1635. Cramoisy. 1 vol. in-8°.

4408. — Sermons salutaires pour tous les jours de l'Advent. Composez et preschez par le R. P. *Antoine* de Lor.
Tolose. 1623. P. Bosc. 1 vol. in-8°.

4409. — Sermons salutaires sur tous les jours du Caresme. Composez et preschez par le R. P. *Antoine* de Lor.
Tolose. 1623. P. Bosc. 2 vol. in-8°.

4410. — L'Académie des pécheurs, bastie sur la parabole du prodigue évangélic. Par F. *Philippes* Bosquier.
Mons. 1596. C. Michel. 1 vol. in-8°.

4411. — Gerson (Chanoine théologal de l'Eglise de S. Quentin. Du Sacrement de Jesus-Christ. Sujet divisé en vingts discours, tres utiles pour les âmes qui ayment la divine Eucharistie...
Paris. 1636. Moreau. 1 vol. in-8°.

4412. — La saincte philosophie de l'âme, sermons pour l'Advant preschez à Paris à S. Medric l'an 1612. Par *André* VALLADIER.
Paris. 1613. P. Chevallier. 1 vol. in-8°.

4413 — Métanéalogie sacrée, sermons sur toutes les Evangiles du Caresme, preschés à Paris à S. Jacques de la Boucherie, l'an 1609. Par *André* VALLADIER.
Paris. 1616. P. Chevallier. 2 vol. in-8°.

4414. — Les triumphes et solennités de Jesus Christ. Sermons pour toutes les festes de nostre Seigneur. Par M. *André* VALLADIER.
Paris. 1622. P. Chevallier. 1 vol. in-8°.

4415. — Parallèles et célébritez parthéniennes pour toutes les festes de la glorieuse Mère de Dieu. Sermons preschez à Paris, à S. Estienne des Grecs, durant l'octave de son Assumption. Par *André* VALLADIER.
Paris. 1626. P. Chevallier. 1 vol. in-8°.

4416. — Les stromes sacrez, sermons pour les festes des Saincts. Par M. *André* VALLADIER. 2ᵉ éd.
Paris. 1622. P. Chevallier. 2 vol. in-8°.

4417. — Le mariage divin et spirituel consommé entre Dieu et l'homme, par le S. Sacrement de l'Eucharistie. Par F. *André* VALLADIER.
Paris. 1621. P. Chevallier. 1 vol. in-8°.

4418. — Le mariage divin et spirituel entre Dieu et l'homme, en la saincte Eucharistie. Octave seconde. Des divines parallèles. Par F. *André* VALLADIER.
Paris. 1623. P. Chevallier. 1 vol. in-8°.

4419. — Les divines parallèles de la saincte Eucharistie, sermons pour l'octave du sainct Sacrement, preschés à Paris,.. l'an 1612. Par *André* VALLADIER.
Paris. 1613. P. Chevallier. 1 vol. in-8°.

4420. — L'amphithéâtre de Calvaire, drame lamentable de la mort de Jesus Christ et de la Passion de sa saincte Mère. Avec les clameurs et parolles proférées en la croix. Par Mᵉ *André* VALLADIER.
Paris. 1623. P. Chevallier. 1 vol. in-8°.

4421. — Tapisserie spirituelle, en laquelle sont représentées plusieurs personnes de diverse condition. Par le P. *Jacques* Perard.
Paris. 1638. Jacquin. 1 vol. in-8°.

4422. — Trophées des Saincts, contenans en deux tomes cent cinquante discours composés en l'honneur de Dieu, de la saincte Vierge, et des Saincts principaux de l'année. Par le R. P. *Jacques* Perard.
Paris. 1635. Josse. 2 vol. in-4°.

4423. — Conceptions théologiques sur tous les dimanches de l'année, preschées en divers lieux, par Maistre *Pierre* de Besse.
Rouen. 1623. R. De Beauvais. 2 vol. in-8°. rassortis.

4424. — Conceptions théologiques sur toutes les festes des Saincts et autres solemnelles de l'année. Preschées en divers lieux. Par M° *Pierre* de Besse.
Paris. 1629. N. Du Fossé. 2 vol. in-8°.

4425. — Conceptions théologiques sur l'octave du sainct Sacrement, et principales festes depuis Pasques jusques à la Toussaincts. Preschés en divers lieux. Par M° *Pierre* de Besse.
Paris. 1614. N. Du Fossé. 1 vol. in-8°.

4426. — Conceptions théologiques sur les quatre fins de l'homme, preschées en VII Advant. Par M. *Pierre* de Besse.
Lyon. 1625. Simon Rigaud. 1 vol. in-8°.

4427. — Premières conceptions théologiques sur le Caresme. Preschées à Paris en l'Eglise S. Severin, l'an 1602. Par M. *Pierre* de Besse.
Paris. 1606. N. Du Fossé. 1 vol. in-8°.

4428. — Deux sermons de la résurrection du Lazare. Par lesquels est vérifiée l'Intercession des Saincts, la Confession auriculaire, et le Purgatoire. Par M. *Hugues* Burlat.
Paris. 1603. Richer. 1 vol. in-8°.

4429. — Le triomphe du Patriarche Joseph. Réduit en 46 prédications, preschées.. en un Advent. Par le R. P. F. *Aymé* Besson.
Lyon. 1617. Rigaud. 1 vol. in-8°.

4430. — Testament du Patriarche Jacob : ou les prophéties de malédictions et bénédictions prononcées par Jacob au lict de la mort sur ses douze enfans. Où est descrite l'œconomie générale du Royaume spirituel que le Verbe éternel est venu establir par son Incarnation : fondé sur les deux colomnes de crainte et d'amour. Presché à Paris durant l'Advent, en l'an 1620. (Par le R. P. *Jean* Suffren).
Paris. 1623. P. Chevalier. 1 vol. in-8°.

4431. — Sermons doctes et admirables sur les Evangiles des dimanches et festes de l'année : et octaves du sainct Sacrement. Divisés en huict Paraboles tirées de la S. Escriture. Preschez en divers lieux par un Docte et célèbre personnage de nostre temps. (Le R. P. *J.* Suffren).
Paris. 1622. N. De la Vigne. 1 vol. in-8°.

4432. — Riches et excellens parallèles entre Dieu et l'âme, le prototype et son image. Preschez en un Advent, en l'Eglise de sainct André des Arcs, l'an 1622. Par M. *Charles François* d'Abra de Raconis.
Paris. 1625. Boulanger. 1 vol. in-8°.

4433. — Les merveilles de la Croix traittées par discours prédicables, à la consolation des Catholiques et confusion des Hérétiques. Par le P. F. *Charles* Roussel.
Paris. 1699. R. Chaudière. 1 vol. in-8°.

4434. — L'aigle françois, ou conceptions divines sur le premier chapitre de S. Jehan, preschées en un Advent, par M. *Thomas* Giroult.
Paris. 1611. Séb. Cramoisy. 1 vol. in-8°.

4435. — La manne divine preschée en l'Octave sainte, par M. T. G. P. (*Thomas* GIROULT).
Paris. 1609. Le Maistre. 1 vol. in-8°.

4436. — L'aigle transcendant, qui comprend soubs ses aisles vingt-quatre sermons pour les Advents, sur le premier chapitre de l'Apocalypse. — Ensemble les sermons des festes de la Conception, Nativité de Jesus Christ et feries, jusques à la Circoncision. Composé et mis en lumière par le R. P. F. FEREY.
Paris. 1618. Petit-Pas. 1 vol. in-8°.

4437. — Sermons pour tous les dimanches de l'année... Composez et preschez par *Estienne* MOLINIER.
Tolose. 1631-1639. Colomiez. 2 vol. in-8°.

4438. — Les douze fondemens de la Cité de Dieu, ou les douze articles du Symbole des Apostres expliqués par les douze pierres précieuses de l'Apocalypse, en XXI discours, par forme de catechéses, accommodées au temps de l'Advent. Par *Estienne* MOLINIER.
Tolose. 1635. Colomiez. 1 vol. in-8°.

4439. — Sermons pour toutes les feries, et dimanches du Caresme, composez et preschez par *E.* MOLINIER.
Tolose. 1645. Colomiez. 2 vol. in-8°.

4440. — Sermons sur les festes des Saincts. Composez et preschez par *E.* MOLINIER.
Tolose. 1648. Colomiez. 3 vol. in-8°. — Le 2ᵉ manque.

4441. — Le banquet sacré de l'Eucharistie, pour l'octave du S. Sacrement. Par Mᵉ *Estienne* MOLINIER.
Tolose. 1635. Colomiez. 1 vol. in-8°.

4442. — Le bouquet de myrrhe de l'amante sacrée, composé des douleurs de la Passion de N. S. Jesus Christ, recueillie des quatre Evangélistes. Par *E.* MOLINIER.
Tolose. 1637. Colomiez. 1 vol. in-8°.

4443. — Le mystère de la Croix, et de la rédemption du monde, expliqué en dix sermons preschez.. par

E. Molinier. — Avec quelques autres œuvres du mesme Autheur.
Tolose. 1638. Colomiez. 1 vol. in-8°.

4444. — Le buisson ardent, figure de l'incarnation, contenant vingt-quatre discours sur les mystères de l'Advent. Par le R. P. *Nicolas* Caussin.
Paris. 1617. J. Du Bray. 1 vol. in-8°.

4445. — La sagesse évangélique pour les sacrez entretiens de l'Advent. Par le R. P. *Nicolas* Caussin.
Paris. 1644. Taupinart. 1 vol. in-8°.

4446. — La sagesse évangélique pour les sacrez entretiens de Caresme. Par le R. P. *Nicolas* Caussin.
Paris. 1645. Pepingué. 1 vol. in-8°.

4447. — Amalthée, ou corne d'abondance des grâces et vertus de la glorieuse Vierge. Divisée en quarante-six discours sur les Litanies de Nostre Dame, par M. *Jacques* Branche.
Lyon. 1622. Charvet. 1 vol. in-8°.

4448. — Anatomie mystique des grandeurs de la Mère de Dieu, distribuée en viii sermons. Preschez à Nancy, devant son Altesse, en l'octave de l'Assumption, l'an 1621. Par M. de Bauquemare.
Paris. 1624. Cl. Cramoisy. 1 vol. in-8°.

4449. — Exhortations à la dévotion et amour de la sacrée Vierge. En faveur des Confrères du saint Rozaire, et des Associez au Rozaire perpétuel... Par le R. P. *Jean* de Rechac.
Paris. 1647. Cl. Le Beau. 1 vol. in-8°.

4450. — Prones paroissiaux, pour tous les dimanches de l'année. Par *J. P.* C. E. de Belley (*Jean Pierre* Camus, *Evèque*).
Paris. 1649. A. De Sommaville. 1 vol. in-8°.

4451. — Prônes épistolaires sur les épistres de chaque dimanche de l'année. Par *J.P.* Camus, E. de Belley.
Paris. 1649. A. de Sommaville 1 vol. in-8°.

4452. — Prosnes catech-évangéliques pour tous les dimanches et festes principales de l'année, où sur le sujet de chaque Evangile est traicté un poinct de la doctrine chrestienne. Par *J. P. C.* Evesque de Belley.
Paris. 1650. Meturas. 1 vol. in-8°.

4453. — Premières homélies dominicales de Messire *Jean Pierre* Camus, Evesque et Seigneur de Belley.
Paris. 1617. Chappelet. 1 vol. in-8°.

4454. — Homélies dominicales de Monsieur l'Evesque de Belley. — De plus, est augmenté de plusieurs excellents sermons traictant des dignitez et cérémonies de l'Eglise. Nᵉ édit.
Rouen. 1643. Vaultier. 1 vol. in-8°.

4455. — Premières homélies quadragésimales. Par Messire *J. P.* Camus....
Paris. 1615. Chappelet. 1 vol. in-8°.

4456. — Homélies quadragésimales de Mᵉ *Jean Pierre* Camus.
Rouen. 1647. Seigneuré. 1 vol. in-8°.
— Premières homélies eucharistiques de Mᵉ *Jean Pierre* Camus... Preschées à Paris, en l'Eglise S. Mederic, l'octave de l'an 1617.
Rouen. 1628. L. Du Mesnil. 1 vol. in-8°.

4457. — Premières homélies eucharistiques.....
Paris. 1618. Chapellet. 1 vol. in-8°.

4458. — Premières homélies festives de Mᵉ *J. P.* Camus.
Paris. 1617. Chappelet. 1 vol. in-8°.

4459. — Sermons reslevez, ou homélies sur la Passion de nostre Seigneur, de Messire *J. P.* Camus... Preschées en sa cathédrale, le Caresme de l'an 1616.
Douay. 1618. B. Bellere. 1 vol. in-8°.

4460. — Homélies sur la Passion de nostre Seigneur. Par Messire *J. P.* Camus....
Rouen. 1641. Vaultier. 1 vol. in-8°.

4461. — Premières homélies mariales de M. *J. P.* Camus.
Paris. 1619. Chappelet. 1 vol. in-8°.

4462. — Homélies spirituelles sur le Cantique des Cantiques. Par M° *Jean Pierre* Camus.
Paris. 1620. Chappelet. 1 vol. in-8°

4463. — Meslange d'homélies de Messire *J. P.* Camus...
Paris. 1622. Chappelet. 1 vol. in-8°.

4464. — Premières homélies diverses de M. *J. P.* Camus..
Rouen. 1626. Osmont. 1 vol. in-8°.

4465. — Homélie des trois simonies, ecclésiastique, militaire et judicielle. Prononcée en l'Assemblée générale des trois Estats de France, en l'Eglise des Augustins à Paris, le premier dimanche de l'Advent 1614.
— Homélie des trois fléaux des trois Estats de France. Preschée en l'Assemblée générale des trois Ordres, en l'Eglise des Augustin, à Paris, le dimanche dans l'Octave de Noel, jour des SS. Innocens.
— Homélie des désordres des trois Ordres de cette monarchie. Haranguée en l'Assemblée des Estats généraux du Royaume à Paris... le v° dimanche après l'Epiphanie. Par *J. P.* Camus.
Paris. 1615. Chappelet. 1 vol. in-8°.

4466. — Metanée, ou de la Pénitence. Homélies. Par Messire *Jean-Pierre* Camus... Preschées à Paris en l'Eglise sainct Severin, l'Advent de l'an 1617.
Paris. 1619. Chappelet. 1 vol. in-8°.

4467. — Couronnement de la très-saincte Vierge Marie Mère de Dieu. Presché durant l'octave de son Assomption, en l'Eglise S. Estienne des Grecs à Paris, l'an 1636. Par le V. P. *Martin* Hérissé.
Paris. 1638. Huré. 1 vol. in-8°.

4468. — Sermons sur les sacrés mystères des principalles solemnités de l'année. Médités par N. Henart.
Paris. 1604. V° G. De La Noue. 1 vol. in-8°.

4469. — Tapisseries sacrées à l'honneur de l'Eglise de Dieu, sur chacun jour des principales festes de nostre

Seigneur, de la tressaincte Vierge et autres Saincts célebrez par l'Eglise... Par *F.* D'Eudemare.
Paris. 1617. Pigoreau. 1 vol. in-8°.

4470. — L'Evangile en son trosne. Sermons sur la parole de Dieu, contre le Calvinisme. Par *Fr.* D'Eudemare. — Et un autre opuscule du mesme autheur, sur la prière du Canon de la Messe, contre P. Du Moulin.
Rouen. 1631. M. L'Allemant. 1 vol. in-8°.

4471. — La déroute de Babylon, descrite par S. Jean en l'Apocalypse, où est amplement traicté qu'elle est la litérale et mystique Babel, et des ruines de l'une et de l'autre. Par le R. P. F. *Charles* Josse.
Paris. 1612. P. Chevalier. 1 vol. in-8°.

4472. — Sermons funèbres et conceps sur les quatre fins dernières de l'homme. Par M. *Jaques* Le Clercq.
Rouen. 1614. Daré. 1 vol. in-12.

4473. — Conceptions admirables sur tous les dimanches de l'année. Ensemble l'octave du sainct Sacrement sur le sacrifice d'Isaac. Le tout presché en divers lieux, par un des plus renommez personnages, et l'une des plus grandes mémoires de nostre temps. (Le R. P. F. *François* Humblot).
Paris. 1615. P. Chevalier. 2 vol. in-8°.

4474. — Conceptions admirables sur toutes les festes de l'année.. (Par le R. P. F. *François* Humblot).
Paris. 1617. P. Chevalier. 1 vol. in-8'.

4475. — Conceptions admirables sur les lamentations de Jérémie, contenant l'entrée de l'homme en l'estat d'innocence, son séjour désastreux en l'estat du peché, et son noble retour en l'estat de la grâce, le tout représenté durant l'Advent. (Par *Fr.* Humblot.
Paris. 1618. P. Chevallier. 1 vol. in-8°.

4476. — Conceptions admirables sur le Caresme.... (Par le R. P. F. *François* Humblot).
Paris. 1619. P. Chevalier. 1 vol. in-8°.

4477. — La sérénissime infante du Ciel, ou la vertu triomphante du vice déclarée par xxv discours et sermons prononcés en divers lieux, par R. P. F. *André* Couvreur dit *de Tecto*.
Ath. 1618. J. Maes. 1 vol. in-8°.

4478. — Les homélies adventuelles sur la Salutation angélique. Ensemble les dimanches et festes de l'Advent. Par R. P. F. *E.* Ferrouilh.
Paris. 1618. Petit-Pas. 1 vol. in-8°.

4479. — Banquet sacré dressé par le Fils de Dieu sur la montagne de Sion. Divisé en huict sermons, sur ces paroles : *Et faciet Dominus exercituum*, etc. *Isaiæ* 25. Preschez en une octave du S. Sacrement. Par F. *Thomas* Ravenel.
Paris. 1635. S. Le Febvre. 1 vol. in-8°.

4480. — Sermons adventuels sur le Psalme xxviii. Divisez en plusieurs belles tapisseries ourdies avec les riches entrelaz du Psalme xxxviii et de plusieurs sacrez Septenaires de la saincte Escriture. Preschez durant l'Advent. Par F. F. *André* D. L. (de l'Auge)
Paris. 1630. Fouet. 1 vol. in-8°.

4481. — Sermon pour le jour de sainte Monique et de saint Augustin.
Paris. 1637. Camusat. 1 vol. in-8°.

4482. — Baltazar, ou l'oubly de Dieu, puny en la personne de ce dernier Roy de Babylone. Advent presché à Paris,... l'année 1640. Par le R. P. *Jean* Grisel.
Paris. 1655. Béchet. 1 vol. in-8°.

— Sermons pour les iv dimanches et quelques festes de l'Advent. Preschez... par le R. P. *Jean* Grisel.
Paris. 1655. Bechet. 1 vol. in-8°.

4483. — Sermons sur tous les Evangiles du Caresme. Par le R. P. *Jean* Grisel.
Paris. 1658. Béchet. 2 vol. in-8°.

4484. — Le triomphe des perfections divines au S. Sacrement de l'Eucharistie, représenté mystiquement par le chariot du Prophète Elie. Par le R. P. A. S. (*Ange* SPENEL).
Le Puy. 1647. Guynand. 1 vol. in-8°.

4485. — La chaire des Curez, ou la vraye méthode de bien annoncer les festes aux Eglises parochiales.. Par J. BOVIS. 5e édit.
Lyon. 1651. P. Bailly. 1 vol. in-8°.

4486. — La chaire des Curez, ou le devoir de ceux qui ont charge d'âmes. Contenant la méthode de bien annoncer au peuple les festes qui arrivent en chaque sepmaine par un discours fait sur chacune feste, les exhortations nécessaires aux malades pour les résoudre à la mort, la publication des monitoires, la fulmination des excommunications et une explication de l'Oraison dominicale. Par J. BOVIS. 7e édit. corr. et augm. d'un supplément de plusieurs discours prédicables,.. par M.L.R.P C.D.D.
Rouen. 1655. Herault. 1 vol. in-8°.

4487. — Sermons sur tous les Evangiles du Caresme. Par le R. P. *Claude* DE LINGENDES.
Paris. 1666. Muguet. 2 vol. in-8°.

4488. — Sermons sur quelques dimanches de l'année; et autres de différents sujets, preschez par M. *Jacques* BIROAT.
Paris. 1689. Couterot. 1 vol. in-8°.

4489. — Sermons de la pénitence, preschez durant l'Advent, par M. *Jacques* BIROAT. Ne édit.
Paris. 1680. Couterot. 1 vol. in-8°.

4490. — Sermons pour tous les jours de Caresme, preschez par M. *Jacques* BIROAT.
Paris. 1689. Couterot. 2 vol. in-8°.

4491. — Panégyriques des Saints, preschez par M. *Jacques* BIROAT. Par les soins de M. N. BLAMPIGNON.

3ᵉ édit. rev. et corr. sur les manuscrits de l'Autheur.
Paris. 1672-1681. Couterot. 3 vol. in-8°.

4492. — La condamnation du monde par le mystère de l'Incarnation du Fils de Dieu ; preschée durant l'Advent.. l'année 1660. Par M. *Jacques* BIROAT.
Paris. 1688. Couterot. 1 vol. in-8°.

4493. — Sermons sur les mystères de nostre Seigneur, preschez par M. *Jacques* BIROAT. Nᵉ édit.
Paris. 1681. Couterot. 1 vol. in-8°.

4494. — La vie de Jesus-Christ dans le Sᵗ. Sacrement de l'autel ; preschée durant l'octave du saint Sacrement,.. l'année 1657. Par M. *Jacques* BIROAT. 5ᵉ éd.
Paris. 1676. Couterot. 1 vol. in-8°.

4495. — Sermons sur les mystères de la Vierge, preschez par M. *Jacques* BIROAT. 3ᵉ édit.
Paris. 1679. Couterot. 1 vol. in-8°.

4496. — Sermons des vestures, professions religieuses, et oraisons funèbres ; preschez par M. *Jacques* BIROAT.
Paris. 1689. Couterot. 1 vol. in-8°.

4497. — Les thèses affectives et prédicables, ou les sacrez éloges des mystères de la Rédemption... Par le Sieur *Nicolas* DE HAUTEVILLE. Tome premier. De l'Incarnation du Verbe, l'Homme-Dieu.
Paris. 1664. Du Puis. 1 vol. in-8°.

4498. — Octave de S. François de Sales... Où les plus beaux traits de la vie et des actions de ce S. Evesque sont ordonnez en forme de panégyriques... Par *Nicolas* DE HAUTEVILLE.
Paris. 1668. Fed. Léonard. 1 vol. in-8°.

4499. — Homélies chrestiennes sur les évangiles des dimanches et des festes principales de l'année. Avec cinq autres homélies sur la doctrine chrestienne, par le R. P. *François* BOURGOING.
Paris. 1654. Huré. 1 vol. in-8°.

4500. — Panégyriques de Monsieur VERJUS.
Paris. 1664. Muguet. 1 vol. in-4°.

4501. — Sacrez panégyriques prononcez par le R.P. Daniel de S. Joseph (*Joseph* Le Gouverneur).
Paris. 1660. Padeloup. 1 vol. in-4°.

4502. — Le Symbole des Apostres expliqué et divisé en prosnes, par M. *Matthieu* Beuvelet.
Paris. 1668. Josse. 1 vol. in-8°.

4503. — Le Prédicateur évangélique, ou discours pour tous les jours du Caresme. Par le Sieur Oudeau.
Lyon. 1667. Cellier. 1 vol. in-8°.

4504. — Le banquet d'Elie, ou les merveilles de la table de Jesus, représentées dans huit discours qui peuvent servir d'entretiens pendant l'octave du saint Sacrement. Par le Sieur Oudeau.
Lyon. 1668. Cellier. 1 vol. in-8°.

4505. — Panégyriques pour toutes les festes de la sainte Vierge... Par le Sieur Oudeau.
Lyon. 1668. Cellier. 1 vol. in-8°.

4506. — Les panégyriques des fondateurs des ordres religieux... Par le Sieur Oudeau.
Paris. 1664. Thierry. 1 vol. in-8°.

4507. — Octave du S. Sacrement. Avec quelques autres pièces sur le mesme sujet. Preschées par le R. P. *Jean Baptiste* Ragon.
Paris. 1668. Hénault. 1 vol. in-8°.

4508. — Le Calvaire, ou les entretiens de l'âme chrétienne sur les mystères de la Passion. Preschez en l'Eglise de Saint Louis. Par le R. P. *Jean Baptiste* Ragon.
Paris. 1666. Muguet. 1 vol. in-4°.

4509. — Sermons pour les dimanches et festes de l'Advent. Par le R. P. A. Castillon.
Paris. 1672. Muguet. 1 vol. in-8°.

4510. — Panégyriques des Saints, preschez par le R. P. *André* Castillon.
Paris. 1676. Muguet. 1 vol. in-8°.

4511. — Sermons preschez durant l'octave du saint Sacrement... sur les desseins de Jesus Christ dans

l'Institution du saint Sacrement de l'autel. Par le R. P. *André* Castillon.
Paris. 1693. L. Guérin. 1 vol. in-8°.

4512. — La somme des sermons parénétiques et panégyriques du très Reverend Père Léon.
Paris. 1671. Cramoisy. 4 vol. in-fol.

4513. — La prestrise de Jesus-Christ, de laquelle Dieu a juré la durée éternelle, sans en avoir jamais de repentir. Preschée durant l'octave du S. Sacrement....Par le R. P. *Pierre* Bourgoin.
Chaalons. 1674. Seneuze. 1 vol. in-8°.

4514. — Sermons pour tous les jours du Caresme. Avec un appendix de S. Chrysostome, respondant aux sermons de tous les jours.... Par le R. P. *Antoine* Michaelis.
Lyon. 1669. Cellier. 2 vol. in-8°.

4515. — Panégyriques des Saints. Par le R.P. *Jean François* Senault. N° édit.
Paris. 1660. P. Le Petit. 3 vol. in-8°.

4516. — Panégyrique de S. Philippe Néry. Par le R. P. *Jean-François* Senault.
Douay. 1660. Balt. Bellere. 1 vol. in-4°.

— La prestrise héréditaire de Jesus, conservée dans l'Oratoire de S. Philippe Néry, expliquée par le R. P. *Charles François* Amounet de Hailly.
Douay. 1661. Balt. Bellere. in-4°.

— L'image de la sainteté ou panégyrique de S. Philippe Néry, fondateur de la Congrégation de l'Oratoire. Par le R. P. *Turien* Le Fèvre.

— Panégyrique II de S. Philippe Néry.. Par le R. P. *Turien* Le Fèvre.

— Le favory de Dieu, ou panégyrique III de S. Philippe Néry. Par le R. P. *Turien* Le Fèvre.

— IV Panégyrique. Le char de gloire de S. Philippe Néry. Par le R. P. *Turien* Le Fèvre.
Douay. 1660. Bellere. in-4°.

— De sacerdotio et S. Philippo Nerio oratio panegyrica habita in ecclesia Congreg. Orat. Lovaniensis... Per R. P. *Franciscum* Bourgoing.
Duaci. 1661. Bellere. 1 vol. in-4°.

4517. — Sermons de l'octave du S. Sacrement, et panégyriques des Saints. Par le R. P. *Vincent* Baron.
Paris. 1660. Piget. 2 en 1 vol. in-4°.

4518. — Sermons sur divers mystères de la Religion, et sur plusieurs festes des Saints. Preschez dans Paris par l'Abbé de Bourzeis.
Paris. 1672. P. Le Petit. 1 vol. in-8°.

4519. — Le missionnaire de l'Oratoire, ou sermons pour les Advents, Caresmes, et festes de l'année. Par le P. Le Jeune, dit le *Père Aveugle*.
Paris et Toulon. 1664-77. Hénault. 10 vol. in-8°.

4520. — Homélies sur les dimanches et festes de l'année, pour servir aux Curez de formulaire d'instructions qu'ils doivent faire au peuple à leur prône. Par feu Messire *Antoine* Godeau. N° édit.
Paris. 1697. Bachelu. 1 vol. in-8°.

4521. — Même ouvrage. N° édit.
Paris. 1715. F. Muguet. 2 vol. in-8°.

4522. — Prônes de Messire *Claude* Joli, Évêque d'Agen, pour tous les dimanches de l'année. N° édit.
Paris. 1712. Pepie. 4 vol. in-12.

4523. — Prônes de Messire *Claude* Joli.., sur différens sujets de morale. N° édit.
Paris. 1701. Couterot. 3 vol. in-12.

4524. — Œuvres mêlées de Messire *Claude* Joli...
Paris. 1702. Coignard. 1 vol. in-12.

4525. — Prônes de Messire *Claude* Joly.. sur differens sujets de morale (et pour tous les dimanches de l'année).
Avignon. 1741. La Société. 4 vol. in-8°.

4526. — Actions publiques de M. *François* Ogier.
Paris. 1652-1665. Camusat et Le Petit. 2 vol. in-4°.

4527. — Inscription antique de la vraye croix de l'Abbaye

de Grandmont. Avec un sermon de la Passion. Par M. *François* OGIER.

Paris. 1658. Henault. 1 vol. in-8°.

4528. — L'année pastorale, contenant des prédications familières pour servir aux Curez, et aux Prédicateurs apostoliques d'entretiens devant les peuples sur les Epistres et Evangiles des dimanches (sur les principaux mystères, sur les principales festes, sur les principales matières des missions, et pendant les saints temps de l'Advent, Caresme et Octave du S. Sacrement). Par Mre *Antoine* CAIGNET.

Paris. 1662-1673. De la Caille. 5 vol. in-4°.

4529. — Le dominical des Pasteurs, où les Curez trouveront les instructions qu'ils pourront faire au peuple pour tous les dimanches de l'année. (Par M. *Antoine* CAIGNET).

Paris. 1712. Cavelier. 1 vol. in-4°.

4530. — Le grand mystère des Chrestiens. Expliqué et presché... par M. MARGOTIN.

Paris. 1662. J. Du Puis. 1 vol. in-12.

4531. — L'amour eucharistique victorieux des impossibilitez de la nature et de la morale. Contenant plusieurs discours pour l'octave du S. Sacrement. Par le R. P. JACQUE D'AUTUN.

Lyon. 1666. Cl. et Hiér. Prost. 1 vol. in-4°.

4532. — Discours chrestiens, où il est traité des plus importantes matières de la Religion chrestienne, soit pour la doctrine, soit pour les mœurs. Composez par M. l'Abbé D'AUMONT.

Paris. 1668. Barbin. 1 vol. in-8°.

4533. — Les panégyriques des Saints, et les sermons des dimanches, avec les annonces des festes. Pour servir aux Curez en leurs prosnes, et à tous les Prédicateurs évangéliques en leurs sermons pendant toute l'année. Par M. l'Abbé DE MARUC.

Paris. 1669. Jean de la Caille. 1 vol. in-4°.

4534. — Le missionnaire apostolique, ou sermons utiles à ceux qui s'employent aux missions, pour retirer les hommes du péché, et les porter à la pénitence. Par le P. François de Thoulouse. 3ᵉ édit.
Paris. 1682. Michallet. 12 en 13 vol. in-8°.

4535. — Homélies ou explication littérale et morale des Evangiles de tous les dimanches de l'année. Par M. *J. B.* Le Vray. 2ᵉ édit.
Paris. 1690. Couterot. 5 vol. in-12.

4536. — Nouveaux essais de sermons, d'homélies sur l'Evangile, d'entretiens sur l'Epitre, et d'instructions dogmatiques, selon l'ordre du Catéchisme du Concile de Trente. Pour tous les dimanches de l'année. Par M. P. D. *V. P.* (*Pierre* de Vrin).
Paris. 1697. Musier. 1 vol. in-8°.

4537. — Panégyriques de plusieurs Saints, preschez par le R. P. Dom *Bernard* Planchette.
Paris. 1675. Billaine. 2 en 1 vol. in-8°.

4538. — Traité contenant les exhortations des vétures et des professions religieuses, faites sur les Evangiles des dimanches de l'année. Composé par le R. P. *Hyacinthe* Le Febvre.
Paris. 1683. Thierry. 2 vol. in-8°.

4539. — Sermons sur les Evangiles des dimanches de l'année. Première partie. Contenant les vingt premiers sermons après le Pentecoste. Par le R. Père *François* Duneau.
Avignon. Lyon. 1680. Certe. 2 vol. in-8°. Le 2ᵉ manque.

4540. — Sermons sur les Evangiles du Caresme. Par le R. P. *François* Duneau.
Avignon. Lyon. 1681. Certe. 2 vol. in-8°.

4541. — Sermons sur les mystères de Jesus Christ et de la sainte Trinité. Par le R. P. *François* Duneau.
Avignon. Lyon. 1679. Certe. 2 vol. in-8°. Le 2ᵉ manque.

4542. — Sermons de nostre Dame, de l'octave de tous les

Saints, de S. Jean Baptiste et des fidelles trépassez. Par le R. P. *François* DUNEAU.

Avignon. Lyon. 1679. Certe. 2 vol. in-8°. Le 1ᵉ manque.

4543. — Panégyriques des Saints, et de la dédicace d'une Eglise, et sermons pour la vesture et la profession d'une Religieuse. Par le R. P. *François* DUNEAU.

Avignon. Lyon. 1680. Certe. 3 vol. in-8°. Le 2ᵉ manque.

4544. — Sermons préchez devant son Altesse royale Madame la Duchesse d'Yorck. Par le R. P. *Claude* LA COLOMBIÈRE. 3° édit.

Lyon. 1689. Anisson et Posuel. 5 vol. in-8°. Port.

Le 5ᵉ volume a pour titre :

Réflexions chrétiennes du R. P. *Cl.* LA COLOMBIÈRE.

4545. — Même ouvrage. Nᵉ édit.

Lyon. 1757. Bruyset. 6 vol. in-12.

Le 6ᵉ volume a pour titre :

Réflexions chrétiennes sur divers sujets, et méditations sur la Passion de N. S. Jesus Christ, pour les vendredis de Carême.

4546. — Panégyrique de Sᵗᵉ Jeanne Françoise Frémiot, Baronne de Chantal, fondatrice de la Visitation Sainte Marie, prononcé à Pont-à-Mousson et à Nancy, le jour de la cérémonie de sa canonisation. (Par l'*Abbé* LA COUR, Chanoine de Toul).

Toul. 1769. Carez. 1 vol. in-12.

4547. — Panégyriques des Saints, choisis de tous les ordres et estats de l'Eglise. Par le R.P. *Germain* CORTADE.

Paris. 1670. Couterot. 1 vol. in-8°.

4548. — Sermons pour le Caresme, où toutes les parties de chaque Evangile sont comprises, et rapportées à un point principal. Par le Père *Louis* MAIMBOURG. 2° éd.

Paris. 1677. S. Mabre-Cramoisy. 2 vol. in-8°.

4549. — Sermons pour tous les dimanches de l'année, tirés de l'Evangile de chaque jour.... Preschez par le R. P. (*Claude*) TEXIER.

Paris. 1680. Michallet. 2 vol. in-8°.

4550. — L'impie malheureux, ou les trois malédictions du pécheur, preschées pendant l'Advent, par le R. Père (*Claude*) TEXIER. N° édit.
Paris. 1678. Michallet. 1 vol. in-8°.

4551. — Sermons pour tous les jours du Caresme, preschez par le R. P. TEXIER. 2° édit.
Paris. 1676. Michallet. 2 vol. in-8°.

4552. — Panégyriques des Saints, par le R. P. TEXIER.
Paris. 1682-1683. Michallet. 2 vol. in-8°.

4553. — Sermons sur les mistères de la vie de nostre Seigneur, et sur les autres mystères de nostre Religion, preschez par le R. P. TEXIER.
Paris. 1678. Michallet. 1 vol. in-8°.

4554. — Octaves du S. Sacrement, et de la Croix. Sermons preschez par le R. Père TEXIER.
Paris. 1682. Michallet. 1 vol. in-8°.

4555. — Sermons sur les festes de la sainte Vierge. Preschez par le R. Père TEXIER.
Paris. 1682. Michallet. 1 vol. in-8°.

4556. — Sermons pour le Caresme. Par le Père (*Jacques*) GIROUST. N° édit.
Paris. 1722. Morean. 3 vol. in-12.

4557. — Sermons du P. GIROUST. Les faux prétextes du pécheur, ou le pécheur sans excuse. Avent. 2° éd.
Paris. 1704. N. Pépie. 2 vol. in-12.

4558. — L'abrégé des merveilles de Dieu dans le très S. Sacrement de l'Autel. (Par Dom *Bernard* BRUYANT).
Paris. 1683. Dezallier. 1 vol. in-8°.

4559. — Sermons de Messire *Jean-Louis* DE FROMENTIERES, Evêque d'Aire. 2° édit.
Paris. 1689-91. Guerin. 3 vol. in-8°. Port.

4560. — Carême de M° *Jean-Louis* DE FROMENTIERES. N° éd.
Paris. 1696. Guerin. 2 vol. in-8°.

4561. — Œuvres meslées de M° *Jean Louis* DE FROMENTIERES, sur plusieurs oraisons funèbres, et d'autres matières morales.
Paris. 1695. Guerin. 1 vol. in-8°.

4562. — Même ouvrage.
Paris. 1695. Couterot. 1 vol. in-12.
4563. — Sermons du Père (*Timoléon*) CHEMINAIS. N° édit.
Paris. 1733-1764. Josse. 5 vol. in-12.
4564. — Homélies morales sur les Evangiles de tous les dimanches de l'année, et sur les principales fêtes de notre Seigneur Jesus-Christ, et de la sainte Vierge... Par feu M. FLORIOT. 3° édit.
Paris. 1688-1712. Roulland. 3 en 1 vol. in-4°.
4565. — L'Evangile de la grâce, ou sermons pour tous les dimanches de l'année : composés et préchés.. par le R. P. *Lazare* DASSIER.
Lyon. 1682. Certe. 2 vol. in-8°.
4566. — L'Evangile de la grâce, Avent, composé et presché.. par le R. P. *Lazare* DASSIER.
Paris. 1678. Couterot. 1 vol. in-8°.
4567 — L'Evangile de la grâce, ou Avent de diverses présences de Dieu, propres à régler la vie du Chrétien. Composé et prêché... par le R. P. *Lazare* DASSIER.
Lyon 1686. Certe. 1 vol. in-8°.
4568. — L'Evangile de la grâce, ou sermons pour le Carême. Composés et préchés par le R. P. *Lazare* DASSIER.
Lyon. 1687. Certe. 2 vol. in-8°.
4569 — L'Evangile de la grâce, ou sermons sur les mystères de nostre Seigneur. Composés et préchés.. par le R. P. *Lazare* DASSIER.
Lyon. 1683. Certe. 1 vol. in-8°.
4570. — L'Evangile de la grâce, ou l'octave pour les trépassez... Par le R. P. *Lazare* DASSIER.
Lyon. 1686. Certe. 1 vol. in-8°.
4571. — L'évangile de la grâce, contenant la morale de l'Eucharistie considérée dans toute son étendue, et expliquée en trois octaves... Composée et préchée.. par le R. P. *Lazare* DASSIER.
Lyon. 1683. Certe. 3 en 1 vol. in-8°.

4572. — Homélies et familières exhortations sur les Evangiles des dimanches et festes de l'année.
Rouen. 1659. Thicucelin. 1 vol. in-8°.

4573. — Discours de l'Avent, où l'on représente Jesus-Christ dans ses grandeurs et dans sa sainteté, comme la source et le modèle des grandeurs et de la sainteté des Chrestiens... Par M. SARAZIN.
Paris. 1678. Josse. 2 vol. in-8°.

4574. — Sermons prêchés devant le Roi, par M. LE BOUX.
Rouen. 1766. V° Besongne. 2 vol. in-12.

4575. — Sermons sur les Evangiles de tous les dimanches de l'année. Par le R. P. *Daniel* HERVÉ.
Rouen. 1692. V° Behourt. 2 vol. in-8°.

4576. — Homélies, prosnes, ou méditations sur les Epistres de tous les dimanches et principales festes de l'année. Par le R. P. BEURRIER.
Paris. 1675. Dauplet. 1 vol. in-4°. Port.

4577. — Homélies festives, prosnes, ou méditations sur toutes les festes tant commandées, que plusieurs autres de toute l'année. Par le R. P. P. BEURIER.
Paris. 1670. Dauplet. 1 vol. in-4°.

4578. — La perpétuité de la Foy, et de la Religion chrétienne dans les trois estats de la loy de nature, de la loi écrite, et de la loy de grâce. Expliquée et solidement prouvée en deux cens homélies.... Par le Rever. Père *Paul* BEURRIER
Paris. 1680. Pralard. 2 vol. in-8°.

4579. — Explications morales et édifiantes de divers textes de l'Ecriture, tant de l'Ancien que du Nouveau Testament. Par le P. BASILE *de Soissons*.
Paris. 1690-1693. D. Thierry. 6 vol. in-8°.

4580. — Les rapports admirables de l'institution de l'Eucharistie avec les six jours de la création du monde. Par le R. P. BASILE *de Soissons*.
Paris. 1686. D. Thierry. 1 vol. in-8°.

4581. — Réflexions morales sur ce passage de l'Ecriture Sainte : *Utinam saperent et intelligerent, ac novissima providerent. Deut.* 32. Par le R. P. BASILE *de Soissons.*
Paris. 1686. D. Thierry. 1 vol. in-8°.

4582 — Bibliothèque évangélique, contenant plusieurs sermons sur les sujets les plus importans de la morale chrétienne. Par le R. P. GERVAIS *de Paris.*
Paris. 1691-94. Couterot. 4 vol. in-8°.

4583. — Homélies sur toutes les Epistres de Saint Paul. Par M. l'Abbé G*** (GASETEAU).
Paris. 1699. N. Le Clerc. 2 vol. in-12.

4584. — Sermons de la hiérarchie de l'Eglise. Par Messire *Jean* DE LAMONT.
Paris. 1682. Josset. 1 vol. in-8°.

4585. — Panégyriques des Saints. Par M. *Jean* DE LAMONT.
Paris. 1685. Auroy. 1 vol. in-8°.

4586. — Sermons et instructions chrétiennes sur diverses matières. Par le P. D'ORLÉANS.
Paris. 1696. Anisson. 2 vol. in-12.

4587. — Conférences ou instructions sur les Epitres et Evangiles des dimanches et principales festes de l'année et sur les vêtures et professions religieuses. Par le R. Dom *Armand Jean* (BOUTHILLIER DE RANCÉ) ancien Abbé de la Trappe.
Paris. 1698. Mariette. 4 vol. in-12.

4588. — Essais de sermons, pour les dominicales et les mystères, contenant trois desseins pour chaque sujet. (Par l'Abbé DE BRETTEVILLE) (*Estienne* DU BOIS).
Paris. 1696. D. Thierry. 2 vol. in-8°.

4589. — Essais de sermons pour tous les jours de Carême (et pour tous les dimanches de l'année). Par feu M. l'Abbé DE BRETTEVILLE. 3ᵉ édit.
Paris. 1691. Thierry. 4 vol. in-8°.

4590. — Essais de panégyriques pour les festes principales des saints de l'année, contenant trois desseins pour chaque sujet. (Par l'Abbé DE BRETTEVILLE).
Paris. 1692. D. Thierry. 2 vol. in-8°.

4591. — Le missionnaire paroissial, ou sommaire des exhortations familières sur les principales véritez du Christianisme pour chaque semaine de l'année. Par M. A. Gambart.
Paris. 1671-77. J. De Bresche. 8 vol. in-12. Les tomes 3 et 4 manquent.

4592. — Le missionnaire paroissial, ou sommaire des exhortations familières sur les cinquante-deux dimanches de l'année. Par M. A. Gambart.
Paris. 1671-75. P. De Bresche. 2 vol. in-12.

4593. — Le missionnaire paroissial, ou sommaire des exhortations familières sur les principales festes de l'année. Par M. A. Gambart.
Paris. 1676-1679. J. De Bresche. 4 vol. in-12.

4594. — Divers sermons pour les principales festes de l'année. Par M. Le Febvre, Théologal d'Arras.
Paris. 1670. Leonard. 1 vol. in-8°.

4595. — Panégyriques ou sermons pour toutes les festes de la sainte Vierge. Par M. Le Febvre.
Paris. 1668. Leonard. 1 vol. in-8°.

4596. — Octave du S. Sacrement, avec divers sermons pour les principales festes de l'année. Par M. Le Febvre.
Paris. 1669. Leonard. 1 vol. in-8°.

4597. — Divers sermons prononcés dans les plus fameuses Eglises de Paris et ailleurs, par M. l'Abbé Le Febvre.
Bruxelles. 1667. Foppens. 1 vol. in-8°.

4598. — Sermons sur différens sujets. Par M. Le Febvre.
Paris. 1687. Couterot. 1 vol. in-8°.

4599. — Veritez ausquelles nostre Seigneur Jesus-Christ a rendu témoignage venant au monde. Préchées par le R. P. *Felix* Cueillens.
Paris. 1676. Couterot. 1 vol. in-8°.

4600. — Les douze estoiles qui composent la couronne de la Sainte Vierge Mère de Dieu, ou douze panégyriques faits à son honneur, par le R. P. *Felix* Cueillens.
Paris. 1676. Couterot. 1 vol. in-8°.

4601. — Dieu-enfant, ou le mystère ineffable du Fils de Dieu anéanti en la condition des enfans, et de l'obligation particulière des Chrétiens à la dévotion de la divine Enfance. Par le R. P. Chaduc.
   Lyon. 1682. Certe. 1 vol. in-8°.

4602. — Sermons pour l'octave des morts, preschez... par le R. P. *Constance* Rounat.
   Lyon. 1678. Comba. 1 vol. in-8°.

4603. — Sermons pour l'octave de l'Assomption de la Vierge, preschez... par le R. P. *Constance* Rounat.
   Lyon. 1682. Comba. 1 vol. in-8°.

4604. — Sermons sur les principaux mistères de nostre Seigneur Jesus-Christ. Par le R. P. *Claude* Lion.
   Lyon. 1685. Certe. 1 vol. in-8°.
   — Sermons sur les principaux mistères de la sainte Vierge. Par le R. P. *Claude* Lion.
   Lyon. 1685. Certe. 1 vol. in-8°.

4605. — Conférences morales sur les mystères de nostre Seigneur Jesus-Christ, et sur les plus importantes véritez de la Religion chrétienne. Par le R. P. *Claude* Lion.
   Paris. 1691. Couterot et L. Guérin. 2 en 1 vol. in-8°.

4606. — Panégyriques des Saints, preschez par le R. P. *Claude* Lion.
   Lyon. 1683-90. Certe. 4 vol. in-8°. Le tome 3° manque.

4607. — Le prédicateur évangélique instruisant les fidèles de la pratique des vertus et de la fuite des vices. Par M. G. D. M. (G. de Mello).
   Paris. 1685. Thierry. 6 en 7 vol. in-12.

4608. — Sermons sur les Evangiles de tous les dimanches de l'année, préchez par le T. R. P. Nicolas *de Dijon*.
   Paris. 1694. Michallet. 3 vol. in-8°. Port.

4609. — Sermons préchez pendant l'Avent, par le R. P. Nicolas *de Dijon*. 2° édit.
   Lyon. 1688. Plaignard. 2 vol. in-8°.

4610. — Sermons sur tous les Evangiles du Carême. Préchez par le R. P. Nicolas *de Dijon.*
Lyon. 1692. J. B. De Ville. 3 vol. in-8°.

4611. — Panégyriques des Saints, préchez par le T. R. P. Nicolas *de Dijon.*
Lyon. 1693. Amaulry. 3 vol. in-8°.

4612. — Panégiriques sur les mistères de notre Seigneur, préchez par le R. P. Nicolas *de Dijon.*
Lyon. 1688. J. B. De Ville. 1 vol. in-8°.

4613. — Octave du S. Sacrement préchée par le R.P. Nicolas *de Dijon.* Dédiée au Roy.
Lyon. 1686. Certé. 1 vol. in-8°.

4614. — Panégiriques sur les mistères de la sainte Vierge, préchez par le R. P. Nicolas *de Dijon.*
Lyon. 1687. J. B. De Ville. 1 vol. in-8°.

4615. — Sermons pour tous les jours de l'Avent, preschez par Mᵉ *Guillaume* de S. Martin.
Paris. 1685. Couterot. 1 vol. in-8°.

4616. — Sermons pour tous les jours du Caresme, preschez par Mᵉ *Guillaume* de S. Martin.
Paris. 1683. Couterot. 2 vol. in-8°.

4617. — Panégyriques des Saints, preschez par Mᵉ *Guillaume* de S. Martin.
Paris. 1683. Couterot. 2 vol. in-8°.

4618. — Octave du S. Sacrement, preschée par Mᵉ *Guillaume* de S. Martin.
Paris. 1683. Couterot. 1 vol. in-8°.

4619. — Les grandeurs de S. Joseph en huit panégyriques prononcez... par le R. P. Laurent de S. Roch.
Liége. 1686. Streel. 1 vol. in-8°.

4620. — Discours moraux sur le S. Sacrement de l'Eucharistie, ou de la Passion de Jesus-Christ renouvelée par les Chrétiens indévots, et indignes communians. Par ***, Prêtre, Professeur en Théologie.
Lyon. 1694. Plaignard. 1 vol. in-8°.

4621. — Exhortations en forme de sermons sur divers sujets

de la morale chrétienne. Par le Supérieur du Séminaire de ***.
Lyon. 1696. Boudet. 3 vol. in-8°.

4622. — Sermons de l'octave du S. Sacrement, et des mystères de l'Ascension, de la Pentecôte et de la Trinité. Prononcez par le R.P. Dom *Dominique* DE LA MOTTE.
Paris. 1695. Couterot. 1 vol. in-8°.

4623. — Essais de panégyriques des Saints. Par le R. P. (*Guillaume*) RAYNAUD.
Paris. 1688. Couterot. 1 vol. in-8°.

4624. — Panégyriques des Saints. Prononcez par M. l'Abé S** P. D. D. P.
Lyon. 1693. Baritel. 2 vol. in-8°.

4625. — Prédications pour l'Advent. Par le R. P. *Estienne* ISNARD.
Lyon. 1628. 1 vol. in-8°.

4626. — La Jérusalem céleste, ou sermons pour tous les jours de l'Advent, sur la prise de possession du Paradis, et les moyens d'y parvenir. Composez et preschez.. par le R. P. F. *Nicolas* CHARRUAU.
Paris. 1641. S. Le Febvre. 1 vol. in-8°.

4627. — Le temple de Salomon décrit en toutes ses parties, sur les quarante-quatre Evangiles du Caresme. Preschez par un docte et célèbre personnage de nostre temps. (Le P. SEGUIRAN).
Paris. 1622. Fouet. 2 vol. in 8°. Le 2ᵉ manque.

4628. — Sainct Paul en chaire, ou les sermons de l'Advent, sur la conversion de la Samaritaine. Traictez par raisonnemens théologiques et philosophiques, fondez sur la doctrine de l'Apostre Sainct Paul. Par F. *Jean* DE REYROLES.
Paris. 1646. Huré. 1 vol. in-8°.

4629. — Sainct Paul en chaire, sur les sermons de la Quinquagésime jusqu'au mardi de Pasques inclusivement, traictez par raisonnemens théologiques et

philosophiques, fondez sur la doctrine de l'Apostre Sainct Paul. Par F. *Jean* DE REYROLES.
Paris. 1644. Huré. 1 vol. in-8°.

4630. — La femme forte Judith figure de l'âme généreuse, expliquée en partie dans les sermons de l'Advent presché à Paris dans S. Paul l'an 1637, et achevé dans les discours de l'Advent à Saint Berthélemy l'an 1644. Par M. *Nicolas* L'ESCALOPIER.
Paris. 1645. Rocolet. 2 vol. in-8°.

4631. — L'extraict sacré des maximes et raisonnemens sur les Evangiles du Caresme. Par le R. P. F. PAUL DE SAINCTE CATHERINE.
Paris. 1647. Boullanger. 1 vol. in-8°.

4632. — Discours sur les sujets les plus ordinaires des désordres du monde. Par le R.P. HELIODORE *de Paris*.
Paris. 1684. Couterot. 4 vol. in-8°.

4633. — Les bienfaits de Dieu dans l'Eucharistie, et la reconnaissance de l'homme, expliquez en huit discours, prononcez durant l'octave du Saint Sacrement... Par le R. P. *Jacques* THORENTIER.
Paris. 1684. Couterot. 1 vol. in-8°.

4634. — Discours sur divers sujets de morale. Par Messire *Laurent* CHÉNART.
Paris. 1694. Couterot. 3 vol. in-12.

4635. — Recueil de quelques sermons prononcez par M. l'Abbé DE PEZENNE.
Paris. 1694. Couterot. 1 vol. in-12.

4636. — Sermons pour les trois derniers jours du Carnaval. Par D. F. LE TELLIER DE BELLEFONS.
Lyon. 1695. Plaignard. 1 vol. in-8°.

4637. — Sermons pour l'octave du S. Sacrement, préchez par M. l'Abbé **.
Mons. 1695. Migeot. 1 vol. in-12.

4638. — Sermons préchés pendant l'octave des Morts, par le R. P. *Theodose* BERTET.
Lyon. 1693. Anisson. 1 vol. in-8°.

4639. — Homélies du Père Séraphin sur les Evangiles des dimanches.
Paris. 1694-1695. Couterot. 5 vol. in-12.

4640. — Panégyriques des Saints, et plusieurs sermons de morale. 2ᵉ édit.
Cologne. 1695. B. d'Egmont. 2 vol. in-12.

4641. — Les mystères sacrez de notre Seigneur et de la Sᵗᵉ Vierge, selon le cours de l'année. Par le R. P. *Charles* DE LA GRANGE.
Paris. 1697. Couterot. 3 vol. in.12.
On trouve à la suite, par le même auteur :
— Réfutation d'un écrit favorisant la comédie. 2ᵉ éd.
Paris. 1697. Couterot. 1 vol. in-12.

4642. — Discours et méditations composées par ordre de Mg. l'Evêque de Perigueux, pour l'usage des retraites de son diocèse. (Par M. DE LA SERRE).
Paris. 1699. Guérin. 2 vol. in-12.

4643 — Sermons ou entretiens sur les plus importantes vérités de la morale. A l'usage des missions et des retraites. Composez par ordre de Mg. l'Evêque de Perigueux. (Par M. DE LA SERRE).
Paris. 1702. Coignard. 2 vol. in-12.

4644. — Sermons de l'Avent. Par le R.-P. *Claude* MASSON.
Lyon 1696. Plaignard. 1 vol. in-8°.

4645. — Sermons du Carême. Préchez par le R. P. *Claude* MASSON.
Lyon. 1695. Plaignard. 2 vol. in-8°.

4646. — Panégyriques des Saints, preschez par le R. P. *Claude* MASSON.
Lyon. 1694. Plaignard. 2 vol. in-8.

4647. — Sermons sur les véritez chrétiennes et morales. Par M. DE LA VOLPILIERE. 2ᵉ édit.
Paris. 1698. De Bats. 4 vol. in-8°.

4648. — Suite des sermons sur les véritez chrétiennes et morales. Par M. DE LA VOLPILIERE.
Paris. 1694. Michallet. 2 vol. in-8°

Evangiles de toute l'année, et sur les principales fêtes que l'Eglise célèbre. Par feu M. COCHIN.
Paris. 1786. Méquignon. 4 vol. in-12.

4815. — Conférences sur l'Oraison dominicale, par le R. P. BIZAULT.
Paris. 1766. Estienne fr. 1 vol. in-12.

4816. — Conférences ou exhortations sur les devoirs des Ecclésiastiques. Par le P. DE TRACY.
Paris. 1768. Berton. 1 vol. in-12.

4817. — Sermons pour des cérémonies religieuses, à l'usage des Religieuses de Ste Aure, Adoratrices perpétuelles du Sacré Cœur de Jésus. (Par l'Abbé VERON).
Paris. 1789. Simon. 1 vol. in-12.

On trouve à la suite :

Cantiques à l'usage des Religieuses et Demoiselles pensionnaires de Ste Aure.
S. n. n. l. n. d. in-12.

4818. — Homélies sur les Evangiles de tous les dimanches et principales fêtes de l'année. Par M. THIÉBAUT.
Metz. 1760-1761. Collignon. 4 vol. in-12.

4819. — Sermons prêchés devant le Roi, pendant le Carême de 1764, par M. l'*Abbé* TORNÉ.
Paris. 1765. Saillant. 3 vol. in-12.

4820. — Panégyriques des Saints, par l'Auteur de l'Ame élevée à Dieu (*Barthélemy* BAUDRAN).
Lyon. 1786. Périsse frères. 1 vol. in-12.

4821. — Panégyriques et Oraisons funèbres, suivis d'un sermon sur le Jubilé. Par l'Abbé GUYOT.
Paris. 1776. Demonville. 1 vol. in-12.

4822. — Sermons de M. l'Abbé DE CAMBACÉRÈS.
Paris. 1781. Mérigot le Jeune. 3 vol. in-12.

4823. — Conférences pour servir à l'instruction du peuple, sur les principaux sujets de la morale chrétienne. Par le P. *Joseph-Romain* JOLY.
Paris. 1768. Hérissant. 6 vol. in-12.

4824. — Conférences sur les mystères. Par le P. *Joseph-Romain* Joly.
Paris. 1771. Hérissant. 2 vol. in-12.

4825. — Sermons de l'*Abbé* Gérard. N° édition, augm. des prônes inédits, précédée des Mémoires de ma vie.
Paris. 1828. Blaise. 5 vol. in-8°. Port.

4826. — Discours prononcé le Mardi 1er Octobre 1771, en l'Eglise des Religieuses Carmélites de S. Denys, pour la cérémonie de la prise du voile de profession de Madame Louise-Marie de France. Par *Messire Armand* de Roquelaure.
Paris. 1771. Lottin. 1 vol. in-8°.

4827. — Panégyrique de Sainte Jeanne-Françoise Fremiot de Chantal, fondatrice de la Visitation. Prononcé dans l'Eglise de la Visitation, à Paris, à S. Denys et à Meaux, pour la cérémonie de la canonisation, l'an 1772. Par M. l'Abbé de Figon.
Paris. 1780. Berton. 1 vol. in-8°.

4828. — Panégyrique de S. Louis, Roi de France, prononcé dans l'Eglise de l'Oratoire, devant les deux Académies royales des Belles-Lettres et des Sciences. Par M. l'Abbé Boulogne.
Paris. 1782. Merigot. 1 vol. in-8°.

4829. — Œuvres de M. l'Abbé Bertin, Chanoine d'Amiens, Docteur de l'Université d'Oxford, membre de l'Académie d'Amiens, (1)
Paris. 1831. Gaume frères. 2 vol. in-12. Port.

4830. — Conférences de Notre-Dame d'Amiens pendant la station du Carême de 1850, ou analyse des conférences du soir prononcées dans la Cathédrale d'Amiens, par M. l'Abbé Combalot, et recueillies par un de ses auditeurs (M. le Cte de Gestas).
Amiens. 1850. Alfred Caron. 1 vol. in-12.

---

(1) Bertin (Pierre-Joseph) né à Amiens le 25 février 1748, mourut à Abbeville le 28 avril 1839.

4831. — Station de l'Avent de 1851 dans la Cathédrale d'Amiens. — Analyses des conférences prêchées par Monseigneur (*Antoine* DE SALINIS) et recueillies dans l'*Ami de l'ordre* (par M. l'Abbé Ed. JOURDAIN) (1).
Amiens. 1852. E. Yvert. 1 vol. in-12.

4832. — Conférences de Notre-Dame de Paris en 1866. Par le R. P. FÉLIX. (L'économie chrétienne).
Paris. 1866. A. Durand. 1 vol. in-8°.

4833. — Conférences de Notre-Dame de Paris en 1867. Par le R. P. FÉLIX. (L'art et le Christianisme).
Paris. 1867. Albanel. 1 vol. in-8°.

4834. — Conférences de Notre-Dame de Paris en 1868. Par le R. P. FÉLIX. (Le progrès par la Religion. — Décadence par l'athéisme).
Paris. 1868. Albanel. 1 vol. in-8°.

4835. — Allocution prononcée par M. l'Abbé LERAILLÉ (2), Curé-Doyen de Saint Remi (d'Amiens).. le jour du 50ᵉ anniversaire de sa promotion au sacerdoce.
Amiens. 1867. Lenoel-Hérouart. Pièce. in-8°.

4836. — Mariage de M. le Comte François De Maistre, Capitaine d'Etat-major dans l'armée pontificale, avec Mlle Henriette De la Moricière. (Allocution par Mg. BOUDINET, Evêque d'Amiens).
Amiens. 1869. Lenoel-Hérouart. Pièce. in-8°.

CHAPITRE VI. — THÉOLOGIE ASCÉTIQUE.

** — En présence de la difficulté de classement des livres de mysticité, dont la plupart traitent de sujets divers, nous les avons disposés par noms d'auteurs, plaçant sous des titres spéciaux ceux-là seulement qui avaient un sujet bien déterminé.

a. — Mystiques grecs et latins.

— Nous n'avons point besoin de rappeler les œuvres des Pères grecs et latins; l'ouvrage suivant les reproduit en partie et l'Index qui vient ensuite pourra au besoin être consulté.

---

(1) JOURDAIN (Edouard-Louis) est né à Amiens le 21 mars 1804.

(2) LERAILLÉ (Remi-Joseph) né à Hangest-sur-Somme le 27 mars 1790, mourut à Amiens le 17 février 1870.

4837. — Bibliotheca Patrum ascetica. Sive selecta veterum Patrum de christiana et religiosa perfectione opuscula. (Collegit D. *Claudius* CHANTELOU).
Parisiis. 1661-1664. Fred. Leonard. 5 vol. in-4°.

4838. — Asceticorum, vulgò spiritualium opusculorum, quæ inter Patrum opera reperiuntur, indiculus. Ab Asceta Benedictino.. (D. *Luca* D'ACHERY) digestus. 2ª edit.. auctior... (cura D. *Jacobi* REMI.
Parisiis. 1671. Billaine. 1 vol. in-4°.

4839. — Contenta. — GUILHELMUS *Parisiensis* de claustro anime. — HUGONIS *de sancto Victore* de claustro anime libri quatuor.
Parisiis. 1507. H. Stephanus. 1 vol. in-4°.

4840. — Liber trium virorum, et trium spiritualium virginum. HERMÆ liber unus. — HILDEGARDIS Scivias libri tres. — UGETINI liber unus. — ELIZABETH virginis libri sex. — F. ROBERTI libri duo. — MECHTILDIS virginis libri quinque.
Parisiis. 1513. H. Stephanus. 1 vol. in-fol.

" — Choix d'ouvrages mystiques avec notices littéraires par J. A. C. BUCHON. — S. AUGUSTIN. Confessions. Méditations. — BOECE. Consolations de la Philosophie. — S. BERNARD. Traité de la considération. — GERSEN. Imitation de Jesus Christ. — Cardinal BONA. Principes de la vie chrétienne. Chemin du ciel. — TAULER. Institutions. — *Louis* DE BLOIS. Le directeur des âmes religieuses.
Paris. 1835. Desrez. 1 vol. in-8°.

       Voyez : Panthéon littéraire.

4841. — Le livre de PHILON de la vie comtemplative, traduit sur l'original grec. Avec des observations, où l'on fait voir que les Thérapeutes dont il parle étoient chrétiens. (Par D. *Bern.* DE MONTFAUCON).
Paris. 1769. Guérin. 1 vol. in-12.

4842. — Les ascétiques ou traittez spirituels de S. BASILE *le Grand*, Arch. de Césarée.. Traduits en françois, et éclaircis par des remarques tirées des Conciles, et

des saints Pères de l'Eglise. Par M. *Godefroy* Hermant.
Paris. 1673. Du Puis. 1 vol. in-8°.

" — D. Augustini de beata vita lib. unus.
        Voyez : N° 960.

" — De triplice genere contemplationis, auctore Ada *Præmonst.*
        Voyez : N° 4120.

4843. — Paradisus animæ, sive de virtutibus libellus : Alberto *Magno* auctore. Nunc primùm ad varia MS. exemplaria emendatus.. In fine vero adjectus est D. Anselmi Cantuar. Archiep. tractatus perelegans de XIIII animæ ac corporis dotibus sive beatitudinibus, nondum hactenus editus. Opera et studio R. P. *Henrici* Sommalii.
Antuerpiæ. 1602. Moretus. 1 vol. in-12.

4844. — Le manuel de vraye et parfecte vertu, appellé à juste raison, le Paradis de l'âme, composé par rev. Père en Dieu, Albert Legrand, en l'an 1234. Nouvellement translaté de latin en françois (par Frère *Françoys* de Larben). — Avec une Briefve forme et méthode de s'exercer par chascun jour en la méditation des mystères de la philosophie chrestienne. (Par *Françoys* Bau).
Paris. 1551. Foucher. 1 vol. in-16.

4845. — Le Paradis de l'âme, ou traicté des vertus. Composé en latin par Albert *le Grand*, et traduit en espagnol par le P. *Pierre* de Ribadeneyra de la Comp. de Jesus. Tourné en françois par un autre Père de la mesme Compagnie (*Pierre* du Jarric).
Bourdeaux. 1616. Millanges. 1 vol. in-12.

4846. — B. Alberti *Magni* de adhærendo Deo libellus. Accedit ejusdem Alberti vita, Deo adhærentis exemplar.
Antuerpiæ. 1621. Moretus. 1 vol. in-12.

4847. — Manuale pauperum, ad thezaurizandum thesauros non deficientes in cælo. A R. P. Alexandro à Sancto Francisco. (*Lelio* Ubaldino).
Lugduni. 1633. C. Dufour et C. Gapaillon. 1 vol. in-8°.

4848. — *Petri* DE ALLIACO opuscula spiritualia.
Duaci. 1634. Vidua M. Wyon. 1 vol. in-12.

4849. — *Jacob* ALVAREZ DE PAZ operum tomi III. — De vita spirituali ejusque perfectione libri quinque. — De exterminatione mali et promotione boni libri quinque. — De inquisitione pacis, sive studio orationis libri quinque.
Lugduni. 1611-1617. H. Cardon. 3 vol. in-fol.

4850. — Les pseaumes de D. ANTOINE, Roy de Portugal, où le pécheur confesse ses fautes et implore la grâce de Dieu. De la traduction de P. DU RYER.
Paris. 1680. Quinet. 1 vol. in-12.

4851. — Les pseaumes de Dom ANTHOINE, Roy de Portugal, ou les gémissemens d'un cœur contrit et humilié dans la vue de ses fautes. Traduction nouvelle (par M. ANDRY), avec le latin.
Paris. 1693. Pépingné et Le Febvre. 1 vol. in-12.

4852. — R. P. *Claudii* AQUAVIVÆ industriæ ad curandos animæ morbos, ad formandos superiores. — Epistola S. IGNATII de virtute obedientiæ.
Parisiis. 1673. De Laize-De Bresche. 1 vol. in-16.

4853. — Industries et moyens pour remédier aux maladies spirituelles de l'âme. Par le R. P. *Claude* AQUAVIVA. Mis de latin en françois.
Paris. 1625. J. de Heuqueville. 1 vol. in-12.

4854. — Compendium spiritualis doctrinæ, ex variis sanctorum Patrum sententiis magna ex parte collectum. Auctore R. P. F. BARTHOLOMÆO *de Martyribus*. — Unà cum tractatibus vitæ spiritualis sancti *Vincentii* FERRERII ; et de adhærendo Deo B. ALBERTI *Magni*.. et hymno devotissimo S. CASIMIRI ad B. Virginem Mariam per dies hebdomadæ distributo.
Tolosæ. 1682. Du Puy. 1 vol. in-12.

4855. — Abregé des maximes de la vie spirituelle. Recueilly

des sentimens des Pères. Et traduit du latin de Dom Barthelemy *des Martyrs.* Avec l'éloge du mesme. Par M. Godeau, Evêque de Vence.
Paris. 1699. F. et P. Delaulne. 2 en 1 vol. in-12.

4856. — Thesaurus absconditus, in agro dominico inventus. Eruebat eum R. P. *Ant.* Batt.
Parisiis. 1647. Rocolet. 1 vol. in-12.

4857. — De æterna felicitate Sanctorum libri quinque. Auctore *Roberto* Cardinale Bellarmino. 2^a ed.
Antuerpiæ. 1617. Off. Plantiniana. 1 vol. in-8°.

4858. — Idem opus.
Coloniæ. 1634. Corn. ab Egmont. 1 vol. in-24.

4859. — De gemitu columbæ, sive de bono lacrymarum, libri tres. Auctore *Roberto* S. R. E. Card. Bellarmino.
Antuerpiæ. 1621. B. Moretus. 1 vol. in-8°.

4860. — Idem opus.
Coloniæ. 1626. Corn. ab Egmond. 1 vol. in-24.

4861. — De ascensione mentis in Deum per scalas rerum creatarum, opusculum *Roberti* Card. Bellarmini.
Antuerpiæ. 1618. B. et J. Moreti. 1 vol. in-8°.

4862. — Idem opus.
Coloniæ. 1634. Corn. ab Egmont. 1 vol. in-24.

4863. — Traité de l'élévation de l'âme à Dieu par les créatures, composé par le Cardinal Bellarmin pour les personnes engagées dans le monde. Traduction nouvelle. Par un Docteur de Sorbonne.
Paris. 1688. Auroy. 1 vol. in-12. Port.

4864. — De arte benè moriendi libri duo, auctore *Roberto* S. R. E. Card. Bellarmino.
Antuerpiæ. 1623. B. et J. Moreti. 1 vol. in-8°.

4865. — Idem opus.
Coloniæ. 1626. Corn. ab. Egmont. 1 vol. in-24.

4866. — Opuscules du Cardinal Bellarmin. 1° Degrez pour élever son esprit à Dieu. — 2° Du bonheur éternel des Saints. — 3° Du gémissement de la Colombe ou de l'utilité des larmes. — 4° Des sept paroles

de Jésus-Christ sur la croix. — 5° De la bonne mort. Traduit du latin par le Père J. Brignon.
Paris. 1701. Anisson. 5 vol. in-12.

** — Alphabetum divini amoris. — De elevatione mentis ad Deum, una cum contemplationibus Beati Bernardini de Senis.

Voyez : N° 3264.

4867. — Augustinus humiliatus excitans cor ad amorem misericordiæ Dei, et dulcedinem gratiæ illius.. Compendiosè exhibitus per Fr. *Marcum Ant.* Bigato. — Accessit Oratio encomistica in laudem magni Patris Augustini.. per D. Fr. *Thomam* Verdonck.
Lovanii. 1646. Masius. 1 vol. in-12.

4868. — Solennia divina, et excellentiæ Christi Jesu splendentis in beatis apostolis et viris apostolicis, anno Jubilei Societatis Jesu edita. Auctore R. P. *Petro* Bivero.
Antuerpiæ. 1640. Vid. et Hær. Cnobbari. 1 vol. in-fol.

4869. — Vener. Pat. D. *Ludovici* Blosii opera. Cura et studio R. D. *Antonii* de Winghe aucta...
Antuerpiæ. 1632. Balth. Moretus. 1 vol. in-fol.

4870. — Ven. Pat. D. *Ludovici* Blosii preculæ admodum piæ quibus anima fidelis in vitæ sanctitate et Dei amore plurimum crescere confirmarique poterit.
Montibus. 1694. J. Gregoire. 1 vol. in-24.

4871. — Fasciculus mellifluarum precationum, ex R. P. D. *Ludovici* Blosii operibus concinnatus.
Parisiis. 1638. Billaine. 1 vol. in-24.

4872. — Institution spirituelle et consolation des affligez, des imparfaits et des pusillanimes. Extraites de Blosius par le P. *Antoine* Girard.
Paris. 1688. Coignard. 1 vol. in-16.

4873. — Instruction spirituelle, et pensées consolantes pour les âmes affligées, ou timides, ou scrupuleuses. Traduite du latin de *Louis* Blosius. N° edit. augmentée d'une addition à l'Instruction spirituelle sur la préparation à la mort. Par le P. *J.* Brignon
Paris. 1762. Pierres. 1 vol. in-12.

4874. — *Joannis* S. R. E. Cardinalis Bona opera omnia, tribus tomis comprehensa.
Parisiis. 1677-78. Billaine. 3 vol. in-8°. Port.

4875. — Eminentissimi Domini D. *Joannis* Bona, S. R. E. Cardinalis, opera omnia.
Antuerpiæ. 1694. Verdussen. 1 vol. in-fol.

4876. — De discretione spirituum liber unus. Authore *Joanne* Bona.
Parisiis. 1673. Billaine. 1 vol. in-12.

4877. — Manuductio ad cœlum medullam continens sanctorum Patrum, et veterum Philosophorum. Auctore D. *Joanne* Bona.
Bruxellis. 1670. Foppens. 1 vol. in-18.

4878. — De sacrificio Missæ tractatus asceticus *Joannis* S. R. E. Cardinalis Bona.
Parisiis. 1738. Delusseux. 1 vol. in-12.

4879. — Orationes et aspirationes devotissimæ, ex operibus *Joannis* Bona, ad omnem christianæ pietatis plenitudinem collectæ...
Parisiis. 1693. Warin. 1 vol. in-12.

4880. — Stimulus divini amoris sancti Bonaventuræ.
Parisiis. 1583. Kerver. 1 vol. in-16.

** — Idem opus. Voyez : N° 1292.

4881. — Amoris divini elixir, ex passione Christi per orationis ignem extractum ; tribus operationibus B. Bonaventuræ, stimulo amoris, incendio amoris. officio passionis.
Duaci. 1633. Bellerus. 1 vol. in-24.

4882. — Meditationis piæ ac devotæ circa mysteria quamplurima vitæ Redemptoris, ac Deiparæ, necnon Sanctorum virtutes.... Auctore D. *Ferd.* Bongiorno.
Venetiis. 1608. Rampazettus. 1 vol. in-4°. Fig.

4883. — Hebdomas amoris per septem carissima rite digesta et in totidem dies ordine distributa, omnibus amoris sinceri studiosis oblata A R. P. *Jacobo* Boyman.
Coloniæ. 1658. Friessen. 1 vol. in-12.

4884. — Revelationes Stæ Brigittæ olim à Card. Turre-
cremata recognitæ et approbatæ, et à *Consalvo*
Duranto notis illustratæ...
Romæ. 1628. Grignanus. 2 vol. in-fol.

4885. — Les révélations célestes et divines de Saincte
Brigitte de Suède, communément appelée la Chère
Espouse. Traduites par M° *Jaques* Ferraige.
Lyon. 1652. Rigaud. 1 vol. in-4°.

4886. — Enchiridion piarum meditationum in omnes dominicas, Sanctorum festa, Christi passionem, et
cætera.. Operâ et studio *Joannis* Busæi.
Duaci. 1629. Bellerus. 1 vol. in-16.

** — J. Busæi Πανάριον hoc est, arca medica.
Voyez : N°

4887. — Interior homo, vel de sui ipsius cognitione. Auctore
Ludovico Carbone à *Costaciario*.
Venetiis. 1585. Zenarius. 1 vol. in-8°.

A la suite :
— Clarissi viri Janocii *de Maneclis* de dignitate et
excellentia hominis libri iiii.
Basileæ. 1532. Cratander. in-8°.

4888. — L'homme intérieur, ou de la cognoissance de soy-
mesme, où sont allégoriquement interprétées les plus
notables parties du corps humain, suyvant le sacré
texte de l'Escriture, et l'interprétation des SS.
Pères. Composé en latin par *Louys* Carbo. Et mis
en françois par I. D. H.
Paris. 1610. Chaudière. 1 vol. in-8°.

4889. — L'homme juste, où l'on void par cent chapitres
l'heureux estat des gens de bien, et la condition
déplorable des pécheurs. Composé premièrement
en latin par *Louys* Carbo, et puis traduit en nostre
langue, par le R. P. *Jacques* Hallier.
Paris. 1667. Seb. Cramoisy. 1 vol. in-8°.

4890. — Fons vitæ et sapientiæ, vel ad veram sapientiam

acquirendam hortatio. Auctore *Ludovico* Carbone.
Venetiis. 1588. Zenarus. 1 vol. in-8°.

4891. — Diarium christianum. Authore R. P. *Nicolao* Caussino. (Edidit *Antonius* Rubæus).
Parisiis. 1660. Henault. 1 vol. in-16.

4892. — Praxis quotidiana divini amoris sub formâ oblationis sui ipsius, unà cum formulâ actuum veræ pietatis erga sacratissimum Dei Parentis Virginem; Angelis etiam et Sanctis, ac nominatim B. Josepho, accommodatâ. Auctore *Petro Francisco* Chiffletio.
Antuerpiæ. 1631. Moretus. 1 vol. in-12. Sans titre.

4893. — De doctrina moriendi opusculum : (per *Jodocum* Clichtoveum Neoportuensem).
Parisiis. 1520. L. Colinæus. 1 vol. in-4°.

— De vera nobilitate opusculum (ejusdem).
Parisiis. 1512. H. Stephanus. 1 vol. in-4°

— De laude monasticæ religionis opusculum (ejusdem).
Parisiis. 1513. H. Stephanus. 1 vol. in-4°.

— De mystica numerorum significatione opusculum (ejusdem).
Parisiis. 1513. H. Stephanus. 1 vol. in-4°.

— De necessitate peccati Adæ, et fælicitate culpæ ejusdem : apologetia disceptatio (J. Clichtovei).
Parisiis. 1519. H. Stephanus. 1 vol. in-4°.

4894. — Penitentiale irriguum. Cum focario et scintillantibus sulphuratis.— Chantepleure et fosil (si penitens vous estes) avec estincellans sulphurees allumettes. (Collegit *Johannes* Coignet).
Parrisiis. 1537 Desid. Maheu. 1 vol. in-8°.

4895. — Initium sapientiæ et finis timor Domini et amor Dei : seu de fugâ peccati, deque dilectione summi boni. Autore R. P. *Cæsare J. Baptista* Comitino.
Catalauni. 1672. Bouchard. 1 vol. in-24.

4896. — Le commencement et la perfection de la Sagesse, ou la fuite du péché et l'amour de Dieu. Traduits du

latin du P. Comitin. Par le R. P. De Mareuil.
Paris. Berton. 1744. 1 vol. in-12.

4897. — De studio perfectionis libri duo. Per P. *Joannem* Crombecium.
Antuerpiæ. 1613. Trognesius. 1 vol. in-4°.

4898. — De l'estude de perfection, en deux livres composez par le Père *Jean* Crombecius, et mis en françois par le P. *René* Chesneau.
St.-Omer. 1614. Boscard. 1 vol. in-4°.

" — Speculum divitum. Voyez : N° 3376.

4899. — D. Dionysii à *Rickel Carthusiani* de perfecto mundi contemptu.
Coloniæ. 1530. M. Novesianus. 1 vol. in-8°.

4900. — D. Dionysii *Carthusiani* opuscula aliquot quæ spirituali vitæ et perfectioni tam vehementer conducunt, quàm universæ etiam inserviunt Ecclesiæ.
Coloniæ. 1534. M. Novesianus. 1 vol. in-8°.

4901. — De la munificence et libéralité de Dieu. Contenant ses bienfaicts envers les hommes, ses perfections et son amour et les moyens d'y parvenir. Composé en latin par le Vener. Père *Denys* Lenuys *de Rickel*, dit communément *le Chartreux*. Le tout traduict de latin en françois, par F. *Jacques* Morice.
Paris. 1587. Chappelet. 1 vol. in-8°.

4902. — Davidis suspiria, excepta à P. des Champsneufs.
Parisiis. 1659. Seb. Cramoisy. 1 vol. in-12.

— Axiomata evangelica Christi Dominici et Apostolorum verbis concepta (à *Petro* Des Champsneufs).
Paris. 1659. Seb. Cramoisy. 1 vol. in-12

4903. — Exercitia spiritualia decem dierum cum optimis regulis ad perfectam dilectionem Dei consequendam, maximè utilia…Quibus accessit devotissimum exercitium de Passione Christi. Composita per Rev. Patrem F. *Petrum* Dierkens.
Gandavi. 1659. Graet. 1 vol. in-8°.

— Tractatus brevis de vita contemplativa... compositus per R. P. *Petrum* Dierkens.

Gandavi. 1663. Graet. 1 vol. in-8°.

4904. — Paradisus eucharisticus in Paradiso Mariano Sacri Ordinis Cistertiensis plantatus, opera F. P. *Augustini* Dobrowloski.

Lublini. 1652. Forsterus. 1 vol. in-16. Fig.

4905. — Pia exercitia ex sacra Scriptura, Patribus et Liturgiis deprompta.. Per R. P. *Carolum* Dorron.

Parisiis. 1650. Soly. 1 vol. in-12.

4906. — Rev. Patris P. *Hieremiæ* Drexelii opera omnia duobus nunc voluminibus comprehensa... studio et labore R. P. *Petri* de Vos.

Antuerpiæ. 1660. Vidua J. Cnobbari. 2 vol. in-fol.

4907. — De æternitate considerationes novem utilissimæ, auctore R. P. *Hieremia* Drexelio.

Coloniæ Agripp. 1629. Henningius. 1 vol. in-24.

4908. — Aendachtighe bemerckinghen van d'eeuwicheydt. Eerst in 't latyn ghemaeckt door den Eerw. P. *Hieremias* Drexelius. Ende nu verduytst door M. M. (*Martinus* Martinez) W.

T'Hantwerpen. 1625. Aertssens. 1 vol. in-24.

4909. — Æternitatis prodromus mortis nuntius quem sanis, ægrotis, moribundis, sistit *Heremias* Drexelius.

Duaci. 1628. Bellerus. 1 vol. in-24.

4910. — L'Avant-coureur de l'Eternité messager de la mort, présenté à ceux qui se portent bien, aux malades, et aux agonizants. Par le R. P. *Ieremie* Drexelius. Traduit nouvellement en françois, et augmenté en plusieurs endroits. Par le R. P. M.

Lyon. 1660. Vetet. 1 vol. in-12.

4911. — La voye qui conduit au ciel, ou l'avant-coureur de l'Eternité. Composé en latin par le R. P. *Iérémie* Drexelius. Traduction nouvelle. Par ordre de Madame la Dauphine. (Par Mademoiselle *Marie* Feuillet). 2ᵉ édit.

Paris. 1687. Auroy. 1 vol. in-12.

4912. — Infernus, damnatorum carcer et rogus, Æternitatis pars II. explicata ab *Hierem.* Drexelio.
Col. Agrippinæ. 1633. B. Gualterus. 1 vol. in-24.

4913. — Cælum, beatorum civitas, Æternitatis pars III\ :sup:`a`. Quam.. explicavit et latine scripsit *Hieremias* Drexelius.
Antuerpiæ. 1636. Cnobbaert. 1 vol. in-24.

4914. — Tableau des joyes du Paradis. Tiré sur le dessein du P. *Hieremie* Drexelius, et mis en son jour par le R. P. Girard.
Paris. 1639. Veuve J. Camusat. 1 vol. in-12.

4915. — Tribunal Christi, seu arcanum ac singulare cujusvis hominis in morte judicium, ab *Hieremia* Drexelio explicatum.
Col. Agrippinæ. 1635. Munch. 1 vol. in-24.

4916. — Le Tribunal de Jesus-Christ, ou le jugement particulier d'un chacun à l'instant de son trespas. Par le R. P. *Hieremie* Drexelius. Traduit en françois par *Sebastien* Hardy.
Rouen. 1650. Osmont. 1 vol. in-12.

4917. — Horologium auxiliaris tutelaris angeli. Auctore *Hieremia* Drexelio.
Col. Agrippinæ. 1631. Corn. ab Egmont. 1 vol. in-24.

4918. — Nicetas seu triumphata incontinentia. Auctore *Hieremia* Drexelio.
Mussiponti. 1624. S. Cramoisy. 1 vol. in-12.

4919. — Idem opus. 3\ :sup:`a` edit.
Monachii. 1628. Corn. Leysse. 1 vol. in-24.

4920. — Trismegistus christianus, seu triplex cultus conscientiæ cælitum corporis auctore *Hier.* Drexelio.
Colon. Agrippinæ. 1634. Corn. ab Egmont. 1 vol. in-24.

4921. — Recta intentio omnium humanarum actionum amussis. Auctore *Hieremia* Drexelio.
Col. Agrippinæ. 1631. Corn. ab Egmont. 1 vol. in-24.

4922. — Heliotropium seu conformatio humanæ voluntatis

cum divinâ; libris quinque explicata... ab *Hieremia* Drexelio.

Coloniæ Agrip. 1630. C. ab Egmond. 1 vol. in-24.

4923. — Orbis Phaëton, hoc est, de universis vitiis linguæ, auctore *Hieremia* Drexelio.

Coloniæ. 1631. Corn. ab Egmond. 1 vol. in-24.

4924. — Rosæ selectissimarum virtutum quas Dei mater orbi exhibet pars I. Explicavit et latinè scripsit *Hieremias* Drexelius.

Antuerpiæ. 1636. Cnobbarus. 1 vol in-24.

4925. — Gymnasium patientiæ. Auctore *Hier.* Drexelio.

Col. Agrippinæ. 1632. Corn. ab Egmont. 1 vol. in-24.

4926. — Deliciarum gentis humanæ pars II. Christus Jesus moriens. — Pars III. Christus Jesus resurgens. Inscriptus et consecratus ab *Hieremia* Drexelio.

Antuerpiæ. 1644. Cnobbarus. 3 vol. in-12. Le 1ᵉʳ manq.

4927. — Joseph Ægypti prorex descriptus et morali doctrina illustratus à R. P. *Hieremia* Drexelio.

Antuerpiæ. 1640. 1 vol. in-24.

4928. — Daniel prophetarum princeps descriptus et morali doctrinâ illustratus à R. P. *Hieremia* Drexelio.

Antuerpiæ. 1641. Vid. Cnobbari. 1 vol. in-24.

4929. — Tobias morali doctrina illustratus à P. *Hieremia* Drexelio.

Antuerpiæ. 1652. Vid. J. Cnobbari. 1 vol. in-24.

4930. — Salomon regum sapientissimus descriptus et morali doctrina illustratus à R. P. *Hieremia* Drexelio.

Antuerpiæ. 1644. Vid. et Hær. Cnobbari. 1 vol. in-24.

4931. — David regius psaltes descriptus et morali doctrina illustratus à P. *Hieremia* Drexelio.

Antuerpiæ. 1643. Vid. et Hær. Cnobbari. 1 vol. in-24.

4932. — Aurifodina artium et scientiarum omnium, excerpendi sollertia omnibus litterarum amantibus monstrata ab *Hieremia* Drexelio.

Antuerpiæ. 1638. Vᵃ Cnobbari. 1 vol. in-24.

4933. — Palæstra christiana. Auctore P. *Hieremia* Drexelio.

Antuerpiæ. 1648. Vid. Cnobbari. 1 vol. in-24.

4934. — Les exercices spirituels et divins de M. *Nicolas* Eckius. Traduicts du latin en nostre langue vulgaire. (Par *J.* Tournet).
Paris. 1620. P. Chevalier. 1 vol. in-8°.

4935. — Soliloquia sancta seu præparationes ad Missam, et SS. Eucharistiam. Autore *Christophoro* Gallo.
Mussipunti. 1624. Seb. Cramoisy. 1 vol. in-12.

4936. — R. P. *Antonii* Le Gaudier, de natura et statibus perfectionis opus posthumum.
Parisiis. 1643. 1 vol. in-fol.

4937. — Introductio ad solidam perfectionem per manuductionem ad S. P. N. Ignatii exercitia spiritualia integro mense obeunda. Authore R. P. *Antonio* Gaudier (*sic*).
Lugduni. 1664. Guillimin. 1 vol. in-8°.

4938. — Summa practica theologiæ mysticæ. Authore R. P. F. *Victore* Gelen. 2ª edit
Coloniæ Agripp. 1652. Jod. Kalcovius. 1 vol. in-4°.

4939. — Gerardi cujusdam Belgæ monachi Benedictini, viri piissimi, opuscula vere aurea ac divina, ad Monachos. Excusa primùm Augustæ Vindel. Anno MDCXXXII. Opera R. P. *Gabrielis* Butzlini.
Bruxellis. 1672. Foppens. 1 vol. in-12.

4940. — Les soliloques de Gerlac, dit un autre Thomas à Kempis. (Avec la vie de Gerlac).
Paris. 1667. Savreux. 1 vol. in-12.

— De la connoissance, de la bonté et de la miséricorde de Dieu, de notre misère et de notre foiblesse : composé en espagnol par Dom *Jean* de Palafox, et traduit par M. Du Perron le Hayer.
Paris. 1688. Desprez. 1 vol. in-12.

" — J. Gerson de consolatione theologiæ.
Vide : Gersonii opera N° 2643.

" — Dialogus magistri *Johannis* Gerson de perfectione cordis.
Voyez : N° 3264.

4941. — Insinuationes divinæ pietatis, seu vita et revelationes S. Gertrudis. A mundis quibus scatebant

expurgatæ studio et labore D. N. C. B. (*Nicolai* Canteleu Benedictini).
Paris. 1662. Leonard. 1 vol. in-8°.

4942. — Les V livres des insinuations de la divine piété, contenans la vie admirable de la glorieuse Vierge S. Gertrude. Traduicts de latin en françois.
Paris. 1619. Sonnius. 1 vol. in-8°.

4943. — La vie et les révélations de Sainte Gertrude. Nouvellement traduites de latin en françois par Dom *Joseph* Mege. Avec l'office particulier de la mesme Sainte en latin et en françois.
Paris. 1671. Warin. 1 vol. in-8°.

4944. — Scala celi. (Auctore *Joanne* Gobi).
Lovanii. 1485. Johan. de Westfalia. 1 vol. in-fol

** — Hadriani Cardinalis de vera philosophia libri IV.
Voyez : N° 2030.

4945. — Venatio sacra sive de arte quærendi Deum libri XII. Auctore R. D. *Benedicto* Haefteno.
Antuerpiæ. 1650. J. Meursius. 1 vol. in-fol.

4946. — Schola cordis sive aversi à Deo cordis, ad eumdem reductio et instructio. Auctore D. *Ben.* Haefteno.
Antuerpiæ. 1635. Meursius. 1 vol. in-8°. Fig.

** — J. Hamon christiani cordis gemitus.
Voyez : N° 620-621-622.

4947. — Entretiens d'une âme avec Dieu ; qui comprend un grand nombre de prières pleines de l'esprit des divines Ecritures et des saints Pères, et exprimées pour la plupart dans leurs propres paroles. (Traduit du latin de *J.* Hamon par *Dom* Duret). N° édit.
Avignon. 1740. La Société. 1 vol. in-12.

4948. — Theologia mystica cum speculativa, tum præcipue affectiva, quæ non tam lectione juvatur quam exercitio obtinetur amoris, tribus libris luculentissime tradita. Per *Henricum* Harph.
Coloniæ. 1538. Novesianus. 1 vol. in-fol

4949. — R. P. D. *Henrici* Harphii theologiæ mysticæ libri tres. — Addita introductione ad doctrinam secundi libri.. per R. P. F. *Petrum Paulum* Philippium.
Coloniæ. 1611. Quentelius. 1 vol. in-4°.

— ** *Henrici* Harphii directorium aureum contemplativorum. — Item Eden, seu paradysus contemplativorum.

Voyez : N° 657.

4950. — Ethica amoris, sive theologia Sanctorum, magni præsertim Augustini et Thomæ Aquinatis, circa universam amoris et morum doctrinam, adversus novitias opiniones strenùe propugnata,... per Fr. Henricum a S. Ignatio.
Leodii. 1709. Broncart. 3 vol. in-fol.

4951. — Paradisus animæ christianæ lectissimis omnigenæ pietatis deliciis amœnus : studio et opera *Jacobi* Merlo Horstii.
Coloniæ Agripp. 1716. B. ab Egmont. 1 vol. in-12. Fig.

4952. — Idem opus.
Coloniæ Agripp. 1732. Waesberg. 1 vol. in-8°. Fig.

4953. — Heures chrétiennes ou Paradis de l'âme, contenant divers exercices de piété, tirez de l'Ecriture sainte et des saints Pères. Traduits du livre intitulé, *Paradisus animæ christianæ* composé par M. Horstius. (Par *Nicolas* Fontaine). N° édit.
Paris. 1723. Pralard. 2 vol. in-16.

4954. — Pia desideria. Autore *Hermanno* Hugone.
Antuerpiæ. 1645. Henricus Aertssens. 1 vol. 16. Fig.

4955. — Pieux désirs, imités des latins du R. P. *Herman* Hugo par P. J. Jurisc. Mis en lumière par Boèce a Bolswert.
Anvers. 1627. J. Cnobbart. 1 vol. in-8°.

** — Isidori Hispal. Episc. ἀνθρώπου καὶ λόγου id est Hominis et Rationis dialogus. — Ejusdem soliloquia.

Voyez : N° 3105.

4956. — R. P. Joannis a Jesu Maria opera omnia, hac editione in quatuor tomos distincta.
Coloniæ Agripp. 1650. J. Kalcovius. 4 en 2 vol. in-fol.

** — Epistolæ spirituales ac mysticæ per R. P. Fr. Joannem a Jesu Maria.
Romæ. 1649. Mascardi. in-16.
Voyez : Hist. des Religions, N° 2005.

4957. — La théologie mystique du vén. P. Jean de Jesu Maria. Traduite de latin en françois par le R. P. Cyprien de la Nativité de la Vierge.
Paris. 1651. S. Huré. 1 vol. in-12.

4958. — Stimulus compunctionis et soliloquia verbis sacræ Scripturæ intertexta : per R.P.F. Joannem a Jesu Maria.
Romæ. 1639. Mascardus. 1 vol. in-24.

4959. — *Raymundi* Jordani... qui huc usque nomen prætulit Idiotæ opera omnia. *Theophilus* Raynaudus hanc editionem plurium tractationum accessione cumulavit. Omnia recensuit, distinxitque,...
Parisiis. 1654. Quesnel. 1 vol. in-4°.

4960. — Idiotatus. (Contemplationes *Raymundi* Jordani).
Lugduni. 1632. 1 vol. in-16.

4961. — Divi *Laurentii* Justiniani opera omnia, sive penus instructissima rei totius theologicæ asceticæ, ac concionatoriæ. Novo auctuario tractationis *De incendio divini amoris* ex MS. nuper editæ locupletata...
Lugduni. 1628. Michel Chevalier. 1 vol. in-fol.

4962. — Enchiridion christianum ex Scriptura et Patribus depromptum. Ad usum convictorum Collegii Ludovici Magni. (Autore *Jac. Phil.* Lallemant).
Parisiis. 1696. Coustelier. 1 vol. in-12.

4963. — *Nicolai* Lancicii opusculorum spirititualium tomus primus et secundus.
Antuerpiæ. 1650. Meursius. 2 vol. in-fol.

4964 — Pharetra divini amoris variis orationibus ignitisque aspirationibus ad Deum per autorem (*Joan.* Lanspergium) jam tertio recognitis, saluberrimisque exercitiis permultis additis, refertissima.
Parisiis. 1541. Kerver. 1 vol. in-18.

4965. — Divini amoris pharetra : item, Jesu Christi ad animam fidelem alloquium, authore *Joan.* Lansperg. — Huic editioni primùm accessit Jesu Christi crucifixi et peccatoris colloquium saluberrimum, *Jacobi* Gruytrodii, cum aliquot aliorum precibus.
Coloniæ. 1590. Horst. 1 vol. in-16.

4966. — Discours en forme de lettre de N. S. Jesus-Christ à l'âme dévote, ou entretiens sacrez dans lesquels l'âme dévote apprend à se bien connoistre, et à se rendre capable d'une parfaite et solide dévotion. Traduit du latin de Lanspergius. 7ᵉ édit.
Paris. 1666. Savreux. 1 vol. in-12.

4967. — La milice chrestienne, ou le combat spirituel. Par le vén. P. D. *Jean Juste* Lansperge. Traduit en françois (par le P. Dom de Roignac).
Paris. 1670. Le Petit. 1 vol. in-12.

4968. — Canones amoris sacri, collectore P. *Paulo* Latiniaco.
Parisiis. 1659. Thierry. 1 vol. in-12.

4969. — Medicus animæ, sive de cura spirituali infirmorum. Auctore *Gaugerico* Lespagnol.
Duaci. 1641. Wyon. 1 vol. in-16.

4970. — R. P. *Leonardi* Lessii opusculum asceticum posthumum. Quinquaginta considerationum de L nominibus Dei in tres libellos viæ purgativæ, illuminativæ, unitivæ.... distributum.
Parisiis. 1647. Lambert. 1 vol. in-12.

** — Quinquaginta nomina Dei seu divinarum perfectionum compendiaria expositio. Auctore R. P. *Leonardo* Lessio.
Parisiis. 1644. Math. et Joan. Henault. in-16.
Voyez : Hist. des Religions, N° 2019.

4971. — Thesaurus christiani hominis, complectens libros sex : De contemptu divitiarum lib. 1. — De flagello Dei, sive de medicina animæ lib. 1. — De prosperitate et adversitate hujus sæculi lib. 1. — De felicitate cælestis patriæ lib. 1. — De Christo

ejusque corpore, quod est Ecclesia, lib. II. Omnia ferè ex scriptis D. Aur. Augustini collecta et concatenata per *Joan. Fredericum* Lumnium.
Antuerpiæ. 1588. Ch. Plantinus. 1 vol. in-8°.

4972. — Manuale Christianorum, in quatuor libros divisum. Accessit duplex Domini nostri Jesu Christi officium.
Parisiis. 1754. J. B. Garnier. 1 vol. in-18.

4973. — Legatio mentis ad Deum : operis de legato parergon. Per *Fredericum* de Marselaer.
Bruxellis. 1664. Foppens. 1 vol. in-12. Port.

4974. — Victoriæ liber, de cunctis tribulationibus. (Autore *Martiali* Masurio).
Parisiis. 1540. Janotius et Galeotus à Prato. 1 vol. in-12.

4975. — Rosetum exercitiorum spiritualium, et sacrarum meditationum, auctore *Joanne* Mauburno. Nunc recens.. veriùs, emendatius et distinctius edidit et castigavit R. P. M. Leander de S. Martino.
Duaci. 1620. Balt. Bellerus. 1 vol. in-fol.

4976. — Liber exercitiorum spiritualium triplicis viæ : purgativæ, scilicet, illuminativæ, et unitivæ. Authore R. P. F. *Joanne* Michaele.
Lugduni. 1598. Buysson. 1 vol. in-12.

4977. — Scintillæ asceticæ ad excitandum et fovendum spiritum, sive considerationes in præcipua festa et sacratiora anni tempora publicæ luci commissæ à P. *Æmiliano* Naisl.
Monachii et Pedeponti. 1752. Gastel. 1 vol. in-8°.

4978. — *Celidonii* Nicosii Peregrinus Hierosolymitanus, sive tractatus quinquepartitus, de quintuplici notitia peregrinantibus per mundi hujus eremum in supernam Hierusalem, necessaria.
Coloniæ et Parisiis. 1652. Billaine. 1 vol. in-4°.

4979. — Altare incensi, sive, aurea methodus se, suaque omnia ad majorem Dei gloriam, animæ suæ

salutem, proximique ædificatiouem ordinandi. Authore R. P. F. Nicolao a Jesu Maria. 4ᵃ edit.
Duaci. 1632. Bellerus. 1 vol. in-8°.

4980. — Stimulus ingrati animi. Authore P. *Honoratio* Nicqueto.
Rhotomagi. 1661. Hubault. 1 vol. in-8°.

4981. — R. P. *Joannis Eusebii* Nierembergii stromata S. Scripturæ in quibus enarrantur, explicantur, illustrantur, cum commentationibus moralibus vitæ et historiæ Cain, Nabuchodonosor, Achan... His accessêre ejusdem Auctoris Gnomoglyphica : item Sigalion, sive Sapientia mythica.
Lugduni. 1642. Boissat. 1 vol. in-fol.

4982. — R. P. *Joannis Eusebii* Nierembergii doctrinæ asceticæ, sive spiritualium institutionum Pandectæ.
Lugduni. 1643. Hær. Gab. Boissat. 1 vol. in-fol.

4983. — R. P. *Joannis Eusebii* Nierembergii Doctor evangelicus, ex variis selectisque concinnatus opusculis ; ad pietatem christianam instituendam eximiè accommodatis.
Lugduni. 1659. Franciscus Comba. 1 vol. in-fol.

4984. — R. P. *Joannis Eusebii* Nierembergii hieromelissa bibliotheca, de doctrina Evangelii, imitatione Christi, et perfectione spirituali.
Lugduni. 1661. H. Boissat et G. Remeus. 1 vol. in-fol.

4985. — *Joannis Eusebii* Nierembergii de adoratione in spiritu et veritate, libri quatuor.
Antuerpiæ. 1631. Moretus. 1 vol. in-8°.

4986. — Idem opus. 3ᵃ ed.
Antuerpiæ. 1635. Moretus. 1 vol. in-8°.

4987. — Maximes spirituelles qui peuvent conduire une âme chrétienne à la perfection, avec des prières extrêmement utiles : tirées des ouvrages du P. *Jean-Eusèbe* Nierembergh (par Le Franc de Pompignan).
Montauban. 1751. Teulières. 1 vol. in-12.

4988. — Alphetum Christi. Auctore *Joanne* NIESS. 6ᵃ ed.
Dilingæ. 1627. Formis academicis. 1 vol. in-12.

4989. — Alphabetum diaboli. Auctore *Joanne* NIESS. 6ᵃ ed.
Dilingæ. 1627. Formis academicis. 1 vol. in-12.

4990. — Tractatus ascetici R. P. *Julii* NIGRONII.
Coloniæ Agrippinæ. 1624. Kinchius. 1 vol. in-4°.

4991. — S. NORBERTI sermo ad Præmonstratenses filios quondam dictus et scriptus, recenter verò enucleatus ab *Hieronymo* HIRNHAIM.
Pragæ. 1676. Czernoch. 1 vol. in-fol.

4992. — *Gualteri* PAULLI cogitationes seriæ.
Duaci. 1653. J. Serrurier. 1 vol. in-8°.

4993. — Summa theologiæ mysticæ R. P. F. PHILIPPI A SANCTISSIMA TRINITATE, in qua demonstratur via montis perfectionis.
Lugduni. 1656. Borde, Arnaud et Rigaud. 1 vol. in-fol.

— ** *F.* PETRARCHÆ liber de contemptu mundi.
Vide : PETRACHÆ opera.

4994. — Speculum intellectuale felicitatis humane... (per *Udalricum* PINDER).
S. n. n. l. 1510. 1 vol. in-fol.

** — PROSPER de vita contemplativa atque actuali.
Voyez : N° 737.

4995. — Divinorum colloquiorum libri quatuor. Auctore *Benoni* DE RACHEL. Introducente R. P. F. *Georgio* VETTERO.
Coloniæ. 1608. Butgenius. 1 vol. in-12.

** — Heteroclita spiritualia R. P. F. *Theophili* RAYNAUDI.
Voyez : N° 2931.

4996. — Scalæ a visibili creatura ad Deum R. P. *Theophili* RAYNAUDI.
Lugduni. 1624. Landry. 1 vol. in-12.

** — Speculum finalis retributionis R. P. *Petri* REGINALDETI.
Voyez : N° 2874.

4997. — De disciplina christianæ perfectionis pro triplici

hominum statu incipientium, proficientium et perfectorum, ex sanctis Scripturis, et Patribus libri quinque.. *Bernardino* Rosignolio auctore.
Ingolstadii. 1600. Sartorius. 1 vol. in-4°.

4998. — Zodiacus christianus seu signa 12 divinæ prædestinationis unà cum 12 symbolis quibus signa illa adumbrantur. A. *Raphaele* Sadelero.
Monaci. 1618. Bergia. 1 vol. in-8°. Fig.

4999. — *Jacobi* Saliani de amore Dei libri sedecim.
Lutetiæ Paris. 1631. Seb. Cramoisy. 1 vol. in-4°.

5000. — *Jacobi* Saliani de timore Dei libri novem.
Lutetiæ Paris. 1629. S. Cramoisy. 1 vol. in-8°.

5001. — R. P. *Maximiliani* Sandæi theologia mystica, seu contemplatio divina Religiosorum a calumniis vindicata.
Moguntiæ. 1627. Schonwetterus. 1 vol. in-4°.

5002. — Libri fratris *Hieronymi* (Savonarole) *de Ferraria* de simplicitate christiane vite.
Parrhisiis. 1511. Jeb. Petit. 1 vol. in-8°.

— Triumphus crucis, de veritate fidei, Fra. *Hieronymi* (Savonarole) *de Ferraria.*
Parisiis. 1524. Ascensius. 1 vol. in-8°.

— Expositio orationis dominice fratris *Hieronymi* Savonarole *de Ferraria.* Et sermo ejusdem in vigilia nativitatis domini coram fratribus habitus.
Parisiis. 1510. B. Rembolt. 1 vol. in-8°.

5003. — Re. P. F. *Hieronymi* Savonarolæ dialogus, cui titulus solatium itineris mei.. Cui accesserunt tres libri alterius dialogi..
Venetiis. 1537. Bernardinus. 1 vol. in-16.

5004. — *Hieronymi* Savonarolæ meditationes in Psalmos *Miserere, In te Domie speravi,* et *Qui regis Israel.*
Lugduni Batav. 1633. Maire. 1 vol. in-12.

— *Hieronymi* Savonarolæ de simplicitate christianæ vitæ libri V.
Lugd. Batav. 1638. Joan. Maire. 1 vol. in-12.

— *Hieronymi* Savonarolæ triumphus crucis, sive de veritate fidei libri IV. Recens in lucem editus.
Lugd. Batav. 1633. J. Maire 1 vol. in-12.

— *Hieronymi* Savonarolæ expositio orationis dominicæ, sive in eam lectio, meditatio, oratio, contemplatio. — Et ejusdem sermo in vigiliam nativitatis Domini.
Lugd. Batav. 1633. J. Maire. 1 vol. in-12.

5005. — R. F. P. *Hiér.* Savonarolæ de simplicitate christianæ vitæ libri V verè aurei.
Antuerpiæ. 1635. Aertssens. 1 vol. in-12.
Voyez aussi N° 609.

5006. — R. P. F. *Hieronymi* Savonarolæ triumphus crucis, sive de veritate fidei libri IV.
Antuerpiæ. 1633. Aertssens. 1 vol. in-12.
Voyez aussi N° 2219.

5007. — La simplicité de la vie chrétienne, et quelques autres œuvres spirituelles du R. P. *Jérome* Savonarole. Traduites en françois par un Père de la Compagnie de Jesus.
Paris. 1672. S. Mabre-Cramoisy. 1 vol. in-12.

5008. — *Caroli* Scribanii amor divinus.
Antuerpiæ. 1615. Hæredes Nutii. 1 vol. in-8°.

5009. — *Caroli* Scribanii politico-christianus.
Antuerpiæ. 1624. Nutius. 1 vol. in-4°.

5010. — Meditationes in passionem et resurrectionem Jesu Christi, dispositæ per hebdomadam. Auctore *Egberto* Spitholdio.
Antuerpiæ. 1612. Moretus. 1 vol. in-12.

— Pia precationum et contemplationum exercitia; tam sub tremendo Missæ sacrificio, quàm sub diurno et nocturno officiis... Auctore *Egberto* Spitholdio.
Antuerpiæ. 1604. Moretus. in-12.

5011. — Le chemin de la vie éternelle, composé en latin par le R. P. *Antoine* Sucquet. Translaté par le R. P.

Pierre MORIN. Déclaré par images de BOETE A BOLSWERT.
Anvers. 1623. Aertssens. 1 vol. in-8°. Fig.

5012. — Consolatorium theologicum (preclarissimi viri magistri *Johannis* DE TAMBACO).
Basilee. 1492. Amerbach. 1 vol. in-8°.

5013. — Opera et libri vite fratris THOME DE KEMPIS.
Nuremberge. 1494. Gaspar Hochfeder. 1 vol. in-fol.

5014. — *Thomæ* MALLEOLI A KEMPIS opera omnia ad autographa ejusdem denuo emendata.. et in tres tomos distributa opera ac studio R. P. *Henrici* SOMMALII.
Antuerpiæ. 1607. Nutius. 1 vol. in-4°.

5015. — Les œuvres spirituelles de THOMAS A KEMPIS avec les notes d'HORSTIUS. (De l'imitation de Jesus-Christ. — Suite de l'imitation de Jesus-Christ ou les opuscules). Traduction nouvelle par M. l'Abbé DE BELLEGARDE.
Paris. 1715-1718. Collombat. 2 vol. in-12. Fig.

5016. — Liber apum, aut de apibus mysticis, sive de proprietatibus apum : seu universale bonum. Tractans de prelatis et subditis ubique sparsim exemplis notabilibus. (Autore THOMA DE CANTIPRATO). Venalis habetur in vico sancti Jacobi apud sanctum Benedictum, ad signum sancti Georgii.
S. n. n. l. n. d. 1 vol. in-fol. Table incomplète.

5017. — De contemplatione divina libri sex, auctore R.P. F. THOMA A JESU.
Antuerpiæ. 1620. Moretus. 1 vol. in-8°.

5018. — Traité de la contemplation divine, particulièrement de celle qui avec la faveur du ciel se peut acquérir par notre travail. Composé par le R. P. THOMA DE JESUS, et nouvellement mis en lumière par le R. P. MAURICE DE S. MATTHIEU.
Liége. 1675. Hoyoux. 1 vol. in-8°.

5019. — Summa mysteriorum christianæ fidei. F. *Francisco* Titelmano... authore.
Lugduni. 1567. Hæred. Jacobi Junctæ. 1 vol. in-16.

5020. — *Joannis* Trithemii opera pia et spiritualia, quotquot vel olim typis expressa, vel MSS. reperiri potuerunt; à *Joanne* Busæo... conquisita...
Moguntiæ. 1605. J. Albinus. 1 vol. in-fol.

5021. — Crux omnium Religionum, asperiorque Minimorum ab originali cruce Christi efficta Cruciformis Religio, et ad primum exemplar expressa per P. F. Vincentium de Via *Cosentinum*.
Bononiæ. 1645. Zenerus. 1 vol. in-fol.

5022. — Excitationes animi in Deum, *Joanne Lodovico* Vive autore.
Lugduni. 1550. S. Gryphius. 1 vol. in-16.

5023. — Tractatus de homine spirituali in vigenti duas considerationes divisus. Per *Adrianum* et *Petrum* de Walenburgh.
Antuerpiæ. 1666. Marcelis Pariis. 1 vol. in-16.

5024. — Ramus olivæ annuntians mirum secretum divinæ misericordiæ in hoc mundi vespere faciendæ ad totius Ecclesiæ sublevamen et pacem universalem. Collectus per Fr. *Jacobum* Willart.
Duaci. 1667. Bellerus. 1 vol. in-4°.

5025. — Delineata pœnitentia evangelici David. — Delineata communio immaculata.
Antuerpiæ. 1629. Wolsschatius. 1 vol. in-8°. Fig.
Belles gravures de Jean de Malines (Joan van Mechelen).

5026. — *Johannis* Gerson de imitatione Christi et de contempu omnium vanitatum mundi (libri quatuor).
— Sequitur tractatus de meditatione cordis ab eodem M. *Johanne* de Gersono.
Parisii. 1491. Ph. Pygouchet. 1 vol. in-8°.
— Isidorus de summo bono.
Parisii. 1491. Ph. Pigouchet. 1 vol. in-8°.

** — De imitatione Cristi et contemptu mundi magistri *Johannis* Gerson. — Sequitur tractatus de meditatione cordis ab eodem.
Voyez : N° 1292.

5027. — *Joannis* Gersen de imitatione Christi libri quatuor, a nonnullis olim *Joanni* Gerson, ab aliis nuper Thomæ a Kempis falsò tributi. Ex denâ nunc manuscriptorum fide Auctori suo vindicati, ac pristinæ integritati restituti. Cum Animadversionibus apologeticis F. *Francisci* Valgravii.
Parisiis. 1638. Huré. 1 vol. in-12. Port.

5028. — *Joannis* Gersen de imitatione Christi libri IV.
Parislis. 1663. Billaine. 1 vol. in-16.

5029. — *Johannis* Gersen de imitatione Christi et contemptu omnium vanitatum mundi libri IV.
Lutetiæ Parisior. 1674. Billaine. 1 vol. in-8°.

5030. — *Johannis* Gersen de imitatione Christi libri quatuor, accuratissimè editi.
Parisiis. 1712. Vincent. 1 vol. in-12.

— Exercices spirituels tirez de la Règle de saint Benoist, pour en faciliter la pratique à ceux qui désirent vivre selon l'esprit de cette même règle.
Paris. 1712. Vincent. in-12.

— Conduite pour la retraite du mois. 7° éd.
Paris. 1712. Vincent. in-12.

5031. — De imitatione Christi et rerum mundanarum contemptu, libri quatuor verè aurei, auctore Thoma de Kempis. — Huic accessit B. Anselmii libellus, qui Speculum evangelici sermonis inscribitur.
Coloniæ. 1570. Cholinus. 1 vol. in-16.

5032. — De imitatione Christi libri quatuor. Authore Thoma a Kempis. Ad autographum emendati. (Latino respondet versio græca *Henrici* Sommalii).
Augustoriti Pictonum. 1600. Mesnerius. 1 vol. in-12.

5033. — Thomæ a Kempis de imitatione Christi libri quatuor. Ex recensione P. *Joannis* Frontonis. Cum evictione fraudis qua nonnulli usi, id operis cuidam *Joanni* Gersen ascripsere.

Parisiis. 1649. S. et G. Cramoisy. 1 vol. in-8°.

5034. — Thomæ a Kempis de imitatione Christi libri quatuor. Ex nova recensione *Jacobi* Merlo Horstii.

Parisiis. 1659. Cl. Cramoisy. 1 vol. in-12.

5035. — Thomæ a Kempis de imitatione Christi libri IV. Ex recensione *Philippi* Chifletii.

Antuerpiæ. 1671. Moretus. 1 vol. in-12.

5036. — De Christo imitando, contemnendisque mundi vanitatibus libellus, authore Thoma Kempisio, libri tres, interprete *Sebastiano* Castellione. — Quibus adjungitur liber quartus latinè redditus, et de *Sacramento* vulgò inscriptus.

Cantabrigiæ. 1685. J. Hayes. 1 vol. in-12.

5037. — De imitatione Christi libri quatuor. Editio nova.

Parisiis. 1755. Vincent. 1 vol. in-12.

— Regula S. Patris Benedicti.

Parisiis. 1755. Vincent. in-12.

— Exercices spirituels tirés de la Règle de S. Benoist...

Paris. 1755. Vincent. in-12.

— Conduite pour la retraite du mois. 8° éd.

Paris. 1755. Vincent. in-12.

5038. — De imitatione Christi libri quatuor, ad octo manuscriptorum ac primarum editionum fidem castigati, et mendis plus sexcentis expurgati. Ex recensione *Josephi* Valart. (Sequitur: Dissertatio sur l'Auteur de l'Imitation).

Parisiis. 1758. Barbou. 1 vol. in-12.

5039. — Idem opus. Editio nova.

Parisiis. 1764. Barbou. 1 vol. in-12.

5040. — Thomæ a Kempis de imitatione Christi libri quatuor. Editio nova et accuratissimè correcta.

Vesuntione. 1822. Chalandre. 1 vol. in-18.

5041. — La consolation intérieure, ou le livre de l'Imitation

de Jesus-Christ, selon son original, traduit d'un ancien exemplaire nouvellement découvert ; avec une dissertation sur plusieurs différences considérables qui se rencontrent entre cet exemplaire et l'édition vulgaire de l'Imitation. (Par *A.* ANDRY).
Paris. 1690. Robustel. 1 vol. in-12. Fig.

5042. — L'imitation de Jesus-Christ. Divisez en 4 livres composez par THOMAS A KEMPIS, et nouvellement mis en françois par M. R. G. A. (*Michel* DE MARILLAC). — Avec une méthode pour lire avec fruict les livres de l'imitation de Jesus-Christ.
Paris. 1630 ? 1 vol. in-8°.

5043. — De l'Imitation de Jesus-Christ. Divisé en quatre livres. Par THOMAS A KEMPIS. Traduits en françois (par *Michel* DE MARILLAC) du latin, pris sur le manuscrit de l'auteur. Par *Héribert* ROSWEYDE.
Paris. 1716. Osmont. 1 vol. in-12.

5044. — L'imitation de Jesus-Christ. Traduction nouvelle (par *Hilaire* DUMAS, Doct. de Sorb.).
Paris. 1690. G. et L. Josse. 1 vol. in-12.

5045. — De l'imitation de Jesus-Christ. Traduction nouvelle. Par le Sieur DE BEUIL, Prieur de Saint Val (*Louis-Isaac* LE MAISTRE DE SACY). N^e éd.
Paris. 1699. Desprez. 1 vol. in-8°.

5046. — Même ouvrage. N^e édit.
Paris. 1729. Desprez. 1 vol. in-12.

5047. — De l'imitation de Jesus-Christ. Traduction nouvelle. Par le P. J BRIGNON. N^e éd.
Paris. 1711. Le Mercier. 1 vol. in-12.

5048. — De l'imitation de Jesus-Christ. Traduite en françois. (Par le P. *Antoine* GIRARD). N^e édit.
Paris. 1708. N. Le Gras. 1 vol. in-12.

5049. — L'imitation de Jesus-Christ, traduction nouvelle (par *Jean* et *J. B.* CUSSON). — Avec une Pratique et

* une prière à la fin de chaque chapitre. Par le R. P. DE GONNELIEU. 3ᵉ éd.
   Paris. 1717. Robustel. 1 vol. in-12.

5050. — Même ouvrage. Nouvelle édition augmentée des sept Pseaumes de la pénitence... (et de l'ordinaire de la Messe en latin et en françois).
   Paris. 1745. Robustel et Guerin. 1 vol. in-12.

5051. — L'imitation de Jesus-Christ méditée par M. l'Abbé HERBET (1). 11ᵉ édit.
   Paris. 1859. Lecoffre. 2 vol. in-12. Portrait photog.

5052. — L'imitation de Jesus-Christ expliquée verset par verset, avec traduction nouvelle par l'Auteur de l'Imitation méditée (M. l'Abbé HERBET).
   Paris. 1861. Perisse. 2 vol. in-8°.

5053. — La sainte table ou le IVᵉ livre de l'Imitation de J. C. expliquée verset par verset, avec traduction nouvelle, le latin en regard, par M. l'Abbé HERBET.
   Paris. 1862. Perisse. 1 vol. in-8°. Port. phot.

** — Les quatre livres de l'imitation de Jesus-Christ, traduits en vers par J. DESMARESTS.
   Voyez : Belles-Lettres N° 1708.

5054. — L'Imitation de Jesus-Christ, texte latin suivi de la traduction de P. CORNEILLE.
   Paris. 1855. Imprimerie impériale. 1 vol. in-fol.
   Ouvrage tiré à 103 exemplaires. — Celui-ci porte le N° 68.

** — L'imitation de Jesus-Christ. Traduite et paraphrasée en vers françois. Par P. CORNEILLE.
   Voyez : Belles-Lettres Nᵒˢ 1714, 1715, 1716, 1717.

5055. — Contemptus mundi, nuevamente romançado y corregido. Anadiose le un breve tratado de Oraciones, y exercicios de devocion muy provechosos. Recopilados de diversos authores por el Rev. Padre Fray *Luys* DE GRANADA.
   Anveres. 1572. Ch. Plantino. 1 vol. in-8°.

---

(1) HERBET (Louis-Joseph-Honoré) est né à Amiens le 16 mai 1865.

5056. — Contemtus mundi, o de la imitacion de Christo, libros quatro, compuestos en latin por Thomas de Kempis..Traduzidos en espanol por el muy Rev. P. F. *Luys* de Granada.
Anveres. 1612. Jansenio. 1 vol. in-12.

5057. — Contemptus mundi, o menosprecio del mundo. De nuevo anadido un Tratado de Oraciones y exercicios de devocion de Fr. *Luys* de Granada.
Lerida. 1625. M. Anglada. 1 vol. in-16.

5058. — De la imitacion de Christo por Thomas a Kempis. Libros quatro. Otra vez recopilados y segun el exemplar del R. P. *Heriberto* Rosweydo.
Amberes. 1633. Aertssens. 1 vol. in-16.

5059. — Vener. viri *Joannis* Gersen *de Canabaco* de imitatione Christi libri IV, elegiacè redditi paraphraste R. P. *Thoma* Meslero. 2ª ed.
Bruxellæ. 1649. Mommartius. 1 vol. in-16.

5060. — Die godvruchtighe ende troostelijcke alleen-spraecke der Zielen met Godt. Ghemaeckt door den weerdighen ende Godtvruchtighen Thomas a Kempis. Over-ghezet door Broeder *Lieven* Gillis.
Ghendt. 1625. Gaultier Manilius. 1 vol. in-12.

— De gantsche Historie der Passie ende lijden onses Heeren Jesu-Christi, ghetrocken uyt de vier Evangelisten.
Loven. 1630. F. Fabri. in-12. Fig.

— Dit is een devoot Boecxken vande neghen Chooren der Engelen, van de heylige Drievuldicheydt, ende van de seven bloedtstortingen ons liefs Heeren Jesu-Christi.
T'Hantwerpen. 1632. G. van Tongeren. in-12.

— Verscheyden Litanien, geordineert op die seven dagen van de weecke.
T'Hantwerpen. 1632. G. van Tongeren. in-12. Fig.

5061. — De naervolginghe Christi van Tomas a Kempis, met syn Leven door *Heribertus* Roswridus.
Loven. 1677. Braau. 1 vol. in-16.

5062. — Thomas a Kempis von der Nachfolgung Christi wie solche zu Mainz 1661 gedruckt worden.
Strassburg. 1686. Spoor. 1 vol. in-12.

5063. — The christians pattern, or a divine treatise of the imitation of Christ. Written originally in latine, by Thomas of Kempis.
London. 1676. Redmoyne. 1 vol. in-16.

5064. — An imitation Jesu-Christ hon Salver beniguet. Lequet e brezonec a nevez flam gant *Euzen* Roparz, Bælec eus à Barres Lothey.
Brest. 1707. Malassis. 1 vol. in-8°.

5065. — Dictionnaire spirituel contenant les maximes les plus essentielles à la perfection chrestienne, tirées du livre de l'Imitation de Jesus-Christ, et rangées par ordre alphabétique.
Paris. 1690. Boudot. 1 vol. in-12.

b. — Mystiques italiens.

5066. — La pauvreté contente, dédiée aux riches qui ne sont jamais contents, et composée en italien par le R. P. (*Daniel*) Bartoli. Traduction nouvelle.
Paris. 1691. Couterot. 1 vol. in-12.

5067. — Lettres de S. *Charles* Borromér, données au public pour la première fois. L'original italien est à la suite de la traduction (de *P. Ol.* Pinault).
Venise. 1762. Bassaglia. 1 vol. in-12.

5068. — Les trois livres des louanges divines du Cardinal *Frederic* Borromée. Traduits de l'italien en françois par M. *Antoine* Le Moine. (Texte italien en regard).
Paris. 1724. A. De la Roche. 1 vol. in-8°.

5069. — Ragionamenti xxv di *Paolo* Bozzi.
1 vol. in-4°. Sans titre.

5070. — La vie et les œuvres spirituelles de Ste *Catherine* d'Adorny *de Gennes.*
Paris. 1627. Durand. 1 vol. in-12.

** — Dialogue composé par Sainte Catherine *de Gènes.*
Voyez : Hist. des Religions N° 1867.

5071. — Les epistres de la séraphique vierge Saincte Catherine *de Sienne.* Traduictes de l'original italien en françois (par *Jean* Balesdens).
Paris. 1644. Huré. 1 vol. in-4°.

5072. — La doctrine spirituelle, descripte par forme de dialogue, de l'excellente vierge S. Catherine *de Siene,* qu'elle a dicté, en vulgaire italien sortant de son ordinaire extase et ravissement d'esprit. — Ensemble les Oraisons faictes par ceste bienheureuse Vierge sortant de pareil ravissement d'esprit. Avec la vie et canonization d'icelle.... Le tout traduict d'italien en françois (par *Edme* Bourgoing), et reveu par les pères Religieux de l'Ordre S. Dominique du Convent de Paris.
Paris. 1580. Mallot. 1 vol. in-8°.

5073. — La doctrine de Dieu enseignée à saincte Catherine *de Sienne,* en forme de dialogue. Donnée au public en nostre langue par le R. P. F. *Louis* Chardon.
Paris. 1648. Huré. 1 vol. in-8°.

5074. — Sententiario spirituale, documenti, et pratiche affettive, nelle tre vie della perfettione christiana, purgativa, illuminativa, et unitiva. Diviso in tre parti. Composto per il P. F. Domenico de Giesu Maria.
In Roma. 1622. Zannetti. 1 vol. in-12.

5075. — Sentences spirituelles, documens, et pratiques affectives pour les trois voyes de la perfection chrestienne, purgative, illuminative et unitive. Divisées en trois parties. Composées par le R. P. Dominique de Jesus Marie. Traduictes d'italien en françois, par un Père du mesme Ordre (Matthieu de S. Jean Baptiste).
Paris. 1623. Sonnius. 1 vol. in-12.

5076. — R. P. *Julii* Fatii liber de mortificatione nostrarum passionum, pravorumque affectuum. Nunc primum et italica lingua in latinam translatus. — Cui noviter adjunctum est D. *Henrici* Harphii Directorium aureum contemplativorum, complectens Mortificationes duodecim.
Coloniæ. 1604. Gualtherius. 1 vol. in-12.

5077. — Excellent traicté de la mortification de noz passions et affections désordonnées. Composé en italien par le R. P. *Jules* Facie. Et nouvellement tourné en françois, par F. S. (*François* Solier).
Paris. 1598. Chaudière. 1 vol. in-12.

5078. — Ferventiss. verbi Dei præconis virique sanctiss. D. *Seraphini* Firmani opuscula, ad vitæ perfectionem apprimè facientia; ex italico idiomate in latinum nunc primùm versa. Gaspare *Placentino* interprete.
Placentiæ. 1570. V. Comes. 1 vol. in-12.

5079. — Scelta di lettere del glorioso Patriarca S. Francesco di Paola. — Con l'esclamationi della Serafica Madre S. Teresia.
In Viterbo. 1657. 1 vol. in-12.

5080. — Centuria di lettere del glorioso Patriarca S. Francesco *di Paola*. Raccolte, e date in luce con alcune annotationi dal P. F. Francesco *di Longobardi*.
In Roma. 1655. Lazzeri. 1 vol. in-4°.

5081. — Nova scala del cielo, per la quale s'ascende per la pratica delle virtù christiane, e loro gradini di virtù in virtù alla perfettione christiana.... Dal R. P. M. Fra *Giacomo* da Bagnacavallo.
Venetia. 1630. Guerigli. 1 vol. in-12.

5082. — Le grandezze della santissima Trinita del Padre *Antonio* Glielmo.
In Venetia. 1643. Baba. 1 vol. in-4°.

5083. — Essercitii spirituali nei quali si mostra un modo

facile di fare fruttuosamente oratione à Dio, di pensare le cose, che principalmente appartengono alla salute, di acquistare il vero dolore de' peccati, e fare una felice morte. Di *Agostino* Manno *da Canthiano*. — Et un' Ethica christiana per conoscere lo splendore delle virtù, et infamia de' vitii, et costumi del mondo : con un Compendio di ammaestramenti del B. *Filippo* Neri.

Roma. 1607-1608. Gal. Facciotto. 2 vol. in-16.

5084. — De la véritable dévotion ; traité traduit de l'italien de *L.A.* Muratori, sur l'édition de Venise de 1766. (Par *J. B. Marie* Guidi).

Paris. 1778. Lambert. 1 vol. in-12.

5085. — Selva d'orationi, di diversi santi Dottori, e di molti Scrittori antichi et moderni, greci et latini... Raccolte et tradotte dal R. P. F. Nicolo Aurifico.

Vinegia. 1570. G. de' Ferrari. 1 vol. in-12. Fig.

5086. — Opuscula piarum meditationum de vita D. N. Jesu Christi, ejusque matris et Virginis Mariæ. — De sacros. Eucharistiæ sacramento. — De IIII hominis novissimis. — Item de passione ejusdem D. N. Jesu Christi. Auctoribus RR. e Soc. Jesu Patribus, prioris quidem partis, *Luca* Pinello : alterius verò *Jaspare* Loartio. Interpretibus illius, R. P. *Joan.* Busæo : hujus *Andr.* Hoio.

Duaci. 1606. B. Bellerus. 1 vol. in-16.

5087. — Combattimento spirituale del P. D. *Lorenzo* Scupoli.

Parigi. 1659. G. De Luyne. 1 vol. in-12.

5088. — Pugna spiritualis, italicè scripta a R. P. D. *Laurentio* Scupulo... Novissimè latinè reddita à D. *Olympio* Masotto.

Lutetiæ Paris. 1664. Thierry. 1 vol. in-12.

5089. — Le combat spirituel, composé par les R. P. les Prestres réguliers, appellez communément Théatins (*L.* Scupoli). — Avec le Testament de l'âme à Dieu. N^e édit.

Paris. 1682. Fosset. 1 vol. in-16.

5090. — Le combat spirituél. Composé en italien par un Serviteur de Dieu (L. Scupoli), et traduit en françois par un autre Serviteur de Dieu.
Paris. 1664. Le Petit. 1 vol. in-12.

5091. — Le combat spirituel composé en espagnol par Dom Jean DE CASTAGNIZA (en italien par L. Scupoli), et traduit en françois sur l'original manuscrit (par Jean BOUDOT et revu par D. Gab. BERGERON).
Paris. 1675. Bertier. 1 vol. in-12.

5092. — Le combat spirituel, composé en italien par le R.P. Laurent SCUPOLI. Traduit en françois par le R. P. Olympe MASOTTI. N° édit.
Paris. 1694. De Luyne. 1 vol. in-12.

5093. — The spirituall combat. Translated out of the truest coppies in severall languages by R. R. (Ro. READE) With a letter of S. EUCHERIUS to his cousin Valerian: exhorting him to the contempt of the world...
Paris. 1656. 1 vol. in-18.

5094. — La véritable connoissance de soy-mesme avec les pratiques d'humilité qu'on en doit tirer. Traduite de l'italien du R. P. SEGNERI (J. P. PINAMONTI).
Paris. 1691. Pepie. 1 vol. in-12.

5095. — La véritable sagesse ou considérations très-propres à inspirer la crainte de Dieu. Traduites de l'italien du P. Paul SEGNERI (Jean-Pierre PINAMONTI, par Gab. Fr. LE JAY).
Paris. 1688. Veuve Benard. 1 vol. in-12.

5096. — La via del cielo appianata... Operetta tratta dal libro degli esercizi spirituali di S. Ignazio proposti alle persone secolari da Gio. Pietro PINAMONTI.
In Bologna. 1701. Monti. 1 vol. in-12.

5097. — Lectures chrétiennes sur les obstacles du salut dans toutes les conditions de la vie, et sur les moyens de les vaincre, traduites de l'italien du P. J. P. PINAMONTI (par le P. Joseph DE COURBEVILLE).
Paris. 1749. Bordelet. 1 vol. in-12.

5098. — R. Patris F. *Hieronymi* Savonarolæ epistolæ spirituales et asceticæ.. Nunc primum collectæ, et ex ethrusca authoris vernacula lingua latinè redditæ.. Per Fr. *Jacobum* Quetif.
Parisiis. 1674. Billaine. 1 vol. in-12.

5099. — Opere del Padre *Paolo* Segneri. Distribute in quattro tomi. Con un breve Ragguaglio della di lui Vita. Aggiunti in questa seconda edizione tre Lettere su la materia del Probabile.
Venezia. 1757. Baglioni. 4 vol. in-4°. Port.

5100. — Incredulus non excusabilis. Liber R. P. *Pauli* Segneri.. Ex italico... latinum reddidit R. P. *Maximilianus* Rassler.
Dilingæ. 1721. Bencard. 1 vol. in-4°.

5101. — Homo christianus in lege sua institutus, sive discursus morales quibus totum hominis christiani officium explicatur. Authore R. P. *Paulo* Segneri. Editio quinta latina. (Vertit *Max.* Rassler).
Augustæ Vind. et Dilingæ. 1737. Bencard. 2 vol. in-4°.

5102. — Panoplia exegetica R. P. *Pauli* Segneri in septem partes divisa.... Ex idiomate italico in latinum transversum à R. P. *Max.* Rassler.
Augustæ. Vind. et Delingæ. 1740. Bencard. 1 vol. in-4°.

5103. — Manna animæ seu exercitium facile simul et fructuosum illis, qui quoquo modo vacare orationi desiderant. Propositum à R. P. *Paulo* Segneri pro omnibus anni diebus. Latinè versum (à *Max.* Rassler).
Augustæ Vind. et Dilingæ. 1741. Bencard. 2 vol. in-4°.

5104. — Les sept trompettes pour réveiller les pécheurs et les induire à faire pénitence. Composé par le R. P. *Barthelemy* Solutive. Et tràduites de l'italien en françois, par le R. P. F. *Charles* Jovye.
Rouen. 1677. Besongne. 1 vol. in-12.

— Briefve instruction pour méditer sur les effusions du sang de notre Seigneur. Par le R. P. F. *Charles* Jovye.
Rouen. 1677. Vellequin. in-12.

5105. — Inganni della via spirituale di *Francesco* STADIERA.
In Venetia. 1644. Baglioni. 1 vol. in-4°.

5106. — Raccolta di varie meditationi per far bene gli exercitii spirituali.
In Bassano. 1718. Remondini. 1 vol. in-8°.

c. — *Mystiques espagnols.*

5107. — Thesaurus inexhaustus bonorum quæ in Christo habemus. Authore hispano P. *Francisco* ARIAS. Interprete latino P. *Leonardo* CREDER.
Monachii. 1652. Nic. Henricus. 1 vol. in-fol.

5108. — Traicté de l'imitation de Jesus-Christ. Composé par le R. P. *François* ARIAS. (Traduict en françois par feu M. *Armand* BOURRET).
Paris. 1625. Buon. 3 vol. in-4°.

5109. — Traictez spirituels. — Du profit spirituel. — De la défiance de soy-mesme. — De la mortification. — De la présence de Dieu. Composez en espagnol par le R. P. F. ARIAS. Rev. et corr. par F. N. B. (Frère *Nicolas* BERNARD) Célestin de Paris.
Paris. 1608. Chastellain. 1 vol. in-12.

5110. — Conferencias espirituales, utiles para todo genero, y estado de personas. Compuestas por el Padre *Nicolas* DE ARNAYA.
En Sevilla. 1617-1626. Fr. de Lyra. 3 vol. in-4°.

5111. — Les œuvres du Bienheureux *Jean* D'AVILA surnommé l'Apostre de l'Andalousie. Divisées en deux parties. De la traduction de M. *Arnauld* D'ANDILLY.
Paris. 1673. Pierre Le Petit. 1 vol. in-fol.

5112. — Epistres spirituelles du R. P. *Jean* DE AVILA, Utiles et convenables à toutes personnes qui veulent vivre chrestiennement. Mises d'espagnol en françois par *Luc* DE LA PORTE.
Paris. 1588. R. Le Fizelier. 1 vol. in-8°.

5113. — Les épistres spirituelles de M* *Jean* Davilla. De la traduction du R. P. *Simon* Martin.
Paris. 1653. Couterot. 2 vol. in-12.

5114 — Addresse de l'âme fille de Dieu, pour atteindre à la vraye et parfaicte sagesse. Faicte en espagnol par le R. P. *Jean* Avila, et mise en françois, par G. C. (*Gabriel* Chappuis).
Pont à Mousson. 1623. Seb. Cramoisy. 1 vol. in-8°.

5115. — Les œuvres spirituelles de S. *François* Borgia, traduites de l'espagnol en françois (par le P. *Gilles* Alleaume).
Paris. 1672. Michallet. 1 vol. in-16.

5116. — Parayso del christiano donde se trata de los exercicios espirituales praticados de los varones mas perfectos de nuestros tiempos. Compuesto por el Licenciado *Mauricio* Brehun.
En Paris. 1616. L'Anglois. 1 vol. in-16.

5117. — Mistica theologia y doctrina de la perfection evangelica. Compuesto por el padre fray *Joan* Breton.
Madrid. 1614. Alonso Martin. 1 vol. in-4°.

5118. — Les dévotes méditations sur les Evangiles de tous les dimanches et festes de l'année. Ensemble sur les Evangiles de chacun jour de Caresme. Composées en espagnol par V. P. Dom *André* Capiglia. Mises en françois par R. G. A. (*René* Gaultier).
Paris. 1629. Huré. 3 en 1 vol. in-8°.

5119. — Les œuvres spirituelles du R. P. *Louys* Du Pont. Divisées en deux volumes. Le premier contenant les Méditations très-excellentes sur tous les mystères de la Foy et la Guide spirituelle. Le second, la Perfection du chrestien en tous ses estâts divisée en quatre tomes. Le tout traduict d'espagnol en françois par M. *René* Gaultier.
Paris. 1621. D. De la Noue. 2 vol. in-fol.

5120. — Guia espiritual, en que se trata de la Oracion, Meditacion, y Contemplacion : de las divinas visitas, y gracias extraordinarias : de la mortificacion y obras heroycas que las acompanan. Compuesta por el Padre *Luys* DE LA PUENTE.

En Valladolid. 1609. Juan de Bostillo. 1 vol. in-4°.

5121. — La guide spirituelle du R. P. *Louis* DU PONT. Traduite de l'espagnol, par le P. J. BRIGNON.

Paris. 1689. Michallet. 2 vol. in-8°.

5122. — Meditationes de præcipuis fidei nostræ mysteriis, vitæ ac passionis D. N. Jesu Christi et B. V. Mariæ, Sanctorumque et Evangeliorum toto anno occurrentium. Authore R. P. *Ludovico* DE PONTE. Hispanicè editæ, et in duos tomos divisæ. Interpreté R. P. *Melchiore* TREVINNIO.

Coloniæ Agrip. 1636. Kinchius. 2 vol. in-4°.

5123. — Méditations sur les mystères de la Foy, composées par le R.P. *Louis* DU PONT. Traduites de l'espagnol par un Père de la mesme Compagnie (*J.* BRIGNON).

Paris. 1683-1684. Muguet. 3 vol. in-4°.

5124. — Même ouvrage. 2° édit.

Paris. 1688-1690. Muguet. 6 vol. in-12.

5125. — Compendium seu breviarium absolutissimum omnium meditationum de præcipuis fidei nostræ mysteriis, vitæ ac passionis D. N. Jesu Christi; et B. V. Mariæ, etc. ex majori opere meditationum R. P. *Lud.* DE PONTE, collectum per quendam ejusdem Societatis sacerdotem.

Montibus. 1628. De Waudré. 1 en 4 vol. in-8°.

5126. — Nouvel abrégé des méditations du P. *Louis* DU PONT par le P. D'ORLEANS.

Paris. 1691. Muguet. 2 en 1 vol. in-12.

5127. — Nouvel abrégé des méditations du P. *Louis* DU PONT, ou l'art de méditer, réduit dans une pratique aisée. Par le P. *Nicolas* FRIZON. N° édit. — Avec une Retraite de huit jours.

Nancy. 1744. Cusson. 2 vol. in-8°. Port.

5128. — Le réfectoir spirituel des œuvres du R. P. *Louys* Du Pont. Divisé en deux parties, pour tous les jours de l'année... Par M. *Claude* Godemé.
Paris. 1621. Levesque. 2 vol. in-12.

5129. — De la diferencia entre lo temporal y eterno. Por el padre *Ivan Eusebio* Nieremberg. 13ª impr.
Madrid. 1673. Garcia de la Iglesia. 1 vol. in-4º.

5130. — Traité de la différence du Tems et de l'Eternité. Composé par le R. P. *Eusebe* Nieremberg. Traduit de l'espagnol par le R. P. *Jean* Brignon. 4ᵉ édit.
Paris. 1761. Ganeau. 1 vol. in-12.

5131. — De inæstimabili pretio divinæ gratiæ Christi nobis sanguine comparatæ, cogitationes piæ, ac solidæ. Ex *Eusebii* Nierembergii tractatu hispanico latinè decerptæ a *L.* Janino. Libri quinque.
Lugduni. 1647. Hæredes. P. Prost. 1 vol. in-8º.

5132. — Trois traitez spirituels, I. Contenant l'Alphabet pour apprendre à lire dans le livre de la vie éternelle, qui est Jesus-Christ. — II. De la vie incompréhensible de Dieu.— III. De l'Oraison. Composez en espagnol par le grand Serviteur de Dieu le P. *Jean* Falconi. Et nouvellement traduits en françois par un Religieux du même ordre. 2ᵉ éd. augm. des Règles importantes pour faire l'Oraison : par le P. *Mathieu* de Villaroel.
Paris. 1667. S. Mabre-Cramoisy. 1 vol. in-12.

5133. — S. *Francisci* Xaverii epistolarum libri quatuor. Ab *Horatio* Tursellino in latinum conversi ex hispano.
Burdigalæ. 1628. De la Court. 1 vol. in-8º.

5134. — Idem opus. (Cum appendice sive libro V epistolarum a *Petro* Possino... latinitate et luce donatarum.
Antuerpiæ. 1657. Moretus. 1 vol. in-16.

5135. — Idem opus.
Lugduni. 1682. Molin. 1 vol. in-12.

5136. — S. *Francisci* Xaverii novarum epistolarum libri septem nunc primùm ex autographis, partim his panicis, partim lusitanicis, latinitate et luce donati à *Petro* Possino.
Romœ. 1667. Varesius. 1 vol. in-8°.

5137. — Lettres de B. Père sainct *François* Xavier. Divisées en quatre livres. Traduites par un Père de la mesme Compagnie.
Paris. 1628. S. Cramoisy. 1 vol. in-8°.

5138. — Lettres de S. *François* Xavier. Traduites de nouveau en françois, par M. *Louys* Abelly.
Paris. 1660. Josse. 1 vol. in-8°.

5139. — Modèle d'une sainte et parfaite communion, en 50 méditations.. Traduites de l'espagnol de *Balthazar* Gracian (par Amelot de la Houssaye).
Paris. 1693. Boudot. 1 vol. in-12.

5140. — Les œuvres spirituelles et dévotes du R. P. *Louys* de Grenade : esquels est enseigné tout ce que le Chrestien doit faire, depuis le commencement de sa conversion, jusques au but de la perfection. Le tout traduict d'espagnol en françois.. par N. D. S. (*Nicolas* de Soulfour). — Avec un traicté de la convenance du Mystère ineffable de l'incarnation du Sauveur, nouvellement traduict par L. S. H. (*Louis-Sebastien* Hardy).
Paris. 1628. A. Bacot. 1 vol. in-fol.

5141. — Les œuvres spirituelles du R.P. *Louys* de Grenade. 5° édit. Le tout exactement traduit et conféré sur l'espagnol, par le R. P. *Simon* Martin.
Paris. 1665. F. Leonard. 1 vol. in-fol.

5142. — Les œuvres spirituelles du R.P. *Louis* de Grenade. Traduites de nouveau en françois par M. Girard.
Paris. 1679. P. Le Petit. 1 vol. in-fol.

5143. — Guia de peccadores, en la qual se trata copiosamente de las grandes riquezas y hermosura de la

Virtud : y del camino que se ha de ilevar para alcançar la. Compuesto por el R. P. Fray *Luys* DE GRANADA. (Libro primero).

Anvers. 1572. Ch. Plantino. 3 vol. in-8°.

5144. — La grande guide des pécheurs pour les acheminer à la vertu. Œuvre composée premièrement en espagnol, par R. P. F. *Louys* DE GRENADE. Et traduit en françois par *Paul* DU MONT.

Rouen. 1675. L'Allemant. 1 vol. in-12.

5145. — La grande guide des pécheurs, pour les acheminer à la vertu. Traduite sur l'espagnol du R. P. *Louys* DE GRENADE. Par F. *Simon* MARTIN.

Paris. 1662. Huré. 1 vol. in-8°.

5146. — La guide des pécheurs, composée en espagnol par le R. P. *Louis* DE GRENADE. Traduite de nouveau en françois. Par M. GIRARD. N° édit.

Paris. 1711. Mariette. 1 vol. in-8°.

5147. — Memorial de la vida christiana. Compuesto por el R. P. Fray *Luys* DE GRANADA. (Tratado tercero, quarto, sexto y septimo).

Anvers. 1572. Ch. Plantino. 3 vol. in-8°. Sans titre.

5148. — Memorial de la vida christiana : en el qual se ensena todo lo que un Christiano deve hazer dende el principio de su conversion, hasta el fin de la perfection. Compuesto per el R. P. F. *Luys* DE GRANADA.

Barcelona. 1588. D. Bages. 1 vol. in-fol.

5149. — Le mémorial de la vie chrétienne:... Composé en espagnol par le R. P. *Louis* DE GRENADE. Traduit de nouveau en françois par M. GIRARD. N° édit.

Paris. 1701. Girin. 3 vol. in-8°.

5150. — Additions au Mémorial de la vie chrestienne : où il est traité de la perfection de l'amour de Dieu et des principaux mystères de la vie de nostre Sauveur. Composé en espagnol par le R.P. *Louis* DE GRENADE. Traduit de nouveau en françois par M. GIRARD (ou plutôt par *Jacques* TALON). N° éd.

Paris. 1698. Girin. 1 vol. in-8°.

5151. — Libro de la oracion y meditacion. Por el R. P. Fray Luys de Granada. (Tomo secundo. Primera, segunda, y tercera parte).
Anveres. 1572. Ch. Plantino. 3 vol. in-8. Sans titre.

5152. — La prima et la seconda parte dell' oratione et meditatione, per li giorni della settimana, e per altro tempo, del R. P. F. *Luigi* di Granata.... Tradotta dalla lingua spagnuola per *Gio. Battista* Porcacchi.
Vinegia. 1581. Angelieri. 2 en 1 vol. in-12.

5153. — Traité de l'Oraison et de la méditation. Avec trois petits Traitez touchant l'excellence des principales parties de la Pénitence, qui sont, la Prière, le Jeusne et l'Aumosne. Composé en espagnol par le R. P. *Louis* de Grenade. Traduit de nouveau en françois. Par M. Girard.
Paris. 1702. Girin. 2 vol. in-8°.

5154. — Siguense unas oraciones y exercicios de devocion muy provechosos recopilados de diversos y graves auctores. Por el R. P. Fray *Luys* de Granada.
Anvers. 1572. Ch. Plantino. 1 vol. in-8°.

5155. — Oraciones y exercicios de devocion, muy provechosos, recopilados de diversos y graves autores. Por el R. P. F. *Luys* de Granade.
Bruxellas. 1608. Mommaert. in-16.
— Suma breve de la confession y comunion. Ordinado por el P. M. *Geronimo de la Madre de Dios* Gracian.
In Bruxellas. 1601. Mommarte. 1 vol. in-16.

5156. — R. P. Fr. *Lodoici* Granatensis exercitia in septem meditationes matutinas, ac totidem vespertinas distributa. Ab auctore hispanicè primùm conscripta, inde in italicum versa, nunc verò latina facta, opera et studio *Michaelis* ab Isselt.
Coloniæ Agripp. 1591. Birckmannus. 1 vol. in-16.

5157. — Meditationes devotissimæ et utilissimæ de præcipuis articulis et mysteriis vitæ Servatoris nostri Jesu

Christi, à conceptione illius usque ad ascensionem. Auctore R. P. F. *Ludovico* Granatensi. (Latinitate donavit *Michael* ab Isselt.
Coloniæ. 1586. 1 vol. in-12. Sans titre.

5158. — R. P. F. *Lodoici* Granatensis de devotione, excellentia, utilitate et necessitate orationis, de jejunio et eleemosyna, Speculum vitæ humanæ, ac de Eucharistia, libri tres. — Item, expositio in Psalm. L *Miserere* et Confessionale *Francisci* Eviæ. Nunc recens ab D. *Michaele* ab Isselt ex italico in latinam linguam conversa.
Coloniæ. 1592. Mylius. 1 vol. in-18.

5159. — Paradisus precum, ex R. P. F. *Lud.* Granatensis spiritualibus opusculis, aliorumque sanctorum Patrum et illustrium cum veterum, tum recentium Scriptorum concinnatus per *Michaelem* ab Isselt.
Coloniæ. 1589. Calenius. 1 vol. in-16.

5160. — L'oratoire des religieux, et l'exercice des vertueux, composé par Don *Anthoine* de Guevare. Traduict d'espagnol en françois, par *Paul* du Mont.
Douay. 1582. Bogard. 2 en 1 vol. in-8°.

— L'Oratoire des religieux et l'exercice des religieux. Tome second. Composé par *Julien* de Lingue.
Douay. 1583. J. Bogard. in-8°.

5161. — Exercitia spiritualia S. P. Ignatii *Loyolæ*, Fundatoris Ordinis Societatis Jesu, cum Bullis Pontificum... (Ex hispanico idiomate in latinum transtulit R. P. *Andrœas* Frusius).
Antuerpiæ. 1733. Vidua Verdussen. 1 vol. in-8°. Fig.

5162. — Les vrais exercices spirituels du B. P. Ignace *de Loyola* fondateur de l'Ordre de la Compagnie de Jésus. Suivant qu'ils sont ordinairement donnez par les R. PP. de la mesme Compagnie. Ensemble la Guide ou Directoire pour ceux qui font faire lesdits exercices.
Paris. 1619. Seb. Huré. 1 vol. in-12.

5163. — Les exercices spirituels de S. Ignace *de Loyola*. Traduits du latin en françois par un Père de la mesme Compagnie.
Paris. 1688. Dubois 1 vol. in-12.

5164. — Exercices spirituels de S. Ignace, traduits en françois. Par M. l'Abbé (*Den. Xav.*) Clement.
Paris. 1762. Guerin. 1 vol. in-12.

5165. — Practica de los exercicios espirituales de san Ignacio *de Loyola*. Por el P. *Ped. Thom.* Torrubia.
Madrid. 1761. Vidua Fernandez. 2 vol. in-8°.

5166. — Esercizii spirituali di S. Ignazio proposti alle persone secolari... da *Gio. Pietro* Pinamonti.
In Padova. 1711. Manfrè. 1 vol. in-12.

5167. — Praxis meditandi a B.P. Ignatio traditæ explicatio. Authore P. *Antonio* Gaudier.
Parisiis. 1620. S. Cramoisy. 1 vol. in-16.

5168. — La conduite de S. Ignace *de Loyola*, menant une âme à la perfection par les exercices spirituels. N° édit. Par le P. *Antoine* Vatier.
Paris. 1671. Meturas. 2 vol. in-12.

5169 — Opera mystica V. ac mystici Doctoris F. Joannis a Cruce (*J.* Yepez). Ex hispanico idiomate in latinum nunc primum translata, per R. P. F. Andræam a Jesu. (*A.* Birzechffa).
Coloniæ Agripp. 1639. Gualtherus. 1 vol. in-4°.

— Phrasium mysticæ theologiæ V. P. F. Joannis a Cruce elucidatio. Authore P. F. Nicolao a Jesu Maria.
Coloniæ Agripp. 1639. B. Gualtherus. 1 vol. in-4°.

5170. — Les œuvres spirituelles pour acheminer les âmes à la parfaicte union avec Dieu, du Bienheureux P. Jean de la Croix. Traduictes d'espagnol en françois par M. R. Gaultier.
Paris. 1621. Sonnius. 1 vol. in-8°.

— Nuict obscure de l'âme, ou l'exposition des Cantiques qui enserrent le chemin de la parfaicte union

d'amour avec Dieu telle qu'elle peut estre en ceste vie... Du Bienheureux P. Jean de la Croix. Traduict d'espagnol en françois, par M. R. Gaultier.
Paris. 1621. Sonnius. in-8°.

5171. — Les œuvres spirituelles du B. P. Jean De la Croix. Traduites d'espagnol en françois par le R. P. Cyprien de la Nativité de la Vierge. — Augmentées d'un traicté théologique de l'union de l'âme avec Dieu. Auquel la doctrine dudit Père touchant cette matière est rendue complette... Composé par le R. P. Louis de Saincte Therese.
Paris. 1665. Billaine. 1 vol. in-4°.

5172. — Les œuvres spirituelles du Bienheureux Jean de la Croix. Traduction nouvelle. Par le P. *Jean* Maillard.
Paris. 1694. Guerin. 1 vol. in-4°. Port.

5173. — Las lagrimas de Hieremias sobra la ruyna de Hierusalem. Obra spiritual y devota en la qual se representa al vivo el miserabile estado de un peccador. Compuesta por el dotor Lerin y Garcia.
Paris. 1621. Tiffeno. 1 vol. in-8°.

5174. — La lice chrestienne, ou l'amphithéâtre de la vie et de la mort. Composé en espagnol par R. P. F. *Pierre* de Ona. Et traduict en françois par *I.* Baudoin.
Paris. 1612. Foucault. 1 vol. in-4°.

5175. — Œuvres spirituelles de Dom *Jean* de Palafox; sçavoir : Ses réponses aux demandes d'une personne de piété, et son Pasteur de la nuit de Noël. Traduit de l'espagnol en françois.
Paris. 1772. Herissant. 1 vol. in-24.

5176. — Remarques sur les advis les plus importans de la glorieuse Mère sainte Térèse de Jesus. Composées en espagnol par Dom *Jean* de Palafox et Mendoce. Traduites en françois par M. *François* Pellicot.

— Avec la Vie de ce grand Prélat escrite par le mesme autheur.

Paris. 1642. Josse. 1 vol. in-8°.

5177. — Méditations de S. Pierre d'*Alcantara*. Traduites nouvellement d'espagnol en françois, et augmentées par un Religieux de la Réforme de sainte Thérèse. Et l'Abbregé de la vie de S. Pierre d'Alcantara.

Toulouse. 1700. Du Puy. 1 vol. in-12.

5178. — Exercicio de perfeccion, y virtudes christianas. Por el Padre *Alonso* Rodriguez.

En Caragoça. 1635. Larumbe. 3 vol. in-4°.

5179. — Les exercices de la vertu et de la perfection chrétienne. Par le R. P. *Alphonse* Rodriguez. Nouvelle traduction (par *Nicolas* Binet et *Alex.-Louis* Varet).

Paris. 1680. Coignard. 3 vol. in-4°.

5180. — Pratique de la perfection chrestienne, du R. P. *Alphonse* Rodriguez. Traduction nouvelle par M. l'Abbé Regnier-des-Marais.

Paris. 1698. Dezallier. 3 vol. in-4°.

5181. — Même ouvrage. N° édit.

Paris. 1753-54. La C° des Libraires. 6 vol. in-12.

5182. — Les fleurs de la praticque de la perfection et des vertus chrestiennes et religieuses. Composée en espagnol par le R. P. *Alphonse* Rodriguez. Extraict selon la traduction françoise du R. P. *Paul* Duez, par le Sr (Malingre) de Sainct Lazare.

Paris. 1630. Richer. 3 vol. in-8°. Port.

5183. — Abrégé de la pratique de la perfection chrétienne, tiré des œuvres du R. P. *Alphonse* Rodriguez (par l'Abbé *P. J.* Tricalet).

Paris. 1769. Bauche. 2 vol. in-12.

5184. — La vie de l'esprit pour s'avancer en l'exercice de l'Oraison: et pour avoir une grande union avec Dieu. Composée en espagnol par le Docteur *Anthoine*

de Roias. Et nouvellement traduite en françois par le R. P. Cyprien de la Nativité.
Paris. 1646. Chevalier. 1 vol. in-12.

5185. — Même ouvrage.
Paris. 1660. Le Sourd. 2 vol. in-12.

5186. — Vergel del alma, y manual espiritual. Por *Ambrosio* de Salazar.
En Rouan. 1613. R. De Beavais. 1 vol. in-18.

5187. — Le collége de pénitence, auquel le bon larron regente et enseigne aux pécheurs esgarés le chemin de salut. — Avec la recousse du temps prisonnier où se déclare combien il est précieux et comme il se doit rachepter. Composé en espagnol par R. P. F. *André* de Soto. Traduict en françois par G. (*Gilles*) de Germes.
Rouen. 1612-1613. Mallard. 1 vol. in-12.

5188. — La rescousse du temps prisonnier...
Rouen. 1610. L. Rivius. 1 vol. in-16. *Douai?*

5189. — Méditations très-dévotes, de l'amour de Dieu. Par le R. P. Fr. *Diego* de Stella. Mises d'hespagnol en françois par *Gabriel* Chappuys.
Paris. 1586. Chaudière. 1 vol. in-8°.

5190. — Contemptus vanitatum mundi in tres partes divisus. Authore R.P. Fr. *Didaco* Stella. Iterum luci datus ad usum et fructum piæ Juventutis curâ ac sumptibus D. *Guilielmi* Vander Horst.
Lovanii. 1664. Lipsius. 1 vol. in-12.

5191. — L'œuvre entier et parfait de la vanité du monde, composé en espagnol par le R. P. P. *Diego* de Estella. Mis en françois par *Gabriel* Chappuis.
Lyon. 1634. Rigaud et Obert. 3 en 1 vol. in-8°.

5192. — Les œuvres de la sainte mère Térèse de Jésus, traduites d'espagnol en françois par le R. P. Cyprien de la Nativité de la Vierge.
Paris. 1667. Leonard. 2 en 1 vol. in-4°.

5193. — Les œuvres de sainte THÉRÈSE. De la traduction de M. ARNAULD D'ANDILLY.
Paris. 1670. Pierre le Petit. 1 vol. in-fol. Port.

5194. — Même ouvrage. Nouv. édit.
Paris. 1702. Roulland. 3 vol. in-8°

5195. — Même ouvrage. Nouv. édit.
Anvers. 1707. Foppens. 5 vol. in-12.

5196. — Lettres de la glorieuse mère sainte TÉRÈSE, enrichies des remarques de l'ill. Dom *Juan* DE PALAFOS et MENDOZE. Traduites d'espagnol en françois par M. *François* PELICOT.
Paris. 1660. Josse. 1 vol. in-4°.

5197. — Lettres de la glorieuse Ste TERÈSE DE JESUS. Avec les remarques du R.P. PIERRE DE L'ANNONCIATION. Recueillies par les ordres du R. P. *Pierre* DIEGUE DE LA PRÉSENTATION. Traduites d'espagnol en françois par le R. P. PIERRE DE LA MÈRE DE DIEU.
Lille. 1698. Fievet. 2 vol. in-12.

5198. — Lettres de sainte THÉRÈSE, traduites de l'espagnol en françois. Avec des remarques et notes théologiques, historiques, critiques. Tome premier par M. CHAPPE DE LIGNY. Tome second par feu la R. Mère *Marie-Marguerite* DE MEAUPOU, dite THÉRÈSE *de Saint Joseph*.
Paris. 1748-1753. Garnier. 2 vol. in-4°.

5199. — Traicté du chasteau ou demeures de l'ame, composé par la Mère TERÈSE DE JESUS. Nouvellement traduict d'espagnol en françoys par I. D. B. P. et L. P. C. D. B. 2e éd.
Paris. 1601. De la Noue. 1 vol. in-12.

5200. — Traité du chemin de perfection écrit par sainte TERÈSE, et quelques petits traitez de la mesme Sainte, savoir : Méditations sur le Pater noster, Méditations après la communion, Advis à ses religieuses. Traduit par M. ARNAULD D'ANDILLY.
Paris. 1659. Le Petit. 1 vol. in-8°.

5201. — Le chemin de perfection de sainte Thérèse. Avec les Méditations après la communion, celles sur le *Pater*, et les Avis de la mesme Sainte. Traduction nouvelle. Par M. l'Abbé Chanut. 2ᵉ édit.
Paris. 1690. Dezallier. 1 vol. in-8°.

5202. — La vie du juste dans la pratique de la vive foy : composé par le R.P. Thomas de Jesus (*D.* Davila). Nouvellement traduit d'espagnol en françois par le R. P. Cyprien de la Nativité de la Vierge.
Paris. 1644. Chevalier. 1 vol. in-16.

5203. — Politica de Dios, govierno de Christo, y tirania de Satanas. Escrivelo con las plumas de los Evangelistas D. *Francisco* de Quevedo Villegas.
En Salamanca. 1629. Fernandez. 1 vol. in-16.

5204. — Les souffrances de notre S. Jesus-Christ. Ouvrage écrit en portugais par le R. P. Thomas de Jesus. Traduit par le P. *G.* Alleaume.
Paris. 1732. Delespine. 4 vol. in-12. Le 1ᵉʳ manque.

---

d. — Mystiques allemands, anglais, flamands,...

5205. — Theologia mystica, a pio quodam Ordinis Dominorum Teutonicorum Sacerdote, ducentis circiter ab hinc annis Germanicè conscripta, et à *Joanne* Theophil (*Sebastiano* Castellione) in latinum translata. *Ludovici* Blosii enchiridion parvulorum.
Lugduni. 1655. Marsilius. 1 vol. in-12.

5206. — La théologie réelle, vulgairement ditte la Théologie germanique. (Traduit par *P.* Poiret). Avec quelques autres traités de même nature ; une Lettre et un Catalogue sur les Ecrivains mystiques. Une Préface apologétique sur la Théologie mystique, avec la nullité du Jugement d'un Protestant sur la même Théologie mystique. (Par *P.* Poiret).
Amsterdam. 1700. Wetstein. 1 vol. in-12.

5207. — Via regia, quo itinere fidelis debeat ambulare, ut ad sempiternam requiem et pacem perveniat, ex verbis Hieremiæ Prophetæ : *State super vias, et videte* etc. cap. 6. pro concione explicata per D. *Joannem* Fabrum *ab Hailbrun*. Nunc primùm latinitate donata per *Tilmannum* Bredenbachium.
   Coloniæ. 1564. Hæredes J. Quentel. 1 vol. in-8°.

— Responsio ad Calvinum et Bezam, pro *Francisco* Balduino. — Cum refutatione calumniarum, de Scriptura et Traditione.
   Coloniæ. 1564. Richwinus. in-8°.

— Epistolæ duo insignes, altera D. *Stanislai* Hosii ad Ill. Brunsvici Ducem Henricum : altera *Martini* Cromeri ad Ser. Regem, Proceres, Equitesque Polonos in Comitiis Varshaviensibus congregatos.
   Coloniæ. 1564. Cholinus. in-8°.

5208. — D. *Joannis* Rusbrochii.. opera omnia : nunc demùm... è Brabantiæ germanico idiomate reddita latinè per F. *Laurentium* Surium.
   Coloniæ. 1552. Hæredes Joan. Quentel. 1 vol. in-fol.

5209. — D. *Henrici* Susonis, viri sanctitate, eruditione et miraculis clari, opera. Nunc demùm è suevico idiomate latinè reddita à Rev. Pat. *Laurentio* Surio.
   Coloniæ. 1615. Quentelius. 1 vol. in-8°.

5210. — Œuvres spirituelles de *Henry* Suso. Nouvellement traduittes de latin en françois par F. *N.* Le Cerf.
   Paris. 1586. Chaudière. 1 vol. in-8°.

5211. — Les œuvres divines et salutaires du R. P. F. *Jean* Thaulere, avec sa vie, épistres et excellens sermons faicts devant et incontinent après sa conversion, et les exercices de piété. Traduit de latin en françois par les Pères Minimes....
   Lyon. 1613. Rigaud. 1 vol. in-12.

5212. — Les institutions de Thaulere. Traduction nouvelle (par *Henri* de Loménie de Brienne). 3ᵉ éd.
   Paris. 1665. Savreux. 1 vol. in-8°.

5213. — Même ouvrage. 3ᵉ édit.
Paris. 1681. Desprez. 1 vol. in-12.

5214. — Les exercices du très pieux Dom *Jean* Thaulere, sur la vie et sur la passion de N. S. Jesus-Christ. Mis de l'alleman en latin par le P. *Laurent* Surius. Et quelques ouvrages édifians sur le même sujet, de l'excellent et très pieux Docteur Eschius. Traduit en françois par le P. *Jacques* Talon. Nᵉ éd.
Paris. 1734. Villette. 1 vol. in-12.

5215. — Seraphinsch Forneys van de Goddelycke liefde... Beschreven door Fr. *Antonius* Walkiers.
Tot Mechelen. 1693. Andreas Jaye. 1 vol. in-8°.

5216. — Praxis pietatis, das ist ubung der Gottseligkeit erster und ander Theil : vor diesem aus dem Englischen ins Teutsche ubergesetzet... Darbey auch zu End mit angehengt ein sehr schön Tractatlein. Von der waaren christlichen Andacht...
Nurnberg. 1658. Wolfgang Endters. 1 vol. in-8°.

5217. — Historisches Sterb-haus oder christliche und erbauliche Gesprach auss Kirchen und Weltlichen Historien, uber allerlen so ben Krancken und Sterbenden vorfallet... durch *Franciscum* Ridderum.
Francfurt. 1677. Schiele. 1 vol. in-8°.

5218. — New catholisch Paradys-gartlein darinnen der Weg zum ewigen Leben genant wird. Schone Morgens und Abends Gebett die h. Mess sieben Busspsalmen sampt der Litanen. Schone Gebett auff die Sieben Tag inder Wochen, mit Betrachtung det bittern Leydens und Lebens unsers Herrn Jesu Christi, und unser L. Frawen.
Colln. 1661. Beckmann. 1 vol. in-18.

— Rosenkrantz oder Paradissgartelein : wie man das Leben Christi in kurtz Gebettlein ziehen, auch als ein geistlichen Rosenkrantz gebrauchen mag.
Colln. 1660. Beckman. 1 vol. in-18.

— Der Seelen Schassbuchlein sampt der dornen Kron unsers lieben Herren Jesu Christi sehr schön und nutzlich zu lesen sampt der H. Meess, auch viel schönen Gebettlein vom Leyden Jesu Christi, wie auch von unser Lieben Frawen.
Colln. 1658. Langenberg. 1 vol. in-18°.

5219. — Cabinet der Devotien vol Godt-vruchtige Oeffeningen, schoone Gebeden, ende Litanien. Vergadert uyt verscheyde Auth.
Antwerpen. s. d. Joa. Van Hoest. 1 vol. in-24.

e. — *Mystiques français.*

5220. — Addresse pour utilement procurer le salut des âmes. Par M. *Louys* ABELLY.
Paris. 1644. Josse. 1 vol. in-12.

5221. — Sentimens et maximes de saint François de Sales. Touchant la véritable piété et les moyens de parvenir à la perfection chrestienne. Le tout fidellement recueilly de ses œuvres par Mº *Louys* ABELLY.
Paris. 1662. Léonard. 1 vol. in-12.

5222. — Les fleurs de la solitude chrestienne, ou méditations sur divers sujets de piété, propres pour les Exercices spirituels des Retraites. Par Mº *Louis* ABELLY.
Paris. 1673. Josse. 1 vol. in-12.

5223. — Traité de la paix intérieure. (Par le P. AMBROISE, *de Lombez*) (A. LA PEYRIE Capucin). 4º éd.
Paris. 1762. Hérissant. 1 vol. in-12.

5224. — Traité de la joie de l'âme chrétienne, par le P. AMBROISE, *de Lombez*.
Paris. 1779. Simon. 1 vol. in-12.

5225. — Lettres spirituelles sur la paix intérieure et autres sujets de piété. Par l'Auteur du Traité de la paix intérieure (AMBROISE *de Lombez*). Nº édit.
Paris. 1775. Hérissant. 1 vol. in-12.

5226. — L'Amant de Jesus-Christ, ou histoire de la vie et de la mort d'un St. Ecclésiastique. — Maximes chrétiennes dont chacune peut servir de sujet à une sérieuse et profonde méditation.
S. n. n. l. 1730. 1 vol. in-16.

5227. — Traité de l'amour du souverain bien qui donne le véritable caractère de l'amour de Dieu : opposé aux fausses idées de ceux qui ne s'éloignent pas assez des erreurs de Molinos et de ses disciples (Par le P. *Claude* AMELINE).
Paris. 1699. Léonard. 1 vol. in-12.

5228. — La journée religieuse. Par le R. P. D. ANTOINE DE S. PIERRE, R. Fueillant.
Paris. 1648. Josse. 2 vol. in-8°.

5229. — Renouvellement de la journée religieuse et chrestienne sur les deux grandes journées de la naissance et de la mort de Jesus. Ou exercices de dévotion pour les saincts temps de l'Advent et de Caresme. Par le R. P. D. ANTOINE DE S. PIERRE.
Paris. 1656. Josse. 1 vol. in-8°.

5230. — Conférences théologiques et spirituelles du chrestien intérieur sur les grandeurs de Dieu. Par le P. *Louis François* D'ARGENTAN.
Paris. 1674. Martin. 2 vol. in-8°.

5231. — Les exercices du chrestien intérieur... Par le P. *Louis François* D'ARGENTAN.
Paris. 1685. Veuve Martin. 2 vol. in-12.

5232. — Le magnifique triomphe de saint François de Sales. Avec un Abrégé facile pour arriver à la perfection... Par M° *Antoine* ARNAULD. 2° édit.
Paris. 1680. Tompère. 1 vol. in-8°. Port.

5233. — Le mespris du monde. Rev. corrig. et aug. de trois traités par l'auteur. Sçavoir, Résolutions vertueuses. — De l'obéissance deue au Roy. — Méditation sur la vieillesse. Par *Isaac* ARNAULD.
S. n. n. l. 1618. 1 vol. in-12.

5234. — Recueil de divers traitez de piété. (Par la Mère *Marie-Angélique* ARNAULD).
Paris. 1671-75. Desprez. 2 vol. in-12.

5235. — Les Estats généraux convoquez au ciel, ausquels tous les humains sont assignés, et plusieurs de chaque estat de ce monde, y sont desjà arrivés. Par *François* ARNOULX.
Lyon. 1628. Rigaud et Obert. 1 vol. in-8°.

5236. — Pratiques de piété catholique conformes à l'esprit et aux desseins de l'Eglise... Par M. *Jean* AUVRAY.
Paris. 1687. Coustelier. 1 vol. in-12.

5237. — L'année affective, ou sentimens sur l'amour de Dieu, tirez du Cantique des Cantiques. Pour chaque jour de l'année. Par le R. P. AVRILLON. 5ᵉ éd.
Nancy. 1719. Cusson. 1 vol. in-12.

5238. — Commentaire affectif sur le grand précepte de l'amour de Dieu : *Diliges Dominum Deum tuum ex toto corde tuo..* Deut. 6. etc. Par le R. P. AVRILLON.
Nancy. 1729. Cusson. 1 vol. in-12.

5239. — Méditations et sentimens sur la sainte Communion, pour servir de préparation aux personnes de piété qui s'en approchent souvent. Par le R. P. AVRILLON.
Paris. 1749. Veuve Pierres. 1 vol. in-12.

5240. — Réflexions théologiques, morales et affectives sur les attributs de Dieu, en forme de méditations pour chaque jour du mois. Par le R.P. AVRILLON. Nᵉ éd.
Nancy. 1717. Cusson. 1 vol. in-12.

5241. — Sentimens sur la dignité de l'âme, la nécessité de l'adoration, les avantages des afflictions, et sur l'abandon de Dieu. Ouvrage posthume du R. P. AVRILLON.
Paris. 1738. Veuve Le Mercier. 1 vol. in-12.

5242. — Sentimens sur l'amour de Dieu, ou les trente amours sacrés. Pour chaque jour du mois. Par le R. P. AVRILLON.
Paris. 1753. Pierres. 1 vol. in-12.

5243. — Traités de l'amour de Dieu à l'égard des hommes, et de l'amour du prochain. Par le R. P. Avrillon.
Paris. 1740. Pierres. 1 vol. in-12.

5244. — La philosophie affective, ou divers opuscules pour servir de conduite à la piété. Par M. *Louis* Bail.
Paris. 1647. Veufve Chevalier. 2 en 1 vol. in-12.

5245. — De la vie intérieure, où il est traitté de trois entretiens de l'âme avec Dieu, et des adresses pour la conduire jusques à la plus haute perfection. Par le R. P. *André* Baiole.
Paris. 1649. V° Buon. 1 vol. in-4°.

5246. — Les secrets sentiers de l'amour divin, esquels est cachée la vraye sapience céleste et le royaume de Dieu en nos ames. Composez par le P. *Constantin* de Barbançon.
Paris. 1649. Huré. 1 vol. in-12.

5247. — Recueil des lettres spirituelles du R. P. Barré. Avec un Abregé de sa vie.
Rouen. 1697. Le Boucher. 1 vol. in-12.

5248. — Maximes spirituelles du R. P. Barré. Recueillies par M. l'Abbé de Servien de Montigny.
Paris. 1694. Coutelier. 1 vol. in-12.

5249. — La solitude de Philagie, ou l'addresse pour s'occuper avec profit aux exercices spirituels une fois tous les ans, durant huict ou dix jours. Avec les Méditations... Par le R. P. *Paul* de Barry.
Lyon. 1692. Chize. 1 vol. in-12.

5250. — L'âme élevée à Dieu par les réflexions et les sentiments, pour chaque jour du mois. (Par l'Abbé *Barthélemy* Baudran). 2ᵉ édit.
Lyon. 1774. Jaquenod et Rusand. 2 en 1 vol. in-12.

5251. — Même ouvrage. 8ᵉ éd.
Lyon. 1780. Rusand. 2 vol. in-12.

— L'âme pénitente, ou le nouveau Pensez-y-bien. (Par l'Abbé *B.* Baudran).
Lyon. 1780. Rusand. in-12.

5252. — L'âme religieuse élevée à la perfection par les exercices de la vie intérieure. (Par B. BAUDRAN). 3e éd.
Lyon. 1777. Jacquenod père et Rusand. 1 vol. in-12.

5253. — La religion pratique, ou l'âme sanctifiée par la perfection de toutes les actions de la vie. (Par B. BAUDRAN).
Lyon. 1766. Jacquenod père et Rusand. 1 vol. in-12.

5254. — L'âme sanctifiée par la perfection de toutes les actions de la vie; ou la religion pratique. Par l'Auteur de l'Ame élevée à Dieu. 4e édit. augm. de la Pratique de piété, devant le S. Sacrement.
Lyon. 1781. Rusand. 1 vol. in-12.

5255. — Réflexions, sentiments et pratiques de piété, sur les sujets les plus intéressants de la morale chrétienne. Par l'Auteur de l'Ame élevée à Dieu (B. BAUDRAN).
Lyon. 1778. Perisse frères. 1 vol. in-12.

5256. — Instructions chrétiennes en forme de lectures et de méditations, ou l'âme élevée à Dieu par les réflexions et les sentimens, pour chaque jour du mois. (Par l'Abbé BAUDRAN).
Amiens. 1785. J. B. Caron. 1 vol. in-12.

5257. — Reigle de perfection, contenant un abrégé de toute la vie spirituelle réduite à ce seul poinct de la volonté de Dieu... Augmentée en ceste édition de sa miraculeuse conversion (par le Sr DE NANTILLY), et un sommaire discours de son heureuse vie et mort : plus une sienne méthode et addresse de l'Oraison, avec une lettre qu'autrefois il a escrit au P. Ange de Joyeuse. Composé par le P. BENOIST.
Paris. 1648. Chastelain 1 vol. in-12.

5258. — Traité de la vie intérieure, par le R. P. *Maximien* DE BERNEZAI. 7e éd. — Avec une méthode pour l'Oraison, et des méditations pour chaque jour de la semaine, sur la passion de Notre Seigneur Jésus Christ. Par M. *Paul* BOIS.
Avignon. 1783. Chambeau. 1 vol. in-12.

5259. — Les œuvres spirituelles de M. DE BERNIERES LOUVIGNI, ou conduite asseurée pour ceux qui tendent à la perfection. 2ᵉ édit.
Paris. 1671. Cl. Cramoisy. 2 vol. iu-12. Port.

5260. — Le chrestien intérieur, ou la conformité intérieure que doivent avoir les Chrestiens avec Jesus-Christ. Par un Solitaire.(*J.* DE BERNIÈRES LOUVIGNY).13ᵉ éd.
Paris. 1672. Cramoisy. 1 vol. in-12.

5261. — Même ouvrage.
Pamiers. 1781. Larroire. 2 vol. in-12.

5262. — The interiour christian; or the interiour conformity which Christians ought to have with Jesus Christ. Translated out of the 12 edition in french.
Antwerp. 1684. 1 vol. in-8°.

5263. — Les œuvres de l'Emin. et Rev. *Pierre* Cardinal DE BERULLE. Augmentées de divers opuscules de controverse et de piété, avec plusieurs lettres.... Par les soins du R. P. *François* BOURGOING.
Paris. 1644. A. Estienne. 1 vol. in-fol. Port.

5264. — Les œuvres de piété de l'Emin. et Rev. *Pierre* Cardinal DE BERULLE.
Lyon. 1666. De la Roche. 2 en 1 vol. in-12.

5265. — Le Démocrite chrestien c'est à dire le mespris et mocquerie des vanités du monde. Par M. *Pierre* DE BESSE.
Paris. 1615. N. Du Fossé. 1 vol. in-12.

5266. — L'Héraclite chrestien c'est à dire les regrets et les larmes du pécheur pénitent. Par M. *P.* DE BESSE.
Paris. 1612. N. Du Fossé. 1 vol. in-12.

5267. — Le paradis terrestre ou les exercices spirituels par lesquels les hommes s'approchent de l'heureux Estat de l'innocence originelle par les intimes communications de leurs âmes avec Dieu, à l'imitation de S. Ignace. Composé par le P. *Olivier* BIENVILLE.
Reims. 1670. Multeau. 1 vol. in-8°.

5268. — Instructions familières sur les pratiques de la vraie

dévotion. Par un Religieux de l'Ordre de saint Dominique. (*Jean François* BILLECOCQ) (1).
Abbeville. 1673. Musnier. 1 vol. in-12.

5269. — Les voyes de Dieu. (Par *Jean François* BILLECOCQ).
Amiens. 1693. G. Le Bel. 1 vol. in-12.

5270. — La practique solide du saint amour de Dieu. Par le R. P. *Estienne* BINET. 2ᵉ édit.
Paris. 1634. Chappelet. 1 vol. in-8°.

5271. — L'ineffable miséricorde de Dieu, à la conversion du bon larron, et de ses éminentes vertus. Par le R. P. *Estienne* BINET.
Paris. 1627. Seb. Cramoisy. 1 vol. in-12.

5272. — La fleur des Pseaumes de David, et les saintes affections d'une belle ame. (La 1ᵉ partie par *Bernard* DE FONTAINE. La 2ᵉ partie par le R. P. *Estienne* BINET. Le tout par le P. *E.* BINET).
Rouen. 1615-1622. R. L'Allemant. 2 vol. in-12.

5273. — Le faisceau de myrrhe de l'Epouse du Cantique, ou le recueillement intérieur, et l'entretien de l'âme avec Dieu au dedans de nous... Par le Sieur de S. M. B. P. S. (*de Saint Mamert* BEAUSSIEU).
Rouen. 1667. Le Boullenger. 1 vol. in-12.

5274. — Lettres spirituelles de Mᵉ *Jacque-Benigne* BOSSUET, Evêque de Meaux, à une de ses pénitentes.
Paris. 1746. Desaint et Saillant. 1 vol. in-12.

5275. — Elévations à Dieu sur tous les mystères de la Religion chrétienne, ouvrage posthume de Mᵉ *Jacques-Benigne* BOSSUET, Evêque de Meaux.
Paris. 1727. Mariette. 2 vol. in-12.

5276. — Instruction pastorale de Mg. l'Evêque de Troyes (*Jacques-Benigne* BOSSUET). Au sujet des calomnies avancées dans le journal de Trevoux, du mois de juin 1731, contre les *Elévations à Dieu*... ouvrage posthume de feu M. Bossuet, Ev. de Meaux.
Paris. 1733. Alix. 1 vol. in-12.

---

(1) BILLECOCQ (Jean-François) né à Moreuil en 1633, mourut à Abbeville le 19 octobre 1711.

5277. — Les œuvres spirituelles du R. P. Boucher.
Paris. 1621. Moreau. 1 vol. in-8°.

5278. — Science et pratique du chrétien. Par feu *Henri-Marie* Boudon. N° éd.
Paris. 1773. Hérissant. 1 vol. in-12.

5279. — Le malheur du monde. Par feu M. *H. M.* Boudon.
Paris. 1769. Hérissant. 1 vol. in-12.

5280. — La gloire de la sainte Trinité dans les âmes du Purgatoire, et la dévotion au règne de Dieu. Par feu M. Boudon.
Paris. 1739. Delespine. 1 vol. in-24.

5281. — La vie cachée avec Jesus en Dieu. Par feu M. *Henri-Marie* Boudon.
Paris. 1769. Hérissant. 1 vol. in-12.

5282. — Sentimens chrétiens pour entretenir la dévotion durant la journée. (Par le P. *Dominique* Bouhours).
Paris. 1673. S. Mabre-Cramoisy. 1 vol. in-12.

— Les maximes de saint Ignace. Avec les sentimens de S. *François* Xavier. (Par le P. *Dom.* Bouhours).
Paris. 1683. S. Mabre-Cramoisy. in-12.

5283. — Théologie morale de S. Augustin : où le précepte de l'amour de Dieu est traité à fond... Par E. B. S. M. R. D. (*Michel* Bourdaille).
Paris. 1686. Desprez. 1 vol. in-12.

5284. — Maximes chrétiennes utiles à ceux qui veulent vivre saintement. Par M. Boussar. 3° éd.
Paris. 1688. Le Febvre. 1 vol. in-12.

5285. — Méthode pratique pour converser avec Dieu. Augmentée de plusieurs sortes d'aspirations tirées de l'Ecriture, et mises en forme d'entretien. Par un Père de la Comp. de Jesus (*Michel* Boutauld). 4° éd.
Nancy. 1738. Baltazard. 1 vol. in-8°.

5286. — Sentimens d'une âme qui désire vivre de Jesus-Christ, ou le Manuel des Chrétiens, divisé en quatre livres. (Par l'Abbé Bricoure).
Paris. 1774. 1 vol. in-12.

5287. — Considérations sur les plus importantes véritez du Christianisme, où l'on trouvera des motifs puissans pour élever l'âme à Dieu, ou retraite de dix jours; avec un petit traité de la perfection chrétienne. Par M. l'Abbé DE BRION. 2° éd.
Paris. 1724. Le Clerc. 1 vol. in-12.

5288. — Le philosophe ou admiration. — L'Orateur ou Rhétorique chrestienne. — Le Prince ou Imitation de Dieu.—LeVassal ou le Fief. Par *Philippe* DE BROIDE.
Douay. 1627. Wyon. 1 vol. in-8°.

5289. — Exercice de la piété chrétienne, pour retourner à Dieu, et lui demeurer fidèlement attaché. Par le P. (*Claude*) BUFFIER. 6° édit.
Paris. 1724. Vallègre. 1 vol. in-12.

5290. — Méthode facile pour estre heureux en cette vie, et assûrer son bonheur éternel.(Par le P. *Jean-Jacques-Joseph* CALMEL).
Paris. 1727. Veuve Mazières et J.B. Garnier. 1 vol. in-12.

5291. — Agathe à Lucie. Lettre pieuse. Par J. P. C. E. de Belley (*Jean-Pierre* CAMUS, Evêque).
Paris. 1622. Chappelet. 1 vol in-12.

5292. — Le catéchisme spirituel. Pour les personnes qui désirent faire progrès en la piété chrestienne. Par *Jean-Pierre* CAMUS.
Paris. 1642. Durand. 1 vol. in-8°.

5293. — Crayon de l'éternité. Par *J. P. CAMUS*.
Rouen. 1632. Du Mesnil. 1 vol. in-8°.

5294. — La Crèche, la Circoncision et l'Epiphanie mistiques. Par M. l'Evêque de Belley (*J. P.* CAMUS).
Rouen. 1640. Bouillet. 1 vol. in-12.

5295. — La défense du pur amour, contre les attaques de l'amour propre. Par M. *J. P.* CAMUS.
Paris. 1640. Bertault. 1 vol. in-8°.

5296. — Deux opuscules spirituels. Le premier, de la volonté de Dieu dans les traverses qui nous arrivent par la

malignité d'autruy. Le second, de l'esprit chrestien. Par Mg. l'Evesque de Belley (*J. P.* Camus).
Rouen. 1641. Du Souillet. 1 vol. in-8°.

5297. — Deux solitudes spirituelles, l'une de dix jours, sur la purgation, illumination et perfection de l'âme. L'autre de cinq jours, sur les vœux monastiques. Par M° *J. P.* Camus...
Paris. 1640. Bertault. 1 vol. in-12.

5298. — Les entretiens de piété. Par *J. P.* Camus.
Rouen. 1641. Du Mesnil. 2 en 1 vol. in-8°.

5299. — L'esprit du B. François de Sales représenté en plusieurs de ses actions, et paroles remarquables. Recueillies de quelques sermons, exhortations, conférences, conversations, livres et lettres. De M. *J.P.* Camus. Par L. D. P.
Paris. 1639-1641. Bertault. 6 vol. in-8°.

5300. — L'esprit de saint François de Sales. Recueilli de divers écrits de M. *J. P.* Camus.. Par M. ** (*Pierre* Collot) Docteur en Sorbonne.
Paris. 1727. Estienne. 1 vol. in-8°. Port.

5301. — Même ouvrage. N° éd.
Avignon. 1768. Libraires associés. 1 vol. in-12.

5302. — De la Foi vive. Exercice spirituel. Par *J.P.* Camus.
Paris. 1633. Dehors. 1 vol. in-12.

5303. — Traité de la réformation intérieure. Selon l'esprit du B. François de Sales. Par *J. P.* Camus.
Paris. 1631. Huré. 1 vol. in-12.

— De l'unité vertueuse. Secret spirituel pour arriver par l'usage d'une vertu au comble de toutes les autres. Tiré de la doctrine du B. François de Sales. Par *J. P.* Camus.
Paris. 1631. Huré. 1 vol. in-12.

— De la Sinderese. Discours ascétique. Tiré de la doctrine du B. François de Sales. Par *J. P.* Camus.
Paris. 1631. Huré. 1 vol. in-12.

— La luitte spirituelle, ou encouragement à une âme

tentée de l'esprit de blasphème et d'infidélité. Selon la doctrine du B. François de Sales. Par *J. P.* Camus.
Paris. 1631. Huré. 1 vol. in-12.

5304. — De la perfection du vray chrestien. Exercitations pieuses. Par M. l'Evêque de Belley.
Paris. 1640. Soubron. 1 vol. in-8°.

5305. — Quatre exercices touchant la vie intérieure. Par J. P. Camus...
Paris. 1642. Villery. 1 vol. in-8°.

5306. — Le renoncement de soi-mesme. Esclaircissement spirituel. Par *J. P. C.* (Camus) E. de Belley.
Paris. 1637. Soubron. 1 vol. in-8°.

— De la volonté de Dieu. Secret ascétique. Par *J. P. C.* (Camus) E. de Belley.
Paris. 1638. Soubron. 1 vol. in-8°.

5307. — Spéculations affectives sur les attributs de Dieu, les vertus de la saincte Vierge, et des Saincts. Par *Jean Pierre* Camus. Avec le cathalogue des livres imprimez et à imprimer.
Paris. 1642. Clousier. 1 vol. in-8°.

5308. — Théodoxe, ou de la gloire de Dieu. Opuscule. Par M. J. P. C. (Camus) E. de Belley.
Caen. 1637. Poisson. 1 vol. in-8°.

— La souveraine fin des actions chrestiennes. Opuscule. Par *J. P. C.* (Camus) E. de Belley.
Caen. 1637. Poisson. in-8°.

5309. — La théologie mystique. Par *J. P.* Camus.
Paris. 1640. Alliot et Bertault. 1 vol. in-12.

5310. — Sommaire de la vie spirituelle. Par *J. P.* Camus.
Paris. 1643. Veuve M. Durand. 1 vol. in-16.

5311. — La science du salut. Par le P. *Philippe* Chahu.
Paris. 1655. S. et G. Cramoisy. 1 vol. in-4°.

5312. — Le trésor du chrétien, ou principes et sentimens propres à renouveller et consommer le Christianisme dans les âmes. Par M. l'Abbé Champion de Pontalier.
Paris. 1776. Berton. 2 vol. in-12.

5313. — Les Epistres spirituelles de la mère *Jeanne Françoise* Fremiot, Baronne de Chantal. Seconde édition fidellement recueillie par les Religieuses du premier Monastère d'Annessy.
Lyon. 1666. Ant. Cellier. 1 vol. in-4°.

— La vie de la vénérable Mère Jeanne Françoise Fremiot... Par Mᵉ *Henry* de Maupas du Tour.
Paris. 1644. N. Piget. in-4°.

5314. — La croix de Jésus où les plus belles véritez de la théologie mystique et de la grâce sanctifiante sont établies. Par le P. Fr. *Louys* Chardon.
Paris. 1647. Berthier. 1 vol. in-4°.

5315. — Méthode et pratique des principaux exercices de piété. (Par le P. Chartonnet).
Paris. 1710. Estienne. 1 vol. in-12.

5316. — Examen de la théologie mystique. Par le R. P. *Jean* Chéron.
Paris. 1657. Couterot. 1 vol. in-8°.

5317. — Idée du christianisme, ou conduite de la grâce sanctifiante de Jesus-Christ. Donnée à une âme chrestienne, par un Serviteur de Dieu. (Le R. P. *Antoine* Chesnois).
Rouen. 1672. Du Mesnil. 1 vol. in-12.

5318. — Les secrets de la science des saints où sont déclarés la nature et la pratique, les travaux et les douceurs de la vie intérieure, et la théologie mystique rendue claire et facile, pour la pratique et la direction. Par le P. *Antoine* Civoré.
Lille. 1651. J. et N. De Rache. 1 vol. in-8°.

5319. — Paraphrase de la prose *Dies iræ*, ou sentiments d'un pécheur qui désire travailler sincèrement à sa conversion. (Par *J. Denis* Cochin). 2ᵉ édit.
Paris. 1782. Desprez. 1 vol. in-12.

— Réflexions pieuses sur la prose *Veni, sancte*. Par Mᵉ *** morte en odeur de sainteté.
S. n. n. l. n. d. in-12.

— La Foi du charbonnier.
S. n. n. l. n. d. in-12.

5320. — Tableau de la pénitence de la Magdelene. Par le R. P. *Nicolas* Coeffeteau. N° édit.
Paris. 1629. S. Cramoisy. 1 vol. in-12.

5321. — Instructions par demandes et par réponses sur l'humilité, sur le rapport des actions à Dieu, et sur la prière. (Par l'Abbé Collard. Publié par l'Abbé *Jac. Andr.* Emery).
S. n. n. l. 1744. 1 vol. in-12.

5322. — Lettres spirituelles. Par M.** (l'Abbé Collard).
Avignon. 1784. Guillermont. 2 vol. in-12.

5323. — Penses-y-bien. Courtes réflexions sur les quatre Fins et le Purgatoire, pour chaque jour du mois, et trois fois le jour. 2ᵉ édit. Par un Prêtre du diocèse de Paris (*André* Colinot).
Paris. 1724. Huart. 1 vol. in-12.

5324. — Manuel chrétien pour toutes sortes de personnes. Par un Père de l'Oratoire (le P. Cordier). N° édit.
Reims. 1708. Godard. 1 vol. in-12.

5325. — Recueil de quelques discours et lettres du R. P. *Charles* de Condren.
Paris. 1643. Vitré et Huré. 1 vol. in 8°.

5326. — Lettres et discours du R. P. *Charles* de Condren.
Paris. 1668. Léonard. 1 vol. in-12.

5327. — L'année sainte, ou le moyen de devenir saint en pratiquant saintement les actions ordinaires de chaque jour de l'année. Par le R. P. Coret. 15ᵉ éd.
Brusselles. 1704. Marchant. 1 vol. in-12.

5328. — Réflexions spirituelles sur les passions, ou les passions traittées par rapport à la vie spirituelle. (Par *Anthoine* Coublaut).
Paris. 1683. Remy. 1 vol. in-12.

5329. — Réflexions chrétiennes sur les plus importantes véritez du salut, en forme de méditations pour chaque jour du mois. Par M. Courbon.
Paris. 1700. Delespine. 1 vol. in-12.

5330. — Instructions chrétiennes en forme d'examen pour les personnes qui font profession de piété. (Par Courbon).
Paris. 1734. Delespine, 1 vol. in-12.

5331. — Les délices de la solitude, ou réflexions sur les matières les plus importantes au vrai bonheur de l'homme. Par M. le Chevalier de Cramezel.
Paris. 1752. Pecquet. 1 vol. in-12.

5332. — Considérations sur les principales actions du chrétien. Par le R. P. Jean Crasset.
Paris. 1687. Michallet. 1 vol. in-12.

5333. — La vie et la mort chrestienne, ou les moyens familiers de bien vivre, et de bien mourir chrestiennement. Par le P. Cyprien *de Gamaches*. 2ᵉ édit.
Paris. 1678. Cramoisy. 1 vol. in-12.

5334. — Traitté de la divine sagesse et contemplation des chrestiens... Par le R. P. Cyrille de la Passion.
Nancy. 1658. E. et C. les Charlots. 1 vol. in-8°.

5335. — Les délices de l'esprit : dialogues dédiez aux beaux esprits du monde. Par J. Desmarests.
Paris. 1661. Lambert. 1 vol. in-fol. Fig.

5336. — Les délices de l'esprit. Entretiens sur la divinité, sur la religion et autres sujets. Par M. Des Marests.
Paris. 1687. Besoigne. 1 en 2 vol. in-12. Fig.

5337. — Traité de la théologie mystique. Par M. Desqueux.
Lille. 1686. Fiévet. 1 vol. in-12.
— Défence du P. François Suarez, Jésuite, injustement attaqué par M. Desqueux. (Par *Diego* Lopez).
Lille. 1686. Fievet. in-12.
— Dom Diego Lopez justement réfuté par M. Desqueux.
Lille. 1686. Fievet. in-12.

5338. — Les voyes de Paradis que a enseignées nostre benoist saulveur Jesus en son evangile, pour la réduction du poure pécheur. Autheur frère P. Doré.
S. n. n. l. 1538. 1 vol. in-8°.

5339. — Les voyes de Paradis enseignées par nostre Sauveur et Rédempteur Jesus-Christ en son Evangile. Ensemble les Allumettes du feu divin : où sont déclarez les principaux articles et mystères de la Passion de nostre Sauveur Jesus-Christ. Par F. *Pierre* Doré.
Rouen. 1610. R. De Beauvais. 1 vol. in-18.

5340. — Le livre des divins bénéfices, enseignant la manière de les recongnoistre. — Avec l'information de bien vivre, et la consolation des affligez, selon qu'il est comprins au psalme 33 de David, qui se commence, *Benedicam dominum*. — Avec la consolation évangélique pour les vivans et trespassez. Autheur F. *Pierre* Doré.
Paris. 1544. Ruelle. 1 vol. in-8°.

5341. — Les allumettes du feu divin, à l'honneur de Dieu. Par *Pierre* Doré.
Paris. s. d. Caveiller. 1 vol. in-8°. Sans titre.

5342. — Les sentimens du chrétien dans la captivité. Avec des Méditations, Pseaumes, Réflexions et Prières.... Par Mᵉ *François* Doujat.
Paris. 1670. Gasse. 1 vol. in-12. Fig.

5343. — Pensées morales, et réflexions chrétiennes et politiques, tirées des Pères de l'Eglise, et des plus célèbres autheurs. Et l'entretien de Dieu avec l'homme, sur le moyen de mourir heureusement. Par Mᵉ *François* Doujat.
Paris. 1694. N. Le Gras. 1 vol. in-12.

5344. — Méditations sur les O de l'Avent et sur les vertus de la Sainte Vierge Mère de Dieu, pour se préparer à la feste de Noël. (Par *Alexis* Du Buc).
Paris. 1694. G. et L. Josse. 1 vol. in-12.

5345. — Manière de prattiquer solidement et avec facilité les œuvres de piété. Tirées des mémoires de M. De Ranty. Par M Du Fournel.
Lyon. 1662. Veuve Carteron. 1 vol. in-12.

5346. — Traité philosophique et théologique sur l'Amour de Dieu. Par Messire *Louis-Ellies* Du Pin.
Paris. 1717. Vincent. 1 vol. in-8°.

5347. — La philosophie des esprits. Divisée en cinq livres et généraux discours chrestiens... Par feu M. *René* Du Pont. Recueillie.. par F. *Math.* Le Heurt.
Rouen. 1666. Seigneuré. 1 vol. in-8°.

5348. — De la cognoissance de soy-mesme pour parvenir à celle de Dieu. Par *Gabriel* du Preau.
Paris. 1559. Groulleau. 1 vol. in-8°.

5349. — L'homme de Dieu dans l'état de la perfection, représenté en diverses instructions chrétiennes et religieuses. Par le P. *Claude* Du Puys.
Paris. 1682. Muguet. 1 vol. in-4°.

5350. — Œuvres spirituelles du P. *Nicolas* Du Sault.
Paris. 1651. S. et G. Cramoisy. 2 vol. in-4°.

5351. — Entretiens de l'Abbé Jean, et du Prestre Eusèbe, par M. *François* Du Suel.
Paris. 1691. Anisson. 1 vol. in-8°.

5352. — De la saincte philosophie. Livret. Avec plusieurs autres petits traictez de piété. (Par M° *Guillaume* Du Vair).
Paris. 1588. L'Angelier. 1 vol. in-12.

5353. — Traictez de piété et sainctes méditations. Par le Sʳ D. V. (Du Vair). Pr. Pr. au Parl. de P.
Paris. 1606. L'Angelier. 1 vol. in-8°.

5354. — Lettres chrestiennes et spirituelles de Messire *Jean* Du Verger de Hauranne, Abbé de S. Cyran. 5ᵉ éd.
Paris. 1648. Le Mire. 2 vol. in-8°.

5355. — Lettres chrétiennes et spirituelles de M° *Jean* Du Verger de Hauranne,... qui n'ont point encore été imprimées jusqu'à présent.
S. n. n. l. 1744. 2 vol. in-12.

5356. — Œuvres chrétiennes et spirituelles de Messire *Jean* Du Verger de Hauranne. N° édit.
Lyon. 1675-1679. Aubin. 4 vol. in-12. Port.

5357. — Instructions chrestiennes tirées par M. ARNAULD D'ANDILLY des deux volumes de lettres de M. *Jean* DU VERGER DE HAURANNE.
Paris. 1672. P. Le Petit. 1 vol. in-8°.

5358. — Pensées chrétiennes sur la pauvreté. (Par M. *Jean* DU VERGER DE HAURANNE).
Paris. 1670. Coignard. 1 vol. in-12.

5359. — Exercices spirituels contenants plusieurs méditations très-efficaces pour retirer les ames du péché, et les avancer aux vertus chrestiennes et religieuses. Par le R. P. Dom EUSTACHE DE S. PAUL. N° édit.
Paris. 1640. Josse. 1 vol. in-12.

5360. — Traité de l'amour de Dieu, divisé en XII livres. Selon la doctrine, l'esprit et la méthode de Saint François de Sales. (Par *Th. Bern.* FELLON).
Lyon. 1738. Jacquenod. 3 vol. in-12. Port.

5361. — Même ouvrage. N° édit.
Paris. 1747. Guérin. 4 vol. in-12. Port.

5362. — Œuvres spirituelles de M° *François* DE SALIGNAC DE LA MOTHE-FÉNÉLON. Contenant ses Lettres spirituelles. 2° édit.
Lyon. 1719. Baritel. 1 vol. in-12.

5363. — Œuvres spirituelles de feu Mg. *François* DE SALIGNAC DE LA MOTHE-FÉNÉLON.
Anvers. 1723. H. De la Meule. 4 en 2 vol. in-12.

5364. — Même ouvrage. N° édit.
S. n. n. l. 1767. 4 vol. in-12.

5365. — Œuvres spirituelles de *Fr...* FÉNÉLON. N° édit. à laquelle on a joint son Traité de l'existence de Dieu et ses Lettres sur la religion.
Paris. 1828. Dufour et C°. 4 vol. in-12.

5366. — De la véritable et solide piété. — Entretien spirituel. (Par Mg. DE FÉNÉLON).
Paris. 1690. F. et P. Delaulne. 1 vol. in-12.

5367. — Sentimens de piété, où il est traité de la nécessité

de connoître et d'aimer Dieu, etc. Par feu M⁰ *Fr.* de Salignac de la Mothe Fénélon. 4ᵉ édit.
Paris. 1734. Babuty. 1 vol. in-12.

" — Voyez aussi : Œuvres complètes de Fénélon.

5368. — Les progrez de l'âme chrétienne dans les pratiques de la vie intérieure. Par M⁰ *Louis* Feraud.
Paris. 1689. Pepie. 1 vol. in-12.

5369. — Le chrétien par le sentiment. (Par le P. Fidèle *de Pau*, Capucin).
Paris. 1764. Lambert. 3 vol. in-12.

5370. — Le miroir sans tache, enrichy des merveilles de la nature dans les miroirs, rapportées aus effets de la grâce : pour voir Dieu en toutes choses, et toutes choses en Dieu.... Par le R. P. *Joseph* Filère.
Lyon. 1636. Rigaud. 1 vol. in-8°.

5371. — Le trésor du chrestien, par forme d'entretien, ou dialogue, entre l'Ange gardien et l'Ame chrestienne. Par le R. P. *Albert* Flesche. 2ᵉ édit. rev. corr. et augm. par le Sieur de Luvois.
Marseille. 1673. Garcin. 1 vol. in-12.

5372. — Exercices spirituels pour les âmes dévotes, à se tenir actuellement en la présence de Jesus-Christ, et à practiquer ses conseils. Composez par le Sʳ *Louis* Forget.
Paris. 1750. Billaine. 1 vol. in-8°.

5373. — Méthode pratique pour converser avec Dieu. Par le R. P. *Antoine* Franc. 14ᵉ édit.
Lyon. 1771. P. Bruyset Ponthus. 1 vol. in-12.

5374. — Les œuvres du Bienheureux François de Sales.. Avec un Abbregé de sa vie...
Paris. 1643. F. Léonard. 2 vol. in-fol. Fig.

5375. — Œuvres complètes de saint François de Sales.
Paris. 1836. Bethune. 4 vol. gr. in-8°. Port.

5376. — Les épistres spirituelles du Bienheureux François de Sales... (Recueillies par M⁰ *Louis* de Sales).
Paris. 1638. Blageart. 1 vol. in-8°.

5377. — Même ouvrage.
Paris. 1676. V° Le Mercier. 2 vol. in-12.

5378. — Lettres de S. François de Sales, avec l'Abrégé de la vie sainte de Madame de Chantal.
Paris. 1713. Fournier. 1 vol. in-12.

5379. — Panthologie ou thrésor précieux de la saincte Croix. Par François de Sales.
Paris. 1613. Rigaud. 1 vol. in-8°.

5380. — L'estendart de la saincte croix de nostre Sauveur Jesus-Christ. Par François de Sales.
Lyon. 1630. Pillehotte. 1 vol. in-16.

5381. — Traicté de l'amour de Dieu, du Bienheureux François de Sales... Augmenté de la Déclaration mystique sur le Cantique des cantiques, par le mesme Autheur.
Paris. 1647. Huré. 1 vol. in-8°.

5382. — Traicté de l'amour de Dieu, par S. François de Sales. N° édit. revue et légèrement retouchée par M. l'Abbé Bonvallet des Brosses.
Paris. 1763. Hérissant. 2 vol. in-12.

5383. — Abrégé du Traité de l'amour de Dieu de S. François de Sales (par l'Abbé P. Jos. Tricalet).
Paris. 1756. Guerin et Delatour. 1 vol. in-12.

5384. — Les vrais entretiens spirituels du Bienheureux François de Sales. N° édit.
Paris. 1745. Hérissant. 1 vol. in-16.

5385. — Introduction à la vie dévote de saint François de Sales. N° édit.
Paris. 1666. Pepingué. 1 vol. in-8°.

5386. — Même ouvrage. N° édit. Par le R. P. *Jean* Brignon. Augm. de l'Exercice spirituel durant la Messe, de l'Office, Litanies, et abrégé de la vie du même Saint; ensemble la Messe et Litanies de la Bienheureuse Jeanne Françoise Fremiot de Chantal.
Lyon. 1757. Bruyset. 1 vol. in-12.

5387. — Introducion a la vida devota, por Francisco de Salas. Traduzida de frances en romance castellano por *Sebastian Fernandez* de Eycaguirre.
En Bruselas. 1618. Antonio. 1 vol. in-12.

5388. — Introduction à la vie dévote, en vers françois. Par le Sr N. H. E. S. D. M.
Paris. 1653. Guignard et Leché. 1 vol. in-12. Fig.

5389. — Le chemin du ciel, ou les sentimens et les devoirs d'une âme chrétienne qui tend au ciel, contenus dans les Pseaumes graduels. (Par *Jean* Girard de Ville Thierry).
Paris. 1691. Seneuse. 1 vol. in-12.

5390. — Même ouvrage. 2e éd.
Paris. 1707. Pralard. 1 vol. in-12.

5391. — Le chrétien étranger sur la terre, ou les sentimens et les devoirs d'une âme fidèle qui se regarde comme étrangère en ce monde, par Messire *Jean* Girard de Ville Thierry.
Paris. 1709. Pralard. 1 vol. in-12.

5392. — Le chrétien dans la tribulation et dans l'adversité. — Le chrétien malade et mourant. (Par *J.* Girard de Ville Thierry.
Paris. 1721. Pralard. 2 vol. in-12.

5393. — Œuvres chrestiennes et morales en prose, de Me *Antoine* Godeau.
Paris. 1658. P. Le Petit. 2 vol. in-8°.

5394. — De l'usage que doivent faire les chrétiens de la paix. Par M. *Antoine* Godeau. 2e édit.
Paris. 1698. Huberson. 1 vol. in-12.

5395. — De la présence de Dieu qui renferme tous les principes de la vie intérieure. Par le R. P. de Gonnelieu.
Paris. 1731. Josse. 1 vol. in-12.

— Les exercices de la vie intérieure, ou l'esprit intérieur dont on doit animer ses actions durant le jour. Par le P. de Gonnelieu. 9e édit.
Paris. 1731. Berton. 1 vol. in-12.

5396. — De la présence de Dieu... N° éd.
Paris. 1746. Berton. 1 vol. in-12.
5397. — Les exercices de la vie intérieure.... 10° éd.
Paris. 1734. Berton. 1 vol. in-12.
5398. — Traicté de la présence de Dieu, et autres œuvres spirituelles du R. P. *Jean* GONTERY.
Paris. 1617. Fouet. 1 vol. in-12.
5399. — Sacrifice perpétuel de foi et d'amour au très saint Sacrement, par rapport aux mystères, et aux différentes qualités de N.S. Jesus-Christ énoncées dans l'Ecriture sainte. Par M. *Simon* GOURDAN. N° édit.
Paris. 1742. Veuve Estienne. 1 vol. in-12. Port.
5400. — Le cœur chrétien formé sur le cœur de Jesus-Christ, selon les maximes de l'Ecriture et des saints Pères, en forme de litanies et d'oraisons latines et françoises.... Par l'Auteur du Sacrifice perpétuel (*Simon* GOURDAN).
Paris. 1722. L. et H. L. Guerin. 1 vol. in-12. Port.
5401. — Méditation continuelle de la loy de Dieu, ou considérations et élévations sur le Pentateuque, fondées sur l'explication litterale et morale des Pères de l'Eglise et des Interprètes sacrez. Par le R. P. *Simon* GOURDAN.
Paris. 1727. Coignard. 1 vol. in-12.
5402. — Le mystère de l'Homme-Dieu, où tout ce qui regarde Jesus-Christ, et qui peut luy gagner l'estime et l'affection des hommes, est traité d'une manière non moins utile que nouvelle... I. Jesus-Christ prédestiné. II. Jésus-Christ promis. III. Jésus-Christ désiré. Par le R. P. *Jean* GRISEL.
Paris. 1654. Denis Bechet. 1 vol. in-fol.
5403. — Caractères de la vraie dévotion, par M. l'Abbé GROU.
Paris. 1788. Mequignon Junior et Le Clerc. 1 vol in-12.
5404. — Maximes spirituelles, avec des explications, par M. l'Abbé GROU.
Paris. 1789. Belin. 1 vol. in-12.

5405. — La saincte œconomie de la famille de Jesus. Compos[é]
par M. *Pierre* GUERIN, Curé de S. George les Roy
en Picardie.
Paris. 1633. Durand. 1 vol. in-8°.

5406. — Le conducteur conduit, ou la Joséphine de Jean
Gerson... Histoire sacrée, sommairement exposée
par N. GUILLEBERT.
Paris. 1645. Rocolet. 1 vol. in-8°.

5407. — La sagesse chrestienne, ou les principales véritez du
christianisme, établies sur des principes propres
de la sagesse. Par le R. P. *Jean* GUILLEMINOT.
Paris. 1682. Remy. 1 vol. in-4°.

5408. — Les œuvres spirituelles du R. P. *F.* GUILLORÉ.
Paris. 1684. Estienne Michallet. 1 vol. in-fol.

5409. — Maximes spirituelles pour la conduite des âmes
également utiles aux directeurs et aux pénitens.
Par le R. P. *F.* GUILLORÉ. 4ᵉ édit.
Paris. 1673-74. Michallet. 2 vol. in-12.

5410. — Les secrets de la vie spirituelle, qui en découvrent
les illusions. Par le R. P. *François* GUILLORÉ.
Paris. 1673. Michallet. 1 vol. in-12.

5411. — Les progrès de la vie spirituelle selon les différens
états de l'âme. Par le R. P. *Fr.* GUILLORÉ. 2ᵉ édit.
Paris. 1676. Michallet. 1 vol. in-12.

5412. — La manière de conduire les âmes dans la vie spirituelle. Par le R. P. *Fr.* GUILLORÉ.
Paris. 1676. Michallet. 1 vol. in-12.

5413. — Conférences spirituelles pour bien mourir à soy-
mesme. Par le R. P. *François* GUILLORÉ.
Paris. 1689. Michallet. 2 vol. in-12.

5414. — Opuscules spirituels de Mᵐᵉ *J. M. B.* DE LA MOTHE
GUION. Nᵉ éd. augm. de son rare Traité des tor-
rents, qui n'avoit pas encore vu le jour, et d'une
Préface générale touchant sa personne, sa doctrine,
et les oppositions qu'on leur a suscitées.
Cologne. 1704-1712. De la Pierre. 2 vol. in-12.

5415. — Pratique de la prière continuelle, ou sentimens d'une âme vraiment touchée de Dieu. Par M. (*Jean*) HAMON. N^e édit.
   Paris. 1735. Des Hayes et Savoye. 1 vol. in-12.

5416. — Recueil de divers traitez de piété. (Par *Jean* HAMON).
   Paris. 1689. Desprez. 2 vol. in-12.

5417. — Traitez de piété. (Par *Jean* HAMON). 2e éd.
   Paris. 1689. G. Desprez. 3 vol. in-8°. Le 1er manque.

5418. — Traitez de piété, composez par M. HAMON. Pour l'instruction et la consolation des Religieuses de P. R. (Port-Royal). A l'occasion des différentes épreuves auxquelles elles ont été exposées.
   Amsterdam. 1727. Potgieter. 1 vol. in-12.

5419. — Recueil de lettres et opuscules de M. HAMON.
   Amsterdam. 1734. 2 vol. in-12.

5420. — L'ordre de la vie et des meurs qui conduit l'homme à son salut, et le rend parfait en son estat. Par le P. *Julien* HAYNEUFVE.
   Paris. 1639. S. Cramoisy. 3 en 4 vol. in-4°.

5421. — Réponses aux demandes de la vie spirituelle par les trois voyes qu'on appelle Purgative, Illuminative, et Unitive. Par le P. *Julien* HAYNEUFVE.
   Paris. 1663-65. S. Cramoisy. 2 vol. in-4°.

5422. — Les œuvres spirituelles de M. HELYOT. Avec un abrégé de sa vie.
   Paris. 1710. Coignard. 1 vol. in-8°.

5423. — l'Imitation de Jesus-Christ exprimée en méditations affectueuses; par un Prêtre du diocèse d'Amiens. (M. l'Abbé HERBET).
   Amiens. 1839. Ledien fils. 1 vol. in-16. Fig.

5424. — Un jour du ciel passé sur la terre, ou le livre des enfants qui se disposent à faire ou à renouveller leur première communion. Par M^r. l'Abbé HERBET.
   Paris. 1846. Lecoffre. 1 vol. in-16.

5425. — Petite imitation de N. S. Jesus-Christ à l'usage des enfants de 1ʳᵉ commuuion et de persévérance. Par M. l'Abbé HERBET.

Lille. 1853. Lefort. 1 vol. in-24.

5426. — Nouvelles méditations, ou la voie de Dieu enseignée aux cœurs droits, complément de l'Imitation méditée, par M. l'Abbé HERBET.

Paris. 1853. Perisse Fr. 1 vol. in-12.

5427. — Ouvrages de piété. 1ᵉ partie. La maison d'oraison, ou exercices spirituels pour des retraites de 10, 8 et 3 jours. Par le R. P. HERCULES.

Paris. 1675. G. Josse. 1 vol. in-12.

5428. — Lectures chrétiennes sur différens sujets de piété, pour tous les jours du mois. Par l'Auteur de l'Imitation de la très-sainte Vierge (l'Abbé D'HÉROUVILLE).

Paris. 1779. Berton. 1 vol. in-12.

5429. — L'homme de douleurs, son art de pleurer, et son salaire. La philosophie naturelle et morale, la théologie positive et mystique, les sainctes Escritures et leurs SS. interprètes, rendent l'invention de cette œuvre solide, utile et curieuse. Par R. P. F. F. *Raymond* DE HEZECQUES.

Paris. 1643. Seb. Cramoisy. 1 vol. in-fol.

5430. — Tradition des Pères et des Auteurs ecclésiastiques sur la contemplation, où l'on explique ce qui regarde le dogme et la pratique de ce saint exercice. Par le R. P. HONORÉ DE SAINTE MARIE.

Paris. 1708. Jean de Nully. 3 vol. in-8°.

5431. — Œuvres spirituelles du P. *Vincent* HUBY, rev. et corr. par M. l'Abbé ** (*Jacques* LE NOIR DU PARC).

Paris. 1766. Berton. 1 vol. in-12.

5432. — Pratique de l'amour de Dieu et de notre Seigneur Jesus-Christ, contenant les règles et les maximes spirituelles du Père *Vincent* HUBY.

Caen. 1764. Pyron. 1 vol. in-12.

5433. — Le tableau de l'âme vivante dans la gloire de Jésus. Composé par le R. P. HYACINTHE *d'Amiens*.

Paris. 1635. Lamy. 1 vol. in-8°.

5434. — Le vray chemin du ciel, pour ceux qui vivent dans le monde, ou le journal de l'âme désireuse de son salut. Par le V. P. F. IRENÉE d'*Eu*.
Paris. 1639. Josse. 1 vol. in-8°.

5435. — Des miséricordes de Dieu en la conduite de l'homme. Par le P. IVES *de Paris*.
Paris. 1645. Buon et Thierry. 1 vol. in-4°.

5436. — La conduite des illustres, ou les maximes pour aspirer à la gloire d'une vie héroïque et chrestienne. Par le R. P. JACQUES *d'Autun*.
Paris. 1665. Thierry. 1 vol. in-4°.

5437. — Les œuvres spirituelles et mystiques du divin contemplatif F. JEAN DE S. SAMSON. Avec un abrégé de sa vie. Recueilly et composé par le P. DONATIEN DE S. NICOLAS (... BASTARD).
Rennes. 1658. Pierre Coupard. 2 vol. in-fol.

5438. — La vraye perfection de cette vie dans l'exercice de la présence de Dieu. Par le P. JEAN FRANÇOIS *de Reims*. 3ᵉ édit.
Paris. 1669. Thierry. 2 vol. in-8°.

5439. — Première élévation à N.S. Jésus Christ avant le Concile œcuménique de 1869. (Par *Amédée* JOURDAIN).
Abbeville. 1869. Briez. pièce. in-12.

5440. — Réflexions chrétiennes sur les grandes vérités de la Foi et sur les principaux mystères de la passion de Notre Seigneur. (Par le P. JUDDE, publiées par J. B. LE MASCRIER).
Paris. 1748. Debure. 1 vol. in-12.

5441. — La solitude chrestienne, ou la vie retirée du siècle. Par *Jean* DE LABADIE, Prédicateur et Chanoine de Sainct Nicolas d'Amiens.
Paris. 1645. Piquet. 1 vol. in-12.

5442. — Lettre d'un serviteur de Dieu, contenant une courte instruction pour tendre sûrement à la perfection chrétienne. (Par le P. DE LA COMBE ?) Nᵉ édit.
Paris. 1755. Mérigot. 1 vol. in-16.

5443. — Lettres spirituelles de feu Messire *Louis-François-Gabriel* d'Orléans de la Motte, Ev. d'Amiens (1).
Paris. 1777. Berton. 1 vol. in-12.

5444. — Les délices de la Religion, ou le pouvoir de l'Evangile pour nous rendre heureux. Par M. l'Abbé Lamourette.
Paris. 1788. Mérigot. 1 vol. in-12.

5445. — Les saints gémissemens de l'âme sur son éloignement de Dieu. Par le R. P. Lamy.
Paris. 1701. Le Clerc. 1 vol. in-12.

5446. — De la connoissance et de l'amour de Dieu, avec l'art de faire un bon usage des afflictions de cette vie. Par le R. P. D. *F.* Lamy.
Paris. 1712. Delespine. 1 vol. in-12.

5447. — L'adieu du monde, ou le mespris de ses vaines grandeurs et plaisirs périssables. Par Dom *Polycarpe* De la Rivière.
Lyon. 1619. Pillehotte. 1 vol. in-8°.

5448. — Angélique. Des excellences et perfections immortelles de l'âme. Par Dom *Pol.* De la Rivière.
Lyon. 1626. Pillehotte et Caffin. 1 vol. in-4°.

5449. — Les tableaux mystiques des quatre amours sacrez, représentez en l'amour de Dieu, de soy-mesme, du prochain, et des ennemis : tirez des authoritez de l'Escriture.... Par le R. P. *Louys* De la Rivière.
Lyon. 1630. V° Rigaud et Obert. 1 vol. in-4°.

5450. — Règles de vie chrétienne, pour conduire les âmes à Dieu dans tous les états, tirées des grands maitres de la vie spirituelle, et principalement de S. François de Sales. (Par *J.B. Louis* De la Roche).
Paris. 1753. Gissey et Bordelet. 1 vol. in-12.

5451. — Avis spirituels donnés à diverses personnes sur divers sujets. Par *Jean* De la Russalière.
Paris. 1668. Lambert. 1 vol. in-12.

---

(1) Mg. d'Orléans de la Motte, né à Carpentras le 13 janvier 1683, sacré le 4 juillet 1724, mourut à Amiens le 10 juin 1774.

5452. — Les œuvres spirituelles contenant les pensées de l'éternité, la Vierge mourante sur le mont Calvaire, les douces pensées de la mort. Par le Sr De la Serre.
Paris. 1630. Rolin Baragnes. 1 vol. in-8°. Fig.

5453. — Les œuvres chrestiennes de Monsieur De la Serre.
Paris. 1648. De la Perriere. 1 vol. in-fol.

5454. — Les saintes affections de Joseph et les amours sacrées de la Vierge. Par le Sr De la Serre.
Bruxelles. 1631. Schoevarts. 1 vol. in-8°. Fig.

— La Vierge mourante sur le mont de Calvaire. Par le Sieur De la Serre.
Paris. 1628. Courbé. in-8°. Fig.

5455. — La Vierge mourante sur le mont de Calvaire. Par le Sieur De la Serre.
Rouen. 1708. Veuve Oursel et F. Oursel. 1 vol. in-12.

5456. — Le tombeau des délices du monde. Par le Sr De la Serre.
Brusselles. 1630. Vivien. 1 vol. in-8°.

5457. — L'entretien des bons esprits sur les vanitez du monde. Par le Sieur De la Serre.
Paris. 1631. Henault. 1 vol. in-8°.

5458. — Le bréviaire des courtisans. Par le. Sr De la Serre.
Rouen. 1678. Besongne. 1 vol. in-8°. Fig.

5459. — La religion du cœur, exposée dans les sentimens qu'une tendre piété inspire, avec de courtes élévations pour toutes les situations où l'on peut se trouver. Par M. le Chevalier de ** (Lasne d'Aiguebelles). N° édit.
Paris. 1788. Nyon. 1 vol. in-12.

5460. — Les étrennes du temps, et le saint usage que les chrétiens en doivent faire. (Par *Jacques-Ignace* De la Touche-Loisi).
Paris. 1741. Prault. 1 vol. in-12. Fig.

5461. — Consolations chrétiennes, avec des réflexions sur

les huit Béatitudes, et la paraphrase de trois Cantiques du DANTE. (Par *J.Ign.* DE LA TOUCHE LOISI).
Paris. 1744. Vincent. 1 vol. in-12.

5462. — Même ouvrage. N° éd.
Paris. 1755. Vincent. 1 vol. in-12.

5463. — Avis salutaires d'un philosophe chrétien, distribués pour chaque jour du mois. Ouvrage composé sur le modèle de l'Imitation de Jésus-Christ. (Par *J. Ign.* DE LA TOUCHE LOISI). N° éd.
Paris. 1741. Prault. 1 vol. in-12.

5464. — Maximes spirituelles fort utiles aux âmes pieuses, pour acquérir la présence de Dieu. Recueillies de quelques manuscrits du Frère LAURENT DE LA RÉSURRECTION (*Nicolas* HERMAN. Avec l'Abbrégé de la vie de l'Auteur, et quelques Lettres qu'il a écrites à des personnes de piété.
Paris. 1692. Couterot. 1 vol. in-12.

5465. — Le palais de l'amour divin entre Jésus et l'ame chrestienne, auquel toute personne tant séculière que religieuse peut voir les règles de parfaitement aimer Dieu et son prochain en cette vie. Par le R. P. F. LAURENT *de Paris.*
Paris. 1614. D. De la Nouc. 1 vol. in-4°. Fig.

5466. — Sentences, prières et instructions chrestiennes tirées de l'Ancien et du Nouveau Testament. Par le Sieur DE LAVAL (le Duc DE LUYNES).
Paris. 1676. P. Le Petit. 1 vol. in-12.

5467. — La journée du chrestien, réglée par ses principaux exercices, et achevée par le saint employ de toutes ses heures. Par le R. P. LAVAL.
Paris. 1672. De Bresche. 1 vol. in-12.

5468. — Réflexions sur la miséricorde de Dieu. Par une Dame pénitente. (la Duchesse DE LA VALLIÈRE). 3e éd.
Paris. 1682. Dezallier. 1 vol. in-12.

5469. — Sentimens d'une âme pénitente, sur le Pseaume 50. *Miserere mei Deus, etc.* Par M° **.. (la Duchesse DE LA VALLIÈRE).
Paris. 1691. Barbin. 1 vol. in-12.

5470. — Le caractère de la véritable et de la fausse piété. Par M. DE LA VOLPILIÈRE.
Paris. 1685. Michallet. 1 vol. in-12.

5471. — Mélange de traductions de différens ouvrages de morale, italiens et anglois. Par l'Auteur de la traduction D'Eschyle. (J. J. LE FRANC DE POMPIGNAN).
Paris. 1779. Nyon. 1 vol. in-12.

5472. — Instruction générale et fort succincte, pour aider les âmes dévotes et pieuses en l'exercice de la Méditation. Par *J. L. J.* (*Jean-Paul* LE JAU). 3° éd.
Rouen. 1617. Calles. 1 vol. in-12.

5473. — Introduction à la vie intérieure et parfaite... Avec des réflexions pour en faciliter l'intelligence. Par le Rev. P. *Innocent* LE MASSON. 4° édit.
Paris. 1701. Dezallier. 2 vol. in-8°.

5474. — L'ouverture des trois cieux de sainct Paul, où sont proposées les maximes générales de la vie morale, spirituelle et mystique en esprit et vérité. Par Fr. LEON. (*Jean* MACÉ).
Paris. 1633. Cottereau. 1 vol. in-8°.

5475. — Jesus-Christ en son thrône, établissant et enseignant la vraye Religion, la morale chrétienne et la théologie mystique. Par le R. P. LEON (*Jean* MACÉ).
Paris. 1657. Antoine Pas-de-Loup. 2 en 1 vol. in-fol.

** — La dévotion éclairée, par M° LE PRINCE DE BEAUMONT.
Voyez : N° 3883.

5476. — La solitude chrestienne, où l'on apprendra par les sentimens des Saints Pères, combien on doit désirer de se séparer du monde, autant qu'on le peut.... (Par l'Abbé *Guillaume* LE ROY). 3° édit.
Paris. 1664-67. Savreux. 2 vol. in-12.

5477. — Lettres chrestiennes et spirituelles de Messire *Isaac-Louis* Le Maistre de Sacy.
Paris. 1690. Desprez. 2 vol. in-8°.

5478. — Œuvres spirituelles du P. (*Louis*) Le Valois.
Paris. 1706. Pepie. 3 vol. in-12.

5479. — Lettres sur la nécessité de la retraite écrites à diverses personnes par le Père *Louis* Le Valois.
Paris. 1684-87. Michallet. 2 vol. in-12.

5480. — L'entrée et sortie de l'homme, ou la recherche de la terre promise. Imitation de la Genèse et de l'Exode. Par M. *Jacques* Le Vasseur.
Paris. 1612. Feburier. 1 vol. in-8°.

5481. — La perfection de l'amour du prochain dans tous les états, par l'union de nos amours naturels aux amours de Dieu, divisée en huit livres. Le tout composé par M. *Catherine* Levesque (1) de Péronne, veuve de M. Vaillant, Capitaine de l'artillerie.
Paris. 1685. Cusson et Le Gras. 1 vol. in-4°.

5482. — La vie parfaite tirée sur celle de Jesus-Christ... Par le P. *François-Adam* Leurin (2). Adressée aux Filles de sainte Marie souz le nom d'Angélique.
Amiens. 1643. Hubault. 1 vol. in-4°.

5483. — Lettres d'une Dame de qualité (*Anne Geneviève* de Bourbon, Duchesse de Longueville), sur sa vie mondaine et sa vie pénitente à son Directeur, et la réponse du Directeur, avec des réflexions morales. Dédiées à Mademoiselle P**.
Cologne. s. d. B. d'Egmont. 1 vol. in-12.

5484. — Les parallèles de l'amour divin et humain... Par le P. *François* Loryot.
Paris. 1620. Boullay. 1 vol. in-8°.

5485. — Des puissants et admirables effects de l'amour de Dieu. Par le P. *François* Loryot.
Paris. 1624. Libert. 1 vol. in-8°.

---

(1) Levesque (Catherine) naquit à Péronne. (M. P. De Cagny).
(2) Leurin (François Adam) né à Amiens vers 1602, y mourut le 5 décembre 1652.

5486. — Conférences mystiques sur le recueillement de l'âme pour arriver à la contemplation du simple regard de Dieu par les lumières de la Foy. Par le R. P. *Epiphane* Louis.
Paris. 1676. Remy. 1 vol. in-12.

5487. — Traicté de la vie des vrais chrestiens. Par le R. P. Fr. V. M. (*Vincent* Machou) Religieux Minime.
Rouen. 1640. R. Malassis. 1 vol. in-4°.

5488. — Pratique facile pour élever l'âme à la contemplation. En forme de dialogue. (Par *François* Malaval).
Paris. 1670. Lambert. 1 vol. in-12.

5489. — Même ouvrage. 2ᵉ édit.
Paris. 1673. Michallet. 1 vol. in-12.

5490. — Même ouvrage. Nᵉ éd.
Paris. 1697. Michallet. 1 vol. in-12.

5491. — Traité de l'amour de Dieu, en quel sens il doit être désintéressé. Trois lettres au R. P. Lamy, et une quatrième, ou Réponse générale à celles de ce même Père. Par le R. P. Malebranche.
Lyon. 1707. Plaignard. 1 vol. in-12.

5492. — Méditations chrétiennes et métaphysiques, par le P. Malebranche. Nᵉ éd.
Lyon. 1707. Plaignard. 1 vol. in-12.

5493. — L'esprit de Grenade sur la Guide des pécheurs. Composé par le Sʳ de Marandé.
Paris. 1643. Blaise. 1 vol. in-12.

5494. — La saincte solitude, ou les entretiens solitaires de l'ame.... Par le P. *Pierre* Marie. 2ᵉ édit.
Paris. 1635. T. Du Bray. 1 vol. in-12.

5495. — Lettres de la vénérable Mère Marie de l'Incarnation (*Marie* Guyert), première Supérieure des Ursulines de la Nouvelle France. (Publiées par Dom *Claude* Martin, son fils).
Paris. 1681. Billaine. 1 vol. in-4°. Port.

5496. — Lettres spirituelles de la Sœur Marie de Sainte

Thérèse (*M. Rose*), Religieuse Carmélite de Bourdeaux. Données au public par M. l'Abbé de Brion.
Paris. 1720. Le Clerc. 2 vol. in-12.

5497. — Maximes spirituelles du Vén. Père Dom *Claude* Martin. Tirées de ses ouvrages...
Rouen. 1698. Vaultier. 1 vol. in-12.

5498. — Sentimens d'une ame touchée de Dieu, tirés des Pseaumes de David, ou paraphrase morale de plusieurs Pseaumes, en forme de prière. Par M. (*J.B.*) Massillon.
Paris. 1764. Estienne. 1 vol. in-12.

5499. — Discours théologiques du souverain bien de l'homme. Traitez sommairement par le P. *Pierre* Maucors.
Rouen. 1631. De Beauvais. 1 vol. in-4°.

5500. — L'entrée à la divine sagesse, comprise en plusieurs traitez spirituels, qui contiennent les secrets de la théologie mystique... Composez par R. P. Maur de l'Enfant Jesus (*M. Le Man*). N^e éd.
Paris. 1692. Warin. 1 vol. in-12.

5501. — Addresse à la vie contemplative. Par un Religieux de l'Ordre des Pères Carmes deschaussées (Maximin de Sainte Marie Magdelaine (*M. Le Gros*).
Nancy. 1646. Charlot. 1 vol. in-4°.

5502. — L'exercice intérieur de l'homme chrestien. Par le P. *Paul* Metezeau.
Paris. 1627. Huré. 1 vol. in-8°.

5503. — Traicté de la vie parfaicte, par imitation et ressemblance de Jesus-Christ. Par le P. *Paul* Metezeau.
Paris. 1627. Taupinart. 1 vol. in-8°.

5504. — Les démarches de l'âme chrestienne. La première la monte au dessus du monde et de ses orages. La seconde l'eslève au dessus de son corps et de ses contradictions à souffrir. La troisième la fait entrer en la gloire du ciel, après avoir foulé aux pieds Sathan.... Par le P. Michel-Ange *de Gueret*.
Paris. 1644. Gobert. 1 vol. in-4°.

5505. — Principes de la piété chrétienne. Par le P. *Blaise* MONESTIER.
Toulouse. 1756. Henault. 2 vol. in-12.

5506. — Le chrétien dans sa perfection. En dialogue. (Par *Anthoine* MONTAGNON).
Lyon. 1706. Cl. De la Roche. 1 vol. in-12.

5507. — Le zodiaque mystique, autrement les parallèles de la ceinture du ciel avec celle du Patriarche sainct Augustin. Avec un traicté des indulgences concédées aux Confrères de la dicte Ceinture. Composé par le R. P. F. *Charles* MOREAU.
Paris. 1624. Binart. 1 vol. in-8°.

" — Effusions du cœur, ou entretiens de l'âme avec Dieu. Par Dom *Robert* MOREL. Voyez : N° 579.

5508. — L'esprit du christianisme, ou la conformité du chrétien avec Jesus-Christ. Par le P. *Fr.* NEPVEU.
Paris. 1735. Delespine. 1 vol. in-12.

5509. — Même ouvrage. N° édit.
Paris. 1768. Bailly. 1 vol. in-12.

5510. — Les œuvres chrestiennes du S^r DE NERVEZE. (Les larmes et martyre de Sainct Pierre. — L'exercice de l'âme chrestienne).
Lyon. 1608. Thibaud Ancelin. 1 vol. in-12.

— Méditations très dévotes en forme de prières. Par le S^r DE NERVÈZE.
Lyon. 1607. Thibaud Ancelin. 1 vol. in-12.

— L'exercice dévot de la courtizane repentie. A l'imitation de la Magdelene. Par *A.* DE NERVÈZE.
Lyon. 1603. Thibaud Ancelin. 1 vol. in-12.

— Méditations sur les mystères de la sepmaine saincte. Par *A.* DE NERVÈZE.
Lyon. 1607. Thibaud Ancelin. in-12.

5511. — L'hermitage de l'isle saincte. Par le S^r DE NERVÈZE.
Paris. 1612. Du Breuil et Du Bray. 1 vol. in-16. Fig.

" — Recueil des écrits de M^e la Baronne de Neuvillette.
Voyez : Hist. des Relig. N° 2141.

5512. — Méditations et entretiens sur le bon usage des indulgences, et sur les préparations nécessaires pour gagner le Jubilé. Par le R. P. *Jacques* Nouet.
Paris. 1701. Muguet. 1 vol. in-12.

5513. — La vie de Jesus dans les Saints, selon l'ordre et le rang que l'Eglise leur donne dans le Calendrier Romain pour la célébration de leurs festes. Par le R. P. *Jacques* Nouet.
Paris. 1711. Muguet. 1 en 2 vol. in-12.

5514. — L'homme d'oraison. Par le R. P. *Jacques* Nouet.
Paris. 1679-1732. Muguet. 12 vol. in-12.

Cet ouvrage comprend ce qui suit :

1. — L'homme d'oraison. Sa conduite dans les voyes de Dieu. Contenant toute l'œconomie de la Méditation, de l'Oraison affective, et de la Contemplation. Liv. 1. 2. 3. 5. 6.
2. — L'homme d'oraison. Ses méditations et entretiens pour tous les jours de l'année. 1. 2. 3. 4. 5. 6 et 7 partie.
3. — Retraite pour se préparer à la mort.
4. — L'homme d'oraison. Ses retraites annuelles. 1e, 2e, 3e, 4e, 5e, 6e et 7e.

On trouve à la suite de la 3e retraite :

** — Exercitia spiritualia sancti Ignatii (explicata à R. P. J. Nouet). **Parisiis. 1703. Muguet. in-12.**

5515. — Catéchisme chrestien, pour la vie intérieure. Par M. (*Jean-Jacques*) Olier.
Paris. 1662. Langlois. 1 vol. in-12.

5516. — Lettres spirituelles de M. Olier.
Paris. 1672. J. et E. Langlois. 1 vol. in-8°.

5517. — La journée chrestienne. Par M. Olier.
Paris. 1662. Langlois. 1 vol. in-12.

5518. — Lettres spirituelles sur différens sujets de piété. Par M. l'Abbé d'Olonne.
Paris. 1757. Brocas. 1 vol. in-12.

— Deux panégyriques de la Bienheureuse Mère de Chantal... Par M. l'Abbé Dollone. (sic).
Paris. 1752. Quillau. in-12.

5519. — Méditations sur les plus importantes véritez de l'Evangile. Par le P. *Pierre-Joseph* d'Orléans. N° éd.
Paris. 1701. Collombat. 1 vol. in-16.

— 233 —

5520. — Pensées chrétiennes tirées de l'Ecriture sainte et des saints Pères, pour tous les jours du mois. (Par *Ambroise* PACCORI).
Paris. 1714. Desprez. 1 vol. in-16.

5521. — Journée chrétienne, où l'on trouvera des règles pour vivre saintement dans tous les états et dans toutes les conditions. (Par *Ambroise* PACCORI).
Paris. 1760. Desprez. 1 vol. in-12.

5522. — Réflexions sur la religion chrétienne. Par le R. P. (*Martin*) PALLU.
Paris. 1741. Durand. 1 vol. in-12.

5523. — Méditations religieuses pour le matin et pour le soir. Par le P. PAUL *de Lagny*.
Paris. 1663. Thierry. 2 vol. in-4°.

5524. — Entretiens spirituels, pour les âmes dévotes, qui vivent dedans le monde. (1e, 2e et 3e partie). Par *François* PÉAN *de la Croullardière*.
Paris. 1649-1652. Boulanger. 3 vol. in-16.

5525. — Discours en forme de méditations sur le sermon de Notre-Seigneur sur la Montagne. Par feu M. *Jean* PHELIPEAUX.
Paris. 1730. Brunet. 1 vol. in-12.

5526. — Discours ecclésiastique. Que le contentement de l'homme n'est point au monde, mais en Dieu. Par le R. P. *Jean* PHELIPPEAUX.
Paris. 1637. Camusat. 1 vol. in-4°.

5527. — Ouvrage des saints. Comment nos bonnes œuvres doivent estre faites pour estre agréables à Dieu. Par le P. *Jean* PHELIPPEAUX.
Paris. 1638. Taupinart. 1 vol. in-8°.

5528. — Les triomphes de l'amour de Dieu en la conversion d'Hermogène. Par le P. F. PHILIPPES *d'Angoumois*.
Paris. 1631. G. Macé. 2 en 1 vol. in-4°. Figures.

5529. — Réflexions chrestiennes sur les misères et sur les foiblesses de l'homme : pour tous les jours de l'année. (Par l'Abbé *Jean* PIC).
Paris. 1687. S. Mabre-Cramoisy. 1 vol. in-12.

5530. — Le voyage évangélique et vraye adresse de perfection pour les âmes chrestiennes. Composé par le R. P. *Pierre* PIJART.
Paris. 1639. Guignard. 1 vol. in-8°.

5531. — Etat du pur amour, ou conduite pour bientôt arriver à la perfection, par le seul *fiat*, dit et réitéré en toute sorte d'occasion. Par le R.P. *Al.* PINY. 3° éd.
Paris. 1682. Villette. 1 vol. in-12.

5532. — Retraite sur le pur amour ou pur abandon à la divine volonté. Par le P. *Alexandre* PINY.
Paris. 1684. J. De Launay. 1 vol. in-12.

5533. — La vie cachée, ou pratiques intérieures cachées à l'homme sensuel, mais connues et très bien goûtées de l'homme spirituel. Par le R. P. *Alexandre* PINY.
Paris. 1697. Villette. 1 vol. in-12.

5534. — Avis pour la conduite d'une âme qui veut être uniquement à Dieu. Par l'Auteur des *Sentimens d'une âme pénitente*. (Dom *Louis* PISANT).
Paris. 1732. Morin. 1 vol. in-16.

5535. — Le bon Pasteur cherchant la brebis égarée. Par le P. *François* POIRÉ. En faveur des âmes pénitentes, nommément des filles Repenties.
Paris. 1639. Collet. 1 vol. in-12.

5536. — La science des Saints, qui est la science de chercher Dieu, et de se donner entièrement à luy. Par le P. *François* POIRÉ.
Paris. 1638. S. Cramoisy. 1 vol. in-4°.

5537. — La théologie du cœur, ou recueil de quelques traités qui contiennent les lumières les plus divines des ames simples et pures. (Par *P.* POIRET). 2° édit.
Cologne. 1697. Jean de la Pierre. 2 vol. in-12.

5538. — Méditations chrestiennes sur la providence et la miséricorde de Dieu, et sur la misère et la foiblesse de l'homme... Par le S^r DE PRESSIGNI. (*G.* BERGERON).
Anvers. 1692. Veuve Schipper. 1 vol. in-12.

5539. — Thrésor spirituel, contenant les obligations que nous avons d'estre à Dieu, et les vertus qui nous sont nécessaires pour vivre en chrestien parfaict. Par le P. *Jean-Hugue* QUARRÉ. 3° édit.
Paris. 1641. Huré. 1 vol. in-8°.

5540. — Direction spirituelle pour les âmes à qui Dieu inspire le désir de se renouveller de temps en temps en la piété.... Par le R. P. *Hugues* QUARRÉ.
Paris. 1654. Veuve S. et S. Huré. 1 vol. in-8°.

5541. — Discours de la pureté d'intention, et des moyens pour y arriver. (Par *A. J.* BOUTHILLIER DE RANCÉ).
Paris. 1684. 1 vol. in-12.

5542. — Instructions sur les principaux sujets de la piété et de la morale chrestienne. (Par *A. J.* DE RANCÉ).
Paris. 1694. Muguet. 1 vol. in-12.

5543. — Même ouvrage. N° édit.
Paris. 1701. Muguet. 1 vol. in-12.

5544. — Maximes chrétiennes et morales, par le R. P. Dom *Armand-Jean* (BOUTHILLIER DE RANCÉ), ancien Abbé de la Maison-Dieu nostre Dame de la Trappe.
Paris. 1698. Mariette. 2 vol. in-12.

5545. — Lettres de piété écrites à différentes personnes, par le R. P. D. *Armand-Jean* BOUTHILLIER DE RANCÉ.
Paris. 1701-1702. Muguet. 2 vol. in-12.

5546. — Pensées et réflexions de M. DE RANCÉ.
Paris. 1767. Vente. 1 vol. in-12. Port.

5547. — Œuvres diverses du P. RAPIN, qui contiennent la Foi des derniers siècles, la vie des prédestinés. N° éd.
Paris. 1757. Barbou. 1 vol. in-12.

5548. — La perfection du christianisme, tirée de la morale de Jesus-Christ. (Par le P. *Réné* RAPIN). 3° édit.
Paris. 1688. S. Mabre-Cramoisy. 1 vol. in-12.

— L'esprit du christianisme. (Par le P. RAPIN). 3° éd.
Paris. 1683. S. Mabre-Cramoisy. in-12.

5549. — L'importance du salut. (Par le P. RAPIN). 3° édit.
Paris. 1683. S. Mabre-Cramoisy. 1 vol. in-12.

5550. — Le pur et le véritable esprit de Jesus-Christ, expliqué dans les paroles de son Evangile. (Par le R. P. *François* REMY).
Paris. 1688. Dubois. 1 vol. in-8°.

5551. — Traitté de la perfection du chrestien, par l'Eminentissime Cardinal Duc DE RICHELIEU.
Paris. 1646. Vitré. 1 vol. in-4°.

5552. — Même ouvrage. 6ᵉ éd.
Paris. 1646. Vitré. 1 vol. in-12.

5553. — Tractatus de perfectione christiani, ab Eminentiss. Card. Duce RICHELIO gallicè scriptus, latinè redditus à P. F. *Michaele* GORGEU.
Parisiis. 1651. Henault. 1 vol. in-12.

5554. — Les œuvres du R. Père *Louis* RICHEOME.
Paris. 1628. S. Cramoisy 2 vol. in-fol.

5555. — Tableaux sacrez des figures mystiques du très-auguste sacrifice et sacrement de l'Eucharistie. Par *Louis* RICHEOME.
Paris. 1601. Sonnius. 1 vol. in-8°. Fig.

5556. — La peinture spirituelle ou l'art d'admirer, aimer et louer Dieu en toutes ses œuvres, et tirer de toutes profit salutere. Par *Louis* RICHEOME.
Lyon. 1611. Rigaud. 1 vol. in-8°. Fig.

5557. — La divine naissance, enfance, et progrez admirable de l'âme au saint amour de Jesus et de Marie. Composée par le R. P. *Archange* RIPAUT. 2ᵉ édit.
Paris. 1633. C. Cramoisy. 1 vol. in-8°.

5558. — Abominations des abominations des fausses dévotions de ce tems. Par le R. P. *Archange* RIPAUT.
Paris. 1632. C. Cramoisy. 1 vol. in-8°.

5559. — Les exercices de l'homme intérieur dans la pratique de l'oraison mentale... Par F. *Nicolas* ROBINE.
Paris. 1691. Seneuze. 2 vol. in-12.

5560. — Instructions chrestiennes pour conduire les âmes à la perfection de l'humilité. Avec un Traité du

très-pieux *Jean* RUSBROCHE. Rev. corr. et augm. par le P. F. G. R. M. 2ᵉ édit.
Paris. 1689. P. De Launay. 1 vol. in-16.

5561. — La conduicte des âmes fidelles despuis leur conversion du péché à la grâce jusques au sommet de la perfection. Enseignée par le St Esprit au Cantique des cantiques, et déclarée par le R. P. *Severin* RUBERIC.
Paris. 1631. Moreau. 1 vol. in-8°.

5562. — Les trois filles de Job, ou traité des trois vertus théologales, de la Foi, de l'Espérance, et de la Charité. Par le P. *Jean-Baptiste* SAINT JURE.
Paris. 1646. Camusat. 1 vol. in-8°.

5563. — Conduites pour les principales actions de la vie chrestienne. Par le P. *Jean Baptiste* S. JURE.
Paris. 1652. P. Le Petit. 1 vol. in-12.

5564. — L'homme spirituel, où la vie spirituelle est traitée par ses principes. Par le P. *J. B.* SAINT JURE. Nᵉ éd.
Paris. 1691. F. et P. Delaulne. 1 vol. in-8°.

5565. — L'âme chrétienne formée sur les maximes de l'Evangile, ouvrage de Piété en faveur des personnes qui aspirent à la perfection. Par M. l'Abbé de SAINT PARD (*P. N.* VANBLOTAQUE). Suivi de l'Oratoire du cœur.
Paris. 1774. Berton. 1 vol. in-12.

5566. — Le nouvel Adam... Par un Prestre de l'Oratoire (*François* DE SAINT PÉ). 3ᵉ édit.
Paris. 1667-1669. Leonard. 4 en 2 vol. in-12.

5567. — Lettres de Monsieur (*Claude*) DE SAINTE-MARTHE sur divers sujets de piété, de morale et de conduite, pour la vie chrétienne.
Rouen. 1709. Merault. 2 vol. in-12.

5568. — Traitez de piété, ou discours sur divers sujets de la morale chrétienne. Par M. C. DE SAINTE-MARTHE.
Paris. 1733. Osmont. 2 vol. in-12.

5569. — Le chemin asseuré de Paradis, enseigné par N. Seigneur Jesus-Christ, en ces paroles : *Si quelqu'un veut venir après moy, qu'il renonce à soy-mesme...* Par le R. P. *Alexis* DE SALO.

Rouen. 1644. Seigneuré. 1 vol. in-8°.

5570. — Prières et instructions chrétiennes, pour bien commencer et bien finir la journée,.... Par le P. N. (*Nicolas*) SANADON. N° édit.

Paris. 1738. Dupuis. 1 vol. in-12.

5571. — Le manuel du chrestien contenant la substance de tout ce qu'il doit méditer durant sa vie, pour vivre et mourir saintement dans son estat. Composé par le R. P. A. SAURET.

Paris. 1644. Rocolet. 2 vol. in-16.

5572. — La philosophie des contemplatifs, contenant toutes les leçons fondamentales de la vye active, contemplative et sur-éminente. Composé par le R. P. SEBASTIEN *de Senlis*.

Cambray. 1620. J. De la Rivière. 1 vol. in-12.

5573. — Les entretiens du sage. Par le R. P. SÉBASTIEN *de Senlis*. 3° édit.

Paris. 1636. Veuve N. Buon. 1 vol. in-4°.

5574. — Pensées et sentimens de piété. Tirés des sermons du P. (*Guillaume*) DE SEGAUD.

Paris. 1767. Desaint. 1 vol. in-12.

5575. — Les œuvres spirituelles du R. P. SOYER.... Imprimées par les soins du R. P. COURTOT.

Paris. 1693. Guerin. 3 vol. in-12.

5576. — Les devoirs d'une âme vrayement chrétienne, contenant des instructions et exercices. I. Pour le matin et le soir. II. Pour la confession. III. Pour la communion. IV. Pour la visite du S. Sacrement. V. Pour l'Oraison mentale. Par le R. P. SOYER. Rev. et corr... par le R. P. COURTOT. 5° édit.

Paris. 1681. Muguet. 1 vol. in-12.

5577. — Catéchisme spirituel, contenant les principaux moyens d'arriver à la perfection. Composé par

J. D. S. F. P. (*Jean DE SAINTE FOI, Prestre*) (*Jean-Joseph SURIN*). 2ᵉ édit.
Paris. 1663. Cl. Cramoisy. 2 vol. in-12.

5578. — Les fondemens de la vie spirituelle, tirez du livre de l'Imitation de Jesus-Christ. Composez par I. D. S. F. P. (*Jean DE SAINTE-FOY*) (*Jean-Joseph SURIN*). Et une Lettre spirituelle à une Dame de qualité, traitant des moyens de conserver l'esprit de pauvreté au milieu des richesses.
Paris. 1687. E. Martin. 1 vol. in-12.

5579. — Les fondemens de la vie spirituelle... Par le R. P. SURIN. Nᵉ éd. rev. et corrig. par le P. BRIGNON.
Paris. 1737. Guerin. 1 vol. in-12.

5580. — Lettres spirituelles, par ** (le P. *J. Jos.* SURIN. Rev. et corr. par le P. P. CHAMPION). 2ᵉ édit.
Paris. 1709. Couterot. 3 vol. in-12.

5581. — Dialogues spirituels, où la perfection chrétienne est expliquée, pour toutes sortes de personnes. Par le R. P. SURIN. (Nᵉ éd. rev. par le P. P. CHAMPION).
Paris. 1741. Pierres. 3 vol. in-12.

5582. — Les peintures chrestiennes. Par le P. *Nicolas* TALON. (Figures gravées par VAN LOCHOM).
Paris. 1647. S. et G. Cramoisy. 1 vol. in-8°.

5583. — De la plus solide, la plus nécessaire, et souvent la plus négligée de toutes les dévotions. Par M. *Jean-Baptiste* THIERS.
Paris. 1702. J. de Nully. 2 vol. in-12.

5584. — L'âme souffrante sous la rigueur des grandeurs de Dieu... Par le R. P. *Paul* d'UBAYE.
Lyon. 1671. Boissat. 1 vol. in-8°.

5585. — Lettres chrestiennes et spirituelles de M. VARET.
Paris. 1680. Pralard. 3 vol. in-12. Port.

5586. — Le chrestien uny à Jesus-Christ au fond du cœur, pour l'y adorer en esprit de foy et d'amour. Par le R. P. VICTORIN.
Paris. 1667. Thierry. 1 vol. in-12.

5587. — La volonté de Dieu, conduite spirituelle pour une âme. Par M. l'Abbé de Vignacour.
Rouen. 1684. Vaultier. 1 vol. in-12.
5588. — Exercice de l'homme intérieur, en la connoissance de Dieu, et de soy-mesme. Composé par le R. P. Vincent *de Rouen.*
Paris. 1650. Josse. 1 vol. in-4º.
5589. — Maximes saintes et chrétiennnes, (tirées des lettres de Du Verger de Hauranne par M. Wallon ou Vallon de Beaupuis). Nᵉ édit.
Paris. 1735. Deshayes. 1 vol. in--16.
5590. — La trompete du ciel, qui réveille les pécheurs, et qui les excite à se convertir à Dieu. Recueillies des écrits du V. P. *Antoine* Yvan. Nouv. édit. corrigée de nouveau par M. de Lorgues.
Rouen. 1700. Besongne. 1 vol. in-12.
5591. — La philosophie chrestienne, ou persuasions puissantes au mespris de la vie. Par le P. Zacharie *de Lyzieux.*
Paris. 1637. Buon. 1 vol. in-8º.
5592. — De la monarchie du verbe incarné, ou de l'immense pouvoir du plus grand des Roys, des hautes maximes politiques, et du merveilleux ordre qu'il observe dans le gouvernement de son estat. Par le R. P. Zacharie *de Lyzieux.* 2º édit.
Paris. 1642-1649. Buon. 2 vol. in-4º.
5593. — L'ame fidelle dirigée dans les exercices de la piété chrétienne. (Par le P. D. H. A. R. B.)
Paris. 1708. Coignard. 1 vol. in-12.
5594. — Apologie de la dévotion, par un Religieux ***.
Avignon. 1650. Girard. 1 vol. in-12.
5595. — Catéchisme de la dévotion, ou instruction familière de tout ce qu'il faut savoir, et de tout ce qu'il faut faire, pour vivre d'une vie vraiment dévote dans le siècle... (Par le R. P. F. C. P. D. L.).
Lyon. 1681. Certe. 1 vol. in-12.

5596. — Le chrétien dirigé dans les voies du salut, pendant la vie et à la mort. Par un Prêtre licentié de la Faculté de Paris ci-devant Curé, maintenant Missionnaire du diocèse de Mende. 5ᵉ édit.
Avignon. 1775. Bonnet frères. 1 vol. in-12.

5597. — Courtes réflexions sur différens objets de la Religion.
Paris. 1771. Berton. 1 vol. in-16.

5598. — Le directeur spirituel des ames dévotes et religieuses. Tiré des écrits du B. François de Sales.
Paris. 1685. Léonard. 1 vol. in-16.

5599. — Divers traitez de piété.
Cologne. 1666. B. D'Egmont. 1 vol. in-12.

5600. — Epistres spirituelles, écrites à plusieurs personnes de piété, touchant la direction de leur intérieur. Par une personne fort expérimentée dans la conduite des ames.
Paris. 1665. Lambert. 1 vol. in-12.

5601. — L'espérance des chrétiens, ou les saints désirs de la vie bienheureuse prouvez par l'Ecriture sainte, les SS. Pères et la tradition. (Par le Sʳ H. de R.).
Paris. 1705. Delespine. 1 vol. in-12.

5602. — Essai sur la perfection chrétienne.
Paris. 1757. Prault. 1 vol. in-12.

5603. — Exercice pour les principales actions de la journée religieuse. Tiré pour la plus grande partie de plusieurs passages de la sainte Ecriture et des saints Pères. Avec plusieurs autres versets sur les vertus les plus nécessaires, et un Horloge de la Passion pour les vendredis. Composé par une Religieuse.
Paris. 1670. Blaizot. 1 vol. in-16.

5604. — Exercice religieux, utile, et profitable à toutes les âmes religieuses qui désirent s'avancer à la perfection. Avec plusieurs avis et salutaires enseignemens pour les y conduire.
Paris. 1670. Josse. 1 vol. in-12.

5605. — Le livre de Pensez-y-bien, contenant le moyen court, facile et assuré de se sauver.
Paris. 1690. Cl. et N. Hérissant. 1 vol. in-24.

5606. — Pensées pieuses tirées des Réflexions morales du Nouveau Testament.
Paris. 1711. Pralard. 1 vol. in-12.

5607. — Pratique de l'amour de Dieu et de Nostre Seigneur Jesus-Christ, pour toutes sortes de personnes, selon les trois estats de la vie spirituelle.
Paris. 1672. Guilain. 1 vol. in-12.

5608. — Réflexions sur les principaux obstacles au salut. Pensées morales tirées de l'Ecriture Sainte et des Saints Pères.
Bruxelles. 1708. Marchant. 1 vol. in-12.

5609. — Sentences tirées de l'Ecriture sainte et des Pères. Appropriées aux festes des Saints pour chaque jour de l'année.
Paris. 1666. J. Le Mire. 1 vol. in-12.

5610. — Traité pour conduire les ames à l'estroite union d'amour avec Dieu, pour les y maintenir et faire profiter.
Paris. 1651. Veuve Buon. 1 vol. in-8°.

5611. — Le trésor des ames.
Lyon. 1868. V° Chapoine. 1 vol. in-8°.

5612. — De la véritable piété, ou moyens pour parvenir à la perfection de la vie chrétienne. Enseignez par un Directeur à une ame qui vouloit servir Dieu.
Paris. 1659. P. Le Petit. 1 vol. in-12.

II. — Traités particuliers.

Traités de l'Oraison.

" — Des. Erasmi modus orandi Deum...
Voyez : D. Erasmi opera.

5613. — La manière de prier Dieu. — Recueil de prières. — Explication de l'oraison dominicale. Ouvrages d'Erasme nouvellement traduits en françois (par *Claude* Du Bosc de Montandré).
Paris. 1712. J. de Nully. 1 vol. in-12.

5614. — Rhetorica cælestis seu attentè precandi scientia... quam explicavit et latinè scripsit *Hier*. DREXELIUS.
Antuerpiæ. 1636. Cnobbarus. 1 vol. in-24.

5615. — Divina doxologia, seu sacra glorificandi Deum in hymnis et canticis methodus, theologica paraphrasi in mysticas modulationes, *Te Deum laudamus*, et *Gloria in excelsis*. elucidata ab ill. et rev. D. D. *Andrea* DU SAUSSAY.
Tully. 1657-1658. Belgrand. 1 vol. in-12.

5616. — Ascensus Moysis in montem, seu de oratione tractatus tribus stationibus ac viis, purgativa, illuminativa, unitiva distinctus per *Joan*. CROMBECIUM.
Audomari. 1618. Gheubels. 1 vol. in-8°.

5617. — De orationibus jaculatoriis libri IV ascetici, seu ad exercitationem spectantes. Accessit Thesaurus earundem ex sacris literis. Auctore *A*. DE BALINGHEM.
Antuerpiæ. 1618. Hæred. Nutii. 1 vol. in-8°.

5618. — Divinæ orationis sive à Deo infusæ methodus, natura et gradus. Libri quatuor... Auctore R. P. F. THOMA A JESU.
Antuerpiæ. 1623. Moretus. 1 vol. in-8°.

5619. — Sommaire et abbrégé des degrés de l'Oraison mentale..., tiré des livres de la sainte Mère TÉRÈSE DE JESUS par le P. F. THOMAS DE JESUS. Traduit d'espagnol en françois par le R. P. *Nicolas* CABART.
Paris. 1663. Josse. 1 vol. in-12.

5620. — Practique de l'Oraison mentale ou contemplative de Fr. *Matthias* BELLINTANI DE SALO. Faicte françoise par *Jaques* ROUSSIN, de l'italien reveu par l'Autheur.
Lyon. 1613. Rigaud. 2 en 1 vol. in-12.

5621. — Le Paradis de l'oraison, contemplation et mortification. Avec autres divers Traitez de la doctrine spirituelle. Composé en italien, par le R. P. JEAN DE JESUS MARIA. Mis en françois par le R. P. F. *Charles* JOUYE.
Paris. 1615. Fouet. 1 vol. in-12.

** — Libro de oracion y meditacion por *Luis* de Granada.
                              Voyez : N° 5151-5152-5153.

5622. — Exercices spirituels de l'excellence, profit et nécessité de l'Oraison mentale. Réduicts en art et méditations... Par le R. P. *Anthoine* Molina. Traduits d'espagnol en françois par M. R. Gaultier.
Paris. 1621. Henault. 1 vol. in-8°.

5623. — Direction à l'Oraison mentale. Par *Jean-Pierre* Camus, Evesque de Belley. N° édit.
Lyon. 1623. Rigaud. 1 vol. in-12.

5624. — Introduction à la vie spirituelle, par une facile méthode d'oraison. Pour toute âme dévotieuse et religieuse. Composé par le R. P. Joseph *de Paris.* (*François* Le Clerc Du Tremblay). N° éd.
Paris. 1626. Fouet. 1 vol. in-12.

5625. — Instruction pour bien prier Dieu... Selon les trois voyes, purgative, illuminative et unitive.
Pont-à-Mousson. 1626. S. Cramoisy. 1 vol. in-12.

5626. — Méthode d'oraison par le R. P. Crasset. N° édit.
Paris. 1633. Michallet. 1 vol. in-12.

5627. — Exercices spirituels pour ayder les ames dévotes à la practique de l'Oraison et de la Méditation, sur tous les dimanches et festes solennelles de l'année. Divisez en trois livres suivant les trois voyes, purgative, illuminative et unitive. Par le R. P. Thomas de Villacastin. (Traduit de l'espagnol).
Lyon. 1648. Prost. 1 vol. in-12.

5628. — La clef du ciel, l'oraison mentale, ou traicté des exercices spirituels : abbrégé et tiré du livre des Exercices de S. Ignace.... Par un Père de la mesme Compagnie de Jésus.
Lyon. 1653. Duhan. 1 vol. in-12.

5629. — Exercice méthodique de l'oraison mentale, en faveur des ames qui se retrouvent dans l'estat de la vie purgative... Par le P. Paul *de Lagny*.
Paris. 1659. Thierry. 2 vol. in-4°.

5630. — Conduite d'oraison, pour les ames qui n'y ont pas facilité. Par le R. P. *Claude* Seguenot.
Lyon. 1660. Delagarde. 1 vol. in-12.

5631. — Le jour mystique ou l'éclaircissement de l'Oraison et Théologie mystique. Par le R. P. P. de P. Provincial des Capucins de la Province de Touraine.
Paris. 1671. Thierry. 3 vol. in-8°. Le 3ᵉ manque.

5632. — Le vray esprit d'oraison. Par le Père Saturnin de tous les Saints.
Tulle. 1675. Dalvy. 1 vol. in-8°.

5633. — Pratique de l'oraison de Foy, ou de la contemplation divine par une simple vue intellectuelle. Par le R. P. M. L. R. (*Michel* La Ronde). de l'Ordre de Prémontré.
Paris. 1684. Remy. 1 vol. in-12.

5634. — Courte instruction touchant la métode de l'oraison mentale. Pour l'usage du séminaire de Tournay.
Lille et Tournay. 1685. Malte et Inglebert. 1 vol in-12.

5635. — Traité de la théologie mystique où l'on découvre les secrets de la sagesse de Dieu dans la conduite des ames appliquées au saint exercice de l'Oraison. Par M. Desqueux.
Lille. 1686. Fievet. 1 vol. in-12.

5636. — Iustructions familières sur l'oraison mentale. En forme de dialogue...
Paris. 1693. A. Warin. 1 vol. in-12.

5637. — L'oraison du cœur où la manière de faire l'oraison parmy les distractions les plus crucifiantes de l'esprit. Par le R. P. *Alexandre* Piny.
Paris. 1696. Villette. 1 vol. in-12.

5638. — L'Oratoire du cœur, ou méthode très-facile pour faire oraison avec Jesus-Christ, dans le fond du cœur. Par M. de Querdu le Gall.
Paris. 1697. Constelier. 1 vol. in-12. Fig.

5639. — L'idée véritable de l'oraison. (Par le R. P. F. C. De la Grange).
Paris. 1699. Couterot. 1 vol. in-12.

5640. — Avis sur les différens états de l'Oraison mentale, contenus dans plusieurs lettres écrites par un Solitaire à un de ses disciples.
Paris. 1710. Billiot. 1 vol. in-12.

5641. — Instructions spirituelles en forme de dialogues sur les divers états d'oraison, suivant la doctrine de M. Bossuet. Par un Père de la Comp. de Jésus (le P. Caussade. Publié par le P. *P. Gab.* Antoine).
Perpignan. 1741. Reynier. 1 vol. in-8°.

5642. — Traité succinct de l'oraison mentale, et de la manière de la bien faire, à l'usage des Communautés religieuses et des personnes de piété qui vivent dans le monde.
Paris. 1768. Berton. 1 vol. in-16.

5643. — Le règne de Dieu dans l'oraison mentale... Par M. *Henri-Marie* Boudon.
Paris. 1769. Hérissant. 1 vol. in-12.

5644. — L'esprit d'oraison, ou moyens propres aux ames pieuses pour s'entretenir dans cet esprit...
Paris. 1769. Saugrain jeune. 1 vol. in-12.

5645. — Recueil sur l'excellence de la prière et psalmodie, tiré de plusieurs saints et grands Serviteurs de Dieu, et les exemples, qu'ils nous ont laissé, pour exciter à la ferveur et révérence à l'office divin. Recueillis par les soins de la Révérende Mère Anne *des Anges.*
Paris. 1694. Remy. 1 vol. in-8°.

5646. — Traité de la prière. Par M. Nicole. 2ᵉ édit.
Paris. 1702. E. Josset. 2 en 1 vol. in-12.

5647. — Même ouvrage. Nᵉ édit.
Paris. 1724. Josse. 2 vol. in-12.

5648. — Traittez sur la prière publique, et sur les dispositions pour offrir les SS. Mystères et y participer avec fruit. (Par l'Abbé Duguet). 5ᵉ édit.
Paris. 1708. Estienne. 1 vol. in-12.

5649. — Même ouvrage. 8ᵉ édit.
Paris. 1715. Estienne. 1 vol. in-16.

5650. — *Phileremi* Monachi Palæologi (*Martini* Lardenoy) de oratione dominica liber ex variis Sancti Augustini sententiis summâ fide contextus.
Parisiis. 1678. Desprez. 1 vol. in-12.

5651. — Explication de l'Oraison dominicale, composée des pensées et des paroles mesmes de S. Augustin, qu'on a extraictes avec une très-exacte fidélité. (Traduit du latin de Lardenoy par *Guill.* Le Roy).
Paris. 1674. Desprez. 1 vol. in-12.

5652. — Même ouvrage. 2ᵉ édit.
Paris. 1688. Desprez. 1 vol. in-12.

„ — Domini *Petri* de Allyaco tractatus de oratione dominica.
Voyez : N° 653.

„ — Dominicæ precationis explicatio. Cum quibusdam aliis.
Voyez : N° 3743.

„ — Expositio orationis dominicæ fratris *H.* Savonarolæ.
Voyez : N° 609, 5002, 5004.

5653. — Recueil des excellences de l'oraison dominicale, et des convenances de ses 7 Pétitions avec les 7 Dons du S. Esprit, les 7 Béatitudes, et les 7 Paroles que le Sauveur a proferé en la Croix. Avec l'exposition de la Salutation angélique. Par F. *Augustin* Carcat.
Poictiers. 1651. Thoreau. 1 vol. in-12.

5654. — La prière du pécheur pénitent, ou l'esprit avec lequel il doit réciter l'Oraison dominicale. Par le R. P. Cesar.
Paris. 1696. Mariette. 1 vol. in-16.

— Le dialogue, ou entretien sur l'Oraison mentale, écrit par un Religieux à deux personnes qui le prioient de leur apprendre à méditer. — Suite des Stations de Jerusalem. Nᵉ édit.
Lyon. 1715. Boudet. in-16.

5655. — Regrets d'une âme touchée d'avoir abusé long-temps de la sainteté du Pater. (Par *A.* Paccori).
Orléans. 1705. Rouzeau. 1 vol. in-16.

5656. — Explication de l'Oraison dominicale... Par M. (*Jean*) Hamon.
S. n. n. l. 1738. 1 vol. in-12.

5657. — Paraphrase de l'Oraison dominicale, en forme de méditations ; par le R. P. *Paul* Seigneri. Traduit de l'Italien, par M. l'Abbé.***
Paris. 1774. Berton. 1 vol. in-12.

5658. — Les sept méditations de S. Thérèse sur le Pater. Dix-sept autres méditations qu'elle a écrites après ses communions. Avec ses avis, ou sentences chrétiennes... Traduites de nouveau en françois (par Arnauld d'Andilly). Et imprimez en suite en espagnol.
Paris. 1655. Le Petit. 1 vol. in-16.

** — Conférences sur l'oraison dominicale, par le R. P. Bizault.
Voyez : N° 4815.

5659. — Le Pater médité, ou douze explications de l'Oraison dominicale adaptées aux principaux exercices de la vie chrétienne; suivi de Conseils à une jeune personne à l'époque de son entrée dans le monde. Par M. l'*Abbé* Herbet.
Paris. 1845. Lecoffre. 1 vol. in-16. Fig.

h. — *Méditations et considérations chrétiennes pour tous les jours de l'année ou du mois.*

5660. — L'année chrestienne, ou le sainct et profitable employ du tems pour gaigner l'éternité. Par le R. P. *Jean* Suffren. 4ᵉ édit.
Paris. 1648-1654. Sonnius et Bechet. 4 vol. in-4°.

5661. — L'année chrestienne dans son parfait accomplissement, ou l'employ de cette vie aux conquestes de l'éternité. Pour supplément aux œuvres du R. P. Suffren. (Par le P. *Nicolas* de Condé).
Paris. 1649. Sonnius et Bechet. 1 vol. in-4°.

5662. — Les méditations de Philagie, pour tous les jours de l'année, sur les festes de N. Seigneur, et de nostre Dame, et sur les plus beaux traicts de la vie de l'un des Saincts de chaque jour, qu'on pourra prendre pour protecteur.. Avec le supplément pour les festes mobiles. Par le P. *Paul* de Barry. 1ᵉ éd.
Lyon. 1649. Bordes. 3 vol. in-8°.

— 249 —

5663. — L'année saincte, ou l'instruction de Philagie pour vivre à la mode des Saincts, et pour passer sainctement l'année. Par le P. *Paul* DE BARRY.
Lyon. 1666. Borde et Barbier. 4 en 1 vol. in-4°.

5664. — Méditations sur la vie de Jesus-Christ pour tous les jours de l'année et pour les festes des Saincts. Composées et divisées en quatre parties, selon les quatre saisons de l'an. Par le P. *Julien.* HAYNEUFVE.
Paris. 1641-1646. S. Cramoisy. 4 vol. in-4°.

5665. — Abrégé des méditations sur la vie de Jesus-Christ pour tous les jours de l'année, et pour les festes des Saints. Par le P. *Julien* HAYNEUFVE. 8ᵉ édit. (1ʳᵉ et 2ᵉ partie, parties d'hyver et de printemps).
Paris. 1685. Seb. Mabre-Cramoisy. 2 vol. in-12.

— Abregé des méditations pour le temps des exercices qui se font dans la retraite de huit ou dix jours. Par le P. *Julien* HAYNEUFVE. 8ᵉ édit.
Paris. 1685. S. Mabre-Cramoisy. 1 vol. in-12.

5666. — Veritates practicæ, ex vita Domini Jesu, Sanctorumque gestis in singulos anni dies. Legendæ, considerandæ, prædicandæ. Opus quadripertitum. Authore P. *Juliano* HAYNEUFVE.
Rothomagi. 1652-1656. Lallemant. 4 vol. in-4°.

5667. — Les véritez et les vertus chrestiennes, ou méditations affectives sur les mystères de Jesus-Christ N. S. et sur les vertus par luy pratiquées et enseignées pendant sa vie. Disposées pour chacun jour de l'année... — Avec des exercices sur la Confession et Communion pour tous les dimanches et festes, et des méditations pour les retraites de dix jours. Par M. *Antoine* CAIGNET.
Paris. 1655. Buon. 4 vol. in-12.

5668. — Les véritez et excellences de Jesus-Christ N. S. recueillies de ses mystères, cachées en ses états et grandeurs; prêchées par lui sur la terre et communiquées à ses Saints. Disposées par méditations

pour tous les jours de l'année. Par le R. P. *François* Bourgoing.
Paris. 1666. Léonard. 1 vol. in-4°.

5669. — Méditations chrestiennes, pour les dimanches, les féries, et les principales festes de l'année. Par un Religieux Bénédictin de la Congrégation. de S. Maur. (Dom *Claude* Martin).
Paris. 1669. Billaine. 2 vol. in-4°.

5670. — Considérations sur les dimanches et les festes des mystères et sur les festes de la Vierge et des Saints. (Par *J.* Du Verger de Hauranne).
Paris. 1670. Savreux. 2 vol. in-8°.

5671. — Méditations pour tous les jours pe l'année sur les évangiles de chaque semaine. (Par *Ch.* Le Maistre).
Lyon. 1687. Anisson. 5 vol. in-12.

5672. — Pensées ou réflexions chrétiennes pour tous les jours de l'année. Par le R.P. *François* Nepveu. Nᵉ éd.
Brusselle. 1707. Foppens. 4 vol. in-12. rassortis.

5673. — Pensieri ovvero riflessioni cristiane per tutti i giorni dell' anno, del Padre *Francisco* Nepveu. Traduzione dal francese di *Selvaggio* Canturani.
Venezia. 1721. Baglioni. 4 vol. in-12.

5674. — Le jour évangélique, ou trois cens soixante-six véritez tirées du Nouveau Testament, pour servir de sujet de méditation chaque jour de l'année. Recueillies par J. B. (*P.* Quesnel). Abbé régul. de Rolduc.
Paris. 1700. Osmont. 1 vol. in-12.

5675. — Les Epitres et Evangiles pour toute l'année. (Avec des réflexions extraites du Nouveau Testament du P. *Pasquier* Quesnel).
Paris. 1705. Pralard. 3 vol. in-12.

5676. — Instructions chrétiennes et élévations à Dieu sur la Passion, avec les octaves de Pasque, de la Pentecoste, du S. Sacrement et de Noel. Tirées des Réflexions morales sur le Nouveau Testament. Par le R. *P.* Quesnel.
Paris. 1702. Pralard. 1 vol. in-12.

5677. — Instructions chrétiennes et prières à Dieu sur les Epistres et Evangiles pour tous les jours de l'année. (Tirées des Réflexions morales du P. Quesnel).5ᵉ éd.
Paris. 1716. Pralard. 1 vol. in-12.

5678. — Prières chrétiennes en forme de méditations sur tous les mystères de Notre-Seigneur, de la Sainte Vierge, et sur tous les dimanches et les fêtes de l'année. (Par le P. P. Quesnel). Nᵉ éd.
Paris. 1717. Josset. 2 vol. in-12.

5679. — Maximes chrestiennes pour tous les jours du mois. Par le P. J. Crasset).
Paris. 1689-1690. Michallet. 3 vol. in-12.

5680. — Considérations chrestiennes pour tous les jours du mois. Avec une pratique de piété sur chaque considération.
Paris. 1692. Desprez. 1 vol. in-12.

5681. — Sujets d'oraison pour les pécheurs, tirez des Epistres et des Evangiles de l'année. Par un Pécheur. (Le P. *François* de Clugny).
Lyon. 1695-1696. Briasson. 5 vol. in-12.

5682. — Sujets d'oraisons pour les pécheurs sur les Saints et les Saintes les plus remarquables, dont on fait les festes durant le cours de l'année ou qui ont excellé dans la vertu de pénitence. Par un Pécheur (le P. *François* de Clugny).
Lyon. 1696. Briasson. 2 vol. in-12.

5683. — La couronne de l'année chrétienne, et méditations sur les principales et plus importantes véritez de l'Evangile de Jesus-Christ. Disposées pour tous les jours de l'année, selon l'ordre des offices de l'Eglise. Par Mᵉ *Louis* Abelly. 11ᵉ éd.
Paris. 1698. Josse. 2 en 4 vol. in-12.

5684. — Méditations pour tous les dimanches de l'année. Dressées par l'ordre de Mg. l'Evêque de Saint Flour. (Par M. de Chomel).
Paris. 1653. Huré. 1 vol. in-12.

5685. — L'Evangile médité et distribué pour tous les jours de l'année, suivant la Concorde des quatre Evangélistes. (Par le P. *Bonaventure* Giraudeau, rev. et corr. par l'Abbé *Arn. Bern.* Duquesne).
Paris. 1773. Berton. 12 vol. in-12.

5686. — Même ouvrage. 4ᵉ édit.
Paris. 1789. Moutard. 8 vol. in-12.

5687. — Même ouvrage. Nᵉ édit.
Paris. 1829. Dufour et Cᶜ. 8 vol. in-12.

5688. — Réflexions morales sur les quatre Evangiles. Par le Révérend Père ancien Abbé de la Trappe (A. J. Bouthillier de Rancé).
Paris. 1699. Muguet. 4 vol. in-12.

5689. — Réflexions chrétiennes et morales sur des endroits choisis des quatre Evangélistes, et des Actes des Apôtres. (Par *Jean* Dupuy).
Paris. 1701. Boudot. 1 vol. in-12.

5690. — Méditations pour tous les jours de l'année, tirées des évangiles qui se lisent à la messe, et pour les festes principales des Saints. Par un Religieux Bénédictin (Dom *Jean Firmin* Rainssant). 4ᵉ éd.
Paris. 1708. Muguet. 1 vol. in-4°.

5691. — Méditations sur des passages choisis de l'Ecriture Sainte, pour tous les jours de l'année. Par le P. Segneri. Traduites de l'italien (par le R. P. *L. J.* Leau).
Paris. 1713. Le Conte et Montalant. 3 vol. in-12. Port.

5692. — Epistres et Evangiles des festes non chomées, avec de courtes réflexions, et un Abrégé des mystères et des vies des Saints dont on fait la fête pendant toute l'année. (Par l'Abbé De Lamare).
Paris. 1719. G. Desprez. 1 vol. in-16.

5693. — Méditations sur l'Evangile. Ouvrage posthume de Mᵉ *Jacques Benigne* Bossuet.
Paris. 1731. Mariette. 4 vol. in-12.

5694. — Instruction pastorale de Mg. l'Evêque de Troyes (*J. B.* Bossuet) au sujet des calomnies avancées dans le Journal de Trevoux, du mois de Février 1732, contre les *Méditations sur l'Evangile,* ouvrage posthume de feu M. Bossuet, Evêque de Meaux.
Paris. 1734. Alix. 1 vol. in-12.

5695. — Réflexions d'une âme pénitente pour tous les jours de l'année. Par le P. *C. G.* De la Feuille.
Nancy. 1721. Cusson. 4 vol. in-8°.

5696. — Méditations chrétiennes sur les Evangiles de tous les jours de l'année, et pour les principales festes des Saints, avec leurs octaves. Par un Religieux Bénédictin.. (Dom *Robert* Morel).
Paris. 1726. Jac. Vincent. 1 vol. in-4°.

5697. — Entretiens spirituels en forme de prières sur les évangiles des dimanches et des mystères de toute l'année. Par un Religieux Bénédictin de la Congrégation de S. Maur (Dom *Robert* Morel). N° édit.
Paris. 1748. Jacques Vincent. 4 vol. in-12.

5698. — Exercices de piété pour tous les jours de l'année. Par le P. *Jean* Croiset. 2° éd.
Lyon. 1724-1728. Boudet. 12 vol. in-12. Juillet manque.

5699. — Exercices de piété pour tous les dimanches et les fêtes mobiles de l'année. Par le R. P. *Jean* Croiset.
Lyon. 1725. Boudet. 5 vol. in-12.

5700. — Méditations sur la Concorde de l'Evangile, avec le texte de la Concorde des quatres Evangiles, partagé pour sujet de chaque méditation. (Par l'Abbé *Nicolas* Le Gros). (1).
Paris. 1730. Osmont. 3 vol. in-12.

5701. — L'année chrétienne, contenant les messes des dimanches, fêtes et féries (et les messes votives) de toute l'année, en latin et françois. Avec l'explication

---

(1) Une note manuscrite attribue cet ouvrage à *Mathieu* Feydeau, théologal de Beauvais.

des Epitres et des Evangiles, et un Abregé de la vie des Saints dont on fait l'office. (Par l'Abbé *Nicolas* Le Tourneux et *P. E.* Ruth d'Ans). N^e édit.
Paris. 1729-1733. Josset. 13 vol. in-12.

5702. — L'année chrétienne contenant l'explication des Epistres et Evangiles pour les dimanches, les festes et les féries de l'année. Par M. Le Tourneux. (Abrégé par l'Abbé *Claude* Le Queux).
Paris. 1746. Desaint et Saillant. 6 vol. in-12.

5703. — Année ecclésiastique, ou instructions sur le propre du temps, et sur le propre et le commun des Saints : avec une explication des Épitres et des Évangiles qui se lisent dans le cours de l'année ecclésiastique, dans les églises de Rome et de Paris. (Par l'Abbé *Nicolas* Le Duc).
Paris. 1734-39. Lottin. 15 vol. in-12.

5704. — Considérations chrétiennes pour tous les jours de l'année, avec les évangiles de tous les dimanches. Par le R. P. Crasset. N^e édit.
Paris. 1735. Delespine. 4 vol. in-12.

5705. — Instructions chrétiennes sur les mistères de N. Seigneur Jesus-Christ, et sur les principales festes; où sont expliqués les Evangiles et Epistres des dimanches de l'année. Par M. de S. G. (*Antoine* Singlin). N^e éd. rev. corr. (par l'Abbé Lequeux), et augm. de la vie de l'auteur (par l'Abbé Goujet).
Paris. 1736. Rollin. 12 vol. in-12.

5706. — L'année du chrétien, contenant des instructions sur les mystères et les fêtes; l'explication des Épîtres et des Évangiles. Avec l'Abregé de la vie d'un Saint, pour chaque jour de l'année. — Dimanches : 2 vol. Caresme : 3 vol. (Par le P. *Henri* Griffet).
Paris. 1747. Guerin. 5 vol. in-12.

5707. — Méditations sur les évangiles de l'année et pour les festes de Notre-Seigneur, de la Ste Vierge et des Saints. Par le R. P. *Pierre* MÉDAILLE.

Tulle. 1750. Chirac. 1 vol. in-16.

5708. — Méditations sur les principales vérités chrétiennes et ecclésiastiques, pour les dimanches, festes et autres jours de l'année. Par M. *Mathieu* BEUVELET.

Paris. 1752. David. 5 vol. in-12

5709. — La morale du Nouveau Testament, partagée en réflexions chrétiennes pour chaque jour de l'année. (Par le P. *Anne-Joseph* DE LA NEUVILLE.)

Paris. 1758. Hérissant. 4 vol. in-12.

5710. — La Religion chrétienne méditée dans le véritable esprit de ses maximes, ou cours suivi et complet de réflexions, ou de sujets de méditations pour chaque jour de l'année, sur les Épîtres et les Évangiles des dimanches et fêtes. (Par les Pères *François* JARD. et *Louis* DE BONNAIRE).

Paris. 1763. Prault. 5 vol. in-12.

5711. — Méditations sur les mystères de la Foi, et sur les Épîtres et Evangiles, tirées de l'Écriture Sainte et des Pères, distribuées pour tous les jours et fêtes de l'année, par un Solitaire de Sept-fonts (l'Abbé *Joachim* TROTTI DE LA CHETARDIE). 4e éd.

Paris. 1653. Garnier. 4 vol. in-12.

5712. — Réflexions morales sur le saint Évangile de Jésus-Christ, selon Saint-Matthieu, et sur le livre de Tobie. (Par l'Abbé *Nicolas* CABRISSEAU).

Paris. 1768. Hérissant, 1 vol. in-12.

5713. — Méditations sur les vérités chrétiennes et ecclésiastiques, tirées des Épîtres et Évangiles qui se lisent à la sainte messe tous les jours et principales fêtes de l'année... Par M. ** (J. CHEVASSU) Prêtre, Curé du diocèse de Saint-Claude 7e édit.

Lyon. 1771. Bruyset. 6 vol. in-12.

5714. — Méditations pour tous les jours de l'année, sur les

principaux devoirs du christianisme. (Par le P. *Henri* GRIFFET).
Paris. 1776. Guérin et Delatour. 1 vol. in-12.

5715. — Cours de méditations religieuses précédé d'une méthode pour entendre dévotement la sainte messe, et de maximes pour chaque jour du mois. (Par l'Abbé *J.-B.* LA SAUSSE.
Tulle. 1781. Chirac. 1 vol. in-12.

5716. — Journée chrestienne ou maximes chrestiennes pour tous les jours du mois. Par le R. P. *J.* CRASSET.
Paris. 1690. Coustelier. 1 vol. in-12.

c. — *Méditations sur les Sacrements.*

** — Tractatus de pænitentia ab Idiota *Fernando* DE LAS INFENTAS compositus. Ex idiomate italico in latinum traductus.
Voy. N° 616.

5717. — Entretiens et affectueuses résolutions de l'âme dévote au sainct Sacrement de l'autel. Par M. *Nicolas* DE LESTOCQ. 2ᵉ édit.
Paris. 1646. Goubert. 1 vol. in-8°.

5718. — Théologie eucharistique, ou les grandeurs divines et humaines de Jesus-Christ, sont expliquées par de riches rapports à l'auguste Sacrement de l'autel. Par Dom *Charles* BOURGEOIS.
Paris. 1659. S. Cramoisy. 1 vol. in-4°.

5719. — L'intérieur de Jésus-Christ en l'Eucharistie, renfermé dans nos tabernacles, ou exposé sur nos autels. Par le R.... Père BERNARDIN de *Paris*....
Paris. 1671. V. D. Thierry. 1 vol. in-8°.

5720. — Entretiens de dévotion sur le S. Sacrement de l'autel. Tirés des méditations et considérations du R. P. *Jean* CRASSET.
Paris. 1677. Michallet. 1 vol. in-12.

5721. — Méditations sur le très-saint Sacrement de l'autel, pour servir à toutes les heures du jour et de la nuit

aux adorateurs perpétuels de ce mystère. Par M° *Antoine* GODEAU.
Paris. 1686. Muguet. 1 vol. In-12.

5722. — Le mois eucharistique, ou les amours de Jésus-Christ au très-saint Sacrement de l'autel. En forme de méditations pour tous les jours du mois, disposez par octave. Par M. A. P. (*Albert* PICART) Prestre.
Paris. 1688. Veuve de Laize-de-Bresche. 1 vol in-12.

5723. — Pratiques de piété pour honorer le saint Sacrement Tirées de la doctrine des Conciles et des Saints-Pères. (Par *Jean* RICHARD).
Bruxelles. 1712. Les t' Serstevens. 1 vol. in-8°.

5724. — Prière au S. Sacrement de l'autel, pour chaque semaine de l'année, avec des méditations sur divers pseaumes de David, par feu M. PÉLISSON. 2° edit.
Paris. 1734. Mathey. 1 vol. in-16.

5725. — La dévotion à Notre Seigneur Jésus-Christ dans l'Eucharistie, par le P. *L.* VAUBERT. N° éd.
Paris. 1752. Berton. 2 vol. in-12.

5726. — L'amour de Jésus au très-saint Sacrement de l'autel. Par feu M. BOUDON. N° édit.
Paris. 1759. Hérissant. 1 vol. in-16.

5727. — Entretiens avec Jésus-Christ dans le très-saint Sacrement de l'Autel. Par un Religieux Bénédictin (Dom *Jean-Paul* DU SAULT). N° édit.
Paris. 1771. Delalain. 1 vol. in-12.

5728. — Visites au S. Sacrement, et à la sainte Vierge, pour chaque jour du mois. Par Mgr. *Alphonse* DE LIGUORI. Ouvrage nouvellement traduit en françois (par *Pierre* DORÉ), sur la 15° édition italienne. N° édit. augm. par l'Auteur de l'Ame élevée à Dieu (l'Abbé BAUDRAN).
Lyon. 1777. Périsse. 1 vol. in-12.

5729. — Trois jours d'adoration devant le saint Sacrement

exposé dans les divers sanctuaires, par M. l'Abbé (*Louis-Joseph-Honoré* HERBET).
Paris. 1851. Perisse fr. 1 vol. in-16.

5730. — Nouvelle méthode et conduite très-facile et dévote pour recevoir dignement les saints Sacremens de Confession et Communion. Tirée du Mémorial de la vie chrestienne du R. P. *Louis* DE GRENADE, par M. T. D. P. D. L. M.
Paris. 1668. Josse. 1 vol. in-12.

5731. — Prières du Pécheur pénitent, et du Pécheur reconcilié : avec des maximes sur la Pénitence et sur la Communion. (Par le P. ROUSSEAU).
Paris. 1733. Lottin. 1 vol. in-12.

5732. — Prières et instructions pour la Confession et Communion, à l'usage des retraites.
Paris. 1740.   1 vol. in-12.

" — Instructions pour la première Communion et pour la Confirmation.   Voyez : N° 3838.

5733. — Exercices sur les Sacremens de Pénitence et de la sainte Eucharistie. Par des prières courtes et des élévations à Dieu, tirées des Confessions de S. Augustin, et de l'Evangile. (Par *M.-Ant.* HERSANT).
Paris. 1750. Savoye. 1 vol. in-12.

5734. — Exercices de l'ame, pour se disposer aux Sacrements de Pénitence et d'Eucharistie. Par M. l'Abbé CLÉMENT. N° édit.
Paris. 1759. Guerin et Delatour. 1 vol. in-12.

" — Manuel de dévotion pour bien et dévotement se préparer à la sainte Communion. Par M. *René* BENOIST.   Voyez : N° 1613.

5735. — Nostre pain quotidien, ou la pratique de la fréquente Communion.... Par le R. P. *Jean* FALCONI. Traduit d'espagnol en françois.
Paris. 1672. Mille de Beaujeu. 1 vol. in-12.

5736. — Exercice de piété pour la Communion. Par le Père GRIFFET. N° éd.
Paris. 1752. Guerin et Delatour. 1 vol. in-12.

5737. — Le jour de communion, ou Jésus-Christ considéré sous les différens rapports qu'il a avec l'ame fidelle dans l'Eucharistie; suivi de Sentimens affectueux. Par M. l'Abbé de Saint-Pard (*P. N.* Vanblotaque).
Paris. 1714. Berton. 1 vol. in-12.

5738. — La dévotion des quinze communions pendant quinze mardys.. Par le R. P. *Louis* Bidault de Sainte Marie. 2ᵉ édit.
Paris. 1714. G. de Luyne. 1 vol. in-12.

5739. — Orpheus eucharisticus, sive Deus absconditus humanitatis illecebris illustriores mundi partes ad se pertrahens, ultroneas arcanæ majestatis adoratrices. Opus novum in varias historicorum Emblematum æneis tabulis incisorum centurias distinctum... Authore P. *Augustino* Chesneau. Tomus primus.
Parisiis. 1657. Lambert. 1 vol. in-8°. Fig.

5740. — Les emblêmes eucharistiques, composez par Messire *Albert* de Belin. 3ᵉ édit.
Paris. 1658. De Bresche. 1 vol. in-8°.

··· — Promesses et obligations du Sacrement de Confirmation.
Voyez : N° 2196.

d. — Retraites.

5741. — Méditations sur les plus grandes et plus importantes véritez de la Foy, rapportées aux trois vies spirituelles, à la purgative, à l'illuminative et à l'unitive, et dressées pour les retraites. Par le P. *Jean-Baptiste* Saint Jure. Nᵉ éd.
Paris. 1667. P. Le Petit. 2 vol. in-12.

5742. — Exercice de retraite.
Paris. 1688. S. Mabre-Cramoisi. 1 vol. in-12.

5743. — Retraite spirituelle du R.P. *Claude* La Colombière. Où sont marquées les grâces et les lumières particulières que Dieu lui communiqua dans ses exercices spirituels durant trente jours.
Lyon. 1702. Anisson et Posuel. 1 vol. in-12.

5744. — Avis et pratiques pour profiter de la mission et de la retraite, et en conserver le fruit. A l'usage des missions et des retraites du P. Du Plessis.
Paris. 1744. Guerin. 2 en 1 vol. in-12.

5745. — Pratiques de piété pour profiter de la mission ou de la retraite et en conserver le fruit, à l'usage des missions et des retraites du P. Du Plessis. N° éd.
Paris. 1746. Guerin, 1 vol. in-12.

5746. — Trente journées de retraite, en mémoire et à l'honneur des trente années de la vie cachée de nostre Seigneur Jésus-Christ; touchant les diverses misères de l'homme. — Dialogue de l'homme avec Jésus. Par *Louis* Dulaurens. 2° édit.
Paris. 1651. S. et G. Cramoisy. 1 vol. in-4°.

5747. — Retraite spirituelle pour un jour de chaque mois... Par le R. P. *Jean* Croiset. N° édit.
Lyon. 1750-1755. Bruyset Ponthus. 2 vol. in-12.
Le second volume a pour titre :
** — Réflexions chrétiennes sur divers sujets de morale.

5748. — Abrégé de la retraite spirituelle pour un jour de chaque mois. Par le P. Croizet.
Paris. 1724. Huart. 1 vol. in-12.

5749. — Moyens de conserver les bons sentimens que la retraite inspire sur les principales véritez de la Religion, pour servir de supplément à la retraite d'un jour de chaque mois. Par le R. P**. de la Comp. de Jésus. (*Jean* Croiset).
Paris. 1721. Huart. 1 vol. in-12.
** — Conduite pour la retraite du mois. Voyez : N° 5030-5037.
** — Pensées chrétiennes pour tous les jours du mois. Par *A.* Paccori.
Voyez : N° 5521.

5750. — Le vrai pénitent, ou motifs et moyens de conversion pour profiter des missions et des retraites. (Par l'Abbé *J. B.* Lasausse).
Paris. 1784. Périsse. 1 vol. in-12.

5751. — La manière de payer à Dieu le disme et le tribut

de la vie dont il nous donne l'usage. Distribuée en douze journées. Par le R. P. *François* POIRÉ.
Lyon. 1666. Cellier. 1 vol. in 12.

5752. — Retraite de quelques jours pour une personne du monde, par M* *Pierre-François* LAFITAU.
Paris. 1759. Hérissant. 1 vol. in-12.

5753. — Les exercices pour les dix jours. Par le P. *Simon* MARTIN.
Paris. 1644. Huré. 1 vol. in-12.

5754. — Abbrégé des méditations pour le temps des exercices qui se font dans la retraite de huit ou de dix jours.... Par le P. *Julien* HAYNEUFVE. N° éd.
Paris. 1663. Cramoisy. 1 vol. in-12.

5755. — Méditations sur ces mots Dieu et moy, pour une retraitte spirituelle de dix jours. Par un Père de la Comp. de Jésus (*Odet* DALIER). 3° édit.
Lyon. 1679. Molin. 1 vol. in-16.

5756. — Recueil de diverses retraites. La 1. Sur la qualité d'enfans de Dieu. La 2. Sur l'habitude de la présence de Dieu. La 3. Sur le dépouillement du vieil homme.
Paris. 1680. Pralard. 1 vol. in-12.

5757. — La manne du désert. Pour les personnes qui sont en retraite. Par le R. P. *J.* CRASSET.
Paris. 1677. Michallet. 1 vol. in-12.

5758. — Le chrétien en solitude. Par le R. P. *J.* CRASSET.
Paris. 1729. Delespine. 1 vol. in-12.

5759. — Retraites de la vénér. Mère MARIE DE L'INCARNATION, Religieuse Ursuline. — Avec une exposition succincte du Cantique des cantiques.
Paris. 1682. Billaine. 1 vol. in-12.

5760. — Méditations et retraites de la vén. Mère MARIE DE L'INCARNATION... Avec une exposition succincte du Cantique des Cantiques.
Paris. 1686. P. De Bats. 1 vol. in-12.

5761. — Retraite selon l'esprit et la méthode de Saint Ignace. Par le R. P. *François* Nepveu. 3° éd.
Paris. 1696. Michallet. 1 vol. in-12.

5762. — Méditations pour les retraites sur différens sujets, propres aux Religieuses et à toutes les personnes spirituelles.
Paris. 1763. Cusson. 1 vol. in-12.

5763. — Même ouvrage. 6ᵉ édit.
Paris. 1776. Bastien. 1 vol. in-12.

5764. — Retraites spirituelles propres à tous les états. Par feu le R. P. *Nicolas* Sanadon.
Paris. 1728. Dupuis. 1 vol. in-12.

5765. — Retraite du Père (*François*) de Salazar. Traduit de l'espagnol par le P. Margat. 14ᵉ édit.
Paris. 1732. Rollin. 1 vol. in-12.

5766. — Retraite de dix jours, pour les personnes consacrées à Dieu, et pour celles qui sont engagées dans le monde. Par le R. P. Avrillon.
Paris. 1733. Le Mercier. 1 vol. in-12.

5767. — Jésus-Christ pénitent, ou exercices de piété pour le tems du Carême, et pour une retraite de dix jours. Avec des Réflexions sur les sept Pseaumes de la Pénitence, et la Journée chrétienne. Par un Prêtre de l'Oratoire (*P.* Quesnel). Nᵉ édit.
Paris. 1738. Hérissant. 1 vol. in-12.

5768. — Le chrétien dirigé dans les exercices d'une retraite spirituelle, par le R. P. *Gabriel* Martel. Nᵉ édit.
Lyon. 1757. De Ville. 2 vol. in-12.

5769. — La Religieuse dans la solitude : retraite spirituelle. Par l'Auteur du Directeur dans les voies du salut (le P. Pinamonti). Traduite de l'italien sur la 12ᵉ éd. (par le P. *Jos.* de Courbeville). 3ᵉ édit.
Paris. 1700. Ganeau. 1 vol. in-12.

5770. — Retraite de dix jours, en forme de méditations, sur l'état de l'homme, sans Jésus-Christ, et avec Jésus-

Christ. Ouvrage posthume du P. D. L. B. P. D. L. (*Vivien* ou *Vidian* DE LA BORDE).
Paris. 1764. Hérissant. 1 vol. in-12.

5771. — Retraite spirituelle, ou conduite d'une ame qui aspire à la perfection, dans l'état religieux et séculier. Par le R. P. *François* LE LARGE. 7ᵉ édit.
Lyon. 1769. Brayset-Ponthus. 2 vol. in-12.

5772. — Retraite spirituelle, ou entretiens familiers, selon l'esprit de S. François de Sales et de Sainte Chantal. (Par l'Abbé *Arn. Bern.* DUQUESNE).
Paris. 1732. Veuve Simon. 1 vol. in-12.

5773. — Méditations pour le temps des exercices qui se font dans la retraite de huict jours... Par le P. *Julien* HAYNEUFVE.
Paris. 1643. S. Cramoisy. 1 vol. in-4°.

5774. — Conduite spirituelle pour les personnes qui veulent entrer en retraite. Par le R. P. *Claude* TEXIER.
Paris. 1677. Michallet. 1 vol. in-12.

5775. — Retraite pour les dames. Par le R. P. F. GUILLORÉ.
Paris. 1684. Michallet. 1 vol. in-12.

5776. — Méditations sur les plus importantes véritez du christianisme, pour une retraite. Par le R. P. MARTINEAU.
Paris. 1714. Mariette. 1 vol. in-12.

5777. — Retraite spirituelle pour les personnes religieuses, et pour celles qui aspirent à une plus grande perfection... Par le R. P. *François* NEPVEU. 3ᵉ édit.
Paris. 1722. Delespine. 1 vol. in-12.

5778. — Retraite spirituelle sur les vertus de Jésus-Christ. Par le Père (*J. B.* PRINGUET) DE BELINGAN. Nᵉ édit.
Paris. 1732. Rollin fils. 1 vol. in-12.

5779. — Retraite spirituelle pour tous les états, à l'usage des personnes du monde et des personnes religieuses. Par le P. J. B. DE BELINGAN. 2ᵉ édit.
Paris. 1751. Gissey. 1 vol. in-12.

5780. — Retraite de huit jours sur les principales vertus

chrétiennes et religieuses.(Par l'Abbé *Nic.* Le Gros. Publié par l'Abbé *Nic.* Cabrisseau).
Paris. 1738. Osmont. 1 vol. in-12.

5781. — Méditations pour une retraite spirituelle de huit jours, par le R. P. Huby. 4ᵉ édit.
Vannes. s. n. n. d. 1 vol. in-12.

5782. — Retraite chrétienne sur les véritez du salut. (Par l'Abbé Tiberge).
Paris. 1742. Delespine. 1 vol. in-12.

5783. — Retraites et méditations à l'usage des Religieuses, et des personnes séculières qui vivent en communauté. Par feu M. Tiberge.
Paris. 1745. Veuve Mazières. 1 vol. in-12.

5784. — Retraite spirituelle pour les personnes religieuses. Par le P. *Claude* Judde. Ouvrage posthume.
Paris. 1746. Gissey. 1 vol. in-12.

5785. — Exercices de retraite pour l'intervalle de l'Ascension à la Pentecôte; suivis des Pseaumes paraphrasés pour la Communion, de deux Exhortations pour le baptême d'un nègre, et de la Paraphrase de la prose *Dies iræ.* Par feu M. Cochin. Nᵉ éd.
Paris. 1786. Méquignon. 1 vol. in-12.

5786. — Retraite de quatre jours pour une congrégation de filles qui sont obligées de travailler en communauté.
Paris. 1721. Jombert. 1 vol. in-16.

e. — Préparation à la mort.

5787. — Apologeticus pro defunctis, hoc est, pro his qui communi mortalium sorti erepti sibi ipsis contra malignos obtrectatores patrocinari nequeunt : auctore *Petro* Bacherio.
Antuerpiæ. 1587. Plantinus. 1 vol. in-8º.

5788. — De la piété des Chrétiens envers les morts. Nᵉ édit.
Paris. 1719. Desprez. 1 vol. in-12.

5789. — *Des.* Erasmi *Roterodami* liber cum primis pius, de præparatione ad mortem...
Parisiis. 1534. Ch. Wechelus. 1 vol. in-8°.

5790. — Idem opus.
Parisiis. 1537. Nic. Buffet. 1 vol. in-8°.

— Axioma catholicum, seu institutio christiana, qua asseritur et probatur presentia corporis Christi in eucharistia, adversus Bucerum Berengarianæ hæresis instauratorem, æditum à Rev.. patre Dom. Roberto Abrincensi Episcopo...
Parisiis. 1534. Gaudoul. 1 vol. in-8°.

5791. — Imagines mortis.— His accesserunt, Epigrammata, è gallico idiomate à *Georgio* Aemylio in latinum translata.— Et *Des.* Erasmi liber De præparatione ad mortem.
Coloniæ. 1555. Hæredes Birckmanni. 1 vol. in-8°.

** — J. Clichtovei de doctrina moriendi opusculum.
Voyez : N° 4893.

5792. — Amaritudo dulcissima, sive de bono mortis et præparatione ad momentum, à quo pendet æternitas... Electa, et connexa, studio et meditatione P. F. *Antonii* de Boyenval, Peronensis.
Parisiis. 1638. J. Dugast. 1 vol. in-8°.

5793. — Gymnasium philosophiæ christianæ, hoc est : Praxis seu exercitium benè moriendi. Authore R. P. F. Martino a Matre Dei. Antehac vario idiomate frequenter editum : nunc primùm ex hispanico in latinum translatum per alium ejusdem Ordinis Religiosum. Accedit hac editione Praxis altera ad benè moriendum ven. P. F. Joannis a Jesu Maria.
Coloniæ Agrippinæ. 1641. Kalckhoven. 1 vol. in-12.

** — De arte benè moriendi, auctore R. Bellarmino.
Voyez : N° 4864-4865-4866.

5794. — *Philippi* Servii Amicus fidelis usque ad mortem, sive modus juvandi moribundos, ægris, sanisque perindè utilis. 5ª ed.
Leodii. 1665. Hoyoux. 1 vol. in-12.

— L'amy fidèle jusques à la mort, ou la manière de disposer le malade à bien mourir. Par le R.P. *Philippe* Servius (*Ph.* Bouchy).
Liége. 1684. Hoyoux. 1 vol. in-12.

5795. — Viri clarissimi *Wilbrandi* Weischeri Εὐθανασία sive considerationes triginta, quibus homo moribundus adversus mortis horrorem excitari possit animarique : opus posthumum.
Antuerpiæ. 1666. Moretus. 1 vol. in-8°.

5796. — Méthode pour assister les malades et les ayder à faire une bonne mort. Composée en latin par le R.P. *Jean* Polancus. Et traduite par C.C.(*Ch.* Cotolendi).
Paris. 1693. Barbin. 1 vol. in-12.

5797. — Pium fœdus plurimorum sacerdotum, ad impetrandum sibi mutuis conatibus Jesu morientis amorem, et felicem obitum. 3ª ed.
Duaci. 1665. Vidua Serrurier. 1 vol. in-32.

5798. — Calendarium exhibens methodum practicam benè moriendi, exemplis Sanctorum in singulos anni dies illustratum...
Pragæ. 1762. G. Schneider. 1 vol. in-12.

** — De la diferencia entre lo temporal y eterno. Por *E.* Nieremberg.
Voyez : N° 5129-5130.

5799. — Consolation et resjouissance pour les malades et personnes affligées. Par le R. P. *Estienne* Binet.
Rouen. 1625. De la Haye. 1 vol. in-12.

5800. — Les douces pensées de la mort. Par le Sr De la Serre.
Brusselles. 1627. Vivien. 1 vol. in-8°. Port.

5801. — La practique chrestienne pour consoler les malades et assister les criminels qui sont condamnez au supplice. Par M. *Pierre* de Besse.
Lyon. 1638. Rigaud. 1 vol. in-8°.

5802. — Le bon malade à la suite de Jésus-Christ au Cénacle, au Jardin des Olives, au Prétoire, et au pied de la croix sur le mont de Calvaire. Dédié à Messieurs le Premier et Eschevins de la Ville et Cité

d'Amiens. Par le P. Michel-Ange *de Gueret*, Capucin. (Frontispice par Blassel).
Amiens. 1639. R. Hubault. 1 vol. in-8°.

— Septem pharetræ cordis agonizantis ad manus sacerdotis juvantis eum. Universo Ambianensi Clero V. P. Michael-Angelus *à Garacto* offerebat..
Ambiani. 1639. R. Hubault. in-8°.

— Les funérailles méditées et amour de la mort. Par *J. B.* Du Val.
Paris. 1641. Ant. Robinot. in-8°. Grav.
Voyez : Hist. des Religions. N° 1667.

5803. — Le moyen de bien mourir. Tiré de la seconde partie du Livre de la Connoissance et de l'Amour du fils de Dieu nostre Seigneur Jésus-Christ. Du Père *Jean-Baptiste* S. Jure. 2° édit.
Paris. 1651. Cramoisy. 1 vol. in-12.

— Addresses et pratiques touchant la préparation à la mort. Tirées de l'Année chrestienne du R. P. *Jean* Suffren. Réduites en méditations et appliquées à tous les temps de la vie.. par un P. D. L. M. C.
Paris. 1665. Bechet. 1 vol. in-12.

5804. — Considérations chrétiennes sur la mort. (Par J. Du Verger de Hauranne).
Paris. 1668. Desprez. 1 vol. in-12.

— Préparation à une mort chrestienne, que l'on peut faire toutes les années... (Par le même).
Paris. 1655. Desprez. 1 vol. in-12.

5805. — La méthode affective pour assister les malades à mourir saintement.. Par le R. P. *Antoine* Lalande.
Paris. 1663. Couterot. 1 vol. in-8°.

5806. — La bonne mort, et les moyens de se la procurer, pour estre éternellement bien-heureux. Traduit de l'italien du R. P. *Jules-Cesar* Recupito.
Paris. 1663. Cl. Cramoisy. 1 vol. in-12.

5807. — La manière de consoler les malades, et les résoudre à la mort. Par *Pierre* Juvernay.
Rouen. 1664. Malassis. 1 vol. in-12.

5808. — Solitude ou retraitte de dix jours, pour se préparer pendant la vie à une bonne mort.
Paris. 1669. Lambert. 1 vol. in-8°.

5809. — Même ouvrage.
Paris. 1680. Hérissant. 1 vol. in-8°.

5810. — Le chrestien malade et mourant, contenant la manière de s'entretenir saintement dans de longues maladies, par des exercices pieux, des prières et des lectures tirez de l'Ecriture sainte et des Saints Pères... Par le Sieur *Joseph* DE LA CROIX.
Paris. 1674. Veuve Dauplet. 2 en 1 vol. in-12.

5811. — Considérations chrétiennes sur la mort. (Par le R. P. *François* GUILLORÉ). 2ᵉ édit.
Paris. 1675. Desprez. 1 vol. in-12.

5812. — Traité de la manière qu'un chrestien doit faire son testament, avec un Discours de la maladie et des dispositions nécessaires pour en profiter. Par M. (*Pierre*) SARAZIN.
Paris. 1678. Veuve G. Josse. 1 vol. in-12.

5813. — Instructions spirituelles pour la guérison et la consolation des malades. Par le R. P. *J.* CRASSET.
Paris. 1680. Michallet. 2 vol. in-12.

5814. — La douce et sainte mort. Par le R. P. *Jean* CRASSET.
Paris. 1702. Delespine. 1 vol. in-12.

5815. — Double préparation à la mort, par le P. *J.* CRASSET.
Liége. 1744. Leroux. 1 vol. in-16.

5816. — Préparation à la mort. Par le R. P. CRASSET. Nᵉ édit.
Paris. 1752. Hérissant. 1 vol. in-12.

5817. — La mort des élus, ou exercice chrétien pour se préparer à bien mourir... Par le P. ARCHANGE.
Paris. 1684. Coignard. 1 vol. in-12.

5818. — Les conseils de l'éternité. (Traduit de l'italien de *Daniel* BARTOLI).
Paris. 1688. Le Gras. 1 vol. in-12.

5819. — Traité du dernier jour de la vie des chrestiens. Sur la mort différente des justes et des pécheurs. Composé par le T. R. P. *Hyacinthe* LE FEBVRE.
Paris. 1691. Thierry. 1 vol. in-4°. Port.

5820. — L'elettione della morte overo la gran sorte di morir bene, o male in mano dell' huomo : discorsi del P. *Carlo Gregorio* ROSIGNOLI.
Bologna. 1693. Longhi. 1 vol. in-12.

5821. — La manière de se préparer à la mort pendant la vie, qui peut servir pour une retraite de huit jours. Par le P. *François* NEPVEU.
Paris. 1713. Michallet. 1 vol. in-12.

5822. — Idée d'un chrétien mourant, et maximes pour le conduire à une heureuse fin. Par le V. P. HELYOT.
Paris. 1694. Thierry 1 vol. in-12. (Sans titre).

5823. — Consolations contre les frayeurs de la mort. Avec un exercice pour s'y préparer. (Par le P. THORENTIER).
Paris, 1695. Boudot. 1 vol. in-12.

5824. — La science de bien mourir enseignée dans trente considérations. (Par le P. BASILE *de Soissons*).
Paris. 1696. G. De Luyne. 1 vol. in-12.

5825. — Entretiens spirituels pour instruire, consoler et exhorter les malades dans les différens états de leurs maladies. Par M. *Jean* PONTAS.
Paris. 1699. Muguet. 2 vol. in-12.

5826. — Exhortations aux malades en leur administrant le S. Viatique et l'Extrême - Onction. Tirées des Evangiles des dimanches, et des SS. Pères de l'Eglise. Par Mᵉ *Jean* PONTAS. 2ᵉ éd.
Paris. 1715. Muguet. 2 vol. in-12.

5827. — Exhortations avant et après l'administration du très-saint Viatique, avec quelques exhortations avant et après l'administration des Sacremens de Batême, de l'Extrême-Onction, et du Mariage... Par un Prêtre de l'Oratoire.
Toulouse. 1742. Le Mercier. 1 vol. in-8°.

5828. — Le bonheur de la mort chrétienne. Retraite de huit jours. Par le R. P. QUESNEL.
Beauvais. 1699. Courtois. 1 vol. in-12.

5829. — Même ouvrage. Nᵉ édit.
Paris. 1749. Langlois. 1 vol. in-12.

5830. — La mort chrétienne, sur le modèle de celle de N. S. Jésus-Christ, et de plusieurs Saints et grands personnages de l'antiquité. Le tout extrait des originaux.... Par un Relig. Bénéd..... (Jean MABILLON).
Paris. 1702. Robustel. 1 vol. in-12.

5831. — Paroles tirées de l'Ecriture sainte, pour servir de consolation aux personnes qui souffrent. Ouvrage postume du R. P. BOUHOURS. 2ᵉ édit.
Paris. 1705. Le Mercier. 1 vol. in-16.

5832. — Les secours spirituels que l'on doit au prochain, dans les maladies qui peuvent aller à la mort. Par le R. P. *Jean-Charles* LATTAIGNANT.
Paris. 1715. Barbou. 1 vol. in-12.

5833. — Préparation à la mort, ou le chrétien mourant. Divisé en deux tomes. Où il est traité de la préparation éloignée et prochaine à la mort. Par un Religieux Bénédictin... (Dom *Jean-Paul* DU SAULT).
Avignon. 1717. Ch. Giroud. 2 vol. in-8º.

5834. — Secours spirituels contenant des exhortations courtes et familières pour consoler les pauvres et les riches dans les différens états de la maladie. Par M. A. (*Antoine*) BLANCHARD.
Paris. 1722. Pralard. 1 vol. in-12.

5835. — Essai d'exhortations pour les états différens des malades... Par Messire *A.* BLANCHARD. Nᵉ édit.
Paris. 1736. Vᵉ Estienne. 2 vol. in-12.

5836. — Nouvel essay d'exhortations pour les états différens des malades... Par M. *Antoine* BLANCHARD.
Paris. 1718. J. Estienne. 2 vol. in-12.

5837. — Testament spirituel, ou prière à Dieu pour se disposer à bien mourir. Par le R. P. LALEMANT. Nᵉ éd.
Paris. 1727. Josse. 1 vol. in-16.

5838. — Réflexions sur Jésus-Christ mourant. Pour se préparer sur ce divin modèle, à une mort chrétienne. (Par le R. P. TRIBOLET).
Paris. 1729. Nyon. 1 vol. in-12.

5839. — Motifs de consolation dans les souffrances, avec un Exercice chrétien pour servir de préparation à la mort. (Traduit de l'italien du Père PINAMONTI).
Paris. 1732. Le Mercier. 1 vol. in-16.
5840. — Pratique efficace pour bien vivre et pour bien mourir, ou préparation à la bonne mort. (Par le P. BERNARDIN DE PICQUIGNY). 5ᵉ édit.
Paris. 1737. Vᵉ Le Mercier. 1 vol. in-12.
5841. — Entretiens spirituels en forme de prières, pour servir de préparation à la mort, sur ces paroles : *Utinam saperent et intelligerent!* Deut. 32.29. Par un Religieux Bénédictin.. (Robert MOREL) Nᵉ édit.
Paris. 1738. Vincent. 1 vol. in-12.
5842. — Sentimens chrétiens propres aux personnes malades et infirmes, pour se sanctifier dans leurs maux, et se préparer à une bonne mort. (Par *Marin* FILASSIER). 4ᵉ édit.
Paris. 1743. Paulus-du-Mesnil. 1 vol. in-12.
5843. — Commentaire affectif sur le pseaume *Miserere*, pour servir de préparation à la mort. Par le R. P. AVRILLON.
Paris. 1747. Pierres. 1 vol. in-12.
5844. — Traité de la mort et de sa préparation, tiré des Livres Saints. Par M. l'Abbé LE PELLETIER.. 2ᵉ éd.
Paris. 1747. Huart. 1 vol. in-12.
5845. — Instructions chrétiennes pour servir d'exhortation et de préparation à la mort.
Paris. 1748. Savoye. 1 vol. in-16.
5846. — Considérations sur les vérités les plus importantes du christianisme... Avec une conduite pour se disposer à une mort chrétienne. Par M. l'Abbé D. C.**
Amiens. 1751. Veuve Godart. 1 vol. in-16.
5847. — Exercices d'une retraite spirituelle de dix jours, pour se disposer à bien mourir. Avec la passion de notre Seigneur Jésus-Christ, et la prière de l'Eglise pour les agonisans.
Lyon. 1695. Plaignard. 1 vol. in-12.

5848. — Exercices de la bonne mort. Par le R. P***, Capucin.
Paris. 1781. Edouard. 1 vol. in-12.

5849. — Exercice très-utile pour se préparer à la mort. Contenant les actes nécessaires pour bien disposer l'ame à ce dernier passage. Avec les prières pour les agonisans mises en françois.
Paris. 1673. Leonard. 1 vol. in-16.

" — On trouvera également des préparations à la mort et des prières pour les mourants dans la Liturgie.
On peut aussi consulter les N°* 2871 à 2887.

f. — Recueils de prières.

5850. — Sacra cantica divini cultus sincerè ad fidem et hebraïcam et græcam. Per *Rodolphum* MAGISTRUM.
Parisiis. 1656. s. n. 1 vol. in-12.

" — Precationes aliquot celebriores è sacris Bibliis desumptæ.
Voyez : N° 819.

5851. — Antidotarius animæ, per Amplexorem (*Nicolaum* DE SALICETO) fidelissimæ recognitus.
Parisiis. 1553. Gull. Merlin. 1 vol. in-12.

5852. — Thesaurus christianarum precationum, ex adytis præstantissimorum Vatum, præsertim veterum, nunc primùm erutus.... Auctore *Alberto* HUNGERO.
Ingolstadii. 1580. Sartorius. 1 vol. in-12.

" — J. ROYARDI soliloquium, seu formula Deum precandi.
Voyez : N° 4139

5853. — Thesaurus litaniarum ac orationum sacer. Cum suis adversus Sectarios apologiis. Opera P. *Thomæ* SAILLY editus. Novo ordine dispositus.
Parisiis. 1599. Chappellet. 1 vol. in-12.

5854. — Thesaurus litaniarum sacer. Opera P. *Thomæ* SAILLII. Tertiò editus.
Bruxellæ. 1607. Rutgerus. 1 vol. in-12.

" — D. ERASMI precationes.
Vide : *D.* ERASMI opera.

5855. — *Henrici* KYSPENNINGII precationes christianæ et gravissimæ ad justè pièque vivendum admonitiones,

ex S. Scriptura. et orthodoxis Patribus selectæ.
Parisiis. 1603. Chappelet. 1 vol. in-12.

** — Paradisus precum ex L. GRANATENSIS opusculis.   Voyez : N° 5159.
** — V. P. Lud. BLOSII preculx.   Voyez : N° 4870.
** — Fasciculus mellifluarum precum L. BLOSII.   Voyez : N° 4871.
** — Orationes et aspirationes ex operibus J. BONA. Voyez : N° 4879.
** — Pia precationum exercitia Egb. SPITHOLDII.   Voyez : N° 5010.

5856. — Precationum piarum et devotarum pro omni hominum statu et conditione Enchiridium, ex sanctorum Patrum, et illustrium tam veterum, quàm recentium piorum atque doctorum Authorum scriptis, et orandi formulis concinnatum : per *Simonem* VERREPEUM.
Parisiis. 1604. G. De la Noue. 1 vol. in-12.

5857. — Christianæ preces. Opus *Caroli* PASCHALII. 3ª ed.
Parisiis. 1609. Perier. 1 vol. in-12.

5858. — *Joannis* SUICARDI precationes sacræ.
(1611). 1 vol. in-12. sans titre. Fig.

5859. — Enchiridion LEONIS Papæ serenissimo Imperatori Carolo Magno in munus pretiosum datum nuperrimè mundis omnibus purgatum.
Romæ. 1660. 1 vol. in-16.

5860. — Sanctarum precationum pharus quibuslibet diei horis accommodata, singulis Christianis maximè commoda et omninò perutilis. Opusculum ex sacra Scriptura, Patribus Ecclesiæ, Breviario Romano, ac variis probatis et religiosis Authoribus excerptum, et ordine distributum.
Parisiis. 1663. Jacquin. 1 vol. in-12. Fig.

** — *Joannis* HAMON orationes diversæ.   Voyez : N° 620.

5861. — *Petri* PITHOEI comes theologus, sive spicilegium ex sacra messe.
Parisiis. 1684. Dion. Thierry. 1 vol. in-12.

5862. — Litanies tirées de l'Ecriture sainte, qui contiennent en substance toute la doctrine chrétienne (par G. LE ROY). Imprimées par l'ordre de Mg. l'Evesque

et Comte de Chaalons... 2ᵉ édition rev., corr. et augmentée de nouvelles Litanies de S. Joseph.
Chaalons. 1672. J. Seneuze. 1 vol. in-12.
5863. — Même ouvrage. N° édit.
Paris. 1722. Desprez. 1 vol. in-12.
5864. — Litanies des saincts Hermites et Solitaires de l'un et de l'autre sexe, en latin et en françois. Distribuées en sept classes, pour tous les jours de la semaine.
Paris. 1662. Huré. 1 vol. in-8°.

** — Verscheyden litanien. Voyez : N° 5060.

5865. — Dévotes prières et méditations sur divers sujets, latines et françoises, extraittes des Pseaumes de David. (Par *Guillaume* RIBIER).
Blois. 1657. J. Hotot. 1 vol. in-12.
5866. — Les heures du chrestien, divisées en trois journées; qui sont la journée de la pénitence, la journée de la grâce, et la journée de la gloire. Où sont compris tous les offices, avec plusieurs prières... Le tout fidèlement traduit en vers, et en prose, selon la diversité des matières. Par le Sieur MAGNON.
Paris. 1654. Seb. Martin. 1 vol. in-8°. Fig.
5867. — Heures en vers françois, contenant les CL Pseaumes de David, selon l'ordre de l'Eglise. Où sont compris les Offices de la Vierge, les sept Pseaumes pénitentiaux, l'Office des Morts, les Vespres, Complies, Heures canoniales, et Cantiques... Nouvellement traduit et composé par M° *Claude* SANGUIN.
Paris. 1680. Jean De la Caille. 1 vol. in-4°. Fig.
5868. — Avis et exercices spirituels, pour bien employer les jours, les semaines, les mois et les années de la vie. Par le R. P. *Jean* SUFFREN.
Paris. 1680. Couterot. 1 vol. in-12.
5869. — Prières chrétiennes selon l'esprit de l'Eglise, pour servir d'instruction aux nouveaux catholiques sur les devoirs ordinaires de la Religion. Recueillies et

imprimées par l'ordre de Mg. l'Archevêque de Paris.
Paris. 1686. Muguet. 1 vol. in-12.

5870. — Abrégé des principaux devoirs du chrétien, ou de la prière continuelle.
Paris. 1692. Langlois. 1 vol. in-12.

5871. — Prières chrétiennes pour toute la journée ; avec une briève instruction sur la doctrine chrétienne.
S. n. n. l. n. d. 1 vol. in-12.

5872. — Motifs et pratiques des principales vertus chrétiennes, avec des considérations affectueuses sur la Mort et Passion de N.-S.-Jésus-Christ.
Paris. 1723. Hérissant. 1 vol. in-16.

5873. — Prières sur les Épitres et sur les Évangiles, par feu M. PELLISSON.
Paris. 1735. Mathey. 1 vol. in-16.

5874. — Conduite d'un chrétien dans les prières qu'il fait ; dans les sentimens de piété qu'il conçoit ; dans les actes de vertu qu'il produit..; et dans la manière de vivre saintement dans le monde.
Paris. 1739. 1 vol. in-12.

5875. — Exercice de prière. Par M. DE BEAUMONT.
A la suite :
Exposition des principales vérités de la religion catholique, pour en faciliter aux fidèles la pratique par les mérites du divin Cœur de Jésus, et leur indiquer le grand moyen d'obtenir une bonne mort.
Rouen. 1751. J. A. Varangue. 1 vol. in-12.

5876. — Exercices de piété, ou manuel de la Congrégation établie au collége de Tours, rue Serpentes. (Par *Pierre* BELLUOT).
Paris. 1757. Le Mercier. 1 vol. in-12.
Supplément au livre intitulé : *Moyens de salut*, etc. Contenant deux exercices de piété : sçavoir, la Science du crucifix en forme de méditations, et la Dévotion à la très-sainte Vierge dans la récitation du Rosaire.
Paris. 1756. Le Mercier. 1 vol. in-12.

5877. — Heures pour Messieurs les Pensionnaires des RR. PP. Jésuites. Contenant tous les exercices ordinaires du chrétien, avec diverses pratiques de piété. Par le R. P. *Jean* Croiset. Nouvelle édit.
Lyon. 1750. Bruyset. 1 vol. in-12.

— Règlemens pour Messieurs les Pensionnaires des Pères Jésuites ; qui peuvent leur servir de règle de conduite pour toute leur vie. Par le même. 6ᵉ édit.
Lyon. 1749. Bruyset. In-12.
Voyez aussi : Hist. des relig. N° 1259.

5878. — Prières à l'usage des personnes religieuses, et de celles qui sont dans la retraite : dédiées à son A. R. Madame la Duchesse d'Orléans, Religieuse à l'Abbaie royale de Chelles.
Paris. 1719. F. Barois. 1 vol. in-12.

5879. — Prières pour passer dévotement la journée, avec une conduite pour la confession et sainte communion, quelques exercices de piété, et l'office de la Sainte Vierge sans renvoi. 7ᵉ édit. A l'usage des Pensionnaires des Religieuses Ursulines.
Amiens. 1746. Vᵉ Godart. 1 vol. in-12.

5880. — Formulaire de prières, à l'usage des Pensionnaires des Religieuses Ursulines. Nouvelle édit.
Paris. 1765. Debansy. 1 vol. in-12.

** — Selva d'orationi... Voyez : N° 5085.

5881. — Orationi divote raccolte da' diversi libri spirituali. Dalla Sereniss. Eletrice Adelaide, Duchessa dell'una, e l'altra Baviera, Principessa Reale di Savoia.
Torino. 1662. Sinibaldo. 1 vol. in-16.

5882. — Recreacion del alma, de muchas oraciones de Sanctos cotidianos, para los que se exercitan en sacarlos, y suspiran de noche y dia por la soberana Ciudad celestial. Recopiladas por *Miguel* Buxeda.
Barcelona. 1621. Seb. de Cormellas. 1 vol. in-16.

5883. — Instructions and devotions for hearing Mass.
S. n. n. l. 1694. 1 vol. in-12.

5884. — Katholisch speyszkamerl der andachtiger Gottliebenden Seel darinner vil andachtige Gebett und hochnutzliche unde weisungen begriffen seynd.
   Nurnberg. 1625. Jungern. 1 vol. in-16.
5885. — Cantiques spirituels de l'amour divin pour l'instruction et la consolation des ames dévotes. Composez par un Père de la Compagnie de Jésus.
   Paris. 1664. Lambert. 1 vol. in-8.
   — Noels nouveaux et cantiques spirituels, composez et mis en lumière sur les plus beaux airs de Cour et chants du temps. Pour la troisième augmentation sur les nouveaux airs de cette année.
   Paris. 1667. Rafflé. in-8. Incomplet.
** — Cantiques à l'usage des Religieuses et Demoiselles de Sainte-Aure.   Voyez : N° 4817.
** — Cantiques et noels.   Voyez : Belles-lettres Nos 1890 à 1904.
** — Prières chrestiennes pour dire en visitant les Eglises durant le Jubilé. Par M. *Antoine* GODFAU.   Voyez : N° 3838.
5886. — Prières pour le Jubilé.
   1 vol. in-12 contenant :
   — Prières pour gagner le Jubilé universel, octroyé par N. S. P. le Pape Clément IX. afin d'obtenir pour sa Sainteté la grâce de bien gouverner l'Eglise, et la paix entre les Princes chrestiens. Par mandement de Mg. l'ill. et rev. Evesque d'Amiens.
   Amiens. 1668. Vᵉ Robert Hubault. in-12.
   — Prières pour gagner le Jubilé universel, octroyé par N. S. P. le Pape Clément X, afin d'obtenir pour sa Sainteté la grâce de bien gouverner l'Eglise, et la paix entre les Princes chrestiens. Par commandement de Mg. l'ill. et rev. Evesque d'Amiens.
   Amiens. 1671. Vᵉ Robert Hubault. in-12.
   — Prières ordonnées pendant le Jubilé par Mg. l'Evesque d'Amiens. Pour demander à Dieu tous les secours nécessaires aux Chrestiens contre l'injuste oppression des Turcs sur le Royaume de Pologne.
   Amiens. 1673. Vᵉ Robert Hubault. in-12.
   — Prières ordonnées par Mg. l'Evêque d'Amiens. Pour gaigner le Jubilé universel octroyé par N. S. P. le Pape Innocent XI.
   Amiens. 1677. Vᵉ Robert Hubault. in-12.
   — Prières ordonnées par Mg. l'Evêque d'Amiens. Pour gagner le Jubilé universel octroyé par N. S. P. le Pape Innocent XI Pour

demander à Dieu les secours nécessaires aux Chrétiens contre les Turcs. Pour la ville d'Amiens.
Amiens. 1684. V° Robert Hubault. in-12.

— Prières ordonnées par Mg. l'Evêque d'Amiens. Pour gagner le Jubilé universel octroyé par N. S. P. le Pape Innocent XII.
Amiens. 1694. V° Rob. Hubault. in-12.

— Prières désignées par Mg. l'Evêque d'Amiens. Pour gagner le Jubilé de l'Année sainte, octroyé par N. S. P. le Pape Clément XI.
Amiens. 1702. Ch. Caron-Hubault. in-12.

— Prières ordonnées par Mg. l'Evêque d'Amiens. Pour gagner le Jubilé universel octroyé par N. S. P. le Pape Innocent XIII.
Amiens. 1721. Ch. Caron-Hubault. in-12.

— Instruction familière, dressée en forme de catéchisme (sur le Jubilé) : réimprimé par l'ordre de Mg. l'Evêque d'Amiens.
Amiens. 1721. Ch. Caron-Hubault. in-12.

— Prières ordonnées par Mg. l'Evêque d'Amiens. Pour gagner le Jubilé universel octroyé par N. S. P. le Pape Benoist XIII.
Amiens. 1724. Ch. Caron-Hubault. in-12.

— Prières ordonnées par Mg. l'Evêque d'Amiens. Pour gagner le Jubilé de l'Année sainte, octroyé par N. S. P. le pape Benoist XIII.
Amiens. 1726. Ch. Caron-Hubault. in-12.

— Prières ordonnées par Mg. l'Evêque d'Amiens. Pour gagner le Jubilé accordé par N. S. P. le Pape Benoist XIV.
Amiens. 1745. Ch. Caron-Hubault. in-12.

— Autre exemplaire avec la bulle et le mandement de l'Evêque.
Amiens. 1745. Ch. Caron-Hubault. in-12.

— Prières pour le Jubilé de l'Année sainte, ordonnées par Mg. l'Evêque d'Amiens. (Pour Abbeville).
Amiens. 1751. V° Ch. Caron-Hubault. in-12.

— Autre exemplaire avec la bulle et le mandement. (Pour Amiens).
Amiens. 1751. V° Ch. Caron-Hubault. in-12.

— Prières pour les stations du Jubilé accordé par N. S. P. le Pape Clément XIII. Imprimées par ordre de Mg. l'Evêque d'Amiens.
Amiens. 1759. V° Ch. Caron-Hubault. in-12.

— Prières pour les stations du Jubilé accordé par N. S. P. le Pape Clément XIV. Imprimées par ordre de Mg. l'Evêque d'Amiens.
Amiens. 1770. L. Ch. Caron. in-12.

— Jubilé accordé par N. S. P. le Pape Pie VII, imprimé par autorité de M. l'Evêque d'Amiens, à l'usage de son Diocèse.
Amiens. 1804. An 12. Caron l'aîné. in-12.

— Le même.
Amiens. 1804. An 13. Caron Berquier. in-12.

5887. — Prières pour réciter en actions de graces, de la miséricorde que Dieu fait à la Ville et au Diocèse d'Amiens, de les délivrer de la maladie contagieuse. Par commandement de Mg. l'ill. et rev. Evesque d'Amiens (*François* FAURE).
   Amiens. 1683. V° Hubault 1 vol. in-12.

5888. — Mandement de Mg. l'ill. et rev. Evêque, comte de Noyon (*Fr.* DE CLERMONT). Avec les instructions, avis et prières, pour disposer ses diocésains à recevoir dignement les graces du Jubilé, marquées dans la Bulle apostolique de N. S. P. le Pape Innocent XI.
   Saint-Quentin. 1682. Cl. Le Queux. 1 vol. in-8°.

5889. — Prières ordonnées par Messieurs les vénérables Doyen, Chanoines et Chapitre de l'Eglise royale de saint Quentin. Pour dire dans les églises de leur juridiction, où les stations du Jubilé sont désignées de leur autorité.
   Saint-Quentin. 1696. V° Cl. Le Queux. 1 vol. in-12.

5890. — Bulle, mandement, instructions et prières pour le Jubilé accordé par N. S. P. le Pape Benoist XIII et publié par Mg. J.-Joseph LANGUET, Evêque de Soissons.
   Soissons. 1724. Courtois. 1 vol. in-12.

5891. — Instructions pour le Jubilé de l'Année sainte. Ordonnées par S. Em. Mg. le cardinal DE NOAILLES, Archev. de Paris.
   Paris. 1729. Delespine. 1 vol. in-12.

5892. — Instruction en forme de catéchisme sur le Jubilé accordé par N. S. P. le Pape Benoist XIV pour l'année 1751. Imprimée par l'ordre de Mg. l'Evêque d'Arras (*Fr.* BAGLION DE LA SALLE).
   Arras. 1751. Duchamp. 1 vol. in-12.

III. — Dévotions particulières.

a. — Dévotion à Jésus-Christ.

5893. — Affectus amantis Christum Jesum, seu exercitium amoris erga Dominum Jesum pro tota hebdomada. Auctore P. *Petro* CHASTELAIN.
Parisiis. 1648. Bechet. 1 vol. in-4°.

5894. — Méditations sur la vie de nostre Sauveur Jésus-Christ. Par *Pierre* COTON.
Paris. 1614. Foucault. 1 vol. in-12. Figures.

5895. — Discours de l'estat et des grandeurs de Jésus, par l'union ineffable de la Divinité avec l'Humanité... Par *Pierre* Cardinal DE BÉRULLE. 3ᵉ édit.
Paris. 1629. Estienne. 1 vol. in-8°.

5896. — Des attraits tout puissants de l'amour de Jésus-Christ, et du Paradis de ce monde. Par le R. P. *Estienne* BINET.
Paris. 1631. S. Cramoisy. 1 vol. in-8°.

5897. — Exercices sacrés de l'amour de Jésus, consacrés à luy-mesme. Par le R. P. *Severin* RUBERIC.
Paris. 1638. Moreau. 1 vol. in-8°.

5898. — La connoissance et l'amour de Jésus-Christ. Par le R. P. PIERRE DE LA MÈRE DE DIEU.
Paris. 1646. Veufve Chevalier. 1 vol. in-4°.

5899. — Les sacrez stratagèmes de l'amour divin dans le cours de la vie mourante et triomphante de Jésus-Christ. . Par le P. *Paul* MORVAN.
Paris. 1668. Henault. 3 en 1 vol. in-4°.

5900. — La vie et le royaume de Jésus dans les âmes chrestiennes. Par le P. *Jean* EUDES. Nᵉ éd.
Paris. 1653. Vᵉ S. Huré. 1 vol. in-12.

5901. — Même ouvrage. Nᵉ édit.
Caen. 1666. Poisson. 1 vol. in-8°.

5902. — La sainteté de Dieu exprimee en Jésus-Christ, pour servir d'exemplaire à la sainteté de tous les Etats.

Par un Serviteur de Dieu. (BERNARDIN de *Paris.*)

Paris. 1674. Veuve Thierry. 1 vol. in-12.

5903. — La dévotion vers nostre Seigneur Jésus-Christ, souverainement bon : souverainement grand : souverainement saint. Pour servir de lecture spirituelle à l'Homme d'oraison pendant tout le cours de l'année. Par le R. P. *Jacques* NOUET.

Paris. 1679-81. Muguet. 3 vol. in-4°.

5904. — De la connoissance et de l'amour du fils de Dieu nostre Seigneur Jésus-Christ. Par le P. *Jean-Baptiste* SAINT JURE. 12° édit.

Paris. 1688. S. Mabre-Cramoisy. 1 vol. in-fol.

5905. — Réflexions chrétiennes et morales, sur tous les mystères, actions et miracles de Notre Seigneur Jésus-Christ, qui peuvent servir tant d'idée pour prêcher que pour méditer. Par M. DE MELLO.

Paris. 1697. Couterot. 2 vol. in-12.

5906. — De la connoissance et de l'amour de N. S Jésus-Christ. Par le P. *J.-B.* DE BELINGAN. N° édit.

Paris. 1735. Rollin. 1 vol. in-12.

5907. — Vie affective de Jésus, composée en forme d'actions de grâces et de prières. Par M. DE BAUJEU.

Paris. 1735. Prault. 1 vol. in-16.

5908. — Le verbe incarné, ou instructions pratiques, et prières, pour se renouveller dans les sentimens de la piété envers Jésus-Christ... Avec une explication des O de l'Avent. (Par *Claude* LEQUEUX). N° éd.

Paris. 1754. Hérissant. 1 vol. in 12.

5909. — Motifs d'amour envers Jésus-Christ. Par M. AUBRY.

Pezenas. 1760. Fuzier. 1 vol. in-12.

5910. — Jésus consolateur dans les différentes afflictions de la vie. Par le R. P. *Hubert* HAYER. 2° édit.

Paris. 1768. Nyon. 1 vol. in-12.

5911. — De l'amour de notre Seigneur Jésus-Christ. (Par le P. *Fr.* NEPVEU). 2° édit.

Paris. 1771. Berton. 1 vol. in-12.

5912. — Association à l'amour divin, sous la protection de la très-sainte-Vierge Mère de Dieu.. de S¹-Joseph.. et de S¹ Jean..
Lyon. 1774. Rusand. 1 vol. in-16.

5913. — Les trois voyages de l'âme dévote à la crèche de Jésus incarné, à la croix de Jésus crucifié, à l'autel de Jésus immolé. (Par le P. *Amable* BONNEFOUS).
Lyon. 1663. 1 vol. in-12 Fig.

5914. — La dévotion envers la Sainte Enfance de Jésus : ensemble les prières qui se chantent tous les vingt-cinq de chacun mois. Avec la Bulle de nostre S. P. le Pape Alexandre VII.
Paris. 1677. Le Conte. 1 vol. in-16.

5915. — Réflexions, sentimens et pratiques sur la Divine Enfance de Jésus-Christ ; tirez de l'Ecriture et des Pères de l'Eglise. Par le R. P. AVRILLON. 4ᵉ édit.
Paris. 1750. Veuve Pierres. 1 vol. in-12.

5916. — De universa historia Dominicæ Passionis meditationes quinquaginta : auctore R. P. *Fr.* COSTERO.
Antuerpiæ. 1600. Moretus. 1 vol. in-12.

5917. — Paradisus Sponsi et Sponsæ, in quo messis myrrhæ et aromatum, ex instrumentis ac mysteriis Passionis Christi colligenda, ut ei commoriamur.— Et Pancarpium marianum septemplici titulorum serie distinctum. Auctore P. *Joanne* DAVID.
Antuerpiæ. 1618. B. et J. Moreti. 1 vol. in-8°.

5918. — Crux triumphans et gloriosa, à *Jacobo* BOSIO descripta libris sex.
Antuerpiæ. 1617. B. et J. Moreti. 1 vol. fol. fig.

5919. — Christus patiens *Caroli* SCRIBANI piis exercitationibus illustratus.
Antuerpiæ. 1629. Nutius. 1 vol. in-4°.

5920. — Christus crucifixus, sive de perpetua cruce Jesu Christi a primo instanti suæ conceptionis usque ad extremum vitæ tractatus, à Rev. et Ex. P. F. *Thomas* LEONARDI. 2ᵃ edit.
Lovanii. 1649. Nempæus. 1 vol. in-16.

5921. — *Thomæ* Bartholini De cruce Christi hypomnemata IV. — I. De sedili medio.—II. De vino myrrhato.—III. De corona spinea.—IV. De sudore sanguineo.
Amstelodami. 1670. Frisius. 1 vol. in-12.

— Titulus sanctæ crucis, seu historia et mysterium tituli sanctæ crucis D. N. Jesu Christi, libri duo. Authore *Honorato* Nicqueto.
Antuerpiæ. 1670. And. Frisius. in-12.

— F. *Cornelii* Curtii de clavis dominicis liber.
Antuerpiæ. 1634. Aertssens. in-12.

" — Voyez aussi : Histoire N° 4821.

5922. — Meditationes suavissimæ animæ amore sauciæ dilecti sui melliflua vitæ et passionis mysteria expendentis... Per R. P. F. Servatium à S Petro.
Coloniæ. 1668. Friessem. 1 vol. in-8°.

5923. — Contemplacion del crucifixo, y consideraciones de Christo crucificado, y- de dolores que la Virgen sanctissima padescio al pie de la cruz. Compuestas por el P. Fr. *Andres* de Soto.
En Anveres. 1601. Moreto. 1 vol. in-8°.

6924. — Le triomphe de Jésus, et voyage de l'âme dévote s'acheminant, quarante journées, au mont de Calvaire... Par le V. P. F. P. Crepet (Crespet).
Paris. 1604. Gesselin. 1 vol. in-8°.

6925. — Méditations sur la vie et passion de N. Seigneur Jésus-Christ : de la bien-heureuse Vierge Marie, et des Saincts.. Par le R. P. *Vincent* Bruno. Traduictes d'italien en françois par M. *Cl.* de Bassecourt, et *Phil.* du Sault. Enrichie de tables.. pleines d'observations sur les dictions plus remarquables des Evangiles, par F. *N.* Bernard.
Lyon. 1615. Rigaud. 4 en 1 vol. in-4°.

5926. — Les colloques du Calvaire, ou méditations sur la passion de N. S. Jésus-Christ, en forme d'entretiens pour chaque jour du mois. Par M. Courbon.
Paris. 1693. Michallet. 1 vol. in-12.

5927. — Les figures de l'honneur et dignité de la Croix dans les tables des deux Testaments... Par *Henry* DE MONTAGU, sieur DE LA COSTE.
Paris. 1615. Gueffier. 1 vol. in-8°

5928. — Jésus crucifié de nouveau... Par le R. P. Fr. *Jean* DE REYROLES.
Paris. 1636 Josse. 1 vol. in-4°.

5929. — Dieu mourant d'amour pour les hommes... Par le R. P. F. *Anastase* DELAUR.
Lyon. 1641. Prost. 1 vol. in-8°.

5930. — Le livre des Eluz. Jésus-Christ en croix. Composé par le P. *Jean-Baptiste* SAINT-JURÉ.
Paris. 1643. V⁰ Camusat. 1 vol. fol.

5931. — Le livre des Elus, ou Jésus crucifié. Ouvrage du P. *Jean-Baptiste* DE SAINT-JURE. Rev. et corr. par M. l'Abbé ** (DE SAINT-PARD). 2⁰ édit.
Paris. 1771. Berton. 1 vol. in-12.

5932. — Le maistre Jésus-Christ enseignant les hommes, où sont rapportées les paroles qu'il a proférées de sa divine bouche pour leur instruction. Par le P. *Jean-Baptiste* S. JURE.
Lyon. 1679. Certe. 1 vol. in-12.

5933. — Le saint esclave de la Croix de Jésus. Par le R. P. *Claude* VALDORY 2⁰ édit.
Paris. 1668. Henault. 1 vol. in-8°.

5934. — La perpétuelle Croix ou Passion de N. S. Jésus-Christ, depuis son Incarnation jusques à la fin de sa vie, et depuis la fin de sa vie, jusques à la fin du monde... Traduit du latin du P. *Ludoque* ANDRIEZ. Par un Père de la mesme Compagnie.
Paris. 1659. Lambert. 1 vol. in-12. Fig.

5935. — De la dévotion de saint François Xavier à Jésus-Christ crucifié. Par M. M. P.
Paris. 1679. De Laize-de-Bresche. 1 vol. in-8°.

5936. — Le catéchisme de la Croix, ou la doctrine des véri-

tables épouses de Jésus crucifié. Par *Jean* DE LA RUSSALIÈRE.
Paris. 1671. Michallet. 1 vol. in-12.

5937. — Elévation à Jésus-Christ Nostre-Seigneur sur sa passion et sa mort... Par un Prêtre de l'Oratoire. (P. QUESNEL) 3ᵉ édit.
Paris. 1690. Veuve Coignard. 1 vol. in-12.

5938. — La croix ou la passion de Jésus-Christ, dès le commencement de son incarnation jusqu'à la fin de sa vie mortelle. Représentée par figures. Avec des explications et réflexions morales.
Rouen. 1709. Le Prevost. 1 vol. in-12.

5939. — La dévotion au Calvaire. Par M. LE FEBVRE. Nᵉ éd.
Douay. 1739. Willerval. 1 vol. in-12.

5940. — Les saintes voies de la croix, où il est traité de plusieurs peines intérieures et extérieures, et des moyens d'en faire un bon usage. Par feu M. *Henri-Marie* BOUDON.
Paris. 1769. Hérissant. 1 vol. in-12.

5941. — Pensées et affections sur la passion de Jesus-Christ, pour tous les jours de l'année; tirées des divines Ecritures et des Sᵗˢ Pères, par le R. P. CAJETAN-MARIE *de Bergame*. Traduites de l'italien par le R. P. *Benoit* GRIMOD.
Lyon. 1766. Cizeron. 3 vol. in-12.

5942. — Méditations sur la passion de Notre-Seigneur Jésus-Christ, pour chaque jour du mois, en forme d'élévations. Nᵉ édit.
Lyon. 1768. Perisse. 1 vol. in-16.

5943. — Devotion à Jésus crucifié, érigée en Société dans l'église paroissiale de S. Firmin le Martyr à Amiens, dit en Castillon, à l'occasion d'une Croix bénite avec la permission de Mg. Louis-François-Gabriel d'Orléans de la Motte, Evêque d'Amiens, et placée sur la porte principale par M. Pleard, curé de cette église, le 24 d'aout 1745.
Amiens. 1747. Vᵉ Ch. Caron-Hubault. 1 vol. in-12.

5944. — Pelerinage du calvaire sur le Mont-Valérien, et les fruits qu'on doit retirer de cette dévotion. Par M. DE PONTBRIAND. N° édit.
Paris. 1755. Babuty. 1 vol. in-16. Fig.

5945. — Templ consacret dar passion Jesus-Christ, batisset gaut ar speret glan er galon ar Christen devot. Composet gant an Tat *Julian* MANER.
Quemper-Caurintin. 1671. Blanc. 1 vol. in-12. Fig.

5946. — Corona sacratissimorum Jesu Christi vulnerum xxxv considerationibus ex sacra Scriptura, sanctis Patribus, Historia ecclesiastica potissimum desumptis illustrata. Per F. *Guilielmum* DE WAEL.
Antuerpiæ. 1649. Vid.et.hær. Cnobbari. 1 vol. in-8°. Fig.

5947. — Considérations sur la dévotion à la sainte épine de la couronne de N. Seigneur, qui est au Monastère de Port-Royal. Avec l'hymne, antiennes et oraisons sur le mesme sujet.
Paris. 1657. 1 vol. in-16.

5948. — La couronne de J.-C. victorieuse, ou la Sainte Espine triomphante... Par F. *E.* TUBŒUF.
Paris. 1669. Josse. 1 vol. in-12. Fig.

5949. — La véritable dévotion au sacré Cœur de Jésus-Christ. Par le P. ** (*François* FROMENT).
Besançon. 1699. Rigoine. 1 vol. in-12.

5950. — La dévotion au sacré Cœur de Jésus-Christ. (Par le P. *Jean* CROISET). 5° édit.
Rouen. 1735. Oursel. 1 vol. in-12.

5951. — La dévotion au sacré Cœur de N. S. Jésus-Christ. Avec la Bulle de N. S. Père le Pape Clément XI en faveur de cette même dévotion. L'Abregé de la vie de sœur Marguerite-Marie Alacoque, Religieuse de la Visitation Sainte Marie. Avec l'office de l'Église pour cette même dévotion, et l'office de la Divine Providence et de la Divine Miséricorde, en latin et en françois. Par le R. P. *Jean* CROISET.
Lyon. 1741. Bruyset. 2 vol. in-12.

5952. — Même ouvrage. Où on a ajouté une Pratique de dévotion pour honorer le sacré Cœur de la très-sainte-Vierge Marie... N° édit.
Paris. 1741. Josse. 1 vol. in-12.

5953. — L'excellence de la dévotion au cœur adorable de Jesus-Christ. (Par le P. *Joseph* DE GALLIFFET).
Nancy. 1745. Veuve Baltasar. 1 vol. in-4°.

5954. — Idée nette et parfaite au racourci de la dévotion au sacré Cœur de Jésus.
Paris. 1750. Valleyre. 1 vol. in-12. Fig.

5955. — Le parfait adorateur du sacré Cœur de Jésus, ou exercice très-nécessaire pour les Associés à la dévotion du sacré Cœur de Jésus. Par *Gabriel* NICOLLET.
Paris 1753. Lamesle. 1 vol. in-12.

5956. — Précis de la dévotion au sacré Cœur de Jésus, contenant les instructions, pratiques et prières nécessaires pour les Associés à cette dévotion. Avec la messe et les vêpres du jour de la fête, un cantique en l'honneur du sacré Cœur, et la dévotion des quinze samedis du saint Rosaire.
Paris. 1759. Valleyre. 1 vol. in-12.

5957. — Le culte de l'amour divin, dans la dévotion au sacré Cœur de Jésus, par M° *Jean-Félix-Henri* DE FUMEL. N° éd. augm. des Réponses aux objections contre cette dévotion, et de paraphrases morales sur plusieurs pseaumes.
Lodève. 1776. 2 vol. in-12.

5958. — Dissertation dogmatique et morale ; ou lettre d'un Prieur à un ami, au sujet de la nouvelle édition du livre de M. de Fumel, intitulé : *Le Culte de l'amour divin...* (Par l'Abbé DE LA PORTE).
En France. 1777. 1 vol. in-12.

5959. — Exercices de piété, pour passer saintement la veille et le jour de la fête du S. Cœur de Jésus, et les premiers vendredis de chaque mois. Ouvrage dans lequel on a inséré la neuvaine en l'honneur de ce

divin Cœur. Par l'Auteur de l'*Imitation de la Sainte-Vierge* (l'Abbé d'Hérouville).
Avignon. 1770. Offray. 1 vol. in-16.

5960. — Neuvaine à l'honneur du sacré Cœur de Jésus. Par l'Auteur de l'*Imitation de la très Sainte-Vierge*. (l'Abbé d'Hérouville).
Avignon. 1770. Niel. 1 vol. in-16.

5961. — Neuvaine à l'honneur du sacré Cœur de Jésus, avec des prières et des pratiques pour chaque jour. Par l'Auteur de l'*Ame élévée à Dieu*. (l'Abbé Baudran).
Lyon. 1773. Manteville. 1 vol. in-16.

5962. — Instructions, pratiques et prières pour la dévotion au sacré Cœur de Jésus, en faveur des Confréries autorisées par les indulgences des Souverains Pontifes, et établies par les Prélats dans plusieurs diocèses ; surtout à Paris....
Paris. 1728. Bordelet. 1 vol. in-12.

5963. — La dévotion au cœur de Jésus. Recueil d'instructions et de prières, pour l'Association du Cœur de Jésus, chez les Religieuses de la Visitation de Strasbourg.
Strasbourg. 1740. Le Roux. 1 vol. in-12.

5964. — Adoration perpétuelle du sacré Cœur de Jésus, etablie à Sainte Aure le 1er juillet 1779, avec l'approbation de Mg. Ch. de Beaumont, Archev. de Paris.
Paris. 1782. Simon. 1 vol. in-12.

5965. — Sacrosancti nominis Jesu cultus et miracula. Auctore F. *Carolo* Stengelio.
Augustæ Vindelicorum. 1613. Daberius. 1 vol. in-8°.

b. — Dévotion au S. Esprit.

** — Consultez les N°s 2818 à 2822.

5966. — Traité de la dévotion au Saint-Esprit. Tiré des livres saints. Par un Solitaire de Sept-Fonds. (*Joach.* Trotti de la Chétardie).
Paris. 1735. 1 vol. in-12.

c. — *Dévotion à la Vierge.*

Consultez le Titre V. Chap. II. *e.*

5967. — Elogia mariana alphabeticis literis ordine digesta... Auctore R. P. *Joanne* VINCARTIO.
Tornaci. 1668. Quinqué. 1 vol. in-4°.

5968. — Opus marianum, sive de laudibus et virtutibus Mariæ Virginis Deiparæ, in quatuor partes divisum, Speculum marianum — Speculum sapientiæ et charitatis Jesu et Mariæ — Polemicas marianas — Florida mariana. Auctore *Martino* DEL RIO.
Lugduni. 1697. Cardon. 1 vol. in-8°.

5969. — Hebdomada Mariana ex orthodoxis catholicæ Romanæ Ecclesiæ Patribus collecta.. Auctore *Richardo* STANIHURSTO.
Antuerpiæ. 1609. Moretus. 1 vol. in-12.

" — Pancarpium Marianum. Auctore P. J. David. Voyez : N° 5917.

5970. — Maria Deipara thronus Dei, de Virginis beatissimæ Mariæ laudibus præclarissimis, sub typo divini throni in Apoc. c. 4. adumbratæ, deque pietate ac devotione qua eadem Deipara à nobis colenda est... Auctore *Petro Antonio* SPINELLO.
Coloniæ Agr. 1619. Gymnicus. 1 vol. in-4°.

5971. — Amor Deiparæ Virginis Mariæ, R. P. *Petri-Antonii* SPINELLI, de pietate ac devotione erga Deiparam Virginem Mariam tractatus...
Coloniæ Agr. 1620. Gymnicus. 1 vol. in-12.

5972. — Viridarium SS. Deiparæ Virginis Mariæ. In quod variæ figurarum veteris Testamenti plantationes, omnes ejus vitam adumbrantes, ex gravissimorum Doctorum areolis translatæ et insitæ sunt. Opera et arte R. P. *Benedicti* GONONI.
Lugduni. 1642. Drobet et Huguetan. 1 vol. in-12.

5973. — Itinerarium animæ ad Palmam Virgineam, sive Palma Virginea 72 ramusculorum juxta numerum

annorum Virginis, divisa in quinque palmis...Auctore R. P. *Bernardo* Roberti à *Crypta Minervæ.*
Neapoli. 1647. Beltranus. 1 vol. in-fol.

5974. — Rev. et ill. D. *Joseph* de Lazerda Maria effigies, revelatioque Trinitatis et attributorum Dei.
Lugduni. 1651. Anisson. 1 vol. in-fol.

5975. — Corona anni Mariani ex sanctorum Patrum sententiis, Reginæ cœli præconia spirantibus contexta per R. P. F. *Joannem* Thomam a S Cyrillo.
Coloniæ. 1657. Demenius. 1 vol. in-8°.

5976 — Domus propitiationis pauperis, sive patrocinium Mariæ Deiparæ. Auctore P. F. *Francisco* Van Hondegem, *Hasebroucano.*
Bruxellæ. 1655. Vivienus. 1 vol. in-4°.

5977. — Trophæa Mariana, seu de. victrice misericordia Deiparæ patrocinantis hominibus... Auctore R. P. *Joanne Eusebio* Nierembergio.
Antuerpiæ. 1658. Cnobbarus. 1 vol. in-fol.

5978. — Nomenclator Marianus, seu nomina sanctissimæ Virginis Mariæ, Dei genitricis, ex Scriptura, sanctisque Patribus petita... Authore P. *H.* Nicqueto.
Rothomagi. 1664. Maurry. 1 vol. in 4°.

5979. — De imitatione Dominæ nostræ, gloriosæ Virginis et Deiparæ Mariæ. Auctore R. P. *Francisco* Aria. Nunc è gallico in latinum sermonem conversus per *Andream* Hoium.
Antuerpiæ. 1605. Keerbergius. 1 vol. in 12.

5980. — L'Imitation de la sainte Vierge et des Saints, ou la pratique abrégée de la perfection chrétienne, renfermée dans les paroles et les exemples de ces grands modèles ; tirée des œuvres spirituelles du R. P. A. (Arias), 2ᵉ édit. augm. du Directeur spirituel, tiré des écrits de S François de Sales. (Par le P. *J. Fr.* de Courbeville).
Lyon. 1747. Delaroche. 2 vol. in-12.

5981. — *Augustini* Triumphi *Anconit.* in salutationem, et

annunciationem angelicam Deiparæ præstitam commentarius à M. F. *Angelo* Roccha è tenebris erutus, auctus, et illustratus.
Romæ. 1590. Basa. 1 vol. in-4°.

— *Augustini* Triumphi *Anconit.* in Canticum Deiparæ Mariæ Virginis commentarius a M. F. *Angelo* Rocca è tenebris erutus, et illustratus.
Romæ. 1590. Accolti. in-4°.

— Stellarium coronæ gloriosissimæ Virginis, ipsius laudibus, ut solaribus radiis circumfulgens...R. P. F. Pelbarto de *Themesvvar* auctore.
Venetiis. 1586. Bertanus. in-4°.

Voyez aussi : N° 908 et 4110.

** — D. *Petri* de Allyaco devota meditatio super *Ave Maria*.

Voyez : N° 653

** — Devota sed excellentissima expositio super Ave Maria. Per patrem *Franciscum* de Maronis edita. — Artificiosa contemplatio super Salve regina per inclitum oratorem M. Martinum. Voyez : N° 653.

5982. — De vita et laudibus Deiparæ Mariæ Virginis, meditationes quinquaginta. Auctore R. P. *Francisco* Costero. — Ejusdem de Cantico *Salve Regina*, meditationes septem.
Coloniæ Agripp. 1609. Hierat. 1 vol. in-12.

— In hymnum *Ave maris Stella*, meditationes. Auctore R. P. *Francisco* Costero.
Coloniæ Agripp. 1600. Hierat. 1 vol. in-12.

5983. — Cinquante méditations de la vie et louanges de la Vierge Marie Mère de Dieu. Avec 7 méditations sur le cantique *Salve Regina*... Traduites du latin du R. P. *François* Coster.
Rouen. 1614. Daré. 1 vol. in-12.

5984. — Stella mystica quæ omnibus ad optatum æternæ beatitudinis portum appellere desiderantibus se ducem præbet in hymnum *Ave maris Stella* concinnata. Primum à R. P. *Francisco* Bonaldo gallicè cons-

cripta, et nunc recens a F. *Ant.* Duloken in latinam linguam conversa.
Duaci. 1608. Boscardus. 1 vol in-16. Fig.

5985. — Ænigmatum sacrorum pentas, *Alphonsi* Tostati paradoxa. De Christi, Matrisque ejus misteriis, animarum receptaculis posthumis, jucundissimæ disputationes. In epitomen servata integra autoris sententia... contraxit R. P. *Leander* de S. Martino.
Duaci. 1621. Bellerus. 1 vol. in-8°.

— Curiositas regia. Octo quæstiones jucundissimæ simul et utilissimæ à Maximiliano I. Cæsare *Joanni* Trithemio propositæ, et ab eodem piè et solidè solutæ.
Duaci. s. d. Bellerus. in-8°.

5986. — Enigmes sacrez : composez en l'honneur de la Vierge Marie par le grand Evesque d'Avila Tostat. Nouvellement expliquez avec une facile méthode, applicable aux festes solemnelles de la mesme Vierge. Par le R. P. F. *Robert* Guellin.
Paris. 1619. Durand. 1 vol. in-8°.

5987. — Hieroglyphica mariana sive liber de sacris imaginibus, atque similitudinibus, quibus in Cantico canticorum à Salomone B. Virginis Mariæ virtutes atque perfectiones depinguntur. Auctore ven. P. F. *Nicolao* De Le Ville.
Lovanii. 1660. Bouvetius. 1 vol. in-8°.

5988. — Trattenimenti spirituali per chi desidera d'avanzarsi nella servitù, è nell' amore della Santissima Vergine... Opera del P. *Alessandro* Diotallevi.
Venezia 1719. Poletti. 3 vol. in-12.

5989. — La dévotion à Notre-Dame. Par le P. Segneri. Traduite de l'italien par le R. P. De Courbeville.
Nancy. 1732. Baltazard. 1 vol. in-12.

5990. — Cinq livres de méditations théologiques, et récréations spirituelles, sur le Cantique de la vierge Marie. Par *Pierre* Le Loyer.
Paris. 1614. Buon. 1 vol. in-4°.

5991. — Le jardin d'honneur de la Vierge Marie, où se cueillent les fruicts de toute la vie de Jésus-Christ, et de la Vierge sa très-saincte Mère... Le tout recueilly de l'Ecriture Saincte et de la doctrine des Pères... Par M. I. R. P. (*Jean* Rousson, Prêtre).
La Flèche. 1619. Hebert. 1 vol. in-8°.

5992. — Thrésor sacré des prérogatives et grandeurs de la glorieuse et très Saincte-Vierge Marie, Mère de Dieu, divisé en trente-deux chapitres sur son antienne *Alma Redemptoris mater*. Par F. *Jacques* JEANNE.
Paris. 1620. Moreau. 1 vol. in-8°.

5993. — L'esclave de la Vierge Marie. Par M. DE LONGUETERRE.
Lyon. 1624. Decœursilli. 1 vol. in-8°.

5994. — Le grand chef-d'œuvre de Dieu, et les souveraines perfections de la saincte Vierge sa Mère. Par le R. P. *Estienne* BINET.
Paris. 1635. Chappelet. 1 vol. in-8°.

5995. — Les grandeurs sur-éminentes de la très-sainte Vierge Marie Mère de Dieu, participées des grandeurs divines, et fondées sur le mystère de l'incarnation. Composez par le R. P. *Nicolas* L'ARCHEVESQUE.
Paris. 1638. G. Macé. 1 vol. in-4°.

5996. — La triple couronne de la bien-heureuse Vierge Mère de Dieu, tissue de ses principales grandeurs d'excellence, de pouvoir et de bonté, et enrichie de diverses inventions pour l'aimer, l'honorer et la servir. Par le R. P. *François* POIRÉ. N° éd.
Paris. 1639. Sébastien Cramoisy. 2 vol. in-fol.

5997. — La magnificence de Dieu envers sa saincte Mère, déclarée par mille cent vingt et deux de ses éloges, et tiltres d'honneur... Par le R. P. *Paul* DE BARRY.
Lyon. 1641. Rigaud. 1 vol. in-12.

5998. — Le paradis ouvert à Philagie, par cent dévotions à la Mère de Dieu. Par le R. P. *Paul* DE BARRY. 17° éd.
Lyon. 1665. Beaujollin. 1 vol. in-12.

5999. — Le tableau des vertus morales et théologales dépeintes en la sainte Vierge, sous la figure des deux sœurs Marthe et Magdelene. Par D. *Thomas* BONNET.
Paris. 1646. Boulenger. 1 vol. in-8°.

6000. — Les grandeurs de Marie la Saincte Vierge, la Mère de Jésus, le Sainct Verbe incarné, avec l'Office du chrestien, disciple de la croix. Pour méditer les sept jours de la sepmaine saincte, sur les sept paroles de nostre sauveur, mourant au Calvaire... Composez par *Jaques* DE HILLERIN.
Paris. 1648. Denis Bechet. 1 vol. in-fol.

6001. — Les privilèges de la Vierge Mère de Dieu. Par Messire *D.* DE PRIEZAC.
Paris. 1648. Vitré. 1 vol. in-8°.

6002. — Le glaive de douleur qui outrepercea l'ame de la très-saincte Vierge Marie, esclercy selon l'interprétation des Saints Pères, et enrichy de plusieurs histoires... Par F. *Jacques* DE LA PORTE.
Douay. 1645. B. Bellère. 1 vol. in-8°.

6003. — Le chasteau, ou palais de la Vierge d'amour. Contenant quarante chambres, qui désignent quarante vertus, ou perfections de Nostre-Dame. Exercice révélé de Dieu à Marie Tessonnier, native de Valence en Dauphiné. Recueilly et mis au net, par le R. P. *Louys* DE LA RIVIÈRE. 2ᵉ partie.
Lyon. 1653. Prost. 1 vol. in-12.

6004. — Le mystère de la pureté accomply en la mère de Dieu : présenté au chrestien pour modèle de sa vie. Par le R. P. D'ORMESSON. 2ᵉ éd.
Paris. 1653. Cramoisy. 1 vol. in-8°.

6005. — Méthode admirable pour aymer, servir et honorer la Vierge Marie nostre advocate. De l'italien du R. P. *Alexis* DE SALO.
Rouen. 1654. L'Allemant. 1 vol. in-12.

6006. — L'aimable mère de Jésus. Traité contenant les divers motifs qui peuvent nous inspirer du respect, de la dévotion et de l'amour pour la très-sainte Vierge.Traduit de l'espagnol par le R. P. d'OBEILH.

Amiens. 1671. Rob. Hubant (Sic). 1 vol. in-16.

6007. — La communion de Marie mère de Dieu, recevant le corps de son propre fils en l'Eucharistie. Par le P. BERNARDIN *de Paris*.

Paris. 1672. Thierry. 1 vol. in-12.

6008. — Conférences théologiques et spirituelles sur les grandeurs de la très-sainte Vierge Marie Mère de Dieu. Par le P. *Louis François* D'ARGENTAN.

Rouen. 1680. Vaultier. 2 vol. in-8°.

6009. — Les grandeurs de la mère de Dieu.

Paris. 1681. Billaine. 2 vol. in-4°.

6010. — La solitude des vierges, ou la vie et les vertus de la très-sainte Vierge.. Par le P. GENTIL.

Paris. 1696. Anisson. 1 vol. in-12.

6011. — La cité mystique de Dieu, miracle de sa toute-puissance, abime de la grace, histoire divine et la vie de la très-sainte Vierge Marie Mère de Dieu, notre Réine et Maîtresse, manifestée dans ces derniers siècles par la même sainte Vierge à la Sœur MARIE DE JÉSUS, Abesse du Monastère de l'Immaculée Conception de la ville d'Agreda... (MARIE CORONEL), qui l'a écrite par le commandement de ses supérieurs et de ses confesseurs, traduite de l'espagnol par le P. *Thomas* CROSET.

Brusselle. 1715-1717. Foppens. 3 vol. in-4°.

6012. — Même ouvrage.

Brusselle. 1717. Foppens. 8 vol. in-12.

6013. — La solide et véritable dévotion envers la sainte Vierge. Par le R. P. PALLU.

Paris. 1745. Durand. 1 vol. in-12.

6014. — Les véritables motifs de confiance que doivent avoir les fidèles dans la protection de la sainte Vierge.

Paris. 1745. Bordelet. 1 vol. in-16.

6015. — Même ouvrage. 7° édit.

Paris. 1752. Bordelet. 1 vol. in-16.

6016. — L'Imitation de la très-sainte Vierge sur le modèle de l'Imitation de J.-C. (Par l'Abbé d'Hérouville).
Paris. 1768. Berton. 1 vol. in-16.

6017. — Les grands secours de la divine providence par la très-sainte Vierge Mère de Dieu, invoquée sous le titre de Notre-Dame du Remède... Par feu M. *Henry-Marie* Boudon.
Paris. 1769. Hérissant. 1 vol. in-12.

6018. — La dévotion aux mystères de Jésus-Christ et de Marie, connue sous le nom de la Dévotion des quinze samedis. Par M. l'Abbé ***.
Paris. 1790. Didot l'aîné. 1 vol. in-16.

6019. — Les grandeurs de Marie, ou méditations pour chaque octave des fêtes de la sainte Vierge, par M. l'Abbé (*Arn. Bern.*) Duquesne.
Paris. 1791. Moutard. 2 vol. in-12.

6020. — Les joies, les douleurs et les gloires de Jésus et de sa sainte mère, ou nouveau mois de Marie, par M. l'Abbé Herbet. 2ᵉ édit.
Paris. 1856. Périsse fr. 1 vol. in-16.

6021. — Petit mois de Marie médité par M. l'Abbé Herbet.
Paris. s. d. Lecoffre. 1 vol. in-24.

** — Voyez, pour les offices de la Vierge, les Nᵒˢ 1610 à 1616.
** — Pour les confréries, voyez : Hist. des religions, Nᵒˢ 1438 et suiv.

6022. — Le pelerin de Lorete accomplissant son vœu faict à la glorieuse Vierge Marie Mère de Dieu. Par *Louys* Richeome.
Arras. 1604. G. De la Rivière. 1 vol. in-8°.

6023. — Exposition de la très-utile confédération d'amour, sous le titre de Notre-Dame auxiliatrice érigée à Munich par Son Altesse Sérénissime Mg. Maximilien, Electeur de Bavière, et confirmée par notre S. P. le Pape Innocent XI, le 18 aout 1684. Traduit d'allemand en françois par un Prêtre confédéré.
Strasbourg. 1684. Schmouck. 1 vol. in-12.
Consultez aussi les Nᵒˢ 1443 et suiv.

·· Pour les pèlerinages en l'honneur de la Vierge, consultez :

      Hist. des religions. N°ˢ 2168 et suiv.

·· — B. Alanus de Rupe redivivus de Psalterio seu Rosario Christi ac Mariæ. Auctore R. P. F. J. And. COPPENSTEIN.

      Hist. des religions, N° 1442.

6024. — In quindecim mysteria sacri Rosarii Deiparæ Virginis Mariæ exercitationes, per P. *J.* BOURGESIUM.
Antuerpiæ. 1622. Aertssius. 1 vol. in-8°.

6025. — La divine méthode de réciter le saint rosaire par articles, pratiquée par le glorieux patriarche S. Dominique, mise en lumière par le bienheureux Alain de la Roche et renouvellée par le R. P. LOUIS (BIDAULT) DE S. MARIE.
Douay. 1677. Bellere. 1 vol. in-8°.

6026. — Les roses du chappelet envoyées du paradis pour estre joinctes à nos fleurs-de-lis, marque du bonheur de nostre France, et de celuy des fidèles. Traicté faict et composé par Fr. *Jean* TESTE-FORT.
Paris. 1621. Le Febvre. 1 vol. in-8°.

6027. — Le rosier mystique de la très-sainte Vierge Marie, ou le très-sacré Rosaire, inventé par S. Dominique. (Par Fr. *Antonin* THOMAS). 2ᵉ édit.
Rennes. 1698. Audran. 1 vol. in 8'.

6028. — Exhortations à la dévotion et amour de la sacrée Vierge. En faveur des Confrères du saint Rozaire et des Associez au Rozaire perpétuel... Par le R. P. *Jean* DE RECHAC.
Paris. 1647. Le Beau. 1 vol. in-8°.

6029. — Exercices spirituels ou les véritables pratiques de piété pour honorer Jésus-Christ et sa sainte mère, contenues dans le Rosaire. Par le P. MESPOLIÉ.
Paris. 1703. Coutcrot. 1 vol. in-12.

** — Exercices de piété en faveur des Confrères du saint scapulaire de Notre-Dame du Mont-Carmel.

      Voyez : Hist. des religions. N° 1446.

d. — *Dévotion aux sacrés Cœurs de Jésus et de Marie.*

6030. — Manuel des adorateurs du cœur de Jésus et des serviteurs de Marie.
1 vol. in-12. Sans titre.

6031. — Association à la dévotion et à l'amour des sacrés Cœurs de Jésus et de Marie.
Rome. 1787. 1 vol. in-16.

6032. — L'ame embrasée de l'amour divin, par son union aux sacrés Cœurs de Jésus et de Marie. Par l'Auteur de l'*Ame élevée à Dieu* (l'Abbé BAUDRAN). 3ᵉ éd.
Lyon. 1775. Périsse. 1 vol. in-12.

6033. — Même ouvrage. 6ᵉ édit.
Lyon. 1782. Périsse. 1 vol. in-12.

— Neuvaine en l'honneur du sacré Cœur de Jésus, et du saint Cœur de Marie... (Par l'Abbé BAUDRAN). 5ᵉ édit.
Lyon. 1784. Mauteville. in-12.

e. — *Dévotion aux Anges et aux Saints.*

** — Consultez les Nᵒˢ 2947 et suiv.

6034. — La dévotion aux anges. Par le R. P. *Paul* DE BARRY.
Lyon. 1641. Borde. 1 vol. in-12.

6035. — Traité de l'ange gardien. Sujet fort beau et prédicable pour un Advent. Par le R. P. *François* ALBERTIN. Tourné de l'italien par le P. *François* SOLIER.
Rouen. 1616. Osmont. 1 vol. in-16.

6036. — De la dévotion vers l'ange gardien. (Par le P. *Fr.* NOUET). 3ᵉ édit.
Paris. 1671. Muguet. 1 vol. in-16.

6037. — La gloire de saint Joseph représentée dans ses principales grandeurs. Par le R. P. *Jean* JACQUINOT.
Dijon. 1644. Palliot. 1 vol. in-8º.

6038. — La dévotion à Sᵗ Joseph.
Amiens. 1730. Godard. 1 vol. in-12.

6039. — Méditations sur toutes les festes des Saints et Saintes de l'ordre de Nostre-Dame du Mont-Carmel. Avec une retraite de dix jours, pour les personnes religieuses et séculières... Par le R. P. EUSTACHE DE LA CONCEPTION.
Paris. 1699. Le Clerc. 1 vol. in-12.

6040. — Divers exercices de dévotion à S. Antoine de Padoue, avec une instruction touchant la méthode de les pratiquer et un abrégé de sa vie et de ses miracles. Recueillis par un Religieux de l'ordre de S. François en faveur de ceux qui demandent des graces au ciel par la puissante intervention de ce grand saint.
Pont-à-Mousson. 1703. Marct. 1 vol. in-8°.

6041. — Conduite spirituelle pour bien pratiquer la dévotion des trezains, ou des treze vendredis, à l'honneur de S. François de Paule. Nᵉ édit.
Tours. 1697. Duval. 1 vol. in-12.

6042. — Méditations pour servir de lecture pendant l'octave de la fête de S. Fr. de Sales. Par M. ***.
Paris. 1774. Hérissant. 1 vol. in-12.

6043. — Saint Louis de Gonzague proposé pour modèle d'une sainte vie. Par un religieux de la Compagnie de Jésus. Traduit de l'italien.
Paris 1756. Guerin et Delatour. 1 vol. in-16.

6044. — Exercices de dévotion à S. Louis de Gonzague. (Par P. D. PICOT DE LA CLORIVIÈRE).
Paris. 1785. Lesclapart. 1 vol. in-12.

6045. — Pratiques de piété pour six dimanches consécutifs, en l'honneur de S. Louis de Gonzague. On y a joint un petit Office latin et françois, composé tout entier des paroles de l'Ecriture sainte, des Litanies et des Cantiques en l'honneur du même Saint.
Paris. 1792. Girouard. 1 vol. in-12.

6046. — Les victoires de la milice chrestienne dans la déroute de ses soldats ; ou les prospéritez de l'Eglise dans les adversitez de ses martyrs .. Au sujet de

l'accueil incomparable que fit au sacré corps de S. Prosper les 3 et 4 de sept. 1662 la très célèbre Ville et Université de Douay... Le tout recueilly par le V. P. F. *Théodard* POUPPART.
Douay. 1665. B. Bellere. 1 vol. in-8°.

6047. — Elévation à Jésus-Christ Nostre-Seigneur, sur la conduite de son esprit et de sa grâce vers Saïncte Magdelaine... Par le P. *Pierre* DE BERULLE.
Paris. 1627. Buon. 1 vol. in-12.

6048. — La dévotion à Sainte Ursule protectrice des mourans, ou exercices spirituels pour les Associés à la Confrairie de la bonne mort, érigée dans l'église du Monastère des Religieuses Ursulines de la ville d'Amiens, sous l'invocation de Sainte Ursule, par l'autorité du saint Siége apostolique, et de Mg. Louis François Gabriel d'Orléans de la Motte, Evêque d'Amiens. Avec un Abrégé de la vie et martyre de la Sainte, et une courte instruction sur les dispositions pour bien mourir.
Amiens. 1766. Vᵉ Caron-Hubault. 1 vol. in-12.

" — Consultez aussi les offices pour les festes des saints.
Nᵒˢ 1619 et suiv.

IV. — Devoirs et moyens de sanctification dans les divers états.

a. — Direction générale.

6049. — Les devoirs de l'honnête homme et du chrétien, ou les Offices de Saint AMBROISE, traduits par l'Abbé de BELLEGARDE.
Paris. 1691. Sencuze. 1 vol. in-12. Sans titre.

6050. — Veridicus christianus. Auctore P. *Joanne* DAVID.
Antuerpiæ. 1606. Off. Plantiniana. 1 vol. in-4°.

6051. — De statibus hominum liber posthumus R. P. Joannis Busæi.
Lugduni. 1614. Hæred. Guil. Rovillii. 1 vol. in-8°.
" — Voyez aussi : N° 4024.

6052. — Reipublicæ christianæ libri duo, tractantes de variis hominum statibus, gradibus, officiis, et functionibus in Ecclesia Christi, et quæ in singulis amplectenda, quæ fugienda sint, auctore *Philippo* Rovenio.— Accessit ejusdem auctoris Tractatus de missionibus instituendis.
Antuerpiæ. 1668. Brakel. 1 vol. in-4°.

6053. — Via et ratio vitæ ad Dei cultum in seculo instituendæ. Auctore R. P. *Bartholomæo* Jacquinotio.
Parisiis. 1636. S. Cramoisy. 1 vol. in-8°

6054. — Maximes tirées de l'Ecriture sainte, pour l'instruction de la jeunesse. (Latin et françois).
Paris. 1697. Thiboust. 1 vol. in-12. Fig.

6055. — Maximes tirées du nouveau Testament, pour l'instruction de la jeunesse.
Paris. 1760. Brocas. 1 vol. in-12.

6056. — Abrégé de la morale chrétienne, et des principales vérités de la foi, contenues dans les Saintes Écritures... en latin et en françois... (Par *P. A.* Alletz).
Paris. 1765. Aumont. 1 vol. in-12.

6057. — L'idée du chrestien, où est recherchée la source et l'origine du nom, et de l'estre du chrestien; et la différence qui se trouve entre le vray et faux chrestien.
Paris. 1605. Guillemot. 1 vol. in-12.

6058. — Tropologie, ou propos et discours des mœurs ; contenant une exacte description des vertus principales desquelles les vrais chrestiens doyvent estre ornez... Par B. de Loque.
S. l. 1606. G. Cartier. 1 vol. in-8°. (Genève)

6059. — Champ de bataille de la vie présente. Où l'homme se voit assailly de toutes parts des ennemis de sa

félicité; avec une déclaration des moyens et remèdes pour leur résister. Par *Claude* MALINGRE.
Paris. 1612. P. Gaillard. 1 vol. in-12.

6060. — Cynosure ou l'estoille des chrestiens pour tirer vers le port d'heureuse Eternité. Par le R. P. *Théophile* BERNARDIN.
Rouen. 1617. De Beauvais. 1 vol. in-12.

6061. — La philosophie chrestienne. Par M⁰ *Raoul* FORNIER.
Paris. 1620. De Nauroy. 1 vol. in-12.

6062. — Sommaire de la sapience chrestienne, divisé en cinq parties. Où par diverses leçons est enseignée la doctrine de la foy nécessaire à tout chrestien... Par P. F. R. de la F. Religieux.
Paris. 1621. Mauperlier. 1 vol. in-8°

6063. — Acheminement à la dévotion civile. Par *Jean-Pierre* CAMUS. 2ᵉ édit.
Tolose. 1625. Colomiez. 1 vol. in-12.

6064. — Avis chrétiens, particuliers et importans pour acheminer un chacun à la perfection de son état. Par un Père de la Compagnie de Jésus (*Pierre* DAGONEL).
Paris. 1631. S. Cramoisy. 1 vol. in-8°.

6065. — Advis spirituels sur les principales actions de toute la vie. Par feu M. *Nicolas* BOCQUET, d'Abbeville (1).
Paris. 1631. Taupinart. 1 vol. in-12.

6066. — Instructions chrestiennes et practique de bien vivre en l'estat seculier. Et résolutions des cas qui arrivent plus communément. Auquel est proposé un brief et clair Catéchisme. Le tout composé par le R. P. *Nicolas* CUSANUS.
Rouen. 1633. N. l'Oyselet. 1 vol. in-12.

6067. — Conduite asseurée des ames à leur perfection; par les plus droites voyes de plusieurs exercices de la religion chrétienne. Par un religieus de la Compagnie de Jésus (*Bernard* D'ANGLES).
Lyon. 1636. Rigaud et Borde. 1 vol. in-8°.

---

(1) BOCQUET (Nicolas), marchand, naquit à Abbeville où il mourut le 13 mai 1655.

** — Les consolations de la Philosophie et de la Théologie. Par le P. DE CERIZIERS. Voyez : Sciences et Arts. N° 510.

6068. — Le pédagogue chrétien, ou la manière de vivre saintement. Par le P. *Philippe* D'OUTREMAN. Revu, corr... par le P. *J.* BRIGNON. N° éd.
Paris. 1742. Berton. 1 vol. in-12.

6069. — Les propos salutaires du père de famille C. D. M. (*Claude* DE MONS) (1) à ses enfans. En trois petits libelles, dont le premier induit et confirme aux bons sentimens de la foy, et religion catholique : le second trace et désigne précisément la forme et l'ordre d'une pieuse vie, retirée en Dieu, sous Nostre-Dame ; le troisiesme y excite par exemples de mémorables fuites et quitemens du monde.
Amiens. 1648. Robert-Hubault. 1 vol. in-8°.

6070. — La dévotion aisée. Par le P. *Pierre* LE MOINE.
Paris. 1652. A. de Sommaville. 1 vol. in-8°.

6071. — Le bonheur de tous les états, etably par la politique du saint Esprit, sur la défaite des vices, et sur le triomphe des vertus. Par le R. P. *Joseph* FILERE.
Lyon. 1653-1656. Cellier. 3 en 2 vol. in-8°.

6072. — Le vray devot en toute sorte d'estats, selon l'Ecriture sainte et les Pères de l'Eglise.
Paris. 1679. Roulland. 1 vol. in-8°.

6073. — Les grandes véritez du christianisme, qui donnent la méthode de bien vivre et de bien mourir. Par le R. P. *Henry* BALDE. Nouvelle traduction.
Nancy. 1729. Baltazard. 1 vol. in-16.

6074. — Réflexions sur les principaux devoirs d'un chrestien.
Paris. 1680. Michallet. 1 vol. in-12.

6075. — Le zèle du salut des ames, et la manière de s'y employer avec fruit. Par le P. *Pierre* OUDIN.
Paris. 1669. Josse. 1 vol. in-12.

6076. — La conduite du chrétien pour aller au ciel. Par le P. BASILE *de Soissons*.
Paris. 1686. Padeloup. 2 en 1 vol. in-8°.

---

(1) DEMONS (Claude) naquit à Amiens en 1591, il y mourut le 7 mai 1677.

6077. — La morale du Saint-Esprit, ou les devoirs du chrétien. Tirez des seules paroles de l'Ecriture sainte.
Paris. 1687. Pralard. 1 en 3 vol. in-8°.

6078. — La morale de l'Ecriture sainte, ou les devoirs du chrétien dans chaque état de vie; tirez des seules paroles de l'Ancien et du Nouveau Testament.
Paris. 1688. Prallard. 1 vol. in-8°.

6079. — Les instances de la grace, aux Ecclésiastiques, aux Religieux, et aux personnes du monde, pour les engager à vivre saintement dans leur état.
Paris. 1690-1693. Bouillerot. 4 vol. in-8°.

6080. — Le directeur spirituel pour ceux qui n'en ont point. (Par M. *Simon-Michel* TREUVÉ).
Paris. 1691. Josset. 1 vol. in-12.

6081. — Idée du christianisme, ou conduite de la grace sanctifiante de Jésus-Christ. Donnée à une ame chrétienne, par un Serviteur de Dieu.
Rouen. 1691. Behourt. 1 vol. in-12.

6082. — Le caractère des vrais chrétiens. (Par *Nicolas* DE MALINGRE). 2ᵉ édit.
Paris. 1695. Couterot. 1 vol. in-12.

6083. — Règles chrétiennes pour faire saintement toutes ses actions. (Par *Ambroise* PACCORI). 6ᵉ édit.
Paris. 1711. Delaulne. 1 vol. in-8°.

6084. — Abrégé de la loy nouvelle, compris dans les deux grands commandemens de l'amour de Dieu et du Prochain et dans le précepte de la prière. Par M.** (*Et. Fr.* VERNAGE et *Amb.* PACCORI). Nᵉ édit.
Paris. 1713. Muguet. 1 vol. in-12.

— Suite de l'Abrégé de la loy nouvelle, qui traite de de la charité selon saint Paul. Où l'on explique par forme d'entretien ce que cet Apôtre en dit dans le 13. chapitre de la première aux Corinthiens.
Paris. 1711. Muguet. in-12.

6085. — Véritez de foy et de morale pour tous les états

tirées des seules paroles de l'Ancien et du Nouveau Testament, avec des Elévations vers Dieu.
Paris. 1731. Vincent. 1 vol. in-12.

6086. — Principes et règles de la vie chrétienne. Par M. LE TOURNEUX. N° édit.
Paris. 1745. Josse et Delespine. 1 vol. in-16.

6087. — Le chrétien parfait honnête homme, ou l'art d'allier la piété avec la politesse et les autres devoirs de la vie civile. Par M. l'Abbé DU PREAUX.
Paris. 1750. Huart et Moreau fils. 2 vol. in-12.

6088. — Recueil de divers ouvrages propres à instruire, consoler et affermir dans les temps d'épreuves et de persécution. — I. La consolation véritable des Epouses de Jésus-Christ. Par M. HAMON. — II. Principes de conduite dans la défense de la vérité. Par le même. Avec des règles pour les temps d'épreuve et de persécution. Par M. NICOLE. — III. Lettre sur la constance et le courage qu'on doit avoir pour la vérité. Par M. LE ROI.— IV. Principes propres à afermir et à consoler dans les épreuves présentes.
S. n. n. l. 1743. 1 vol. in-12.

6089. — Réflexions chrétiennes sur divers sujets de morale, utiles à toutes sortes de personnes, et principalement à celles qui font la retraite spirituelle un jour chaque mois. Par le P. *Jean* CROISET. N° édit.
Paris. 1746. Coignard. 2 Vol. in-12.

6090. — Pensées sur différens sujets de morale et de piété, tirées des ouvrages de feu M. MASSILLON. (Par l'Abbé *Jos.* DE LA PORTE).
Paris. 1749. V° Estienne. 1 vol. in-12.

6091. — Pratiques et instructions familières sur les principaux devoirs de la vie chrétienne. 6° édit.
Paris. 1767. Berton. 1 vol. in-12.

6092. — Considérations sur l'amour que nous devons à Dieu, au prochain et à nos amis.
Toulouse. 1773. Dalles et Vitrac. 1 vol. in-12.

6093. — Science et pratique du chrétien. Par feu *Henri-Marie* Boudon.
Paris. 1773. Hérissant. 1 vol. in-12.

6094. — Conduite chrétienne, tirée des meilleurs livres de piété, où sont développées les vérités de la religion, et les obligations du chrétien. Par M. Nicque. N^e éd.
Soissons. 1787. Waroquier. 1 vol. in-12.

6095. — La vie des justes. Où l'on explique les principaux devoirs et les obligations les plus importantes de ceux qui tendent à la justice chrétienne. (Par *J.* Girard de Ville-Thierry).
Paris. 1707. Pralard. 1 vol. in-12.

6096. — Traité de la lecture chrétienne, dans lequel on expose les règles propres à guider les fidèles dans le choix des livres, et à les leur rendre utiles. Par D. *Nicolas* Jamin.
Paris. 1774. Bastien. 1 vol. in-12.

6097. — Entretenimientos y juegos honestos, y recreaciones christianas, para que en todo genero de estados se recreen los sentidos, sin que se estrague el alma. Por el Padre fray *Alonso* Remon.
Madrid. 1623. Viuda A. Martin. 1 vol. in-8°.

6098. — Traité de l'estat honneste des chrestiens en leur vestement par la parole de Dieu. Composé en l'âge de quatre vingts et neuf ans, par M. Perez.
Paris. 1654. Julien. 1 vol. in-8°.

b. — *Vie de famille.*

6099. — La science de bien vivre dans les compagnies, qui apprend l'esprit qu'il faut donner à une conversation. Par F. *Anthoine* de S. Martin dit de la Porte.
Paris. 1644. Huré. 1 vol. in-12.

6100. — La vie réglée dans le monde, ou la manière de bien passer la journée, et de vivre dans l'ordre. Par M. DE LA VOLPILIÈRE.
Paris. 1683. Michallet. 1 vol. in-12.

6101. — Les devoirs de la vie domestique. Par un Père de famille (M. *Bénigne* LORDELOT).
Paris. 1706. Emery. 1 vol. in-12.

6102. — Conduite d'une dame chrétienne pour vivre saintement dans le monde.(Par l'Abbé *J.J.* DUGUET). 3° éd.
Paris. 1730. Veuve Estienne. 1 vol. in-12.

6103. — Traité des devoirs des gens du monde, et surtout des chefs de famille. Par M. COLLET.
Paris. 1763. Debure. 1 vol. in-12.

6104. — La famille saincte, où il en traitté des devoirs de toutes les personnes qui composent une famille. Par le R. P. *Jean* CORDIER.
Rouen. 1656. Veuve Daré. 1 vol. in-8°.

6105. — Œconomie chrestienne, contenant les reigles de bien vivre, tant pour les gens mariés, qu'à marier, pour nourrir, et eslever les enfans, fils, filles, en la vraye piété, ses serviteurs aussi, et servantes : compris en huict livres. Par F. *Jean-Baptiste* DE GLEN.
Liége. 1608. J. De Glen. 1 vol. in-8°.

6106. — Règles chrétiennes, établies sur les maximes de Jésus-Christ et de l'Eglise, pour entrer et pour vivre saintement dans le mariage. 2° édit.
Paris. 1683. Desprez. 1 vol. in-12.

6107. — La vie des gens mariez ou les obligations de ceux qui s'engagent dans le mariage. (Par J. GIRARD DE VILLE-THIERRY). 3° édit.
Paris. 1700. Pralard. 1 vol. in-12.

6108. — La vie réglée des dames qui veulent se sanctifier dans le monde. 2° édit.
Paris. 1695. Couterot. 1 vol. in-12.

6109. — La vie des veuves, ou les devoirs et les obligations

des veuves chrétiennes. (Par *J.* Girard de Ville-Thierry).
Paris. 1697. Pralard fils. 1 vol. in-12.

6110. — Instructions et maximes pour les personnes qui veulent vivre chrétiennement dans le monde, et principalement pour les femmes et filles.
Paris. 1719. Estienne. 1 vol in-12

6111. — Du devoir des mères avant et après la naissance de leurs enfans.
Paris. 1675. Desprez. 1 vol. in-12.

6112. — Du célibat volontaire, ou la vie sans engagement, par Damoiselle *Gabrielle* Suchon.
Paris. 1700. J. et M. Guignard. 2 en 3 vol. in-12.

" — Christiana juventutis institutio. Authore *Ch.* Hegendorphino.
Voyez : Sciences et Arts N° 861.

" — *Jacobi* Sadeleti de liberis recte instituendis liber.
Voyez : Sciences et Arts N° 866.

6113. — Stimuli virtutum adolescentiæ christianæ dicati, libri tres. Conscripti italicè à D. *Guilielmo* Baldesano. In gratiam Germanorum latinè redditi à quodam Societatis Jesu.
Coloniæ. 1604. Mylius. 1 vol. in-12.

6114. — Institutio juventutis christianæ : sive convictor pius. (Auctore *Laurentio* Le Brun).
Parisiis. 1653. S. et G. Cramoisy. 1 vol. in-16.

6115. — *Guillelmi* Coeffeteau florilegium, sive piæ et eruditæ commentationes, ad christianam juventutem doctrinâ et moribus informandam accommodatæ. Collectæ omnes curâ R. P. F. *Jacobi* Hallier.
Lutetiæ. 1667. Seb. Cramoisy. 1 vol. in-4°.

6116. — Académie évangélique pour l'instruction de la jeunesse religieuse et vrayement chrestienne. Composée par F. Honoré *de Paris*.
Paris. 1622. Buon. 1 vol. in-12.

6117. — L'escole paroissiale, ou la manière de bien instruire

les enfans dans les petites escoles. Par un Prestre d'une Paroisse de Paris (I de B.).
Paris. 1654. Targa. 1 vol. in-8°.

6118. — De l'éducation chrétienne des enfans selon les maximes de l'Ecriture Sainte et les instructions des Saints Pères de l'Eglise. (Par *Alex.* VARET). 2° éd.
Paris. 1667. Promé. 1 vol. in-12.

6119. — Même ouvrage. 2° édit.
Paris. 1668. Coignard et Promé. 1 vol. in-12.

6120. — Avis chrétiens et moraux pour l'institution des enfans. Par M° *Claude* JOLY.
Paris. 1675. Léonard. 1 vol. in-12.

6121. — Instruction de la jeunesse en la piété chrétienne. Tirée de l'Ecriture-Sainte et des Saints Pères. Divisée en cinq parties. Par M. *Charles* GOBINET.
Paris. 1672. Fr. Le Cointe. 1 vol. in-12. Fig.

6122. — Même ouvrage. N° édit.
Paris. 1770. Hérissant. 1 vol. in-12.

6123. — Instruction sur la pénitence et sur la sainte communion. Seconde partie de l'Instruction de la jeunesse. Par M. *Charles* GOBINET. 14° édit.
Paris. 1769. Barbou. 1 vol. in-12.

6124. — Instruction sur la vérité du saint-sacrement, contenant en abrégé les principaux motifs de la créance catholique sur le saint-sacrement de l'Eucharistie. Par M. *Charles* GOBINET.
Paris. 1691. Coutelier. 1 vol. in-12.

6125. — Addition à l'Instruction de la jeunesse, contenant cinq traités. De l'imitation de la sainte jeunesse de Notre-Seigneur. — De la dévotion à la très-sainte Vierge. — De la prière. — De l'oraison dominicale. — De la méditation. Par M. *Charles* GOBINET.
Paris. 1770. C. Hérissant. 1 vol. in-12.

6126. — Instructions dogmatiques et morales pour faire saintement sa première communion.
s. n. n. l. 1739. 1 vol. in-12.

6127. — Instructions chrétiennes pour les jeunes gens. (Par *Pierre-Hubert* HUMBERT). 9ᵉ édit.
Neufchateau. s. d. Monnoyer. 1 vol. in-8°.

6128. — Instruction des jeunes gens, tirée de l'Ecriture Sainte.Avec les principaux devoirs des pères et des mères envers leurs enfans. (Par *Nic.* THÉRU). 3ᵉ éd.
Paris. 1730. Nyon. 1 vol. in-12.

6129. — L'écolier chrétien, ou traité des devoirs d'un jeune homme qui veut sanctifier ses études. Par M. *Pierre* COLLET.
Lyon. 1764. Bruyset. 1 vol. in-16.

6130. — Avis salutaires aux pères et aux mères qui veulent se sauver par l'éducation chrétienne qu'ils doivent à leurs enfans. (Par *Ambroise* PACCORI).
Paris. 1719. Muguet. 1 vol. in-8°.

6131. — Règles pour travailler utilement à l'éducation chrétienne des enfans. (Par *Ambroise* PACCORI).
Paris. 1726. Desprez. 1 vol. in-12.

** — Règlement pour les maitres d'école. Leurs devoirs envers eux-mêmes. Voyez : N° 2936.

** — Essai d'une Ecole chrétienne, ou la manière d'instruire chrétiennement les enfans, en les enseignant à lire et à écrire.
Voyez : N° 3794.

6132. — Essai d'une école chrétienne pour les enfans, par demandes et par réponses.
Paris. 1730. Lottin. 1 vol. in-12.

6133. — De l'éducation chrétienne des jeunes gens.Ouvrage distribué en plusieurs instructions sur les sujets les plus importans de la morale. (Par M. SALAS).
Paris. 1740. Delaguette. 1 vol. in-12.

6134 — Testament spirituel, ou derniers adieux d'un père mourant à ses enfans. Ouvrage posthume du Chevalier de *** (LASNE D'AIGUEBELLES), Auteur des *Sentimens affectueux* et de la *Religion du cœur*.(Avec une préface par l'Abbé REYRE).
Marseille. 1776. Mossy. 1 vol. in-12.

6135. — Direction pour la conscience d'un jeune homme pendant son éducation. Par M. l'Abbé HERBET.
Paris. 1854. Perisse fr. 1 vol. in-12.

6136. — Direction pour la conscience d'un jeune homme à son entrée dans le monde. Par M. l'Abbé HERBET.
Paris. 1854. Perisse fr. 1 vol. in-12.

" — Education des filles. Par M. FÉNÉLON
Voyez : Sciences et Arts. N° 930-931 et OEuvres de FÉNÉLON.

6137. — Instruction chrétienne des jeunes filles, dressée en faveur de celles qui sont instruites dans la Communauté des Filles de la Croix..., tirée pour la plus grande partie du *Livre de l'Instruction de la jeunesse* fait par M. GOBINET.
Paris. 1703. Coustelier. 1 vol. in-12.

6138. — Avis donnez à une jeune personne sur la conduite de sa vie.
Paris. 1700. V° C. Barbin. 1 vol. in-16.

6139. — Traité historique de la virginité chrestienne, contenant la vie et les devoirs des vierges et les obligations de la profession religieuse. (Par l'Abbé *Louis* DE ROUGEMONT).
Paris. 1701. F. et P. Delaulne. 1 vol. in-8°.

6140. — La vie des vierges, ou les devoirs et les obligations des vierges chrétiennes.(Par *Jean* GIRARD DE VILLE-THIERRY).
Paris. 1693. Pralard. 1 vol. in-12.

6141. — Même ouvrage. N° édit.
Paris. 1725. Damonneville. 1 vol. in-12.

6142. — Conversations sur plusieurs sujets de morale propres à former les jeunes filles à la piété. Par M. P. C. (*Pierre* COLLOT). 2e édit.
Paris. 1736. Ganeau fils. 1 vol. in-12.

6143. — Même ouvrage. N° édit.
Rouen. 1786. Labbey. 1 vol. in-12.

6144. — Direction pour la conscience d'une jeune personne pendant son éducation. Par M. l'Abbé HERBET.
Paris. 1854. Perisse fr. 1 vol. in-12.

6145. — Direction pour la conscience d'une jeune personne à son entrée dans le monde. Par M. l'Abbé HERBET.
Paris. 1856. Perisse fr. 1 vol. in-12.

6146. — Le manuel des dames composé par ung jeune celestin à la louenge de Dieu et au prouffit de celles à qui sadresse le present escript.
Paris. S. d. Verard 1 vol. in-8°.

— Le dialogue de consolation entre lame et raison, fait et composé par ung religieux de la reformation de lordre de Fontevrault...
Paris. 1499. Simon Vostre. in-8°.

— Le livre de la femme forte et vertueuse declaratif du cantique de Salomon es proverbes au chapitre final qui ce commence *Mulierem fortem quis inveniet*. Laquelle exposition est extraicte de plusieurs excellens docteurs utile et profitable a personnes religieuses et autres gens de devotion. Fait et composé par ung religieux de la reformation de l'ordre de Fontevrault : à la requeste de sa seur religieuse reformee dudict ordre.
Paris. S. d. Simon Vostre. in-8° incomplet.

6147. — La vie des riches et des pauvres, ou les obligations de ceux qui possèdent les biens de la terre, ou qui vivent dans la pauvreté, prouvées par l'Écriture et par les saints Pères... (Par *J.* G. DE VILLE-THIERRY.)
Paris. 1700. Robustel. 1 vol. in-12.

6148. — Les devoirs des maîtres et des domestiques. Par M⁰ *Claude* FLEURY.
Paris. 1688. Aubouin. 1 vol. in-12.

6149. — Même ouvrage.
Paris. 1736. Mariette. 1 vol. in-12.

6150. — Sermon de maistre *Jean* GERSON touchant la hiérarchie de l'Eglise, et le devoir que les Parroissiens doivent à leurs parroisses. (Traduit du latin par *Hillaire* PINEAU.)
Troyes. 1622. Chevillot. 1 vol. in-8°.

6151. — Parochianus obediens, sive de duplici debito Parochianorum audiendi scilicet missam et verbum Dei in suâ Parochiâ saltem diebus Dominicis et Festis majoribus stante commoditate. Per R. P. B. B. C. P. (*Bonaventuram* BASSEAN, Capucinum Predicatorem (*Ludovicum* LEPIPPE.)).
Duaci. 1633. Serrurier. 1 vol. in-8°.

6152. — Theophilus parochialis seu de quadruplici debito in propria parochia persolvendo : concionis, missæ, confessionis paschalis, paschalisque communionis. Per R. P. B. B. C. P. (*Bonaventuram* BASSEAN.)
Antuerpiæ. 1635. Bellerus. 1 vol. in-8°.

6153. — Parochophilus, seu de quadruplici debito in propria parochia persolvendo : concionis, missæ, confessionis paschalis, paschalisque communionis. Authore R. P. *Bonaventura* BASSEAN. 2ª edit.
Parisiis. 1657. Huré. 1 vol. in-12.

6154. — Le Théophile parroissial de la messe de parroisse. Par R. P. B. B. C. P. Traduit du latin de l'Autheur par *Benoist* PUYS. Avec un paragraphe du droict de l'Eglise Gallicane, où est expliqué le troisième article de la déclaration de l'assemblée générale du Clergé de France, de l'année 1645.
Lyon. 1649. Compagnon. 1 vol. in-8°.

6155. — De necessariâ Paroecorum in ecclesiis suis, assiduitate et residentiâ, opusculum. Ubi de proprio ac per eosdemmet ipsos necessario Parœcorum officio... Auctore *Cl.* DE LA PLACE.
Parisiis. 1655. Durand. 1 vol. in-8°.

6156. — Les debvoirs du bon parroissien. Par *Jean-Pierre* CAMUS, Evesque de Belley.
Paris. 1641. Gervais Alliot. 1 vol. in-8°.

6157. — Lettres d'Agathon à Eraste. Sur les devoirs prétendus du bon parroissien. Où il est montré que les Séculiers peuvent sans scrupule faire leurs dévotions dans les églises des Religieux.
Paris. 1642. 1 vol. in-8°.

6158. — Paisible justification des devoirs du bon parroissien. Par J. P. C. (CAMUS) E. de Belley.
Paris. 1642. 1 vol. in-8°.

6159. — Les prérogatives du pastorat paroissial deffendues contre les Lettres satyriques d'Agathon à Eraste. Par J. P. C. (CAMUS) E. de Belley.
Paris. 1642. 1 vol. in-8°.

6160 — Les devoirs parroissiaux soustenus contre les invectives couchées dans les Lettres d'Agathon à Eraste. Par J. P. C. (CAMUS). — Tome second.
Paris. 1642. 1 vol. in-8°.

6161. — L'honneur et la fréquentation des parroisses maintenus contre leur mespris et désertion, insinuez dans les Lettres calomnieuses d'Agathon à Eraste. Par J. P. C. (CAMUS). E. de Belley. — Tome troisième.
Paris. 1642. 1 vol. in-8°.

6162. — La direction pastorale justifiée contre les opprobres des Lettres contumélieuses d'Agathon à Eraste Par J. P. C. (CAMUS). E. de Belley. — Tome IV.
Paris. 1642. 1 vol. in-8°.

6163. — Défense des lettres d'Agathon à Eraste, contre les quatre volumes que l'Anti-moine leur a opposez. Première partie contenant la réfutation du premier.
Paris. 1643. 1 vol. in-8°.

6164. — Revision de l'advis d'un docteur, touchant les debvoirs du bon parroissien. Par J. P. C. E. de Belley.
Paris. 1642. 1 vol. in-8°.

— Remarques amiables, sur un Traitté du pouvoir qu'ont les Privilegiez d'entendre les confessions.
S. n. n. l. 1642. in-8°.

6165. — Messe paroissiale par Mre *Estienne* GUERRY. Avec le Désaveu que les Jésuites ont rendu à Mg. l'Evesque de Poictiers... 3e édit.
Poictiers. 1666. A. Massard. 1 vol. in-12.

— Censure du livre de Jacques de Vernant. Prononcée

par la sacrée Faculté de Théologie de Paris, en Sorbone, le 24 may 1664, et confirmée le 26 suivant.
Poictiers. 1664. A. Massard. in-12.

6166. — Réponses chrestiennes du sieur DE VERNANT (Bonaventure HEREDIE DE SAINTE-ANNE) à l'*Idée de l'Eglise naissante*, au livre de la *Messe paroissiale par M. Guerry*, curé à Poitiers, et au cayer faussement intitulé *La deffence de la vérité par M. Louis Marais*. En ce que l'Auteur a escrit de l'autorité de N. S. Père le Pape.
Mets. 1667. 1 vol. in-8°.

6167. — De l'obligation d'assister à la messe de paroisse.
Paris. 1704. Musier. 1 vol. in-12.

6168. — Entretien sur la sanctification des dimanches et fêtes, et l'éducation chrétienne dans les études. (Par *Ambroise* PACCORI).
S. n. n. l. 1689. 1 vol. in-8°.

6169. — La conduite du vray chrétien dans la santification des dimanches et des festes. (Par *Jean* LE MARCANT).
Paris. 1694. Couterot. 1 vol. in-12.

6170. — Instructions morales touchant l'obligation où sont tous les chrétiens de santifier les jours de dimanches et les fêtes. Par le R. P. *Claude* PROUST.
Bordeaux. 1703. De la Court. 1 vol. in-12.

c. — Vie du monde dans diverses conditions.

6171. — Le saint travail des mains, ou la manière de gagner le ciel par la pratique des actions manuelles. Par le R. P. *Thomas* LE BLANC. 2ᵉ édit.
Lyon. 1669. Veuve Barbier. 2 en 1 vol. in-4°.

6172. — Le bon laboureur ou pratique familière des vertus de S. Isidore, laboureur, pour les personnes de sa profession principalement... Par R. DOGNON. Nᵉ éd.
Rouen. 1660. Besongne. 1 vol. in-8°.

6173. — La manière de bien instruire les pauvres, et en

particulier les gens de la campagne. Par M* *Joseph* Lambert. 3° édit.

Paris. 1734. La Compagnie. 1 vol. in-12.

6174. — Instructions en forme d'entretiens sur les devoirs des gens de la campagne, qui veulent revenir à Dieu et se sanctifier dans leur état.... Par M. Collet.

Paris. 1771. Berton. 1 vol. in-16.

6175. — Instructions chrétiennes pour les pauvres, et en particulier pour les ouvriers et ouvrières, les serviteurs et servantes.

Paris. 1719. Fournier. 1 vol. in-12.

6176. — L'instruction chrétienne des pauvres, des ouvriers, ouvrières, et des domestiques. N° édit.

Paris. 1766. Lottin. 1 vol. in-12.

6177. — Instructions et prières à l'usage des domestiques et des personnes qui travaillent en ville, etc. Par M. Collet.

Paris. 1758. Libraires associés. 1 vol. in-16.

6178. — Considérations sur les devoirs des personnes qui sont engagées par leur état à servir les malades dans les hôpitaux. (Par le P. Chartonnet)

Paris. 1695. Couterot. 1 vol. in-12.

6179. — Même ouvrage.

Paris. 1759. Estienne fr. 1 vol. in-12.

6180. — L'infirmière parfaite, ou règles pour sa conduite. Ouvrage utile à ceux qui assistent les malades. Par G. P. Prestre.

Paris. 1673. Josse. 1 vol. in-12.

6181. — Enchiridion militis christiani, saluberrimis præceptis refertum, authore Des. Erasmo *Rot.*

Parisiis. 1523. S. Colinæus. 1 vol. in-8°.

6182. — Idem opus, cum marginariis annotatiunculis.

Parisiis. 1529. S. Colinæus. 1 vol. in-8°.

6183. — Idem opus. — Ejusdem de præparatione ad mortem liber, cum aliis nonnullis.

Coloniæ. 1563. P. Horst. 1 vol. in-16.

6184. — Le manuel du soldat chrétien ou les obligations et les devoirs d'un chrétien, et la préparation à la mort. Ouvrages d'ERASME, traduits en françois. (Par *Cl.* DU BOSC DE MONTANDRÉ).
Paris. 1711. Couterot. 1 vol. in-12.

6185. — Avisos, y reglas para la vida y guerra del hombre. Contenidos en una instrucion que San FERNANDO Arcediano dio al Conde Regino. Traduzida de latin en espanol, y esplicada por el Doctor Don *Bartholome* VALPERGA.
En Mallorca. 1612. Guasp. 1 vol. in-8°.

6186. — Les appanages d'un cavalier chrestien, je veux dire, qualités ou vertus que Dieu requiert et demande parmy les grands, et en tous les nobles. Par le P. *Matthieu* MARTIN.
Mons. 1628. F. De Waudré. 1 vol. in-4°.

6187. — Instructions chrétiennes avec des prières, à l'usage des gens de guerre.
Strasbourg. 1731. Le Roux. 1 vol. in-16.

6188. — L'esprit et l'excellence de la profession militaire, selon les principes de vertu et de religion. (Par le P. P. MAUBERT.)
Paris. 1775. Berton. 1 vol. in-12.

6189. — Τοῦ ἐν ἁγίοις Πατρὸσ ἡμῶν ΘΕΟΦΥΛΑΧΤΟΥ Ἀρχιεπίσκοπου Βουλγαρίας παιδεία Βασιλική. — S. Patris nostri THEOPHYLACTI Archiepiscopi Bulgariæ institutio regia. Interprete *Petro* POSSINO.
Parisiis. 1651. Typographia regia. 1 vol. in-4°.

6190. — De regis officio opusculum. (Per J. CLICHTOVEUM).
Parisiis. 1519. H. Stephanus. 1 vol. in-4°.

6191. — De officio Principis christiani libri tres. Auctore *Roberto* S. R. E. Card. BELLARMINO.
Antuerpiæ. 1619. Moretus. 1 vol. in-8°.

6192. — *Joanni* SINNICHII Saul exrex, sive de Saule, Israeliticæ gentis protomonarcha, divinitus primum sublimato, ac deindè ob violatam religionem principatu

vitaque exuto : in typum Regum ac Principum temeratæ religionis reorum, ideoque cælitus animadversorum, vel animadvertendorum. Ubi de reciproco Principum ac subditorum erga invicem officio, de utrorumque erga Deum et Ecclesiam quà triumphantem quà militantem obsequio... 2ᵃ edit.
Lovanii. 1665. H. Nempæus. 2 vol. in-fol.

6193. — La cour sainte du R. P. *Nicolas* CAUSSIN. Nᵉ éd.
Paris. 1653. Bechet. 2 vol. in-fol.

6194. — Même ouvrage.
Paris. 1653. Bechet. 6 vol. in-8⁰.

6195. — Conduite chrétienne adressée à Son Altesse Royalle Madame de Guise. Par le R. P. Dom *Armand Jean* (BOUTHILLIER DE RANCÉ).
Paris. 1697. Mariette. 1 vol. in-12.

** — Traitté du devoir des Princes touchant la réformation des abuz qui sont en l'Eglise. Voyez : N⁰ 1924.
Consultez *Sciences et Arts*. Devoirs des souverains. Nᵒˢ 1058 et s.

6196. — Le magistrat chrestien. Par le R. P. YVES *de Paris*.
Paris. 1688. Padeloup. 1 vol. in-12.

6197. — Les politiques chrestiennes : ou tableau des vertus politiques considérées en l'estat chrestien. Divisé en trois livres. Rev., corr. et aug. du Panégyrique du Roy S. Louys, par *E.* MOULINIER. 2ᵉ édit.
Paris. 1627. Collet. 1 vol. in-8⁰.

d. — *Vie ecclésiastique.*

** — Voyez les Nᵒˢ 2976 à 2995.

6198. — Discours de S. GREGOIRE de *Nazianze* sur l'excellence du Sacerdoce, et les devoirs des Pasteurs ; avec des remarques critiques sur le texte du saint Docteur, et les sentimens des autres Saints Pères sur les mêmes points.(Par l'Abbé TROYA D'ASSIGNY).
Paris. 1747. Lottin. 2 en 1 vol. in-12.

6199. — Le sacerdoce de S JEAN CHRYSOSTOME. Traduit en françois, et imprimé par l'ordre de feu Mᵉ Aug.

Potier, Evêque et Comte de Beauvais, pour l'usage du Séminaire de son diocèse. (Par LE MAISTRE.) 3ᵉ éd.

Paris. 1699. Villery. 1 vol. in-12.

** — D. AUGUSTINI de pastoribus liber unus. Voyez : N° 960.

6200. — De vita et moribus Sacerdotum opusculum : singularem eorum dignitatem ostendens, et quibus ornati esse debeant virtutibus, explanans. (Per *Jodocum* CLICHTOVEUM). Secunda emissio.

Parisiis. 1520. Simon Colinæus. 1 vol. in-4°.

6201. — Opusculum de vita Sacerdotum, ac Canonicorum, et cæterorum ministrorum Ecclesiæ.... Authore *Dionysio* RICHEL Cartusiensi.

Gandavi. 1645. Sersanders. 1 vol. in-12.

6202. — De malorum horum temporum causis et remediis, deque divinis officiis debitè peragendis, Canonicorum et aliorum Ecclesiasticorum speculum... Compositum à *D. Joanne* LANGHECRUCIO.

Duaci. 1584. Bogardus. 1 vol. in-8°

6203. — De ecclesiasticorum vita, moribus, officiis libri tres. Auctore R. P. *Gisberto* SCHEVICHAVIO.

Moguntiæ. 1621. Kinckius. 1 vol. in-8°.

6204. — Virga Aaronis florens, hoc est directio vitæ sacerdotalis ex SS. Patrum, præsertim S. Caroli Borromæi documentis... Auctore *Jacobo* MARCHANTIO.

Montibus. 1630. Waudræus. 1 vol. in-8°.

6205. — Instructio Sacerdotum ex SS. Patribus et Ecclesiæ Doctoribus concinnata, opus sanè aureum. Auctore R. P. F. *Antonio* DE MOLINA. Quod post septimam in Hispaniis impressionem latinitate donavit R.P.F. *Nicolaus Janssenius* BOY. 2ᵃ edit.

Antuerpiæ. 1644. Aertssens. 1 vol. in-8°.

6206. — L'instruction des Prestres, qui contient une très-importante doctrine pour cognoistre l'excellence du Sᵗ Sacerdoce, avec le moyen de s'en acquiter dignement. Tirée des Pères et Docteurs de l'Eglise. Par

A. MOLINA. Traduicte de l'espagnol par M. *René* GAUTIER A. G.
Paris. 1622. Buon. 1 vol. in-8°.

6207. — Même ouvrage.
Rouen. 1656. Besongne. 1 vol. In-8.

6208. — L'Instruction des Prêtres, tirée de l'Ecriture Sainte, des Saints Pères et des SS. Docteurs de l'Eglise... Composée en espagnol par *D. A.* DE MOLINA. Traduction nouvelle. (Par *Nicolas* BINET).
Paris. 1676. Coignard. 1 en 2 vol. in-8°.

6209. — Vinea Christi, sive politia ecclesiastica, authore R. P. D. *Thoma* DE AQUINO, Neopolitano.
Lugduni. 1647. Borde. 1 vol. in-4°.

6210. — Sacerdòs christianus, seu ad vitam sacerdotalem piè instituendam manuductio. Auctore *Ludovico* ABELLY. 3ᵃ edit.
Parisis. 1685. G. et L. Josse. 1 vol. in-12.

6211. — Thesaurus Sacerdotum et Clericorum. (Auctore *Claudio* DENISE).
Parisiis. 1755. Despilly. 1 vol. in-12.

" — Embryologia sacra. *Fr. Emm* CANGIAMILA auctore.
Voyez : Médecine N° 1910.

" — Abrégé de l'embryologie sacrée... Par M. l'Abbé DINOUART.
Voyez : Médecine N° 1911.

6212. — Conferentiæ ecclesiasticæ de officio pastoris boni, habitæ in Seminario Archiep. Mechliniensi, inter D. Præsidem et Alumnos. Sub auspiciis Em. ac Rev. D. D. Joannis Henrici Cardin. à Franckenbergh (Auctore J. G. HULEU).
Mechliniæ. 1785. Hanicq. 3 vol. in-12.

6213. — Catechismus de tonsura et obligationibus status ecclesiastici ad usum juniorum ecclesiasticorum. Preces matutinæ, vespertinæ, et alia pietatis exercitia ad usum Alumnorum Seminarii Archiep. Mechliniensis... Edita jussu Em. ac Rev. D. Joan-

nis Henrici S. R.E. Card. à Franckenbergh. (Auctore *J. G.* Huleu.)
Mechliniæ. 1780. Hanicq. 1 vol. in-12.

— Meditationes pro exercitiis spiritualibus et indulgentiis plenariis lucrandis ab omnibus Clericis Provinciæ Mechliniensis. Editio noviss.
Mechliniæ. 1780. Hanicq. 1 vol. in-12.

6214. — Discours de la vocation à l'estat ecclésiastique. Par *Antoine* Godeau.
Paris. 1651. P. Le Petit. 1 vol. in-12.

— Discours de la tonsure cléricale et des dispositions avec lesquelles il la faut recevoir... Par le même.
Paris. 1651. P. Le Petit. in-12.

6215. — La royale prestrise, c'est-à-dire des excellences, des qualités requises, et des choses défendues aux Prestres. Par M. *Pierre* de Besse.
Paris. 1620. N. Du Fossé. 1 vol. in-8°.

6216. — Traité de la vocation à l'état ecclésiastique. (Par J. Girard de Ville Thierry.)
Paris. 1695. Pralard. 1 vol. in-12.

6217. — La vie des Clercs, Évesques, Prestres, Diacres et autres ecclésiastiques. Par le même.
Paris. 1710. Pralard. 2 vol. in-12.

6218. — Les emplois de l'Ecclésiastique du Clergé. Par *J. P.* C. (Camus) E. de Belley.
Paris. 1643. Gerv. Alliot. 1 vol. in-8°.

6219. — Lettre de Messire *Jean* Du Verger de Hauranne, Abbé de S. Cyran, à un ecclésiastique de ses amis. Touchant les dispositions à la prestrise.
S. n. n. l. 1648. 1 vol. in-8°. Port.

6220. — Le bon prestre. Par M. le Prieur D. L. C. (de la Calprenelle.)
Paris. 1651. Henault. 1 vol. in-8°.

6221. — Règles de la discipline ecclésiastique, recueillies des Conciles, des Synodes de France, et des SS. Pères de l'Église. Touchant l'estat et les mœurs du

Clergé. (Par le P. Guillard d'Arcy et publié par le P. Quesnel).

Paris. 1665. Josset. 1 vol. in-12.

6222. — Même ouvrage. N° édit.

Paris. 1714. Mongé. 1 vol. in-12.

6223. — Des fondemens de l'état et de l'esprit clérical, et des obligations des Ecclésiastiques. (Par l'Abbé *Cosme* Lambert.)

Besançon. 1692. Cl. Rigoine. 2 en 1 vol. in-12.

6224. — L'idée d'un bon ecclésiastique, ou les sentences chrestiennes et cléricales de M. *Adrian* Bourdoise.

Paris. 1672. De Laize de Bresche. 1 vol. in-12.

6225. — Des obligations des Ecclésiastiques, tirées de l'Ecriture Sainte, des Conciles, des décrets des Papes, et sentimens des Pères de l'Eglise. Par un Docteur en Théologie.

Paris. 1672. Muguet. 1 vol. in-12.

6226. — Même ouvrage. N° édit.

Paris. 1676. Muguet. 1 vol. in-12.

6227. — Même ouvrage. N° édit. Avec XII règles de conduite pour les Ecclésiastiques et Curez, tirées de Saint Chrysostome.

Paris. 1680. Dezallier. 1 vol. in-12.

6228. — Les trois devoirs d'un bon prêtre, représentez selon les règles des Canons, des Conciles, des SS. Pères, des Théologiens, et selon les exemples des plus vertueux ecclésiastiques. Par le P. Modeste de S. Amable.

Lyon. 1673. Liberal. 1 vol. in-4°.

6229. — Conférences sur la vie, les mœurs et la science des Ecclésiastiques. Par le R. P. *E. V.* du Vivier.

Paris. 1698. Couterot. 1 vol. in-12.

6230. — Motifs pour engager les Ecclésiastiques à travailler au salut des ames, tirez de la sainte Ecriture, des Conciles et des Pères. Par Messire *Louis* Mory.

Paris. 1702. Guignard. 4 vol. in-12.

6231. — L'idée du sacerdoce et du sacrifice de Jésus-Christ, donnée par le R. P. DE CONDREN. Avec quelques éclaircissemens et une explication des prières de la messe. Par le R. P. QUENEL. 3e édit.
Brusselle. 1702. Feppens. 1 vol. in-12.

6232. — De la sainteté de l'état ecclésiastique. Par *Henry-Marie* BOUDON.
Paris. 1702. Delespine. 1 vol. in-12.

6233. — L'esprit du sacerdoce de Jésus-Christ, ou la vie et les vertus apostoliques de Notre-Seigneur... (Par le P. *Claude* GENTIL.)
Lyon. 1704. Anisson et Posuel. 2 vol. in-12.

6234 — Trésor clérical ou conduites pour aquerir et conserver la sainteté ecclésiastique. Par feu Me *Charles* DEMIA. Dernière édition.
Lyon. 1736. Certe. 1 vol. in-8°.

6235. — Discours sur la vie ecclésiastique. Par Messire *Joseph* LAMBERT. Ne éd.
Paris. 1740. La Comp. des libraires. 2 vol. in-12.

6236. — Les ordinations des Saints, ou la manière dont les Saints sont entrez dans les Ordres sacrez, ou sont parvenus aux dignitez de l'Eglise. Par Messire *Joseph* LAMBERT.
Rouen. 1717. Le Boucher. 1 vol. in-12.

6237. — De la sainteté et des devoirs des Prestres. Par M. COMPAING.
Paris. 1747. Mazières et Garnier. 1 vol. in-12.

6238. — Traité de la perfection de l'état ecclésiastique. Par un Directeur de Séminaire. (Le P. *Nic.* BELON.)
Lyon. 1747. Veuve Delaroche et fils. 2 vol. in-12.

** — Règles de vie pour un bon prêtre. Voyez : Nos 3460-3475.

6239. — Devoirs ecclésiastiques.—Première partie. Introduction au sacerdoce. — Seconde partie. Retraite pour les Prestres... Par M. (*François-Hyacinthe*) SEVOY.
Paris. 1760-1762. Hérissant. 3 vol. in-12.

6240. — Traités de piété, ou discours sur les devoirs des Prêtres. Par M. *Claude* DE SAINTE-MARTHE.
S. n. n. l. 1770. 1 vol. in-12.

6241. — De la singularité des Clercs, ou de l'obligation où sont les Ecclésiastiques de vivre séparez des femmes. Traduit de l'original latin qui se trouve parmi les œuvres de S. CYPRIEN. Avec des notes...
Paris. 1718. Valleyre. 1 vol. in-12.

6242. — De Clericorum cum fœminis cohabitatione, licitane ea sit an non, tractatus ethicus, in quinque distinctus sermones... Autore *Mathia* BOSSEMIO.
Duaci. 1586. Bogardus. 1 vol. in-8°.

** — *Nat.* ALEXANDRI de sacrorum ministrorum cœlibatu.
Voyez : N° 3086.

6243. — R. P. *Theophili* RAYNAUDI dissertatio de sobria alterius sexus frequentatione per sacros et religiosos homines. Inædificata narrationi deliriorum, queis Puella Veneta, Gulielmum Postellum seculo superiore infatuavit...
Lugduni. 1653. M. Duhan. 1 vol. in-8°.

** — Tractatus qui Stella Clericorum inscribitur. Voyez : N° 1293.
** — Stella Clericorum. Voyez : N° 2874.

6244. — *Caroli* A MANSFELT Clericus, sive de statu perfectionis et perfectione status Clericorum.
Bruxelles. 1627. F. Vivienus. 1 vol. in-8°.

6245. — Regula Cleri, ex sacris Litteris, sanctorum Patrum monimentis, ecclesiasticisque sanctionibus excerpta. Studio et operâ *Simonis* SALAMO et *Melchioris* GELABERT. Tertia editio, cui accessit Præparatio proxima ad mortem.
Francopoli-Ruthenorum. 1760. Vedeilhié. 1 vol. in-12.

6246. — Idem opus. 4ª ed.
Parisiis. 1768. Barbou. 1 vol. in-12.

6247. — Traité des séminaires. Par Mᵉ *Antoine* GODEAU.
Aix. 1660. Roize. 1 vol. in-8°.

6248. — Conduite pour les exercices principaux qui se font dans les Séminaires ecclésiastiques, dressée en fa-

veur des Clercs demeurans dans le Séminaire de S. Nicolas du Chardonnet. Par M⁰ *Matthieu* Bruvelet.
Paris. 1690. Josse. 1 vol. in-12.

6249. — De l'éducation des Ecclésiastiques dans les séminaires.
Paris. 1699. Barbin. 1 vol. in-12.

6250. — Retraite ou exercice spirituel pour les jeunes Clercs du diocèse d'Amiens.
Amiens. 1693. Veuve R. Hubault. 1 vol. in-12.

6251. — *Dionysii* Rikel *Carthusiani* de vita et moribus Canonicorum liber.
Coloniæ Agripp. 1670. Corn. ab Egmont. 1 vol. in-12.

6252. — De la vie et des mœurs des Chanoines, par *Denys* Rikel, *Chartreux*. Traduit du latin, par M. l'Abbé de Mery (*Joseph* Mery de la Canorgue).
Louvain et Paris. 1765. Desprez. 1 vol. in-12.

6253. — Le prélat de S Grégoire, Evesque de Nazianze. (Traduit par *Jean* Collin).
Paris. 1640. Veuve Camusat. 1 vol. in-12.

6254. — Le prélat accompli, par le Docteur Séraphique S. Bonaventure au traité des six aisles du Séraphin. Mis en françois par le R. P. *Jean* Cornuty.
Paris. 1650. S. et G. Cramoisy. 1 vol. in-8°.

6255. — Traité composé en latin par le Séraphique Docteur, S. Bonaventure. Sur les six aisles du Seraphim. Traduit en françois par le P. F. *Michel* Gorgeu.
Amiens. 1666. Musnier. 1 vol. in-8°.

6256. — *Roberti* Bellarmini... admonitio ad Episcopum Theanensem nepotem suum. Quæ necessaria sint Episcopo qui verè salutem suam æternam in tuto ponere velit?
Parisiis. 1618. Chappelet. 1 vol. in-8°.

6257. — Episcopalis sollicitudinis Enchiridion. Ex plurimorum Ecclesiæ catholicæ antistitum, sanctitate ac pastorali vigilantia insignium, et præsertim Caroli

Borromæi... theoria et praxi accuratè collectum. Authore *Ludovico* ABELLY.
Parisiis. 1677. Guignard. 1 vol. in-4.

6258. — Les fonctions du hiérarque parfait, où se voit le tableau de l'Evesque accomply. Par *Jean-Pierre* CAMUS, Evesque de Belley.
Paris. 1642. Gerv. Alliot. 1 vol. in-8°.

6259. — La perfection de l'état de l'Evesque comparée à celle des autres états du monde. Traduit de l'italien de Mᵉ *Joseph* DE CIANTES. (Par *G. A.* GREARD DU MOTHIER).
Rome. 1669. Tinassi. 1 vol. in-8°.

6260. — Traité du devoir et de la vie des Evesques. Par le R. P. *Louis* DE GRENADE.
Paris. 1670. Léonard. 1 vol. in-12.

6261. — Directions pastorales pour les Evesques. Par Dom *Juan* DE PALAFOX et DE MENDOÇA.
Paris. 1671. S. Mabre-Cramoisy. 1 vol. in-12.

6262. — De la sainteté et des devoirs de l'Episcopat, selon les saints Pères et les Canons de l'Eglise.
Liége. 1772. Bassompierre. 3 vol. in-12.

" — Tractatus de Episcoporum residentia. Per *J.* NACLANTUM.
Voyez : N° 938.

6263. — Sancti GREGORII Magni Papæ primi de cura pastorali liber ex antiquis cod. mss. cum curâ expressus operâ.. Theologi Parisiensis (*Jacobi* BOILEAU). 2ᵃ ed.
Parisiis. 1669. Leonard. 1 vol. in-16.

6264. — Le livre de S. GREGOIRE le Grand.. du soin et du devoir des Pasteurs. Addressé à Jean, Evesque de Ravenne. Nouvelle traduction.(Par J. le C. C. de S.) (*Jean* LE CLERC, Curé de Soisy.)
Paris. 1670. Pralard. 1 vol. in-12.

6265. — Le pastoral de S. GRÉGOIRE le Grand. Du ministère et des devoirs des Pasteurs. Traduction nouvelle. Par P. *Antoine* DE MARSILLY (l'Abbé PRÉVOST).
Lyon. 1690. P. Valfray. 1 vol. in-12.

6266. — De officio pastorum et ovium, ad exemplar Jesu Christi, boni Pastoris. Autore F. *Francisco* PONISSONO.
Tolosæ. 1550. Colomies et Chasot. 1 vol. in-16.

— De la manière d'examiner ceux qui veulent prendre les Ordres sacrés, dialogue, non seulement aux Prebstres, mais aussi à tous Chrestiens tres utile et proffitable, composé premièrement en latin par F. *Françoys* PONISSON, et depuys par luy mesme traduict en françoys.
Tolosc. 1552. Colomies. in-16.

6267. — De officio curati, et quorumlibet presbyterorum, ad praxim, præcipuè circa repentina et generaliora, liber *Joan. Bapt. Bernardini* POSSEVINI ; hac postrema editione emendatus, Auctoris additionibus, notisque *Andr.* VICTORELLI... auctus. — Accessére sacræ Congregationis ad nonnulla Concilii Trident. capita de matrimonio declarationes... — In hac editione recognitus... jussu R. P. F. Jac. Blasaei Episcopi Audomarensis, per *W.* DE KERCHOVE.
Audomari. 1617. Boscardus. 1 vol. in-12.

** — *Rod.* GUALTHERI de officio ministrorum Ecclesiæ. Voyez : N° 864.

6268. — Pastorum instructiones ad concionandum, Confessionis et Eucharistiæ sacramenta ministrandum utilissimæ; à sancto *Carolo* BORROMÆO editæ. Ac postea ad Ecclesiarum Belgicarum usum accommodatæ per *Franciscum* SYLVIUM *à Braniâ Comitis*... 5ᵃ ed.
Lovanii. 1664. Nempæus. 1 vol. in-12.

6269. — Pastorum instructiones à S. *Carolo* BORROMÆO, editæ, ac postea per *Francisc.* SYLVIUM *à Brania Comitis* notis illustratæ. Præmittitur Epistola pastoralis Em. CARPEGNA S. R. E. Card. Ed. nov.
Rothomagi. 1707. Le Boucher. 1 vol. in-12.

6270. — La guide des Curez et instructions des Pasteurs. Dressé par feu de très saincte et heureuse mémoire

Charles BORROMÉE.. (Traduit par Marc LESCARBOT).
Rouen, 1613. De Beauvais. 1 vol. in-12.

6271. — La vraye guide des Curez, Vicaires et Confesseurs. Recueillie par R. P. F. P. MILHARD.
Paris. 1603. Chevalier. 1 vol. in-12.

** — Instructions des Curez et Vicaires pour faire le prosne.
Voyez : N° 1313

6272. — Enchiridion theologiæ pastoralis, et doctrinæ necessariæ sacerdotibus curam administrantibus. Conscriptum à R. P. *Petro* BINSFELDIO... Nuper additionibus quibusdam, operâ *Francisci* SYLVII... locupletatum... — Accessit Rhetorica concionandi R. P. *Francisci* BORGIÆ.
Parisiis. 1664. S. Huré. 1 vol. in-16.

6273. — La théologie des Pasteurs et autres Prestres ayans charge des ames... Composé par le R. P. *Pierre* BINFELD. Ensemble la manière de prescher, par le R. P. *François* DE BORGIA. Traduict par le R. P. *Philippes* BERMYER.
Rouen. 1653. Berthelin. 1 vol. in-8°.

6274. — Advertissemens aux Recteurs, Curez, Prestres et Vicaires qui desirent dignement s'acquitter de leur charge... Par Mg. *Jean-Baptiste* DE CONSTANZO. Traduicts d'italien par *I. S.*
Lyon. 1654. Rigaud. 1 vol. in-8°.

6275. — Stimulus Pastorum, ex sententiis Patrum concinnatus; in quo agitur de vita et moribus Episcoporum aliorumque Prelatorum. Per R. P. BARTHOLOMÆUM A MARTYRIBUS. Ed. nov.
Parisiis. 1667. P. et J. Delaize de Bresche. 1 vol. in-12.

6276. — Le devoir des Pasteurs. Extrait des sentimens des Pères de l'Eglise... Traduit du latin de Dom BARTHELEMY DES MARTYRS. Par M. G. D. M. (DE MELLO).
Paris. 1672. M. Le Petit. 1 vol. in-12.

6277. — Le bon Curé, ou advis à Messieurs les Curez touchant leurs charges... Par R. DOGNON.
Rouen. 1643. Veuve Du Bosc. 1 vol. in-12.

6278. — Règles de conduite pour les Curés, tirées de S. Jean Chrysostome. Et méthode enseignée par S. Augustin pour faire de bons prônes et des sermons de mission, qui soient utiles... (Par Richard.)
Paris. 1694. Villery. 1 vol. in-8°.

6279. — Traité du ministère des Pasteurs. Par M. l'Abbé de Fénélon.
Paris. 1688. Aubouin. 1 vol. in-12.

6280. — Le devoir des Pasteurs en ce qui regarde l'instruction de leur peuple. (Par *Simon* Treuvé.)
Reims. 1699. Godard. 1 vol. in-12.

6281. — Pastor bonus, seu idea, officium, spiritus et praxis Pastorum. Authore Domino *Joanne* Opstraet.
Rotomagi. 1699. L. et G. Behourt. 1 vol. in-12.

6282. — Le bon Pasteur, ou l'idée, le devoir, l'esprit et la conduite des Pasteurs. Par M. Opstraet. Traduit par M. (*Godefroy*) Hermant.
Rouen. 1702. Besongne. 2 vol. in-12.

6283. — Parochus, sive curator animarum... Auctore *Carolo Andrea* Basso. — Accesserunt antiqua statuta Ecclesiæ Lugdunensis à Francisco Cardinali à Turnone an. 1560. promulgata. Ed. nov.
Lugduni. 1694. Thioly et Boudet. 1 vol. in-4°.

6284. — Le pasteur des ames, où il est d'abord traité de la dignité, et des périls de la charge pastorale. Ensuite de ce qu'un Pasteur doit à Dieu, à soi-même, et aux ames dont il est chargé... Composé en latin,.. par le Docteur *Charles-André* Basso. Traduit en françois par le Sieur J. L. C. Curé de S... (*Jean* Le Clerq, Curé de Soisy.)
Toulouse. 1740. Forest. 3 vol. in-8°.

6285. — La pratique des devoirs des Curez. Composée en italien par le P. *Paul* Segnery. Traduite en françois par le P. Buffier.
Lyon. 1702. Bachelu. 1 vol. in-12.

** — Voyez aussi : N° 3498.

6286. — Morale chrétienne pour l'instruction des Curez et des Prestres du diocèse de Vence. Par feu M° *Antoine* GODEAU.
Paris. 1709. Estienne. 3 vol. in-12.

6287. — Traité des devoirs d'un Pasteur qui veut se sauver, en sauvant son peuple. Par M. COLLET. 4° édit.
Paris. 1758. Hérissant. 1 vol. in-12.

6288. — Manuel des Pasteurs.. Auquel on a joint des prières particulières aux ecclésiastiques pour sanctifier chaque jour. Par M. l'Abbé DINOUART. 2° édit.
Lyon. 1768. Duplain. 3 vol. in-12.

6299. — Apostolatus Missionariorum per universum mundum. Cum obligatione Pastorum quoad manutenentiam Evangelii. Regulis actionum humanarum. Et methodo conferendi cum hæreticis quibuscunque, ac infidelibus. Authore R. P. Fr. *Raymundo* CARONO.
Parisiis. 1659. A. Bertier. 1 vol. in-8°.

6290. — Examens particuliers sur divers sujets propres aux Ecclésiastiques, et à toutes les personnes qui veulent s'avancer dans la perfection. Par M. TRONSON.
Paris. 1770. Hérissant fils. 2 vol. in-12.

6291. — Instructions sur les fonctions du ministère pastoral, adressées par Mg. l'Evêque, Comte de Toul (*Claude* DE DROUAS DE BOUSSEY) au Clergé séculier et régulier de son diocèse.. N° édit.
Toul. 1779. Carez. Rouen. 1783. Machuel. 5 vol. in-12.

6292. — Lettre pastorale de Son Altesse Celsissime Mg. l'Archevêque Prince de Salzbourg... à l'occasion de la fête jubilaire de l'Eglise Métropolitaine de Salzbourg à célébrer le 1 septembre 1782, après douze siècles révolus depuis sa fondation. Traduite de l'allemand par M. *L.* HUREZ.
Vienne. 1783. Noble de Kurzbek. 1 vol. in-8°.

** — Conférences et discours synodaux sur les principaux devoirs des Ecclésiastiques. Par *J. B.* MASSILLON. Voyez : N° 4719.

** — Introduction au saint ministère. Par M. l'Abbé DE MANGIN.
Voyez : N° 4799.

293. — Exercices d'une retraite spirituelle de dix jours pour les Ecclésiastiques.

— Exercices d'une retraite spirituelle de dix jours pour les communautez religieuses.

— Exercices d'une retraite spirituelle de dix jours sur les grandeurs et perfections divines, pour les âmes advancées. Par le R. P. *François* BOURGOING.
Paris. 1654. P. Le Petit. 1 vol. in-8°.

— Exercices d'une retraite spirituelle de dix jours, propre à ceux qui se désirent convertir sérieusement à Dieu. Par le R. P. *F.* BOURGOING.
Paris. 1650. P. Le Petit. 1 vol. in-8°.

294. — Retraite pour les prêtres, avec des lectures et des considérations propres à leur état. Par le P. *J.* MAILLARD.
Paris. 1694. Dubois. 1 vol. in-12.

295. — Retraite ecclésiastique dédiée à S. E. Mg. le Cardinal de Noailles, Archevêque de Paris.
Paris. 1708. Delespine. 2 vol. in-12.

296. — Méditations d'une retraite ecclésiastique de dix jours... Par le P. *Edme* CLOYSEAULT.
Lyon. 1723. Certe. 1 vol. in-16.

297. — Retraite selon l'esprit et la méthode de saint Ignace pour les ecclésiastiques. Par le R. P. *François* NEPVEU.
Paris. 1749. J. T. Hérissant. 1 vol. in-12.

298. — Retraite de dix jours, à l'usage de Messieurs les Ecclésiastiques et des Religieux... Par M. l'Abbé ** Auteur de la *Connoissance et de l'Amour de Jésus-Christ* (*Pierre* COLLOT.)
Paris. 1774. Berton. 1 vol. in-12.

e. — Vie religieuse.

299. — De eruditione Religiosorum opusculum, universa quæ ad absolutam religionis formam spectant,

exactissimè comprehendens, insignis pietate ac doctrina viri et P. F. HUMBERTI (vel *Guill.* PERALDI). — Jussu R. P. F. Seraphini Caballi... in lucem æditum. Opera R. P. F. ANTONII SENENSIS.
Lovanii. 1525. Velpius. 1 vol. in-16.

6300. — D. DIONYSII *Carthusiani* scalæ religiosorum pentateuchus complectens : 1 Exhortatorium novitiorum. — 2 De professione et votis eorundem. — 3 De fructuosa temporis deductione. — 4 De mortificatione vivifica, et reformatione interna. — 5 De profectu spirituali et custodia cordis. Accesserunt... decem homeliæ EUSEBII Epi. ad monachos. Novem scalares amoris *Henrici* HERP.
Coloniæ. 1531. 1 vol. in-8°.

** — *Jod.* CLICHTOVEI de laude monasticæ religionis opusculum.
Voyez : N° 4693.

6301. — Speculum monachorum a DACRYANO, Ord. S. Bened. Abbate (*Ludovico* BLOSIO) conscriptum, multò quàm antea, in hac secunda æditione castigatius.
Lovanii. 1549. Gravius. 1 vol. in-8°.

— *Jacobi* LATOMI libellus de fide et operibus, et de votis atque institutis monasticis.
Antuerpiæ. 1530. M. Hillenius. 1 vol. in-8°.

— F. *Petri* MONTANI dominicæ passionis, secundum quatuor Evangelistas, dilucida eruditaque enarratio, ex veterum Doctorum commentariis studiosè desumta atque concinnata.
Antuerpiæ. 1571. Vid. et Hæred. Stelsii. 1 vol. in-8°.

6302. — Le miroir des religieux par DACRYAN, Abbé de l'Ordre de S. Benoist (*Louis* DE BLOIS. Traduction françoise de YVELIN, rev. et corr.)
Paris. 1642. P. de Bresche. 1 vol. in-12.

6303. — Le directeur des ames religieuses, composé en latin par le vénér. *Louis* BLOSIUS... et traduit en françois par *** (MONTBROUX DE LA NAUSE).
Paris. 1736. Babuty. 1 vol. in-16.

6304. — *Hieronymi* Platι de bono status religiosi libri III.
Augustæ Trevirorum. 1593. Bock. 1 vol. in-4°.

6305. — Trois livres du bien de l'estat religieux, faicts latins par *Hierosme* Platus, et françois par *Philippes* Le Bel, par luy reveuz, corrigez et esclaircis. 2ᵉ édit.
Paris. 1607. Sonnius. 1 vol. in-4°.

6306. — Traitté du bonheur de la vie religieuse, fait en latin par le P. *Hierome* Platus. Et mis nouvellement en françois par le P. *Antoine* Girard.
Paris. 1644. Meturas. 1 vol. in-4°.

6307. — R. P. F. *Joannis* Nider de reformatione religiosorum libri tres : editi in lucem per R. P. F. *Joannem* Boucquetium.—Accedit R. P. F. *Vincentii* Justiniani Antistii... pro divæ Catharinæ Senensis imaginibus disputatio.
Antuerpiæ. 1611. Off. Plantiniana. 1 vol. in-8°.

6308. — *Thomæ* Galletti religiosus. Cui adnectuntur Sanctorum aliquot varia opuscula nondum edita, etc.
Lugduni. 1615. Cardon. 1 vol. in-12.

6309. — *Theophili* Bernardini de religiosæ perserverantiæ præsidiis libri XI.
Antuerpiæ. 1622. Nutius. 1 vol. in-4°.

6310. — Thesaurus religiosorum, in quo de tribus votis solemnibus obedientiæ, castitatis et paupertatis accuratissimè disputatur. Authore D. Bartholomæo a S. Fausto, aliàs Pirro Siculo.
Lugduni. 1623. Landry. 1 vol. in-4°.

6311. — Cibus solidus perfectorum. Sive de proposito et voto Seraphico S. Mᵗⁱˢ N. Teresiæ., libri duo. Auctore R. P. F. Hermanno a S. Norberto.
Antuerpiæ. 1670. Crabbens. 2 en 1 vol. in-8°

6312. — De schole van de eenicheydt des menschs met Godt door P. P. *Andreas* a Soto.
Antuerpiæ. 1610. Trognæsius. 1 vol. in-8°.

6313. — *Caroli* Scribani Superior religiosus de prudenti ac religiosa gubernatione.
Lugduni. 1620. Chevalier. 1 vol. in-12.

6314. — R. P. F. Joannis a Jesu Maria instructio Magistri Novitiorum, una cum aliquot ejusdem authoris piis opusculis. (Ars gubernandi. — De studio pacis. — Liber de bono usu contemptuque honorum, divitiarum ac voluptatum. — Liber de prudentia justorum.)
Coloniæ. 1614-1621. Crithius. 1 vol. in-16.

6315. — L'art de bien gouverner selon les exemples de N. Seigneur et de S. Ignace.. Composé en latin par le R. P. *Hubert* Wiltheim. Et mis en françois par le P. *Antoine* Girard.
Paris. 1661. Henault. 1 vol. in-8°.

6316. — L'idée du parfait supérieur, ou l'art de commander. Tracé par le R. P. Modeste de Saint Amable.
Clermont. 1679. Jacquard. 1 vol. in-4°.

6317. — L'idée du parfait inférieur ou l'art d'obeyr. Tracé par le R. P. Modeste de Saint Amable.
Clermont. 1671. Jacquard. 1 vol. in-4°.

6318. — Quel est le meilleur gouvernement, le rigoureux ou le doux, pour les Supérieurs et Supérieures des maisons religieuses, et pour les maîtres qui ont grande famille à gouverner. Par un Régulier (le P. *Estienne* Binet).
Paris. 1680. Warin. 1 vol. in-12.

6319. — Quel est le meilleur gouvernement, le rigoureux ou le doux, pour les Supérieurs des Religions. (Par le P. *Estienne* Binet).
Paris. 1776. Veuve Hérissant. 1 vol. in-12.

6320. — Idée d'une véritable Supérieure, où les chefs de famille trouveront autant de sujets d'instruction que les supérieures religieuses. Par M. Des Queux.
Lille. 1686. Chrysostome Malte. Pièce in-8°.

6321. — Lettres sur les devoirs d'un supérieur de religieuses. Par M. L. M. Doct. en th. (l'Abbé de Montis).
Paris. 1777. Humblot. 1 vol. in-12.

6322. — Lettres sur la manière de gouverner les maisons religieuses.
Paris. 1740. Guérin. 1 vol. in-12.

6323. — L'Institution des Novices par S. Bonaventure : ou le Novice formé à la régularité du cloistre par toutes les pratiques de l'un et de l'autre homme intérieur et extérieur... Recueillie des opuscules de ce Séraphique Docteur par le R. P. *François* Pothron. Et mis en françois par le R. P. *Denis* Collart.
   Paris. 1682. Couterot. 1 en 2 vol. in-12.

6324. — Catechismi Novitiorum et eorundem Magistri. Omnibus quorumcumque Ordinum Religiosis utilissimi. Authore R. D. *Servatio* de Lairuelz.
   Mussiponti 1623. F. Du Bois. 2 vol. fol.

6325. — R. P. F. *Joannis* a Jesu Maria instructio Novitiorum et disciplina claustralis, sive practica actuum vitæ religiosæ, ut cum spiritu et perfectè exerceantur.
   Leodii. 1681. Hoyoux. 1 vol. in-8°.

6326. — Instruction des Novices, ou addresse à la perfection, pour toutes sortes de personnes, ecclésiastiques et séculières. Composée en latin par le Vén. P. Jean de Jésus Maria. Et nouvellement traduite en françois par le R. P. Cyprien de la Nativité.
   Paris. 1672. Leonard. 1 vol. in-12.

6327. — Le parfait novice instruit des voyes qu'il doit tenir pour arriver à la perfection de son estat. Par le R. P. Bernardin *de Paris*.
   Paris. 1668. Thierry. 1 vol. in-4°.

6328. — Du renouvellement des vœux de Batesme, et des vœux de Religion. (Par le P. P. Quesnel.)
   Paris. 1676. Desprez. 1 vol. in-12.

6329. — Lettre du très Rév. P. *Vincent* Perrin, Provincial et Vicaire général en France de l'Ordre de la Charité, aux Religieux dudit Ordre, sur le sujet des exercices spirituels, et de la renovation des vœux.
   Paris. 1682. Coignard. 1 vol. in-12.

6330. — Instructions sur les observances régulières, et sur les vœux solemnels,.. en faveur des ames appellées à l'état religieux, ou qui y sont engagées.
   Paris. 1725. Delespine. 2 vol. in-12.

6331. — La discipline claustrale ou practique spirituelle des actions de la vie religieuse. Composée par le R. P. Jean de Jésus Maria, et traduite en françois par F. D. R. (F. de Rosset).
Paris. 1612. Fouet. 1 vol. in-12.

6332. — Traité de l'obligation aux observances régulières, composé par le R. P. Chesneau.
Paris. 1673. Coignard. 1 vol. in-12.

6333. — Brief traitté des obligations, des règles et constitutions des ordres religieux. Composé en latin par le R. P. *Pierre* Dierkens; et traduit en françois par le R. P. *Ambroise* Estienne.
Langres. 1676. Secard. 1 vol. in-8°.

6334. — De l'exacte observance des règles dans une communauté religieuse, dressé par un grand Directeur du temps (M. Gambart), pour un Supérieur de religion.
Paris. 1681. De Laize de Bresche. 1 vol. in-12.

6335. — Le voyageur inconnu, histoire curieuse et apologétique pour les religieux. Par Mg. l'Evesque de Belley (*J. P.* Camus).
Paris. 1630. Cottereau. 1 vol. in-8°.

6336. — Apologie pour les Réguliers, ou continuation de l'histoire curieuse d'un voyageur inconnu. Par Mg. l'Evesque de Belley (*J.-P.* Camus).
Paris. 1657. Guillemot. 1 vol. in-12.

6337. — Le directeur spirituel désintéressé. Selon l'esprit du B. François de Sales. Par *Jean-Pierre* Camus.
Paris. 1631. Debors. 1 vol. in-12.

6338. — Sainct Augustin de l'ouvrage des moynes. Ensemble quelques pièces de sainct Thomas et de S. Bonaventure sur le mesme sujet. Le tout rendu en nostre langue, et assorty de réflections sur l'usage de nostre temps. Par *Jean-Pierre* Camus, E. de B.
Paris. 1628. Debors. 1 vol. in-8°.

6339. — Même ouvrage.
Rouen. 1628. Duyn. 1 vol. in-8°.

6340. — Traicté de la pauvreté évangélique. Par J. P. C. (*J.-P.* Camus) E. de Belley.
Besançon. 1634. J. Thomas. 1 vol. in-8°.

— Traité de la désapropriation claustrale. Par *J.-P.* Camus, Evesque de Belley.
Besenson. 1634. J. Tomas. in-8°.

6341. — L'anti-Camus, ou censure des erreurs de M. du Belley, touchant l'estat des Religieux. Divisé en 2 parties. Où principallement est réfuté son Livre de la désapropriation claustralle, et de la pauvreté évangélique.
Douay. 1634. Guil. Beaulieu. 1 vol. in-8°.

6342. — La suitte du rabat-joye du triomphe monacal. Recueillie par le Sr. de S. Hilaire (*J.-P.* Camus).
s. n. n. l. 1634. 1 vol. in-4°.

6343. — Les entretiens curieux d'Hermodore, et du voyageur incognu, divisés en deux parties. Par le Sieur de Sainct Agran (*Jacques* de Chevanes).
Lyon. 1634. Pillehotte. 1 vol. in-4°.

6344. — Les esclaircissemens de Meliton sur les entretiens curieux d'Hermodore, à la justification du directeur désintéressé. Par le Sr. de Saint-Agatance (Camus).
s. n. n. l. 1635. 1 vol. in-4°.

6345. — Animadversions sur la préface d'un livre intitulé, *Deffence de la vertu.* Par J. P. C. E. de Belley.
Paris. 1642. 1 vol. in-8°.

6346. — Notes sur un livre intitulé la *Deffense de la vertu*. Extraictes de plus amples animadversions. Par P. L. R. P. (*J. P.* Camus).
Paris. 1643. 1 vol. in-8°.

6347. — Advis aux Religieux de céder à l'Anti-moine.
Paris. 1642. 1 vol. in-8°.

6348. — L'apocalypse de Meliton, ou révélation des mystères cénobitiques par Meliton (*Claude* Pithoys).
Saint-Leger. 1668. N. et J. Chartier. 1 vol. in-16.

6349. — Traité des études monastiques, divisé en trois par-

ties ; avec une liste des principales difficultez qui se rencontrent en chaque siècle dans la lecture des originaux, et un Catalogue de livres choisis pour composer une bibliotèque ecclésiastique. Par Dom *Jean* MABILLON.
Paris. 1691. Robustel. 1 vol. in-4°.

6350. — Même ouvrage. 2ᵉ édit.
Paris. 1692. Robustel. 2 vol. in-12.

6351. — De la sainteté et des devoirs de la vie monastique. (Par Dom *A. Jean* LE BOUTHILLIER DE RANCÉ).
Paris. 1683. Muguet. 2 vol. in-4.

6352. — Même ouvrage. 2ᵉ édit.
Paris. 1683. Muguet. 2 vol. in-12.

6353. — Même ouvrage. Nᵉ édit.
Paris. 1701. Muguet. 2 vol. in-12.

6354. — Cinq chapitres tirez du livre de la vie monastique : I. De l'amour de Dieu. II. De la prière. III. De la mort. IV. Des jugemens de Dieu. V. De la componction. Par M. *Armand* LE BOUTHILLIER DE RANCÉ.
Paris. 1707. Libr. assoc. 1 vol. in-12. Sans titre.

6355. — Eclaircissemens de quelques difficultez que l'on a formées sur le livre de la sainteté et des devoirs de la vie monastique. (Par M. DE RANCÉ).
Paris. 1685. Muguet. 1 vol. in-4°.

6356. — Même ouvrage. 2ᵉ édit.
Paris. 1686. Muguet. 1 vol. in-12.

6357. — Réponse au traité des études monastiques. Par M. l'Abbé de la Trappe (M. DE RANCÉ.)
Paris. 1692. Muguet. 1 vol. in-4°.

6358. — Réflexions sur la réponse de M. l'Abbé de la Trappe, au Traité des études monastiques. Par Dom *Jean* MABILLON.
Paris. 1692. Robustel. 1 vol. in-4°.

6359. — Même ouvrage. 2ᵉ édit.
Paris. 1693. Robustel. 2 vol. in-12.

6360. — Lettres à M. l'Abbé de la Trappe, où l'on examine

sa Réponse au Traité des études monastiques, et quelques endroits de son Commentaire sur la Règle de Saint Benoist. (Par D. *Denis* DE SAINTE MARTHE).
Amsterdam. 1692. Desbordes. 1 vol. in-12.

6361. — Recueil de quelques pièces qui concernent les quatre lettres écrites à M. l'Abbé de la Trappe. (Par Dom *Denys* DE SAINTE MARTHE.)
Cologne. 1693. Sambix. 1 vol. in-12.

— Réponse aux lettres écrites à M. l'Abbé de la Trappe, pour servir d'éclaircissement à la question des études monastiques.
S. n. n. l. 1693. in-12.

6362. — Apologie de M. l'Abbé de la Trappe. (Par *J. B.* THIERS.)
1 vol. in-12. Sans titre.

6363. — Réveil des chrestiens à la vie religieuse. Par F. *Jean* DAGONEAU.
Rheims. 1597. De Foigny. 1 vol. in-8°.

6364. — Lettre d'un Abbé régulier (M. DE RANCÉ) sur le sujet des humiliations, et autres pratiques de religion.
Paris. 1677. Coignard. 1 vol. in-12.

6365. — De la perfection religieuse, et de l'obligation que chaque Religieux a de l'acquérir. Composé par le R. P. *Lucas* PINELLI. Nouvellement traduit d'italien en françois par un Père de la mesme Compagnie.
Paris. 1625. Chastellain. 1 vol. in-12.

6366. — Introduction à la vie religieuse en forme de catechisme. Composée par le R. P. D. *Julian* VUARNIER.
Paris. 1641. Moreau. 1 vol. in-8°.

6367. — Les maximes pernicieuses (et les remèdes des maximes pernicieuses) qui destruisent la perfection et paix religieuse. Composé par le R. P. ALPONSE DE JÉSUS MARIA, et nouvellement traduit de l'espagnol par le R. P. GASPAR DE LA MÈRE DE DIEU.
Mons. 1645. Stievenart. 2 vol. in-4°.

6368. — Catechèse de la manière de vie parfaite, à laquelle

les Chrestiens sont appellez, et ensuitte les personnes consacrées à Dieu par les vœux de la religion. (Par le P. *Guillaume* Gibieuf).
Paris. 1653. A. Vitré. 1 vol. in-8°.

6369. — Le religieux intérieur, divisé en trois parties. Par le P. Bernardin *de Paris*.
Paris. 1663. Thierry. 1 vol. in-8°.

6370. — L'homme religieux. Par le R. P. *Jean-Baptiste* Saint Jure. N° édit.
Paris. 1694. Couterot. 2 vol. in-8°.

6371. — Méditations sur les principaux devoirs de la vie religieuse, marquez dans les paroles de la profession des Religieux. Par un Religieux de la Congrégation de S. Maur (Dom *Claude* de Bretagne).
Paris. 1690. De Bats. 1 vol. in-4°.

6372. — Même ouvrage. 3° édit.
Paris. 1703. P. De Bats. 1 vol. in-8°.

6373. — Principes de la perfection chrétienne, et de la perfection religieuse; avec un supplément pour les vierges chrétiennes qui servent Dieu dans le monde. (Par *Jérome* Besoigne. 3° éd.)
Paris. 1766. Saillant. 1 vol. in-12.

6374. — Paroles tirées du nouveau Testament de Notre-Seigneur Jésus-Christ, pour éclairer les personnes religieuses sur la grandeur et sur l'étendue de leurs devoirs. Par le P. Archange.
Paris. 1691. Coignard. 1 vol. in-12.

6375. — Premiers sentimens qu'il faut inspirer à ceux qui s'engagent dans la profession chrétienne. (Par le R. P. Chartonnet).
Paris. 1692. Langlois. 1 vol. in-12.

6376. — Sentimens qu'il faut inspirer à ceux qui s'engagent dans la profession religieuse. (Par le même).
Paris. 1710. Estienne. 1 vol. in-12.

6377. — Méditations sur les plus importantes véritez chrétiennes, et sur les principaux devoirs de la vie reli-

gieuse : pour les retraites de ceux qui veulent embrasser cet état. (Par le P. Chartonnet).
Paris. 1692. Foucault. 1 vol in-12.

6378. — Même ouvrage. N° édit.
Paris. 1716. Estienne. 1 vol. in-12.

6379. — Les heureux succez de la piété, ou les triomphes de la vie religieuse sur le monde et sur l'hérésie. Composé par le P. Yves *de Paris*. 2ᵉ édit.
Paris. 1633-34. Veuve N. Buon. 2 vol. in-8°.

6380. — Examen de l'avant-propos du livre du Père Yves de Paris, Capucin, intitulé *les Heureux succez de la piété, ou les triomphes que la vie religieuse a emportez sur le monde et sur l'heresie.*
S. n. n. l. 1633. in-8°.

6381. — La vie des Religieux et Religieuses, et les obligations de ceux qui embrassent la vie monastique. Prouvées par l'Écriture Sainte, par les Pères et par les Conciles. (Par Girard de Ville-Thierry).
Paris. 1698. Pralard fils. 1 vol. in-12.

6382. — Lettre d'un Abbé à ses religieux sur la nécessité de bien vivre et de faire son salut.
Paris. 1699. Leonard. 1 vol. in-12.

— Lettre d'un Abbé à ses religieux sur le culte qu'il faut rendre à Dieu.
Paris. 1699. Leonard. in-12.

— Lettre d'un Abbé à ses religieux sur la perfection, et l'obligation que nous avons d'y toujours tendre.
Paris. 1700. Leonard. in-12.

6383. — Lettre d'un Abbé à ses religieux sur l'esprit des vœux.
Paris 1701. Cusson. 1 vol. in-12.

— Dispositions pour bien mourir, renfermées dans la lettre d'un Abbé à sa sœur qui étoit dangereusement malade.
Paris. 1699. Leonard. in-12.

6384. — Pratique familière pour se préparer à faire les vœux

solemnels de la Religion en esprit et en vérité. Par le R. P. Soyer. Rev. et corr. par le R. P. Courtot.
Paris. 1669. Muguet. 2 vol. in-12.

6385. — Les leçons de la sagesse sur l'engagement au service de Dieu. Par le P. D. *François* Lamy.
Paris. 1703. Mariette. 1 vol. in-12.

6386. — Retraitte pour se préparer à prendre l'habit religieux, avec des lectures et des considérations conformes aux méditations de chaque jour. Par le R. P. (*Jean*) Maillard.
Paris. 1705. Besongne. 1 vol. in-12.

6387. — Avis et réflexions sur les devoirs de l'état religieux, pour animer ceux qui l'ont embrassé à remplir leur vocation. Par un Rel. Bénéd. (*J. P.* Du Sault). 3ᵉ éd.
Paris. 1716. Le Mercier. 3 vol. in-12.

6388. — Exhortations sur les principaux devoirs de l'état religieux. (Par le P. Chéron).
Paris. 1772. Berton. 2 en 1 vol. in-8°.

6389. — Conférences théologiques et morales sur les principaux devoirs de la vie religieuse. Par M. l'Abbé Desvillars
Lyon. 1773. Perisse frères. 3 vol. in-12.

6390. — Du bonheur d'un simple religieux qui aime son état et ses devoirs. Par le R. P. Dom Morel. 3ᵉ éd.
Paris. 1752. Vincent. 1 vol. in-12.

6391. — Exhortations sur les principaux devoirs de l'état religieux. Par le P. Judde. Nᵉ édit.
Paris. 1780. Berton. 2 vol. in-12.

6392. — Manuel religieux, ou recueil de considérations, affections et pratiques pieuses, à l'usage des personnes consacrées à Dieu par les vœux de la religion... Par un Relig. Bénéd. (*D. Claude-Antoine* Turpin).
Paris. 1783. Bastien. 1 vol. in-12.

6393. — Considérations sur l'esprit et les devoirs de la vie religieuse. Par M. l'Abbé Lamourette.
Paris. 1785. Berton. 1 vol. in-12.

6394. — L'idée d'un vray religieux, dans le Recueil des lettres de Dom *Paulin* DE LISLE...; avec un petit abrégé de sa vie, et de celle de François de Lisle son frère. (Publié par LAMBERT, curé de Chaalons).
Chaalons. 1723. Bouchard. 1 vol. in-12.

6395. — L'image d'une religieuse parfaite, et d'une imparfaite. Avec les occupations intérieures pour toute la journée.(Par *Catherine-Agnès de S. Paul* ARNAULD)
Paris. 1711. Desprez et Desessars. 1 vol. in-12.

6396. — La parfaite religieuse. Ouvrage également utile à toutes les personnes qui aspirent à la perfection ; par le R. P. *Michel-Ange* MARIN.
Paris. 1827. Boiste fils. 1 vol. in-12.

6397. — Le triomphe des sainctes et dévotes confrairies. Par M⁰ *Pierre* DE BESSE.
Paris. 1619. N. Du Fossé. 1 vol. in-12. (Figures).

6398. — Cartusianus sive iter ad sapientiam... Descriptore *Claudio* HEMERAEO.
Augustæ Veromanduorum. 1627. Le Queux 1 vol. in-8°.

6399. — Regula solitariorum, sive exercitia quibus procul à sæculi corruptela, tum ad pietatem, tum ad ecclesiastica munia, candidatos instituebat GRIMLAICUS Sacerdos sæculo circiter nono. — Prodit nunc primùm in lucem operâ D. *Lucæ* D'ACHERII.
Parisiis. 1653. Ed. Martinus. 1 vol. in-12.

6400. — L'esprit de S. François, formé sur celuy de Jésus-Christ. Par le P. BERNARDIN *de Paris*.
Paris. 1662. Thierry. 1 vol. in-4°.

6401. — Pratique familière de vertu, et méthode abrégée de perfection... dressée principalement en faveur des Novices et jeunes Profez de l'Ordre des Minimes. Par le R. P. A. L. (*Abel* LYBAULT).
Paris. 1642. Josse. 1 vol. in-12.

6402. — Directoire des novices de la Congrégation des Chanoines réguliers de saint Augustin, dite de France. Dressé par le R. P. *Charles* FAURE. 2ᵉ édit.
S. n. n. l. 1664. 1 vol. in-12.

— Ordre et méthode de quelques exercices de piété. Pour l'usage et facilité des novices des Chanoines réguliers de S. Augustin...
Paris. 1684. V° D. Langlois. in-8°.

6403. — Directoire pour les novices des Chanoines réguliers de la Congrégation de France. Par le R. P. *Charles* FAURE. N° éd.
Paris. 1711. Estienne. 1 vol. in-12. Port.

6404. — Instructions du R. P. *Charles* FAURE, Abbé de Ste Geneviève de Paris et premier Supérieur général des Chanoines réguliers de la Congrégation de France.
Paris. 1698. Langlois. 1 vol. in-4°.

6405. — Exercices spirituels tirés de la règle de S. Benoist, pour en faciliter la pratique à ceux qui désirent vivre selon l'esprit de cette même règle. N° édit.
Paris. 1783. Pierres. 1 vol. in-12.

6406. — Discours de la révérende Mère *Marie-Angélique de S. Jean* (*Angel.* ARNAULD), Abbesse de P. R. des Champs, sur la Règle de S. Benoit.
Paris. 1736. Osmont et Delespine. 2 vol. in-12.

6407. — Discours de R. M. *Angelique de S. Jean*, Abbesse de P. R. des Champs, appellés Miséricordes, ou recommandations faites en Chapitre de plusieurs personnes unies à la maison de Port-Royal des Champs.
Utrecht. 1735. Le Fevre. 1 vol. in-12.

6408. — Conférences de la Mère *Angelique de Saint Jean*, sur les constitutions du monastère de Port-Royal du Saint-Sacrement. (Publiées par Dom CLEMENCET).
Utrecht. 1760. 3 vol. in-12.

6409. — La manière de remplir saintement les devoirs de la vie chrestienne et religieuse : avec les exercices particuliers des Novices de l'Ordre de S. Augustin, et la traduction de la Règle du mesme Père. (Par le P. *Augustin* LOIR).
Paris. 1688. V° Seb. Mabre-Cramoisy. 1 vol. in-12.

6410. — Même ouvrage.
Paris. 1691. Desprez. 1 vol. in-12.

6411. — Lettres aux religieuses de l'Ordre de Nostre-Dame du Mont-Carmel, érigé en France selon la première observance. Par Mg. l'ill. et rev.Card. DE BÉRULLE.
Paris. 1629. Debors. 1 vol. in-8°.

6412. — Lectures de piété à l'usage des maisons et communautés religieuses. (Par le P. *Yves* VALOIS).
Paris. 1763. Mcquignon. 1 vol. in-12

6413. — Octave de méditations sur les vertus de la bienheureuse Mère Jeanne-Françoise de Chantal, à l'usage des Religieuses de la Visitation Ste Marie. 2° éd.
Paris. 1757. Hérissant. 1 vol. in-12.

6414. — Méditations pour les novices, et les jeunes profés, et pour toutes sortes de personnes qui sont encore dans la vie purgative. Par Dom *Simon* BOUGIS.
Paris. 1674. Bilaine. 1 vol. in-4°.

6415. — Conférences ou exhortations monastiques pour tous les dimanches de l'année. Par un Relig. Bénéd. de la Cong. de S. Maur (Dom *Jérome-Joachim* LE CONTAT).
Paris. 1671. Billaine. 1 vol. in-4°.

6416. — Exercices spirituels pour les supérieurs des familles religieuses, pendant la retraite des dix jours... Par le P. Dom *Joachim* LE CONTAT. 2° édit.
Paris. 1667. Billaine. 1 vol. in-8°.

6417. — Exercices spirituels pour les Religieux et Religieuses, pendant la retraite des dix jours... Par Dom *Joachim* LE CONTAT. 3° édit.
Paris. 1703. Imbert De Bats. 1 vol. in-8°.

6418. — Retraitte pour les Religieux et les Religieuses, et pour ceux qui aspirent à la perfection de la vie intérieure. Par le P. *J.* MAILLARD.
Paris. 1694. Dubois. 1 vol. in-12.

6419. — Solitude séraphique, ou exercices spirituels pour une retraite de dix jours, selon le véritable esprit de Saint François. Par un Père Capucin.
Paris. 1671. V° D. Thierry. 1 vol. in-12.

6420. — L'épouse au désert, ou diverses méditations pour les

retraites annuelles des Religieuses. Avec un exercice de préparation pour la renovation des vœux. Par M. Cordelier.
Paris. 1697. Coustelier. 2 en 1 vol. in-12.

6421. — Deux retraites de dix jours contenant chacune trente méditations et un sermon sur les principaux devoirs de la vie religieuse. Avec deux discours sur la vie des Religieux de la Trape.
Lyon. 1697. Bachelu. 1 vol. in-12.

6422. — Le Religieux ou Religieuse méditant ses devoirs dans une retraite. Par L. P. N. R.
Lyon. 1701. Besson. 1 vol. in-12.

** — Méditations pour les Sœurs maîtresses des écoles charitables du S. Enfant Jésus... Par le R. P. Giry.
Voyez : Hist. des Religions. N° 1423.

6423. — Retraite de dix jours sur les principales obligations des Religieuses. (Par *Antoine* Leget). 2ᵉ édit.
Paris. 1715. Delespine. 1 vol. in-12.

6424. — Retraite de dix jours sur les principaux devoirs de la vie religieuse. Avec une paraphrase sur la Prose du Saint Esprit. Par un Relig. Bénéd. (D. Morel).
Paris. 1732. Vincent. 1 vol. in-12.

6425. — Idée de la perfection chrétienne et religieuse, pour une retraite de dix jours. (Par Mᵉ *Anne Eléonore* de Bethune d'Orval).
Paris. 1719. De Nully. 1 vol. in-16.

6426. — Conduite pour la retraite du mois. 6ᵉ édit.
Paris. 1691. P. De Bats. 1 vol. in-12.

CHAPITRE VII. — THÉOLOGIE POLÉMIQUE.

a. — Introduction.

6427. — Traité des abus de la critique en matière de religion. Par le P. de Laubrussel.
Paris. 1710. Du Puis. 2 vol. in-12.

6428. — L'art de se taire, principalement en matière de religion ; par M. l'Abbé Dinouart (1).
Paris. 1771. Desprez. 1 vol. in-12.

6429. — Dictionnaire philosophique de la religion, où l'on établit tous les points de la religion attaqués par les Incrédules, et où l'on répond à toutes leurs objections. Par l'Auteur des *Erreurs de Voltaire* (l'Abbé *Claude-François* Nonnotte). N° édit.
S. n. n. l. 1775. 4 vol. in-12.

6430. — Anti-dictionnaire philosophique, pour servir de commentaire et de correctif au *Dictionnaire philosophique*, et aux autres livres qui ont paru de nos jours contre le christianisme. (Par l'Abbé Chaudon) (*Louis* Mayeul). 4ᵉ édit.
Avignon. 1775. Aubanel et Niel. 2 vol. in-8°.

b. — *Traités de la vérité de la religion.*

6431. — *Maphœi* Vegii *Laudensis* de perseverentia religionis libri septem.
Parisius. 1511. Remboldt. 1 vol. in-4°

6432. — De la religion chrestienne, par *Marsile* Ficin... Avec la harangue de la dignité de l'homme, par *Jean* Picus *Comte de Concorde et de la Mirandole*. Le tout traduit de latin en françois par Guy Le Fevre de la Boderie.
Paris. 1578. G. Beys. 1 vol. in-8°.

6433. — *Joannis-Lodovici* Vivis de veritate fidei christianæ libri V, in quibus de religionis nostræ fundamentis, contra Ethnicos, Judæos, Agarenos, sive Mahumetanos, et perversè Christianos plurima subtilissimè simul atque exactissimè disputantur...
Basileæ. 1544. Oporinus. 1 vol. in-8°.

---

(1) Dinouart (Joseph-Antoine-Toussaint), né à Amiens le 1 novembre 1716, mourut à Paris le 23 avril 1786.

6434. — Idem opus... Editio nova.
Lugduni Batav. 1639. Maire. 1 vol. in-12.

6435. — Divinæ fidei analysis, seu de fidei christianæ resolutione libri duo. Autore *Henrico* HOLDEN.
Parisiis. 1685. Villery. 1 vol. in-12.

6436. — Idem opus. Ed. noviss.
Parisiis. 1767. Barbou. 1 vol. in-12.

6437. — *Petri Danielis* HUETII demonstratio evangelica.
Parisiis. 1679. Stephanus Michallet. 1 vol. in-fol.

6438. — *Joannis* BAGOTII apologeticus fidei.—Pars prior. Institutio theologica, de vera religione. — Pars posterior. Demonstratio dogmatum christianorum.
Parisiis. 1644-45. Buon et Thierry. 2 en 1 vol. in-fol.

6439. — Lectiones theologicæ de religione, Autore D. *Gabriele* MUSSON.
Parisiis. 1743. Hérissant. 3 vol. in-12.

6440. — Tractatus de religione juxta methodum scholasticam adornatus. (Auctore *Gregorio* SIMON).
Paris. 1758. Desprez. 2 vol. in-12. Le 1ᵉʳ manque.

6441. — Perpetuitas fidei ab origine mundi ad hæc usque tempora, seu speculum christianæ religionis, in triplici lege naturali, mosaica et evangelica... Authore R. P. *Paulo* BEURIER. 2ᵃ ed.
Parisiis. 1772. Langlois. 1 vol. in-8°.

6442. — Religionis naturalis et revelatæ principia in usum Academicæ Juventutis. (Auctore *L Jos.* HOOKE, edente Domno BREWER). 2ᵃ edit.
Parisiis. 1774. Berton. 3 vol in-8°.

6443. — Tractatus de vera religione, ad usum Seminariorum... Auctore *L.* BAILLY. 5ᵃ edit.
Divione. 1784. Bidault. 2 vol. in-12.

6444. — Argumenta quibus innititur christiana religio : hoc est, loca ex Scripturis sacris petita, quæ hanc solam, veram esse religionem demonstrant... (Autore P. A. ALLETZ).
Paris. 1766. Desventes de la Doué. 1 vol. in-12.

6445. — Mémoires touchant la Religion. Par Messire *Gilbert* de Choyseul du Plessy Praslain.
Lyon. 1680. Amaulry. 1 vol. in-12.

6446. — Même ouvrage. N° éd.
Paris. 1685. Le Febvre. 2 en 1 vol. in-12.

** — Pensées de Pascal sur la religion. Voyez : N°s 23, 24, 25, 26.

6447. — Conversations chrétiennes, dans lesquelles on justifie la vérité de la religion et de la morale de Jésus-Christ. Par le R. P. Malbranche. N° édit.
Paris. 1733. David. 1 vol. in-12.

6448. — La vérité de la Religion chrétienne. De l'italien de M. le Marquis de Pianesse. (Traduit par le P. *Dom.* Bouhours). N° édit.
Paris. 1687. V° S. Mabre-Cramoisy. 1 vol. in-12.

6449. — De la véritable religion. (Par *Michel* Le Vassor).
Paris. 1688. Barbin. 1 vol. in-4°.

6450. — Le christianisme éclaircy, pour affermir la foy, et nourrir la piété des fidèles. (Par F. *Ignace* Pioonne).
Amiens. 1694-95. G. Le Bel. 2 vol. in-8°.

6451. — L'usage de la raison et de la foy, ou l'accord de la foy et de la raison. Par *Pierre-Sylvain* Regis.
Paris. 1704. Cusson. 1 vol. in-4°.

6452. — Traité de la doctrine chrétienne orthodoxe, dans lequel les véritez de la religion sont établies sur l'Ecriture et sur la Tradition; et les erreurs opposées détruites par les mêmes principes. Par M* *Louis-Ellies* Du Pin.
Paris. 1703. Pralard. 1 vol. in-8°.

6453. — Histoire dogmatique de la religion sous la loy naturelle, avec l'apologie de la raison et de la foy, contre les Pirrhoniens et les Incrédules. Par M° *Jean-Claude* Sommier.
Paris 1710-1711. Delaulne. 3 vol. in-4°.

6454. — Propositions importantes sur la Religion, avec leurs dépendances. (Apologie pour la religion et pour

l'Eglise de Jésus-Christ).Par un Docteur en droit de la Faculté de Paris (l'Abbé LOISELEUR).
Paris. 1715-1721. Estienne. 4 vol. in-4°.

6455. — La Religion chrétienne prouvée par les faits, par M. l'Abbé HOUTTEVILLE. N° éd.
Paris. 1740. Le Mercier et Boudet. 3 vol. in-4°.

6456. — Même ouvrage. N° édit.
Paris. 1749. Le Mercier. 4 vol. in-12.

6457. — Lettres (20) de M. l'Abbé ** (*P. Fr.* GUYOT DESFONTAINES) à M. l'Abbé Houtteville, au sujet du livre de *La Religion chrétienne prouvée par les faits.*
Paris. 1722. Pissot. 1 vol. in-12.

6458. — Lettre de R. ISMAEL BEN ABRAHAM, Juif converti (E. FOURMONT), à M. l'Abbé Houteville sur son livre intitulé : *La Religion chrétienne prouvée par les faits.*
Paris. 1722. Thiboust. 1 vol. in-12.

6459. — Traité de la simplicité de la foy. (Par le P. *Claude-Jules* DE VELLES).
Paris. 1733. Lamesle. 1 vol. in-12.

6460. — Réflexions sur la Religion chrétienne. Par le R. P. (*Martin*) PALLU.
Paris. 1741. Durand. 1 vol. in-12.

6461. — Idée de la vérité et de la grandeur de la Religion démontrée par des preuves claires et à la portée de tout le monde. Par M. l'Abbé DE C. D. P. Ch. Doct. de Sorbonne (*Laurent* DU PETIT-CHATEAU).
Paris. 1750. Hérissant. 1 vol. in-12.

6462. — Lettre d'une mère à son fils pour lui prouver la vérité de la Religion chrétienne. 1° Par la raison. 2° Par la révélation. 3° Par les contradictions dans lesquelles tombent ceux qui la combattent. (Par M. l'Abbé MONNET).
Paris. 1767. Saillant. 3 vol. in-12.

6463. — Lettres (4) d'un Théologien (l'Abbé PELVERT) à M. *** sur la distinction de *Religion naturelle* et de *Religion révélée*; et sur les *Opinions théologiques.*
S. n. n. l. 1769. 3 en 2 vol. in-12.

6464. — Traité historique et dogmatique de la vraie Religion, avec la réfutation des erreurs qui lui ont été opposées dans les différens siècles. Par M. l'Abbé BERGIER.
  Paris. 1780. Moutard. 12 vol. in-12.

6465. — Méthode abrégée d'étudier la Religion chrétienne par principes, et d'en démontrer la vérité. (Par M. FUSCHS).
  Strasbourg. 1783. Levrault. 1 vol. in-12.

6466. — Les Américaines, ou la preuve de la Religion chrétienne par les lumières naturelles. Par Madame LE PRINCE DE BEAUMONT. 1re édit.
  Lyon. 1770. Bruyset Ponthus. 6 vol. in-12.

6467. — Instruction pastorale de Mg. l'Evêque-Duc de Langres (*César Guillaume* DE LA LUZERNE) sur l'excellence de la Religion.
  Paris. 1786. Desprez. 1 vol. in-12.

6468. — La Religion considérée comme l'unique base du bonheur et de la véritable philosophie. Par Mme la Marquise DE SILLERY, ci-devant Mme la Comtesse DE GENLIS (*Stéphanie-Félicité* DUCREST DE S. AUBIN).
  Paris. 1787. Imprimerie polytype. 1 vol. in 8°.

** — Le comte de Valmont, ou les égarements de la raison. Par l'Abbé L.-P. GÉRARD.
  Paris. 1821. Masson et fils. 5 vol. in-12.
  Voyez : Belles-Lettres N° 2707.

6469. — Défense du christianisme ou conférences sur la religion, par M. D. FRAYSSINOUS. 2e éd.
  Paris. 1825. Leclerc et Ce. 3 vol. in-8°.

---

c. — *Défense de la Religion chrétienne. — Traités généraux.*

** — Nous rappellerons seulement les noms de S. JUSTIN, de TERTULLIEN, d'ORIGÈNE, de LACTANCE, de S. AUGUSTIN, de S. CYRILLE qu'il faut placer en tête des apologistes de la Religion chrétienne.

** — Les dix raisons sur lesquelles se fondait *Aymond* CAMPIAN présentant le combat en la cause de la foy aux adversaires. Traduites du latin... Par le s' De la Brosse. Voyez : N° 2181.

6470. — F. *Ambrosii* Catharini Politi speculum hæreticorum... — Ejusdem liber de peccato originali. — Item liber de perfecta justificatione a fide et operibus.
Lugduni. 1541. Vincentius. 1 vol. in-8°.

6471. — Paradoxa fratris *Petri* Aurati, ad profligandas hæreses, ex divi Pauli Apostoli epistolis selecta...
Parisiis. 1643. De Broully. 1 vol. in-8°.

6472. — Compendiosa expugnatorum hæreseos laus: adjecta est et sacrosanctæ Ecclesiæ etiam laus, sed carmine: et alia nonnulla, authore Fr. *Adriano* Hecquetio.
Parisiis. 1549. Foucher. 1 vol. in-16.

— Opusculum de evangelica libertate, adversus christianæ religionis modernos calumniatores. Authore F. *Francisco* de Silvestris.
Parisiis. 1552. Fucherius. in-16.

6473. — Nostrorum temporum calamitas et deploratio, in qua luculentur, ac perspicuè ostenditur, quicquid patimur, id peccata nostra mereri.. Authore *Gabriele* Prateolo *Marcossio*. (1)
Parisiis. 1560. Gab. Buon. 1 vol. in-8°

6474. — *Martini* Cromeri Monachus, sive colloquiorum de Religione libri tres (IIII), binis distincti dialogis.
Coloniæ. 1568. Cholinus. 1 vol. in-8°.

6475. — Panoplia evangelica, sive de verbo Dei evangelico libri quinque, quibus ex Scriptura prophetica et apostolica illius eruitur, et declaratur indoles atque natura... *Wilhelmus* Lindanus... faciebat.
Coloniæ Agripp. 1575. Cholinus. 1 vol. in-fol.

— Pro variis sacrosancti Concilii Tridentini decretis, ac potissimum de suscipiendis una cum divina scriptura etiam apostolicis traditionibus... stromatum libri III. R. D. *Wilhelmi Damasi* Lindani.
Coloniæ. 1575. Cholinus. in-fol.

---

(1) Du Préau (Gabriel), né à Marcoussis près Montlhéry en 1511, mourut à Péronne, où il était curé de S. Sauveur, le 19 avril 1588.

6476. — Opera D. *Stanislai* Hosii Cardinalis.
Lugduni. 1564. Hæredes J. Juntæ. 1 vol. in-fol.

6477. — Confession catholique de la foy chrestienne : ou à vray dire, l'instruction générale des Chrestiens en la religion catholique, tant pour s'y maintenir et y ramener les desvoyez du vray chemin d'icelle, que pour s'asseurer contre toutes les hérésies de ce temps. Faite françoise du latin de *Stanislaus* Hosius, par *Jean* de Lavardin... Augmentée de la plus grande partie par le mesme auteur : et enrichie de deux Traictez de luy-mesme, De l'origine des sectes et hérésies de ce temps (traduit en françois par M. *Jean* de Billy) : et De l'expresse parole de Dieu (traduit par *Lancelot* de Carle).
Paris. 1579. Chesneau. 1 vol. in-fol.

6478. — Défense de la foy et religion chrestienne.. Traduicte en françois, du latin de *Stanislaus* Hosius, par *Jean* de Lavardin. Avec deux Traictez...
Paris. 1583. Chesneau. 1 vol. in-fol.

6479. — Demonstrationum religionis christianæ ex verbo Dei libri tres. Auctore *Francisco* Sonnio. 2ª ed.
Parisiis. 1567. Sonnius. 1 vol. in-fol.

— Panoplia evangelica... N° 6475.
Coloniæ Agripp. 1563. M. Cholinus. in-fol,

6480. — De schismate, sive de Ecclesiasticæ unitatis divisione liber unus. Authore *Johanne* Giovano.
Lovanii. 1573. Foulerus. 1 vol. in-8°.

** — *Didaci* Stunicæ de vera religione libri tres.   Voyez : N° 764.

6481. — Ecclesia catholica a novatorum calumniis, per judices omni exceptione majores, hoc est, ipsam sacram Scripturam, atque unanimem SS. Patrum consensum vindicata, et subnexis adversariarum objectionum solidis confutationibus sic illustrata, ut, quænam et ubi vera Ecclesia Christi, et econtra Synagoga Satanæ sit, cuivis, nisi volens videre nolit,

liquidissimò apparere possit. Tractatus... collectus et editus à *Martino* Eisengrein.
Ingolstadii. 1576. Sartorius. 1 vol. in-8°.

6482. — Catholica fidei professio... Per *Petrum* Emotte.
Parisiis. 1578. Sonnius. 1 vol. in-8°.

6483. — *Alphonsi* a Castro opera omnia duobus tomis comprehensa: inter quæ quadraginta et novem homiliæ, quibus idem author Psalmos 31. et 50. eleganter copiosèque explicavit.—Accessit Appendix ad libros contra hæreses, Authore *Francisco* Feuardentio.
Parisiis. 1578. Sonnius. 2 en 1 vol. in-fol.

6484. — Fr. *Alfonsi* de Castro adversus omnes hæreses libri XIIII. In quibus recensentur et revincuntur omnes hæreses quarum memoria extat, quæ ab Apostolorum tempore ad hoc usque seculum in Ecclesia ortæ sunt.
Parisiis. 1534. Jod. Badius et Jo. Roigny. 1 vol. in-fol.

— Determinatio Facultatis theologiæ in Schola Parisiensi super quamplurimis assertionibus D. Erasmi.
Parisiis. 1524. Sim. Colinæus. 1 vol. in-fol.

— Antilutherus *Judoci* Clichtovei tres libros complectens.
Parisiis. 1524. S. Colinæus. in-fol.

6485. — Confessio Ambrosiana in libros quatuor digesta, quibus continetur, quid de iis fidei christianæ dogmatibus, quæ hodie in controversiam vocantur, ante annos mille et ducentos, B Ambrosius.. senserit.. Opera et studio Dn. *Joannis* Nopelii.
Coloniæ. 1580. Hæredes Quentelii. 1 vol. in-8°.

6486. — R. D. D. *Joannis* Fischeri opera, quæ hactenus inveniri potuerunt omnia...
Wirceburgi. 1597. Fleischmannus. 1 vol. in-fol.

6487. — Thesaurus catholicus, in quo controversiæ fidei, jam olim nostraque memoria excitatæ, SS. Scripturarum, Conciliorum, et SS. tam Græcorum quàm Latinorum Patrum testimoniis, à temporibus Apos-

tot̀orum ad nostram usque ætatem deducta successione, explicantur : catholicæ Ecclesiæ consensus perpetuus, instar catenæ connexus, proponitur. A Rev. D. *Jodoco* Coccio.
Coloniæ. 1599. Quentelius. 2 vol. fol.

6488. — Disputationum *Roberti* Bellarmini de controversiis christianæ fidei, adversus hujus temporis hæreticos tomi tres.
Lugduni. 1603. Pillehotte. 3 vol. in-fol.

Voyez aussi : Bellarmini opera. N° 2665.

6489. — F. *Joannis Andreæ* Coppensteinii ad Epitome R. P. Bellarmini supplementum continens fidei catholicæ successionem et propagationem Ecclesiæ, per inductionem hystoricam ad hæc nostra tempora.
Moguntiæ. 1625. Schonwetterus. 2 en 2 vol. in-4°.

6490. — Locorum communium adversus hujus temporis hæreses Enchiridion, autore *Nicolao* Herborn. — Tractatulus ejusdem, de notis veræ Ecclesiæ ab adultera dignoscendæ. — Ejusdem methodus prædicandi verbi divini...
Coloniæ. 1529. Quentel. 1 vol. in-8°.

— Adversus pestiferum Martini Lutheri tractatum qui de christiana libertate inscribitur, fructuosus dialogus. Authore fratre *Jacobo* Hoochstrato.
Coloniæ. 1526. M. Hoochstratus. in-8°.

— Apologia D. *Friderici* Staphyli, cujus præcipua argumenta sunt, De vero germanoque scripturæ sacræ intellectu. — De sacrorum Bibliorum in idioma vulgare tralatione, — De Luteranorum concionatorum consensione. — Jam recèns latinitate donata, opera F. *Laurentii* Surii.
Coloniæ. 1561. Quentel et Calenius. in-8°.

6491. — Locorum præcipuorum sacræ Scripturæ, tam veteris quam novi Testamenti, quibus corruptis inscitè et pravè detortis abutuntur hujus tempestatis hæretici

contra fidem catholicam et veritatem evangelicam conquisitio... M. *Renato* BENEDICTO authore.
Parisiis. 1566. Chesneau. 1 vol. in-8°.

— D. LINI de sui predecessoris divi Petri Apostolorum Principis et coriphei (sic enim loquitur divus Dionysius Areopagita) passione libellus. — Item ejusdem LINI de passione divi Pauli libellus alter.
Parisiis. 1566. Chaudière. 1 vol. in-8°.

6492. — Assertio fidei catholicæ. Ex quatuor prioribus Concilis œcumenicis et aliis Synodis celebratis intra tempora quatuor prædictorum Conciliorum. Authore *Simone* VIGORIO.
Parisiis. 1618. Bessin. 1 vol. in-8°.

6493. — Triumphus catholicæ veritatis adversus omnes hæreses ac eorum auctores; à Simone Mago usque ad M. Antonium de Dominis fœliciter.. deportatus. Auctore D. *Ambrosio à Mediolano* DE RUSCONIBUS.
Venetiis. 1619. Baba. 1 vol. in-4°.

6494. — De investiganda vera ac visibili Christi Ecclesia tractatus. Auctore *Christophoro* A SACROBOSCO.
Antuerpiæ. 1619. Natius. 1 vol. in-8°.

6495. — Catholicæ præscriptiones adversus omnes veteres, et nostri temporis hæreticos, quorum controversiæ ex antiquitate, universitate, Patrum consensione, S. Thomæ Aquinatis doctrina et methodo dissolvuntur ac confutantur. Auctore A. R. P. M. F. *Dominico* GRAVINA.
Neapoli. 1619. Roncalioli. 1 vol. in-fol.

** — Pro sacro fidei catholicæ et apostolicæ deposito.. apologeticus.. Authore D. GRAVINA. Voyez: N° 3186.

6496. — Vindiciæ theologicæ, adversus Verbi Dei corruptelas. Authore *Joanne* PALUDANO.
Antuerpiæ. 1620. Aertssius. 1 vol. in-8°

6497. — Theologia polemica exhibens præcipuas hujus æyi in Religionis negotio controversias, septem in partes tributa studio *Johannis Henrici* ALSTEDII.
Hanoviæ. 1620. Eifridus. 1 vol. in-4°.

6498. — *Francisci* Sylvii libri sex de præcipuis fidei nostræ orthodoxæ controversiis cum nostris hæreticis.
Duaci. 1638. Patté. 1 vol. in-4°.

6499. — *Valeriani* Magni judicium de acatholicorum et catholicorum regula credendi.
Viennæ Austriæ. 1641. Cosmerovius. 1 vol. in-4°.

On trouve à la suite:

** — Organum theologicum seu regula argumentandi ex humano testimonio; auctore *Valeriano* Magno.
Herbipoli. 1652. H. Pigrinus. in-4°.

** — *Valeriani* Magni actio V pro fide catholica, quæ est tertia ad Magnif. Dn. Georgium Calixtum.
Herbipoli. 1652. Pigrin. in-4°

** — Jucundus congressus seu epistolæ anno MDCLI jubilæo scriptæ. I Acatholica à Lutherano magistro Calixto. II Catholica ab illust. Viro D. *Christophoro* Rantzovio.
In sancta Ubiorum colonia. 1651. Woringen. in-4°.

** — Warheit Allgemeiner Uhralten Kirchen... Endtlich mit vorbedachtem reiffem Rath offentlich Bekennet Erhardt.
Colln. 1652. J. Kalcoven. in-4°

** — Handtgreiffliche Kennzeichen der Wahrer allein Seeligmachender Kirchen Christi Jesu... Durch P. *Antonium* Vehoff.
Colln. 1652. J. Kalcoven. in-4.

** — Fasten-Speiss furgestellt beyden Dienern dess Worts *Hermanno* Ewich und *Guilhelmo* Holsio...
Colln. 1652. J. Kalcoven. in-4°.

** — Abtruck eines von Hern H. Landgraff Ernsten zu Hessen.. abgangenen Schreibens an die Theologos, D. Georgium Calixtum, D. Joannem Crocium, und D. Petrum Haberkorn.
Colln. 1652. J. Kalcoven. in-4°.

** — Christilche und auffrichtige Antvort, auff des Durchleuchtigen und Hochgeborn en Fürsten und Herrn Ernsten Landgraven zu Hessen... Eingerichtet von *Johanne* Crocio.
Cassel. 1651. Schadewiss. in-4°.

** — Vera et candida relatio actionum illarum quæ Rheinfelsæ, in disputatione privatâ, inibi institutâ, inter D. *Petrum* Haberkornium et *Valerianum* Magnum cum corundem Collegis, et aliàs occurrerunt, in veræ doctrinæ confirmationem, Pontificiorum vero errorum refutationem...
Gissæ. 1652. Chemlinus. in-4°.

** — Fundamentorum fidei amica discussio, sive motiva quibus Pro-

testantibus osten.itur quam sit periculosum vitare communionem Ecclesiæ Romano-catholicæ. Per *And.* et *Petr.* DE WALENBURCH.
Coloniæ Agrippinæ. 1652. Woringen. in-4°.

" — Refutatio sinceræ et christianæ (ita nuncupatæ) responsionis Joannis Crocii Doctoris Calvinistæ ad iteratas litteras, quas illust. Princeps Ernestus Hassiæ Landgravius ad Theologos Francofurtum Religionis causa evocatos dederat, per R. D. *Joan.* de VILLEMAL.
Colon. Agripp. 1652. Kalcovius. in-4°.

6500 — Instructiones historico-theologicæ de doctrinâ christianâ et vario rerum statu, ortisque erroribus et controversiis, jam inde à temporibus apostolicis, ad tempora usque seculi decimi-septimi priora. Prece et studio *Joannis* FORBESII.
Amstelodami. 1645. Lud. Elzevirius. 1 vol. in-fol.

6501 — Controversiæ generales fidei, contra infideles omnes, Judæos, Mahometanos, Paganos, et cujuscunque sectæ hæreticos. Authore R. P. F. *Raymundo* CARON.
Parisiis. 1669. Leonard. 2 vol. in-8°.

6502. — Apologiarum christianæ religionis apologia, per æternæ veritatis dialogos inter Gentilem, Judæum, Mahumetanum et Christianum disposita... Opera et labore fratris *Guillelmi* LE GOUPIL.
Parisiis et Baiocis. 1662 1 vol. in-fol.

6503 — Selectæ de fide controversiæ. Authore P. *Cæsare Jo. Baptista* COMITINO.
Parisiis. 1665. Menault. 1 vol. in-8°.

6504. — Fides vindicata quatuor libris comprehensa in quibus historicè, chronologicè, ac criticè referuntur, selectissimisque sacræ Scripturæ, sanctorum Patrum, et Conciliorum oraculis refutantur hæreses quæ à reparatione mundi ad nostra usque tempora insurrexerunt. Authore R.P.F. *Bartholomæo* DURAND.
Avenione. 1709. Offray. 1 vol. in-fol.

6505 — Collectio judiciorum de novis erroribus qui ab initio duodecimi seculi post incarnationem Verbi, usque ad annum 1735, in Ecclesia proscripti sunt et notati. Opera et studio *Caroli* DU PLESSIS D'ARGENTRÉ.
Parisiis. 1737. Cailleau. 3 vol. fol.

6506. — Perfection de la Religion christiana, obra util y curiosa, en la qual se convence la perfidia de los Judios, las cismas de los Hereges, y secta Mahometana con muchas declaraciones de la sancta Scriptura. Escrita en castellano por Don JOAN DE SANCTA MARIA.
En Brusellas. 1622. Hoeymaecker. 1 vol. in-4°

6507. — De controversiis tractatus generales, contracti per Andrianum et Petrum DE WALENBURCH.
Parisiis. 1768. Crapart. 1 vol. in-12.

6508. — Démonstration de la vraye religion contre toutes les hérésies. Par M. Nicolas GAUDRAN.
Paris. 1610. Sevestre. 1 vol. in-8°.

6509. — Direction aisée pour apprendre les controverses en peu de jours, avec la manière d'absoudre de l'hérérésie. Par le S' PÉAN DU MANOIR.
Paris. 1670. De la Caille. 1 vol. in-12.

6510. — La conférence des figures mystiques de l'Ancien Testament avec la vérité évangélique, pour la défense de l'Église contre les hérésies tant anciennes que modernes. Par le R. P. Guillaume DE REQUIEU.
Paris. 1672. Ant. Du Breuil. 1 vol. in-8°. Figures.

6511. — Fondement inébranlable de la doctrine chrétienne. Par le P. BASILE de Soissons.
Paris. 1681-1684. Padeloup. 4 vol. in-8°.

6512. — Les œuvres de S. François DE SALES, contenant ses controverses.
Paris. 1682. Leonard. 1 vol. in-12.

6513. — Preuves et préjugez pour la Religion chrestienne et catholique contre les fausses religions et l'Athéisme. Par M° F. DIROYS.
Paris. 1683. Michallet. 1 vol. in-4°

6514. — La véritable décision de toutes les controverses, par la résolution d'une seule question, par le P. BASILE de Soissons.
Paris. 1685. Thierry. 1 vol. in-8°

6515. — Exposition de la doctrine de l'Eglise catholique sur les matières de controverse. Par M⁰ *Jacques-Bénigne* Bossuet. 6ᵉ édit.
Paris. 1686. S. Mabre-Cramoisy. 1 vol. in-12.

— Explication de quelques difficultés sur les prières de la messe. Par Mᵉ *J. B.* Bossuet.
Paris. 1689. S. Mabre-Cramoisy. in-12.

6516. — Exposition... Nᵉ éd., augm. de la traduction latine de M. l'Abbé Fleury.
Paris. 1761. Desprez. 1 vol. in-12.

6517. — *Jacobi Benigni* Bossuet doctrinæ catholicæ, de iis argumentis de quibus controversiæ sunt, expositio. Ex interpretatione *Claudii* Fleurii.
Antuerpiæ. 1678. Naulæus. 1 vol. in-12.

6518. — Œuvres de controverse de M. Nicole. Nᵉ édit.
Paris. 1755. Guillyn. 6 vol. in-12.

6519. — Aphorismes de controverse, ou instructions catholiques tirées de l'Ecriture, des Conciles et des Saints Pères... (Par *Jean* Richard).
Cologne. 1687. A. Le Jeune. 1 vol. in-12.

6520. — Réflexions sur le christianisme enseigné dans l'Eglise catholique... Par Mᵉ *Paul-Philippe* de Chaumont.
Paris. 1693. Barbin. 2 vol. in-12.

6521. — Lettres de controverse. Par Mᵉ *Joseph* Lambert.
Paris. 1705. Delaulne. 1 vol. in-12.

6522. — La vérité de la Religion catholique prouvée par l'Ecriture sainte. Par M. Des Mahis. 5ᵉ édit.
Lille. 1710. Fievet et Danel. 1 vol. in-8°.

6523. — Instructions ou conférences sur quelques matières de religion. Par le R. P. Sandret. 2ᵉ édit.
Rouen. 1718. Boullenger. 1 vol. in-12.

6524. — Défense de la Religion catholique, contre tous ses ennemis. Par ses véritables principes, dans trois entretiens. Par M. *Michel* Le Vasseur. 2ᵉ édit.
Paris. 1721. Lottin. 1 vol. in-12.

6525. — Méthode courte et facile pour discerner la véritable religion chrétienne d'avec les fausses qui prennent ce nom aujourd'hui. (Par le P. Lombard).

Paris. 1725. Coignard. 1 vol. in-12.

6526. — La Raison soumise à l'autorité en matière de Foi. Par M. ** D. de Sorbonne (Fr. Picard de S. Adon).

Paris. 1742. Simon fils. 1 vol. in-12.

6527. — Le catholique, son bonheur et ses grands avantages en matière de Religion. Par le R. P. *Paschase* du Tronc.

Rennes. 1766. Vatar père et fils. 1 vol. in-12.

6528. — Pensées théologiques, relatives aux erreurs du temps. (Par le R. P. *Nicolas* Jamin).

Paris. 1769. Humblot. 1 vol. in-12.

6529. — Même ouvrage. 5ᵉ édit.

Bruxelles. 1776. S'terstevens. 1 vol. in-12.

---

d. — *Traités contre les Athées, les Déistes, les Incrédules.*

6530. — Les trois véritez contre les Athées, Idolâtres, Juifs, Mahumétans, Hérétiques, et Schismatiques. (Par *Pierre* le Charron).

Bourdeaus. 1593. Millanges. 1 vol. in-8º.

6531. — Même ouvrage. 3ᵉ édit. rev., corr.... augm. de la Réplique faicte aux Ministres de la Rochelle, par le mesme Autheur. Par M. *Pierre* le Charron.

Paris. 1623-1625. Bertault. 2 vol. in-8º.

6532. — L'impiété combattue par des infidèles, ou discours moraux et chrestiens sur le Pseaume 13. de David. Par lesquels on peut voir que les anciens Idolatres tant Grecs que Romains ont détesté avec David les Athées et les fruicts de l'Athéisme. Avec un Panégyrique sur les alliances royales... Par G. de Rebreviettes, Seigneur d'*Escœuvres*.

Paris. 1612. Huby. 1 vol. in-8º.

6533. — La doctrine curieuse des beaux esprits de ce temps,

ou prétendus tels.... Combattue et renversée par le P. *François* Garassus.
Paris. 1623. Chappelet. 1 vol. in-4°.

6534. — Jugement et censure du livre de *La doctrine curieuse* de François Garasse. (Par Fr. Ogier).
Paris. 1623. 1 vol. in-8°.

6535. — Apologie du P. *François* Garassus, pour son livre contre les Athéistes et Libertins de nostre siècle. — Et Response aux censures et calomnies de l'Autheur anonyme.
Paris. 1624. Chappelet. 1 vol. in-12.

6536. — La somme des fautes et faussetez capitales contenues en la *Somme théologique* du Père François Garasse. Par Du Verger de Hauranne.
Paris. 1626. Bouillerot. 4 en 1 vol. in-4°.

6537. — Couronne mystique, ou armes de piété contre toute sorte d'impiété, hérésie, athéisme, schisme, magie et mahométisme... Par M. *Jean* Boucher.
Tournay. 1624. Quinqué. 1 vol. in-4°.

6538. — Ludovico Justo XIII. Regi Christianissimo ad christianæ rei patrocinium. Dedicat Fr. *Thomas* Campanella tres hosce libellos, videlicet : Atheismus triumphatus, seu contra Anti-christianismum, etc. — De Gentilismo non retinendo. — De prædestinatione et reprobatione et auxiliis divinæ gratiæ Cento Thomisticus.
Parisiis. 1636. Dubray. 1 vol. in-4.

6539. — La divinité défendue contre les Athées. Par *André* Dabillon.
Paris. 1641. G. Josse 1 vol. in-8°.

6540. — Traité de Religion contre les Athées, les Déistes et les nouveaux Pyrrhoniens. (Par le R. P. Mauduit).
Paris. 1677. Roulland. 1 vol. in-12.

6541. — Même ouvrage. N° édit.
Paris. 1699. Roulland. 1 vol. in-12.

6542. — Sentimens d'Erasme de Roterdam, conformes à ceux

de l'Eglise catholique, sur tous les points controversez. (Par *Jean* RICHARD).
Cologne. 1688. Le Jeune. 1 vol. in-12.

6543. — Le nouvel athéisme renversé, ou réfutation du sistème de Spinosa tirée pour la plupart de la connoissance de la nature de l'homme. Par un Relig. Bénéd.... (*Fr.* LAMY).
Paris. 1696. Roulland. 1 vol. in-12.

6544. — L'incrédule amené à la Religion par la Raison, en quelques entretiens où l'on traite de l'alliance de la Raison avec la Foy. Par le R. P. D. *F.* LAMY.
Paris. 1710. Roulland. 1 vol. in-12.

6545. — Remarques critiques sur le système de feu M. Bayle, touchant l'accord de la bonté et de la sagesse de Dieu, avec la liberté de l'homme, et l'origine du mal. Augmentées dans cette nouvelle édition de la Réfutation de ce qu'ont écrit Hobbes et Spinosa sur le même sujet.
Londres. 1720. Tonson. 1 vol. in-12.

6546. — Réfutation des erreurs de Benoit de Spinosa par M. DE FÉNÉLON.., par le P. LAMI.. et par M. le Comte DE BOULLAINVILLIERS. — Avec la vie de Spinosa, écrite par M. *Jean* COLERUS...
Bruxelles. 1731. Foppens. 1 vol. in-12.

6547. — Bayle en petit, ou anatomie de ses ouvrages. Entretiens d'un Docteur avec un Bibliothécaire et un Abbé. (Par le P. *Jacques* LE FÈVRE).
S. n. n. l. 1738. 1 vol. in-12.

— Veritas et æquitas Constitutionis *Unigenitus* theologicè demonstrata ; seu 101 Quenelli propositiones confutatæ... 5^a éd.
Gandavi. 1730. J. Mon. 1 vol. in-12.

6548. — Dissertation sur les miracles contre les impies. (Par le P. MERLIN).
S. n. n. l. 1748. 1 vol. in-12.

6549. — La Foi justifiée de tout reproche de contradiction

avec la Raison; et l'Incrédulité convaincue d'être en contradiction avec la Raison dans ses raisonnemens contre la révélation. Avec une analyse de la Foi. (Par le P. *J.-F.* De la Marche).
Paris. 1762. Brocas et Humblot. 1 vol. in-12.

6550. — Même ouvrage. N^e édit.
Paris. 1766. Humblot. 1 vol. in-12.

6551. — Entretiens sur la Religion, où l'on établit les fondemens de la Religion relevée. Contre les Athées et les Déistes. Par le Père *Rodolphe* Du Tertre.
Paris. 1743. Clousier. 3 vol. in-12.

6552. — La divinité de Notre-Seigneur Jésus-Christ prouvée contre les Hérétiques et les Déistes, par les Ecritures de l'Ancien et du Nouveau Testament... Par un Bénéd. de la Congr. de S. Maur. (*Prudent* Maran).
Paris. 1751. Collombat. 3 vol. in-12.

6553. — Instruction pastorale de Mg. l'Evêque d'Auxerre (*M.* de Caylus), sur la vérité et la sainteté de la Religion, méconnue et attaquée en plusieurs chefs par la thèse soutenue en Sorbonne, le 18 novembre 1751.
S. n. n. l. 1752. 1 vol. in-12.

6554. — Principes de Religion, ou préservatif contre l'incrédulité. Par M. Roussel. 2e éd.
Paris. 1753. Prault. 1 vol. in-12.

6555. — Thesis Joannis Martini de Prades theologicè discussa et impugnata (à *Gregorio* Simon.)
Parisiis. 1753. Guerin. 1 vol. in-12.

6556. — La Religion vengée des impiétés de la thèse et de l'apologie de M. l'Abbé de Prades; ou Recueil de neuf écrits contre ces deux pièces, et contre les impiétés des Libertins de notre siècle. (Par *Pierre* Le Clerc).
Montauban. 1754. 1 vol. in-12.

6557. — Lettres flamandes, ou histoire des variations et contradictions de la prétendue Religion naturelle. (Par l'Abbé *Jos. Rob. Alex.* Du Hamel).
Lille. 1754. Danel. 1 vol. in-12.

558. — Preuves de la religion de Jésus-Christ, contre les Spinosistes et les Déistes. Par M. (*Laurent* FRANÇOIS).
Paris. 1754. Hérissant et Estienne frères. 4 vol. in-12.

559. — Défense de la Religion contre les difficultés des Incrédules. Par M. FRANÇOIS.
Paris. 1755. Hérissant et Estienne frères. 4 vol. in-12.

560. — La religion naturelle et la révélée établies sur les principes de la vraie philosophie, et sur la divinité des Ecritures, ou : dissertations philosophiques, théologiques et critiques contre les Incrédules. (Par l'Abbé *Guill.* MALEVILLE).
Paris. 1756. Nyon. 6 vol. in-12. Les tomes 5 et 6 manq.

561. — L'incrédulité combattue par le simple bon-sens. Essay philosophique, par un Roy (*Stanislas* LECKZINKI, STANISLAS I, Roy de Pologne). 2ᵉ édit.
S. n. n. l. n. d. (Nancy. 1760.) 1 vol. in-8".

6562. — Questions diverses sur l'incrédulité. (Par *J. G.* LE FRANC DE POMPIGNAN, Evêq. du Puy). 3ᵉ édit.
Paris. 1757. Chaubert. 1 vol. in-12.

6563. — Controverse pacifique sur l'autorité de l'Eglise, ou lettres de M. D. C. (*François* FAVRE de Certolz), à M. l'Evesque D. P. (du Puy), avec les Réponses de ce Prélat (*J. G.* LE FRANC DE POMPIGNAN).
Paris. 1758. Chaubert. 1 vol. in-12.

6564. — Parallèle de l'incrédule et du vrai fidèle, ou l'impie en contraste avec le juste, pendant la vie, et à la mort. Par le R. P. TOURON.
Paris. 1758. Babuty. 1 vol. in-12.

6565. — L'incrédulité convaincue par les prophéties. (Par *J. G.* LE FRANC DE POMPIGNAN).
Paris. 1759. Chaubert. 3 vol. in-12.

6566. — Précis historique de la vie de Jésus-Christ, de sa doctrine, de ses miracles et de l'établissement de son Eglise ; accompagné de Réflexions et de Pensées choisies sur la Religion et sur l'Incrédulité. (Par l'Abbé *P. Jos.* TRICALET).
Paris. 1760. Lottin. 1 vol. in-12.

6567. — L'Oracle des nouveaux philosophes, pour servir de suite et d'éclaircissement aux œuvres de M. de Voltaire. (Par l'Abbé *Claude-Marie* Guyon).
Berne. 1760. 2 vol. in-12.

6568. — Même ouvrage.
Berne. 1765. 2 vol. in-12.

6569. — La seule Religion véritable, démontrée contre les Athées, les Déistes, et tous les Sectaires. (Par le P. *Jacques* Le Fevre). N° édit.
Paris. 1381. Humblot. 1 vol. in-12.

6570. — Le baron Van-Hesden, ou la République des Incrédules. Par le P. *Michel-Ange* Marin.
Toulouse. 1762. Birosse. 5 vol. in-12.

6571. — Le rituel des Esprits-forts, ou le tableau des incrédules modernes au lit de la mort... (Par l'Abbé *Jos. Marie-Anne* Gros de Belplas). 2ᵉ édit.
Paris. 1762. Berthier. 1 vol. in-12.

6572. — Recherche de la Religion ; traité dans lequel après avoir discuté à fonds et détruit les systèmes des Matérialistes et des Déistes, on établit solidement la nécessité d'une religion, et la vérité unique de la chrétienne. (Par le Sʳ de Richebourg).
Paris. 1762. Lottin. 1 vol. in-12.

6573. — Censure de la faculté de Théologie de Paris, contre le livre qui a pour titre : *Emile ou de l'Education*.
Paris. 1962. Le Prieur. 1 vol. in 12.

6574. — Les motifs de crédibilité rapprochés dans une courte exposition, prouvés par le témoignage des Juifs et des Payens, développés par les Pères des quatre premiers siècles de l'Église, et par les Auteurs modernes les plus célèbres, qui ont écrit en faveur de la Religion chrétienne. Ouvrage posthume de M. l'Abbé Tricalet.
Paris. 1769. Lambert. 2 vol. in-12.

6575. — Préservatif pour les fidèles, contre les sophismes et les impiétés des incrédules, où l'on développe les

principales preuves de la Religion chrétienne, et l'on détruit les objections formées contre elle. (Par Dom J. P. DE FORIS).
Paris. 1764. Desaint et Saillant. 1 vol. in-12.

6576. — Le philosophe moderne, ou l'incrédule condamné au tribunal de sa raison. Par M. l'Abbé le M. D. G. (*Daniel* LE MASSON DES GRANGES).
Paris. 1765. Despilly. 1 vol. in-12.

6577. — Le déisme réfuté par lui-même:ou examen des principes d'incrédulité répandues dans les divers ouvrages de M. Rousseau.. Par M. BERGIER.
Paris. 1765. Humblot. 2 en 1 vol. in-12.

6578. — Instruction pastorale de Mg. l'Evêque du Puy (J G. LE FRANC DE POMPIGNAN) sur l'hérésie: pour servir de suite à celle du même Prélat sur la prétendue philosophie des incrédules modernes.
Au Puy. 1766. Clet. 1 vol. in-4°.

6579. — La Religion chrétienne prouvée par un seul fait, ou dissertation où l'on démontre que les Catholiques à qui Hunéric, Roi des Vandales, fit couper la langue, parlèrent miraculeusement le reste de leur vie; et où l'on déduit les conséquences de ce miracle contre les Ariens, les Sociniens, et les Déistes, en particulier contre l'Auteur d'Emile...(Par l'Abbé *Pierre* RULIÉ).
Paris. 1766. Barbou. 1 vol. in-12.

6580. — Examen des faits qui servent de fondement à la Religion chrétienne, précédé d'un court traité contre les Athées, les Matérialistes, les Fatalistes. Par M. l'Abbé (*Laurent*) FRANÇOIS.
Paris. 1767. Lacombe. 3 vol. in-12.

6581. — Réponse à la *Philosophie de l'histoire*. Lettres à M. le Marquis de C ***. Par le P. *Louis* VIRET.
Lyon. 1767. Duplain. 1 vol. in-12.

6582. — Défense des livres de l'Ancien Testament, contre l'écrit intitulé : *La Philosophie de l'histoire*. (Par l'Abbé *Jos. Guill.* CLÉMENCE).
Paris. 1768. Pillot. 1 vol. in-8°.

6583. — Apologie de la Religion chrétienne, contre l'Auteur du *Christianisme dévoilé*, et contre quelques autres Critiques. Par M. Bergier.
Paris. 1769. Humblot. 2 vol. in-12.

6584. — Même ouvrage. 2ᵉ édit.
Paris. 1776. Humblot. 2 vol. in-12.

6585. — Avertissement du Clergé de France, assemblé à Paris par permission du Roi, aux fidèles du Royaume. Sur les dangers de l'incrédulité.
Paris. 1770. Desprez. 1 vol. in-12.

— Réflexions de Mg. l'Evêque d'Amiens (*L.-Fr.-Gab.* d'Orléans de la Motte) sur l'Avertissement du Clergé général, qu'il communique au Clergé séculier et régulier de son diocèse.
Amiens. 1770. L. Ch. Caron. in-12.

— Lettres de Mg. l'Evêque D... à Mg. l'Evêque D... sur les *Remontrances du Parlement de Paris*. 1743.

6586. — Mandement de Mg. l'Evêque d'Angoulême (*Joseph-Amédée* de Broglie) sur l'Avertissement de la dernière Assemblée du Clergé, contre l'incrédulité.
Poitiers. 1770. Faulcon. 1 vol. in-12.

6587. — Traité de la foi des simples ; dans lequel on fait l'analyse de cette foi, l'on prouve qu'elle est raisonnable, et l'on répond aux objections des Incrédules. (Par l'Abbé *Marc-Antoine* Reynaud).
S. n. n. l. 1770. 1 vol. in-12.

6588. — Instruction pastorale de S. E. Mg. le Cardinal de Luynes, Archev. de Sens... Contre la doctrine des Incrédules ; et portant condamnation du livre intitulé : *Système de la nature...* Londres 1770.
Sens. 1771. Tarbé. 1 vol. in-12.

6589. — Examen du matérialisme, ou réfutation du *Système de la nature*. Par M. Bergier.
Paris. 1771. Humblot. 2 vol. in-12.

6590. — La certitude des preuves du christianisme : ou réfu-

tation de l'*Examen critique des Apologistes de la Religion chrétienne.* Par M. BERGIER. 3ᵉ édit.
Paris. 1773. Humblot. 2 en 1 vol. in-12.

6591. — Les erreurs de Voltaire. 5ᵉ édit. rev., corr. et augm. Par M. l'Abbé NONNOTTE.
Lyon. 1770. Reguilliat. 2 vol. in-12.

6592. — La vérité de la Religion chrétienne prouvée à un Déiste : par M. l'Abbé PEY.
Paris. 1771. Humblot. 2 vol. in-12.

— Réfutation du Celse moderne, ou objections contre le Christianisme, avec des réponses. (Par M. GAUTIER, Chan. Rég.)
Lunéville-Paris. 1765. Delalain. in-12.

6593. — Lettres de quelques juifs portugais et allemands, à M. de Voltaire. Avec des Réflexions critiques, et un petit Commentaire extrait d'un plus grand. (Par M. l'Abbé GUÉNÉE, Chanoine d'Amiens). 3ᵉ édit.
Paris. 1772. Moutard. 2 vol. in 8°.

6594. — Lettres de quelques juifs portugais, allemands et polonois, à M. de Voltaire. Avec un petit Commentaire extrait d'un plus grand. 4ᵉ édit.
Paris. 1776. Moutard. 3 vol. in-12.

6595. — La Religion vengée de l'incrédulité par l'incrédulité elle-même. Par M. l'Evêque du Puy (J. G. LE FRANC DE POMPIGNAN).
Paris. 1772. Humblot. 1 vol. in-12

6596. — Catéchisme philosophique, ou recueil d'observations propres à défendre la Religion chrétienne contre ses ennemis. Par M. FLEXIER DE REVAL (l'Abbé F. Xavier DE FELLER).
Liége. 1773. Bassompierre. 1 vol. in-8°.

6597. — La nature en contraste avec la Religion et la Raison; ou l'ouvrage qui a pour titre: *De la nature,* condamné au tribunal de la foi et du bon-sens. Par le R. P. *Ch.-L.* RICHARD.
Paris. 1773. Pyre. 1 vol. in-8°.

6598. — La morale évangélique comparée à celle des différentes sectes de religion et de philosophie. P. M. R. P. D. en Th. (Par *Jean-Baptiste* Rose.)
Besançon. 1772. Charmet. 2 vol. in-12.

6599. — Lettres critiques ou analyse et réfutation de divers écrits modernes contre la Religion, par M. l'Abbé (*Gabriel*) Gauchat.
Paris. 1756-1763. Hérissant. 19 vol. in-12.

6600. — Les droits de la vraie religion, soutenus contre les maximes de la nouvelle philosophie, par M. l'Abbé (*J.-B.-Th.*) Floris.
Paris. 1772. Berton. 2 en 1 vol. in-12.

6601. — La seule véritable religion, démontrée contre les Athées, les Déistes et tous les Sectaires. Par M. l'Abbé Hespelle.
Paris. 1772. Hérissant. 2 vol. in-12.

6602. — L'autorité des livres du Nouveau Testament contre les Incrédules; par M. l'Abbé Du Voisin.
Paris. 1775. Berton. 1 vol. in-12.

6603. — Réponses critiques à plusieurs difficultés proposées par les nouveaux incrédules sur divers endroits des Livres saints. Par M. Bullet.
Paris. 1773-1775. Berton. 3 vol. in-12.

6604. — L'esprit des Apologistes de la Religion chrétienne, ou réunion des preuves les plus sensibles et les plus convaincantes qui ont servi pour sa défense, avec les réponses aux principales difficultés. Par un Prêtre du diocèse de Reims (*Jean* Bardou).
Bouillon. 1776. Brasseur. 3 vol. in-12.

6605. — Instruction pastorale de Mg. l'Archev. de Lyon (*Ant.* de Malvin de Montazet), sur les sources de l'Incrédulité et les fondemens de la Religion.
Paris. 1776. Simon. 1 vol. in-12.

6606. — Œuvres du Rev. Père La Berthonye pour la défense de la Religion chrétienne, contre les Incrédules et contre les Juifs.
Paris. 1777. Veuve Desaint. 3 vol. in-12.

6607. — L'autorité des livres de Moyse établie et défendue contre les Incrédules. Par M. l'Abbé du Voisin.
Paris. 1778. Berton. 1 vol. in-12.

6608. — Le philosophe catéchiste, ou entretiens sur la Religion entre le Comte de *** et le Chevalier de *** (Par l'Abbé Pey.)
Paris. 1779. Humblot. 1 vol. in-12.

6609. — Conférences, ou discours contre les ennemis de notre sainte Religion, savoir, les Athées, les Déistes, les Tolérants, les Juifs les Payens, les Mahométants, les Hérétiques, les Schismatiques, les Matérialistes et les Anti Prêtres. Par M. (Vinc.-Touss.) Beurier.
Paris. 1779. Berton. 1 vol. in-8º.

6610. — Discours contre l'incrédulité, dans lesquels on en découvre les causes, et où l'on en réfute les principes et les systèmes. Par M. *** Chanoine de *** (l'Abbé Voilard).
Paris. 1779. Berton. 1 vol. in-12.

6611. — Pensées sur la philosophie de la Foi, ou le système du Christianisme entrevu dans son analogie avec les idées naturelles de l'entendement humain. Par M. l'Abbé Lamourette.
Paris. 1779 Mérigot. 1 vol. in-12.

6612. — L'anti-bon-sens, ou l'auteur de l'ouvrage intitulé *Le Bon-sens*, convaincu d'outrager le bon-sens et la saine raison à toutes les pages.
Liége. 1779. Painsmay. 1 vol. in-12.

6613. — Réflexions d'un citoyen qui aime son Prince, sa Religion, sa Patrie, sur l'ouvrage intitulé : *De la félicité publique* ; et sur celui qui a pour titre : *Dictionnaire universel des sciences, morale*.... (Par le P. Ch. L. Richard).
Deuxponts. 1779. Imprimerie Ducale. 1 vol. in-12.

6614. — L'ame affermie dans la foi, et prémunie contre les séductions de l'erreur; ou preuves abrégées de la Religion à la portée de tous les esprits et de tous

les états... Par l'Auteur de l'*Ame élevée à Dieu.*
(*B.* Baudran). N° éd.
Lyon. 1781. Périsse. 1 vol. in-12.

6615 — Censure de la Faculté de Théologie de Paris, contre un livre qui a pour titre : *Histoire philosophique et politique des établissemens des Européens dans les deux Indes*, par G. T. Raynal. 4e édit.
Paris. 1782. Clousier. 1 vol. in-8°

6616. — Nouvelle analyse de Bayle, où lui-même il réfute, par des assertions positives et par les plus solides argumens, tout ce qu'il a écrit contre les Mœurs et la Religion. Par M. l'Abbé Dubois de Launay. On a joint à cette Analyse une Dissertation sur le *Suicide*, intitulée : *Le Suicide condamné au tribunal de la raison.* Par le même Auteur.
Paris. 1782. Mérigot. 2 vol. in-12.

6617. — Triomphe de la Religion chrétienne sur toutes les sectes philosophiques. Par M. l'Abbé Liger.
Paris. 1785. Berton. 1 vol. in-12.

6618. — Suite des anciens apologistes de la Religion chrétienne, Saint Justin, Athénagore, Théophile d'Antioche, Tertullien, Minucius Félix, Origène; traduits ou analysés... Par M. l'Abbé de Gourcy.
Paris. 1786. Lambert. 2 vol. in-8°.

6619. — Pensées sur la philosophie de l'Incrédulité, ou réflexions sur l'esprit et le dessein des philosophes irréligieux de ce siècle. Par M. l'Abbé Lamourette.
Paris. 1786. L'Auteur. 1 vol. in-8°.

6620. — La Religion défendue contre l'incrédulité du siècle. Par l'Auteur de l'*École du bonheur* (*J. R.* Sigaud de la Fond).
Paris 1785. Rue et hôtel Serpente. 6 vol. in-12.

6621. — Instructions pastorales et dissertations théologiques de Mg. l'Evêque de Boulogne (*Fr. Jos. Gaston* de Partz de Pressy), sur l'accord de la Foi et de la

Raison dans les Mystères considérés en général et en particulier.
Boulogne. 1786. Dolet. 2 vol. in-4°.

6622. — Instruction pastorale de Mg. l'Evêque de Boulogne (*François-Joseph-Gaston* DE PARTZ DE PRESSY) sur les avantages de la Foi et de la soumission à l'autorité de l'Église. A la suite de laquelle se trouvent, 1° les Relations de la conversion de M. Thayer, cidevant Ministre protestant à Boston, et de Madame Pitt, Religieuse au Couvent de la Visitation à Abbeville ; 2° Un extrait de l'Analyse de l'Ouvrage de Benoit XIV sur les béatifications et canonisations ; 3° Des observations sur les miracles ; 4° la Réfutation d'un article inséré dans les Nouvelles ecclésiastiques, du 8 mars 1788.
Boulogne. 1788. Dolet. 1 vol. in-4°.

6623. — Les philosophes des trois premiers siècles de l'Eglise, ou portraits historiques des philosophes payens qui, ayant embrassé le Christianisme, en sont devenus les défenseurs par leurs écrits. Par M. l'Abbé NONOTTE.
Paris. 1789. Crapart. 1 vol. in-12.

** — Le chrétien du temps. — Le langage de la religion. — La religion de l'honnête homme. — Le cri de la vérité. Par *L. Ant.* DE CARACCIOLI. Voyez : OEuvre de CARACCIOLI. Sc. et Arts. N° 753.

** — Les Helviennes par l'Abbé *Aug.* BARRUEL. Sc. et Arts. N° 163.

** — Génie du Christianisme. Par M. DE CHATEAUBRIAND. V. N° 39.

6624. — Conjuration contre la Religion catholique et les Souverains ; dont le projet, conçu en France, doit s'exécuter dans l'univers entier... (Par l'Abbé LE FRANC.)
Paris. 1792. Le Petit. 1 vol. in-8°.

** — Des progrès de la révolution et de la guerre contre l'Eglise. Par l'Abbé F. DE LA MENNAIS.
Paris. 1829. Belin-Mandar. 1 vol. in-8°.

Voyez : Hist. des Relig. N° 237.

6625. — Recueil de réfutations des principales objections

tirées des sciences et dirigées contre les bases de la Religion chrétienne par l'Incrédulité moderne ; par L. DE ROUEN, Baron D'ALVIMARE. 3ᵉ édit.
Paris. 1843. Bachelier. 1 vol. in-8°.

6626. — Solution pacifique et loyale de quelques problèmes philosophiques et religieux par la simple exposition de vérités fondamentales et pratiques, à l'usage des jeunes ecclésiastiques et de tous les dissidents de bonne foi. Par M. l'Abbé PERDU. (1)
Abbeville. 1853. P. Briez. 1 vol. in-8°.

c. — *Traités contre les Juifs.*

** — PETRI *Venerabilis* contra Judæos epistolarum liber. Nᵒ 2453.
** — PETRI *Blesensis* contra perfidiam Judæorum liber. N° 2466.

6627. — Fortalitium fidei contra Judeos : Sarracenos : aliosque christiane fidei inimicos. (Autore *Guillelmo* TOTANO, seu *Alphonso* A SPINA).
Lugduni. 1511. Steph. Gueynard. 1 vol. in-8°. Incomp.

6628. — *Petri* ALPHUNSI ex Judæo Christiani dialogi lectu dignissimi, in quibus impiæ Judæorum opiniones evidentissimis cum naturalis, tum cœlestis philosophiæ argumentis confutantur ..—Accessit libellus sanè doctus Rabbi SAMUELIS, veri Messiæ parua tasim continens.
Coloniæ. 1536. Gymnicus. 1 vol. in-8°.

6629. — *Petri* GALATINI (*Petri* COLUMNÆ) opus de arcanis catholicæ veritatis, hoc est, in omnia difficilia loca Veteris Testamenti, ex Talmud, aliisque hebraicis libris, quum ante natum Christum, tum post scriptis, contra obstinatam Judæorum perfidiam, absolutissimus commentarius. — Ad hæc, *Joannis* REUCHLINI de Arte cabalistica libri tres.
Basileæ. 1550. Hervagius. 1 vol. fol

---

(1) PERDU (Jean-Baptiste), né à Amiens, le 20 novembre 1797, est mort à Airaines, le 6 octobre 1863.

6630. — P. GALATINI (*Petri* COLUMNÆ) de arcanis catholicæ veritatis libri XII, quibus pleraque religionis christinæ capita contra Judæos, tam ex scripturis veteris Testamenti authenticis, quam ex Talmudicorum commentariis, confirmare et illustrare conatus est. — Item *Johannis* REUCHLINI de cabala, seu de symbolica receptione, dialogus...
Francofurti, 1612. Marnius. 1 vol. in-fol.

6631. — Pugio fidei *Raymundi* MARTINI adversus Mauros et Judæos...Cum observationibus D. *Josephi* DE VOISIN.
Parisiis. 1651. Henault. 1 vol. in-fol.

6632. — *Philippi* A LIMBORCH de veritate religionis christianæ amica collatio cum erudito Judæo.
Goudæ. 1687. J. ab Hoeve. 1 vol. in-4°.

6633. — Dissertations sur la Messie, où l'on prouve aux Juifs que Jésus-Christ est le Messie promis et prédit dans l'Ancien Testament. Par M. JACQUELOT.
Amsterdam. 1752. Arktée et Mercus. 1 vol. in-12.

f. — Contre les Mahométans.

6634. — Dyalogus christiani contra sarracenum.
Parisius. 1465. Guillaume Eustace. 1 vol. in-8°.

— Tractatus contra judeos à quodam judeo nomine SAMUEL editus sermone arabico : translatus autem in latinum a fratre ALFONTIO.
Parisius. 1465. Guillaume Eustace. in-8°.

— Tractatus contra principales errores perfidi Machometi et Turchorum sive Sarracenorum festinanter copulatus per... *Johannem* DE TURRE CREMATA.
Parisius. 1465. G. Eustace. 1 vol. in-8°.

6635. — Contenta. RICOLDI ord. prædicat. contra sectam Mahumeticam non indignus scitu libellus.

— Cujusdam diu captivi Turcorum provinciæ Septemcastrensis de vita et moribus eorumdem alius non minus necessarius libellus.

Adjectum est insuper libellus de vita et moribus Judæorum *Victoris* DE CARBEN, olim Judæi, nunc Christi miseratione Christiani.

Parisiis. 1511. Henr. Stephanus. 1 vol. in-4°.

6636. — Confusion de la secte de Muhamed. Livre premièrement composé en langue espagnole par *Jehan* ANDRÉ, jadis More et Alfaqui,.. depuis faict Chrestien et Prestre : et tourné d'italien en françois. Par *Guy* LE FEVRE DE LA BODERIE.

Paris. 1574. Martin. 1 vol. in-12.

6637. — Manuductio ad conversionem Mahumetanorum à R. P. *Thyrso* GONZALEZ DE SANTALLA.

Matriti. 1687, 2 en 1 vol. in-8°.

g. — Contre les Vaudois, les Hussites...

** — Trias scriptorum adversus Valdensium sectam. EBERHARDUS *Bethunensis*, — BERNARDUS Abbas Fontis-Calidi, — Ermengardus.

Vide. Max. Bibl. Patrum. N° 1974. T. XXIV

** — PETRUS DE PILICHDORFF contra Valdenses. N° 1974. T. XXV.

** — REINERUS contra Valdenses. N° 1974. T. XXV.

6638. — Valdensium ac quorundam aliorum errores, præcipuas, ac penè omnes, quæ nunc vigent, hæreseis continentes. Quibus accessit recens illorum omnium ex Sacris potissimum literis impugnatio... Autore *Claudio* COUSSORD.

Parisiis. 1548. Richardus. 1 vol. in-8°.

** — LUCÆ *Tudensis* adversus Albigensium errores libri III. Ib. T.XXV.

6639. — *Heriberti* ROS-WEYDI de fide hæreticis servanda ex decreto Concilii Constantiensis dissertatio cum Daniele Plancio. In quâ, quæ de Husso historia est, excutitur.

Antuerpiæ. 1610. Moretus. 1 vol. in-8°.

6640. — Tractatus contra perfidiam aliquorum Bohemorum.

Argentine. 1485. 1 vol. in-4°.

— De causa Bohemica. *Paulus* CONSTANTIUS. (Tractatus magistri *Johannis* Hus, quem collegit anno Dom. MCCCCXIII. et est pronunciatus publice in Civitate Pragensi.

S. n. n. l. n. d. in-4°.

— Geistlicher Bluthandel Johannis Hussz zu Costenz verbrannt anno Domini MCCCCXV. am sechsten tag Julii..

S. n. n. l. n. d. in-4°. Fig.

h. — *Contre les Luthériens.*

" — De M. Lutheri et aliorum sectariorum doctrinæ varietate et discordia opuscula.   Voyez : N° 3395.

" — De errore sectariorum hujus temporis labyrintheo. Opusculum *Pagnini* GAUDENTII.   Voyez : N° 13.

6641. — *Hieronymus* HANGESTUS... de libero arbitrio in Lutherum.
Parisii. 1515. Bad. Ascensius. 1 vol. in-4°.

— *Hieronymi* AB HANGESTO... adversus Antimarianos propugnaculum.
Parisii. 1529. Prelum Ascensianum. in-4°.

6642. — Sacramentalia. F. *Thomæ* WALDEN sextum videlicet volumen doctrinalis antiquitatum fidei ecclesiæ catholicæ contra Witclevistas et eorum asseclas Lutheranos, aliosque hæreticos.
Parisiis. 1523. Reginaldus. 1 vol. fol.

6643. — Propugnaculum ecclesiæ, adversus Lutheranos : per *Judocum* CLICHTOVEUM elaboratum.
Parisiis. 1526. Colinæus. 1 vol. fol.

" — De sacramento Eucharistiæ contra Œcolampadium opusculum: per *Jod.* CLICHTOVEUM.   Voyez : N° 2909.

6644. — Enchiridion locorum communium. Adversus Lutherum et alios hostes Ecclesiæ. *Joanne* ECKIO Autore.
Parisiis. 1572. Ruellius. 1 vol. in-16.

6645. — De purgatorio contra Lutherum hostesque Ecclesiæ, libri quatuor,... *Joanne* ECKIO Authore.
Parisiis. 1548. Le Bret. 1 vol. in-16.

6646. — Apologia pro rev et ill. Principibus catholicis ac aliis ordinibus Imperii adversus mucores et calumnias Buceri super actis Comitiorum Ratisponæ. —Apologia pro rev. Legato et Cardinale Gaspare Contareno.Oratio habita Ratisponæ.J.Eckio autore.
Parisiis. 1542. Foucherius. in-8°.

— Judicii Universitatis et Cleri Coloniensis adversus calumnias Philippi Melanthonis, Martini Buceri, Oldendorpii, et eorum asseclarum, defensio .Authore F. *Everhardo* Billick.
Parisiis. 1545. Bogardus. 1 vol. in-8°.

6647. — Assertio septem sacramentorum advers. Mart. Lutherum, Henrico viii. Angliæ Rege (*Joanne* Fishero) auctore. — Cui subnexa est ejusdem Regis epistola, Assertionis ipsius contra eundem defensoria.—Accedit quoque R. P. D. Joh. Roffen.Episcopi (*Joh.* Fisheri) contra Lutheri captivitatem Babylonicam, Assertionis regiæ defensio.
Parisiis. 1562. Desboys. 1 vol. in-12.

— Assertionum Regis Angliæ de fide catholica adversus Lutheri Babylonicam captivitatem defensio : Authore R. D. *Johanne* (Fishero) Roffensi Episcopo.
Parisiis. 1562. Nivellius. 1 vol. in-12.

6648. — Defensio regie assertionis contra Babylonicam captivitatem, per Rev. P. D. D. *Johannem* (Fisherum) Roffensem Episcopum. In qua respondet pro illustriss. eodemq.doctiss. Anglorum Rege Henrico VIII. fidei defensore, ad maledicentissimum Martini Lutheri libellum in eundem Regem scriptum plusquam impudentissimè.
Coloniæ. 1525. P. Quentel. 1 vol. in-8°.

— Tractatus pro invocatione Sanctorum contra Johannem Monhemium, et ejus defensorem Henricum Artopæum.. Authore *Joanne* Hessels. 2ª ed.
Lovanii. 1564. Bogardus. in-8°.

— Confutatio novitiæ fidei, quam vocant Specialem.

Authore *Joanne* Hessels.—Adjunctus est et tracta‑
tus de Cathedræ Petri perpetua protectione et firmi‑
tate, eodem authore. 2ª ed.
Lovanii. 1564. Bogardus. in-8°.

— Declaratio quod sumptio Eucharistiæ sub unica pa‑
nis specie, neque Christi præcepto aut institutioni
adversetur... Authore *Joanne* Hessels.
Lovanii. 1565. Bogardus. in-8°.

6649. — Assertionis Lutheranæ confutatio, juxta verum ac
etiam originalem archetypum, nunc... recognita
per rev. P. *Joannem* (Fisherum) Roffensem Episc.
Parisiis. 1545. M. Du Puys. 1 vol. in-8°.

6650. — In causa Religionis miscellaneorum libri tres in
diversos tractatus antea non æditos, ac diversis
temporibus, locisque scriptos digesti. Per *Johannem*
Cochlæum.
Ingolstadii. 1545. Weissenhorn. 1 vol. in-4°.

6651. — Scopa *Joannis* Cochlæi in Araneas Ricardi Morysini.
Lipsiæ. 1538. Wolrab. 1 vol. in-4°.

— De baptismo parvulorum liber unus *Joan.* Cochlai
adversus assertionem Martini Lutheri.
Argentine. 1523. Grieninger. in-4°.

— De matrimonio serenissimi Regis Angliæ Henrici
Octavi congratulatio disputatoria *Joh.* Cochlæi.
Lipsiæ. 1535. Blum. in-4°.

— Articuli CCCCC *Martini* Lutheri. Ex sermonibus
ejus sex et triginta, quibus singulatim responsum
est a *Joanne* Cochleo, partim scripturis, partim
contrariis Lutheri ipsius dictis.
S. n. n. l. 1526. in-4°.

— Adversus cucullatum minotaurum Wittenbergen‑
sem, *Jo.* Cochlæus de sacramentorum gratia iterum.
Francofordiæ. 1523. in-4°.

— Confutatio XCI articulorum, e tribus Martini Lutheri
Teuthonicis sermonibus excerptorum, Authore *Joa.*
Cochlæo.
Coloniæ. 1525. Quentell. in-4°.

— 380 —

6652. — Doctissimi viri *Joannis* Cochlæi, adversus Lutheri Articulos, quos in Concilio generali proponendos scripserat, necessaria et catholica consyderatio. In qua certissimis sacræ scripturæ locis, et antiquorum doctorum testimonio refelluntur omnia quæ hodie à Calvino et aliis novæ religionis assertoribus proponuntur.
Parisiis. 1562. M. Julianus. 1 vol. in-16.

** — Commentaria *Joannis* Cochlaei de actis et scriptis Martini Lutheri
Voyez : Hist. des Religions. N° 657.

** — *Thom. Rad.* Todischi in Ph. Melanchthonem oratio.
Voyez : N° 3978.

** — *A.* Steuchi *Eugubini* adversus Lutheranos libri sex. Vide. N° 325.

6653. — Antididagma, seu christianæ et catholicæ religionis, per rev. et ill. Dominos Canonicos metropolitanæ Ecclesiæ Coloniensis propugnatio, adversus librum quendam universis ordinibus, seu statibus diœcesis ejusdem, nuper bonæ titulo Reformationis exhibitum, ac postea, mutatis quibusdam Consultoriæ deliberationis nomine impressum. — Sententia item.. de vocatione Martini Buceri.
Parisiis. 1549. Roigny. 1 vol. in-8°.

— Disceptatio adversus Lutheranos de valore operum bonorum : qua dilucide ostenditur quid per virtutis opus Christianus quisque apud Deum promoveat, edita à F. *Alfonso* de Herrera.
Parisiis. 1540. Sim. Colinæus. in-8°.

— Metamorphosis magnetica calvino-gocleniana, qua calvino-dogmatistæ, et in primis D. Rodolphus Goclenius, stupendo magnetismo, in Giezitas migrant, et alia mysteria magnetica mirificissima: vi, et nova, miraque arte ipsius D. Goclenii. Descripta à R. P. *Johanne* Roberti.
Leodii. 1618. Ouverx. in-8°.

— Expositio syncera et candida disputationis habitæ Salmurii 19 Julii 1607 in templo Ecclesiæ, ut aiunt,

Reformatæ, coacta ibidem Ministrorum Andegavensium, Cœnomanensium, et Turonensium provinciali Synodo, inter Jo. Plantavitium Pausanum, Cl. Berthinum et Mich. Beraldum Ministrum, in qua confutatur hujus apologetica epistola ad eundem Pausanum missa Cal. Aug.
Flexiæ. 1607. Rezé. 1 vol. in-8°.

— *Francisis* JORDANI ad Lambertum Danæum Sabellianismo doctrinam de sancta Trinitate inficientem responsio. Cum præfatione G. GENEBRARDI.
Parisiis. 1581. Gorbinus. 1 vol. in-8°.

6654. — Apologia *Natalis* BEDÆ Theologi, adversus clandestinos Lutheranos.
Parisiis. 1529. Badius. 1 vol. in-4°.

6655. — Adversus caninas Martini Lutheri nuptias, adversusque alia ejusdem, vel gentilibus abhominabilia paradoxa, opus novum, Fr. *Conradi* KŒLLIN.
Tubingæ. 1530. 1 vol. in-8°.

6656. — Pyrrychiatheou seu stimulus ad Deum adversus Luteranos et quosvis hereticos nuper à *Joanne* BERNARDO... æditus.
Tolosæ. 1540. Vieillard. 1 vol. in-4°.

6657. — *Alfonsi* VIRVESII Philippicæ disputationes vigenti adversus Lutherana dogmata, per Ph. Melanchthonem defensa, complectens summatim disputationes nuper Augustæ ac deinde Ratisponæ habitas.
Coloniæ. 1542. Novesianus. 1 vol. in-4°.

6658. — Controversiarum præcipuarum in Comitiis Ratisponensibus tractatarum, et quibus nunc potissimum exagitatur Christi fides et religio, diligens et luculenta explicatio. Per *Albertum* PIGHIUM.
Coloniæ. 1542. Novesianus. 1 vol. in-fol.

" — Idem opus. Voyez : N° 3900.

6659. — Scutum fidei orthodoxæ adversus venenosa tela Joannis Anastasii Velvani, fidem, sacramenta, ritumque ecclesiasticum explodere contendentis, autore F. Joanne BUNDERIO.

Gandavi. 1556. Corn. Manilius. 1 vol. in-8°.

— De vero Christi Baptismo contra Mennonem Anabaptistarum principem. Succincta quoque errorum ejusdem elisio, per F. Joannem BUNDERIUM.

Lovanii. 1553. Rotarius. 1 vol. in-8°.

6660. — Compendium concertationis hujus sæculi sapientium ac theologorum, super erroribus moderni temporis. Editum ac recognitum augmentatumque per Fr. Joannem BUNDERIUM.

Parisiis. 1546. Foucherius. 2 vol. in-8°.

6661 — *Petri* LIZETII adversum pseudoevangelicam hæresim libri seu commentarii novem.

Lutetiæ. 1551. Poncet Le Preux. 1 vol. in-4°.

6662. — *Mathiæ* BREDEMBACHII apologia de eo, quòd quibusdam visus est, in suo de dissidiis in religione componendis libello, acerbiùs in Martinum Lutherum scripsisse.

Coloniæ. 1557. Cholinus. 1 vol. in-8°.

— De dissidiis quæ nostra hac tempestate tanto cum terrore jactant Ecclesiæ navem... sententia *Mathiæ* BREDENBACHII.

Coloniæ Agripp. 1557. G. Fabricius. 1 vol. in-8°.

6663. — Assertio catholicæ fidei circa articulos Confessionis nomine illust. Ducis Wirtenbergensis oblatæ per Legatos ejus Concilio Tridentino, XXIV januarii, an. MDLII. — Accessit his defensio adversus Prolegomena Brentii. Auctore F. *Petro* A SOTO.

Antuerpiæ. 1557. Nutius. 2 vol. in-4°.

6664. — D. *Joannis* SLOTANI disputationum adversus hæreticos liber unus.

Coloniæ. 1558. Bathenius. 1 vol. in-8°.

6665. — Judicium de articulis Confessionis Fidei anno MDXXX Cæsar. M. Augustæ exhibitis, quatenus

scilicet à Catholicis admittendi sint aut rejiciendi. Authore R. P. D. *Joanne* Hoffmeistero.
Moguntiæ. 1559. Behem. 1 vol. in-8°.

6666. — D. *Joannis* Gropperi de præstantissimo altaris sacramento, et quibusdam eo pertinentibus... Opus præclarum, è Germanico in Romanam linguam translatum, per *Christophorum* Cassianum.
Antuerpiæ. 1559. Bellerus. 2 en 1 vol. in-8°.

— Methodus diatribæ analyticæ ad Theologos Wittenbergicos de vera Christi Ecclesia, ubinam locorum hoc seculo certissimè invenienda, an Wittenbergæ apud Lutheranos: an apud totum verè Christianum gregem sub uno pastore Christo Jesu, ejusque vicario Pio V. in catholicæ atque apostolicæ Fidei unitate congregatum. Authore *Wilh. Damaso* Lindano.
1 vol. in 8°. Sans titre.

— Ad Bartholomæi Latomi calumnias *Petri* Dathanæi responsio.
Voyez : N° 1772.

6667. — Confutatio prolegomenon Brentii, quæ primùm scripsit adversus venerab virum Petrum à Soto, deinde verò Petrus Vergerius apud Polonos temerè defendenda suscepit. Autore *Stanislao* Hosio. 2ª ed.
Parisiis. 1560. Desboys. 1 vol. in-8°.

— Opus elegantissimum varias nostri temporis sectas et hæreses ab origine recensens. Authore eodem.
Parisiis. 1559. Foucherius. 1 vol. in-8°.

— De una Christi in terris ecclesia libri sex, quibus variæ hujus ætatis hæreses atque errores refelluntur. Authore *Joanne* Lensæo.
Lovanii. 1588. Sassenus. 1 vol. in-8°.

6668. — Traité de *Stanislaus* Hosius De l'expresse parole de Dieu, traduit par Lancelot de Carle.
Paris. 1560. M. de Vascosan. 1 vol. in-8°.

6669. — Confutatio eorum quæ Philippus Melancthon objicit contra Missæ sacrificium propitiatorium. — Cui accessit et repulsio calumniarum Joannis Calvini, et

Musculi, contra Missam et Purgatorium. Autore *Richardo* Smythæo.
Lovanii. 1562. Bogardus. 1 vol. in-8°.

6670. — Dn. *Conradi* Clingii de securitate conscientiæ Catholicorum in rebus Fidei, et de periculo atque errore Sectariorum hujus seculi, libri duo. — Item ejusdem authoris confutatio mendaciorum à Luteranis adversùs librum Imperii seu *Interim* editorum, cum acri defensione confessionis catholicæ fidei.
Coloniæ. 1563. Birckmannus. 1 vol. in-fol.

6671. — Orthodoxarum explicationum libri decem,... præsertim contra Martini Kemnicii petulanten audaciam... Authore *Jacobo* Payva Andradio.
Coloniæ. 1564. Maternus Cholinus. 1 vol. in-8°.

6672. — Jugis ecclesiæ catholicæ sacrificii, eorumque omnium, quæ in eo peraguntur solida, justaque defensio et assertio, ex priscorum et sanctorum patrum monumentis deprompta, contra calumnias et cavillationes Jac. And. Smidelini. Authore *Joanne* a Via.
Coloniæ. 1570. Mat. Cholinus. 1 vol. in-8°.

6673. — De auctore et essentia protestanticæ ecclesiæ et religionis libri duo. Auctore *Richardo* Smithæo.
Parisiis. 1619. Mauperlier. 1 vol. in-8°.

6674. — Apologeticum ad Germanos, pro religionis catholicæ pace, atque solida ecclesiarum in vero Christi Jesu evangelio concordia. Auctore R. D. *Wilhel. Damasi* Lindano.
Antuerpiæ. 1568. Plantinus. 2 en 1 vol. in-4°.

6675. — Pro sacrosancto Missæ sacrificio : adversus impiam missæ et missalis anatomen Dissectorum, Laniorum, Missoliturgorum, Calvinianæ familiæ perditè excogitatam, Hisperaspistes. Authore *Jacobo* Fabro.
Parisiis. 1564. Kerver. 1 vol. in-4°.

— Confutatio cavillationum, quibus sacrosanctum Eucharistiæ sacramentum, ab impiis Capernaitis, impeti solet, authore *Marco Antonio* Constantio.
Parisiis. 1552. J. De Roigny. in-4°.

6676. — De M. Lutheri et aliorum sectariorum doctrinæ varietate et discordia opuscula. (Cum defensione *Friderici* STAPHYLI). — Item D. *Wilhelmi* LINDANI grassantium passim hæreseωn tabulæ.— (Præterea Antilogiarum M. Lutheri Babylonia. Per R. P. *Joannem* FABRI).
Coloniæ. 1579. Birckmannus. 1 vol. in-8°.

6677. — Recueil d'aucunes mensonges de Calvin, Melancthon, Bucère, et autres nouveaux Evangelistes de ce temps;.. Recueilly et faict françois des œuvres de *Guillaume* LINDAN, par *Gentian* HERVET.
Paris. 1561. Chesneau. 1 vol. in-8°.

— Deux epistres, aux Ministres, Prédicans et Supposts de la congrégation et nouvelle église, de ceux qui s'appellent fidèles, et croyans à la parole. Par *Gentian* HERVET.
Paris. 1561. Chesneau. 1 vol. in-8°.

— De reparanda Ecclesiasticorum disciplina, oratio *Gentiani* HERVETI.
Parisiis. 1561. Chesneau. in-8°.

— Les disputes de Guillot le Porcher, et de la Bergère de S. Denis en France, contre Jehan Calvin Prédicant de Genesve. (Par *Désiré* ARTUS).
Paris. 1559. Gaultier. 1 vol. in-8°. Le titre manque.

6678. — Declaratio quod sumptio Eucharistiæ.. N° 6648.
Lovanii. 1573. Bogardus. 1 vol. in-8°.

— Confutatio novitiæ fidei.. N° 6648.
Lovanii. 1568. Bogardus. 1 vol. in-8°.

— Tractatus pro invocatione Sanctorum.. N° 6648.
Lovanii. 1568. Bogardus. 1 vol. in-8°.

6679. — Harmonia confessionis Augustanæ, doctrinæ evangelicæ consensum declarans. Omnia.. studio et opera *Andreæ* FABRICII.
Coloniæ. 1573. Maternus Cholinus. 1 vol. in-fol.

6680. — Libelli cujusdam Antuerpiæ nuper editi contra Sereniss. D. Joannem ab Austria, Gubernatorem generalem inferioris Germaniæ, qua parte conscientiæ, ut vocant, libertas in eo requiritur, brevis et dilucida confutatio. Auctore *Joanne* Lensaeo.

Lovanii 1578. Tiletanus. 1 vol. in-8º.

— De officio hominis christiani in persecutione constituti. Auctore *Joanne* Lensaeo.

Lovanii. 1578. Tiletanus. 1 vol. in-8º.

— De unica religione, studio catholicorum Principum in republica conservanda, liber unus. Auctore *Joanne* Lensaeo.

Lovanii. 1579. Tiletanus. 1 vol. in-8º.

— *Joannis* Lensæi orationes duæ. I. Contra Ψευδοπατριότας, hoc est, Romanæ Ecclesiæ desertores, qui se solos patriæ veros amatores esse falsò jactitant.— II. Contra Genethliacorum superstitionem.

Lovanii. 1579. Tiletanus. 1 vol. in-8º.

— De variis generibus, causis, atque exitu persequutionum, quas pii hoc in mundo peregrinantes patiuntur. Liber unus. Authore *Joanne* Lensæo.

Lovanii. 1578. Sassenus. 1 vol. in-8º.

— *Michaelis* Baii ad quæstiones Philippi Marnixii Sanct-Aldegondi, de Ecclesia Christi et Sacramento Altaris responsio.

Lovanii. 1579. Tiletanus. 1 vol. in-8º.

6681. — De fidelium animarum purgatorio libri duo. — De limbo patrum liber tertius. Authore *Joanne* Lensæo.

Lovanii. 1584. Masius. 1 vol. in-8º.

— De ecclesiastica satisfactione pœnitentis, adversus Benedictum Aretium. Authore *Joanne* Lensæo.

Lovanii. 1585. Marius. 1 vol. in-8º.

6682. — De justificatione contra Colloquium Altenburgense libri sex. In quibus, primum explicantur dissidia Lutheranorum circa ipsam justificationem; deinde ex solis divinis litteris eorum confutantur errores circa normam Fidei, et præcipuos justificationis articulos. Scripti.. à D. *Nicolao* Sandero.

Augustæ Trevirorum. 1585. Hatotus. 1 vol. in-8º.

6683. — Catholicæ confutationis prophanæ illius et pestilentis confessionis, (quam Antuerpiensem Confessionem appellant Pseudoministri quidam) contra varias et inanes cavillationes M. Flacci Illyrici, apologia seu defensio. Authore *Judoco* RAVESTEYN.
Lovanii. 1568. Tiletanus. 1 vol. in-8°.

6684. — Ministromachia, in qua evangelicorum magistrorum et ministrorum, de evangelicis magistris et ministris mutua judicia, testimonia, convicia, maledicta,... et omnibus seculis inauditi anathematismi recensentur. Per *Stanislaum* RESCIUM collecta.
Coloniæ. 1592. Falckenburg. 1 vol. in-8°.

6685. — Enchiridion controversiarum præcipuarum nostri temporis de religione, in gratiam Sodalitatis B. Virginis Mariæ. Authore R. P. *Francisco* COSTERO.
Lugduni. 1604. Rovillius. 1 vol. in-12.

6686. — R. P. *Francisci* COSTERI apologia I. pro prima (et apologia II. pro secunda) parte Enchiridii sui": contra Franciscum Gomarum...
Lugduni. 1604. Rovillius. 2 en 1 vol. in-12°.

6687. — Idem opus.
Coloniæ Agripp. 1604. Birckmannus. 2 en 1 v. in-8°.

6688. — Sommaire des principaux points controversez de nostre temps en la religion. Du latin de R.P. *François* COSTER.
Paris. 1600. Nivelle. 1 vol. in-8°.

6689. — Responsum *Jacobi* GRETSERI ad theses Ægidii Hunnii prædicantis Wittenbergensis, de colloquio cum pontificiis ineundo... 2ᵃ ed.
Ingolstadii. 1602. Angermarius. 1 vol. in-4°.

6690. — *Georgii* CASSANDRI de articulis religionis inter Catholicos et Protestantes controversis..., consultatio. Ejusdem de officio pii ac publicæ tranquillitatis verè amantis viri, in hoc religionis dissidio judicium.
Lugduni. 1612. Zetzner. 1 vol. in-8°.

— De baptismo infantium. A. *Georg.* CASSANDRO. Voyez : N° 3063.

6691. — *Friderici* Staphyli in causa religionis sparsim editi libri, in unum volumen digesti.
Ingolstadii. 1613. A. Angermarius. 1 vol. in-fol.

6692. — Hæreticum quare, per catholicum quia. Auctore R. P. Fr. *Henrico* Lancilotto. 3ª ed.
Antuerpiæ. 1619. Guil. à Tongris. 1 vol. in-8°.

— Paralleli LXXIII Augustini catholici et Augustinomastigis hæretici... Auctore R. P. Fr. *Henrico* Lancilotto.
Antuerpiæ. 1619. Guil. à Tongris. 1 vol. in-8°.

6693. — Catalogus omnium totius prope orbis Archiepiscoporum Episcoporumque ab illo tempore quo christiana religio originem sumpsit, ad hæc nostra usque secula : qui contra Misoliturgos Missæ sacrificium asseruerunt... Opera F. *Petri* Opmersensis(Merssæi) seu Cratepolei Franciscani.
Coloniæ. 1596. Lutzenkirchius. 1 vol. in 8.

6694. — De veritate corporis et sanguinis Christi in Eucharistia, per rev. Pat. ac Dom. *Johannem* Roffensem Episcopum, adversum Johannem Œcolampadium.
Coloniæ. 1627. Quentel. 1 vol. in-4°.

6695. — Confessionistarum Goliathismus profligatus, sive Lutheranorum Confessionis Augustanæ symbolum profitentium provocatio ad monomachiam doctrinalem, super canonibus Synodi Tridentinæ... repulsa. Authore *Joanne* Sinnichio.
Lovanii. 1657. Masius. 1 vol. in-4°.

6696. — Angelici doctoris D. Thomæ Aquinatis sententia de prima hominis institutione, ejus per peccatum corruptione, illiusque per Christum reparatione...
—Item brevis seu methodica refutatio totius operis Dorschæani. Authore R. P. F. *Thoma* Leonardi.
Bruxellis. 1661. Vivien. 1 vol. in-fol.

6697. — Institution catholique de la vérité du précieux corps et sang de Jésuchrist, contenu au sainct sacrement de l'aultel... Par frère *Nicole* Grenier.
Paris. 1553. Vᵉ M. De la Porte. 1 vol. in-8°.

6698. — Triomphe de la vérité en l'heureuse et tant désirée conversion de Mgr. Rudolphe Maximilien, Duc de Saxe. Composé par le P. *Matthieu* MARTIN.
Anvers. 1624. Beller. 1 vol. in-8°.

6699. — La conférence du diable avec Luther, contre le saint sacrifice de la Messe, avec la Réfutation d'un écrit fait par M. Ereïter, Ministre de M. l'Ambassadeur de Suède, pour défendre cette conférence. Et l'examen de IV endroits du dernier livre de M. Claude, intitulé *La Défense de la Réformation...* (Par *Paul* BRUZEAU).
Paris. 1673. Savreux. 1 vol. in-12.

" — La conférence du diable avec Luther, faite par Luther même dans son livre de la Messe privée et de l'onction des Prêtres. Avec des remarques sur cette dissertation. (Par DE CORDEMOY).
Voyez : N° 2950.

6700. — Le Luthéranisme abjuré par Madame la Princesse Marie Elizabeth Louise Palatine de Deux-Ponts,... le quatrième de May 1700.
Paris. 1700. Imprimerie Royale. 1 vol. in-12.

6701 — L'infaillibilité de l'Église dans tous les articles de sa doctrine, touchant la Foi et les Mœurs. Pour servir de réponse au livre de M. Masius, intitulé *Défense de la Religion luthérienne...* Par *Léonor-Antoine* LANGEVIN.
Paris. 1701. Roulland. 2 vol. in-12.

6702. — Lettres sur différens sujets de controverse dédiées à Mg. le Dauphin. Par M. l'Abbé DE CORDEMOY.
Paris. 1702 Remy. 1 vol. in-12.

6703. — Traité des saintes images, prouvé par l'Ecriture, et par la Tradition. Contre les nouveaux Iconoclastes. Par M. l'Abbé DE CORDEMOY.
Paris. 1715. Babuty. 1 vol. in-12.

— Réflexions importantes sur la réponse des Docteurs Luthériens de Helmstad, à la question qui leur a été proposée par l'Impératrice ; *si l'on se peut sauver*

dans l'Eglise catholique. La conférence du Diable et de Luther en latin, françois et allemand : Avec de nouvelles remarques : et une Dissertation sur le mariage des nouveaux réunis. Par le même.
Paris. 1725. Babuty. in-12.

6704. — Lettres d'un Docteur allemand de l'Université catholique de Strasbourg (le P. *Jean-Jacques* SCHEFFMACHER) à un Gentil-homme protestant, sur les six obstacles au salut, qui se rencontrent dans la Religion luthérienne. 2ᵉ éd.
Strasbourg. 1730. Le Roux. 1 vol. in-4°.

6705. — Lettres d'un Théologien de l'Université catholique de Strasbourg (le P. *Jean-Jacques* SCHEFFMACHER) à un des principaux magistrats de la même ville, faisant profession de suivre la confession d'Ausbourg, sur les six principaux obstacles à la conversion des Protestants.
Strasbourg. 1732. Le Roux. 1 vol. in-4°.

6706. — Lettre pastorale de S. A. R. Mgr. l'Archevêque Electeur de Trèves, Evêque d'Ausbourg, Prince d'Euwangen (*Clément* WINCESLAS), à son Église d'Ausbourg. Traduite de l'allemand (par l'Abbé PEY).
Paris. 1782. Laporte et Belin. 1 vol. in-12.

j. — *Contre les Calvinistes.*

6707. — *Jacobi* LATOMI opera, quæ præcipuè adversus horum temporum hæreses eruditissimè, ac singulari judicio conscripsit… — Quibus accesserunt ejusdem authoris alia quædam opuscula…
Lovanii. 1550. Gravius. 1 vol. in-fol.

6708. — Adversus Crucimastiges de magnâ gloriâ quam Christus ex cruce sibi comparavit, ad solidandam fidem excitandamque charitatem hac præsertim tempestate. Autore R. P. F. *Spiritu* ROTERO.
Tolosæ. 1560. Colomerius. 1 vol. in-8°.

** — Response à quelque apologie que les hérétiques ces jours passés ont mis en avant sous ce tiltre : *Apologie ou défense des bons Chrestiens contre les ennemis de l'Eglise catholique.* Auteur *Antoine* DE MONCHI, surnommé DEMOCHARES.
Paris. 1560. Cl. Fremy. in-8°. Hist. des Relig. N° 232.

6709. — Christianæ religionis, institutionisque Domini nostri Jesu Christi et apostolicæ traditionis, adversus Misoliturgorum blasphemias, ac novorum hujus temporis sectariorum imposturas, præcipuè Joannis Calvini et suorum contra sacram Missam, catholica et historica propugnatio. *Antonio* MONCHIACENO DEMOCHARE Ressonæo auctore.
Parisiis. 1562. Macæus. 1 vol. in-fol.

** — De veritate Christi, necnon corporis et sanguinis ejus in missæ sacrificio, adversus hæreticos assertio. *Antonio* MONCHIACENO DEMOCHARE authore. Voyez : N° 3112.

** — Assertio fidei catholicæ adversus articulos utriusque confessionis fidei Annæ Burgensis... Auctore *Feliciano* NINGUARDA.
Voyez : N° 2659.

6710. — Responsio ad Calvinum et Bezam, pro *Francisco* BALDUINO jurisc. — Cum refutatione calumniarum, de Scriptura et Traditione.
Coloniæ. 1564. W. Richwinus. 1 vol. in-8°.
Voyez aussi : N° 5207.

** — Epistolæ duo D. *Stan.* Hosii et M. CROMERI. Voyez : N° 5207.

** — De hominis arbitrio adversus J. Calvinum. Authore *Richardo* SMYTHÆO. Voyez : N° 3900.

** — Astutiarum Vulpeculæ declaratio, per H. BURLATUM. N° 4153.

6711. — Locorum catholicorum, tum sacræ Scripturæ, tum etiam antiquorum Patrum, pro orthodoxa et vetere fide retinenda, libri septem .. In quibus præcipua institutionis Calvini capita, apertissimè confutantur. Fr. *Francisco* HORANTIO auctore.
Parisiis. 1566. Macé. 1 vol. in-8°.

6712. — Responsio F. *Claudii* DE SAINCTES ad Apologiam Theodori Bezæ, editam contra examen doctrinæ Calvinianæ et Bezanæ de Cœna Domini.
Parisiis. 1567. Fremy. 1 vol. in-8°.

— *Gabrielis* Fabricii Responsio ad Bezam...
Parisiis. 1567. Fremy. 1 vol. in-8°.

6713. — Les actes de la Conférence tenue à Paris ès moys de Juillet et Aoust 1566 entre deux Docteurs de Sorbonne (Vigor et de Sainctes), et deux Ministres de Calvin (de Spina et Du Rosier).
Paris. 1568. Chaudière. 1 vol. in-8°.

6714. — De consecratione, mystico sacrificio, et duplici Christi oblatione, adversus Vannium Lutherologiæ professorem. De Judaici Paschatis implemento adversus Calvinologos. De poculo sanguinis Christi et introitu in sancta sanctorum, interiora velaminis adversus Bezam : cum refutationibus quarundam propositionum Calvinologiæ propugnatoris... Pronunciata quæ ad confirmationem superiorum pertinent. *Nicolao* Villagagnone authore.
Lutetiæ. 1569. Nivellius. 1 vol. in-8°.

6715. — Déclaration d'aucuns athéismes de la doctrine de Calvin et Beze contre les premiers fondemens de la Chrestienté. Par F. *Claude* de Sainctes.
Paris. 1572. Fremy. 1 vol. in-8°.

6716. — De rebus eucharistiæ controversis, repetitiones seu libri decem. Per Fr. *Claudium* de Sainctes.
Parisiis. 1575. L'Huillier. 1 vol. in-fol.

6717. — Les six livres du sacrement de l'autel pour la confirmation du peuple françoys, prouvé par texte d'Escriture saincte, auctorité des anciens Docteurs, et propres tesmoignages des adversaires de l'Eglise catholique. Composez par *Jean* d'Albin de Valzerge.
Paris. 1576. Chaudière. 1 vol. in-8°.

— Discours chrestiens et advertissemens salutaires au simple et très-chrestien peuple de France, pour cognoistre (par la parole de Dieu) les bons et fidelles Evangelizateurs des faux Prophètes... Par *Jean* d'Albin de Valzerg dit de Seres. 4e édit.
Paris. 1576. Chaudière. 1 vol. in-8°.

6718. — *Martini* MARLORATI de orthodoxo et neotherico Calviniano, seu Hugonistico baptismate, ac utriusque effectu, liber...
Parisiis. 1578. Nivellius. 1 vol. in-8°.

6719. — Disputationum libri duo, in quibus calumniæ et captiones Ministri anonymi Nemausensis, contra assertiones theologicas et philosophicas in Academia Turnonia, anno MDLXXXII propositas, discutiuntur. Auctore M. *Joanne* HAYO.
Lugduni. 1584. Pillehotte. 1 vol. in-4.

6720. — Deffence de la vérité de la foy catholicque, contre les erreurs de Calvin, par *Gilbert* DE COYFFIER, Sieur DEFFIAT...
Paris. 1586. Chaudière. 1 vol. in-fol.

** — Responce aux lettres et questions d'un Calviniste, touchant l'innocence, virginité, excellence et invocation de la glorieuse Vierge Marie, Mère de Dieu. Par Fr. *François* FEU-ARDENT. 2ᵉ éd.
Voyez : N° 2067

** — Authentica probatio sacrosancti missæ sacrificii. Authore R. P. F. *Petro* DE BOLLO. Voyez : N° 2977.

6721. — GREGORII DE VALENTIA de rebus fidei hoc tempore controversis libri, qui hactenus extant omnes...
Lugduni 1591. Rovillius. 1 vol. fol.

6722. — Calvino-Turcismus id est, Calvinisticæ perfidiæ, cum Mahumetana collatio, et dilucida utriusque sectæ confutatio. Authore *Gulielmo* REGINALDO.
Antuerpiæ. 1597. Bellerus. 1 vol. in-8°.

6723. — Réplique à la response de quelques ministres sur un certain escript touchant leur vocation. Par R. P. Mᵉ *Jacques* DAVY.
Paris. 1597. Patisson. 1 vol. in-8°.

6724. — Charitable avertissement aux Ministres et Prédicans de 230 erreurs contenues en leur Confession de Foy. Par F. *François* FEU-ARDENT.
Paris. 1599. De la Noue et Sonnius. 1 vol. in-8°.

6725. — Amiable confrontation de la simple vérité de Dieu comprise es Escritures Saintes, avec les livres de

M. Pierre Le Charron, qui sont intitulez, l'un, *Les trois véritez contre tous Athées,*.. et l'autre *La réplique du mesme auteur...* Par *François* DU ION.
Leyden. 1599. P. de St. André. 1 vol. in-4°.

6726. — Première descouverte des faulsetez et erreurs du Sieur Du Plessis, en son Institution, Traicté de l'Eglise, et Responses au Sieur Boulenger. 2ᵉ éd. rev. et augm. par M. G. DUPUY.
Bourdeaus. 1599. Millanges. 1 vol. in-8°.

6727. — Les *Et cœtera* de Du Plessis, parsemez de leurs *Qui pro quo*, avec autres de l'orthodoxe mal-nommé Rôtan, Loque, Vignier, et quelques prétendus Ministres. Le tout sur les poincts de la S. Messe, Eucharistie, et autres principaux, controversez de présent en la Religion chrestienne. Par un Prestre natif de Bourdeaus.. (le P. J. DE BORDES).
Tolose. 1600. Veuve Colomiez. 1 vol. in-8°.

6728. — Examen des confessions, prières, sacremens et catechisme des Calvinistes : avec réfutation de la Response d'un Ministre... Par F. F. FEU-ARDENT.
Paris. 1601. De la Noue. 1 vol. in-8°.

6729. — Victoire de la vérité catholique contre la faulse vérification de Philippes de Mornay, Sieur Du Plessis, sur les lieux impugnés de faulx au livre de la Sᵗᵉ Messe. Par *Louys* RICHEOME.
Bourdeaux. 1601. Millanges. 1 vol. in-8°.

6730. — Trois discours pour la Religion catholique : des Miracles ; des Saincts : et des Images. Par *Louys* RICHEOME.
Paris. 1602. Jamet et Metayer. 1 vol. in-8°.

6731. — Refutation de l'écrit de Mᵉ Daniel Tilenus contre un discours touchant les Traditions apostoliques. Par Mᵉ *Jacques* DAVY. 2ᵉ éd.
Evreux. 1602. Le Marié. 1 vol. in-12.

6732. — Actes de la conférence tenue entre le Sieur Evesque d'Evreux et le Sieur Du Plessis, en présence du Roy à Fontaine-bleau, le 4 de May 1600... Par M⁰ *Jacques* Davy. 2ᵉ éd.

Evreux. 1602. Le Marié. 1 vol. in-8°.

6733. — Response catholique aux déclarations de deux moynes apostats, qui depuis n'aguères ont abjuré la vraye religion en l'assemblée des héréticques. Par R. (*Robert*) Viseur. (1)

Arras. 1602. G. De la Rivière. 1 vol. in-8°.

6734. — Theomachia Calvinistica, sedecim libris profligata, quibus mille et quadringiuti hujus sectæ novissimæ errores, quorum magna pars nunc primùm è suis latebris eruitur, diligenter excutiuntur et refelluntur. Per Fr. *Francisum* Feu-Ardentium.

Parisiis. 1604. Nivellius. 1 vol. fol.

** — Antidota adversus impias Lutheranorum et Calvinistarum criminationes. Per *Fr*. Feu-Ardentium.   Voyez : N° 2186.

6735. — L'Hydre deffaicte par l'Hercule chrestien. Des labeurs de F. *N*. Coeffeteau.

Paris. 1606. Baby. 1 vol. in-12.

6736. — L'Idolatrie huguenote figurée au patron de la Vieille Payenne. Par *Louys* Richeome.

Lyon. 1608. Rigaud. 1 vol. in-8°.

6737. — Idolatria huguenotica seu Luthero-Calvinistica, ad exemplar Ethnicæ Veteris expressa. A R. P. *Ludovico* Richeomo primum gallicè edita, nunc verò à R. P. *Marcellino* Bompar latinitate donata.

Moguntiæ. 1613. Henningius. 1 vol. in-8°.

6738. — L'Anti-Christ. Par *Florimond* de Remond.

Paris. 1607. L'Angelier. 1 vol. in-4°.

— L'Anti-Papesse. Par *Florimond* de Remond.

Paris. 1599. D. Binet. in-4°.

Voyez : Hist. des Relig. N° 800.

6739. — De l'infinie et admirable toute-puissance de Dieu au S. Sacrement, et sacrifice Eucharistique. Par

---

(1) Viseur (Robert), né à Amiens, en 1555, mourut dans cette ville le 6 septembre 1618.

V. P. F. *George* MEOT de Dommarien. Avec la réfutation des Théorèmes et Sentences de Moyse Chevillette, Ministre, sur le mesme subject.
Chaumont. Paris. 1607. Nivelle. 1 vol. in-8°.

6740. — Les merveilles de la saincte Eucharistie discourues et défendues contre les Infidelles... Par feu *Nicolas* COEFFETEAU.
Paris. 1608. Huby. 1 vol. in-8°.

** — Examen de la conférence entre le R. P. G. Camart et le Ministre Jean Josion. Voyez : N° 4401.

6741. — Aphorismes, avec leurs preuves et corollaires, de l'unique sacrifice propitiatoire de la loy de grace. Par *Pierre* DE SAPETZ.
Paris. 1608. Sonnius. 1 vol. in-12.

6742. — Correction chrestienne des erreurs et des impiétés de Vignier, Ministre à Bloys, es livres qu'il appelle *Examen* : et de la vraie participation du corps et sang de Nostre-Seigneur. Plus un sincère Discours touchant la disposition du Chrestien, pour communier fructueusement, contre les inepties de son homélie sur ce sujet. Par le R.P.SYLVESTRE *de Laval*.
Orléans. 1608. Boynard et Nyons 1 vol. in-8°.

6743. — Aaronis purgati, seu Pseudo-Cherubi ex aureo vitulo recens conflati destructio : Authore R. VISORIO. — Accessit ejusdem Responsio ad expostulationem et quæstiones Joannis (Francisci) Moncæij.
Parisiis. 1609. Rolinus Theodericus. 1 vol. in-8°.

6744. — Simple et naïve déclaration de la vérité du sainct Sacrement. Tirée de deux conférences tenues en Picardie, entre le R. P. Gontery et N. Le Hucher soy disant Ministre d'Amyens, et depuis avec un autre Protestant. Par M. I. DU PRÉ.
Amyens. 1609. Jacques Hubault. 1 vol. in-12.

6745. — Discours sur le sujet proposé en la rencontre du R.P.Gontier, et du Sieur Du Moulin; où est traicté: De la mission des Pasteurs... Du sacrifice de la

Messe, célébré en l'Eglise chrestienne... De la présence réelle du corps de Jésus-Christ en la saincte Eucharistie. Par *Pierre* DE BERULLE.
Paris. 1609. Thierry. 1 vol. in-8°.

6746. — Responce à l'advertissement adressé par le Roy de la grande Bretagne, Jacques I à tous les Princes et Potentats de la Chrestienté. Par *F. N.* COEFFETEAU.
Paris. 1609. Huby. 1 vol. in-8°.

— Réfutation des faussetez contenues en la deuxiesme édition de l'*Apologie de la Cène* du Ministre Du Moulin. Par *F. Nicolas* COEFFETEAU.
Paris. 1609. Huby. 1 vol. in-8°.

6747. — Le Pantheon huguenot découvert et ruiné contre l'Aucteur de l'*Idolâtrie papistique.* Par *L.* RICHEOME.
Valenchienne. 1610. Veroliet. 1 vol. in-8°.

6748. — Catéchisme et abrégé des controverses de nostre temps, touchant la Religion. Rev. et augm. par le R. P. *Guillaume* BAILE.
Rouen. 1610. L'Allemant. 1 vol. in-12.

6749. — Institution catholique, où est déclarée et confirmée la vérité de la foy. Contre les hérésies et superstitions de ce temps. Par *Pierre* COTON.
Paris. 1610. Chappelet. 2 vol. in-4°.

6750. — Quæ fides et Religio sit capessenda, consultatio. Auctore *Leonardo* LESSIO. 2ª ed. (Cum appendice).
Antuerpiæ. 1610. Moretus. 1 vol. in-8°.

** — Voyez aussi : N° 2901.

6751. — Examen præfationis monitoriæ, Jacobi I, magnæ Britanniæ et Hiberniæ Regis, præmissæ Apologiæ suæ pro juramento fidelitatis... denuò editæ. Christianis omnibus Monarchis... dicat et vovet F. *Leonardus* COQUÆUS. In quo Examine refellitur et Apologia ipsa Regis, et summi Pontificis Brevia ad Catholicos Anglos defenduntur.
Friburgi Brisgoiæ. 1610. J. Strasser. 1 vol. in-fol.

6752. — L'heureuse conversion des Huguenots à la Foy

catholique, où est respondu aux articles de la Confession de Foy des Ministres. Avec la saincte Messe en françois. Par *Jacques* d'Illaire Sieur de Jouyac.
Rouen. 1610. Morront. 1 vol. in-12.

6753. — La vérité de la saincte Eucharistie, et du S^t sacrifice de la Messe, deffendue contre l'hérésie de ce temps. Où est amplement réfuté l'escrit naguères publié souz le nom du Ministre Le Hucher. Par R. Viseur.
Paris. 1611. Blanvilain. 1 vol. in-8°.

6754. — Summula casuum conscientiæ de sacramentis, pro sectariis prædicantibus tam urbanis et oppidanis, quàm agrestibus et ruralibus, ex Luthero, Calvino et Beza fideliter collecta.. per *Jacobum* Gretserum.
Ingolstadii. 1611. Sartorius. 1 vol. in-4°.

6755. — Cœmeterium Calvini inferni et aliarum ejusdem impietatum, adversus interpolata sophismata falsò et calomniosè adscripta F. Anastasio Cocheletio à Joanne Polyandro, alias Van den Kerck-Hove, Auctore eodem F. *Anastasio* Cocheletio.
Antuerpiæ. 1612. Verdussen. 1 vol. in-8°.

6756. — Fantosme de la Cène ministrale, conclu des maximes et opinions des plus fameux Ministres de la prétendue réformation. Par le R. P. F. Humblot.
Poitiers. Paris. 1612. Foucault. 1 vol. in-8°.

6757. — Resveil-matin catholique aux desvoyez de la Foy. Pour les semondre à sortir de la couche langoureuse en laquelle ils sont allictez... Dressé pour l'instruction de Messieurs de la Religion Prétendue. Par le R. P. *Ange* de Raconis.
Caen. 1613. Poisson. 1 vol. in-8°.

6758. — Response au livre intitulé : *Le mystère d'iniquité du Sieur Du Plessis*. Où l'on voit fidellement déduicte l'histoire des souverains Pontifes, des Empereurs, et des Rois chrestiens, depuis S. Pierre jusques à nostre siècle. Par F. *N.* Coeffeteau.
Paris. 1614. Huby. 1 vol. in-fol.

6759. — Conviction des fautes principalles, tant contre la Religion chrestienne, que contre la Majesté du Roy très chrestien, trouvées en l'Epistre par laquelle le Sr Casaubon a desdié au Ser. Roy de la grande Bretagne; ses seize travaux, contre les Annalles du R. Cardinal Baronius. Par *Pompée* DE RIBEMONT, Seigneur d'*Espiney* (*Jean* BOUCHER).
Chalons. 1614. Baussan. 1 vol. in-8°.

6760. — Advis et notes données sur quelques plaidoyez, de Me Louys Servin, Advocat du Roy, ci-devant publiez en France, au préjudice de la Religion catholique, de l'honneur du Roy très chrestien, et de la paix de son Royaume. Par *Louys* RICHEOME.
Agen. 1615. De la Marinière. 1 vol. in-8°.

6761. — Examen réformationis novæ, præsertim Calvinianæ, in quo Synagoga et doctrina Calvini, sicut et reliquorum hujus temporis novatorum, tota ferè... refutatur. Auctore *Matthæo* KELLISONO.
Duaci. 1616. Auroius. 1 vol. in-8°.

6762. — Antimornaeus id est confutatio Mysterii iniquitatis, sive Historiæ Papatus Philippi Mornæi. Auctore F. *Leonardo* COQUÆO.
Mediolani. 1616. Pontius et Piccalci. 2 en 1 vol. fol.

6763. — Du juge des controverses en général. Par le R. P. GONTERY.
Paris. 1616. Chappelet. 1 vol. in-8°.

6764 — Divers traittez et discours des controverses de ce temps. Par Me *Jean* DAVY, Sieur DU PERRON...
Paris. 1617. Ant. Estienne. 1 vol. in-4°.

6765. — *Joannis* BARCLAII parænesis ad sectarios. Libri II.
Coloniæ. 1617. Kinckius. 1 vol. in-8°.

6766. — La confession de foy de Messieurs les Ministres, convaincue de nullité par leurs propres Bibles: avec la réplique à l'escrit concerté, signé et publié par les quatre Ministres de Charenton... Par le R. P. *Jean* ARNOUX.
Paris. 1617. Cottereau. 1 vol. in-8°.

6767. — *Maximiliani* Sandæi hyperbole et castigatio prodigæ Jesuitarum liberalitatis, in vocibus universalibus, confictæ in Hollandia.
Moguntiæ. 1619. Albinus. 1 vol. in-8°.

6768. — Destruction de la prétendue vocation des Ministres à la charge de Pasteurs selon le livre mesme de Du Moulin leur confrère. Plus le Bouclier de leur foy faussé par la saincte Escriture. Par M. *Théophraste* Bouju Sieur *de Beaulieu*.
Paris. 1619. Langlois. 1 vol. in 8°.

6769. — Répliques aux prétendues responses faictes par M. Pierre Du Moulin, icy fidellement transcrites, sur XXXII demandes à luy proposées par le P. Cotton.. Par Mᵉ *Joachim* Forgemont. 2ᵉ ed.
Paris. 1619. Nivelle. 1 vol. in-8°.

6770. — Le Rabelais réformé par les Ministres et nommément par Pierre Du Moulin... (Par F. Garasse).
Brusselle. 1620. Girard. 1 vol. in-8°.

6771. — Response au livre *De la vocation des Pasteurs*, de Pierre Du Moulin. Par Dom Jean de S. François.
Paris. 1620. Heuqueville. 1 vol. in-8°.

6772. — La Confession de foy des Ministres percée à jour, et son Bouclier mis en pièces. Ou examen de toute la Confession de foy des Ministres : et réfutation de tous ce que Du Moulin faict venir au secours en son Bouclier de la foy. Par C. F. d'Abra de Raconis.
Paris. 1620-1621. Boullanger. 2 en 1 vol. in-8°.

6773. — *Thomæ* Stapletoni opera quæ extant omnia, nonnulla auctiùs et emendatiùs, quædam jam anteà anglicè scripta, nunc primum studio et diligentia doctorum virorum Anglorum latinè reddita.
Parisiis. 1620. Fouet. 4 vol. in-fol.

6774. — La vérité de l'Eucharistie et de la réalité, transsubstantation, sacrifice, propitiatoire, et adoration. Par *Jacques* Corbin.
Paris. 1620. Blaise. 1 vol. in-8°.

6775. — Œuvres de R. P. en Dieu F. *Nicolas* COEFFETEAU, contenant un Nouveau Traicté des noms de l'Eucharistie, auquel est réfuté tout ce que les S^{rs} Du Plessis, Casaubon et M. Pierre Du Moulin... ont escrit sur ce sujet contre la doctrine de l'Eglise. — Avec divers autres Traictez cydevant publiez par le mesme Autheur.
Paris. 1622. S. Cramoisy. 1 vol. in-fol.

6776. — Johan. Calvini nova effigies centum coloribus ad vivum expressa. Auctore *Nicolao* ROMÆO. Qua S. Thomæ theologia tota strictim attingitur, Calvini tota fusè refutatur.—Accedit Digressio de prædestinatione et justificatione. — Item Calvini confessio ex equuleo.
Antuerpiæ. 1622. Verdussius. 1 vol. in-fol.

6777. — Du juge souverain des différens de la Religion, où les ruses, impostures et impertinences des Ministres de la prétendue Réformation sont descouvertes...Par *Jean-Baptiste* PICHARD.
Paris. 1622. Morcau. 1 vol. in-8'.

6778. — Les diverses œuvres de l'ill. Cardinal DU PERRON, contenant plusieurs livres, conférences, discours, harangues, lettres d'Estat et autres, traductions, poésies, et traittez tant d'éloquence, philosophie que théologie non encor veus ny pubhez. Ensemble tous ses écrits mis au jour de son vivant, et maintenant r'imprimez sur ses exemplaires...
Paris. 1622. A. Estienne. 1 vol. in-fol.

6779. — Même ouvrage. 3ᵉ édit.
Paris. 1633. Chaudière. 1 vol. in-fol.

6780. — Réfutation de toutes les objections tirées de S. Augustin alleguez par les hérétiques contre le sainct sacrement de l'Eucharistie. Par l'ill. et rev. Cardinal DU PERRON.
Paris. 1624. Ant. Etienne. 1 vol. in-fol.

6781. — Réplique à la Response du sieur Bugnet cy-devant

Ministre lez Compiègne et Mondidier, et de présent lez Calais. Par *J.* DE HOLLANDRE.
Paris. 1623. Ant. Estienne. 1 vol. in-8ᵉ.

6782. — Démonstration évidente que l'Eglise prétendue réformée n'est pas l'Eglise de Dieu .. Par le R. P. *Barth.* JACQUINOT.
Tolose. 1623. Colomiez. 1 vol. in-8°.

6783. — Tractatio dilucida et compendiaria omnium de fide controversiarum. A R. P. *Martino* BECANO.
Lugduni. 1624. Pillehotte. 1 vol. in-12.

6784. — Flambeau de la vérité catholique, qui fait voir à tous très clairement... que tous ceux qui meurent en la Religion prétendue réformée, sont infailliblement éternellement damnez. Par le P. *Séraphin* DE LA CROIX.
Paris. 1626. Sonnius. 1 vol. in-4°.

6785. — Bouclier de la foy catholique, contre le Bouclier de la Religion prétendue, du Ministre Du Moulin. Par R. P. Mᵉ *Jean* JAUBERT DE BARRAULT.
Paris. 1626. A. Estienne. 1 vol. in-fol.

6786. — Apologie des saincts Pères séants es conciles des cinq premiers siècles, par l'Escriture saincte en termes exprez, ou par eux exposée selon la mesme Escriture. Pour la Réplique de l'illust. Cardinal Du Perron, contre la *Nouveauté* du sieur Du Moulin, transcrite de son *Bouclier*. Par *François* VERON.
Paris. 1628. Boullenger. 1 vol. in-8°.

6787. — Raisons pour le desaveu fait par les Evesques de ce Roiaume d'un livret publié avec ce titre : *Jugement des Cardinaux, Archevesques, Evesques...* contre les scismatiques de ce temps. Par *François* Cardinal DE LA ROCHEFOUCAUT.
Paris. 1626. 1 vol. in-4°.

6788. — Considérations sur un livre intitulé : *Raisons pour le désadveu faict par les Evesques de ce Royaume,.. mis en lumière soubs le nom de* Mᵉ *François Cardinal de*

la Rochefoucault. Contre les vrais schimatiques de ce temps. Par *Timothée* FRANÇOIS.
S. n. n. l. 1628. 1 vol. in-8°.

6789. — Faussetez sur lesquelles est fondée la Religion prétendue Réformée, contenues dans un livre mis en lumière par le Sieur Boulle Ministre, intitulé : *Arrests diffinitifs recueillis de la parole de Dieu.* Trouvées et esventées par Messire *Gabriel* MARTIN.
Paris. 1633. Taupinart. 1 vol. in-8°.

6790. — Recueil de pièces. 1561-1645.
1 vol. in-8° contenant :

1. — Epistre ou advertissement au peuple fidèle de l'Église catholique, touchant les différens qui sont aujourd'huy en la religion chrestienne. Par *Gentian* HERVET.
Paris. 1561. N. Chesneau. in-8°.

2. — Response de Dom BERNARD à une lettre à luy escrite et envoyée par Henry de Valois.
Paris. 1589. Nivelle. in-8°.

3. — Les cinq poincts de controverse sur le sacrifice de la Messe disputez par Frère *Jean* JOUANÉ, contre le sieur Du Moulin.
Paris. 1607. Huby. in-8°.

4. — De catholicorum cum hæreticis matrimonio quæstiones. Auctore R. P. *Nicolao* SERARIO.
Coloniæ. 1609. B. Gualtherus. in-8°.

5. — Les trois arguments invincibles auxquels les Ministres n'ont peu respondre puis le mois de mars 1612. A eux dressés par un Ministre qui les a quités. (*Jacques* VIDOUZE).
Paris. 1612. Regnoul. in-8°.

6. — Arrest de la cour de Parlement de Bourdeaux, contre les habitans de la ville de Castelmoron, de la Religion prétendue réformée. Pour avoir rompu et brisé l'image d'un crucifix estant sur le siége de l'Auditoire royal de la dicte ville...
Paris. 1620. Mesnier. in-8°.

7. — Arrest notable de la cour de Parlement. Par lequel il est enjoinct à ceux de la Religion prétendue réformée de démolir les temples bastis contre les Eglises : avec defenses d'y continuer l'exercice de leur religion, et autres cas contenus audit arrest.
Paris. 1643. Bessin. in-8°.

8. — Réplique pour le Catholique anglois, contre le Catholique associé des Huguenots. 1588.

9. — La Religion prétendue réformée forcée dans son dernier retranchement, ou l'adoration restituée à nostre Seigneur au sainct sacrement de l'Autel par ses Ministres. (Par L. D.) 1644.
10. — Additions, diminutions et changemens faits aux Viels et Nouveaux Testaments françois, imprimez à Genève, La Rochelle. Saumur, Sedan, Leyden, Amsterdam et Paris, qui se vendent à Charenton. Contre l'honneur de la Mère de Jésus-Christ.
11. — La destruction générale de l'Eglise prétendue réformée, par elle-mesme. (Par *Nicolas* DESILLES).
12. — Le miroir du temps passé, à l'usage du présent. A tous bons Pères religieux et vrays catholiques non passionnez.
13. — Simple et véritable discours de ce qui s'est passé en la conférence commencée à Caen, entre le Jésuite Gonteri, accompagné d'un docteur Jacobin, et les Ministres de Caen et de Saincte-Mère Eglise. **S. n. n. l. 1606. in-8°**.
14. — Responce au faux et calomnieux extraict de Philippes Cospeau, sur la conférence tenue à Monluet. Avec un très clair examen par la Saincte Escriture, des impiétés et contradictions dudict Cospeau, sur le point de la justification. **Saumur. 1606. Portau. in-8°**.
15. — Cinq escrits sur la fausseté des Épistres intitulées de S. Clément à S. Jaques, et quelques autres matières, envoyez par A. Simson, Ministre... à F. Jean Journé, Jacobin... durant le Caresme dernier. — Item un discours d'un affront que ledit Jacobin receut d'un Laboureur à l'issue d'une sienne prédication, sur un passage qu'il avoit allégué à faux, quinze jours après Pasques. Le tout recueilly et mis en lumière par un nourrisson de la vraye Eglise. **Quevilly. 1606. in-8°**.
16. — Responce d'un Gentilhomme à la seconde lettre qui luy a esté addressée par le P. J. Gontery. (Par J. MIFFANT de Dieppe). **Mildelbourg. 1609. in-8°**.
17. — Response du Sieur DU MOULIN aux lettres du Sieur Gontier escrites au Roy sur le subject de la conférence tenue le 11 avril 1609.
18. — Déclaration de *Marc Antoine* DE DOMINIS... sur les raisons qui l'ont meu à se déporter de l'Eglise romaine. Tournée du latin de l'Auteur. **La Rochelle. 1616. Hautin. in-8°**.
19. — Lettre au Sieur de Raconis, sur celle qu'il a envoyée au Sieur Du Moulin le 24 mars 1618.
20. — Traicté des quatre proprietez une, saincte, catholique, apostolique, attribuées à l'Eglise, tant par le Symbole des Apostres, que par celuy du second Concile universel tenu à Constantinople ; opposé

aux propositions,touchant les marques de la vraye Eglise adressées aux Ministres de France, sous le nom de Daniel Molard. Par *Nicolas* VIGNIER.
Charanton. 1618. in-8°.

21. — Sermon sur ces paroles. Coloss. 2, 8, 9, 10. *Prenez garde que nul ne vous butine par la philosophie et vaine deception...* Par I. H. D. **S. n. n. l. 1618. in-8°.**

22. — La chasse D Raconis. 2 Cor. 3, 15. *Jusqu'à ce jourd'huy quand on lit Moyse, le voile demeure sur leur cœur...*
Charenton. 1619. S. Petit. in-8°.

23. — Traitté monstrant le dernier retranchement ou se jettent les Jésuites,quand on les presse par la parolle de Dieu, avec le vray moyen de les en faire sortir et les mettre en fuite.

24. — Sermon de M. *Marc Anthoine* DE DOMINIS,faict le premier dimanche de l'Advent de l'année 1617 à Londres.Traduit d'italien en françois. **Charenton. 1619. Mondière. in-8°.**

25. — Narré véritable de ce qui s'est passé en la conférence tenue à Canisi entre Joachim Soler, Pasteur de l'Eglise de S. Lo, et Guillaume Picquenot (dict frère Archange), Prédicateur Capucin. Opposé à la conférence mise en lumière par ledit frère Guillaume. **S. n. n. l. 1624. in-8°.**

26. — Lettre d'un gentilhomme à un sien ami, contenant la conférence tenue à Paris, le 16 de janvier l'an 1626, entre les Sieurs Mestrezat, Ministre, et de Crosilles, Ecclésiastique. 1626.

27. — Formulaire du baptesme de ceux qui se convertissent à la Foy chrestienne d'entre les Payens, Juifs et Mahumétans, et des Anabaptistes, qui n'ont esté baptisez : dressé au Synode national des Eglises réformées de France, assemblé à Charanton l'an 1644, le 26 décembre et jours suivans.
Charanton. 1645. S. Petit. in-8°.

6791. — Méthodes de traiter des controverses de religion par la seule Escriture Saincte, alléguée en termes exprez ou exposée par les Saincts Pères séants es Conciles des cinq premiers siècles. rapportez par les Centuriateurs de Magdebourg, et imprimez à Basle, ou Genève, enseignées et pratiquées par Sainct Augustin... Par *François* VERON.
Paris. 1638-1639. J. Petit-Pas. 2 vol. in-fol.

6792. — Reparties succinctes à l'Abbrégé des controverses

de M. Ch. Drelincourt. Ensemble les Antithèses protestantes. Par *J. P. C.* (Camus) E. de Belley.
Caen. 1638. Poisson. 2 en 1 vol. in-8°.

6793. — La démolition des fondemens de la doctrine protestante. Par *Jean-Pierre* Camus, Ev. de Belley.
Paris. 1639. Bertault. 1 vol. in-8°.

6794. — L'œuvre de pacification ou catéchisme des controverses en forme de décision. Par le Religiosissime *François* (de Harlay) Archevesque de Rouen.
Pontoise. 1639. H. Estienne. 1 vol. in-4°.

6795. — Examen et réfutation d'une prétendue Déclaration publiée sous le nom de François Cloüet, de Rouen, cy-devant nommé P. Basile, Prédicateur Capucin. Où est vérifiée et maintenue la vérité de la Religion catholique, apostolique et romaine : et l'ignorance et malice de Cloüet entièrement découverte. Par Me *Guillaume* Cacherat.
Rouen. 1640. Maurry. 1 vol in-8°.

6796. — Lettre du Sieur *Crescentian* de Mont-Ouvert adressée par forme de relation au Sieur Mettayer, jadis Ministre de Lusignan, et maintenant Professeur de la Foy catholique en l'Eglise Romaine... Avec la réfutation de trois Prêches du Sieur Du Moulin : tirée des sermons du P. Joseph *de Morlais* Capucin.
Reims. 1641. Bernard. 1 vol. in-8°.

6797. — Notarum spongia quibus alexipharmacum civibus Sylvæ-Ducensibus nuper propinatum aspersit Gisbertus Voetius, authore *Cornelio* Jansenio. 3ª ed.
Lovanii. 1666. Sassenus et Nempæus. 1 vol. in-4°.

— *Liberti* Fromondi saturnalitiæ cœnæ variatæ somnio, sive peregrinatione cælesti. 2ª ed.
Lovanii. 1665. P. Sassenus et Nempæus. in-4°.

6798. — Instructions catholiques aux néophytes : contenant I. La conduite de la vraye Eglise. — II. Du purgatoire. — III. De l'adoration de Dieu et de l'honneur deub aux Saincts. — IV. De la vénération et de l'a-

doration des Saints. — V. De la prière des Saincts. — VI. Des images. — VII. Du sacrement de Pénitence. — VIII. Des indulgences. — IX. De l'Eucharistie. — X. Du libre arbitre. — XI. De la justification chrestienne. — XII. Du mérite des bonnes œuvres. Par J. P. C. (CAMUS) É. de Belley.
Paris. 1642. Clousier. 1 vol. in-8°.

6799. — Opuscula theologica R. P. *Martini* BECANI.
Parisiis. 1642 J. Petit-Pas 1 vol. in-fol.

6800. — Les principaux poincts de la foy catholique défendus contre l'escrit adressé au Roy par les quatre Ministres de Charenton. Par Mgr. l'Em. Cardinal-Duc DE RICHELIEU.
Paris. 1642. Imp. roy. du Louvre. 1 vol. in-fol.

6801. — Discours et lettres. Par le P. *Charles* DE CONDREN.
Paris. 1643. Sans titre. 1 vol. in-4°.

6802. — Traité qui contient la méthode la plus facile et la plus asseurée pour convertir ceux qui se sont séparez de l'Eglise. Par le Cardinal DE RICHELIEU. N° éd.
Paris. 1663. S. Cramoisy. 1 vol. in-4°.

6803. — Le passe-avant pour response à l'Avant-coureur de M. Drelincourt, Ministre de Charenton. Touchant l'honneur qui doit estre rendu à la S. et Bienheureuse Vierge Marie. Par J. P. C. E. de Belley.
Paris. 1642. Aliot. 1 vol. in-8°.

6804. — Recueil des SS. Pères selon l'ordre alphabétique, professans la doctrine de l'Eglise Romaine sur les poincts de Foy controversez. Par *Pierre* JUVERNAY.
Paris. 1643. Le Mur. 1 vol. in-8°.

6805. — Rivetani prodromi Milleterium turbarum ac calumniarum iniquè arcessentis, crucifragium. Ejusdem serioludicra MILLETERII opera, suam, in pacificandis religionis controversiis fidem et constantiam tuentis.
Parisiis. 1642. 1 vol. in-8°.

6806. — La pacifique véritable, sur le débat de l'usage légitime du sacrement de pénitence. Par *Théophile* Brachet, Sieur *de la Milletière*.

Paris. 1644. Boulanger. 1 vol. in-8°.

6807. — Méthode par laquelle on connoist manifestement que la Religion prétendue réformée est fausse. Par le P. Raphael *de Dieppe*.

Rouen. 1644. Boullenger. 1 vol. in-12.

6808. — L'esprit d'erreur confondu ou les vrayes solutions catholiques : contre les prétendus inconvéniens, que les Calvinistes proposent, sur le mystère de la réelle présence de N. S. Jésus-Christ en l'Eucharistie et la transsusbstantiation. Par le Sieur Binard.

Paris. 1646. Huré. 1 vol. in-8°.

6809. — Discours à Mgr. le Prince Palatin, pour l'exhorter à entrer dans la communion de l'Eglise catholique. Par M. *Amable* Bourzeis.

Paris. 1646. Blageart. 1 vol. in-4°.

— L'excellence de l'Eglise et les raisons qui nous obligent à ne nous en séparer jamais. Par le même.

Paris. 1648. Meuqueville. 1 vol. in-4°.

6810. — Mêmes ouvrages. 2ᵉ édit.

Paris. 1655. Desprez. 1 vol. in-4°.

6811. — Calvin deffait par soy mesme et par les armes de S. Augustin qu'il avoit injustement usurpées sur les matières de la grâce, de la liberté, et de la prédestination. Par le P. *Jean* Adam.

Paris. 1650. Méturas. 1 vol. in-8°.

6812. — Défense de la piété et de la foy de la sainte Eglise cath., apost. et rom., contre les mensonges, les impiétez et les blasphêmes de Jean Labadie Apostat. Par le Sieur de S. Julien (*Godefroy* Hermant).

Paris. 1651. 1 vol. in-4°.

— Lettre du R. P. *Antoine* Sabré escrite au Sieur Labadie sur le sujet de sa profession de la R. P. R.

— Lettre d'un Docteur en théologie à une personne de

condition et de piété. Sur le sujet de l'apostasie du Sieur Jean de Labadie. (Par *Ant.* ARNAULD).

S. n. n. l. 1651. 1 vol. in-4°.

6813. — Antithesis Augustini et Calvini. Authore F.I.F.C. R.S.T.P.A.P.C. (*Joanne* FRONTONE).

Paris. 1651. 1 vol. in-12.

6814. — L'heureuse conférence, ou l'Epistre du Sieur Du MANS escrite au Sieur de Seintéranne, sur la vérité de la transusbstantiation...

Paris. 1652. 1 vol. in-4°.

6815. — Apologie des controverses, où est monstré l'obligation que les Catholiques ont de les sçavoir, et de travailler à la conversion des hérétiques. Par le Sieur (*François*) PÉAN (*de la Croullardière*).

Paris. 1652. Boulanger. 1 vol. in-4°.

— Le parfait controversiste, ou manière invincible pour confondre toute sorte d'hérétiques. Par le Sieur PÉAN. 2ᵉ édit.

Paris. 1659. Boulanger. in-4°.

6816. — La conférence tenue entre M. GACHE, Ministre de Charenton et M. MOREAU *de Favière*, catholique. Par laquelle est monstré la vérité de la Foy de l'Eglise Romaine au sujet de l'Eucharistie. — Joint un traité du S. sacrifice de la Messe, en vers françois, par ledit MOREAU.

Paris. 1655. Boulanger. 1 vol. in-8°.

6817. — Dispute touchant le schisme et la séparation que Luther et Calvin ont faite de l'Eglise Romaine. Entre M. *Jean* MESTREZAT et *Louis* DU LAURENS.

Paris. 1655. Edme Martin. 1 vol. in-fol.

6818. — Traitté des désordres des églises prétendues réformées. Avec les moyens d'y remédier. Par *G.* MARTIN.

Paris. 1656. Meturas. 1 vol. in-8°.

— Méthode de controverse, par laquelle on peut facilement rappeler tous les devoyez à la communion de

l'Eglise catholique, apostolique et romaine. Par le Sieur MARTIN, cy-devant Ministre.
Paris. 1656. Metturas. 1 vol. in-8°.

6819. — Entretiens ou conférences d'un voyageur avec un habitant d'Angers. Touchant le culte des sainctes images et principalement de la Vierge. P.P.I.D.S.C.C.
Angers. 1657. Yvain. 1 vol. in-8°.

6820. — Défense de l'honneur des Saints contre les calomnies des Ministres, et contre le mépris de quelques esprits égarés.. Par le R.P. *César J.-B.* DE COMITIN.
Dijon. 1657. Chavance. 1 vol. in-8°.

6821. — Le deffenseur de la Religion catholique, apostolique et romaine; contre la prétendue reformée. Composé par le R. P. *Joseph* DU VERGER.
Paris. 1658. J. et E. Langlois. 1 vol. in-8°.

6822. — Méthode facile pour convaincre les hérétiques.—Ensemble les nullitez de la Religion prétendue réformée. Par M° *François* PEAN.
Paris. 1659. Boulanger. 1 vol. in-12.

6823. — La controverse en son trosne ; qui fait voir son utilité, sa facilité, et l'obligation que tous Catholiques ont de travailler à la conversion des desvoyez de la Foy... Par le Sieur DE LA FOREST.
Paris. 1660. Chez l'Auteur. 1 vol. in-8°.

6824. — La mort de la Religion P. R., pensante attaquer la triomphante Eglise catholique, apostolique et romaine. Composée par le R. P. *Antoine* CLIVIER.
Mons. 1661. De la Roche. 1 vol. in-8°.

6825. — Explications de tous les passages du Nouveau Testament dont les Catholiques, les Protestans, et ceux de la Religion P. R. se servent, en leurs disputes. Par *Antoine* GIRODON.
Paris. 1661. Maucroy. 1 vol. in-12.

— Défy fait à MM. de la R. P. R. Où sont contenues toutes leurs créances controversées ; ensemble les passages de l'Ecriture qui leur sont contraires.
Paris. 1662. Maucroy. 1 vol. in-12.

6826. — Thèses royales, adressées à MM. de la Religion prétendue réformée, qui leur montrent clairement par leurs propres principes, que sans blesser les loix de leur salut et de leur conscience, ils peuvent se réduire à la Religion du Roy qui est l'Eglise Romaine. Par le R. P. BERNARDIN de *Poictiers*. 6ᵉ édit.
Poictiers. 1662. Fleuriau. 1 vol. in-12.

6827. — Extrait des principaux articles de foy de la Religion prétendue réformée, condamnés d'erreur et de fausseté par l'Éscriture Sainte. Avec une confirmation des articles de foy de la Religion catholique, sur les mesmes points controversés. Le tout par la Bible mesme de la version des Ministres de Genève. Par *Henri* DE ROFFIGNAC Sieur DE LA MOTTE.
Brive. 1662. Alvitre. 1 vol. in-4°.

6828. — De Luthero-Calvinismo, schismatico quidem, sed reconciliabili, per R. P. F. *Augustinum* GIBBON.
Effurti. 1663. Dedekindus. 1 vol. in-4°.

6829. — Les véritez catholiques, declarées et prouvées selon la vraye idée qu'en ont eue les SS. Pères et les Docteurs... Par le R. P. *Léonard* CHAMPEILS. 2ᵉ éd.
Paris. 1664. Couterot. 1 vol. in-8°.

6830. — La justification du changement de doctrine fait par les Ministres de la Religion prétendue réformée de France. Par F. F. DUHAN.
Paris. 1664. Martin et Baudouin. 1 vol. in-8°.

6831. — Unicæ Christi sponsæ, id est, catholicæ sub Pontifice Romano Ecclesiæ integritas et sanctitas denuò asserta : itemque Calvinismus de violata mystici thori fide clarè convictus à *F. Thoma* LEONARDI. Adversus spuria vitulamina cujusdam Joannis Hamerstedii.
Lovanii. 1664. Nempæus. 1 vol. in-8°.

6832. — Méthode très facile pour convaincre toutes sortes d'hérétiques, mais particulièrement les modernes. Composée par le T. V. P. RAPHAEL *de Dieppe*.
Paris. 1665. André. 1 vol. in-8°.

6833. — Motifs de réunion à l'Eglise catholique présentez à ceux de la Religion prétendue réformée de France, par *René* OUVRARD.
Paris. 1668. Savreux. 1 vol. vol. in-12.

6834. — Déclaration des principales raisons pour lesquelles feu Messsire *Pierre* Comte DE LA SALLE-SIGNYS, Marquis DE ROIGNY.., a quitté l'Eglise prétendue réformée, pour se réunir à l'Eglise catholique...
Bruxelles. 1668. Dobbeleer. 1 vol. in-12.

6835. — L'hérésie convaincue, ou la théologie des Luthériens et des Calvinistes réduite à quatre principes, et refutée d'une manière toute nouvelle... Par le R. P. *Vincent* BARON.
Paris. 1668. Thiboust et Esclassan. 1 vol. in-12.

6836. — L'Eucaristie défendue ou M. Claude réfuté par luy-même. Avec les règles générales pour répondre aux livres des Ministres. Par M. PÉAN DU MANOIR.
Paris. 1669. De la Caille. 1 vol. in-12.

6837. — Apologia pro Ruperto Abbate Tuitiensi, in quâ de Eucharistiæ veritate eum catholicè sensisse et scriptisse demonstrat vindex Fr. *Gabriel* GERBERON.
Parisiis. 1669. Vidua C. Savreux. 1 vol. in-8°.

6838. — La défense de la foy catholique, et de sa perpétuité touchant l'Eucharistie, contre le Ministre Claude. Par M. (*Nicolas*) LE MAIRE.
Paris. 1670. Mercier. 1 vol. in-4°.

6839. — Préjugez légitimes contre les Calvinistes. N° éd. augmentée de deux additions. (Par P. NICOLE).
Paris. 1725. Cailleau. 1 vol. in-12.

6840. — Le témoignage des Protestans en faveur de la Religion catholique, par le Sieur ROSSEL.
Paris. 1671. Muguet. 1 vol. in-8°.

6841. — La défence de l'Église Romaine. Par M. DE BREBEUF.
Paris. 1671. Loyson. 1 vol. in-12.

6842. — Réponse générale au nouveau livre de M. Claude. (Par *Ant.* ARNAULD et *Pierre* NICOLE).
Paris. 1671. Veuve C. Savreux. 1 vol. in-12.

6843. — La créance de l'Eglise grecque touchant la transsubstantiation défendue contre la Réponse du Ministre Claude au livre de M. Arnaud. (Par le P. DE PARIS).
Paris. 1672. Savreux. 1675. Dupuis. 2 vol. in-12.

6844. — Armes spirituelles pour combattre les hérétiques, ou catéchisme des véritez catholiques pour fortifier les Fidels dans la Foy et convertir les Infidels. Par un Prêtre Chapelain de l'insigne Église Collégiale de S. Amé à Douay.
Douay. 1672. Veuve Dieulot. 2 en 1 vol. in-8°.

6845. — Les avantages incontestables de l'Eglise sur les Calvinistes, dans la dispute de M. Arnauld, et de M. Claude, au sujet de l'Eucharistie (Par *Jean* LE NOIR).
Paris. 1673. Thiboust et Esclassan. 1 vol. in-8°.

6846. — Les véritables principes pour convaincre les Protestans et pour les ramener paisiblement à la Foy catholique. Par le P. *Louis* MAIMBOURG.
Paris. 1673. S. Mabre-Cramoisy. 1 vol. in-12.

6847. — L'impiété de la morale des Calvinistes pleinement découverte par le livre de M. Bruguier, approuvé par M. Claude. (Par *Pierre* NICOLE.)
Paris. 1675. Savreux. 1 vol. in-12.

6848. — Défence invincible de la vérité orthodoxe de la présence réelle de Jésus-Christ en l'Eucharistie. Par le P. BASILE *de Soissons*.
Paris. 1676. Ravencau. 1 vol. in-8°.

6849. — Motifs de la conversion à la foy catholique du Sieur E. (*Estienne*) BREGUET.
Paris. 1686. Muguet. 1 vol. in-12.

6850. — La sainte Eucharistie des Catholiques approuvée, et la Cène des Calvinistes condamnée, par les Confessions de foy, par les Liturgies, par les Synodes nationaux, et par les plus célèbres Docteurs de la Religion prétendue réformée. Par le P. *Bernard* MEYNIER. 2ᵉ éd.
Paris. 1677. Coignard. 1 vol. in-12.

6851. — Lettres de controverse à un gentil-homme de la Religion prétendue réformée. Par M. Gastineau.
Paris. 1677. Pralard. 1679. Coignard. 3 vol. in-12.

6852. — Nouvelle instruction pour réunir les Eglises prétendues réformées à l'Eglise romaine, par les seules preuves tirées de la sainte Écriture et du Catéchisme et Confession de foy de Charenton. Par M. Comiers.
Paris. 1678. Guignard. 1 vol. in-22.

6853. — Le renversement de la morale de Jésus-Christ par les erreurs des Calvinistes, touchant la justification. (Par *Antoine* Arnauld).
Paris. 1678. Pralard. 1 vol. in-4°.

6854. — Défense du livre du *Renversement de la morale de Jésus-Christ* .. Contre la Réponse de M. Merlat, Ministre de la R. P. R. Par M. Le Féron.
Paris. 1679. Desprez. 1 vol. in-12.

*' — Dissertatio polemica de confessione sacramentali adversus libros IV J. Dallæi. Authore *Natali* Alexandro. Voyez : N° 3085.

6855. — Sentimens de M. Des Cartes touchant l'essence et les propriétez du corps, opposez à la doctrine de l'Eglise, et conformes aux erreurs de Calvin, sur le sujet de l'Eucharistie. Avec une Dissertation sur la prétendue possibilité des choses impossibles... Par *Louis* De la Ville (le P. Le Valois).
Paris. 1680. Michallet. 1 vol. in-12.

6856. — Défense du Traité de controverse de M. le Cardinal de Richelieu, contre la Réponse du Sr Martel, Ministre de la R. P. R. Par M. Gaudin.
Paris. 1681. Barbin. 1 vol. in-8°.

6857. — Remarques sur une lettre de M. Spon, contenant les raisons qui font prendre à ces Messieurs la Religion catholique pour nouvelle, et la leur pour ancienne... (Par *Ant.* Arnauld).
Lyon. 1681. Rey et Plaignard. 1 vol. in-12.

6858. — Conférence avec M. Claude, sur la matière de l'Eglise. Par Mᵉ *Jacques-Bénigne* Bossuet.
Paris. 1682. S. Mabre-Cramoisy. 1 vol. in-12.

6859. — Motifs invincibles pour convaincre ceux de la Religion prétendue réformée. Par M. *Jacques* LE FÈVRE.
Paris. 1682. Angot. 1 vol. in-12.

6860. — Méthode nouvelle, aisée et convaincante pour rappeler tout le monde à la véritable Église chrestienne, par les principes de la Lumière naturelle, et du Sens commun, sous le titre du *Voyage du guide et du dévoyé à la vraye Église*, en forme de dialogue. Par Mᵉ *Pierre* D'IMBERT.
Paris. 1682. P. De Bats. 1 vol. in-8°.

6861. — Motifs de la conversion de M. *** (*Alexandre* DE BLAIR, Sieur *de Faiolle*).
Paris. 1682. Muguet. 1 vol. in-12.

6862. — Réflexions sur un livre intitulé : *Préservatif contre le changement de Religion*... (Par *Ant.* ARNAULD).
Anvers. 1682. Le Fèvre. 1 vol. in-12°.

6863. — Le Calvinisme convaincu de nouveau de dogmes impies : ou la justification du livre du *Renversement de la morale*,.. contre ce qu'en ont escrit M. Le Fèvre dans ses *motifs invincibles*.. et M. Le Blanc dans ses *Thèses*. (Par *Ant.* ARNAULD).
Cologne. 1682. Binsfelt. 1 vol. in-12.

6864. — Les prétendus réformez convaincus de schime pour servir de réponse à un écrit intitulé : *Considérations sur les lettres circulaires de l'Assemblée du Clergé de France de l'année* 1682. (Par *Pierre* NICOLE).
Paris. 1723. Cailleau. 2 vol. in-12.

6865. — Défense de la foy de l'Eglise sur les principaux points de controverse, pour servir de réponse à une lettre de M. Spon au R. P. de la Chaise... Par M. (*Paul*) BRUZEAU.
Paris. 1682. Thiboust et Esclassan. 1 vol. in-12.

6866. — Traité de la communion sous les deux espèces. Par Mᵉ *Jacques-Bénigne* BOSSUET. 2ᵉ édit.
Paris. 1686. S. Mabre-Cramoisy. 1 vol. in-12.

6867. — Défense invincible de l'Eucharistie et du saint sa-

crifice de la Messe, tous deux clairement et solidement expliquez. Par le R. P. BASILE *de Soissons*.
Paris. 1682. Thierry. 2 en 1 vol. in-8°.

6868. — Controverses familières, ou les erreurs de la Religion prétendue réformée sont réfutées par l'Ecriture, les Conciles et les Pères. (Par *J. Léonard* DE FENIS).
Paris. 1683. Dezallier. 1 vol. in-12.

6869. — Examen des raisons qui ont donné lieu à la séparation des Protestans, fait sans prévention sur le Concile de Trente, sur la Confession de foy des Eglises protestantes, et sur l'Ecriture Sainte. Par M. (*Dav. Aug.* DE) BRUEYS.
Paris. 1683. S. Mabre-Cramoisy. 1 vol. in-12.

6870. — Abrégé des controverses, ou sommaire des erreurs de la Religion prétendue réformée et du Jansenisme, avec leur réfutation par textes de la Bible de Genève. — (1er. 2e. 3e et dernier abrégé). Par *François* PÉAN.
Paris. 1684. R. De la Caille. 2 vol. in-4°.

— Méthodes faciles pour convaincre les hérétiques. Ensemble XXV nullitez de la R. P. R. Par le même
Paris. 1684. R. De la Caille. in-4°.

— Conférence d'un Catholique avec un Janseniste. Par M. *François* PÉAN *de la Croullardière*.
Paris. 1653. Boulanger. in-4°.

— Remarques sur la lettre de M. Arnauld envoyée à une Dame de très grande condition.
Paris. 1655. Boulanger. in-4°.

6871. — Le protestant pacifique, ou traité de la paix de l'Eglise (contre M. Jurieu). Par *Léon* DE LA GUITONNIÈRE (*Noel* AUBERT DE VERSÉ). — Avec la suite.
Amsterdam. 1684. Genest Taxor. 1 vol. in-12.

6872. — Lettre d'une Carmélite à une personne engagée dans l'hérésie, avec les motifs de la conversion de Madame la Duchesse d'Yorck. (Par l'Abbé DUGUET).
Paris. 1684. Roulland. 1 vol. in-12.

— 417 —

6873. — Philedon retiré de l'hérésie et ramené à l'Eglise Romaine par Alexis. Par le R. P. CORET.
Rouen. 1685. Le Brun et Vaultier. 1 vol. in-12.

6874. — Conformité de la conduite de l'Eglise de France, pour ramener les Protestans : avec celle de l'Eglise d'Affrique, pour ramener les Donatistes à l'Eglise catholique. (Par GOIBAUD DU BOIS).
Paris. 1685. Coignard. 1 vol. in-12.

6875. — Actes de l'Assemblée générale du Clergé de France de MDCLXXXII et de celle de MDCLXXXV concernant la Religion.
Paris. 1685. Léonard. 1 vol. in-8°.

— Arrests du Parlement et ordonnances de Mgr l'Archevesque de Paris portant la déffense et suppression des livres hérétiques. Avec l'édit du Roi portant deffenses de faire aucun exercice public de la R. P. R. dans son Royaume.
Paris. 1685. Léonard. 1 vol. in-8°.

6876. — De disciplina Arcani contra disputationem Ernesti Tentzelii dissertatio apologetica. Per D. *Emanuelem* A SCHELSTRATE.
Romæ. 1685. Typ. S. Congregationis. 1 vol. in-4°.

6877. — Traité de la confession, contre les erreurs des Calvinistes... Par Dom *Denis* DE SAINTE MARTHE.
Paris. 1685. Roulland. 1 vol. in-8°.

6878. — Traité de l'Eglise contre les hérétiques, principalement contre les Calvinistes. (Par *Louis* FERRAND).
Paris. 1685. Michallet. 1 vol. in-12.

6879. — Deux lettres de M. DES MAHIS. La I. sur le schisme des Protestans. — La II. sur la présence réelle du corps de Jésus-Christ dans l'Eucharistie. Avec l'Entretien d'un Catholique et d'un Calviniste sur le sujet des Reliques.
Orléans 1685. Boyer. 1 vol. in-12.

6880. — Défense du culte extérieur de l'Eglise catholique. Pour servir d'instruction aux Protestans et aux

27

nouveaux convertis. Par M. (*D. A.* DE) BRUEYS.
Paris. 1686. S. Mabre-Cramoisy. 1 vol. in-12.

6881. — Recueil des Saints Pères des huit premiers siècles touchant la transsubstantiation, l'adoration et le sacrifice de l'Eucharistie, pour l'instruction des nouveaux Convertis. (Par l'Abbé *N.* LE MAIRE).
Paris. 1686. Roulland. 1 vol. in-12.

6882. — Lettres d'un Ecclésiastique (*Nicolas* LE TOURNEUX) à quelques personnes de la Religion prétendue réformée. Pour les exciter à rentrer dans l'Eglise catholique, et pour répondre à leurs difficultez.
Paris. 1686. Josset. 1 vol. in-12.

6883. — Apologie pour l'Eglise catholique, où l'on justifie sa croyance, son culte et son gouvernement par les principes mêmes des Protestans. Par le Sr VIGNE.
Paris. 1686. Thierry. 1 vol. in-12.

6884. — Nouveau traité pour servir à l'instruction des nouveaux convertis, et à la conversion de ceux qui sont encore dans l'égarement. Par Me *George* QUANTIN.
Tours. Paris. 1686. Jouvenel. 1 vol. in-12.

6885. — Nouvelle méthode pour instruire les nouveaux convertis, et pour convertir ceux qui restent encore dans le schisme. Suite des Controverses familières. (Par *Jean Léonard* DE FENIS). 2e éd.
Paris. 1686. Dezallier. 1 vol. in-12.

6886. — Réfléxions sur les differends de Religion, avec les Preuves de la tradition ecclésiastique par diverses traductions des Saints Pères, sur chaque point contesté. (Par *Paul* FONTANIER PELLISSON). 2e éd.
Paris. 1686. Martin. 1 vol. in-12.

6887. — De l'obligation de revenir à l'union de l'Eglise, avec une réfutation des principaux fondemens de la Religion prétendue. (Par HÉLIODORE *de Paris*).
Paris. 1686. Couterot. 1 vol. in-12.

6888. — Instructions pour confirmer les nouveaux convertis dans la foy de l'Eglise. Par M. *Jacques* LE FÈVRE.
Paris. 1686. Michallet. 1 vol. in-12.

6889. — Instruction pour les nouveaux catholiques. Où l'on explique tous les articles contestez, et on en rend raison par l'Ecriture et par les Pères des premiers siècles. Par le P. *Louis* Doucin.
Paris. 1686 Josse. Caen. 1686. Cavelier. 2 vol. in-12.

6890. — Réponse à ce qu'on a écrit contre le livre intitulé, *Instruction pour les nouveaux catholiques.* Par le même.
Caen. 1687. Cavelier. 1 vol. in-12.

6891. — Entretiens pacifiques de deux nouveaux catholiques.
Strasbourg. 1686. Roeland. 1 vol. in-16.

6892. — Traité de l'unité de l'Eglise, et des moyens que les Princes chrestiens ont employez pour y faire rentrer ceux qui en estoient séparez. Par le P. *L.* Thomassin.
Paris. 1686. Muguet. 1 vol. in-8°.

6893. — De l'unité de l'Eglise, ou réfutation du nouveau système de M. Jurieu. (Par *Pierre* Nicole).
Rouen. 1708. Vaultier. 1 vol. in-12.

** — Instruction sur le sacrifice de la Messe. Par M. *P. J. F.* de Persin de Montgaillard. Voyez : N° 3119.

6894. — Traité de l'Eglise en forme d'entretiens : où... on montre que les principes des Calvinistes se contredisent... Par M. (*D. A.* de) Brueys.
Paris. 1687. S. Mabre-Cramoisy. 1 vol. in-12.

6895. — Réfutation de l'hérésie de Calvin, par la seule doctrine de M^{rs}. de la R. P. R. (Par *A.* Blache).
Paris. 1687. Lambin. 1 vol. in-12.

6896. — La condamnation de MM. de la Religion prétendue réformée par leur propre bouche ou la réfutation de leurs erreurs par les textes exprès des Bibles de Genève. Par un Théologien catholique.
Liège. 1688. Bronckart. 1 vol. in-12.

** — Traité du ministère des Pasteurs. Par Fénélon.
Voyez : Œuvres de Fénélon.

6897. — La défense de l'Eglise contre le livre de M. Claude intitulé : *La défense de la réformation.* (Par le R. P. d'Antecourt.
Cologne. 1689. Marteau. 2 en 1 vol. in-12.

6898. — Même ouvrage.
Anvers. 1689. Foppens. 2 en 1 vol. in-12.

6899. — L'Eglise protestante détruite par elle-mesme, ou les Calvinistes ramenez par leurs seuls principes à la véritable Foy. Par le P. L. DAURES.
Paris. 1689. Couterot et Guérin. 1 vol. in-12.

6900. — Exposition de la doctrine catholique sur 16 points sur lesquels les Ministres imposent le plus à l'Eglise catholique. Par le Sieur PILLON.
Paris. 1690. Pralard. 1 vol. in-12.

6901. — Critique ou examen des préjugés de M. Jurieu, contre l'Eglise romaine, et de la suite de l'accomplissant des prophéties. Par M. l'Abbé RICHARD.
Paris. 1690. Josset. 1 vol. in-4°.

** — Instruction sur la vérité du saint sacrement. Par M. GOBINET.
N° 6124.

6902. — De la tolérance des religions. Lettres de M. DE LEIBNITZ, et réponses de M. PELLISSON, ou quatrième partie des Réflexions sur les différends de la Religion.
Paris. 1692. Anisson. 1 vol. in-12.

6903. — Les erreurs des Protestans touchant la communion sous les deux espèces. (Par l'Abbé R. GANDON).
Paris. 1693. Anisson. 1 vol. in-12.

6904. — Maximes de Religion et marques de la vraie Eglise, tirées de l'Ecriture, des Conciles et des Pères. Par M. (*Antoine*) SERRE.
Paris. 1693. Roulland. 1 vol. in-12.

6905. — Traité de l'Eucharistie. Par feu M. PELLISSON.
Paris. 1694. Anisson. 1 vol. in-12.

6906. — Instructions sur les matières controversées entre les Catholiques et ceux de la Religion prétendue réformée. Dressées et imprimées par l'ordre de Messire *Louis* DE SUZE, Evêque et Comte de Viviers. Pour les nouveaux convertis de son diocèse. 2ᵉ éd.
Lyon. 1696. Valfray. 1 vol. in-12.

6907. — Nouvelle découverte dans l'Apocalypse, de ce qui est

arrivé aux Réformez de France et aux Vaudois, de la chute prochaine du Papisme, et des Jésuites, de la victoire des Quiétistes et des Jansénistes.
Amsterdam. 1699. Du Fresne. 1 vol. in-12.

6908. — Lettre pastorale de Mg. l'Evêque de Gap (*Bénigne* Hervé) aux nouveaux catholiques de son diocèse.
Paris. 1700. Guignard. 1 vol. in-12.

6909. — Le vray et le faux Protestant rappelez à leurs principes. (Par M. *Antoine* Serre).
Paris. 1700. Couterot. 1 vol. in-12.

— L'honneste homme Protestant, plus sage que sa religion : et l'honneste homme Catholique, jamais plus sage ni plus saint que sa religion.(Par M. *A.* Serre).
Paris. 1701. Couterot. in-12.

6910. — Moiens de réunir les Protestans avec l'Eglise Romaine. Publiez par M. Camus, sous le titre de l'*Avoisinement des Protestans vers l'Eglise Romaine*. — N° éd. corr. et aug. par M. *Richard* Simon.
Paris. 1703. Coignard et Vandive. 1 vol. in-12.

6911. — La distinction et la nature du bien et du mal.Traité où l'on combat l'erreur des Manichéens, les sentimens de Montagne et de Charron, et ceux de M. Bayle. Et le livre de S. Augustin de la Nature du bien, contre les Manichéens.Traduit en françois sur l'édition latine des Bén. (Par Dom *Alexis* Gaudin).
Paris. 1704. Cellier. 1 vol. in-12.

6912. — Réfutation de l'Arrêt prétendu d'Helmstadt par trois lettres écrites à M. de ***, contenant des remarques chrétiennes, la manière de se conduire en matière de Religion, et le moyen de demasquer l'esprit d'erreur, caché sous cet Arrêt et autres semblables écrits ;.. par le R. P. R. d. S. G. C. D.
Bruxelles. 1712. Claudinot. 4 vol. in-12.

6913. — Les deux voies opposées en matière de religion : l'examen particulier et l'autorité. — 2ᵉ éd. du livre

intitulé, *La tolérance des Protestans*, etc., avec d'autres traitez sur le même sujet. Par M. PAPIN.
Liége. 1713. Hoyoux. 1 vol. in-12.

6914. — Traité de l'infaillibilité de l'Eglise. Par M. l'Abbé DE CORDEMOY.
Paris. 1713. Barrois. 1 vol. in-12.

— Veritas et æquitas... 5ª éd. N° 6547.

6915. — Recueil des ouvrages composés par feu M. PAPIN, en faveur de la religion. — N° édit. donnée par sa Veuve.— Avec six lettres écrites par feue Mademoiselle DE ROYERE à Madame Rouph, sa Sœur.
Paris. 1723. Roulland. 3 vol. in-12.

6916. — La vraie et la fausse Religion, par forme d'entretiens entr'un Religieux et un Protestant... Par le R. P. *Charles* PIETTRE DE S. BENOIST.
Paris. 1727. Henry. 1 vol. in-12.

6917. — Le triomphe de la catholicité, ou réponse d'un Protestant nouvellement converti, aux difficultés que lui propose sa Sœur sur la Religion prétendue réformée. Avec une Dissertation sur la dispute que S. Paul eut avec Cephas. Par M. l'Abbé D.***
Paris. 1732. Mathey. 1 vol. in-12.

6918. — Lettere polemiche contro il Sig. Giacomo Picenino, Ministro in Soglio, opera postuma del R. P. Don *Benedetto* BACCHINI.— Aggiontavi la di lui vita.
Altorf. 1738. Nuova società. 1 vol. in-4°. Port.

6919. — Essai de réunion des Protestants aux Catholiques-Romains, par M. P. D. R. (ROUVIÈRE).
Paris. 1756. Hérissant. 1 vol. in-12.

6920. — Exposition de la doctrine de l'Église Romaine contenue dans la Profession de Foi dressée par N. S. P. le Pape Pie IV. sur les decrets et les canons du S. Concile de Trente... Par M. BALLET.
Paris. 1756. Berton. 1 vol. in-12.

6921. — Les droits de la Religion chrétienne et catholique sur le cœur de l'homme. (Par l'Abbé *Ch.* BELLET.)
Montauban. 1764. Fontanel. 2 vol. in-12.

6922. — Dissertation critique sur la vision de Constantin, par M. l'Abbé DU VOISIN.
Paris. 1774. Du Puis. 1 vol. in-12.

6923 — Songe mystérieux, arrivé à une Dame protestante de la ville de Mazères. Interprété par le Supérieur du séminaire de Mirepoix, en 1770.
Pamiers. 1770. Fayo. 1 vol. in-8°.

l. — Contre les Anglicans.

6924. — Dialogi sex (*Nicolai* HARPSFELDI) contra summi Pontificatus, monasticæ vitæ, sanctorum, sacrarum imaginum oppugnatores, et pseudomartyres:.. nunc primùm ad Dei Optimi Maximi gloriam, et Catholicæ religionis confirmationem ab *Alano* COPO editi.
Parisiis. 1566. P. L'Huillier. 1 vol. in-4.

6925. — Elizabethæ Angliæ Reginæ hæresim calvinianam propugnantis, sævissimum in Catholicos sui regni edictum .. promulgatum Londini 29 Nov. 1591. Cum Responsione ad singula capita... Per R. D. *Andream* PHILOPATRUM (*Robertum* PEARSONIUM)
Augustæ. 1592. 1 vol. in-8°.

** — *Fr.* SUAREZ defensio fidei catholicæ apostolicæ adversus Anglicanæ sectæ errores. Voyez : N° 2661.

** — Vindiciarum Catholicorum Hiberniæ ad Alitophilum libri duo. Authore *Philopatro* IRENÆO (*Richardo* BELLING),
Parisiis. 1650. Camusat. 1 vol. in-12.
Voyez : Hist. des Relig. N° 725.

6926. — Apologia sive propugnatio Catholicæ Romanæ Religionis, ex testimoniis authorum Protestantum clarioris famæ et eruditionis. Per *Joannem* BRIERLEIUM anglicè composita, et per *G.* RAYNERIUM latinè versa.
Lutetiæ Parisiorum. 1617. Sonnius. 1 vol. in-4°.

6927. — *Francisci* (DE HARLAY) Archiepiscopi Rothomagensis apologia Evangelii, pro Catholicis, ad Jacobum Majoris Britanniæ Regem.
Lutetiæ Paris. 1625. A. Stephanus. 1 vol. in-fol.

6928. — Apologia sanctæ Sedis Apostolicæ quoad modum procedendi circa Regimen Catholicorum Angliæ tempore persecutionis; cum defensione religiosi status. Authore DANIELE A JESU : ex anglico in latinum fideliter conversa (à *Joanne* FLOYDO)... Editio altera... Cui præfixa est Admonitio ad lectorem R. D. *Hermanni* LOEMELII (*J.* FLOYDI).
Audomaropoli. 1631. Scutin. 1 vol. in-8º.

6929. — *Hermanni* LOEMELII (*Joannis* FLOYDI) spongia, qua diluuntur calumniæ nomine Facultatis Parisiensis impositæ libro qui inscribitur, *Apologia Sanctæ Sedis Apostolicæ...* Necnon, Ecclesiæ Anglicanæ querimonia apologetica de censura aliquot Episcoporum Galliæ in duos libros anglicanos ejusdem Authoris.
Audomaropoli. 1631. Vid. Boscardi. 1 vol. in-8º.

6930. — Vindiciæ pro Nicolao Smitheo, contra censuram nomine Facultatis Parisiensis editam in ejusdem librum, cui novem, *Modesta et brevis discussio*... Auctore R. D. *Antonio* GOFFAR.
Leodii. 1631. Streel. 1 vol. in-12.

6931. — Schismatis Anglicani redargutio, authore *Alexandro* WHITE, ex eodem schismate, per Dei gratiam ad fidem catholicam converso.
Lovanii. 1661. Nempæus. 1 vol. in-8º.

6932. — The touch-stone of the reformed Gospel : wherein the principal heads and tenents of the protestant doctrine (objected against Catholicks) are briefly refuted, by the express texts of the Protestants own Bible...
S. n. n. l. n. d. 1 vol. in-16.

6933 — Replique à la response du Ser. Roy de la grand'-Bretagne. Par l'ill. et rev. Card. DU PERRON. 3ᵉ éd.
Paris. 1633. Chaudière. 1 vol. in-fol.

6934. — Défense de l'Église Romaine contre les calomnies des Protestans. (Par *Gabriel* GERBERON).
Cologne. 1691. J. de Valé. 1 vol. in-12.

— Mélanges de controverses religieuses avec l'Evêque de Durham et quelques Ministres anglicans ; traduits de l'anglais (de *John* LINGARD) par A. CUMBERWORTH fils.   Voyez : Hist. N° 2043

m. — *Contre les Sociniens.*

6935. — I, II, III, Defensio catholicæ doctrinæ de S. Trinitate personarum in unitate essentiæ Dei, adversus Samosatenicos errores.... Opera *Francisci* JUNII.
Heidelbergæ. 1592. 1 vol. in-4°.

6936. — Matæologia Sociniana, id est : fasciculus controversiarum quæ orthodoxis, cum novitiis hæreticis Socinianis, hodie intercedunt, theologicè et scholasticé pertractatarum :... collectus à M. *Andrea* PROLÆO.
Lipsiæ. 1624. Rchefeldius. 1 vol. in-8°.

— Quæstiones undecim ex quodam, de regno Jesu-Christi, libello, odio magis, quam ex fide, conceptæ, ac Academiarum quarundam illustrium censuris subjectæ ; notis vero illustratæ, reformatæ et remissæ à M. *Hermanno* RAHTMAN.
Goslariæ. 1622. J. Vogt. 1 vol. in-8°.

— Wolgegrundetes Bedencken. Was von dess D. Conradi Dieterichs seinem Schwarm Fragen, dariunen er vom Schwenck*feldianismo*, betreffend das Beschriebene und gepredigte Wort Gottes, handelt, und desselbigen andere beschüldiget, zuhalten sey : worbey auch die Frage erörtert wird. Ob ohne vorhergehende Erleuchtung dess H. Geistes die Heilige Schrifft möge verstanden werden... Gestellet durch M. *Hermann* RAHTMAN.
Luneburg. 1623. H. Stern. in-8°.

6937. — Defensio fidei Catholicæ de satisfactione Christi, adversus Faustum Socinum : scripta ab *Hugone* GROTIO. — Cum *Ger. Joh.* VOSSII ad judicium Hermanni Ravenspergeri de hoc libro responsione.
Londini. 1661. R. Daniel. 1 vol. in-12.

6938. — Cl. ac Doct. D. *Johannis* Hoornbekii Socinianismi confutati compendium.
Lugduni Bat. 1690. Lopcz. 1 vol. in-8°.

6939. — Le tombeau du Socinianisme, auquel on a ajouté le Nouveau Visionnaire de Rotterdam... (Par *Noël* Aubert de Versé).
Francfort. 1687. Arnaud. 1 vol. in-12.

6940. — Traité contre les Sociniens, ou la conduite qu'a tenue l'Église dans les trois premiers siècles, en parlant de la Trinité et de l'Incarnation du Verbe. Par M. l'Abbé de Cordemoy.
Paris. 1696. Coignard. 1 vol. in-12.

6941. — Défense des Prophéties de la Religion chrétienne. Par le R. P. Baltus. (Contre Grotius et M. Simon).
Paris. 1737. Didot. 3 vol. in-12.

n. — Controverses entre Catholiques.

6942. — *Joannis* Clerici epistolæ criticæ et ecclesiasticæ. — Accessère Epistola de Hammondo et Critica, ac Dissertatio, n qua quæritur, an sit semper respondendum calumniis Theologorum.
Amstelædami. 1700. Gallet. 1 vol. in-8°.

6943. — De immunitate Autorum Cyriacorum à censura. Diatribæ *Petri* à Valle Clausa (*Theophili* Raynaudi), seu de Dominicana in libros alienorum austeritate; in proprios... lenitate ac indulgentia.
S. n. n. l. n. d. 1 vol. in-8°.

6944. — Unio dissidentium, omnibus unitatis et pacis amatoribus utilissima, ex præcipuis Ecclesiæ christianæ doctoribus per *Hermannum* Bodium.. selecta.
Coloniæ. 1531. Gymnicus. 1 vol in-8°.

6945. — La vérité combatue et victorieuse dans tous les ages, ou discours sur les événemens de tous les siécles envisagés par rapport à la Religion.
Francfort. 1733. Schœneberg. 1 vol. in-12.

6946. — Concordance et explication des principales prophéties de Jérémie, d'Ézéchiel, et de Daniel, qui ont rapport à la captivité de Babylone. Par *Fr.* Joubert.
S. n. n. l. 1745. 1 vol. in-4°.
— Tradition des saints Pères sur la conversion future des Juifs fondée sur les témoignages des Écritures. (Par *J, Bap.* Desessartz).
S. n. n. l. 1734. 1 vol. in-4°.
6947. — Réflexions sur l'histoire de la captivité de Babylone, où l'on donne des ouvertures pour l'intelligence de plusieurs endroits importans des Prophètes... Avec la suite. (Par le P. *Fr.* Boyer) 2° édit.
S. n. n. l. 1733. 1 vol. in-4°.
6948. — Même ouvrage.
S. n. n. l. 1732. 2 en 1 vol. in-12.
6949. — De l'avènement d'Elie (Par *J. Bap.* Desessartz).
En France. 1734-1735. 2 en 1 vol. in-12.
6950. — Traitez historiques et polémiques de la fin du monde, de la venue d'Élie, et du retour des Juifs. Dans lesquels on examine le système des nouveaux Figuristes sur ces trois questions. (Par *L.* de Bonnaire, Boidot et *Etienne* Mignot ?)
Rotterdam. 1737. Beman. 3 vol. in-12. Le 3° manque.
6951. — Recueil
1 vol. in-4° contenant :
1. — Lettre de Mgr. l'Evêque de Senez (*Jean* Soanen) sur les erreurs avancées dans quelques nouveaux écrits. — Avec la suite. — 1736.
2. — Réponse à la lettre de Mgr l'Evêque de Senez (Avec les Suites ou Examen des règles du Figurisme moderne. — 1736.
3. — Examen du Figurisme moderne, ou lettre à M. l'Abbé de *** à l'occasion d'un écrit intitulé : *Supplément du troisième tome de l'explication*... — 1736.
4. — Jugement sommaire de la lettre de Mgr l'Evêque de Senez sur les prétendues erreurs... (Par M. de Bonnaire.) — 3 parties.
5. — Réponses détaillées (4) de l'Auteur des trois Examens (M. de Bonnaire) à la lettre de Mgr de Senez...
6. — Origine des allégories et des figures, ou Suite de la Réponse à la lettre de Mgr l'Evêque de Senez. — 1737.

7. — Deux lettres de Mgr l'Evêque de Senez, l'une à Mgr l'Evêque de Babylone, avec la réponse de ce Prélat; l'autre à M. Le Gros.1736.
8. — Lettre de Mgr l'Evesque de Babylone (*Dominique Marie*) aux Missionnaires du Tonquin.
   Utrecht. 1734. La Fuite.
9. — Lettre de M. l'Evêque de Babylone à Mgr l'Evêque de Senez, au sujet de la lettre de ce Prélat sur les erreurs avancées... —1736.
10. — Lettres de plusieurs Théologiens à MM. les Evêques de Senez et de Montpellier. — 1737.
11. — Dernière lettre à Mgr l'Evêque de Senez, ou réponse aux réflexions judicieuses. En deux parties. — 1738.
12. — Mémoire de Mgr l'Evêque d'Angoulême (*C. G.* Benard de Rezay) sur le Concile d'Ambrun. Imprimé sur l'original — 1737.
13. — Lettre pastorale et ordonnance de Mgr. l'Archevêque d'Embrun (*Pierre* de Guerin de Tencin) portant défense de lire un écrit intitulé : *Instruction pastorale de Mgr l'Evêque de Montpellier au sujet des miracles que Dieu fait en faveur des Appellans de la Bulle Unigenitus.* — 10 mai 1733.
14. — Instruction pastorale de Mgr l'Archevêque d'Embrun dans laquelle il refute l'ouvrage qui a paru sous ce titre : *Instruction pastorale de Mgr l'Ev. de Montpellier au sujet des miracles...* — 5 août 1733.
15. — Lettres pastorale et ordonnance de Mgr l'Archevêque d'Embrun portant condamnation d'un écrit qui a pour titre : *Mémoires historiques et critiques sur divers points de l'Histoire de France... Par F. Eudes de Mezeray.* — 1 sept. 1732.
16. — Lettre pastorale et ordonnance de Mgr l'Arch. d'Embrun portant condamnation d'un écrit qui a pour titre : *Projet de remontrances ou Mémoire pour y servir.* — 3 oct. 1732.
17. — Lettres des Cardinaux, Archevesques et Evesques au Roy, au sujet du jugement rendu à Embrun contre M. de Senez. — 28 oct. 1728.
18. — Lettre de Mgr l'Archevêque d'Embrun à Mgr le Cardinal de Rohan au sujet de la lettre circulaire du mois d'aout 1731, adressée de la part de Sa Majesté aux Evêques de France.
19. — Arrest du Conseil d'Estat du Roy, qui ordonne la suppression de deux lettres imprimées sous le nom de *Lettres de M. l'Arch. d'Embrun à M. le Cardinal de Rohan.* — 9 décembre 1731.
20. — Lettre de Mgr l'Evêque de Nismes (*Jean-César* de la Parisière) à S. Em. M. le Cardinal de Fleury. — 18 novembre 1730.
21. — Ordonnance de Son Em. Mgr le Cardinal de Noailles, Archevêque de Paris, portant condamnation d'un imprimé intitulé : *Cas de conscience proposé par un Confesseur de Province...*
    Paris. 1703. Josse.

22. — Lettre de M. Duguet à M. Van-Espen... sur l'obligation où sont ceux qui connoissent la vérité, de la défendre et de lui rendre témoignage par des actes publics, quand elle est attaquée : et contre l'indifférence ou le silence ordonné ou protégé par les Puissances, dans les disputes sur la Religion.—1733.

23. — Mémoire ou requête présentée à Sa Majesté. — May 1730.

24. — Mémoire pour le Sieur de Rougemont, Ecclésiastique, accusé, contre M. le Procureur général, accusateur. — 21 mai 1731.

25. — Lettre de Mgr l'Evêque de Senez, à M. de Rougemont, pour lors prisonnier à la conciergerie.— 1 juillet 1731.

26. — Mémoire sur la déclaration du Roy du 24 mars 1730.

27. — Réflexions sur l'ordonnance du Roy du 17 février 1733.

28. — Abrégé de la vie de M. Corneille-Jean Barkman Wuytiers, Archevêque d'Utrecht, mort à Rhynwyk, le 31 may 1733.

29. — Relation abrégée de l'affaire suscitée par M. l'Archevêque de Malines au Sieur Guillaume Van de Nesse, Pasteur de Ste-Catherine de Bruxelles. — 25 janvier 1719.

6952. — **Défense du sentiment des SS. Pères et des Docteurs catholiques sur le retour futur d'Élie, et sur la véritable intelligence des Écritures. (Par Desessartz.)**
S. n. n. l. 1737. 1 vol. in-12

6953. — Examen du sentiment des SS. Pères, et des anciens Juifs, sur la durée des siècles, où l'on traite de la conversion des Juifs, et où l'on réfute deux traités, l'un de la fin du monde, et l'autre du retour des Juifs. (Par *J. B* Desessartz.)
Paris. 1739. Lottin. 1 vol. in-12.

— Lettre dans laquelle on prouve que le retour des Juifs est proche. (Par Jourdan)
S. n. n. l. 1739. in-12.

6954. — Alexiticon : ou la défense prétendue du sentiment des SS. Pères, repoussée par l'Auteur du *Traité historique et polémique de la venue d'Elie*. (Par le P. L. de Bonnaire).
Rotterdam. 1740. Beman. 1 vol. in-12.

— Suite de la défense du sentiment des SS. Pères sur le retour futur d'Élie, où, en répondant à l'*Alexiticon* de l'Auteur des *Examens*, on justifie la Réfutation

qu'on a faite de son *Traité de la venue d'Élie*; et l'on donne une idée de son esprit. (Par DESESSARTZ.)
S. n. n. l. 1740. in 12.

6955. — Le P. Berruyer Jésuite, convaincu d'Arianisme, de Pélagianisme, de Nestorianisme. (Par le P. *J.-A.* MAILLE.)
La Haye. 1755-59. Neaulme. 4 vol. in-12.

6956. — Défense de la seconde partie de l'Histoire du peuple de Dieu du P. Berruyer, contre les calomnies d'un libelle intitulé : *Projet d'instruction pastorale*.. N° éd. augmentée d'un réponse au libelle intitulé: *Remarques théologiques et critiques* (Par le P. BERRUYER).
Avignon. 1755. 1 vol. in-12.

— Nouvelle défense de l'Histoire du peuple de Dieu. Pour servir de réponse à deux libelles, intitulés, l'un *Remarques théologiques et critiques sur l'Histoire du peuple de Dieu*, et l'autre : *le P. Berruyer convaincu d'Arianisme*... (Par le P. BERRUYER).
Nancy. 1755. in-12.

6957. — Remarques théologiques et critiques sur l'*Histoire du peuple de Dieu*. — (Par *Henri* MONTIGNON).
Alethopolis. 1755. 1 vol. in-8°.

6958. — Projet d'instruction pastorale (de l'Ev. d'Auxerre) sur les erreurs du livre intitulé : *Histoire du peuple de Dieu*... (Par l'Abbé *Rob. Jos. Alexis* DUHAMEL).
1755. 1 vol. in-12.

— La vérité catholique sur le mystère du fils de Dieu incarné, contre les erreurs et les hérésies du P. Berruyer; contenues dans ses Dissertations et dans ses Apologies, ou défense du Projet d'Instruction pastorale. (Par l'Abbé R. J. A. DUHAMEL).
1756. in-12.

6959. — Lettre d'un Théologien à un de ses amis, au sujet de différens écrits qui ont paru pour la défense de l'ouvrage du P. Berruyer... (Par le P. BERRUYER).
Avignon. 1756. 1 vol. in-8°.

6960. — Les grandeurs de Jésus Christ, et la défense de sa divinité, contre les PP. Hardouin et Berruyer. (Par Dom *Prudent* MARAN).
En France. 1756. 1 vol. in-12.

6961. — Lettres théologiques, dans lesquelles l'Écriture sainte, la Tradition et la Foi de l'Église sur les mystères de la Trinité, de l'Incarnation, de la Prédestination et de la Grace sont vengées et défendues contre le système impie et socinien des PP. Berruyer et Hardouin. Ouvrage posthume de M. l'Abbé GAULTIER.
S. n. n. l. 1756. 3 vol. in-12.

6962. — Observations théologiques et morales sur le livre du P. Berruyer, intitulé : *Histoire du peuple de Dieu*.. Ajoutées à l'Instruction pastorale que M. de Caylus Evêque d'Auxerre, avoit promise et annoncée.
S. n. n. l. 1757. 3 vol. in-12.

6963. — Recueil de pièces.
2 vol. in-12. contenant :

1. — Recueil des actes émanés du Parlement contre l'*Histoire du peuple de Dieu*.
2. — Censures contre le livre du P. Berruyer. (Mandement de l'Evêque d'Auch, de l'Evêque d'Auxerre, Bulle du Pape Benoit XIV.)
3. — Sommaire de la doctrine du P. Berruier. (Par le P. GUENARD.)
4. — Exposition de la foi et de la doctrine du P. Berruyer, sur Jésus-Christ, objet des Ecritures, et fils de Dieu. —1756.
5. — Exposition de la doctrine du P. Berruyer sur la divinité de J.-C. et sur la nécessité de sa médiation. — I et II° partie.
Amsterdam. 1755. 1 vol. in-12.
6. — Bref de N. S. P. le Pape Clément XIII à la Faculté de Théologie de Paris. Au sujet des censures de cette Faculté contre l'*Emile de Rousseau* et l'*Histoire du peuple de Dieu du P. Berruyer*. — 1764.
7. — Mandement et instruction pastorale de Mgr l'Archevêque de Lyon (A. DE MALVIN DE MONTAZET) portant condamnation des trois parties de l'*Histoire du peuple de Dieu*, composée par le F. Berruyer, des Ecrits imprimés pour la défense de ladite histoire, et du Commentaire latin du P. Hardouin sur le Nouveau Testament.
Lyon. 1763. De la Roche. in-12.
8. — Requêtes de cent un Curés, Chanoines et autres Ecclésiastiques

du diocèse d'Auxerre, à Mgr leur Evêque, pour le supplier de rétablir l'ancien Clergé dans ses fonctions, accorder le *visa* aux Ecclésiastiques pourvus de bénéfices, et lui demander la condamnation des livres des PP. Hardouin, Berruyer, et des Assertions.

Paris. 1764. in-12.

— Dénonciation des ouvrages des FF. Hardouin et Berruyer, et des Assertions ; faites par plusieurs Curés de la ville et du diocèse d'Auxerre, à M. leur Evêque. — 1764.

10. — Requête de cinquante six Curés du diocèse de Rouen, présentée à M. de la Rochefoucaud, leur Archevêque, contre les ouvrages du P. Berruyer... (Par G. Ricourt) —1764.

En France. 1765. in-12.

11. — Requête de trois Curés et des deux Chanoines du diocèse de Beauvais à Mgr leur Evêque, pour lui demander la condamnation de l'*Histoire du peuple de Dieu*, par le P. Berruyer.— 1764.

6964. — Mandement et instruction pastorale de Mg. l'Évêque de Soissons (*Fr.* de Fitz-James), portant condamnation ; 1 du Commentaire latin du Fr. Hardouin sur le Nouveau Testament ; 2. des trois parties de l'Histoire du peuple de Dieu.. par le P. Berruyer; 3. de plusieurs Libelles publiés pour la Défense de la seconde partie de cette Histoire.

Paris. 1760. Desaint et Saillant. 2 vol. in-4°.

6965. — Même ouvrage.

Paris. 1760. Desaint et Saillant. 7 vol. in-12.

6966. — Jugement doctrinal de la Faculté de th. de Paris sur un livre qui a pour titre : *Histoire du peuple de Dieu*..

S. n. n. l. 1762-1764. 3 vol. in-12.

6967. — Examen d'un nouvel ouvrage du P. Berruyer, intitulé : *Réflexions sur la foi adressées à M. l'Arch. de Paris par le R. P. Is. Jos. Berruyer*. Pour servir de suite à l'Instruction pastorale de Mg. l'Évêque de Soissons. (Par l'Abbé P. J. Gourlin).

S. n. n. l. 1762. 1 vol. in-12.

— Catéchisme et symbole résultans de la doctrine des PP. Hardouin et Berruyer.

Avignon. 1762. in-12.

6968. — Determinatio sacræ Facultatis Pariensis, super libro

cui titulus : *Histoire du peuple de Dieu.. Seconde partie..* Tum super altero, qui inscribitur : *Histoire du peuple de Dieu, troisième partie...* Nec non super defensionibus variis et elucidationibus tam ab auctore ipso quam à quibusdam éjus asseclis conscriptis et publici juris factis, sive Avenione anno 1755, sive Nancei anno 1759 etc. Pars prima.
Parisiis. 1762. Le Prieur. 1 vol. in-4°.

2. — Determinatio sacræ Facultatis Parisiensis super libro cui titulus, *Emile ou de l'Education.* (En lat. et en fr.)
Paris. 1762. P. Le Prieur. in-4°.

3. — Determinatio sacræ Facultatis Parisiensis in librum cui titulus, *Bélisaire. Parisiis.* 1767. (En lat. et en fr.)
Paris. 1767. Veuve Simon. in-4°.

4. — Mandement de Mg. l'Archevêque de Paris (*Christophe* DE BEAUMONT), portant condamnation d'un livre qui a pour titre : *Bélisaire, par M. Marmontel. Paris, chez Merlin, libraire,* 1767.
Paris. 1768. Veuve Simon. in-4°.

6969. — Défense des versions de l'Ecriture sainte, des Offices de l'Église, et des ouvrages des Pères, et en particulier de la nouvelle traduction du Bréviaire. Contre la sentence de l'Official de Paris du 10 avril 1688. — Avec l'Avocat du public contre la requeste du Promoteur du III May.
Cologne. 1688. Schouten. 1 vol. in-12.

6970. — Recœuil de diverses pièces concernant les censures de la Faculté de Théologie de Paris. Sur la hiérarchie de l'Eglise et sur la morale chrestienne. Avec des Remarques sur le XVIII Tome des Annales ecclésiastiques de Odericus Raynaldus.
Munster. 1666. Raesfeld. 1 vol. In-12.

6971. — Celeberrimæ Academiæ Salmanticensis de tenenda et docenda doctrina SS. Augustini et Thomæ Aquitatis judicium, statuto, juramentoque solemni firmatum et contra impugnantes propugnatum. Per F. *Basilium* PONTIUM. 4ᵃ ed.
Parisiis. 1657. Piget. 1 vol. in-8°.

6972. — Recueil in-8° contenant :
1. — Réfutation de la lettre escrite à M. Gosset.. Par *François* Charles: **Paris. 1667. in-8°.**
2. — Ad Decretalem super specula. De magistris. Honorii III Summi Pont. Ex lib. et decret. Gregorii IX. Opus *Marcelli* Ancyrani. (*Jacobi* Boileau).
Luteciæ Par. 1667. E. Martinus. in-8°.
3. — Lettre apologétique pour la Religion chrétienne, contre les Eusébiens de ce temps. — 1678.
4. — Αντιρροπον ; ou contrepoids aux Jésuites, et aux Ministres de la Religion prétendue réformée. — 1617.
5. — Considérations sur une censure prétendue de la Faculté de théologie de Paris, contre quelques propositions touchant la matière de la grace et le franc arbitre. L'année 1560. — 1644.

6973. — Lettre I, II, III, IV d'un Théologien (le P. *Noel* Alexandre) aux RR. PP. Jésuistes, pour servir de réponse aux lettres adressées au P. Alexandre, par un Religieux de leur Compagnie, où il fait un parallèle de la doctrine des Jésuites et de celle des Thomistes (sur la morale, la probilité et la grace).
S. n. n. l. 1697. 1 vol. in-12.

6974. — Recueil in-4° contenant :
1. — Lettre du P. Viou, Religieux de l'ordre de S. Dominique, à Mgr l'Evêque de Rhodez, où en justifiant la doctrine de ses cahiers sur la Grace, il expose les motifs qui l'ont empêché de souscrire au *Projet de rétractation* qui lui a été remis de la part de ce Prélat; avec une Dénonciation des erreurs enseignées par les PP. Jésuites, dans leur Collège de Rhodez.
En France. 1738. in-4°.
2. — Lettres (I. II. III) sur l'Espérance et la Confiance chrétienne.1739.
3. — Doctrine de S. Thomas sur l'objet et la distinction des vertus théologales,et sur les habitudes,opposées à la doctrine de l'Auteur des trois écrits intitulés, l'un : *Suite des nouveaux éclaircissemens*; l'autre : *Dernier éclaircissement sur l'objet et la distinction des vertus théologales* ; et le troisième : *Réponse aux difficultés proposées au sujet d'un écrit intitulé* : *Dernier éclaircissement.* 1742.
4. — Réponse à l'écrit intitulé : *Doctrine de S. Thomas...*
5. - Suite des nouveaux éclaircissemens sur la Confiance et sur la Crainte. Lettre à M. D. L.—1741.

6. — Dernier éclaircissement sur la distinction des vertus théologales et sur l'objet de l'Espérance chrétienne. — 1742.

7. — Réponse aux difficultés proposées au sujet d'un écrit intitulé : *Dernier éclaircissement sur les vertus théologales.* — 1742.

8. — Lettre théologique (I à XVII) contre le Traité des prêts de commerce. — Avec les suppléments. (Par l'Abbé *Nicolas* LE GROS).
S. n. n. l. **1739-1740. in-4°.**

6975. — Recueil in-4° contenant :

1. — Dissertation sur les vertus théologales; où l'on examine : 1° Quel est l'objet de ces vertus. 2° Si la Foi et l'Espérance théologales renferment un saint commencement au moins d'Amour de Dieu. 3° Qu'est-ce que contient la Charité ? —1744.

2. — Réponse à quelques difficultez, où l'on examine particulièrement la doctrine de S. Thomas.

3. — Examen de la Défense de l'écrit intitulé : *Doctrine de S. Thomas, sur l'objet et la distinction des vertus théologales.*

4. — Mémoire contenant des difficultés sur les propositions condamnées par la Bulle *Unigenitus*, qui regardent les vertus théologales, et surtout celles où il est parlé de la Charité et de l'Amour de Dieu.

5. — Dénonciation faite à tous les Evêques de l'Eglise de France, par le Corps des Pasteurs et autres Ecclésiastiques du second ordre, zélés pour la conservation du dépôt de la Foi, et l'honneur de l'Episcopat, des Jésuites, et de leur doctrine. (Par l'Abbé *Louis* TROYA D'ASSIGNY.)
Paris. 1737. in-4°.

6976. — La vérité vengée en faveur de saint Thomas, par saint Thomas même. (Par le P. *Ant.* TOURON.)
1762. 1 vol. in-12. Sans titre.

— Lettre d'un Théologien, où il est démontré que l'on calomnie grossièrement saint Thomas, quand on l'accuse d'avoir enseigné qu'il est quelquefois permis de tuer un tyran, et d'avoir posé des principes contraires à l'indépendance des Rois. (Par le P. *Joseph* DUFOUR).
En France. 1761. in-12.

— Seconde lettre d'un Théologien, où l'on achève de mettre en évidence la calomnie élevée contre saint Thomas, au sujet du tyrannicide et de l'indépendance des Souverains, contre les vaines allégations d'un Anonyme. (Par le P. *Joseph* Dufour).

— Mémoire justificatif des sentimens de S. Thomas, sur l'indépendance absolu des Souverains, sur l'indissolubilité du serment de leurs sujets, et sur le régicide.
Paris. 1762. in-12.

— Ordonnance de Mgr l'Archevêque de Pharsale, grand Inquisiteur d'Espagne, portant suppression et radiation de l'article inséré dans l'*Index* de 1747, contre l'Histoire Pélagienne, et une Dissertation sur le Ve Concile œcuménique, du Cardinal Noris.
Madrid. 1759. in-12.

6977. — Censura sacræ Facultatis theologiæ Parisiensis, in librum qui inscribitur, *Antonii Sanctarelli tractatus de hæresi*,.. 1625... Cum Decreto Universitatis Parisiensis et Epitome observationum in Censuram ex sacra scriptura, sanctis decretis et canonibus Conciliorum, operibus SS. Patrum, et aliorum...
Parisiis. 1626. P. Durand. 1 vol. in-8°.

6978. — Duplex antidotus contra duplex venenum, quod ex fonte Theophilino ebibit Leodegarius Quintinus, propugnatore D. Didaco Sanchez del Aquila. (De communione pro mortuis. Autore *Thoma* Hurtado).
Hispali. 1657. J. de Ribera. 1 vol. in-8°.

6979. — Discussion sommaire d'un livret intitulé, le *Chapelet secret du très sainct Sacrement* ; et de ce qui a esté escrit pour en défendre la doctrine, (Par *F.* Hallier).
Paris. 1636. 1 vol. in-8°.

6980. — Réfutation d'un examen n'aguères publié contre la Response qu'on fit l'année passée aux Remarques d'un Théologien contre le chappelet secret du très sainct Sacrement. (Par M. l'Abbé de S. Cyran).
S. n. n. l. 1634. 1 vol. in-8°.

6981. — Dissertation sur la validité des ordinations des Anglois, et sur la succession des Evesques de l'Eglise

anglicane. Avec les preuves justificatives... (Par *Pierre* LE COURAYER).
Bruxelles. 1723. T'Serstevens. 2 vol. in-12.

6982. — La dissertation du P. Le Courayer sur la succession des Evesques anglois, et sur la validité de leurs ordinations, refutée par le P. HARDOUIN.
Paris. 1724. Coustelier. 3 en 1 vol. in-12.

6983. — Nullité des ordinations anglicanes, ou réfutation du livre intitulé : *Dissertation sur la validité des ordinations des Anglois*. Par le R. P. *Michel* LE QUIEN.
Paris. 1725. Simart. 2 vol. in-12.

6984. — Défense de la dissertation sur la validité des ordinations des Anglois. Contre les différentes réponses qui y ont été faites. Avec les preuves justificatives. Par l'Auteur de la Dissertation (P. LE COURAYER).
Bruxelles. 1726. T'Serstevens. 3 en 5 vol. in-12.

6985. — La défense des ordinations anglicanes refutée par le P. HARDOUIN.
Paris. 1727. Chaubert. 2 vol. in-12.

6986. — Justification de l'Eglise Romaine sur la réordination des Anglois épiscopaux: ou réponse à la Dissertation et à la Défense de la dissertation sur la validité des ordinations angloises. Par le R. P. THÉODORIC DE S. RENÉ.
Paris. 1728. Paulus Du Mesnil. 2 vol. in-12.

6987. — La nullité des ordinations anglicanes démontrée de nouveau... contre la Défense du R. P. Le Courayer. Par le R. P. LE QUIEN.
Paris. 1730. Babuty. 2 vol. in-12.

6988. — La vraie manière de contribuer à la réunion de l'Eglise anglicane à l'Eglise catholique, ou examen de différens endroits de deux livres, l'un intitulé, *Dissertation sur la validité des ordinations des Anglois*, et l'autre, *Défense de la dissertation sur la validité des ordinations des Anglois*. Par M. *François* VIVANT.
Paris. 1728. Simon. 1 vol. in-4º.

6989. — Mandement et instruction pastorale de Mgr l'Arch. de Lyon (*Antoine* DE MALVIN DE MONTAZET) portant condamnation d'un libelle intitulé : *Critique du Catéchisme, en forme de dialogue*...
Lyon. 1772. De la Roche. 1 vol. in-12.

" — Histoire de la nouvelle hérésie du XIXᵉ siècle, ou réfutation complète des ouvrages de M. l'Abbé De La Mennais. Par M. *N. S.* GUILLON.
Paris. 1835. Méquignon. 3 vol. in-8°.

Voyez : Hist. des Religions. N° 238.

6990. — Réfutation de la théorie gallicane sur la souveraineté temporelle. Par M. CARON.
Paris. 1831. Brion. 1 vol. in-8°.

6991. — Lettre (première et seconde) à Mgr de Chabons, Evêque d'Amiens, par M. l'Abbé CARON.
Abbeville. 1830. Veuve Boulanger-Vion. in-8°.

— Lettre de M. l'Abbé CARON à M. le Rédacteur de la *Gazette de Picardie*.
Abbeville. 1852. Veuve Boulanger-Vion. in-8°.

6992. — Deux mots à MM. Gaudissart, Curé de la paroisse Saint-Leu ; et Delacourt, Prêtre desservant de la chapelle Saint-Honoré, au faubourg de Beauvais (d'Amiens). (Par F. LOYER).
Amiens. 1840. A. Caron. Pièce in-8°.

6993. — Recueil in-4° contenant :

1. — Liste des Saints canonisez, des Papes, Cardinaux, Patriarches, Archevêques, Evêques, Docteurs, Théologiens et Jurisconsultes, séculiers et réguliers, dont les sentimens sont condamnez par M. l'Evêque d'Arras dans sa censure du 5 May 1703.
Douay. 1703. Veuve Bellère. in-4°.

2. — Collectanea quibus liberatur fides elenchi gallici recensentis authores, quorum doctrina ab Ill. Episcopo Atrebatensi damnata est censurâ datâ die 5 Maii anno 1703. adversus *Synopsim theologicam P. J. B. Taverne.*

3. — Seconde lettre de Mgr l'Evêque d'Arras (*Guy* DE SEVE DE ROCHECHOUART), à Mgr l'Arch. de Cambray, au sujet de plusieurs entreprises faites par luy et par ses vicaires dans le diocèse d'Arras. 13 Sept. 1683.

4. — Ad thesim Clevesianam ubi de episcopatu expectatæ vindiciæ. Authore *Valeriano* DE FLAVIGNY.
   Tornaci. 1668. Quinqué. in-4°.
5. — Epistola *J.* BANNERET ad V. Cl. J. Driot (de eadem thesi).
6. — Lettres des PP. VENANT DE LE RUYELLE et *Jacques* DESCHAMPS, Théologiens de la C. de J., à Mgr l'Evêque d'Arras, au sujet d'un escrit répandu dans la ville de Douay sur la matière des Equivoques.
   Douay. 1702. Veuve Bellère. in-4°
7. — Lettre du P. GORDON... (sur le même sujet).
8. — Lettre d'un Ecclésiastique, écrite à un Gentilhomme de ses amis sur le sujet de la Mission, faite dans la ville de Montpellier, par le R. P. Honoré de Cannes, Missonnaire, et les Capucins de la Province de Languedoc.
   Lyon. 1684. Veuve de Fleury-Martin.
9. — Préface de la Trompette de l'Evangile..

6994. — Recueil de pièces.
   20 vol. in-8° contenant :
   Tome I :
   1. — Lettre I et IIe du Doge de la République des Apistes, au Général des Solipses, pour lui demander des secours dans une guerre qui intéresse les deux nations. (Par Dom *Ch.* CLÉMENCET).
   2. — Lettre à Messieurs de la Chambre royale. — 1754.
   3. — Addition importante à la lettre adressée à Messieurs de la Chambre royale.
      Avignon. 1754. in-8°.
   4. — Réflexions sur la réponse de M. l'Archevêque de Paris, du 29 Janvier 1755.
      En France. 1755.
   5. — Essai sur la vérité et la sincérité, par rapport aux affaires présentes de l'Eglise. (Par *J. B. R.* DE FOURQUEVAUX). — 1754.
   6. — Démonstration de la cause des divisions qui règnent en France. (Par *G. Michel* BILLARD DE LORIÈRE).
      Avignon. 1754.
   Tome II.
   1. — Lettre à Mgr l'Archevêque de Sens, au sujet de la lettre de M. l'Archevêque de *** à M. *** Conseiller au Parlement de Paris. (Par M. l'Abbé *J.-B.* GAULTIER.) — 1752.
   2. — L'Ecrivain du Clergé convaincu d'imposture, ou réponse aux Lettres sur les remonstrances du Parlement. Ire, IIe IIIe et IVe let.
      Anvers. 1754. in-8°
   3. — Lettre à un Gentilhomme de Province, contenant l'extrait d'un Journal de la Chambre royale. — 13 Février 1754.

4. — Lettre à Mgr l'Evêque d'Amiens, sur son ordonnance du 21 Octobre 1718. (Par *François* MASCLEF). — 10 Décembre 1718.
5. — Lettre de M. *** Conseiller au Parlement, à M. l'Evêque de *** ou examen impartial et du bref du Pape, et du véritable objet des troubles présens. — 1756.

Tome III.

1. — Lettre d'un saint Evêque à un Archevêque bien intentionné. 1751.
2. — Mémoire sur l'exemption des subsides et impositions involontaire-prétendue par le Clergé de France.
   Berlin. 1751. in-8°.
3. — Mémoire sur le refus des sacremens à la mort qu'on fait à ceux qui n'acceptent pas la Constitution, et une addition concernant les billets de confession. (Par *Gab. Nic.* MAULTROT.) — 1750.
4. — Lettre d'un Théologien (*L. Gab.* GUÉRET) sur l'exaction des certificats de confession pour administrer le saint viatique. 2ᵉ édit. rev. et cor. — 1751.
5. — Lettre à un Duc et Pair. (Par *J.-B.* GAULTIER). — 26 Oct. 1753.
6. — Lettre à une personne de très-haute considération, au sujet de la cessation du service ordinaire, résolue par le Parlement, le 5 Mai 1753. Pour vaquer sans discontinuation aux affaires du schisme.
   Amsterdam. 1754. in-8°.
7. — Lettre à Mg. l'Evêque de *** sur l'affaire présente du Parlement, au sujet du refus des sacremens. — 1752.
8. — Deuxième lettre à Mgr l'Evêque de *** sur l'affaire du Parlement au sujet du refus des sacremens. Du 1 Juin.
   Londres. 1752.
9. — Troisième lettre à Mgr l'Ev. de *** sur l'affaire du Parlement au sujet du refus des sacremens : pour servir de réponse à la lettre de l'Arch. de ** à M.** Conseiller au Parlement. Du 9 Juin 1752.
10. — Mémoire sur l'obligation dans laquelle sont tous les Prêtres d'administrer les sacremens dans les cas de nécessité résultans de refus injustes, et sur le droit qu'ont les Juges séculiers de les y contraindre. (Par DORIGNY). — 1755.

Tome IV :

1. — Sixième lettre de Mgr l'Ev. d'Auxerre (*Ch.* DE CAYLUS) à Mgr l'Arch. de Sens, en réponse à celle que ce Prélat lui a écrite datée du Samedi-Saint 1750. — 1750.
2. — Mandement de Mgr l'Evêque d'Auxerre portant permission de manger des œufs pendant le Carême 1751.
   Auxerre. 1751. Fournier.
3. — Mandement de Mgr l'Evêque de Luçon (*S. G.* DE VERTHAMON) pour

la publication du Jubilé, contenant une Instruction pastorale sur les sacremens de Pénitence et d'Eucharistie.
Nyort. 1751. Elies.

4. — Mandement de Mgr l'Evèque de Carcassonne (Armand Bazin de Besons) pour la publication du Jubilé de l'année Sainte.
Carcassonne. 1751. Coignet.

5. — Lettre à Mgr l'Evêque de Troyes, en réponse à sa Lettre pastorale aux Communautés religieuses de son diocèse, en date du 23 Novembre 1749. — 1751.

6. — Lettres à un Chanoine régulier au sujet des décrets sur la doctrine, faits dans le Chapitre de 1745. — 1747.

Tome V :

1. — Lettre à Mgr l'Evêque d'Angers, au sujet d'un prétendu extrait du Catéchisme de Montpellier, autorisé par ce Prélat. (Par l'Abbé J.-B. Gaultier).
Toulouse. 1752.

2. — Ordonnance et instruction pastorale de Mgr l'Evêque de Luçon, (S. G. de Verthamon) ; au sujet de l'ancien Catéchisme de Luçon qu'il a fait réimprimer pour être enseigné dans son diocèse.
Paris. 1756. Veuve Lottin et Butard.

3. — La vraie loi de l'Eglise et de l'Etat, relativement à la Bulle *Unigenitus*.
En France. 1756. in-8°.

Tome VI :

1. — Nouvelles lettres d'un Prieur à un de ses amis..   N° 70.
Paris. 1729. J. Estienne.

2. — Première lettre d'un Ecclésiastique, appelant à Mgr de Soissons sur son avertissement. — 1718.

3. — Lettre au Pape (et à tous Supérieurs qui exigent des signatures et acceptations pures et simples). — 1736.

4. — Réflexions sur l'histoire de la captivité de Babylone. — 1727.

Tome VII :

1. — Lettre de M. l'Archevêque d'Utrecht à un Ecclésiastique de France, au sujet des affaires présentes de l'Eglise.— Nov. 1755.

2. — Consultation en forme de lettre, au sujet du mandement de M. de Cordorcet, Ev. d'Auxerre, en date du 14 Fév. 1756 —Mars 1756.

3. — Lettre de M. l'Abbé de ** G. V. de ** à M. le Doyen de *** sur la dispute du péché mortel et du péché grave. — Mai 1756.

— La consolation des mourans, ou le droit de commettre par les tribunaux séculiers pour l'administration des sacremens aux mourans.

En France. 1756.

5. — Juste idée d'un bon gouvernement, suivant les principes de M. Bossuet.

En France. 1756. in-8°.

Tome VIII :

1. — La légitimité et la nécessité de la Loi du silence, contre les Réflexions d'un (prétendu) Docteur en théologie de l'Université de .... sur la Déclaration qui impose le silence. (Par *Louis-Adrien* LE PAIGE). — 1759.
2. — Lettre à l'Auteur de l'Ecrit intitulé : *La légitimité et la nécessité de la Loi du silence*. (Par l'Abbé *Louis* GUIDI).

En France. 1759. in-12.

3. — Vrai point de vue de la loi du silence au sujet de la Lettre à l'Auteur de la légitimité et de la nécessité de la Loi du silence. (Par *L. Adr.* LE PAIGE).
4. — Droits qu'ont les Curés de commettre leurs Vicaires et les Confesseurs dans leurs paroisses. Par M. l'Abbé G. (*L. Gab.* GUÉRET).

Avignon. 1759. Veuve Girard.

5. — Dissertation sur les interdits arbitraires des Confesseurs, pour servir de supplément à l'Ecrit posthume de M. l'Abbé Guéret, intitulé : *Droit des Curés*, etc. (Par le P. Tim. DE LIVOY.) — 1759
6. — Verges d'Héliodore, ou lettre de M. GAULTIER à M. de Charancy, Evêque de Montpellier, en réponse à la Lettre pastorale de ce Prélat, au sujet d'un écrit trouvé dans son diocèse. — 1750.

Tome IX :

1. — Deux lettres d'un Laïc à un Ecclésiastique sur les interdits arbitraires ; Pour accompagner l'écrit posthume de M. Guéret, intitulé : *Droit qu'ont les Curés*, etc., *et la* Dissertation *donnée* pour y servir de supplément. — 1760.
2. — Addition au problème historique, qui, des Jésuites ou de Luther et Calvin, ont le plus nui à l'Eglise. (Par l'Abbé MESNIER).
3. — Additions importantes et nécessaires, pour servir de supplément à la première édition de l'Abrégé de l'histoire de la Société de Jésus.
4. — Remarques succinctes et pacifiques sur les écrits pour et contre la Loi du silence. (Par *Jacques* TAILHÉ).
5. — Jugement d'un Philosophe chrétien sur les écrits pour et contre la légitimité de la Loi du silence. (Par *Louis* GUIDI).
6. — Lettre d'un jeune Ecclésiastique au Nouvelliste. — 1760.

7. — Précis des opérations du Clergé de France (en 1760), par rapport à la Religion. — MS.
8. — Réclamation de l'Assemblée générale du Clergé de France —1760.
9. — Inscription en faux, contre le texte cité sous le nom de M. Bossuet, Evêque de Meaux, dans la réclamation de l'Assemblée générale du Clergé, en 1760, au sujet de la distinction des droits des deux puissances ecclésiastique et séculière. Par un Licencié en droit. (l'Abbé Bart. DE LA PORTE).
   En France. 1761.
10. — Projet pour les Assemblées provinciales — 1760.
11. — Examen des principes d'après lesquels on peut apprécier la réclamation attribuée à l'Assemblée du Clergé de 1760. (Par F. RICHER).
12. — Lettres de Mgr l'Evêque de *** à Mgr l'Archevêque de *** au sujet du projet concerté par ledit Archev., de faire arrêter cinq articles dans la prochaine Assemblée du Clergé. — 1760.

Tome X :

1. — Lettre circulaire de N. T. S. P. en Jésus-Christ Clément, par la Providence divine, Pape XIII du nom, aux Patriarches, Primats, Archevêques et Evêques de toute l'Eglise catholique. (Lat. fr.)
   Rome. 1758. in-8°.
2. — Lettre du même, aux Patriarches, Primats, Arch. et Evêques. Sur l'observance des Loix canoniques, contre les Clercs qui font le négoce, et qui s'ingèrent dans les affaires séculières. (Lat. fr.)
   Rome. 1759. in-8°.
3. — Lettres théologiques et philosophiques à un Chanoine, au sujet de l'Instruction pastorale de Mgr l Arch. de Paris, datée de Conflans le 19 sept. 1756, et réimprimé depuis peu en Province. Avec une dissertation de logique, selon la méthode des géomètres, sur les règles concernant les différentes oppositions qu'il peut y avoir entre des propositions qui ont même sujet et même attribut, et une application desdites règles aux contradictoires des 101 propositions condamnées par la Bulle *Unigenitus*, accompagnée de remarques. — 1760.
4. — Tableau des contradictoires opposées aux 101 propositions condamnées par la Bulle *Unigenitus*, distribuées dans un ordre simple qui en facilite la méthode et le parallèle. (Par L Et. RONDET).1760.
5. — Réflexions sur l'histoire des Maccabées, comparée à celle des Défenseurs de la vérité dans le dernier siècle, où l'on fait v ir les grands maux que les Jésuites et leurs adhérans ont fait dans l'Eglise et les services signalés que MM. de Port-Royal ont rendu à la Religion. — 1760.

Tome XI :

1. — Question importante, nouvellement agitée sur l'amour de Dieu dominant, ou par préférence à toutes choses, nécessaire pour préparer au sacrement de Pénitence. — 1759.
2. — Lettres de Mgr l'Evêque d'Auxerre au Chapitre de son Eglise Cathédrale et aux Curés de la ville épiscopale, en réponse aux lettres que ce Chapitre et ces Curés lui ont écrites au sujet de l'*Amour de Dieu Dominant*, nécessaire dans le sacrement de Pénitence ; avec la Réponse du Chapitre à l'une de ces lettres; et des Réflexions sur ce qui fait l'objet de la contestation qui est entre ce Prélat et son Clergé. — 1760.
3. — Lettre de plusieurs Curés de la ville et des faubourgs d'Auxerre, à Mgr leur Evêque, au sujet de la Lettre pastorale de ce Prélat en datte du 26 Février 1758.— 1760.
4. — Mémoire où l'on prouve la nécessité de l'amour de Dieu dominant pour être justifié dans le sacrement de Pénitence, par l'Ecriture Sainte, les SS. Pères, le Concile de Trente, et l'Assemblée du du Clergé de France de 1700. — 1760.
5. — Cinquième lettre du Chapitre de l'Eglise Cathédrale d'Auxerre à Mgr l'Evêque d'Auxerre, sur l'amour de Dieu dominant, au moins commencé, nécessaire dans le sacrement de Pénitence ; à l'occasion de la Lettre pastorale de ce Prélat, datée du 26 Février 1758. **Auxerre. 1760. in-8°.**

Tome XII :

1. — Traité du délai de l'absolution, où l'on examine si l'on doit la donner, ou la différer aux pécheurs d'habitude ; traduit du latin du R. P. Concina, Dominicain.
Rome. 1756. J. L. Barbiellini. in-12.
2. — Justification sommaire de l'Histoire ecclésiastique de M. l'Abbé Racine, contre l'écrit intitulé : Lettre sur le nouvel abrégé de l'Histoire ecclésiastique par M. l'Abbé Racine. On y vange la mémoire de S. Grégoire le Grand, des Pères du Concile de Constance, de Jansénius d'Ypres, de M. l'Abbé de S. Cyran, de MM. Arnauld, Nicole, Pascal, Bossuet, Duguet, Fleury, etc. On y examine particulièrement ce que l'on doit penser des Lettres de S. Grégoire-le-Grand, à l'Empereur Phocas et à l'Impératrice Léontia. (Par L Et. Rondet). — 1760.
3. — Lettre de Mgr l'Arch. de Lyon (Ant. de Malvin de Montazet) pour la convocation d'un synode. — 1760.
4. — Lettres d'un Bordelois à un de ses amis, au sujet de l'ouvrage de M. de Lafiteau : *La vie et les mystères de la T. S. Vierge*. — 1759.

5. — Décret rendu dans la cause de l'église d'Osma, pour la béatification et la canonisation de vénérable serviteur de Dieu, Jean de Palafox et Mendoza, Evêque d'abord d'Angelopolis, ensuite d'Osma. **Rome. 1760.**

Tome XIII :

1. — Lettre de M. l'Archevêque de Lyon (A. DE MALVIN DE MONTAZET), Primat de France, à M. l'Archevêque de Paris. **Lyon. 1760. Valfray.**
2. — Lettre pastorale de M. l'Evêque de Mende (*Gabriel Florent* DE CHOISEUL-BEAUPRÉ) adressée aux Ecclésiastiques de son diocèse. *Pour justifier, contre un libelle anonime, la doctrine des conférences de son diocèse*, sur la grâce efficace par elle-même, la prédestination gratuite, les caractères de la nouvelle alliance. N° édit. **Mende. 1761. Veuve François Bergeron.**

Tome XIV :

1. — Cartouche ou le scélérat. Dialogue entre un Docteur catholique et un Janséniste de bonne foi. (Par le P. *Louis* PATOUILLET).
2. — Les amours du Chevalier Tel et de Dona Clementina. Histoire nouvelle et véritable. — 1716.
3. — Réponse du P. TOURNEMINE sur son extrait d'un livre intitulé le Jansénisme démasqué. — 1716.
4. — Rétractations de plusieurs Curez du diocèse de Rouen, au sujet de la publication de la Bulle *Unigenitus*. — 1716.
5. — Lettre de M. de BELLAUNEY, Archidiacre et de M L. MARTIN, Chan. théologal de Seez, écrite à M. l'Evêque de Seez. — 1716.
6. — Dénonciation d'une instruction sur la soumission due à la constitution *Unigenitus* A Mgr l'Evêque d'Amiens. (Par MASCLEF.) — 1719.
7. — Réponse du P. QUESNEL à une Religieuse, au sujet de l'instruction pastorale des quarante Evêques.
8. — Nouveau traité sur l'autorité de l'Eglise. Par le R. P. *Charles-Jules* DE VELLE. **Rome. 1749. Riccoboni.**
9. — Ouvertures de paix entre les deux puissances, ou éclaircissemens démonstratifs et conciliatifs sur la matière de l'autorité respective. **Clermont-Ferrand. 1754.**
10. — Lettre à un Docteur en Théologie, par un de ses amis, au sujet de l'emprisonnement de M. Blache. (Par l'Abbé BLACHE).
11. — Acte de protestation de M. l'Evêque d'Alais, signifié à l'Assemblée du Clergé, le 29 juillet, contre l'entreprise du Bureau de juridiction, au sujet de son mandement sur le recueil des Assertions. 1765.

Tome XV :

1. — Dissertation sur les Sémiariens, dans laquelle on défend la nouvelle édition de S. Cyrille de Jérusalem contre les Auteurs des Mémoires de Trévoux. (Par Dom *Prud.* MARAN, Bénéd.) **Paris. 1722. Vincent.**

2. — Lettres sur les remonstrances du Parlement. — 1753.

3. — Relation de ce qui s'est passé au Fort S. Pierre, isle de la Martinique, au sujet des ordres donnés par le Général anglois aux Missionnaires, de laisser leurs églises libres à certaines heures, les jours de dimanche, pour que ses troupes pussent y faire les exercices de leur culte...

4. — Panégyrique de Saint Louis, roi de France, prononcé devant Messieurs de l'Académie des Inscriptions et Messieurs de l'Académie des sciences, le 25 Aoust MDCLVI. Par le P. BERNARD. **Paris. 1756. Chaubert.**

5. — Mandement de Mgr l'Ev. d'Ausbourg, portant inhibition et défense de lire et retenir un libelle intitulé : *Le projet de Bourgfontaine.* **Ausbourg. 1764.**

6. — Ordonnance de Mgr l'Archevêque de Trèves, portant règlement pour le choix des professeurs de la Faculté de théologie de cette ville et pour l'administration de ladite faculté, Traduite sur l'original allemand. — 1764.

Tome XVI :

1. — Jésus-Christ sous l'anathème. (Par GUDVERT).

2. — Essai d'un parallèle du tems de Jésus-Christ et des nôtres, pour servir d'instruction et de consolation dans les grandes épreuves au milieu desquelles nous vivons. 1re partie.

3. — Histoire des miracles et du culte de M. Paris, avec les persécutions suscitées à sa mémoire, et aux malades qui ont eu recours à lui. Pour servir de suite à la Vie de ce saint Diacre. 1re partie.—1732.

4. — Troisième harangue des habitans de la paroisse de Sarcelles à Mgr l'Arch. de Paris au sujet des miracles. (Vers.)(Par *Nicolas* JOUIN). **Aix. 1732. Girard.**

5. — Notes sur Philotanus. Voyez : Hist. des Rel. N° 1346.

6. — Compliment des habitans de la paroisse de Sarcelles à Mgr. l'Archevêque de Paris, dit Vintimille. (En vers). (Par *N.* JOUIN).

7. — Compliment inespéré des Sarcellois à M. de Vent... au sujet de leur pélerinage à Saint Médard. (En vers). (Par *N.* JOUIN).

Tome XVII :

1. — Supplément aux ordonnances ou instructions pastorales de quelques-uns de Nosseigneurs les Evêques, contre le Père Pichon. **En France. 1755.**
2. — Mandement de Mgr l'Evêque d'Angers (*Jacques* DE GRASSE) pour la mission qui doit commencer le dimanche 2 mai 1762. **Angers. 1762. Dubé.**
3. — Instruction pastorale de S. Em. Mgr le Cardinal DE CHOISEUL, Arch. de Besançon, pour le Carême de l'année 1764. **Besançon. 1763. Daclin.**
4. — Lettre pastorale de Mgr l'Ev. Comte de Chaalons, (*Ant. Et. Léon* DE JUIGNÉ), au Clergé séculier et régulier de son dioc., pour la continuation des pouvoirs donnés par MM. les Vicaires généraux, du Chapitre de l'église Cathédrale pendant la vacance du siège. **Chaalons. 1764. Seneuze.**
5. — Dénonciation à Mgr l'Archev. de Paris du Théologien Censeur du Père Jaubert, Doctrinaire.
6. — Dénonciation de la théologie de Me Pierre Collet, faite à Mgr l'Ev. de Troyes par un grand nombre d'Ecclésiastiques de son diocèse, et présentée à ce Prélat le 21 Sept. 1764. — 1765.

Tome XVIII :

1. — Discours de M. ARNAULD sur l'amour de Dieu.
2. — Lettres d'un homme du monde au sujet des billets de confession et de la Bulle *Unigenitus*. (Par l'Abbé BON). — 1753.
3. — Réflexions sur les onze lettres d'un homme du monde au sujet des billets de confession et de la Bulle *Unigenitus*. — 1753.
4. — Lettre circulaire à Nosseigneurs les Archevêques et Evêques des principaux sièges de l'Eglise catholique, pour leur adresser les Actes du Concile tenu à Utrecht au mois de Septembre 1763.
5. — VIe lettre d'un Théologien françois à un Théologien des Pays-Bas, sur l'étude sérieuse du second Concile d'Utrecht. (Par *P.* SARTHE).
6. — Lettre d'un Solitaire sur les vices d'un ouvrage en deux volumes, répandu dans le public sous le titre de Continuation de l'Histoire ecclésiastique de M. l'Abbé Racine.
7. — Lettres à un ami de province (sur la confession). — 1763.
8. — Lettre de M... à M. l'Evêque du Puy, au sujet de son Instruction pastorale sur l'hérésie. **En France. 1766.**
9. — Requeste de MM. les Curez du diocèse de Blois à Mgr de Termont, leur Evêque. — 1766.

10. — Mandement de Mgr l'Evêque de Blois (*Ch. G.* de MAY DE TERMONT, avec la II requête des Curés de Blois à M. de Termont, et model de mandement pour la permission de manger des œufs. — 1767.

11. — Lettre à l'Auteur de la prédication, sur les moyens de reformer les mœurs.(Par l'Abbé *L.* GUIDI).

Tome XIX :

1. — Lettres historiques touchant la contestation que M. l'Ev. de Bayeux a eue avec le Recteur de l'Université de Caen, sur la préséance à une thèse soutenue en l'Abaye royale de S. Etienne... de Caen... les 19 et 20 Mai 1706, et de tout ce qui s'est passé et fait ensuite à l'occasion de cette contestation.
Abbeville. 1708. Salconi Naidober.

2. — Les Moines, comédie en musique. Composée par les RR. PP. Jésuites et représentée en leur maison de récréation de Mont Louis, devant feu le R. P. D. L. C. (de la Chaise) par les jeunes de leur Société. (Par l'Abbé *Pierre* DE VILLIERS).

3. — Mandement de Mgr l'Evêque de Bethléem, rev. et corr. A l'occasion de la Lettre de M. l'Abbé Bochard de Saron, à Mgr l'Ev. de Clermont son oncle. (En vers.) — 1712.

4. — Mandement de M. de Merinville, Evêque de Chartres, pour la mission de Mantes. En vers burlesques. Avec une préface et des notes instructives. — 1717.

5. — Mandement de M. de Mailly, Arch. de Reims, aux fidèles de son diocèse. Avec quelques notes instructives. (En vers). — 1716.

6. — Lettre à Mgr l'Ev. de Bayeux sur son mandement du 5 mai 1707, portant condamnation de plusieurs propositions extraites des thèses soutenues par les Religieux Bénédictins... dans l'Abbaye de S. Etienne de Caen..
La Haye. 1708. Johnson. in-12.

Tome XX :

1. — Les anathèmes ou lettre à Mgr l'Evêque de *** sur la publication qu'il a faite dans son diocèse des nouveaux Actes du Clergé. Avec le projet d'un catéchisme dressé sur le plan de la règle de foi qu'on propose dans ces Actes... 1766.

2. — Préservatif contre les Actes du Clergé ou lettre à un Curé... (Par l'Abbé JABINEAU). — 1765.

3. — Requeste de MM. les Curés du diocèse de Blois....

4. — Mandement de Mgr. l'Ev. de Blois....

5. — Réflexions sur le despotisme des Evêques et les interdits arbitraires, avec des Principes pour prémunir les fidèles contre ces abus. (Par *L.* GUIDI).
Avignon. 1769.

CHAPITRE VII. — JANSÉNISME.

Ecrits pour et contre le Jansénisme, et les questions relatives à la Grace et au Libre-Arbitre.

6995. — Michaelis Baii opuscula theologica. — Ejusdem apologia hactenus inedita...
Lovanii. 1566. Bogardus. 1 vol. in-8°.

6996. — Michaelis Baii opera : cum bullis Pontificum, et aliis ipsius causam spectantibus... collecta... et aucta studio A. P. Theologi. (*Gab.* GERBERON).
Coloniæ Agripp. 1696. Balt. ab Egmont. 1 vol. in-4°.

** — *Michaelis* Baii de meritis operum.... Voyez : N° 3900.

6997. — Concordia liberi arbitrii cum gratiæ donis, divinâ præscientia, providentiâ, prædestinatione et reprobatione, ad nonnullos primæ partis D. Thomæ articulos. Doctore *Ludovico* MOLINA... auctore.
Olyssipone. 1588. Riberius. 1 vol. in-4°.

6998. — De justificatione doctrina universa, libris xv absolutè tradita, et contra omnes omnium errores, juxta germanam sententiam orthodoxæ veritatis, et sacri Concilii Tridentini, præclarè defensa. Authore R.P. *Andrea* VEGA.
Aschaffeburgi. 1621. Miræsius. 1 vol in-4°.

6999. — De libertate Dei et creaturæ libri duo... Juxta doctrinam D. Augustini, D. Thomæ, D. Bonaventuræ, D. Scoti... Auctore P. *Guillelmo* GIBIEUF.
Parisiis. 1630. Cottereau. 1 vol. in-4°.

7000. — Censuræ Facultatum sacræ theologiæ Lovaniensis ac Duacensis, super quibusdam articulis de sacrâ Scripturâ, Gratiâ, et Prædestinatione, anno D. 1586. Lovanii scripto traditis.
— Justificatio seu defensio censuræ Facultatis sacræ Theologiæ Academiæ Lovaniensis, contra assertiones

quasdam Professorum ibidem Soc. Jesu. De Scriptura sacra, Prædestinatione et Gratia Christi. Jussu rev. et ill. Belgii Episcoporum, anno 1588.
Parisiis. 1641. 1 vol. in-8°.

Voyez aussi : N° 2286.

7001. — Eadem. — Editio altera.
Parisiis. 1683. 1 vol. in-8°.

— Apologiæ Patrum Societatis, contra Censuram Lovaniensem et Duacensem, conscriptæ circa annum 1588. Quibus hic accedit brevis descriptio exordii et progressus totius controversiæ.
Leodii. 1684. Hoyoux. in-12.

7002. — Prædestinatus. Prædestinatorum hæresis et libri S. Augustino temerè adscripti refutatio. Ab auctore antè annos MCC conscripta, nunc autem in lucem primùm edita, curâ et studio *Jacobi* SIRMONDI.
Parisiis. 1643. Cramoisy. 1 vol. in-8°.

7003. — *Cornelii* JANSENII Augustinus, seu doctrina S. Augustini de humanæ naturæ sanitate, ægritudine, medicinâ, adversus Pelagianos et Massilienses. — Acessit huic editioni tractatus F. *Florentii* CONRII de statu parvulorum sine baptismo decedentium juxta sensum B. Augustini.
Parisiis. 1641. Soly. 3 vol. in-folio.

7004. — Idem opus.
Rothomagi. 1643. Berthelin. 3 en 1 vol. in-fol.

7005. — Idem opus.
Rothomagi. 1652. Berthelin. 3 en 1 vol. in-fol.

7006. — Enchiridion continens erroris Massiliensium et opinionis quorundam recentiorum Παράλληλον et stateram... Autore *Cornelio* JANSENIO.
Lovanii. 1647. Gravius. 1 vol. in-12.

7007. — Defensio S. Augustini Hipponensis adversus Augustinum Iprensem quoad auxilia gratiæ et humanam libertatem, authore D. PETRO à SANCTO JOSEPH.

— Defensio S. Thomæ Doctoris Angelici adversus

physicæ prædeterminationis propugnatores. Authore D. Petro à Sancto Joseph. 2ᵃ edit.
Parisiis. 1643. Josse. 2 en 1 vol. in-4°.

7008. — Apologie de M. Jansénius... et de la doctrine de S. Augustin, expliquée dans son livre, intitulé, *Augustinus*. Contre trois sermons de M. Habert, prononcez dans Nostre-Dame, le premier et le dernier dimanche de l'Advent 1642 et le dimanche de la Septuagésime 1643. (Par *Antoine* Arnauld).

— Apologie pour feu M. l'Abbé de S. Cyran, contre l'Extrait d'une information prétendue que l'on fit courir contre luy l'an 1683, et que les Jésuites ont fait imprimer,... à la teste d'un libelle diffamatoire intitulé, *Sommaire de la Théologie de l'Abbé de S. Cyran, et du sieur Arnauld*. (Par *Ant*. Le Maistre).
S. n. n. l. 1644. 1 vol. in-4°.

7009. — Seconde apologie pour M. Jansénius, et pour la doctrine de S. Augustin expliquée dans son livre, intitulé, *Augustinus*. Contre la Response que M. Habert a faite à la première Apologie, et qu'il a intitulée, *La Défense de la Foy de l'Eglise*. (Par *A*. Arnauld).
S. n. n. l. 1645. in-4°.

— Scriptum à summo Pontifice Clemente VIII, Congregationi de auxiliis exhibitum, in quo præcipua S. Augustini de Gratia Christi dogmata ipsius Augustini verbis exponuntur. (Fr. et lat.) — 1645.

7010. — La défense de la Foy de l'Eglise, et de l'ancienne doctrine de Sorbonne, touchant les principaux points de la Grâce. Preschée dans l'Eglise de Paris, par M. *Isaac* Habert. Contre le livre intitulé : *Apologie de Jansénius* sans nom d'Autheur.
Paris. 1644. Blaise. 1 vol. in-4°.

7011. — *Florentii* Conrii Peregrinus Ierichuntinus, hoc est, de naturâ humanâ feliciter institutâ, infeliciter lap-

tâ, miserabiliter vulneratâ, misericorditer restauratâ.
Parisiis. 1641. Calleville. 1 vol. in-4°.

— Censuræ Facultatum... N° 7000.

— Fraus Calvinistarum retecta, sive catechismus de Gratia ab hæreticis Samuelis Maresii corruptelis vindicatus, theologicis aliquot epistolis *Heronymi* AB ANGELO FORTI (*Godefridi* HERMANT) Doc. th..
Parisiis. 1652. in-4°.

7012. — Abrégé de la doctrine de S. Augustin, touchant la Grâce. Par *Florent* CONRIUS. Traduit de son livre intitulé *Peregrinus Ierichuntius*. (Par A. ARNAULD).
Paris. 1645. 1 vol. in-4°.

2. — Censures des deux Facultés de théologie de Louvain et de Douay sur quelques points de l'Escriture Sainte, de la Grace et de la Prédestination, publiées par escrit à Louvain, en l'année 1586.
Paris. 1644. in-4°.

3. — Response à un escrit qui porte pour titre : *Extrait de quelques propositions de Jansénius et de ses Sectateurs, condamnées par le Concile de Trente, et par les Papes Pie V et Gregoire XIII.* — 1644.

4. — Lettre d'un Docteur en théologie à un de ses amis sur un livre intitulé, *Sentimens sincères et charitables sur les questions de la Prédestination et de la fréquente Communion, par François Irénée.*

5. — Censure d'un livre que le P. J. Sirmond a fait imprimer sur un vieil manuscript, et qu'il a intitulé, *Prædestinatus*. Par le Sieur AUVRAY (*Martin* DE BARCOS). — 1644.

6. — Considérations sur une censure prétendue de la Faculté de th. de Paris, contre quelques propositions touchant la matière de la Grâce et du Franc-Arbitre. L'année 1560.

7. — Question théologique, historique, et du droit ecclésiastique. Quel a esté le sentiment du Concile de Trente, touchant l'efficace de la Grace, et la Science moyenne.

8. — De l'autorité de S. Pierre et de S. Paul, qui réside dans le Pape, successeur de ces deux Apostres... (Par M. DE BARCOS). — 1645.

7013. — *Petri* AURELII (J. DU VERGER DE HAURANNE) opera, jussu et impensis Cleri Gallicani denuò edita.
Parisiis. 1642. Ant. Vitray. 1 vol. in-fol.

7014. — *Vincentii* LENIS Theol. Arausicani (*Liberti* FROMONDI) philosophiæ Augustinianæ de libero arbitrio vin-

dicis, epistola prodroma gemella, ad Dion. Petavium et Ant. Ricardum.
S. n. n. l. 1644. 1 vol. in-4°.

— Chrysippus sive de libero arbitrio. Epistola circularis (*Liberti* FROMONDI) ad philosophos peripateticos.
S. n. n. l. 1644. 1 vol. in-4°.

Voyez aussi : N° 2286

— *Liberti* FROMONDI brevis anatomia hominis.
Lovanii. 1641. Zegers. in-4°.

Voyez aussi : N° 2286.

7015. — *Vincentii* LENIS (*L.* FROMONDI) theriaca, adversus Dion. Petavii et Ant. Ricardi de libero arbitrio libros.
Lutetiæ Paris. S. n. n. d.. 1 vol. in-4°.

7016. — Le Concile de la grâce, ou réflexions théologiques sur le second Concile d'Orange, et le parfait accord de ses décisions, avec celles du Concile de Trente. Par *André* D'ABILLON.
Paris. 1645. Piquet. 1 vol. in-4°.

7017. — Apologie pour feu M⁰ Jean du Vergier de Hauranne, Abbé de S. Cyran. (Par *Antoine* LE MAISTRE.)
S. n. n. l. 1645. 1 vol. in-8°.

7018. — Defensio censuræ sacræ Facultatis theologiæ Paris. latæ XXVII Junii anni MDLX, seu disputatio theologica de libero arbitrio... Auctore *Antonio* RICARDO (*Stephano* DECHAMPS). 3ᵃ ed.
Parisiis. 1646. S. et G. Cramoisy. 1 vol. in-4°.

7019. — Theologiæ Græcorum Patrum vindicatæ circa universam materiam Gratiæ, cum perpetua collatione Scripturæ, Conciliorum, doctrinæ S. Augustini, S. Thomæ, et Scholæ Sorbonicæ, libri tres Rev. in Chr. P. *Isaaci* HABERTI.
Parisiis. 1647. Piget. 1 vol. in-fol.

7020. — La théologie du temps examinée selon les règles de la véritable théologie. Par le R. P. Dom PIERRE DE S. JOSEPH.
Paris. 1647. Josse. 2 en 1 vol. in-4°.

7021. — Les nouvelles et anciennes reliques de M⁰ Jean du Verger de Hauranne, Abbé de S. Cyran, extraittes des ouvrages qu'il a composez et donnez au public, et des informations de sa vie et de sa doctrine. (Par le P. *Fr.* Pinthereau).
S. n. n. l. 1648. 1 vol. in-4°.

— Le Jansénisme confondu dans l'advocat du Sʳ Callaghan, par le P. Brisacier. Avec la deffence de son sermon fait à Blois le 29 Mars 1651. Contre la responce du Port Royal.
Paris. 1651. Lambert. in-4°.

7022. — *Antonii* Ricardi (*Stephani* Dechamps) responsio ad objectiones Vincentianas: quâ Vinc. Lenis theriacam præsentissimum esse venenum demonstratur.
Parisiis. 1648. S. et G. Cramoisy. 1 vol. in-4°.

7023. — *Dionysii* Petavii elenchus Theriacæ Vincentii Lenis.
Parisiis. 1648. S. et G. Cramoisy. 1 vol. in-4°.

7024. — Disputatio de libero arbitrio. Authore *Jac.* Capreolo.
Lutetiæ. 1649. Le Mire. 1 vol. in-4°.

7025. — Cortina D. Augustini de Prædestinatione et Gratiâ, adytis in centum oracula reclusis D. Gregorii Magni et D. Bernardi responsis confirmata. Auctore P. Fr. *Francisco à S. Augustino* de Macedo.
Monasterii. 1649. Hongoolt. 1 vol. in-4°.

7026. — De Tridentini Concilii interpretatione, et S. Augustini doctrinâ dissertatio. (Auctore *Dion.* Petavio).
Parisiis. 1649. S. et C. Cramoisy. 1 vol. in-8°.

7027. — Lettre d'un Abbé à un Evesque, sur la conformité de S. Augustin avec le Concile de Trente, dans la doctrine de la Grâce. (Par *Am.* de Bourzeis). 2⁰ éd.
S. n. n. l. 1650. 1 vol. in-4°.

— Lettre d'un Abbé à un Abbé... (Par le même).

— Lettre d'un Abbé à un Président... (Par le même).
S. n. n. l. 1649. in-4°.

— Conférences de deux Théologiens Molinistes, sur un

libelle faussement intitulé ; *Les sentimens de S. Augustin, et de toute l'Eglise*. Par le même.

s. n. d. l. 1650. in-4°.

7028. — Quæ sit S. Augustini et doctrinæ ejus authoritas in Ecclesia. Opus propulsandis hodiernis erroribus, controversiisque elucidandis et componendis, accommodatum. In quo excutitur *Apparatus ad tractatum de Gratia*, publicè traditus in Collegio Navarrico à M. Jacobo Pereyret. (Auctoribus *Martino* DE BARCOS et *Joanne* GUILLEBERT).

Parisiis. 1650. Billaine. 1 vol. in-4°.

2. — De initio piæ voluntatis dissertatio, in quâ divinæ ad orandum Gratiæ efficacia ex S. Augustini, hoc est, Ecclesiæ Catholicæ et Romanæ doctrinâ demonstratur... Per Doct. Th. Facult. Par. (*Natalem* DE LA LANE).

Parisiis. 1650. 1 vol. in-4°.

3. — In Magistri Alphonsi Le Moyne libellum *de dono orandi*... notæ præambulæ. Per Doct. Theol. Fac. Par. (*Nat.* DE LA LANE).

Parisiis. 1650. in-4°.

4. — *Aurelii* AVITI (*Joannis* SINNICHII) Molinomachia.

Parisiis. 1650. Societas typographica.

5. — Concordia S. Thomæ cum S. Augustino, quoad gratiam naturæ integræ et lapsæ; efficaciam Gratiæ Redemptoris ; Prædestinationem et Reprobationem ; nec non voluntatis libertatem. Quam defendet *Augustinus* BUGENT.

Pictavii. 1651. Amassard.

6. — Censuræ duæ Facultatis theologiæ Remensis.

7. — Judicium censuræ Remensis diei 27 Sept. 1653.

8. — Epistola PHILALETIS ad Catacænum et CATACÆNI ad Philalethem.

7029. — Apologie du Concile de Trente et de S. Augustin : contre les nouvelles opinions du Censeur latin de la Lettre françoise d'un Abbé à un Evesque ; où est refutée aussi dans une Préface une autre Censure latine de la Préface françoise de la Lettre d'un Abbé à un Président. (Par *Amable* DE BOURZEIS).

s. n. d. l. 1650. 1 vol. in-4°.

— Contre l'adversaire du Concile de Trente et de S. Augustin ; dialogue premier : où l'on découvre la

confusion et les contradictions estranges des dogmes théologiques du P. Petau; et où l'on réfute un libelle de mesme Père, intitulé insolemment, *Dispute contre l'Hétérodoxe*, c'est-à-dire, contre l'*Hérétique*. Où est aussi réfuté par occasion un petit libelle de M. Morel, dont le tiltre est, *Défense de la confession de la foy catholique*,.. Par *Amable* De Volvic (De Bourzeis).
S. n. n. l. 1650. 1 vol. in-4°.

7030. — Catholica disceptatio de ecclesia præsentis temporis. Auctore *Vincentio* Severino (*Fr.* Annato).
Parisiis. 1650. S. et G. Cramoisy. 1 vol. in-8°.

7031. — Cornelius Jansenius Iprensis, suspectus. (Auctore *Francisco* Vavassore).
Parisiis. 1650. S. et G. Cramoisy. 1 vol. in-8°.

7032. — Les véritables sentimens de S. Augustin et de l'Eglise touchant la Grâce. Par M. *Claude* François.
Paris. 1650. Rocolet. 1 vol. in-8°.

7033. — De dono orandi, sive de gratiâ ad orandum sufficiente, disputatio auctore *Alphonso* Le Moyne. In qua scripta illius vindicantur à contumeliis libelli *de initio piæ voluntatis*...
Parisiis. 1650. S. et G. Cramoisy. 1 vol. in-4°.

7034. — De la grâce victorieuse de Jésus-Christ, ou Molina et ses disciples convaincus de l'erreur des Pélagiens et des Sémi-Pélagiens sur le poinct de la Grâce suffisante soumise au Libre Arbitre, selon les actes de la Congrégation *de Auxiliis*. Par le Sieur De Bonlieu (*Noel* De La Lane).
Paris. S. n. 1651. 1 vol. in-4°.

7035. — Réflexions sur la diversité de la doctrine qui se voit aujourd'huy en France, aux poincts de la Religion.
— Dialogue ou entretien d'un Directeur avec un de ses Pénitens : où sont proposez les différens qui se voyent maintenant aux poincts de la Religion. Par *Jacques* Decambolas.
Paris. 1651. Martin. 1 vol. in-12.

7036. — Manuale catholicorum, ad devitandas ex mente Apostoli, profanas vocum doctrinarumque novitates. (Auctore *Joanne* COURTOT).
s. n. n. l. 1651. 1 vol. in-12.

7037. — Manuale Catholicorum hodiernis controversiis amicè componendis maximè necessarium. 2ª ed. Auctore ALETHOPHILO *Charitopolitano* (*Joanne* COURTOT).
Charitopoli. 1663. 1 vol. in-8°.

7838. — Lucta D. Thomæ, contra præmotiones physicas: imò etiam S. Augustini contra gratiam physicè efficacem. Sub earum mediâ inter extremas expositione.
1651. 1 vol. in-8°.

7039. — Apologie pour les Saincts Pères de l'Eglise défenseurs de la Grâce de Jésus-Christ. Contre les erreurs qui leur sont imposées. Dans la Traduction du Traicté de la vocation des Gentils attribué à S. Prosper, et dans les Réflexions du Traducteur. — Dans le livre de M. Morel, intitulé *Les véritables sentimens de S. Augustin et de l'Eglise*, et dans les Escrits de M. Le Moine, dictez en 1647 et 1650. (Par *Ant.* ARNAULD).
Paris. 1651. 1 vol. in 4°.

7040. — Triumphus catholicæ veritatis, adversus novatores; sive Jansenius damnatus à Conciliis, Pontificibus, Episcopis, Universitatibus, Doctoribus... Opera et studio S. E. R. T. (*Ph.* LABBE.)
Parisiis. 1651. S. et G. Cramoisy. 1 vol. in-8°.

7041. — Le secret du Jansénisme descouvert et réfuté par un Docteur catholique. (*Estienne* DECHAMPS).
Paris. 1651. S. et G. Cramoisy. 1 vol. in-4°.

7042. — De incoacta libertate disputatio quadripartita.. Contra Novum Augustinum Iprensis Episc. Vincentium Lenem. Apologistam Jansenii. Commentatorem quinque propositionum. Auctore P. *Fr.* ANNATO.
Romæ. 1652. Iz. De Lazaris. 1 vol. in-4°.

7043. — D. Augustini et SS. Patrum de Libero Arbitrio interpres Thomisticus adversus Cornelii Jansenii doc-

trinam, prout defensatam in Theriaca Vincentii Lenis. Authore F. *Alexando* SEBILLE.
Moguntiæ. 1652. Schoonwetterus. 1 vol. in-fol.

7044. — Anti-Jansenius ; hoc est, selectæ disputationes de hæresi Pelagianâ et Semipelagianâ : deque variis statibus naturæ humanæ : et de Gratiâ Christi Salvatoris. In quibus vera de illis doctrina proponitur, et Corn. Jansenii falsa dogmata refutantur. Selectore et auctore *Antonio* MORAINES (J. MARTINON).
Parisiis. 1652. S. et G. Cramoisy. 1 vol. in-fol.

7045. — L'innocence et la vérité défendues, contre les calomnies et les faussetez que les Jésuites ont employées en divers libelles, pour déchirer les vivans et les morts, et décrier la doctrine sainte de la Pénitence et de la Grâce : et que le P. Brisacier a recueillies, y en adjoustant beaucoup de nouvelles dans son livre, censuré par Mgr l'Archev. de Paris, intitulé, *Le Jansénisme confondu*... (Par *Ant.* ARNAULD).
S. n. n. l. 1652. 1 vol. in-4°.

7046. — Saint Augustin victorieux de Calvin et de Molina ; ou réfutation d'un livre intitulé, *Le secret du Jansénisme*... (Par *Amable* DE BOURZEIS).
Paris. 1652. 1 vol. in-4°.

7047. — Augustinus à Baianis vindicatus libris VIII, in quibus ostenditur doctrinam Jansenianam longè distare à doctrina S. Augustini. Auctore R. P. *Francisco* ANNATO.
Parisiis. 1652. S. et G. Cramoisy. 1 vol. in-4°.

7048. — *Francisci* VAVASSORIS dissertatio de libello suppositio.
Parisiis. 1653. S. et G. Cramoisy. 1 vol. in-12.

7049. — Inconvénients du Jansénisme, adressez à M. Arnauld. Par le Sieur DE MARANDÉ.
Paris. 1653. S. et M. Cramoisy. 1 vol. in-12.

— Pénitence publique d'un illustre Janséniste, adressée à M. Arnauld. Par le Sieur DE MARANDÉ.
Paris. 1653. S. et G. Cramoisy. in-12.

7050. — De beneficio crucis, seu articuli disputati de Gratia. Auctore *Ludovico* BAIL.
Parisiis. 1653. J. Pocquet. 1 vol. in-8°.

7051. — Informatio de quinque propositionibus, ex Jansenii theologiâ collectis, quas Episcopi Galliæ Romano Pontifici ad censuram obtulêre. Auctore P. *Francisco* ANNATO.
Parisiis. 1653. S. et G. Cramoisy. 1 vol. in-4°.

7052. — Libertatis et Gratiæ christianæ defensio adversus Calvinum et Pelagium in Cornelio Jansenio Batavo redivivos. Vindice *Thoma* AUGUSTINO (*Joanne* BAGOT).
Parisiis. 1653. S. et G. Cramoisy. 1 vol. in-4°.

7053. — *Stephani* DECHAMPS de hæresi Janseniana, Ab apostolica Sede meritò proscripta libri III. Opus anno MDCXLV sub *Antonii* RICARDI nomine inchoatum, nunc ex ipso autoris autographo auctius.. prodit curâ et labore P. *Stephani* SOUCIET.
Lutetiæ Par. 1728. Gab. Martin. 1 vol. in-fol.

7054. — Le triomphe de S. Augustin, et la délivrance de sa doctrine. Où l'on voit la condamnation des cinq propositions des Jansénistes; avec la Réfutation de leur manifeste en trois sens, fabriqué pour éluder l'authorité du S. Siége. Par le R. P. DU BOSC.
Paris. 1654. Bertier. 1 vol. in-4°.

7055. — Discrimina inter doctrinam Thomisticam et Jansenianam. Authore P. *Bernardo* GUYARD.
Parisiis. 1655. Thierry. 1 vol. in-4°.

7056. — Défense de la Constitution du Pape Innocent X. et de la Foy de l'Eglise; contre deux livres, dont l'un a pour titre, *Cavilli Jansenianorum*,.. et l'autre *Response à quelques demandes*.. Où l'on monstre que la Grace efficace par elle-même donne le pouvoir prochain de faire les actions de piété ausquelles elle est nécessaire... (Par *Noel* DE LA LANE).
S. n. n. l. 1655. 1 vol. in-4°.

7057. — De la vraye rétractation des sectaires et de leurs

sectateurs. Où la soumission prétendue des Jansénistes, dans les deux lettres de M. Arnauld, est examinée... Par le R. P. Du Bosc.
Paris. 1655. Langlois. 1 vol. in-4°.

7058. — La véritable défense de la Constitution d'Innocent X. par laquelle il a condamné cinq propositions de la doctrine de Jansénius. Contre la fausse et ridicule défense de cette mesme Constitution, que MM. les Port-reaux ont publiée. Par le R. P. Dom PIERRE DE S. JOSEPH.
Paris. 1656. Josse. 1 vol. in-4°.

7059. — Response à quelques demandes dont l'éclaircissement est nécessaire au temps présent. 2° édition augmentée des réflexions sur la seconde lettre du sieur Arnaud. Par le P. *François* ANNAT.
Paris. 1656. Lambert. 1 vol. in-4°.

2. — Lettre d'un Docteur catholique à une Dame de condition, sur le sujet de celle qu'on a fait courir sous le nom de M. Arnauld.
Paris. 1655.

3. — Lettre escrite à un Abbé par un Docteur sur le sujet des trois lettres escrittes à un Provincial par un de ses Amys. 22 Fév. 1656.

4. — Lettre d'un Provincial au Secrétaire du Port-Royal. 25 Avr. 1556.

5. — La bonne foy des Jansénistes en la citation des Autheurs, reconnue dans les lettres que le Secrétaire du Port-Royal a fait courir depuis Pasques. Par le P. *Fr.* ANNAT.
Paris. 1656. F. Lambert.

6. — Advis sur l'Anonyme réformé, par les interprétations, déclarations et suplémens de quelques Curez.

7. — Divers pacquests de lettres de JANSSENIUS à l'Abbé de S. Cyran...

7060. — Fratris *Joannis* NICOLAI molinisticæ theses thomisticis notis expunctæ.
S. n. n. l. 1656. 1 vol. in-4°.

2. — *Antonii* ARNALDI dissertatio theologica. In quâ Augustiniana propositio, *Defuit Petro gratia sine quâ nihil possumus.* — 1656.

3. — Vindiciæ S. Thomæ circa gratiam sufficientem. Adversus P. Joannem Nicolai. (Ab ARNALDO, NICOLE et LA LANE). — 1656.

4. — Tredecim Theologorum ad examinandas quinque propositiones ab Innocentio X. selectorum suffragia ; seu ut appellant vota Summo Pontifici scripto tradita. Ex quibus verus Constitutionis sensus innotescit. — 1657.

5. — *Pauli* IRENÆI (*Petri* NICOLE) disquisitiones duæ. Ad præsentes Ecclesiæ tumultus sedandos opportunæ. — 1657.

6. — Stephani Champsii Augustinianam et Thomisticam de Gratia et Libertate doctrinam impugnantis, graves, multi et manifesti errores.
Genabi Carnutum. 1659. Naloderus.

7. — Epistola ill. ac rev. D *Jacobi* BOONEN, Arch. Mechlin ad Em. Cardinales Inquisitionis Romanæ præfectos, à Jesuitis adversus eumdem interpellatos. — 1654.

8. — Conclusio sacræ Facultatis th. Remensis. — 1653.

7061. — Scientia media contra novos ejus impugnatores defensa. Propugnante P. *Francisco* ANNATO.
Parisiis. 1662. Cramoisy. 1 vol. in-4°.

7062. — Nodus Prædestinationis ex Sacris litteris, doctrinâque SS. Augustini et Thomæ, quantùm homini licet, dissolutus. Auctore *Cœlestino*... Card. SFONDRATO.
Coloniæ. 1698. Noethen. 1 vol. in-8°.

7063. — R. P. F. GABRIELIS A S. VINCENTIO tractatus tres. I. De Gratia. II. De Justificatione. III. De Merito... Juxta catholicam et profundam D. Augustini... et D. Thomæ... doctrinam...
Romæ. 1658. Mancini. 1 vol. in-fol.

7064. — Le calendrier des heures surnommées à la Janséniste, revu et corrigé. Par Fr. DE SAINT ROMAIN. (*Philippe* LABBE).
Paris. 1650. 1 vol. in-8°. Sans titre.

2. — La conférence en religion, avec le Sieur Bochard, Ministre de Caen ; contenue en une lettre escrite à Mgr l'Evesque et Prince de Genève. (Par TREPIER, orfèvre genevois).
Paris. 1663. Maucroy. in-8°.

3. — La conduite de S. Augustin contre les Pélagiens, suivie par les Evesques de France contre les Jansénistes. Par Me *Claude* MOREL.

4. — Les Jansénistes convaincus d'erreur et de mensonge, en ce qu'ils ont soustenu depuis la Bulle d'Innocent X. que les cinq Propositions condamnées, ne sont point de Jansénius. Par le même.
Paris. 1658. Rocolet. in-8°.

7065. — Apologie pour les Casuistes, contre les calomnies des Jansénistes. Par un Théologien et Professeur en droit canon. (Par le P. *George* PIROT).

Factum pour les Curez de Paris. Contre un livre intitulé : *Apologie pour les Casuistes*...

Cologne. 1658. P. de la Vallée. 1 vol. in-12.

7066. — La deffense des Constitutions d'Innocent X. et d'Alexandre VII. et des Décrets de l'Assemblée générale du Clergé de France; contre la doctrine de Jansénius, contenue aux cinq propositions condamnées. Par le R. P. *D.* AMELOTE.

Paris. 1660. Huré. 1 vol. in-4°.

7067. — Eclaircissement du fait et du sens de Jansénius. Contre les livres, écrits et extraits de MM. Pereyret, Morel, Chamillart, Annat, Amelote, et autres. Par *Denis* RAIMOND (*Noel* DE LA LANE).

Cologne. 1660. 1 vol. in-4°.

— Escrit du Pape CLÉMENT VIII, et conformité de la doctrine soutenue par les Disciples de S. Augustin sur les controverses de la Grace, avec la doctrine contenue dans l'écrit de ce Pape et confirmée par plusieurs témoignages de S. Augustin qui y sont rapportez.

Cologne. 1662. in-4°.

7068. — Response exacte au livre de Denys Raymond ; touchant les cinq Propositions de Jansénius, pour la défense des Constitutions qu'Innocent X et Alexandre VII ont publiées contre la doctrine de ce Prélat...Par le R. P. *Dom.* PIERRE DE S. JOSEPH.

Paris. 1661. Muguet. 1 vol. in-12.

7069. — La question de fait touchant Jansénius, traittée par le droit et par le fait ; avec la réponse à tous les libelles de Port-Royal, qui ont paru depuis deux ans. Par le Sieur DE MARANDÉ.

Paris. 1661. Cramoisy. 1 vol. in-4°.

7070. — Le flambeau de la doctrine catholique, ou la fidèle discussion des véritez fondamentales du Christianisme, suivant les sentimens anciens et ordinaires

de l'Eglise et des Pères. Contre les fausses interprétations des Jansénistes. Par le R. P. *Jacques* IGOUT.
Paris. 1661. Langlois. 2 vol. in-4°.

7071. — La découverte d'une nouvelle hérésie cachée sous la négation du fait de Jansénius, et colorée de deux équivoques... Par le R. P. DU BOSC.
Paris. 1662. Martin. 1 vol. in-4°.

7072. — La conduite de l'Eglise et du Roy justifiée dans la condamnation de l'hérésie des Jansénistes. Par le P. *François* ANNAT.
Paris. 1664. Cramoisy. 1 vol. in-4°.

7073. — Traité de la foy humaine. Auquel on a joint le Jugement équitable de S. Augustin sur la Grâce, et plusieurs autres pièces curieuses au sujet du Formulaire. (Par *Pierre* NICOLE).
Mons. 1693. Barbier. 1 vol. in-12.

7074. — Remède contre les scrupules qui empeschent la signature du Formulaire. — Avec la Response aux deux parties de l'écrit *De la foy humaine*... Par le P. *François* ANNAT. 2e éd.
Paris. 1665. Cramoisy. 1 vol. in-8°.

7075. — Nova Cassiopeiæ stella, antiquum Prædeterminationis Thomisticæ negotium, originem, progressum et necessitatem illustrans... Authore ac propugnatore P. F. JACOBO A SANCTO DOMINICO.
Lingonis. 1667. N. Secard. 1 vol. in-fol.

7076. — Les imaginaires, et les visionnaires. (Par *Pierre* NICOLE). Traité de la foy humaine. Jugement équitable, tiré des œuvres de S. Augustin. Lettre de M. *Nicolas* PAVILLON, Evêque d'Alet, à Mᵉ Hardouyn de Péréfixe, Archev. de Paris.
Cologne. 1683. Marteau. 1 vol. in-8°.

7077. — Les imaginaires et les visionnaires, ou lettres sur l'hérésie imaginaire. Par le Sieur DE DAMVILLIERS. (*P.* NICOLE).
Liége. 1692. Beyers. 2 vol. in-12.

7078. — Authoritas contra Prædeterminationem physicam pro Scientiâ mediâ, cum brevi historiâ complectente ortum, pugnas et palmas ejusdem Scientiæ mediæ. Authore *Germano* PHILALETHE *Eupistino.* (*Jacobo* PLATELIO).
Duaci. 1669. Patté. 1 vol. in-12.

7079. — Scientia media ad examen revocata. Per *Germanum* PHILALETHEN *Eupistinum* (J. PLATELIUM).
Duaci. 1670. Patté. 1 vol. in-8°.

7080. — Autoritas contra Prædeterminationem physicam novis ex ipso sacro ordine FF. Præd. petitis suffragiis stabilita, ac præsertim ex insigni opere R. P. F. Josephi de Vita,.. cujus tractatum de primo movente Prædeterminationis fundamenta omnia diruentem fideliter excerpsit... R. P. *Jacobus* PLATELIUS.
Duaci. 1673. Serrurier. 1 vol. in-4°.

7081. — De Libertate et Contritione SS. Augustini et Thomæ gemini Ecclesiæ solis tutissima et inconcussa dogmata. Per *Germanum* PHILALETHEN (J. PLATELIUM).
Duaci. 1671. Bellerus. 1 vol. in-12.

7082. — Authoritas Germani Philalethis Eupistini contra præmotiones physicas pro Scientiâ mediâ. Exauthorata pro præmotionibus physicis contra Scientiam mediam. Per R. P. F. *Paulum* FASSEAU.
Duaci. 1670. Bellerus. 1 vol. in-8°.

7083. — Vanitas triumphorum quos ab authoritate adversus prædeterminationes physicas pro Scientiâ mediâ erigere nititur Germanus Philalethes. Authore Amico Philalethi (R. P. *Hieronymo* HENNEGUIER).
Duaci. 1670. Patté. 1 vol. in-12.

7084. — La théologie des Saints, où sont représentés les diverses et merveilleuses conduites de la Grâce. Par le R. P. *Claude* DELIDEL.
Paris. 1671. Henault. 1 vol. in-4°.

7085. — Thomistarum triumphus, id est sanctorum Augustini et Thomæ summa concordia. I. De Scientiâ

mediâ. II. De naturâ purâ, seu de duplici Dei amore. III. De Libertate. IV. De Contritione. V. De Probabilitate. Per *Germanum* PHILALETHEN (*Carolo* DE BRIAS, dicto *Carolo* DE ASSUMPTIONE). 2ª ed.
Duaci. 1672-73. Bellerus. 2 vol. in-4°.

7086. — L'Evesque de Cour opposé à l'Evêque apostolique. (Cinq entretiens par *Jean* LE NOIR). (1).
Cologne. 1674. 1675. 2 vol. in-12.

7087. — Vindiciæ Augustinianæ, quibus S. Doctoris scripta adversus Pelagianos ac Semipelagianos à recentiorum censuris asseruntur. Auctore P. M. *Henrico* DE NORIS.
Bruxellis. 1675. Marchant. 1 vol. in-4°.

7088. — Apologia Naturæ et Gratiæ, sive de concordia utriusque juxta mentem D. Augustini et D. Thomæ. Auctore *Juliano* NICOLAO.
Burdigalæ. 1675. G. Taupinart. 1 vol. in-4°.

7089. — Le miroir de la piété chrétienne, où l'on considère, avec des réflexions morales, l'enchaînement des véritez catholiques de la Prédestination et de la Grace de Dieu, et leur alliance avec la liberté de la créature. Par *Flore* DE S. FOY (*Gabriel* GERBERON).
Liége. 1677. Bonard. 1 vol. in-12.

7090. — Le combat des deux clefs ou la défense du *Miroir de la piété chrétienne*. Recueil d'ouvrages dans lequel opposant la clef de la science à celle de la puissance, on fait voir l'abus des prétendues censures de quelques Evêques contre ce livre. (Par LE NOIR.)
Durocortore. 1678. 1 vol. in-12.

— Le miroir sans tache. Où l'on voit que les véritez, que Flore enseigne dans le *Miroir de la piété*, sont très pures... Par l'Abbé VALENTIN (*G.* GERBERON).
Paris. 1680. 1 vol. in-12.

---

(1) Ecrit contre l'Evêque d'Amiens, à propos de son ordonnance sur la traduction du Nouveau Testament imprimé à Mons.

7091. — Recueil des censures faites par quelques Prélats de France contre le livre intitulé, Le miroir de la piété chrétienne...— Avec une critique contenue dans une lettre addressée à l'Auteur.
S. n. n. l. 1683. 1 vol. in 12.
7092. — Doctrina theologica per Belgium manans ex Academia Lovaniensi ab anno 1644 usque ad annum 1677. Per Theologos Belgas.
Moguntiæ. 1681. Kuchlerus. 1 vol. in-4°.
7093. — Recueil de quelques lettres pastorales de Mgr l'Evesque d'Aoste (*Ph. Alb.* BALLY), sur les questions du temps. Ecrites aux Curez de son diocèse pour leur apprendre la manière d'éviter dans la conduite des ames les erreurs où la nouveauté d'une doctrine trop rigide ou trop relâchée pourroit les engager.
Lyon. 1681. Certe. 1 vol. in-8.
7094. — Réflexions philosophiques et théologiques sur le nouveau système de la Nature et de la Grâce. (Par *Antoine* ARNAULD).
Cologne. 1685-86. Schouten. 3 vol. in-12.
7095. — Dissertation de M. ARNAULD sur la manière dont Dieu a fait les fréquens miracles de l'ancienne Loy par le ministère des Anges...
Cologne. 1685. Schouten. 1 vol. in-12.
7096. — Préjugés légitimes contre le Jansénisme. Avec une histoire abrégée de cette erreur depuis le commencement des troubles que Jansénius et M. Arnauld ont causé dans le monde jusques à leur pacification. Par un Docteur de Sorbonne. (*Fr.* DE VILLE).
Cologne. 1686. Abr. Du Bois. 1 vol. in-12.
7097. — Phantôme du Jansénisme, ou justification des prétendus Jansénistes, par le livre même d'un Savoyard Docteur de Sorbonne leur nouvel Accusateur; intitulé : *Les préjugez légitimes contre le Jansénisme.* (Par *Ant.* ARNAULD).
Cologne. 1688. Schouten. 1 vol. in-12.

— L'Eglise de France affligée...   Hist. des Relig.No 438.
— La foy et l'innocence du Clergé de Hollande...   Ibid.No 508.

7098. — Deux lettres du P. MALEBRANCHE touchant le IIe et le IIIe volume des *Réflexions philosophiques et théologiques de M. Arnauld.*
Rotterdam. 1685. Reinier Leers. 1 vol. in-12.

7099. — Lettres du Prince de CONTI (*Armand* DE BOURBON) ou l'accord du libre arbitre avec la grace de Jésus-Christ, enseigné par S. A. Sérén. au P. De Champs. Avec plusieurs autres pièces sur la même matière.
Cologne. 1689. Schouten. 1 vol. in-12.

7100. — Question curieuse. Si M. Arnauld, Doct. de Sorb., est hérétique. A M.*** Conseiller de son Altesse l'Evêque et Prince de Liége. (Par le P. QUESNEL).
Cologne. 1690. Schouten 1 vol. in-12.

7101. — Tradition de l'Eglise Romaine sur la Prédestination des Saints et sur la Grace efficace. Par M. GERMAIN. (Le P. QUESNEL).
Cologne. 1687-1690. Schouten. 3 vol. in-12.

7102 — Secrets du parti de M. Arnauld découverts depuis peu. (Par *Hon.* TOURNELY).
— Plainte de M. ARNAULD à Mgr l'Ev. d'Arras.
— Seconde plainte.. aux RR. PP. Jésuites.
— Troisième plainte.. à Mgr l'Ev. et Prince de Liége.
— Lettre à M. Arnauld sur ses plaintes adressées à M. l'Ev. d'Arras et aux RR PP. Jésuites, touchant l'affaire de Douay.
S. n. n. l. 1691. 1 vol. in-12.

7103. — Défense du secret de Jansénisme, contre l'écrit de M. Géry. Par le P. DECHAMPS.
Paris. 1690. Michallet. 1 vol. in-12.
— Secrets du parti de M. Arnauld...
— Plainte de M. ARNAULD...
— Lettre à M. Arnauld sur ses Plaintes...
— Lettre de M. DE LIGNY à un de ses amis où ce professeur fait le récit de son voiage à Carcassonne et de ses autres avantures. 1692.
— Avis importans au R. P. Recteur du Collége des Jésuites de Paris.

Pour réponse à un libelle intitulé : *Lettre à M. Arnauld sur ses plaintes*, etc., *touchant l'affaire de Douay*. — 1692.

— Avis sur la II éd. de la IVe plainte de M. Arnauld. Avec les preuves autentiques de la nouvelle calomnie qu'il a faite aux Jésuites.

— Réponse du P. Payen à la IIIe plainte de M. Arnauld. N^e éd. **Cologne. 1692. N. Armand.**

— Remarques sur la IVe plainte de M. Arnauld.

— Requeste de M. Arnauld sur l'affaire de Douay.

7104. — Défense de l'Eglise Romaine contre les calomnies des Protestans, qui contient : I. Le juste discernement de la créance catholique, d'avec les sentimens des Protestans, et d'avec ceux des Pelagiens, touchant la Prédestination et la Grace. II. Des entretiens où l'on explique la doctrine que l'on tient et que l'on enseigne dans l'Eglise Romaine sur ce mystère. III. Un abrégé de l'Histoire de l'hérésie des Pélagiens... (Par *Gab.* Gerberon).
Cologne. 1691. De Valé. 1 vol. in-12.

7105. — Difficultez proposées à M. Steyaert. (Par *Ant.* Arnauld).
Cologne. 1691. Le Grand. 5 vol. in-12. (Le 3 manque.)

7106. — Défense des Prestres de l'Oratoire de Jésus, contenant leur remontrance justificative au Chapitre de Liége ; la réponse au libelle de Louis Benoist, et leur inscription en faux contre une insigne calomnie répandue dans plusieurs écrits. (Par *P.* Quesnel).
Liége. 1692. 1 vol. in-12.

7107. — Le Faux-Arnauld, ou recœuil de tous les écrits publiez contre la fourberie de Douay, avec le libelle diffamatoire du Faux-Arnauld, réimprimé en deux colonnes selon les deux éditions fort différentes : et tout ce que l'on a pu recouvrer de ses lettres.
S. n. n. l. 1693. 1 vol. in-4°.

7108. — Recueil de plusieurs pièces pour la défense de la Morale et de la Grâce de Jésus-Christ, contre un libelle et des lettres anonyme d'un Père Jésuite.
Cologne. 1693. Kinkius. 2 vol. in-12.

7109. — Opusculum de singulari omnium à Deo creaturarum dependentia essentiali : ex quâ certò hic definietur, quid indè necessariò sequatur, tàm in ordine Naturæ et Gratiæ, quàm in ipso statu fœlicitatis æternæ.
S. n. n. l. 1695. 1 vol. in-12.

7110. — Difficultez proposées à Mgr l'Archevêque par un Ecclésiastique de son diocèse, sur divers endroits des livres dont il recommande la lecture à ses Curez.
S. n. n. l. 1696. 1 vol. in-12.

7111. — Lettre à un Docteur de Sorbonne, sur la dispute de la Probabilité, et sur les erreurs d'une thèse de théologie soutenue par les Jésuites dans leur Collége de Lyon, le 26 d'Aoust dernier. — 1re et IIe lettre...
Mons. 1697. 1 vol. in-12.

7112. — Exposition de la foi catholique touchant la Grace et la Prédestination. (Par *Martin* DE BARCOS).
Mons. s. d. Migeot. 1 vol. in-12.

7113. — Eclaircissemens des prétendues difficultez proposées à Mgr l'Archevesque (de Rouen), sur plusieurs points importans de la morale de Jésus-Christ. Par un Docteur de Sorbonne, du diocèse de Rouen.
— Lettre pastorale de Mgr. l'Archevesque de Rouen (*Jacques-Nicolas* COLBERT), au sujet d'un libelle publié dans son diocèse, intitulé, *Difficultez proposées*...
S. n. n. l. 1697. 1 vol. in-12.

7114. — Mêmes ouvrages. Autre édition.
S. n. n. l. 1697. 1 vol. in-12.

7115. — Lettre pastorale de Mgr. l'Archevêque de Rouen...
Rouen. 1697. Viret. in-12.

— Epistola pastoralis illust. Rothomag. Archiepiscopi, super libello quodam recens per ejus diœcesim divulgato, cui titulus, *Difficultates propositæ*...
Rothomagi. 1697. Viret. in-12.

— Ordonnance de Mgr l'Archevêque de Reims (*Charles Maurice* LE TELLIER) pour l'approbation des Réguliers dans son diocèse.
Reims. 1697. Pottier. in-12.

— Ordonnance de Mgr l'ill. et rev. Evêque d'Amiens FEYDEAU DE BROU) pour la juridiction des Evêques et des Curez, au sujet d'un écrit publié dans son diocèse, intitulé : *Propositions du P. des Timbrieux...*
Amiens. 1697. Michel Neufgermain. in-12.

7116. — Lettres au R. P. Alexandre dans lesquelles on fait le parallèle de la doctrine des Thomistes avec celle des Jésuites, sur la Probabilité et sur la Grâce. (Par le P. *Gab.* DANIEL). — 10 lettres.
S. n. n. l. 1696-1697. 1 vol. in-12.

7117. — Les mêmes lettres. (N° éd.)
Cologne. 1698 1 vol. in-12.

7118. — Lettres d'un Théologien aux RR. PP. Jésuites pour servir de réponse aux (lettres adressées) au P. Alexandre par un Religieux de leur Compagnie, où il fait un parallèle de la doctrine des Jésuites, et de celle des Thomistes. (Par le P. *N.* ALEXANDRE).
S. n. n. l. 1697. 1 vol. in-12.

— Lettre d'une Dame de qualité à une autre Dame Sçavante, et d'une Dame Sçavante à une autre Dame de ses amies. — (5 lettres).
Mons. 1687. Cologne. 1696. in-12.

7119. — Ordonnance de Mgr. l'Arch. de Reims en forme d'instruction pour la Faculté de théologie de l'Université de Reims. A l'occasion de deux thèses soutenues dans le Collége des Jésuites de la mesme ville, le 5 et 17 de Déc. 1696. (Par *Ch.* WITASSE).
Paris. 1697. Anisson. 1 vol. in-8°.

7120. — Défense de l'Eglise Romaine et des souverains Pontifes, sur la Grace, contre Melchior Leydecker, Théologien d'Utrecht. Avec un écrit de M. ARNAULD, et un recœuil de plusieurs autres écrits curieux et importans pour l'histoire et la paix de l'Eglise, sur les questions du tems. Par M. GERMAIN (*P.* QUESNEL).
Liége. 1697. Hoyoux. 1 vol. in-12.

7121. — Défense des deux Brefs de N. S. P. le Pape Inno-

cent XII. aux Evêques de Flandre, contre le Docteur Martin Steyaert. Au sujet de deux décrets qui concernent le Formulaire et la Morale. Adressée à ce même Docteur par l'Abbé DU MANOIR.(P. QUESNEL.)
Douay et Delf. 1697. Van Rhyn. 1 vol. in-12.

7122. — Recueil de plusieurs pièces concernant l'origine, la vie et la mort de M. Arnauld.
Liége. 1697. 1 vol. in-12.

7123. — Recueil de quelques pièces concernant la mort de M. Arnauld.
Liége. 1698. 1 vol. in-12.

7124. — Lettre d'un Théologien[*Réné* ANGEVIN (*Gab.* GERBERON)] à Mgr l'Evêque de Meaux, touchant ses sentimens et sa conduite à l'égard de Mgr l'Archevêque de Cambray.— Avec l'excellent traité de S. BERNARD de la Grace et du Libre-Arbitre.
S. D. n. l. n. d. (1698). 1 vol. in-12.

7125. — Refutatio prodroma libelli famosi, cui titulus : *Breve memoriale extractum ex prolixiore, de statu ac progressu Jansenismi in Hollandia* ; adornata à Vincentio PALÆOPHILO. (*Ægidio* DE WITTE).
Delphis. 1698. H. Van Rhyn. 1 vol. in-4°.

— Gratia triumphans, de novis Liberi-Arbitrii decomptoribus, inflatoribus, deceptoribus : ac præsertim scribillatore notarum brevium in Refutationem prodromam... (Ab *Æg.* DE WITTE).
Delphis. 1699. H. Van Rhyn. in-4°.

— Panegyris Janseniana, seu testimonia eruditorum virorum celebrantia librum, cui titulus : *Corn. Jansenii Augustinus* ; addito Prologo Galeato, hodiernis controversiis non parum illustrandis accommodo ; per *Petrum* AURELIUM. (*Æg.* DE WITTE).
Gratianopoli 1699. Delphis. Ph. Verus. in-4°.

— Lettre d'un ancien Chanoine de la collégiale de B. à un ancien Chanoine de la Cathédrale de S. Touchant la prétendue rétractation de Dom Gab. Gerberon...

— Motif du droit, ou défense du Séminaire de Liége, et du droit de MM. ses Proviseurs, contre l'entreprise et les libelles des Jésuites Anglois de cette ville. (Par B. VAN ESPEN et le P. QUESNEL).

— Bref de N. S. P. le Pape INNOCENT XI. touchant les Urbanistes.

— Contra novi Abailardi errores S. Bernardus etiamnum expostulat apud Clementem X. Pont. Max.

— Déclaration de M. l'Abbé Couet, grand Vicaire de Mgr l'Arch. de Rouen, sur les cinq Propositio..s.
Liége. 1704. Van Milst. in-4°.

7126. — Mémorial espagnol présenté à Sa Majesté catholique contre les prétendus Jansénistes du Pays-Bas au nom et par l'ordre du T. Rev. P. Général de la Société, condamné par un décret de l'Inquisition générale d'Espagne. (Par *Jean* Palazol) Le tout traduit en françois (avec l'espagnol en regard).

— Libelli hispanicè editi hoc titulo : *Memorial al Rey N. Senor Carlos II. en defensa de sus reales decretos en el Pais baxo catholico...* Per R P. Joannem de Palazol... refutatio per Belgas Theologos.
S. n. n. l. 1699. 1 vol. in-8°.

7127. — Réflexions sur les Constitutions et Brefs de NN. SS. PP. les Papes Innocent X. Alexandre VII. et Innocent XII. touchant la condamnation des cinq Propositions faite sous le nom de Jansénius, Evêque d'Ipres. (Par *Nicolas* Petit-Pied).
Cologne. 1699. Druckerus. 1 vol. in-12.

7128. — Causa Arnaldina, seu *Antonius* Arnaldus... a Censura anno MDCLVI sub nomine Facultatis Theol. Par. vulgata vindicatus suis ipsius aliorumque scriptis, nunc primùm in unum collectis: quibus S. Augustini et S. Thomæ doctrina de Gratia efficaci et sufficiente dilucidè explanatur. (Edidit P. Quesnel).
Leodici Eburonum. 1699. Hoyoux. 1 vol. in-8°.

7129. — Les sentimens de S. Augustin sur la Grace opposez à ceux de Jansénius. Par le P. *Jean* Le Porcq. 2° éd.
Lyon. 1700. Comba. 1 vol. in-4°.

7130. — Augustiniana Ecclesiæ Romanæ doctrina a Cardinalis Sfondrati nodo extricata, per varios S. Augustini Discipulos, ill. et rev. Ecclesiæ Principibus Archiepiscopis, Episcopis cæterisque totius Cætus

ecclesiastici Ordinibus Cleri Gallicani in Comitiis generalibus in Palatio regio ad Fanum S. Germani proximè congregandis nuncupata.
Coloniæ. 1700. Corn. ab. Egmond. 1 vol. in-12.

7131. — Instructions sur la Grâce, selon l'Ecriture et les Pères : par feu M. ARNAULD. Avec l'Exposition de la Foi de l'Eglise Romaine touchant la Grace et la Prédestination : par M. BARCOS...
Cologne. 1700. Marteau. 1 vol. in-12.

7132. — Defensio Arnaldina, sive analytica synopsis libri de Correptione et Gratiâ, (quæ ab Arnaldo edita est anno 1644) ab omnibus reprehensorum vindicata calumniis. (Autore D. *Francisco* GESVRES).
Antuerpiæ. 1700. G. S.** 1 vol. in-12.**

7133. — Justification de la doctrine de M° Henri Denis.
S. n. u. l. 1700. 1 vol. in-4°.

7134. — Le père Bouhours Jésuite convaincu de ses calomnies anciennes et nouvelles contre Messieurs de Port-Roial... (Par P. QUESNEL).
S. n. u. l. 1700. 1 vol. in-12.

7135. — Problême ecclésiastique proposé à M. l'Abbé Boileau de l'Archevêché, à qui l'on doit croire de M° L. Ant. de Noaille Evêque de Châlons, en 1695, ou de M° L. Ant. de Noaille Archevêque de Paris en 1696. (Par le P. *Louis* DOUCIN).

— Lettres d'un Théologien à un de ses amis à l'occasion du Problême ecclésiastique adressé à M. l'Abbé Boileau. (Par l'Abbé *Jos.* DE BEAUFORT.)
Anvers. 1700. Henry Van Rhyn. in-12.

— Solution de divers problêmes très importans pour la paix de l'Eglise. Tirée du *Problême ecclésiastique..* (Par P. QUESNEL).
Cologne. 1699. Marteau. 1 vol. in-12.

— Justification des Réflexions sur le Nouveau Testament, imprimées de l'autorité de Mgr l'Evêque de Châlons, et approuvées par Mgr l'Archevêque de

Paris. Composée en 1699 contre le *Problême ecclésiastique*.... Par feu M⁰ *Jacques-Bénigne* BOSSUET.
Lille. 1710. Brovellio. 1 vol. in-12.

7136. — Ecclesia Leodiensis summo Pontifici Innocentio XII. supplicans pro suo Seminario, et doctrinam RR. PP. Collegii Anglicani Soc. Jesu Leodii denuntians. (Auctore *Joanne* OPSTRAET.)
Lovanii. 1701. Denique. 1 vol. in-4⁰.

7137. — Justification de M. Arnauld contre la censure de 1656, contenue dans les écrits faits en françois sur ce sujet. Ou recoeuil des écrits composés par M. ARNAULD même. (Publié par *P.* QUESNEL).
Liège. 1702. Moioux. 3 vol. in-8⁰.

7138. — Instructions sur les vérités de la Grâce et de la Prédestination, en faveur des simples fidèles. (Par M. *Simon-Michel* TREUVÉ)
Cologne. 1702. 1 vol. in-12.

— Voie de prescription légitimement emploiée contre la Bulle *Unigenitus*, ou préjugez décisifs présentez contre la Constitution, aux Evêques pacifiques de France, par les fidèles persécutez dans différens diocèses. — 1743.

— Justification des Réflexions.. N° édit.   N° 7135.
Nancy. 1740. Nicolaï. in-12.

7139. — Instructions... N° éd.
Avignon. 1752. La Société. 1 vol. in-12.

7140. — Lettre d'un Evêque à un Evêque ou consultation sur le fameux cas de conscience, résolu par quarante Docteurs de la Faculté de Théologie de Paris. (Par le P. QUESNEL).
S. n. n. l. 1703. 1 vol. in-12

— Considérations sur la censure faite par Mgr l'Evêque d'Apt, d'un imprimé contenant la décision d'un cas de conscience signé par quarante Docteurs de Sor.
S. n. n. l. 1703. in-12.

— Deux lettres de M⁰ *Antoine* ARNAULD écrites en 1687 à M. Ph. le Féron, approbateur du livre intitulé *Théologie morale de S. Augustin*... Touchant la différence des péchés mortels, et des péchés veniels, où peuvent tomber quelques justes.

S. n. n. l. 1700. in-12.

— Innocentii XII. Summi Pontificis mors, seu vindex Confucii Infernus. Carmen epicum.

7141. — Justification du silence respectueux, ou réponse aux instructions pastorales et autres écrits de Mgr l'Archev. de Cambray. (Par *Jacques* FOUILLOU et *Nicolas* PETIT-PIED.)

S. n. n. l. 1707. 3 vol. in-12.

7142. — Défense de tous les Théologiens, et en particulier des Disciples de S. Augustin. Contre l'ordonnance de Mgr l'E. de Chartres du 3 Août 1703. (Par FOUILLOU).

S. n. n. l. 1704. 1 vol. in-12.

7143. — Divus Augustinus summus Prædestinationis et Gratiæ Doctor à calumniâ vindicatus. Adversus J. Launoii traditionem... Clementis XI decreto nuper inustam. Auctore Fr. *Jacobo-Hiacinto* SERRY.

Coloniæ. 1704. Schouten. 1 vol. in-8°.

7144. — Défense de S. Augustin. Contre un livre qui paroît depuis peu sous le nom de M. de Launoy, où l'on veut faire passer ce saint Père pour un novateur. Par le P. *Gabriel.* DANIEL.

Paris. 1704. Le Clerc. 1 vol. in-12.

7145. — Decretum et documentum pastorale ill. ac rev. Archiep. Ducis Camer. (FENELON) ad Clerum et Populum suæ diœcesis. Adversus libellum typis editum, cui titulus, *Casus conscientiæ...*

S. n. n. l. 1704. 1 vol. in-8.

7146. — Ordonnance et instruction pastorale de Mgr l'Archevêque de Cambray au Clergé et au Peuple de son diocèse, portant condamnation d'un écrit intitulé : *Cas de conscience proposé par un Confesseur de Province touchant un Ecclésiastique qui est sous sa conduite.*

Paris. 1704. Emery. 1 vol. in-12.

7147. — Seconde instruction pastorale de Mgr l'Archevêque

Duc de Cambray... Pour éclaircir les difficultez proposées par divers écrits contre sa première Instruction pastorale du 10 Fév. 1704.
Valenciennes. 1705. Henry. 1 vol. in-12.

7148. — Troisième instruction pastorale de Mgr l'Archevêque Duc de Cambray... contenant les preuves de la tradition sur l'infaillibilité de l'Eglise...
Valenciennes. 1705. Henry. 1 vol. in-12.

7149. — Quatrième instruction pastorale de Mgr l'Archevêque Duc de Cambray... où l'on prouve que c'est l'Église qui exige la signature du formulaire...
Valenciennes. 1705. Henry. in-12.

7150. — Difficultez sur l'Ordonnance et Instruction pastorale de Mgr l'Arch. Duc de Cambrai, touchant le fameux Cas-de-conscience; proposées à ce Prélat en plusieurs lettres, par M. VERAX (*Jacques* FOUILLOU).
Nancy. 1704. Nicolaï. 1 vol. in-12.

— Réflexions d'un Docteur en théol. (FOUILLOU) sur l'Ordonnance et l'Instruction past. de Mgr l'Arch. Duc de Cambray touchant le Cas-de-conscience... contenues en plusieurs lettres adressées à un Abbé.
Nancy. 1705. Nicolai. in-12.

— Epistola *Joannis* LAUNOII (*Hyac.* SERRY) ex Elysio ad Generalem Societatatis Jesu Præpositum data...
In Campis Elysiis. 1705. J. Faustus. in-12.

7151. — Défense du Mandement de Mgr l'Em. Cardinal de Noailles, Archev. de Paris. Portant approbation des Réflexions morales du P. Quesnel sur le Nouveau Testament... (Par le P. QUESNEL).
Paris. 1705. Pralart. 1 vol. in-12.

— Lettre du R. P. QUESNEL à un de ses amis au sujet du procès ou motif de droit, publié contre ce Père par Mgr l'Archevêque de Malines.
Cologne. 1705. Druckerus. in-12.

— Solution de divers problèmes....   N° 7135.
— Suite de la solution de divers problèmes, pour servir

de Réponse à la lettre du P. Daniel à M. l'Arch. de Paris. (Par *P.* Quesnel).
Cologne. 1700. Marteau. in-12.

7152. — Le véritable esprit des nouveaux disciples de S. Augustin. Lettres d'un Abbé licencié de Sorbonne à un Vicaire général d'un diocèse des Pays-Bas. (Par le P. *Louis* Doucin).
Bruxelles. 1705. Claudinot. 3 vol. in-12.

7153. — Traité théologique touchant l'efficacité de la Grâce ; où l'on examine ce qui est de foy sur ce sujet, et ce qui n'en est pas ; ce qui est de S. Augustin, et ce qui n'en est pas. Par le P. *Gabriel* Daniel.
Paris. 1705. Le Clerc. 1 vol. in-12.

7154. — Le renversement de la Foy catholique par les erreurs touchant l'infaillibilité de l'Eglise dans les faits non révélés, contenues dans un libelle intitulé : *Déclaration de la Faculté de Théologie de l'Université de Douay sur ce qu'on a avancé dans un Cas de conscience.*
S. n. n. l. 1705. 1 vol. in-12.

— Défense de la Foi catholique contre les illusions d'un écrit, qui vient de paroître sous le nom de M. Delcourt, touchant l'infaillibilité de l'Eglise dans les faits non révélés.
Cologne. S. d. Hérit. de P. Marteau. in-12.

— Lettres des Jésuites de Poitiers, à M. Delcour, contenant le différent sort de la Probabilité à Poitiers. Pour lui servir de règle de conduite dans l'affaire qu'il a avec M. d'Arras, qui a censuré son opinion sur cette matière.

7155. — *Antonini* Reginaldi de mente S. Concilii Tridentini circa Gratiam se ipsâ efficacem, opus posthumum. Accesserunt animadversiones in xxv propositiones P. Ludovici Molinæ autore *Jacobo* Le Bossu, et alternæ epistolæ *Petri* Soto, *Ruardi* Tapperi et

Judoci RAVESTEIN de Gratiæ et Liberi-Arbitrii concordia. (N. PETIT-PIED præfatus est).
Antuerpiæ. 1706. Foppens. 1 vol. in-fol.

7156. — Schola Thomistica vindicata, seu Gabr. Danielis tractatus theologicus adversus gratiam se ipsâ efficacem censoriis animadversionibus confutatus... Authore Fr. *Jacobo-Hyacintho* SERRY.
Coloniæ. 1706. Schouten. 1 vol. in-8°.

7157. — Clericus Belga Clericum Romanum muniens adversus notam nimii rigoris et calumnias, quibus Theologos Belgas aspergit Francolinus Jesuita Romanus in libro quem inscribit *Clericus Romanus*... Per Theol. Lovan. (*Joannem* OPSTRAET).
Leodii. 1706. Hoyoux. 1 vol. in-12.

7158 — Defensio auctoritatis Ecclesiæ in qua asseritur gravissimum pondus ejus Constitutionum, refellitur novellum quorundam principium ipsi injuriosum, ac Epistola Leodiensis de Formulâ Alexandrinâ vindicatur. (Autore *H.* DENIS).
Leodii. 1706. Hoyoux. 1 vol. in-8°.

7159. — Le P. Quesnel séditieux et hérétique dans ses Réflexions sur le Nouveau Testament. (Par les PP. *Michel* LE TELLIER et *J. Ph.* LALLEMANT).
S. n. n. l. 1707. 1 vol. in-12.

7160. — Divus Thomas sui interpres de divinâ motione, et libertate creatâ. Tomi duo. Auctore R. P. F. *Antonino* MASSOULIÉ. 2ª ed.
Romæ. 1707. Komarck. 2 en 1 vol. in-fol.

7161. — Lettre à Mgr l'Evêque de Bayeux, sur son mandement du 5 Mai 1707.
La Haye. 1708. Johnson. 1 vol. in-12.

7162. — Chimère du Jansénisme ou dissertation sur le sens dans lequel les cinq Propositions ont été condamnées. Pour servir de réponse à un écrit, qui

a pour titre : *Deuxième défense de la Constitution, Vineam Domini Sabaoth.* (Par *Jacques* Fouillou).
S. n. n. l. 1708. 1 vol. in-12.

— Divers abus ét nullités du décret de Rome du 4 Oct. 1707. Au sujet des affaires de l'Eglise catholique des Provinces-unies. (Par P. Quesnel).
S. n. n. l. 1708. in-12.

7163. — Dialogi pacifici inter Theologum et Jurisconsultum, contra libellum *De quæstione acti Jansenii variæ quæstiones juris et responsa,* aliosque anonymos: cum designatione V famosarum propositionum in libro Jansenii. Authore Doct. Cath. Rom. (Mony).
Bruxellis. 1708. T'Serstevens. 1 vol. in-8°.

7164. — Recueil de toutes les réponses du P. Malebranche à M. Arnaud.
Paris. 1709. David. 4 vol. in-12.

7165. — De mente S. Concili Tridentini circa gratiam physicè prædeterminantem dissertatio I. II. III. IV. Auctore *Liberio* Gratiano. (*Livino* Meyer).
Bruxellis. 1709 J. De Smedt. 1 vol. in-8°.

7166. — Documentum pastorale ill. Arch. Ducis Camerac. (Fenelon) ad Clerum et Populum suæ diœcesis, de libro gallicè scripto, cui titulus, *Deffensio silentii obsequiosi...*
Valencenis. 1709. Offic. Henricana 1 vol. in-12.

7167. — Instruction pastorale de Mgr l'Arch. Duc de Cambray au Clergé et au Peuple de son diocèse, sur le livre intitulé *Justification du silence respectueux...*
Valenciennes. 1708. Henry. 1 vol. in-8°.

7168. — Obedientiæ credulæ vana religio, seu silentium religiosum in causà Jansenii explicatum, et salvâ fide ac auctoritate Ecclesiæ vindicatum... (Autore *Nicolao* Petit-Pied).
S. n. n. l. 1708. 2 vol in-12.

— Dissolutio schematis Wyckiani bipartiti de Prædestinatione, pèr F. *Norbertum* d'Elbecque.
Antuérpiæ. 1708. Vermey. in-12.

7169. — Dissolutio schematis Wyckiani.. N° 7168.
— Responsio pro eruditiss. Viro ** epistolæ Leodiensis confutatore per ill. ejusdem epistolæ autorem, defensorem ac vindicem. 1710.
— Apologia pro Huberto Gautio.. contra Jesuitarum calumnias. 1710.

7170. — Controversiæ inter defensores Libertatis et prædicatores Gratiæ, de auxiliis divinæ Gratiæ... A.R.P.F. Joanne GONZALES DE LEON.
Leodii. 1708. Hoyoux. 1 vol. in-4°.

7171. — Entretiens sur le décret de Rome contre le Nouveau Testament de Châlons, accompagné de Réflexions morales. Où l'on découvre le vrai motif de ce décret, on soutient les droits des Evêques, et l'on justifie l'approbation de Mgr de Noailles .(Par *P.* QUESNEL).
S. n. n. l. 1709. 1 vol. in-12.

7172. — Instruction sur la doctrine de la Grace. (Par *Martin* DE BARCOS.
Bruxelles. 1709. Friex. 1 vol. in-12.

7173. — Du refus de signer le formulaire. Pour servir de réponse à un écrit qui a pour titre: *Second préservatif.* (Par *Nic.* PETITPIED.
S. n. n. l. 1709. 1 vol. in-12.

7174. — Mandement et instruction pastorale de Mgr l'Evêque de Meaux (*Henry* DE THIARD DE BISSY) sur le Jansénisme, portant condamnation des Institutions théologiques du P. Juenin.
Paris. 1710. Ballard. 1 vol. in-4°. Port.

7175. — Ordonnance et instruction pastorale de MM. les Evêques de Luçon et de la Rochelle (*J. Fr.* DE VALDERIE DE LESCURE et *Et.* DE CHAMPFLOUR), portant condamnation d'un livre intitulé, *le Nouveau Testament en françois, avec des Réflexions morales*...
La Rochelle. 1710. Mesnier. 1 vol. in-12.

7176. — Vains efforts des Jésuites contre la Justification des Réflexions sur le Nouveau Testament... où l'on examine plusieurs faits publiés sur ce sujet par

MM. les Evêques de Luçon et de la Rochelle, et par le Sieur Gaillande. (Par le P. Quesnel).

S. n. n. l. 1713. in-12.

— Justification des Réflexions... N° 7135.

7177. — Lettres de Mgr l'Archev. de Cambray (Fénélon) au Père Quesnel.

S. n. n. l. 1710. 1 vol. in-12.

— Réponse aux deux lettres de Mgr l'Archevêque de Cambray au P. Quesnel. (Par le P. Quesnel).

S. n. n. l. 1711. 1 vol. in-12.

— Questions proposées et éclaircies, à l'occasion des lettres de M. l'Arch. de Cambray au P. Quesnel. Avec une Addition sur un endroit du Mandement de M. l'Ev. de Gap, du 4 Mars 1711.(Par Fouillou.)

S. n. n. l. 1711. in-12.

— Justification de la mémoire de M. Pierre Codde, Archevêque de Sebaste, contre un décret de l'Inquisition du 14 Janvier 1711. (Par Nic. Petit-pied).

S. n. n. l. 1711. in-12.

7178. — Eclaircissemens sur quelques ouvrages de théologie. Par M. *** Doct. en théol. (M. Gaillande).

Paris. 1712. Langlois. 1 vol. in-12.

— Réfutation de la lettre des sept Evêques etc. contre la Constitution *Unigenitus*, ou éclaircissemens de différentes matières sur ce sujet.

— Le Nouveau Testament du P. Quesnel, dénoncé à l'Académie françoise. (Par T. de la Chétardie).

S. n. n. l. 1713. in-12.

— Bulle de N. S. P. le P. Clément XI à M. l'Official de Paris, sur l'affaire des Religieuses de Port-Royal des Champs. Du 27 Mars 1708.

7179. — Relation du différent entre M. le Cardinal de Noailles, Archevêque de Paris, et MM. les Ev. de Luçon, de la Rochelle et de Gap. Avec un Recueil

d'écrits importans sur ce sujet, et sur ce qui s'est passé entre Son Eminence et les Jésuites.
S. m. n. l. 1712. 1 vol. in-12.

7180. — Lettres théologiques contre le Mandement et l'Instruction pastorale de Mgr Henri de Thiard de Bissi sur le Jansénisme... (Par MM. LE SOÈNE D'ETTEMARE et PETIT-PIED).
1712. 1 vol. in-12.

7181. — Explication apologétique des sentimens du Père Quesnel dans ses Réflexions sur le Nouveau Testament : par rapport à l'Ordonnance de MM. les Ev. de Luçon et de La Rochelle, du 15 Juillet 1710. (Par le P. QUESNEL).
S. n. n. l. 1712-1715. 2 en 1 vol. in-12.

7182. — Lettres d'un Prédicateur, pour expliquer, soutenir et confirmer la doctrine catholique prêchée dans le cours d'un carême, contre les erreurs du tems.
Liége. 1713. Broncar. 1 vol. in-8°.

7183. — Lettres écrites à un ami, sur les disputes du Jansénisme, et autres matières théologiques du tems.
S. n. n. l. 1710. 1 vol. in-12.

7184. — Apologia pro Abbate et Priore Monasterii Rodensis contra Ex.P. Bernardum Desiderant, in qua eorumdem doctrina et personæ vindicantur et defenduntur adversus falsitates, calumnias, probra ab eodem Doctore ipsis nuper imputata in scripto typis vulgato, cui titulus: *De Reformatione regulari*... Per R. D. *Nicolaum* HEYENDAL.

— Orthodoxie de la foi et de la doctrine de l'Abbé et des Chanoines réguliers de S. Augustin de l'Abbaye de Rolduc, exposée au saint Siége apostolique et au Monde catholique,... et justifiée contre l'Auteur d'un écrit intitulé, *Ecrit consolatoire pour les Catholiques Romains*...
Antuerpiæ. 1710. Jouret. 1 vol. in-8°.

7185. — Mens Augustini de statu creaturæ rationalis antè

peccatum. Polemica dissertatio adversus Pelagianos, Bajanos, Jansenianos errores... Authore P. F. *Fulgentio* BELLELLI.
Lucernæ. 1711. Hauttin. 1 vol. in-8°.

7186. — Instruction familière sur la Prédestination et sur la Grâce, par demandes et par réponses.
Liége. 1711. Streel. 1 vol. in-12.

7187. — Renversement de la doctrine de S. Augustin sur la Grâce par l'Instruction pastorale de MM. les Evêques de Luçon et de La Rochelle. (Par FOUILLOU).
S. n. n. l. 1713. 1 vol. in-12.

7188. — Jésus-Christ sous l'anathème. (Par GUDVER). N° éd.
S. n. n. l. n. d. 1 vol. in-12.

7189. — De l'action de Dieu sur les créatures, traité dans lequel on prouve la prémotion physique par le raisonnement, et où l'on examine plusieurs questions, qui ont rapport à la nature des esprits et à la Grâce. (Par *François-Laurent* BOURSIER).
Paris. 1713. Babuty. 2 vol. in-4°.

7190. — Même ouvrage. N° éd.
Paris. 1715. Babuty. 2 en 1 vol. in-4°.

7191. — Histoire et analyse du livre de l'action de Dieu; Opuscules de M. BOURSIER relatifs à cet ouvrage; Mémoire du même Auteur sur la divinité des Chinois... (Publié par *Ch.* COUDRETTE).
S. n. n. l. 1753. 3 vol. in-12.

7192. — Réfutation par le raisonnement d'un livre intitulé *De l'action de Dieu sur les créatures*... (Par M. D'ARNAUDIN Neveu).
Paris. 1714. Osmont. 1 vol. in-12.

7193. — Réflexions sur la prémotion physique. Par le R. P. MALEBRANCHE.
Paris. 1715. David. 1 vol. in-12.

7194. — Constitution de Notre Saint Père le Pape CLÉMENT XI. du 8 Septembre 1713, en latin et en françois,

avec des observations sur les propositions censurées. (Par *Jacques* Fouillou).
S. n. n. l. 1714. 2 vol. in-12.

7195. — Du témoignage de la vérité dans l'Eglise. Dissertation théologique, où l'on examine, quel est ce témoignage, tant en général qu'en particulier, au regard de la dernière constitution. (Par le P. De La Borde).
Paris. 1714. 1 vol. in-12.

— Examen du livre intitulé du *Témoignage de la vérité dans l'Eglise*. Addressé à l'Auteur du livre. Par le P. D. I. (Daniel, Jésuite).
Paris. 1715. Le Clerc. 1 vol. in-12.

7196. — Du témoignage.. Par le feu P. De La Borde. N° éd.
S. n. n. l. 1754. 2 vol. in-12.

7197. — I, II, III et IV° lettre à M. *** (Contre le livre du *Témoignage de la vérité*).
1 vol. in-12 sans titre.

— Résolution touchant la sanctification du sainct dimanche, et des autres festes Par *Jean* Le Roy.
Rouen. 1621. Ouyn. in-12.

— Six lettres à Mgr l'Arch. de Rouen. Octobre 1636.

7198. — Mandement et instruction pastorale de Mgr l'Arch. Duc de Cambray (Fénelon).. pour la réception de la Constitution *Unigenitus*... Qui condamne le livre des *Réflexions morales*...
Cambray. 1714. Douilliez. 1 vol. in-12.

— Lettres et protestation du R. P. Gourdan, sur la Constitution *Unigenitus*, et sur l'Appel qui en a été interjetté par M. le Cardinal de Noailles. — 1719.

— Lettre de M. l'Abbé de Septfons, à Mme de Gache sa sœur, au sujet des doutes qu'elle avoit sur la Constitution *Unigenitus*.
Viviers. 1721. in-12.

7199. — Recueil des mandemens des Prélats qui n'ont point reçeu la Constitution de N. S. P. le Pape Clément XI, ensemble les lettres contre ces mandemens et autres pièces curieuses.
S. n. n. l. 1714. 1 vol. in-12.

7200. — Mémoire (I à IX) sur les propositions renfermées

dans la Constitution *Unigenitus*, qui regardent la
nature de l'ancienne et de la nouvelle alliance. (Par
J.-B. LE SCÈNE D'ETTEMARE). 2ᵉ éd.
S. n. n. l. 1714-1715. 2 vol. in-12.

7201. — Réflexions sur l'Instruction pastorale proposée à
tous les Prélats du Roiaume, sous le nom de l'Assemblée tenue à Paris en 1713 et 1714, sur l'acceptation de la Constitution en forme de Bulle de N. S.
P. le Pape Clément XI. du 8 Sept. 1713.
S. n. n. l. 1714. 1 vol. in-12.

— Mémoire (1ᵉʳ) sur les propositions renfermées... Nº 7200.

— Les dispositions intérieures d'un véritable catholique, au sujet de la Constitution.

7202. — Dissertation dans laquelle on établit des principes
généraux pour juger de la Constitution, et où l'on
démontre d'une manière géométrique qu'on ne peut
la recevoir absolument, même avec des explications.
S. n. n. l. 1714. 1 vol. in-12.

— Règles de l'équité naturelle et du bon sens pour
l'examen de la Constitution du 8 Sept. 1713, et des
propositions qui y sont condamnées. .(Par *Nicolas*
PETIT-PIED). Nᵉ éd.
S. n. n. l. 1731. 1 vol. in-12.

7203. — Les hexaples ou les six colomnes sur la Constitution *Unigenitus*. (Par J. FOUILLOU).
Amsterdam. 1714. Kuiper. 1 vol. in-4º.

7204. — Hexaples ou les six colomnes...
S. n. n. l. 1715. 1 vol. in-12.

— Réponse de l'Auteur des Hexaples à la lettre du P.
Lallemant. — 1715.

7205. — Les hexaples.. (Par *L.-F.* BOURSIER, *Jac.* LE FEVRE,
J. FOUILLOU, P. QUESNEL, D'ETTEMARE et *G. N.* NIVELLE). Avec l'Histoire du livre des Réflexions
morales du P. Quesnel, et de ce qui s'est passé au
sujet de la Constitution jusqu'à présent. (Par *J.*
LOUAIL et *J.-B.* CADRY).
Amsterdam. 1721. Potgieter. 6 en 7 vol. in-4'.

7206. — Mémoire sur l'amour naturel et sur les œuvres faites sans grace. Par rapport aux propositions censurées dans la Constitution du 8 Sept. 1713, qui supposent que sans la grace on ne peut aimer Dieu, ni faire aucun vrai bien.(Par *L.-B.* BOURSIER). 1714.
— Instruction pastorale de MM. les Evêques de Luçon et de La Rochelle au Clergé et au Peuple de leurs diocèses, sur le livre intitulé, *Justification des Réflexions sur le Nouveau Testament, composé par M*^{e} *Jacques-Benigne Bossuet, Ev. de Meaux.* — 1712.
— Mémoire sur les propositions...   N° 7200.
— Dissertation sur la Constitution du 8 Sept. 1713, où l'on examine I. Si une grande Eglise comme celle de France,est obligée d'accepter purement et simplement toutes les Constitutions dogmatiques des Papes, ou si elle a droit de modifier, ou même de rejetter entièrement celles de ces Constitutions qu'elle n'approuverait pas. II. Si l'Eglise de France doit user de ce droit à l'égard de la nouvelle Constitution. — 1714.
— Mémoire à Mgr le Dauphin sur les affaires présentes de l'Eglise, présenté par MM. les Evêques de Laon et de Langres, le 3 Février 1712. — 1712.

7207. — Le *Miserere* d'un Janséniste pénitent qui se reproche devant Dieu ses iniquités jansénienes... Avec une lettre préliminaire du Sieur *G. J.* VAN DER MEER *Tongrius.*
S. n. n. l. 1714. 1 vol. in-4°.

7208. — Instruction pastorale de Mgr l'Arch. Duc de Cambray (FÉNÉLON)... en forme de dialogues. (*Contre le Jansénisme.*
Cambray. 1714. Douilliez. 3 vol. in-8°.

7209. — Recueil des mandemens et instructions pastorales de MM. les Archev. et Ev. de France, pour l'acceptation de la Constitution de N. S. P. le Pape Clément XI. du 8 Sept. 1713, contre le livre intitulé : *Le Nouveau Testament,en françois, avec des Réflexions morales sur chaque verset...*
Paris. 1715. V° Muguet. 1 vol. in-4°.

7210. — Le disciple pacifique de S. Augustin, sur la Liberté, la Grâce et la Prédestination : avec une dissertation préliminaire de l'autorité de S. Augustin, et de ses anciens Disciples, dans les matières de la Liberté, de la Grâce et de la Prédestination; et des diverses erreurs que ce saint Docteur a combatues sur ce sujet. (Par le P. ANGE DE LA PASSION).
Paris. 1715. Cailleau. 1 vol. in-4°.

7211. — Réponse à diverses questions touchant la Constitution *Unigenitus*, qui ont été proposées pour sujet des Conférences ecclésiastiques du diocèse de Luçon.
s. n. n. l. 1715. 1 vol. in-12.

— Projet de censure raisonnée dressé par Mgr l'Evêque de Langres (*F.-L.* DE CLERMONT) qui a servi de fondement à la censure prononcée par l'Assemblée du Clergé de 1715 contre le livre des Hexaples. Avec un avertissement et des notes... — 1716.

7212. — Lettres d'un Abbé à un Evêque, où l'on démontre l'équité de la Constitution *Unigenitus*, et qui peuvent servir de réponse aux libelles qui ont paru contre cette Constitution. (Par le P. LALLEMANT). 3e édit.
Paris. 1715. Le Clerc. 1 vol. in-12.

7213. — Traité de la Grâce générale. Par M. NICOLE.
s. n. n. l. 1715. 2 vol. in-12.

7214. — Ecrits sur le système de la Grace générale, avec quelques dissertations touchant la liberté, la vue des véritez en Dieu, les péchez d'ignorance, etc... Par M. *Ant.* ARNAULD.
s. n. n. l. 1715. 2 vol. in-12.

7215. — Réfutation du sistème de M. Nicole touchant la Grâce universelle. Par M. l'Abbé D. G. et par Dom HILARION.
s. n. n. l. 1716. 1 vol. in-12.

— Réflexions sur le traité de la Grace générale par Dom HILARION.
s. n. n. l. 1716. in-12.

7216. — Mandement de Son Em. Mgr le Card. DE BISSY,

Evêque de Meaux, par lequel il condamne le livre intitulé : *Lettres théologiques.*
Paris. 1716. Sevestre. 1 vol. in-4°.

7217. — Recueil de diverses difficultez proposées par les Théologiens de France sur la Constitution *Unigenitus.*
S. n. n. l. 1716. 1 vol. in-8°.

— Mémoire dans lequel on examine si l'Appel interjetté au Concile général de la Constitution *Unigenitus*, par quatre Evêques de France, auquel d'autres Evêques, plusieurs Facultez, Chapitres d'Eglises... ont adhéré, est légitime et canonique, et quels sont les effets de cet Appel. 2ᵉ édit.
S. n. n. l. 1717. in-8°.

7218. — Recueil de diverses difficultez... Nᵉ éd.
S. n. n. l. 1720. 1 vol. in-12.

7219. — Réponse (de M. *Guillaume* PLANTAVIT DE LA PAUSE, Abbé de MARGON) au Père Tournemine sur son extrait d'un livre intitulé, *Le Jansénisme démasqué.*
S. n. n. l. 1716. 1 vol. in-12.

— Seconde lettre de M. l'Abbé de.*** (MARGON) au P. Tournemine. Par laquelle il désavoue une fausse édition qui a paru de sa première lettre, et donne une idée de la politique et des intrigues des Jésuites. — 1716.

— Troisième lettre de M. l'Abbé de MARGON aux RR. PP. Jésuites, adressée au R. P. Lallemant. — 1716.

— Lettre au sujet de celle que l'Abbé de Margon a adressée au P. de Tournemine.

7220. — Antiquæ Facultatis theologicæ Lovaniensis, qui adhùc per Belgium superstites sunt discipuli, ad eos qui hodiè Lovanii sunt Theologos, de declaratione S. Facul. Theol. Lovaniensis recentioris circa Constitutionem *Unigenitus Dei filius*, editâ 8 Julii 1715. (Autore J. OPSTRAET).
S. n. n. l. 1717. 1 vol. in-12.

7221. — Plainte et protestation du P. QUESNEL contre la condamnation des Cent-une Propositions; avec un ample exposé de ses vrais sentimens, opposés aux

sens erronés qui lui sont faussement imputés dans l'Instruction pastorale des XL Evêques. 2° édit.
S. n. n. l. 1717. 1 vol. in-12.

7222. — Deux actes de l'appel interjetté de la Constitution *Unigenitus* au Concile général par le P. QUESNEL...
Amsterdam. 1717. Potgieter. 1 vol. in-12.

— Réponse du P. QUESNEL à quelques accusations faites contre lui par plusieurs de Noss. les Evêques, avec l'Acte de son adhésion au double Appel de M. le Cardinal de Noailles...
Amsterdam. 1719. Potgieter. in-12.

7223. — Dénonciation du Presbytéranisme gallican, à Noss. les Cardinaux, Archevesques et Evêques de France.
S. n. n. l. 1717. 1 vol. in-12.

— Lettre d'un Théologien touchant les *Anti-Hexaples du R. P. Paul de Lion, Capucin*. — 1717.

— Actes concernans la conférence de Creil, au sujet de la Constitution *Unigenitus*. Avec la copie d'une lettre de M. l'Evêque de Castres à M. le Duc d'Orléans, et la réponse de S. A. R. — 1717.

— Les nouveaux articles de foi de M. le Cardinal de Bissy refutés, ou réponse générale à ses mandements du 30 Mai 1712 et du 10 Nov. 1715, contenue en deux écrits.— 1718.

7224. — Réfutation d'un libelle qui a pour titre *Cas de conscience au sujet de la Constitution Unigenitus proposé et résolu en faveur des fidèles du diocèse de R.* Où l'on montre que les fidèles qui ne reçoivent pas cette Constitution dans les diocèses où elle est publiée,ne sont ni excommuniez, ni schismatiques.
S. n. n. l. 1717. 1 vol. in-12.

— Deux lettres à Mg. l'Evêque de Senès, touchant la nature de la grace actuelle: pour servir de réponse à ce qu'un Auteur anonyme en a dit dans deux lettres addressées à ce Prélat contre l'*Examen théologique*... — 1717.

7225. — Examen théologique de l'Instruction pastorale approuvée dans une Assemblée de plusieurs Cardinaux, Archevêques et Evêques de France, et proposée à tous les Prélats du Roiaume pour l'accepta-

tion et la publication de la Bulle de N. S. P. le Pape Clément XI du 8 Sept. 1713. (Par *Nic.* Petit pied). 2° édit.
S. n. n. l. 1717-1718. 3 vol. in-12.

7226. — Les caractères de l'erreur dans les défenseurs de Jansénius et du P. Quesnel.
Avignon. 1718. J. Chastel. 1 vol. in-12.

— Démonstration théologique de la vérité et de l'équité de la Constitution *Unigenitus*, où les 101 propositions du P. Quesnel réfutées par des autorités tirées de l'Ecriture, des Conciles, des saints Pères, des définitions des Papes, et de la raison. — 1741.

— Dénonciation de la Théologie de M. L'Herminier à Nosseigneurs les Evêques. — 1709.

— Le saint déniché, ou la banqueroute des marchands de miracles. Comédie. (Par le P. Danton).
La Haye. 1732. P. l'Orloge. in-12.

— Relation des miracles de S. Paris, avec un abrégé de la vie du saint, et un dialogue sur les neuvaines. 3e éd.
Bruxelles. 1731. A la Vérité. in-12.

— Les miracles futurs de M. l'Evêque d'Utrecht, proposez par souscription.

7227. — Le renversement de la Constitution, ou très-humble représentation d'un Curé titulaire à son Evêque, sur la Constitution du Pape Clément XI... Avec des réflexions sur chacune des cent et une propositions condamnées par ladite Constitution, et une courte apologie du P. Quesnel.
S. n. n. l. 1718. 1 vol. in-12.

7228. — Réfutation du mémoire publié en faveur de l'Appel des quatre Evêques, addressée à Mg. l'Evêque de Mirepoix. (Par *Claude* Le Pelletier).
Bruxelle. 1718. T'Sterstevens. 1 vol. in-8°.

— Parallèle de la doctrine condamnée par la Bulle *Unigenitus*, avec celle des écrivains sacrés, des Pères et des Docteurs de l'Eglise. Sur la foiblesse de l'homme et sur la force de la Grace.
Utrecht. 1737. la Compagnie. in-8°

7229. — Réfutation du Mémoire publié en faveur de l'Appel des quatre Evêques, addressée à M. l'Ev. de Mirepoix, avec le témoignage de l'Eglise universelle en faveur de la Bulle *Unigenitus*. (Par *Claude* Lepelletier).

Bruxelles. T'Serstevens. 1718. 3 en 1 vol. in-8o.

7230. — Justification de la morale et de la discipline de l'Eglise de Rome et de toute l'Italie. Contre un livre anonime, qui a pour titre : *La morale des jésuites et de la Constitution Unigenitus, comparée avec la morale des Payens*. Par Mgr *Mathieu* Petitdidier.

Estival. 1718. Heller. 1 vol. in-12.

7231. — Réponse aux avertissemens de l'Evêque de Soissons. (Par *Nic.* Petitpied).

S. n. n l. 1719-1725. 5 vol. in-12.

7232. — Le faux schisme des Appellans et le vrai schisme de M. l'Archevêque de Malines démontrés par la lettre pastorale de ce Prélat. Avec des Remarques sur les Lettres pastorales de MM. les Evêques de Gand et de Bruges, la nouvelle Déclaration des sept Docteurs de la Faculté étroite de Louvain, et quelques autres libelles. (Par *J.* Fouillou).

S. n. n. l. 1719. 1 vol. in-12.

7233. — Le cri de la foi ou Recueil des différens témoignages rendus par plusieurs Facultez, Chapitres, Curés, Communautez Ecclésiastiques et Régulières, au sujet de la Constitution *Unigenitus*. (Par l'Abbé *Gab. Nic.* Nivelle).

S. n. n. l. 1719. 3 vol. in-12.

7234. — Lettre à Mgr l'Evêque d'Amiens, sur son ordonnance du 21 Oct. 1718.

— II Lettre au même sur son mandement du 23 Aoust 1718.

— Dénonciation à Mgr l'Ev. d'Amiens d'un livre en forme de Catéchisme intitulé : *Instruction familière sur la soumission due à la Constitution Unigenitus*... 4 Janv. 1719.—Autre dénonciation du 30 Jan. 1709.

— Lettre au même sur une nouvelle *Instruction au sujet de la Constitution Unigenitus*. 26 Mars 1719.

(Par *François* Masclef.)

— Requeste des Habitans de la ville d'Amiens à Mgr leur Evêque. (En vers. Par Morel).

7235. — Première instruction pastorale de Son Em. Mgr le Cardinal (L.-Ant. de Noailles, Archev. de Paris... sur la Constitution *Unigenitus*.
Paris. 1719. De Lespine. 1 vol. in-4°.

7236. — Mandement de MM. les Evêques de Mirepoix, de Senez, de Montpellier et de Boulogne, pour la publication de l'acte par lequel ils interjettent appel au futur Concile général des lettres de N. S. P. le Pape Clément XI, publiées à Rome le 8 Sept. 1718 ; et renouvellent l'appel déjà interjetté de la Constitution *Unigenitus*. Avec un mémoire qui en déduit les motifs. (Par *Laurent* Boursier).
Amsterdam. 1719. Potgieter. 1 vol. in-12.

7237. — La vérité rendue sensible à tout le monde, contre les défenseurs de la Constitution *Unigenitus*. Par demandes et par réponses. Ouvrage dans lequel on détruit clairement toutes les difficultez qu'on propose à ceux qui rejettent cette bulle (Par M. Du Saussoy.)
S. n. n. l. 1719. 1 vol. in-12.

— Réponse de Madame*** à l'Instruction que lui a adressée Mgr l'Evêque de Soissons, sur le party le plus sûr dans les constestations présentes, au sujet de la Bulle *Unigenitus*. — 1719.

— Les cent et une Propositions extraites du livre des Réflexions morales sur le Nouveau Testament, qualifiées en détail.
Bruxelles. 1718. Simon T'Serstevens. in-12.

— Lettre de Dom Benoist, Prieur de l'Abbaye de la Trappe, à un de ses amis, au sujet de la Constitution. — 1717.

— Lettre de l'Abbé de*** à M. l'Abbé de*** au sujet de la prétendue acceptation de la Constitution *Unigenitus* par la Faculté de Théol. de Paris et par toute l'Eglise... — 1716.

7238. — La vérité rendue sensible... 4ᵉ édit.
S. n. n. l. 1723. 2 en 1 vol. in-12.

7239. — Même ouvrage. 5ᵉ édit.
S. n. n. l. 1724. 2 vol. in-12.

7240. — Même ouvrage. N° éd.(refondue par J.-J. GRILLOT).
S. n. n. l. 1743. 2 vol. in-12.

7241. — Entretiens du Prêtre Eusèbe et de l'Avocat Théophile, sur la part que les Laïques doivent prendre à l'affaire de la Constitution *Unigenitus*, et de l'Appel qui en a été interjetté. (Par *Nicolas* LE GROS).
S. n n. l. 1724. 1 vol. in-12.

7242. — Nouvelle défense de la Constitution. Par M. *Claude* LE PELLETIER. N° édit.
Rouen. 1729. Cabut. 2 vol. in-12.

7243. — La politique des Jésuites démasquée, et l'appel justifié par les principes des libertez de l'Eglise gallicane. Dans l'examen des mandemens de M. l'Evêque d'Apt des 30 Avril et 20 Décembre 1717.
S. n. n. l. 1719. 1 vol. in-12.

7244. — Les ennemis déclarez de la Constitution *Unigenitus* privez de toute juridiction spirituelle dans l'Eglise. (Par le P. PAUL *de Lyon*, Capucin).
Nancy. 1719. J.-B. Barbier. 1 vol. in-12.

7245. — Observations sur le premier et sur le second avertissement de M. l'Ev. de Soissons. (Par DAGOUMER).
— Lettres d'un Philosophe (G. DAGOUMER) à M. l'Ev. de Soissons sur son premier avertissement.— 1719.
S. n. n. l. 1719. 1 vol. in-8°.

7246. — Difficultez préposées à M. l'Evêque de Soissons, sur sa lettre à M. d'Auxerre, en réponse à celle de ce Prélat. Par un Théologien catholique.(DU SAUSSOY)
S. n. n. l. 1727. 1 vol. in-12.

— Réflexions consolantes fondées sur la première Instruction pastorale de S. E. Mgr le Cardinal de Noailles, Arch. de Paris, du 14 Janvier 1719, et adressées par Mgr l'Evêque d'Angers (*Michel* PONCET DE LA RIVIÈRE) aux fidèles de son diocèse, pour les confirmer dans leur foi.
Angers. 1719. Cl. Avril. 1 vol. in-8°

— Compendiosa dissertatio qua theologico-scholasticè demonstratur quinque famosas propositiones in opere Jansenii cui titulus est *Augustinus* contineri saltem quoad sensum. Authore R. P. *Joan. Bapt. Antonino* REMOND). — 1733. Pièce manuscrite.

7247. — Difficultez proposées à l'auteur de l'Examen théologique, où l'on fait voir l'équité de la Constitution *Unigenitus*... (Par le P. HONORÉ DE SAINTE MARIE).
S. n. n. l. 1720-22. 4 en 2 vol. in-12.

7248. — Analyse de l'Augustin de Jansénius, où l'on expose toutes ses erreurs sur les différens états de la nature pure, de la nature innocente, de la nature tombée, et de la nature réparée. On y joint l'exposition des erreurs de cet autheur sur l'Eglise, sur la Tradition, les Pères et les Théologiens scholastiques. Par M. l'Abbé ***. (*L. Fr.* DUVAU).
S. n. n. l. 1721. 1 vol. in-4°

7249. — Anti-Hexaples ou analyse des cent et une propositions du Nouveau Testament du P. Quesnel, condamnées par N. S. P. le Pape Clément XI. pour servir de réponse aux Héxaples... Par le R. P. PAUL *de Lyon* (*François* CLERT). 3ᵉ édit.
Lyon. 1721. Bruyset. 2 vol. in-12.

7250. — Défense de la grace efficace par elle-mesme. Par feu M. *Pierre* DE LA BROÜE, Ev. de Mirepoix.
Paris. 1721. Barois. 1 vol. in-12. Port.

7251. — Sentimens des Facultez de théologie de Paris, de Reims et de Nantes, sur une thèse soutenue à Notre-Dame des Ardilliers de Saumur, et condamnée par un mandement de M. l'Evêque d'Angers, du 30 Sept. 1718 Avec deux dissertations, l'une, sur l'autorité des Bulles contre Baïus, l'autre, sur l'état de pure nature. (Par le P. DE GENNES).
S. n. n. l. 1722. 2 vol. in-12.

7252. — Remarques en forme de dissertations sur les propositions condânées par la Bule *Unigenitus*, ou IV colone des Hexaples... (Par LE SCÈNE D'ETTEMARE).
S. n. n. l. 1723. 2 vol. in-4°.

7253. — Lettres instructives sur les erreurs du tems. Par le R. P. P** D** L* (Paul de Lyon). 4ᵉ édit.
Lyon. 1722. Bruyset. 2 vol. in-12.

7254. — Dénonciation de l'*Examen théologique*...
S. n. n. l. 1723. 1 vol. in-12.

— Deux lettres à Mgr l'Ev. de Senés.... Nº 7224.

7255. — Lettres d'un Théologien à M. l'Evêque de Soissons, pour servir de réponse à celles que ce Prélat a écrites à M. l'Evêque de Boulogne.
S. n. n. l. 1722-1723. 1 vol. in-4°.

— Liste ou catalogue des principales erreurs, sophismes, calomnies, falsifications, faussetez et contradictions qui se trouvent dans les écrits de M. de Soissons ; avec les preuves de la mauvaise foi de ce Prélat. Pour servir d'addition aux deux premières lettres d'un Théologien qui lui ont été adressées.
S. n. n. l. 1722. in-4°.

7256. — R. et Ex. P. F. Antonii Goudin tractatus theologici posthumi juxta inconcussa tutissimaque dogmata S. Thomæ Aquinatis... de Scientia et Voluntate Dei, de Providentia, Prædestinatione et Reprobatione, atque de Gratia...
Coloniæ. 1723. Steinhaus. 2 vol. in-8°.

7257. — Observations dogmatiques, historiques, critiques, sur les ouvrages, la doctrine et la conduite de Jansénius, de l'Abbé de saint Cyran, de M. Arnauld, du Père Quesnel, de M. Petit-Pié et de leurs Disciples. Avec des notes et une dissertation préliminaire.
Ypres. 1724. J. de Rave. 1 vol. in-4°.

7258. — Apologie de Mgr l'Evêque de Babilone (*Dom. Marie* Varlet) contenant son appel au Concile général de la Constitution *Unigenitus*, et d'un prétendu acte de suspense qui porte le nom de M. l'Evêque d'Ispahan ; et sa plainte à l'Eglise catholique au sujet d'un libelle calomnieux répandu sous le nom de MM. les Cardinaux pendant la vacance du S. Siége...
Amsterdam. 1724-1727. Potgieter. 2 en 1 vol. in-4°.

7259. — Divus Augustinus Divo Thomæ ejusque Angelicæ Scholæ secundis curis conciliatus, in quæstione de Gratia primi hominis et Angelorum. Opera ac studio F. Jacobi-Hyacinthi SERRY. 2ª ed.
Patavii. 1724. Conzatti. 1 vol. in-12.

— Sanctus Thomas divinæ voluntatis interpres, sive expositio sincera sensuum S. Thomæ, totiusque Scholæ Thomisticæ super ea voluntate qua vult Deus omnes homines salvos fieri. Dissertationes quatuor, auctore *Macrobio* PORTA. — *Pacomius* STRABO adjecit elenchum erratorum Episcopi Suessionensis.
Coloniæ. 1726. Ouverx. in-12.

7260. — Theologia erronea, sive propositiones à Summis Pontificibus et ab Ecclesia damnatæ ab anno 1566 usque ad præsens tempus.
S. n. n. l. 1725. 1 vol. in-8°.

7261. — Justification des lettres, en forme de bref de N. S. P. le Pape Benoist XIII; adressées à tous les Professeurs de l'Ordre de S. Dominique, sur les calomnies répandues contre la doctrine de S. Augustin et de S. Thomas... Par le R. P. HONORÉ DE SAINTE-MARIE.
Bruxelles. 1725. Foppens. 1 vol. in-4°.

— Dissertations choisies sur les contestations au sujet de la Bulle *Unigenitus*. Par le même.
Bruxelles. 1727. Foppens. in-4°.

7262. — Veritas et æquitas. Ed. nov.   N° 6547.
Gandavi. 1726. Eton. 1 vol. in-12.

7263. — Traité théologique où l'on démontre que les fidèles ne peuvent communiquer en matière de religion avec les ennemis déclarez de la Bulle *Unigenitus*. (Par le P. ANDRÉ *de Grazac*).
Nancy. 1726. Barbier. 1 vol. in-8°.

7264. — Paralléle de la doctrine des Payens, avec celle des Jésuites, et de la Constitution du Pape Clément XI qui commence par ces mots : *Unigenitus Dei filius...* (Par le P. *Fr.* BOYER).
S. n. n. l. 1726. 1 vol. in-8°.

— Principes des Jésuites sur la probabilité réfutez par les Payens, et conformité des Jésuites modernes avec leurs premiers Pères : pour servir de preuves au *Parallèle* (Par le P. *Fr.* Boyer).—1727. in-8°.

7265. — Lettres de M. *Antoine* Arnauld. (Publiées avec des notes par *Jacques* Fouillou.)
Nancy. 1727. Nicolay. 9 vol. in-12.

7266. — Nouveau recueil de tous les ouvrages de Mgr l'Evêque de Soissons (*Jean - Joseph* Languet) contenant trois avertissemens, quatre lettres pastorales, et plusieurs autres petites pièces du même auteur qui ont paru au sujet des affaires de la Constitution *Unigenitus*.
S. n. n. l. 1721-1726. 3 vol. in-4°.

7267. — Lettres pastorales, avertissemens, mandemens et lettres de Mgr l'Ev. de Soissons. (Recueil)
Reims et Paris. 1719-1729. 4 vol. in-4°.

7268. — Seconde lettre de Dom *Vincent* Thuillier, Bénéd., servant de réplique à la réponse que lui a faite un de ses confrères, qui persiste dans son appel.
— Lettre d'un ancien Professeur de Théologie de la Congrégation de Saint Maur, qui a révoqué son appel, à un autre Professeur de la même Congrégation, qui persiste dans le sien.
Paris. 1727. Giffart. 1 vol. in-12.

7269. — Instruction pastorale de Mgr l'Evêque de Senez (*Jean* Soanen), sur l'autorité infaillible de l'Eglise, et sur les caractères de ses jugemens dogmatiques.
Amsterdam. 1728. Potgieter. 1 vol. in-8°.

7270. — Instruction pastorale de Mgr le Cardinal de Bissy, Ev. de Meaux, au sujet de la Constitution *Unigenitus*, et de son acceptation. 2ᵉ édit.
Paris. 1728. Langlois. 1 vol. in-4°.
— Mandement et Instruction pastorale du même, contenant la réfutation d'un écrit... intitulé : *Réponse à l'Instruction pastorale de M. le Cardinal de Bissy*, — 1722....
Paris. 1725. Coignard. in-4°.

— Mandement du même..... Hist. des Rel. N° 898.

— Instruction pastorale du même. Au sujet d'un libelle anonime, qui a pour titre, *Défense de la Consultation de MM. les Avocats du Parlement de Paris*...
Paris. 1729. V° Mazières et Garnier. in-4°.

7271. — *F. Ignatii Hyacinthi* AMAT DE GRAVESON Epistolæ ad Amicum scriptæ theologico-historico-polemicæ, in quibus doctrina de Gratiâ se ipsâ efficaci, et de Prædestinatione gratuitâ ad gloriam antè omnem prævisionem meritorum, contra Scholæ Thomisticæ adversarios asseritur ac vindicatur.
Romæ. 1728-1730. R. Bernabò. 3 vol. in-4°.

7272. — Seconde lettre de Dom *Vincent* THUILLIER, à un de ses confrères, contre l'appel interjetté de la Bulle *Unigenitus*. 3ᵉ éd.
Paris. 1729. Giffart. 1 vol. in-12.

7273. — Traité de l'équilibre de la volonté, contre M. l'Evêque de Soissons et les autres Molinistes. Au sujet des propositions condamnées dans la Bulle *Unigenitus*, sur cette matière.
Utrecht. 1729. Le Febvre. 1 vol. in-4°.

7274. — Méthode pacifique pour finir toutes les difficultés de ceux qui jusqu'à présent ont refusé d'accepter la Constitution *Unigenitus*, crainte de condamner les sentimens de S. Augustin et de S. Thomas.
Liège. 1729. Barnabé. 1 vol. in-8°.

7275. — Seconde instruction pastorale de son Em. Mg le Cardinal de NOAILLES, Arch. de Paris... au sujet de l'appel qu'il a interjetté de la Constitution *Unigenitus*.
S. n. n. l. 1729. 1 vol. in-4°.

7276. — Venin des CI propositions du P. Quesnel exposé aux simples fidèles par *F. Thomas* DU JARDIN, et mis nouvellement en françois.
Gand. 1730. P. de Goesin. 1 vol. in-8°.

7277. — Mandement et instruction pastorale de Mg l'Arch. Duc de Cambray (*Charles* DE S. ALBIN), au sujet

d'un écrit qui a pour titre : *Consultation de Messieurs les Avocats du Parlement de Paris, au sujet du jugement rendu à Embrun contre M. l'Ev. de Senez.* 4° éd.
Paris. 1730. Bordelet. 1 vol. in-12.

— Nouvelle question importante où sont éclaircis quelques points essentiels de l'histoire ecclésiastique, sçavoir : Si presque tous les Evêques du monde avec le Pape Libère, condamnoient la Foy de Nicée; et si du tems des Conciles de Rimini et de Séleucie, il y avoit moins de quinze Evêques qui défendissent publiquement la Foy de Nicée.

7278. — Traité théologique adressé au Clergé du diocèse de de Meaux, par Mg DE BISSY, conformément à ce qu'il a promis dans sa dernière Instruction pastorale.
Paris. 1722. V° R. Mazières. 2 vol. in-4°.

** — Traité du libre-arbitre et de la concupiscence. Par BOSSUET.
Voyez : OEuvres de BOSSUET.

7279. — La constitution *Unigenitus*, avec des remarques et des notes. Augmentée du système des Jésuites opposé à la doctrine des propositions du Père Quesnel, et d'un parallèle de ce système avec celui des Pélagiens.
Paris. 1733. 1 vol. in-12.

— Jésus-Christ sous l'anathème.
S. n. n. l. n. d. in-12.

7280. — Recueil des ordonnances, lettres, mandemens et instructions pastorales de Mgr *L. Ant.* DE NOAILLES et de Mg *Ch. Gaspar* DE VINTIMILLE, Arch. de Paris, concernant la Constitution *Unigenitus*, et lettres des Curés du diocèse auxquelles ils ont donné lieu.
Recueil factice. 1 vol. in-4°.

7281. — Instruction théologique en forme de catéchisme sur les promesses faites à l'Eglise. Où l'on traite principalement de l'obscurité de la vérité, et où l'on répond aux principales objections, soit des Protestans, soit des partisans de la Bulle *Unigenitus*

(Par Osmont du Sellier dit le P. Tranquille *de Bayeux* et l'Abbé *Nic.* Le Gros).
Utrecht. 1733. Le Febvre. 1 vol. in-12.

7282. — Catéchisme historique et dogmatique sur les contestations qui divisent maintenant l'Eglise. Où l'on montre l'origine et le progrès des disputes présentes. — Avec les suites. (Par *J. B. R.* De Fourquevaux et *L.* Troya d'Assigny).
Nancy. 1733-1768. Nicolai. 5 vol. in-12.

7283. — Apologie de M. Nicole, écrite par lui mesme, sur le refus qu'il fit en 1679, de s'unir avec M. Arnauld ; et sur la lettre qu'il écrivit dans le même temps à M. de Harlay, Arch. de Paris.
Amsterdam. 1734. Ch. Le Cène. 1 vol. in-12.

— La lettre à M. Nicole, deffendue par deux dissertations, la première, contre la Lettre d'un Figuriste à un Théologien, du mois de Décembre 1726 ; la seconde, contre deux nouvelles Lettres d'un autre Figuriste, sous le titre de *Deffense de M. Nicole*. 1734.

7284. — Instruction pastorale de Mgr l'Archevêque Duc de Cambrai (*Charles* de Saint Albin) sur la nécessité de rapporter toutes et chacune de nos actions à Dieu, par le motif de la charité.
Paris. 1734. Bordelet. 1 vol. in-4°.

7285. — Défense de la doctrine de S. Augustin, touchant la grâce efficace par elle-même. (Par Osmont du Sellier dit le P. Tranquille *de Bayeux*).
Utrecht. 1734. Le Fèvre. 1 vol. in-12.

7286. — Lettres, ordonnances, mandements et instructions pastorales de Mgr *Charles-Joachim* Colbert de Croissy, Ev. de Montpellier. 1697-1738.
Recueil factice. 2 vol. in-4°.

7287. — Autre recueil. 1 vol. in-4°.

7288. — Entretiens de Mme la Comtesse *** ; — de Mme la Prieure ; — de M. le Commandeur de... ; — du Docteur ; — de Mgr l'Evêque de *** ; — de M.

l'Abbé de ***, Grand Vicaire ; — de Mgr l'Evêque de *** ; — de M. l'Abbé *** ; — de M. le Curé de *** ; — d'un Supérieur de communauté ; au sujet des affaires présentes, par rapport à la Religion. (Par le P. *Jacques Philippe* LALLEMANT.)

S. n. n. l. 1734-63. 9 vol. in-12.

7289. — Entretiens de Mme la Comtesse... ; de Mme la Prieure... ; de M. le Commandeur...; de Mgr l'Evêque de...; du Docteur; de M. l'Abbé de... Grand Vicaire ; de M. l'Abbé de...; de M. le Curé de..., au sujet des affaires présentes par rapport à la religion. 3e édit.

Ipres. 1739. De Rave. 8 en 4 vol. in-12.

— Entretiens du Licentié au sujet des prétendus miracles du Sieur Paris.

Ypres. 1739. J. De Rave. in-12.

— Lettre de l'Auteur des Entretiens à un de ses amis.

7290. — Traité du formulaire, où l'on examine à fond l'affaire du Jansénisme quant au fait, et quant au droit. (Par *Fr.* ILHARAT DE LA CHAMBRE).

Utrecht. 1736. Le Febvre. 4 vol. in-12.

7291. — Le Jansénisme dévoilé, ou Jansénius convaincu d'Athéisme.

S. n. n. l. 1736-1738. 3 en 1 vol. in-4°.

— Lettre à un Ecclésiastique où on prouve que la Constitution *Unigenitus* ne peut être reçue sans trahir la vérité et la justice.

— Questions pratiques sur les affaires du temps, décidées par un Docteur en théologie.

— Lettre de M. l'Abbé *** à MM. les Jansénistes, à l'occasion des *Nouvelles Ecclésiastiques*.

— Dissertation dans laquelle on établit des principes généraux pour juger de la Constitution, et où l'on démontre d'une manière géométrique qu'on peut la recevoir absolument, même avec des explications. 1714

7292. — Traité dogmatique et théologique sur la Bulle *Unigenitus* donnée par Clément XI. le 8 Sept. 1713. (Par *Fr.* ILHARAT DE LA CHAMBRE).

S. n. n. l. 1738. 2 vol. in-12.

— Dissertations sur les censures *in globo* ; et sur l'étendue du pouvoir que l'Église a de régler le langage de la Foi. (Par le même). — 1738.

7293. — Traité historique et dogmatique sur la doctrine de Baïus, et sur l'autorité des bulles des Papes qui l'ont condamnée. (Par *Fr.* Ilharat de la Chambre).
S. n. n. l. 1739. 2 vol. in-12.

7294. — Exposition de la doctrine de l'église Jansénienne, tirée des Réflexions morales du P. Quesnel, et des principaux Docteurs du Parti.
S. n. n. l. 1739. 1 vol. in-12.

7295. — La réalité du Jansénisme démontrée ; ou articles de doctrine établis, et erreurs condamnées par les Bulles, contre le livre de Jansénius, contre Baïus, et par la Constitution *Unigenitus*. (Par *Fr.* de la Chambre).
S. n. n. l. 1740. 1 vol. in-12.

7296. — Objections et réponses au sujet de la Constitution *Unigenitus*. — Avec la suite.
Sans titre. 1 vol. in-12.

7297. — Recueil de divers ouvrages au sujet de la Constitution *Unigenitus*, faits pour l'instruction et pour la consolation des fidèles qui sont touchés des maux de l'Eglise.
Utrecht. 1740. La Compagnie. 1 vol. in-12.

7298. — Plan de la religion par le B. H. Diacre *François* de Paris.
En France. 1740. 1 vol. in-12.

7299. — Acte d'appel de la Constitution *Unigenitus* et du nouveau Catéchisme donné par M. Languet, Archevêque de Sens, au futur Concile général, interjetté par plusieurs Curés, Chanoines, et autres Ecclésiastiques de la ville et du diocèse de Sens ; et mémoire justificatif. (Par *J.-Et.* Gourlin).
S. n. n. l. 1742-55. 2 vol. in-4°.

7300. — La Constitution *Unigenitus*, avec de remarques ; où

fait voir l'opposition de la doctrine des Jésuites, à celles des SS. Pères contenue dans les propositions du P. Quesnel. (Par *Jacques* FOUILLOU).
S. n. n. l. 1743. 1 vol. in-12.

— La Constitution *Unigenitus* adressée à un Laïque de province, avec quelques réflexions, et l'Acte d'appel des quatre Evêques, dont on fait voir la canonicité et la force. — 1748.

— Le poème du Pope, intitulé : *Essai sur l'homme*, convaincu d'impiété. — Lettres pour prémunir les fidèles contre l'irréligion. (Par J. B. GAULTIER.)
La Haye. 1746. in-12.

7301. — Lettres de plusieurs Curés, Bénéficiers, et autres Prêtres de la ville et du diocèse de Montpellier, à M. Georges-Lazare Berger de Charancy, leur Evêque, au sujet de son Mandement du 1er Juillet 1742, pour la publication de la Bulle *Unigenitus*, et Mémoire apologétique pour la défense des Ecclésiastiques de ce même diocèse, accusez dans leur Foi, dans ce même mandement. (Par J. B. GAULTIER)
S. n. n. l. 1744. 1 vol. in-12.

7302. — Entretiens d'Ariste et d'Eugène sur les affaires présentes de la Religion. Par M. *** (GUESNOIS), Elève de M. l'Abbé Du Gué.
S. n. n. l. 1744. 1 vol. in-12.

7303. — La vraie doctrine de l'Eglise sur tous les points qui sont aujourd'hui contestés dans son sein, opposée à la doctrine de la Bulle *Unigenitus* et à celle de ses promoteurs, pour servir de supplément au Catéchisme historique et dogmatique. (Par l'Abbé L. TROYA D'ASSIGNY).
Utrecht. 1744. 2 vol. in-12.

7304. — Défense de la vérité et de l'innocence outragées dans la lettre pastorale de Mgr de Charancy, Ev. de Montpellier, en date du 24 Sept. 1740, au sujet d'un écrit trouvé dans son diocèse. (Par N. LE GROS).
Utrecht. 1745. La Compagnie. 1 vol. in-4°.

— Examen en forme de lettres, de l'Instruction pasto-

rale de M. l'Arch. de Cambrai, du 14 Av. 1734. *Sur la nécessité de rapporter toutes et chacune de nos actions à Dieu, par le motif de la charité.* (Par Osmont du Sellier, le P. Tranquille de *Bayeux.*)
En France. 1736. in-4°.

7305. — Augustinianum systema de gratià ab iniquâ Bajani, et Janseniani erroris insimulatione vindicatum, sive refutatio librorum quorum titulus, *Bajanismus, et Jansenismus redivivi in scriptis PP. FF. Bellelli et Berti,* eodem, qui secundo loco insimulatur, Auctore (*Joanne-Laurentio* Berti).
Romæ. 1747. Salvioni. 2 vol. in-4°.

7306. — Traité sur les moyens de connoître la vérité dans l'Eglise; imprimé par l'ordre de Mgr l'Archevêque de Sens, pour l'utilité de son diocèse. (Par l'Abbé Hebert).
Paris. 1749. Garnier. 1 vol. in-12.

7307. — Examen pacifique de l'acceptation et du fond de la Bulle *Unigenitus.* Ouvrage posthume de M. Petitpied. 2° édit. (Avec préface par Nivelle).
Cologne. 1749. La Compagnie. 3 vol. in-12.

7308. — Même ouvrage.
Geneve. 1751. Barillot. 1 vol. in-8°.

7309. — Les œuvres de Messire *Charles-Gabriel* de Thubières de Caylus, Evêque d'Auxerre.
Cologne. 1751. 9 vol. in-12.

7310. — Mandements et lettres du même.
Recueil factice. 1 vol. in-4°.

7311. — *J. J.* Languet opera omnia pro defensione Constitutionis *Unigenitus,* et adversus ab eâ appellantes, successivè edita. In latinam linguam conversa à variis Doctoribus Parisiensibus, et ab Autore recognita et emendata.
Senonis. 1752. Jannot. 2 vol. in-fol.

7312. — Traité des refus publics et secrets de la Communion à la Sainte table ou en maladie. Avec des maximes

sur les distinctions et les droits des deux puissances. (Par *Dom.* SIMONEL).
Avignon. **1754.** 2 vol. in-12.

7313. — Dissertation sur le caractère essentiel à toute loi de l'Eglise en matière de doctrine. (Par l'Abbé *L.* TROYA D'ASSIGNY. — (3 parties).
S. n. n. l. **1755.** 1 vol. in-12.

7314. — Les Appellans pleinement justifiés, et la Non-acceptation de la Bulle *Unigenitus* démontrée par les écrits de M. de Saleon, Archev. de Vienne, et de M. Languet, Archev. de Sens, contre les PP. Bellelli et Berti. (Par *J. Et.* GOURLIN).
S. n. n. l. **1755.** 1 vol. in-12.

7315. — Lettres d'un Théologien (l'Abbé GOURLIN) à l'éditeur des œuvres posthumes de M. Petitpied.
S. n. n. l. **1756.** 2 vol. in-12.

7316. — Mémoire de GUILLET DE BLARU, Avocat, en faveur de cent Docteurs de la Faculté de Théologie de Paris, Appelans comme d'abus des Conclusions de cette Faculté, des 8 Nov. et 15 Déc. 1729 et 2 Janv. 1730.
S. n. n. l. **1756.** 1 vol. in-12.

7317. — Le combat du Molinisme contre le Jansénisme. Avec la suite. (Par PÉAN).
Amsterdam. **1756.** 2 vol. in-12.

7318. — In opusculum inscriptum *Rev. J. J. Languet, Archiep. Senon. judicium de operibus theologicis FF Bellelli et Berti,* æquissima hujus (*Laur.* BERTI) expostulatio.
Liburni. **1756.** *Santinus et Socii.* 1 vol. in-4°.

7319. — Lettres du célèbre philosophe DAGOUMER à M. l'Ev. de Soissons sur son premier Avertissement. N° éd. — Avec le Supplément.
Soissons. **1759.** 2 en 1 vol. in-12.

7320. — Lettres théologiques et philosophiques à un Chanoine, au sujet de l'Instruction pastorale de M.

l'Arch. de Paris, datée de Conflans le 19 Sept. 1756.
S. n. n. l. 1760. in-12.

7321. — La conformité de la doctrine de Luther et de Calvin, avec celle du P. Quesnel, où la condamnation de la doctrine des CI propositions, faite par le Concile de Trente. Ouvrage posthume, par le P. A. C. R. T.
Paris. 1788. Pichard. 1 vol. in-12.

7322. — Lettre pastorale de Mgr l'Evêque de Mende (*Gabr. Flor.* DE CHOISEUL-BEAUPRÉ), adressée aux Ecclésiastique de son diocèse, pour justifier, contre un libelle anonyme, la doctrine des Conférences de son diocèse, sur la Grace efficace par elle-même, la Prédestination gratuite...
Mende. 1761. Bergeron. 1 vol. in-12.

7323. — Recueil in-8° contenant :
1. — V° Lettre à M. *** (*Contre le témoignage de la vérité*).
2. — Réponse à une pièce en vers qui a pour titre : *Epitre au P. Quesnel.* (En vers).
3. — La Constitution rejettée depuis plusieurs siècles. — Réponse à la Constitution rejettée depuis plusieurs siècles, attribuée au Père DU CERCEAU. (En vers).
4. — L'esprit de S. Charles. Ode à Mgr le Cardinal de Noailles.
5. — Lettre d'un Théologien à un de ses Amis, sur le tabarinage des Jésuites en matière de Religion. — 1719.
6. — Réfutation de la réponse de M. l'Ev. d'Angers à la lettre de M. Dublineau ; du faux système de M. l'Evêque de Soissons dans ses deux Avertissemens, et des pernicieux principes sur lesquels on prétend établir l'acceptation de la Bulle *Unigenitus*.
7. — Dissertation où sont éclaircis... N° 7277.

7324. — Recueil de pièces. 1 vol. in-8° contenant :
1. — Lettre de Mgr l'Arch. de Reims (*Fr.* DE MAILLY) à S. A. R. Mgr le Duc d'Orléans, Régent du Royaume. — 1718.
2. — Réponse d'un des Doyens ruraux, à Mgr l'Arch. de Reims.— 1718.
3. — Représentations faites à Mgr le Duc d'Orléans, le 19 Juin 1718, par M. le Premier Président et Messieurs les Députez.
4. — Lettre d'un Chanoine à un homme retiré du monde, sur l'accommodement au sujet de la Constitution. — 1720.
5. — Cas de conscience au sujet de la Constitution *Unigenitus* proposé et résolu en faveur des fidèles du diocèse de R. (Rouen) — 1717.

6. — Réflexions sur la nouvelle liturgie d'Anière. — 1724.

7325. — Recueil de pièces. 7 vol. in-12.

Tome I contenant :

1. — Règles de l'équité naturelle et du bon sens, N° 7202.
2. — Mémoire où l'on examine si la Constitution *Unigenitus* peut-être reçue avec des explications. — 1717.
3. — Le témoignage de l'église de Laon, sur la Constitution *Unigenitus*, ou lettres d'un très grand nombre de Chanoines et de Curez de ce diocèse, contre la dernière Bulle. Avec un parallèle où l'on démontre l'opposition de sa doctrine, avec celles des Catéchisme, Bréviaire, Missel, etc., de l'église de Laon. (Lettre de 31 Curez du diocèse de Laon à Mgr l'Ev. Signé MAILLET, Curé de Notre-Dame. 25 Jan. 1717.
4. — Témoignage des anciens Evêques de l'Eglise d'Arles, contre la doctrine de la Constitution *Unigenitus*. Avec une Lettre d'un Docteur de Sorbonne, à Mgr l'Archev. d'Arles. Dans laquelle on réfute deux lettres de ce Prélat à Mgr le Card. de Noailles et à M.*** — 1717.
5. — Relation en forme de lettre de la désolation de l'Eglise d'Orléans, depuis que les trois premiers Chapitres et onze Curez de la même ville ont fait leur déclaration publique, qu'ils n'ont point accepté la Constitution *Unigenitus* du Pape Clément XI. Avec les Conclusions des trois Chapitres et des Curez qui ont rétracté, et les preuves des faits avancez dans la relation. — 1717.

Tome II contenant :

1. — Lettres de Messeigneurs les Evêques de Meaux et de Montpellier sur la Constitution *Unigenitus*. — 1716.
2. — Lettre écrite à Mgr le Cardinal de Bissy, Evêque de Meaux ; par M. JOURDAIN, Docteur de Sorbonne et Chanoine de l'Eglise de Meaux, pour justifier et confirmer son adhésion à l'Appel des quatre Evêques faite en Sorbonne le 5 Mars dernier. — 1717.
3. — Lettres de plusieurs Curez de la ville et du diocèse de Montpellier à Mgr l'Evêque, au sujet de la Constitution *Unigenitus*. — 1717.
4. — Lettre à Mgr l'Evêque du Mans, écrite par un Prêtre de son diocèse, le 10 Mars 1717.
5. — Lettre à M..... servant de réponse à M. Banage sur son livre de l'Unité, et d'éclaircissements au Témoignage de la vérité. — 1717.
6. — Lettre de M. l'Abbé de *** à Mgr l'Evêque de Mets, touchant l'Acte d'appel de la Constitution *Unigenitus*. — 1717.
7. — Acte par lequel le Chapitre de l'Eglise Cathédrale du Mans a adhéré à l'Appel interjetté par Nosseigneurs les Evêques de Mirepoix, Senez, Montpellier et Boulogne de la Constitution *Unigenitus*, au futur Concile général. — 1717.

8. — Dissertation sur l'appel interjeté de la Constitution *Unigenitus*, au Concile général, etc. Le XV Avril 1717. — 1717.

Tome III :

1. — Réponse à la question importante, si les Curez qui ont écrit et publié des lettres contraires au Mandement de leur Evêque diocésain, au sujet de la Constituiion *Unigenitus*, ont encouru des censures ?

2. — Mémoire apologétique pour MM. les Curez qui ont révoqué la publication par eux ci-devant faite de la Constitution *Unigenitus*, du 8ᵉ septembre 1713, et des pièces y jointes.— 1717.

3. — Lettre de MM. les Curez de la ville d'Agde et de plusieurs autres Curés du même diocèse à Mgr l'Evêque d'Adge.— 1717.

4. — Lettre du R. P. Pouget, Prêtre de l'Oratoire, Abbé de Chambon, écrite à S. E. Mgr le Cardinal de Noailles, le 27 Mars 1714.

5. — Copie de la lettre des Pères de l'Oratoire de Nantes, à M. le Cardinal de Noailles. — 1717.

6. — Lettre écrite à Mgr l'Archevêque de Rouen, par MM. Varembault, Suard, Homo, Bocquier, Dufour, de Martonne et Coustou, Curez de la ville de Rouen, en date du 29 Décembre 1716, au sujet de la Constitution *Unigenitus*.

7. — Lettre écrite à S. E. M. le Cardinal de Noailles, Arch. de Paris, par le Chapitre de l'Eglise métropolitaine de S. Gatien de Tours. Le 31 Janvier 1717.

8. — Epistola S. Facultatis theologiæ Nannetensis ad E. Cardinalem Noallium. — 23 Jan. 1717.

9. — Lettres de MM. les Doyens, Chanoines, Curez et autres Ecclésiastiques de la ville d'Estampes et du Détroit, à S.E. Mgr le Cardinal de Noailles. — 24 Février 1717.

10. — Lettre de M. Ferron de Mondion, Curé de Lardy, du diocèse de Paris, à M. de R., Docteur de la Maison et Société de Sorbonne, au sujet de la lettre des Curez du diocèse de Paris, à S. E. Mgr le Cardinal de Noailles, que ce Curé à signée.

11. — Sentence de l'Officialité métropolitaine de Paris, qui rétablit Messire Jacques Sanson, Prêtre, Curé d'Olivet, diocèse d'Orléans, dans les fonctions de ses Saints Ordres, léve l'interdit prononcé contre luy par l'Officialité d'Orléans, au sujet de la Constitution *Unigenitus*, et luy donne acte de son appel au futur Concile.1717.

12. — Lettre de M. Moulin, Curé de Barils, doyenné de l'Aigle, du diocèse d'Evreux, écrite à Mgr l'Evêque d'Evreux, le 28 Déc. 1716.

13. — Lettre du P. Quesnel à M. l'Evêque de Poitiers, où il se justifie des excez que ce Prélat lui attribue dans son Mandement du 19 Janv.

1716, touchant l'autorité de l'Église à l'égard de la sainte Ecriture. (Suit le mandement). — 1716.

14. — Lettre de M. BOULLARD, Curé de Roiffé, à M. l'Evêque de Poitiers, du 22 Janvier 1717. — 2ᵉ lettre du 14 Févr. 1717.

15. — Déclaration de M. GAULTIER, Doyen de MM. les Curez de la ville de Poitiers, au sujet de la publication qu'il a faite de la Constitution *Unigenitus*. — 1717. — Lettre du même à l'Evêque.

16. — Lettre de M. JOHANNE, Curé de Sainte Opportune dans la ville de Poitiers, à son Evêque, du 26 Février 1717.

17. — Lettre du R. P. BOUTIN, Prêtre de l'Oratoire, Curé de Cunault, près Saumur, dans le diocèse d'Angers, à un Chanoine de ses amis Ce 28 Janvier 1717. — Lettre du même à l'Ev. d'Angers.

18. — Lettre de M. PERTHUIS, Curé de S. Cyr dans le diocèse de Sens, à M. l'Evêque d'Arras, seigneur de S. Cyr, nommé par le Roi Commissaire pour les Conférences au sujet de la Constitution *Unigenitus* : dans laquelle il expose ses sentimens et la tradition de l'Église de Sens sur cette matière importante. — 1717.

19. — Lettre de M. MAYOU, chantre de l'Église d'Angoulême. — 1714.

20. — Lettre du R.P. LAUGIER, Supérieur de l'Oratoire de Toulon, écrite au nom de sa commauté à Mgr l'Evêque de Toulon. 3 Févr. 1717.

21. — Lettre de MM. les Curez de la Conférence de Creil, diocèse de Beauvais, à Mgr l'Evesque de Beauvais. — 9 Nov. 1716.

22. — Actes concernans la conférence de Creil... N° 7231.

23. — Lettre apologétique du P. QUESNEL à Mgr l'Evêque de Beauvais... Au sujet de son Ordonnance du 14 Juin 1714 et du Discours fait aux Curés de son diocèse. — 1716.

24. — Réponse du P. QUESNEL à un de ses amis de Beauvais, sur la maladie et la mort de M. le Curé de S. Sauveur. — 10 Déc. 1716.

25. — Lettre du P. QUESNEL à Mgr le Cardinal de Rohan. 10 Déc. 1716.

26. — Copie de la lettre de M. MARTIN, Curé de S. Pierre de Manneville, au diocèse de Rouen, écrite à Mgr l'Arch. de Rouen. 29 Oct. 1716

27. — Lettre de M. HUBERT, Curé de Puché, doyenné de Gisors, écrite à Mgr l'Archev. de Rouen. — 21 Déc. 1716.

28. — Lettre écrite à Mgr l'Archev. de Rouen par M. LE MACHOIS, Curé de Gueuvres, sur la Constitution *Unigenitus*, du 4 Janvier 1717.

29. — Lettre écrite à Mgr l'Arch. de Rouen, en date du 4 Janvier 1717, par MM. les Curez d'Igoville, de Sotteville-sous-Val, des Autels, de S. Aubin, d'Oissel, du Manoir et de Pitres, au sujet de la sujet de la Constitution *Unigenitus*.

30. — Lettre écrite... par MM. les Curés de Barville, de S. Denis-sur-Héricourt, d'Ocqueville, de Sasseville et de Grainville la Teinturière, au sujet de la Constitution *Unigenitus*. — 1717.

Tome IV contenant :

1. — Histoire du différent entre M. l'Archevêque de Reims et six de ses Prêtres, au sujet de la Constitution. **Rotterdam. 1716. Boohm.**
2. — Mandement de M. de Mailly, Archevêque de Reims, aux fidèles de son diocèse. Avec quelques notes instructives. (En vers.) — 1716.
3. — Instruction pastorale et ordonnance de Messire *François* de Mailly... contre un discours du Recteur, un réquisitoire du Syndic et un décret du Tribunal de l'Université de Paris. (En vers).
4. — Lettre des RR. PP. Capucins au R. P. Tellier, rev., corr. **Au Monomotapa. 1716. Chez la veuve Unigenitus.**
5. — Epitre de l'Eglise de Genève à la Sorbonne. (En vers). — (Avec les réponses, (aussi en vers).
6. — Observations sur l'instruction pastorale et l'ordonnance de Reims du 4 janvier 1717.
7. — Lettre d'un Magistrat adressée à M.*** Evêque de *** servant de réponse à un mémoire présenté à M. le Duc d'Orléans au sujet des explications que les Evêques demandent au Pape sur la Constitution *Unigenitus*.
. — Lettre d'un Evêque de France à Mgr le Cardinal Fabroni, sur la Constitution *Unigenitus*. — 1714.
9. — Preuves évidentes de ce qu'on doit penser de l'autorité des Papes dans leurs décisions. Tirez de leurs propres paroles et de leurs propres faits. — 1717.
10. — Justification du droit et de la canonicité de l'appel interjetté au Concile général, de la Bulle *Unigenitus*, par Nosseigneurs les quatre Evêques appellans — 1717.

Tome V contenant :

1. — Divers écrits sur l'obligation des rétractations par rapport à la Constitution *Unigenitus*, et sur l'impossibilité de l'acceptation même avec des explications. — 1717.
2. — Deux lettres à Mgr l'Evêque de Senez... N° 7224.
3. — Projet de réunion des Évêques refusans et acceptans la Constitution *Unigenitus*. — 1717.
4. — Lettre à un Avocat pour la réunion des Evêques au sujet des propositions de la Constitution, suivie de plusieurs autres lettres. — 1716.

Tome VI contenant :

1. — Réflexions sur la nouvelle déclaration du Roy du 7 Oct. 1717.
2. — Le silence insuffisant, ou lettre d'un Docteur à un Curé, pour servir de réponse aux objections de plusieurs Curez, Chanoines et

Supérieurs de Communautés ecclésiastiques et religieuses, qui croient pouvoir en sûreté de conscience garder le silence et se dispenser de se déclarer ouvertement pour l'Appel au futur Concile, de la Constitution *Unigenitus*. — 1719.

3. — Lettre de M. l'Abbé Hennequin à Mgr le Cardinal de Rohan. Du 18 Avril 1718. — 1719.

4. — Lettre d'un Ami à un Ami pour servir d'apologie aux Prêtres de l'Oratoire d'Anjou touchant leur appel de la Constitution *Unigenitus*, au futur Concile général. — 1718.

5. — Lettre de M. l'Evêque d'Agen à M. l'Evêque de Marseille, au sujet d'un écrit qui a pour titre : *Lettre de M. l'Evêque de Marseille à M. de *** — A Marseille le 14 Mars 1718.

6. — Lettre de M. l'Abbé *** à Mgr l'ancien Evêque *** — 1718.

7. — Lettre d'un Abbé Provencal à M. Gaufredy, Avocat Général au Parlement d'Aix. — 1716.

8. — Réponse au Père Tournemine.   N° 7219.

9. — Réflexions sur la première Instruction pastorale de S. E. M. le Cardinal de Noailles, au sujet de la Constitution *Unigenitus*. 1719.

10. — Apologie de l'équivoque. (En vers).

11. — Chanson nouvelle, contenant le récit véritable et remarquable de ce qui est arrivé dans la ville de Reims à l'encontre des Gensinistres, sur l'Air des Pendus.

12. — Requeste des Habitans de la ville d'Amiens à Mgr leur Evêque. (En vers). (Par Morel).

Tome VII contenant :

1. — Instruction familière au sujet de la Constitution *Unigenitus*. 1719.

2. — Exhortation à la lecture de l'Ecriture Sainte, surtout à celle du Nouveau Testament. — 1718.

3 — Prône fait dans une église de Paris, le 9 Octobre 1718, à l'occasion de l'Appel de S. E. Mgr le Cardinal de Noailles. Où l'on montre que les Appellans ne sont point excommuniez, et que l'excommunication dont on les menace, ne sçauroit leur nuire. (Par Cadry.)

4. — Système des nouveaux mandemens des Evêques qui ont accepté la Bulle *Unigenitus*, renversé par la Tradition unanime et la Discipline perpétuelle de l'Eglise. L'Auteur y ajoute une Réflexion sur le pouvoir des Chapitres d'Eglises Cathédrales, le siége vacant.

5. — Dissertation sur ce mot de S. Augustin *Causa finita est* ; la cause est finie : Où on examine quelle étoit la force de cet argument contre les Pelagiens, et si on peut l'employer contre les Evêques de France qui ont appellé de la Constitution *Unigenitus*. Par M. l'Abbé Besoigne. — 1718.

6. — Playdoyé de M. Louis Chevalier...   Hist. des Rel. N° 1415.

7326. — Recueil sur la Constitution *Unigenitus.* 5 vol. in-12.

Tome Ier contenant :

1. — Lettre à S. E. Mgr le Cardinal de Rohan, au sujet du Bref de N. S. P. le Pape du 17 Mars 1714, addressé aux Cardinaux, Archevêques et Evêques de France. — 1714.
2. — Lettre de M. Mayou, Chantre de l'Eglise d'Angoulême, à M. le Cardinal de Noailles. — 27 Avril 1714.
3. — Consultation touchant la Constitution de N. S. P. le Pape Clément XI. du 8 Septembre 1713.
4. — Réponse à un Prélat sur le refus que M. le Cardinal de Noailles a fait de continuer ses pouvoirs aux Jésuites — 1715.
5. — Projet de réunion des Evêques... N° 7325.
6. — Dissertation sur la matière de l'excommunication. Principes et maximes sur l'excommunication, tirées de Gerson et des plus sçavans Canonistes et Théologiens qui en ont parlé, par rapport à la Constitution du Pape Clément XI. contre le livre des Réflexions morales sur le Nouveau Testament, et à la réception de cette Constitution par plusieurs Evêques de France.... — 1715.
7. — L'unité, la visibilité, l'autorité de l'Église et la vérité renversées par la Constitution de Clément XI. *Unigenitus,* et par la manière dont elle est reçue. (Par M. *Jacques* Basnage).— 1716.
8. — Lettre à M. *** servant de réponse à M. Banage. N° 7325.

Tome II contenant :

1. — Lettre à un Avocat pour la réunion des Evêques. N° 7325.
2. — Lettre du P. Quesnel à l'Evêque de Poitiers... N° 7325.
3. — Lettre apologétique du P. Quesnel. N° 7325.
4. — Inscription en faux du P. Quesnel... Hist. des Rel. N° 444.
5. — Lettre d'un Magistrat adressée à M. *** Evesque de ***. N° 7325.
6. — Histoire du différent... Hist. des Rel. N° 1346.
7. — Lettre de l'Abbé de *** à M. l'Abbé de ***. N° 7237.
8. — Réfutation de deux Mémoires séditieux... Hist. des Rel. N° 447.
9. — Notes marginales sur le Mémoire d'un Evêque présenté à M. le Duc d'Orléans.

Tome III contenant :

1. — Lettre au P. Tellier... Hist. des Rel. N° 447.
2. — Remarques sur la réponse à la question importante. Si les Curez qui ont écrit et publié des lettres contraires au mandement de leur Evêque diocésain, au sujet de la Constitution *Unigenitus,* ont encouru les censures.
3. — Réponse à la question importante si les Curez... N° 7325.
4. — Lettre de M. l'Evêque d'Apt à Mgr le Régent. His. des Rel. N°447.

5. — Relation en forme de lettres de la désolation de l'Eglise d'Orléans.
6. — Actes concernans la Conférence de Creil... N° 7225.
7. — Lettre de MM. les Curés de la ville d'Agde... N° 7325.
8. — Mémoire apologétique pour MM. les Curez. N° 7325.
9. — Intrigues des Jésuites dans l'affaire de la Constitution *Unigenitus;* divisées en trois lettres. Première lettre. — 1720.
10. — Epitre de l'Eglise de Genève à la Sorbonne. (En vers).
11. — Lettre de M. l'Ev. d'Agen à M. l'Ev. de Marseille... 14 Mars 1718.
12. 13. 14... N° 7234.
15. — Consultation (délibérée en Sorbonne le 22 Oct. 1718, sur les Prêtres excommuniés pour n'avoir pas reçu la Constitution.)

Tome IV contenant :

1. — Première lettre d'un Ecclésiastique appellant à Mgr de Soissons sur son Avertissement. — 1718.
2. — Observations sur l'avertissement de M. l'Ev. de Soissons. N° 7245.
3. — Observations sur le second Avertissement de M. l'Ev. de Soissons.
4. — Instruction pour calmer les scrupules que l'on s'efforce de jeter dans les consciences timorées, au sujet de la Constitution *Unigenitus*, et de l'Appel qui en a été interjetté. — 1718.
5. — Instruction pour calmer les scrupules 2ᵉ édit. revue. augm. Où l'on répond à ce qu'il y a de plus spécieux, dans les Avertissemens de Soissons. — 1719.
6 — Réponse à la lettre de Mgr l'Evesque de Soissons, qui se trouve à la fin du troisième Avertissement.
7. — Lettre à M. l'Ev. d'Angers sur son mandement portant condamnation d'une thèse soutenue dans la maison de N. D. des Ardilliers de Saumur, le 23 et le 29 d'Aoust 1718. (Par le P. DE GENNES).

Tome V contenant :

1. — Mémoire contenant les moiens généraux et particuliers pour maintenir les libertez de l'Eglise Gallicane, contre les entreprises de la Cour de Rome et des Jésuites, au sujet de la Constitution *Unigenitus*. — 1716.
2. — Lettre circulaire de M. le Cardinal DE BISSY à tous les Evesques de France, avec les Lettres de Mgr le Duc d'ORLÉANS, Régent, et de M. le Cardinal de ROHAN qui y ont rapport. — 1717.
3. — Lettre de S. A. R. Mgr le Duc d'ORLÉANS, Régent, aux Archevêques et Evêques du Royaume, contenant un désaveu de la lettre circulaire du Cardinal de Bissy du 25 Juillet 1717.
4. — Réflexions sur la nouvelle déclaration du Roy, du 7 Oct. 1717.
5. — Recueil de diverses difficultez. N° 7218.

— 514 —

6. — A Mgr l'Ev. de Noyon. (Requête des habitans pour obtenir un Collége de Jésuites.) — 1631.

7. — Véritable déclaration des faussetez contenues dans un imprimé que l'on fait courir par tout le diocèse d'Amiens et ailleurs, intitulé : *Récit véritable du procédé tenu par Mgr l'Ev. d'Amiens, sur quelques sermons preschez par le P. Juge.* — 1644.

8. — Cas ordinaires ausquels les Confesseurs doivent refuser ou différer l'absolution. Par Mgr le Card. GRIMALDY, Arch. d'Aix.

9. — Instruction de Mgr J.-Jos. LANGUET.   N° 7327.

10. — Essay du nouveau conte de ma mère l'Oye, ou les enluminures du jeu de la Constitution. N° édit. — 1723.

7327. — Recueil. 10 vol. in-12, contenant :

Tome Ier :

1. — La Sorbonne tombée. N° édit. revue et augmentée. — 1717.

2. — Décret de N. S. P. le Pape Clément XI. portant suspension des priviléges accordez par le S. Siége à la Faculté de Théologie de Paris, à la volonté de sa Sainteté et du S. Siége. 18 Nov. 1716.

3. — Lettre d'un Docteur de Sorbonne à M. Ravechet, Syndic.

4. — Dénonciation à S. Ex. Mgr. l'Arch. Duc de Reims... de plusieurs erreurs enseignées par la Faculté de théologie de la même ville. **Avignon. 1719. Joseph Chastel.**

5. — Lettre d'un Théologien catholique aux Docteurs de Reims, sur le Mémoire que ces Messieurs ont présenté à S. A. R. Mgr le Duc-Régent, au sujet de la signature du Formulaire.

6. — Examen du Mémoire présenté à S. A. R. Mgr le Duc d'Orléans, Régent du Royaume, pour la défense de l'Université. Contre le Mémoire de quelques Prélats de France. **Bruxelles. 1719.**

7. — Venin des 101 propositions.   N° 7276.

8. — Lettres curieuses de différens endroits, sur tout ce qui se passe dans l'Eglise, au sujet de la Constitution *Unigenitus*. — 1722.

Tome II :

1. — Testament spirituel de M. NICOLE, ou système touchant la grâce universelle. Ouvrage posthume. **Amsterdam. 1703. J. de Lorme.**

2. — Lettre du P. QUESNEL à M. le Cardinal de Rohan. 10 Déc. 1716.

3. — Idée générale de la nouvelle Constitution contre le Livre des Réflexions morales sur le Nouveau Testament... A Mgr l'Evêque de *** (Par M. PETITPIED). — 1713.

4. — Protestation de M. RILLARD, Prêtre, Chanoine de l'Eglise de Laon, contre l'Appel de son Chapitre. 25 Oct. 1718.

— 515 —

5. — Réponse aux conséquences qu'on tire de certaines propositions qui se débitent en Bretagne, pour y retenir ce peuple dans une obéissance au Pape, pernicieuse à la Religion et à l'État. — 1717.
6. — Lettre de Mgr l'Evêque d'Agen à Mess. les Evêques de Luçon et de La Rochelle. — 1711.
7. — Dénonciation aux Evêques de France, d'un livre intitulé : *Défense de la dissertation sur la validité des ordinations des Anglois*. Dans laquelle on défend le sacrifice de la Messe contre les Anglois et le père Le Courroyer. Par M. *Claude* Le Pelletier. — 1727.
8. — Observations importantes sur le livre intitulé : *Dissertation sur la validité des ordinations des Anglois*... 1726.
9. — Défense du discours de M. de Gaufridy. — Hist. des Rel. N° 447.
10. — Lettre d'un Abbé provençal à M. de Gaufredy.
11. — Dénonciation à Mgr l'Evêque d'Arras de deux lettres imprimées, qui ont parues dans son diocèse ; l'une justificative du S. Briffaut, sur le Panégyrique de Ste. Anne...; l'autre de conjouissance addressée audit Sieur Briffaut....
12. — Sermon sur la Foi, prêché par le P. de la Motte, Jésuite, dans l'Eglise Cathédrale de Rouen, le 20 d'Octobre 1715.
Rouen. 1715. Jacques-Joseph Le Boullenger.
13. — Remonstrances à M. Waymel du Parc, Avocat général au Parlement de Flandres, sur son discours du 22 Juillet, contre une Thèse soutenue chez les Recollets Anglois à Douay. — 1716.

Tome III :

1. — Instruction sur la doctrine de la Grâce.   N° 7172.
2. — Défense de la Grâce efficace par elle-mesme.   N° 7250.
3. — Suite des essais de paix entre les Théologiens catholiques sur la matière de la Grace, en forme de lettres.
Cologne. 1707.

Tome IV :

1. — Entretiens sur le décret de Rome...   N° 7171.
2. — Explication apologétique des sentimens du P. Quesnel. V. N° 7181.
3. — Anatomie de la sentence de l'Arch. de Malines. H. des R. No 443.
4. — Inscription en faux du P. Quesnel.   Hist. de Rel. N° 444.
5. — Confession juridique de M. *Humbert-Guillaume* de Précipian, alors Abbé de Bellevaux, maintenant Archevêque de Malines. — Bref du Pape Innocent XI pour l'absolution de cet Abbé. — Problème moral et canonique sur ce sujet, proposé à M. Malo, Chanoine et et ancien Official de Malines.

Tome V :

1 — Ordon. et instr. past. de Mgr l'Arch. de Cambray.   N° 7146.

2. — Ordonnance et instruction pastorale de Mgr l'Archevêque Duc de Cambray... pour la publication de la Constitution de N. S. P. le Pape Clément XI du 17 Juillet 1705 contre le Jansénisme.
Valenciennes. 1706. Henry.

3. — Mandement et instruction pastorale du même. N° 7198.

4. — Lettre de Mgr l'Archevêque de Cambray sur l'infaillibilité de l'Eglise touchant les textes dogmatiques, où il répond aux principales objections. — 1709.

5. — Lettres de Mgr l'Archevêque Duc de Cambray à M. N... sur un écrit intitulé : *Lettre à S. A. S. M. l'Electeur de Cologne*... — 1709.

6 — Lettre du même à S. A. S. Mgr l'Electeur de Cologne, Ev. de Liége, au sujet de la protestation de l'auteur anonyme d'une lettre latine et du livre intitulé : *Defensio authoritatis ecclesiæ*. 1708.

7. — Seconde lettre de Mgr l'Archevêque de Cambray sur une lettre de Liége et un ouvrage intitulé : *Defensio authoritatis Ecclesiæ*. 2ᵉ éd.

8. — Lettres de M. l'Archevêque de Cambray au P. Quesnel. — 1710.

Tome VI :

1. — Mandement de Mgr l'Evesque Comte de Noyon (*Cl. M.* D'Aubigné) portant condamnation des Institutions théologiques du P. Juenin.

2. — Le Mandement de Mgr l'Evêque de Noyon abrégé, et accompagné de quelques notes.

3. — Traité du schisme *Christianus mihi nomen, Catholicus cognomen*.
Avignon. 1718. P. Le Bon.

4. — Sanctissimi Domini nostri Domini Clementis Papæ XI literæ ad universos Christi fideles datæ adversus eos, qui Constitutioni Sanctitatis Suæ, quæ incipit *Unigenitus*, anno Incarnationis Dominicæ MDCCXIII, sexto Idus Septembris, editæ debitam obedientiam præstare hactenus recusarunt, aut inposterum recusaverint. — 1718.

5. — Lettre d'un Théologien à l'auteur des Hexaples. Où l'on montre qu'il n'a fait que copier les Auteurs Protestans.
Paris. 1714. Montalant.

6. — Réponse du P. Lallemant, Jésuite, à la lettre qu'il a reçue de l'Auteur des Hexaples.
Paris. 1714. Montalant.

7. — Recueil de pièces importantes, en faveur de la Constitution *Unigenitus*.
Avignon. 1717. Chastel.

8. — Entretiens de Christine et de Pelagie. N° 3894.

9. — Instruction pour calmer les scrupules... 1718.

Tome VII :

1. — Lettres d'un philosophe à M. l'Evêque de Soissons. N° 7245.

2. — Les Appellans de la Constitution *Unigenitus* convaincus de schisme. **Louvain. 1719. Vandevelde.**
3. — Cas de conscience au sujet de la Constitution *Unigenitus*. N° 7234.
4. — Lettres curieuses de différents endroits...
5. — Solution de la question soy-disant curieuse, s'il est plus seur de se confesser aux Jésuites, les héros des Acceptans de la Bulle *Unigenitus*, et à leurs adhérans, qu'aux Curez, Chanoines et autres Prêtres séculiers et réguliers, qui ont appelé de cette même Bulle au futur Concile général. — 1719.
6. — Lettre à M*** Contre le livre du témoignage de la vérité.
7. — Lettres d'un Abbé à un Evêque, où l'on démontre l'équité de la Constitution *Unigenitus*.... et qui peuvent servir de réponse aux libelles qui ont paru contre cette Constitution. **Paris. 1714. N. Le Clerc.**
8. — Prône sur l'Appel, fait dans une église de Paris, le 9 Oct 1718.
9. — Décret de N. S. P. le Pape Innocent XI. contre plusieurs propositions de morale. — 1679.

Tome VIII :

1. — Mémoire trouvé parmi les papiers de Mgr le Dauphin. — 1712.
2. — Réflexions sur un écrit intitulé : *Mémoire de Mgr le Dauphin pour N. S. P. le Pape.* Imprimé par ordre exprès de S. M. Avec une déclaration du P. Quesnel sur ce mémoire. — 1712.
3. — Réponse du Cardinal de NOAILLES, au Mémoire que le Roy lui a fait l'honneur de lui donner. — 1712.
4. — Le philosophe extravagant, dans le traité de l'action de Dieu sur les créatures. (Par le P. DU TERTRE). **Bruxelles. 1716. Friex.**
5. — Eclaircissemens sur la vie de Messire d'Aranthon d'Alex, Evêque et Prince de Genève. Avec de nouvelles preuves incontestables de la vérité de son zèle contre le Jansénisme et le Quiétisme. **Chambery. 1699. Jean Gorrin.**

Tome IX :

1. — Ce que M. le Cardinal de Noailles dit à Rome. — Ce que M. le Cardinal de Noailles dit en France. — 1717.
2. — Catéchisme de la Grâce. (Par *Henri* DU HAMEL).
3. — Lettre de M. l'Abbé de *** A. Eudoxe.   N° 3694.
4. — Cas de conscience proposé à M. *** touchant la lecture de quelques versions du Nouveau Testament de N. S. J. C. et décidé suivant les principes des Traducteurs. **Liége. 1708. Jean Chrétien.**
5. — Défense des Rituels attaquez par M. Gaufredy, Avocat général au

Parlement de Provence, dans son plaidoyer du 21 Avril 1716, sur les ordonnances synodales de M. l'Evèque de Marseille publiées dans son Synode le 18 Avril 1712, addressée à M. Gaufredy. 1717.

6. — Lettre de M. l'Abbé Le Blanc... Hist. des Rel. N° 750.

7. — Réfutation d'un écrit intitulé : *Projet de mandement de Mgr l'Evèque de Mirepoix*, au sujet de la Constitution *Unigenitus*. Lettre d'un Docteur en Théologie à un Prélat.
Paris. 1715. N. Le Clerc.

Tome X :

1 — Instructions secrètes des Jésuites.
Cologne. 1704. Isaac Le Sincère.

2. — Sentiment des Jésuites touchant le péché philosophique.
Paris. 1690. S. Mabre-Cramoisy.

3 — Apologie pour la doctrine des Jésuites, envoyée à Mgr d'Arras à l'occasion de la censure qu'il a faite du livre d'un Casuiste Allemand.
Liége. 1704. Moumal.

4. — Lettre d'un Théologien aux RR. PP. Jésuites... N° 7118.

5. — Le véritable disciple de S. Paul et de S. Augustin sur la Grâce et la Prédestination. 2ᵉ édit.
Liége. 1708. Broncart.

6. — Décret de l'Inquisition de Rome sur XXXI propositions. — Avec une lettre écrite à un Prélat de la Cour de Rome sur ce sujet.
Cologne. 1691. Schoute.

7. — Essais de paix entre les Théologiens catholiques sur les matières de la Grâce, en forme de lettres. (1ʳᵉ et 2ᵉ partie).
Cologne. 1706-1707.

8. — Instruction de Monseigneur J. Joseph LANGUET, Ev. de Soissons, adressée à Madame*** (la marquise de Montataire) où il montre quel est le parti le plus sûr dans la contestation présente, au sujet de la Constitution *Unigenitus*. — 1719.

9 — Instruction théologique pour servir de Réponse à un libelle intitulé, *Entretien familier*, au sujet de la Constitution *Unigenitus*, que les Jansénistes répandent dans la ville de Douay. — 1719.

10. — Eclaircissement sur un passage de S. Augustin, cité dans le livre intitulé, *la Perpétuité de la Foy de l'Eglise catholique touchant l'Eucharistie*. Par le Sieur BARNABÉ.
Mons. 1697. Vᵉ Waudret.

7328. — Lettres sur la Constitution *Unigenitus*. 2 vol. in-12.
Tome I :

1. — Lettre d'un Magistrat adressée à Mg. l'Evèque de***. N° 7325.

2. — Réfutation d'un Libelle intitulé : *Lettre d'un Magistrat à Mg. l'Evêque de**** Avec une Addition sur deux autres écrits qui ont paru depuis quelques mois. Le premier, *Réfutation de deux mémoires séditieux qui ont paru à la fin de Février* 1716, *touchant l'acceptation de la Constitution Unigenitus.* — Le second, *Lettre au P. Le Tellier* — 1716.
3. — Lettre de M** à M*** sur un projet d'acceptation de la Bulle *Unigenitus,* relative à des explications que l'on y donneroit dans un Mandement.
4. — Lettre à un Avocat pour la réunion des Evêques. N° 7325.
5. — Lettre de M*** à Mg l'Evêque de Blois, contenant des remarques sur sa lettre à M. l'Abbé de Robien, Grand-Vicaire de Vannes, du 14 mars 1720, au sujet de l'Accommodement.
6. — Précis de Doctrine, proposé pour devenir règle de Foi, et servir à faire recevoir la Constitution *Unigenitus* dans tout le Royaume.
7. — Projet de réunion d'Evêques.

Tome II :
1. — Lettre d'un Evêque de France à Mgr le Cardinal Fabroni...
2. — Lettre d'un Evêque à un Evêque touchant ce qu'il pense d'un écrit intitulé : *Consultation sur la Constitution de N. S. P. le Pape Clément XI.* — 1716.
3. — Lettre de M. l'Evêque d'Agen à Mgr l'Ev. de Marseille. N° 7325.
4. — Lettre d'un Evêque à M. le Card. de Noailles sur son appel. 1717.
5. — Lettre d'un R. P. Jésuite à un Jacobin de ses amis, au sujet de celle qui paroît sous le nom du R. P. Cloche, Général de l'Ordre des FF. Prêcheurs. — 1717.
6. — Réponse d'un Docteur de Sorbonne à un Gentilhomme de la Province d'Auvergne, au sujet de la Lettre circulaire, la Profession de Foi, et l'Acte capitulaire du Chapitre de Saint Flour, par rapport à la Constitution *Unigenitus.*
La Haye. 1717. Henry Van Bulderen.
7. — Lettre de M. l'Evesque de Châlons-sur-Saône, pour servir de réponse à celle que M. de Cruge lui avoit écrite au sujet de son Mandement sur le livre des Hexaples, dans laquelle ce Magistrat lui conseilloit de retirer ce Mandement, ou d'adoucir la proposition qu'il tâche de justifier par cette lettre.
8. — Réponse à la lettre que Mgr l'Evêque de Châlons-sur-Saône a écrite à M. de Cruge.
9. — Seconde lettre de M. l'Ev. de Châlons-sur-Saône à M. de Cruge.
10. — Lettre de l'Abbé de *** à M. l'Abbé de ***. N° 7237.
11. — Lettre à Mgr l'Evêque de *** où l'on montre que l'on ne peut recevoir la Constitution *Unigenitus,* même avec explication. 1715.

12. — Lettre d'une Personne constituée en dignité ecclésiastique à Mgr le Ser. et Rev. Evêque et Prince de Liége, au sujet de sa lettre pastorale du 2 Janv. 1725 et particulièrement sur ce qui regarde la Constitution *Unigenitus*. — 1725.

7329. — Pièces sur le Jansénisme. 22 vol. in-12.

Tome Ier :

1. — Nouvelle dénonciation de la Théologie Dogmatique et morale de M. Habert, où on trouve l'idée précise du Jansénisme et la réfutation des principales objections des Jansénistes. —1713.
2. — Suite de la Dénonciation de la Théologie de M. Habert, adressée à S. Em. Mg. le Card. de Noailles, Archev. de Paris, et à Mg l'Ev. de Châlons sur Marne. — Réplique à la réponse de M. Pastel, approbateur et défenseur de cette théologie. — 1711.
3. — Decret de Mgr l'Archevesque de Malines, (*Humbert-Guill.* DE PRÉCIPIAN) pour citer le P. Pasquier Quesnel, prisonnier fugitif. **Bruxelles. 1704.**
4. — Dénonciation à Mgr le Card. de Noailles, d'un libelle intitulé : *Mémoire sur la publication et l'enregistrement de la Constitution Unigenitus.* — Libelle inséré dans un Recueil qui a pour titre, le *Témoignage de l'Université de Paris, au sujet de la Constitution Unigenitus.* — 1717.
5. — Dénonciation du Presbytéranisme gallican.   N° 7223.
6. — Lettre de Mgr l'Evêque de Châlons-sur-Saône à Mgr l'Archevêque d'Arles. — 1718.
7. — Les caractères de l'erreur.   N° 7226.
8. — Examen du Mémoire présenté à S. A. R.   N° 7327.
9. — Lettre d'un Bénédictin non réformé, aux RR. PP. Bénédictins de la Congrégation de S. Maur. — 1699.
10. — Parallèle du Nouveau Testament du Père Quesnel avec le Nouveau Testament de M. Huré, adressé aux Evesques de France. —1714.
11. — Les dispositions intérieures.   N° 7201.

Tome II :

1. — De l'injuste accusation de Jansénisme. Plainte à M. Habert, à l'occasion des Défenses de l'Auteur de la Théologie du Séminaire de Châlons, contre un libelle intitulé: *Dénonciation de la Théologie de M. Habert adressé à S. E. M. le Cardinal de Noailles etc.* 1712.
2. — Maximes sur le Jansénisme et sur la Calomnie. **Arras. 1717. Duchamp.**
3. — Seconde lettre à Mgr l'Evêque d'Arras, au sujet de ses Maximes sur le Jansénisme. — 1718.
4. — Mandement de Mgr l'Evêque de S. Pons (DE PERCIN DE MONTGAILLARD)

touchant l'acceptation de la Bulle de N. S. P. le P. Clément XI sur le cas signé par XL Docteurs, avec la justification des XXIII Evêques qui, voulant procurer la paix à l'Eglise de France en 1667, se servirent de l'expression du silence respectueux...

5. — Considerationes circa exactionem formulæ Alexandrinæ variasque de hoc argumento difficultates, ac pugnantes inter se opiniones et ostensa via pacis conformiter ad mentem Summorum Pontificum. **Delphis. 1711. Van Rhyn.**

Tome III :

1. — Lettre circulaire de M. le Cardinal DE BISSY.   N° 7326.
2. — Lettre de S. A. R. Mgr le Duc d'Orléans...   N° 7326.
3. — Observations sur la lettre circulaire de Mgr de Bissy aux Evêques de France. — 1717.
4. — Lettre d'un Ecclésiastique du diocèse de Meaux, à M. le Cardinal de Bissy, au sujet de la lettre circulaire de Son Em. à tous les Evêques de France, et touchant la Constitution *Unigenitus*.— 1717,
5. — Lettre de Mgr l'Evesque d'Agen (*François* HEBERT) à Mgr le Cardinal de Bissy, Evesque de Meaux.— 1717.
6. — Préjugé légitime pour la défense des Réflexions sur le N. Testament, et conséquence pernicieuse de la condamnation de ce livre. Avec de courtes Remarques sur le Mandement de M. de Bissy. — 1712.
7. — Instruction familière sur la soumission due à la Constitution *Unigenitus*. Imprimé par ordre de Mgr l'Arch. (d'Arles). **Arles. 1718. Gaspar Mesnier.**
8. 9. 10. 11.   Voyez le N° 7234.
12. — Dénonciation des Mandemens de Mgr l'Ev. de Noyon, nommé à l'Archevêché de Rouen, au Pape, aux Evêques, aux Facultés de Théologie et à tous les Pasteurs de l'Eglise. — 1708.
13. — Réponse d'un Docteur à la Lettre de Mgr l'Ev. d'Angers à M. l'Abbé de Claye, du 7 Août 1721, où l'on fait voir que ce Prélat s'obstine vainement contre la vérité... — 1722.
14. — Projet de censure raisonnée.   N° 7214.
15. — Mandement de M. de Mailly. (En vers).   N° 7325.

Tome IV :

1. — Seconde lettre à M. L. E. de Blois contenant la suite des remarques sur sa lettre à ***
2. — Copie d'une lettre de Madame D'ORLÉANS, Abbesse de Chelles, écrite du 1er Oct. 1720 à une Religieuse du Val-de-Grâce de ses amies.
3. — Lettre d'un gentilhomme de Provence à M. L. M. D. — 1721.
4. — Réponse de Mgr l'Evêque de Marseille, à la lettre anonyme du prétendu Gentilhomme de Provence. — 1721.

5. — Justification des PP. de l'Oratoire de Marseille. — 1731.

Tome V :

1 — Mémoire d'un Avocat présenté à M. Amelot, Conseiller d'Etat, au sujet de son voyage à Rome. Nᵉ édit. Avec un avis sur la méthode de l'Auteur et des Remarques sur son Mémoire. — 1715.
2. — Lettre de M. *Clément* WATERLOOP.   Voyez Hist. des Rel. N° 515.
3. — Consultation touchant la Constitution de N. S. P. le Pape Clément XI. du 8 Sept. 1713.
4. — Réponse à un Prélat sur le refus que M. le Cardinal de Noailles a fait de continuer ses pouvoirs aux Jésuites. — 1715.
5. — Lettre à Mgr l'Evêque de. .   N° 7328.

Tome VI :

1. — Divers écrits sur l'affaire de M. le Curé de Carvin-Epinoy...
2. — Lettre du R. P. PORÉE à M. Grenan, au sujet de l'Oraison funèbre du Roy, qu'il a prononcée le 11 Décembre 1715. — 1716.
3. — Réflexions critiques sur l'Eloge funèbre du Roy, prononcé par le R. P.*** J. (PORÉE, Jésuite.) — 1716.
4. — Pasquinade et différentes pièces de prose et de poésie latine et françoise, concernantes l'éloquence du grand P. (Par DU HAMEL). A Strasbourg, en Auvergne près de Maubeuge, en Dauphiné, chez Tranche-Poiré. — 1716.
5. — Mémoire concernant la déclaration du 16 Juillet 1715 rendue en faveur des Jésuites congédiez. — 1717.
6. — L'union désunie.   Hist. des Rel. N' 1346.
7. — Requête présentée au Roy par les habitans de la ville de Brest. Contre les Pères Jésuites de la même ville. — 1717.

Tome VII :

1. — Lettres de M. l'Evêque de N. à S. Em. Mgr le Cardinal de Noailles, Archev. de Paris, au sujet de sa première Instruction pastorale sur la Constitution *Unigenitus*. (IIᵉ, IIIᵉ, IVᵉ, Vᵉ). 1719.
2. — Lettres catholiques d'un Homme de la Cour, à M. de La Coste... appellant de la Constitution *Unigenitus*. — 1719.
3. — Seconde instruction de Mgr l'Evêque de Soissons, dressée en faveur de Madame la Marquise de *** (Montataire) où il montre quel est aujourd'hui le parti le plus sûr. — 1719.

Tome VIII :

1. — Défense de la réponse à la question importante contre l'avis aux fidèles du diocèse de R. (Rouen). — 1717.
2. — Défense des fidèles du diocèse de R. (Rouen), ou réfutation de la décision du Cas de conscience proposé au sujet de la Constitution *Unigenitus*.

3. — Lettre de M. Barbault, Curé de Bouillant, diocèse de Senlis, écrite à Mgr l'Evêque de Senlis, au mois de Novembre 1716.
4. — Lettre de M. Moulin, Curé des Barils,... N° 7325.
5. — Question importante. Les Curez qui ont écrit et publié des lettres contraires au Mandement de leur Evêque diocésain, au sujet de la Constitution *Unigenitus*, ont-ils encouru les censures ?
6. — Lettre de six Curez de Senlis à Mgr l'Evesque de Senlis.
7. — Lettre de M. le Curé de Nuillé en Anjou (M. Compagnon), à Mgr l'Ev. d'Angers, du 29 Décembre 1716.
8. — Lettre du même à S. E. le Card. de Noailles.
9. — Déclaration de M. Gaultier... N° 7325.
10. — Lettre des Curez de Paris et du diocèse, à S. E. M. le Cardinal de Noailles, le 15 Décembre 1716.
11. — Lettre de M. l'Abbé de Guitaud, Prieur de Saugeon, à M. l'Ev. Duc de Langres. — 1717.
12. — Lettre de M. Bocquillot, Chanoine d'Avalon, à M. l'Ev. d'Autun, du 25 Février 1717.
13. — Autre retractation de la publication de la Bulle *Unigenitus* faite le Dimanche 4 Oct. 1716, au prône de la messe paroissiale, par M. le Bègue, Curé de S. Louis, à Toulon.
14. — Lettre de M. Perthuis, Curé de S. Cyr. N° 7325.
15. — Lettre écrite à M. Moufle, Vicaire général official de Sens. Par M. Presdeseigle, Curé de S. Aspais... le 24 Janv. 1717.
16. — Retractations de plusieurs Curez du diocèse de Rouen... N° 6994.
17. — Relation de la retractation du Curé de Rosé, au doyenné de Gisors, dioc. de Rouen, au sujet de la Constitution *Unigenitus*. 1717.
18. — Lettre de M. Hubert, Curé de Puché.. N° 7326.
19. — Lettre écrite à Mgr l'Arch. de Rouen par M. le Machois. *Ibid.*
20. — Lettre de M. Bizault, Prêtre de l'Oratoire, Curé de Fossey, écrite à Mgr l'Arch. de Rouen, le 16 Oct. 1716.
21. — Lettre écrite à Mgr l'Arch. de Rouen par MM. les Curez d'Ennecourt-Leage, de Jammericourt...
22. — Lettre du R. P. Laugier. N° 7325.
23. — Lettre de M. de Bellaunay. N° 6994.

Tome IX :

1. — Instruction pastorale de Mess. N° 7276.
2. — Explication apologétique des sentimens du P Quesnel. N° 7181.
3. — Lettres des Evêques de La Rochelle et de Luçon au Roy.
4. — Lettre de M. l Ev. d'Agen à MM. les Evêques de Luçon et de La Rochelle (sur leur lettre écrite au Roy contre le Card. de Noailles).
5. — Lettre de M. l'Arch. d'Ambrun à M. l'Evêq. de Gap. — 1711.

6. — Lettre de M. l'Ev. de S. Pons à Mgr l'Ev. de Bayeux, 24 Déc. 1710.
7. — Lettre à S. E. Mgr le Card. de Noailles. 1711.
8. — Requeste adressée à M. le Cardinal au nom de tous les gros Pêcheurs de Paris, pour supplier Son Em. de lever l'interdit qu'elle vient de jeter sur les confessionnaux des Jésuites.(En vers).

Tome X :

1. — Lettre de M. l'Abbé de *** à Mgr l'Ev. de Mets, touchant l'Acte d'Appel de la Constitution *Unigenitus*. — 1717.
2. — Réponse du P. Quesnel à un de ses amis de Beauvais, sur la maladie et la mort de M. le Curé de S. Sauveur. — 1716.
3. — Relation de ce qui s'est passé sur le différent de M. l'Arch. d'Arles et de M. de Giraud..; avec quelques pièces qui y ont rapport. 1717.
4. — Dissertation sur l'appel interjeté de la Constitution *Unigenitus* au Concile général... le 15 Avril 1717.
5. — Mémoire pour servir à l'examen de cette maxime, que le Pape ayant la provision, on doit se soumettre à ses jugemens, au moins par provision. — 1717.
6. — Lettre adressée à l'Auteur de la nouvelle relation de ce qui s'est passé dans les assemblées de Sorbonne, au sujet de l'enregistrement de la Bulle *Unigenitus*.
Paris, 1716. Delespine.

Tome XI :

1. — Apologie des Curez qui ont écrit des lettres contre l'acceptation de la Constitution *Unigenitus*, ou nouvelle défense de la Réponse à la question importante contre les Remarques sur cette réponse; avec un Avertissement contre le libelle intitulé : *Examen ou anatomie de cette réponse*. 2ᵉ éd. — 1717.
2. — Lettre d'un Théologien à un Avocat sur l'institution et le droit que les Curez ont dans le gouvernement de l'Eglise. — 1719.
3. — Histoire du différent entre M. l'Arch. de Reims.   N° 7323.
4. — Sentence de l'Officialité métropolitaine de Paris, qui renvoye Mᵉ Jacques-Charles Le Roy... et Mᵉ Jacques Boulay... (d'Orléans) dans les fonctions de leurs saints ordres... — 1717.
5. — Lettre d'un Chanoine de Reims à un de ses amis. — 1721.
6. — Sentence de l'Officialité métropolitaine de Tours, qui rétablit M. Maturin Compagnon, Curé de Neuillé... dans les fonctions de ses saints ordres.... — 1717.
7. — Relation de la retractation du Curé de Rosé... — 1717.
8. — Lettre des Curez du diocèse de Paris à S. E. Mgr le Card.
9. — Lettre de M. Bizault... — 1716.
10. — Acte d'apel au futur Concile, du 5 Juin 1717, par MM. J.-B. D'Isnard,.. et Fr. Marguerite... — 1717.

11. — Requête présentée par les Dévotes de la Paroisse de S. Jacques de Douai à Mgr l'Ev. d'Arras, pour lui demander justice contre les ennemis de la lecture de l'Ecriture Sainte en langue vulgaire et en particulier contre un libelle en vers, également impie et calomnieux, qui a pour titre : *l'Apôtre de Douai*. (En vers).

12. — Acte d'appel des Religieuses Ursulines de Beauvais. L'an 1718, le 30 Octobre.

Tome XII :

1. — Bref de N. S. P. le Pape CLÉMENT XI portant condamnation et défense d'un livre imprimé en françois... sous le titre, *Le Nouveau Testament en françois* .. — 1708.

2. — Délibérations de l'assemblée des Cardinaux, Arch. et Ev. tenue à Paris en l'année 1713 et 1714, sur l'acceptation de la Constitution en forme de Bulle de N. S. P. le P. Clément XI... Avec la même Constitution en latin et en françois... Où l'on a joint un Recueil de pièces concernant cette Constitution du Pape touchant la morale du P. Quesnel.
Paris. 1714. V° Muguet.

3. — Décret de N. T. S. P. le Pape Clément XI. N° 7327.

4. — Lettres du Pape au Roy et à Mgr le Régent au sujet de la Constitution, traduites fidélement en françois par M. l'Abbé de P***, Vicaire général du diocèse d'A***. — 1722.

5. — Recueil de pièces concernant la publication faite de la Bulle *Unigenitus* hors de la France dans les divers états catholiques. 1716.

6. — Mandement de Mgr l'Ev. de Boulogne, condamné par N. S. P. le Pape Clément XI. Avec une lettre qui, en découvrant à ce Prélat le poison de son Mandement, pourra servir de préservatif à ses ouailles et à celles des Evêques ses voisins. — 1715.

7. — Parallèle de l'Acte d'appel des quatre Evêques, avec l'Acte d'appel de Luther et celuy des Pélagiens, à Mgr l'Ev. de Mirepoix. — 1717.

8. — Lettre d'un Avocat à un Président, touchant l'appel des 4 Evêques.

9. — Résolution d'un problème touchant l'Appel des 4 Evêques. — 1717.

10. — Réflexions d'un Prélat sur l'Appel interjetté au futur Concile OEcuménique, par les quatre Evêques et leurs adhérans.

Tome XIII :

1. — Lettre d'une Dame françoise (URSULE DE LA GRANGE) au Pape Clément XI. sur sa Constitution contre le Nouveau Testament du P. Quesnel. — 1713.

2. — Lettre de Mgr l'Evêque de Langres (Fr. DE CLERMONT) au Roy. 1713.

3. — Troisième mémoire pour servir à l'examen de la Constitution du Pape contre le Nouveau Testament en françois... — 1714.

4. — Dissertation sur la Constitution du 8 Sept. 1713...   N° 7206.
5. — Mémoire présenté à l'Assemblée du Clergé, où il est parlé d'obliger le Pape à retracter sa Constitution du 8 Sept. 1713. — 1714.
6. — Remarques sur le Bref de N. S. P. le Pape Clément XI du 17 Mars 1714, adressé à M. le Cardinal de Rohan, et aux Evêques assemblez à Paris. — 1714.
7. — Réflexions sur l'instruction pastorale proposée à tous les Prélats du Royaume sous le nom de l'Assemblée tenue à Paris en 1713 et 1714, sur l'acceptation de la Constitution en forme de Bulle de N. S. P. le Pape Clément XI du 8 Sept. 1713. — 1714.
8. — Mémoire sur la publication de la Bulle *Unigenitus* dans les Pais-Bas... — 1714.
9. — Résolution de quelques doutes sur le devoir des Docteurs de de Sorbonne, par rapport à l'enregistrement de la Constitution de N. S. P. le Pape Clément XI du 8 Sept 1713. — 1714.

Tome XIV :

1. — Relation de ce qui s'est passé dans le diférend qui est aujourd'hui entre Mess. les Ev. de Luçon, de la Rochelle et de Gap, et Mgr le Card de Noailles. — 1711.
2. — Réflexions sur la lettre de M. l'Abbé Bochard au P. Le Tellier. 1711.
3. — Réponse du Cardinal DE NOAILLES au Mémoire que le Roy lui a fait l'honneur de lui donner. — 1712.
4. — Lettre de Mgr l'Evêque d'Agen (*Fr.* HÉBERT) à M. le Comte de Pont-Chartrain. — 1712.
5. — Lettre à M. Bidet... sur ce qui s'est passé à l'Assemblée de la Faculté, du 5 Mars 1717 sur l'Appel des quatre Evêques. — 1717.
6. — Réflexions sur la nouvelle déclaration du Roy du 7 Oct. 1717.
7. — Les cent-une propositions condamnées par la Constitution *Unigenitus*, avec leurs qualifications. Sur l'air *O reguingué, o ton lan la*. (En vers).
8. — Mémoire où l'on examine s'il est permis à ceux qui croyent la Constitution *Unigenitus* erronée, de la lire, ou de la faire lire publiquement, par soumission pour les Supérieurs.
9. — Principes pour rejetter l'accommodement sur la Constitution *Unigenitus*, tirez des écrits de M. le Card. de Noailles.
10. — Mémoire présenté à M. le Duc d'Orléans, Régent, pour le second Ordre du Clergé de France. — 1720.
11. — Relation de la bataille de Meaux, entre les Molinistes et les Augustiniens.
12. — Lettre sur les *Amen* du nouveau missel de Meaux. — 1710.
13. — Réflexions sur un écrit intitulé :...   N° 7327.

14. — Patrum Benedictinorum è Cong. S. Mauri ad RR. Patres Superiores in Majori Monasterio prope Turones pro Capitulo generali congregatos, supplex epistola. — 1723.

Tome XV

1. — Idée précise de la doctrine de Jansénius, avec un Recueil des Mandemens publiés en dernier lieu contre cette doctrine, et contre les livres qui la répandent. — 1708.
2. — Lettre d'un Théologien catholique, à un de ses amis, sur l'acceptation relative, ou sur les explications que quelques Prélats prétendent être en droit de donner aux Constitutions dogmatiques du saint Siége, avant de les accepter. — 1714.
3. — Dissertation théologique sur la nécessité morale, et sur l'impuissance morale par rapport aux bonnes œuvres. Par le P. G. D D. L. C. D. J. — Avec la suite.
Paris. 1714. N. Le Clerc.
4. — Instruction en forme de catéchisme au sujet de la Bulle *Unigenitus*.
5. — Dissertation théologique sur cet axiome de S. Augustin, *Quod amplius nos delectat*... Par le P. G. D. D. L. C. D. J.
Paris. 1714. N. Le Clerc.

Tome XVI :

1. — Lettre d'un Docteur en théologie à un de ses amis, touchant une nouvelle *Addition à l'Histoire du Nestorianisme*. — 1705.
2. — Lettre de Mgr l'Arch. Duc de Cambray à un Théologien, servant de réponse à un libelle latin anonyme, qui commence par ces mots, *Reverende admodum Domine. De formulâ subscribendâ.* 1707.
3. — Considérations sur la censure faite par M. l'Ev. d'Apt, d'un imprimé contenant la décision d'un Cas de conscience signé par quarante Docteurs de Sorbonne.
4. — Réponse aux deux lettres de Mgr l'Arch. de Cambrai au Père Quesnel. — 1711.
5. — Sentence de MM. les Vicaires généraux de l'Archevêché de Tours, au sujet d'un sermon prononcé par le P. J. B. Hervieux dans l'Eglise des Jacobins de la dite ville, le 4 Août 1716.
6. — Rétractions du Chapitre de Nevers et des Curez d'Evreux, de Nevers et de Toulon, de la publication de la Bulle *Unigenitus*. 1716.
7. — Lettre de MM. les Curez de la Conférence de Creil. N° 7325.
8. — Epistola S. Facultatis Theologiæ Nannetensis. N° 7325.
9. — Lettre écrite à Mgr l'Archevêque de Rouen... N° 7325

Tome XVII :

1. — Suite pour les entretiens d'un Jésuite avec une Dame; ou conversations entre un Ecclésiastique Apellant et un Laïque prévenu pour la Constitution *Unigenitus*. — 1734.
2. — Histoire de l'origine des Pénitens et Solitaires de Port-Royal des Champs.
Mons. 1733. Migeot.
3. — Relation de la retraite de M. Arnauld dans les Pays-Bas en 1679.
Mons. 1733. Migeot.
4. — Extraits des lettres de la Mère *Marie-Angélique* ARNAULD.
Leyde. 1754. W. de Groot.

Tome XVIII :

1. — Délibération de l'assemblée des Cardinaux... Tome XII.
2. — Remarques sur le Bref... Tome XIII.
3. — Considération sur l'Instruction pastorale de la dernière assemblée du Clergé, où l'on examine I. la mauvaise foi, II. les erreurs grossières, III. le préjugé de l'Autorité ecclésiastique dans les circonstances de cette affaire. — 1714.
4. — Réffexions sur l'Instruction pastorale... Tome XIII.
5. — Projet de Mandement et d'Instruction pastorale de Mgr l'Evêque de Mirepoix au sujet de la Constitution de N. S. P. le Pape du 8 Sept. 1713-1714.
6 — Mandement et Inst. past. de Mg. l'Ev. de Metz (*Henry Charles* DE CAMBOUT) pour la publication de la Constitution de N. S, P. le P. du 8 Sept. 1713. Avec l'Arrest du Conseil d'Etat du Roy qui supprime ce Mandement, et un avertissement sur ces deux pièces.

Tome XIX :

1. — Médecine à la Janséniste ou nouveau remède contre le Jansénisme.
La Haye. 1699. P* B***.**
2. — Relation des Assemblées extraordinaires de la Faculté de Théologie d'Anière, établie dans la ville d'Onopolis, sur la rivière d'Amathie, entre les diocèses de Luçon et de la Rochelle. Contre le Jansénisme. Avec une censure portée contre plusieurs livres pernicieux et infectez du poison de cette Hérésie.
3 — Lettre du R. P. QUESNEL au R. P. De La Chaise.
4. — Mémoire sur l'ordonnance publiée sous le nom de M. l'Evêque d'Apt, contre la Traduction du Nouveau Testament et les Réflexions morales... — 1705.
5. — Lettre à une Dame, où l'on examine : I. Si on doit craindre les excommunications injustes; 2. Si on doit les garder ; publiée à

l'occasion de divers bruits d'excommunication qui se répandent à Brusselles et ailleurs. (Par *N.* Petit-Pied).— 1707.

6 — Seconde lettre à une Dame sur l'excommunication injuste.—1708.

7. — Lettre de l'Auteur de la *Deffense des Théologiens*, à Mgr l'Ev. de Belley sur son Mandement du 4 Juillet 1706. — 1708.

8. — Les lettres de M. l'Abbé Bochart à M. l'Evêque de Clermont son oncle et au R. P. Le Tellier, avec les Remarques sur les deux lettres. — 1711.

9. — Lettre d'un Gentilhomme de Province à un de ses amis sur les deux lettres de M. l'Abbé Bochard. — 1711.

10. — Récit d'une conversation entre le R. P. Le Tellier et l'Abbé Bochard. — 1711.

11. — L'intrigue découverte, ou réflexions sur la lettre de M. l'Abbé Bochard de Saron à M. l'Evêque de Clermont, et sur un modèle de lettre au Roi. Avec quelques pièces concernant le différent de M. le Card. de Noailles, Arch. de Paris et les Evêques de Luçon et de la Rochelle. — 1711.

12. — Lettre d'un Curé de campagne à un Jésuite de ses amis, au sujet de leur interdiction. — 1711.

13. — Les véritables et fausses lettres de MM. l'Ev. d'Agen et le Comte de Pont-Chartrain. — 1712.

14. — Mémoire à Mgr le Dauphin... N° 7206.

15. — Lettre d'une Dame de Paris (Ursule de la Grange) au Pape sur la Constitution du 8 Sept. 1713. N^e édit. — 1714.

16. — Mémoire en forme de lettre sur le projet d'une acceptation de la Bulle *Unigenitus*, relative à des explications contenues dans un Mandement. 2e éd. — 1714.

17. — Difficultez sur la convocation et tenue d'un Concile national en France dans les circonstances présentes. — 1715.

18. — Lettre de M. *Ch. Joach.* Colbert de Croissi, Ev. de Montpellier, à M. le Marquis de la Vrillière, Secrétaire d'État, au sujet de la Constitution *Unigenitus*. — 1715.

19. — Arrest de la Cour de Parlement, portant suppression d'un libelle intitulé: *Mémoire pour le Corps des Pasteurs qui ont reçu la Constitution Unigenitus.* Du 4 Avril 1716.

20. — Lettre à Mgr l'Ev. d'Autun, sur les deux mémoires présentez à S. A. R. Mgr le Duc d'Orléans, le 23 Mars 1717, par vingt-huit Prélats, du nombre desquels il étoit. — 1717.

21. — Réfutation abrégée du livre qui a pour titre : *Traité du schisme*, où l'on justifie par le seul fait de la dispute de S. Cyprien avec le Pape S. Etienne, les Evêques et les Théologiens qui refusent d'accepter la Constitution *Unigenitus*... — 1718.

22. — Parallèle de la foi des Appelans au futur Concile général, avec la foi des Acceptans, au sujet de la Constitution *Unigenitus*. 1718.
23. — Lettre à une Supérieure de Communauté sur la neutralité qu'elle avoit promise à son Confesseur au sujet de la Bulle *Unigenitus* de Clément XI. — 1738.

Tome XX :

1. — Constitution... N° 7201.
2. — Lettre d'un Evêque de France à Mgr le Card. Fabroni.
3. — Les dispositions intérieures... N° 7201.
4. — Lettre du R. P. *Antoine* DE MONTGEFFOND Général des Chartreux, à tous les Visiteurs de son ordre, pour faire publier la Bulle *Unigenitus* dans toutes les maisons de leurs provinces. Avec des notes. — 1719.
5. — Apologie de l'Equivoque. (En vers).
6. — Réponse des PP. de l'Oratoire de Marseille aux calomnies qu'on répand contre eux dans cette ville. avec la lettre de leur Supérieur (le P. GAUTIER), écrite à Mgr l'Ev. au sujet de leur Appel de la Constitution *Unigenitus*. — 1718.
7. — Discours prononcé par M. OURSEL Grand Pénitencier de l'Eglise de Paris, en présence de MM. du Chapitre de N. D. — 1718.

Tome XXI :

1. — Nouveau mémoire sur les appels des jugements ecclésiastiques. — 1717.
2. — Cas de conscience au sujet des Evêques acceptans et des non acceptans la Constitution *Unigenitus*. MS.
3. — Lettre de S. A. R. Mgr le Duc d'Orléans...
4. — Lettre d'une Dame de Paris au Pape. N° éd. — 1714.

Tome XXII :

1. — Sixième lettre de Mgr l'Ev. d'Auxerre à Mgr l'Arch. de Sens. 1751.
2. — Mandement de MM. les vén. Chanoines et Chapitre de l'Eglise d'Auxerre, pour l'administration du diocèse pendant la vacance du siége. — 1754.
3. — Mandement des mêmes... qui ordonne des prières pour demander à Dieu un Evêque selon son cœur : et qui continue les pouvoirs de prêcher et de confesser. — 1754.
4. — Mandement des mêmes... pour inviter au service solemnel qu'ils célébreront le 5 Sept. 1754, pour le repos de l'âme de l'Evêque d'Auxerre. 30 Août 1754.
5. — Mandement des mêmes pour faire chanter un *Te Deum* en actions de grâce de l'heureux accouchement de de Mad. la Dauphine et de la naissance de M. le Duc de Berry, 17 Sept. 1754.

Auxerre. 1754. Pournier.

6. — La Constitution *Unigenitus* adressée à un Laïque de Province N°7300.
7. — Dissertation dans laquelle on démontre que la Bulle *Unigenitus* n'est ni loi de l'Eglise ni loi de l'Etat. — 1752.
8. — Relation de la mission faite à Armes, près de Clamecy, par les RR. Pères Robot, Lau, et Noirot, Jésuites, aux mois d'Avril, Mai et Juin 1751. — 1752.
Bruxelles, 1752.

7330. — Recueil de pièces sur le Jansénisme. 13 vol. in-4°.

Tome I*er* : (1)

1. — Recueil de Censures, Requestes, Arrests, Mandemens... contre le livre intitulé : *Apologie pour les Casuistes*. — 30 pièces.
3. — Extraict des Actes et Sentences données pour la condamnation de la doctrine des biens ecclésiastiques enseignées par F. Jean Garnier, et pour la suspension de F. Charles Guyet, ensemble les Actes, Lettres-patentes et Arrest de l'établissement des Jésuites en France et dans le Collége de Bourges pour prouver sur eux la juridiction de Mgr l'Archevêque.
11. — Recueil de plusieurs faussetez et impostures contenues dans l'imprimé qui a pour titre, *Septiesme écrit des Curez, ou Journal de ce qui s'est passé*... Par le R. P. *François* ANNAT. 2ᵉ éd.
Paris. 1659. Lambert.
19. — Arrest du Conseil d'Estat portant que le livre intitulé : *Ludovici Montaltii litteræ provinciales*.., sera lacéré et bruslé par les mains de l'Exécuteur de la haute justice. Ensemble la Sentence du Lieutenant civil donnée en conséquence dudit arrest, et le Procès-verbal d'exécution. Avec l'Avis et Jugement des Prélats et autres Docteurs de la sacrée Faculté de Théologie de Paris, qui ont examiné ledit livre.
Paris. 1660. Les Imprimeurs ord. du Roy.
34. — Le Sentiment des Jésuites sur le livre de l'Apologie pour les Casuistes. (Par le P. NOUET).
35. — Lettre d'un Théologien à un Evesque de l'Assemblée du Clergé de France, sur la voye qu'il faudroit prendre pour étoufer entièrement les contestations présentes. (PAR DE LATIGNY.) — 1661.
36. — Mémoire touchant les moyens d'appaiser les disputes présentes. — 1661.

---

(1) Les numéros manquant sont ceux de pièces contenues déjà dans d'autres recueils et que nous avons cru inutile de mentionner de nouveau.

Tome II :

1. — Conclusiones theologicæ maximè ex Prima Secundæ quas... dèfendet P. F. *Hyachintus* Bousseman, die 22 Nov. 1647.
   Duaci. 1647. B. Bellerus.

2. — Concordia S. Thomæ cum S. Augustino quoad gratiam naturæ integræ et lapsæ, efficaciam Gratiæ Redemptoris ; Prædestinationem et Reprobationem : nec non voluntatis libertatem, quam... defendet.. *Aug.* Bugent.
   Pictavii. 1651. Amassard.

4. — Theses apologeticæ adversus solutionem quæstionis theologicæ, hystoricæ, ac Juris Pontificii, quæ fuerit mens Concilii Tridentini circa Scienciam mediam et Gratiam efficacem.

5. — Molinæ collatorumque adversus doctrinam S. Augustini apparatus ad M. Nicolaum Cornet... — 1649.

6. — Considérations sur l'entreprise faite par M° Nicolas Cornet, Syndic de la Fac. de Th. de Paris, en l'Assemblée du 1 Juil. 1649. 3ᵉ éd.

7. — Conditions pour examiner la doctrine de la Grâce, présentées à la Faculté de Théologie assemblée en Sorbonne le 1 Déc. 1649.

8. — Quinque Propositionum de Gratia quas Facultati Theol. Paris. M. N. Cornet subdolé exhibuit prima Julii anni 1649, vera et catholica expositio juxta mentem discipulorum sancti Augustini.—1651.

9. — Response d'un Ecclésiastique de Louvain, à l'advis qui luy a esté donné sur le sujet de la Bulle prétendue du Pape Urbain VIII. Contre le livre de M. Jansénius. 3ᵉ édit.
   Louvain. 1650.

10. — Joannis Martinez de Ripalda vulpes capta per Theologos sacræ Facult. Acad. Lovaniensis.
    Lovanii. 1649. Lipsius.

12. — Décret de l'Inquisition de Rome sur deux catéchismes de la Grâce, selon que les Jésuites l'ont fait imprimer par Mathieu Colombel en le falsifiant dans le titre et dans la traduction. — 1650.

13. — Réflexions sur un décret de l'Inquisition de Rome portant défense de lire le catéchisme de la grâce et un autre catéchisme contraire fait à Douay sous le même titre. — 1650.

14. — Défense des disciples de S. Augustin contre un sermon du P. Bernage presché dans la Chappelle de S. Louis, le 28 Août 1650.

15. — La saincteté des Saints prise dans sa source, qui est la Prédestination. Preschée le jour de la Toussaincts dans une des églises de la ville d'Alençon.
    Paris. 1650.

16. — L'Empire de Dieu dans les Saincts, ou bien l'éloge de S. Louis, Roy de France, prononcé à Rome... Par le Sieur Hersent... Veu,

approuvé... par le R. P. Candide... Et depuis à l'insceu de sa Saincteté, très-injustement persécuté par certains Religieux politiques, ennemis déclarez de la Grâce de Jésus-Christ en faveur du Pélagianisme. — 1651.

17. — Lettre à Mgr l'Evesque de**.. pour la défense de quelques propositions de la Prédestination et de la Grâce efficace, avancées dans un sermon.
Paris. 1652.

18. — Remonstrance aux Pères Jésuites, touchant un libelle qu'ils ont fait courir dans Paris, sous ce faux tiltre : *le Manifeste de la véritable doctrine des Jansénistes, telle qu'on la doit exposer au peuple, composé par l'Assemblée du P. R.*
Paris. 1651.

19. — Lettre d'un Capucin de Flandres, qui monstre combien est faux le décret qu'on attribue à son Ordre, touchant la doctrine de S. Augustin, et combien est ridicule le trophée que les Disciples de Molina ont voulu fonder sur ce prétendu décret. — 1651.

20. — Mémoires apologétiques pour les Recteur, Doyens, Procureurs et Suppots de l'Université de Paris, contre l'entreprise de quelques Hibernois la pluspart estudians en l'Université. — 1651.

21. — Défense des Hibernois disciples de S. Augustin, ou récit de tout ce qui s'est passé touchant une déclaration que les Molinistes ont fait souscrire par surprise à quelques Hibernois... Par le Sieur de CLONSINNIL.
Paris. 1651.

22. — Discours d'un Religieux Professeur en théologie, sur le sujet d'un voyage qu'il a esté obligé de faire à Paris, à l'occasion de la doctrine de la Grâce. Avec une lettre importante du Cardinal BARONIUS, sur les sentimens de Molina...
Paris. 1652.

23. — Lettre au P. Annat sur l'escrit qui a pour tiltre : *Jansenius à Thomistis condemnatus*...

24. — Distinction abrégée des cinq Propositions qui regardent la matière de la Grâce, laquelle a été représentée en latin à sa Sainteté par les Théologiens qui sont à Rome pour la deffense de la doctrine de S. Augustin. — 1653.

25. — Lettre d'un Docteur en théologie à un Homme de grande condition de ses Amys, touchant les questions du temps.

26. — Esclaircissement sur quelques nouvelles objections : où il est monstré, que ce que les Jésuites s'efforcent de faire ne peut qu'allumer le feu d'une très grande division dans l'Eglise.

27. — Mémoire sur le dessein qu'ont les Jésuites, de faire retomber

la censure des cinq propositions sur la véritable doctrine de S. Augustin, sous le nom de Jansénius.

28. — Censure des sentimens des Jésuites touchant la doctrine et l'autorité de S. Augustin, faite par l'Inquisition de Valladolid.
29. — Epitaphium ill. ac rev. D. Cornelii Jansenii Episcopi Iprensis.
30. — Bref de N. S. P. le Pape Innocent X, envoyé à Mgr l'Ev. de Tulle.
31. — Quinque propositiones ab Innocentio X damnatæ: et propositiones Jansenii Iprensis Episcopi damnatis contrariæ.
32. — Duodecim propositiones seu regulæ de Gratia divina Christiano catholico credendæ.
33. — Propositiones theologicæ duæ de quibus hodiè maximè disputatur clarissimè demonstratæ.
35. — Molinismi hac nostra ætate de veritate catholica perperam triumphantis, cum damnatis olim Arianismo et Pelagianismo vera paralellus, seu syncera comparatio.

Tome III :

2. — Constitution de N. S. P. le Pape Innocent X avec le mandement de l'Ev. d'Angers. — 1653. (Placard)
3. — Bulle ou Constitution de N. S. P. le Pape Innocent X, par laquelle sont déclarées et définies Cinq propositions en matière de Foy. Avec le Bref de sa Sainteté aux Archevesques et Evesques de ce Royaume. Et le mandement de Mes. du Chapitre d'Amiens.1653.
4. — Lettre pastorale de Mgr l'Arch. de Sens (L.-H. de Gondrin) pour la publication de la Constitution de N. S. P. le Pape, donnée à Rome le 31 May dernier.
Sens. 1653. Prussurot.
5. — Ordonnance de Mgr l'Ev. de Comenge (Gillebert de Choyseul) sur la publication qu'il a faicte dans le synode diocésain de Comenge, le 9 Oct. 1653, de la Constitution de N. S P. le Pape Innocent X portant censure de Cinq propositions touchant la Grâce et le Franc-Arbitre. — 1653.
6. — Lettre pastorale de Mgr l'Ev. de Beauvais (Nic. Choart de Buzenval)... Pour la publication de son ordonnance du 12 Nov. 1653.
Beauvais. 1653. Vallet.
8. — Deffense de la Constitution du Pape Innocent X et de la Foy de l'Eglise, contre le P. Annat. — 1654.
9. — Discours du Pape Clément VIII à l'ouverture de la Congrégation de *Auxiliis*, tenue au Vatican le 20 de Mars 1602.

Tome IV :

2. — Les avis de M. *Jean* Rousse sur la seconde lettre de M. Arnauld.
Paris. 1656. Lesselin.

3. — Viro Sapientiss. Antonio Arnaldo *Henricus* HOLDEN.
4. — Viro Sapientiss. Henrico Holden *Anton.* ARNALDUS. — 1656.
5. — Doctoris cujusdam Theologi Par. epistola ad amicum suum, quâ rationem reddit cur subscripserit censuræ in D. Arnaldum latæ.
7. — Abrégé d'un traité intitulé l'*Illusion théologique*, ou l'intérest qu'a la France de ne pas souffrir qu'on fasse passer pour hérétiques ceux qui n'acquiesceroient point aux décisions de Rome, particulièrement à celles qui concernent les questions de fait.
8. — Lettre d'un Théologien à une Personne de condition, où il déclare les raisons qui l'obligent à ne point souscrire l'ordonnance de Mess. les Evèques assemblez au Louvre l'an 1654, et qui a esté ensuite confirmée en l'Assemblée générale du Clergé, tenue à Paris en 1656.
9. — Lettre d'un Advocat au Parlement (*Ant.* LE MAISTRE) à un de ses Amis. Touchant l'Inquisition qu'on veut établir en France à l'occasion de la nouvelle Bulle du Pape Alexandre VII.— 1657.
10. — Bulle de N. S. P. le Pape Alexandre VII par laquelle sa Sainteté confirme la Bulle d'Innocent X son prédécesseur, touchant les cinq Propositions extraites du livre de Jansénius. (Lat. fr.) **Paris. 1658. Les Imprimeurs ordinaires du Roy.**
11. — Lettre au R. P. Annat sur son escrit qui a pour titre, *La bonne foy des Jansénistes.*
12. — Cas proposé par un Docteur touchant la signature de la Constitution dernière du Pape Alexandre VII et du Formulaire arresté en l'Assemblée générale du Clergé, le 17 Mars 1657.
13. — Lettre d'un Ecclesiastique à un de ses amis, sur le jugement qu'on doit faire de ceux qui ne croyent pas que les cinq Propositions soient dans le livre de Jansénius.
14. — Faussetés contenues dans un écrit intitulé, *Remarques pour ceux qui n'ayans pas lu le livre de Jansénius, doutent encore si les cinq Propositions condamnées par les Papes Innocent X et Alexandre VII y sont contenues.*
15. — Défense des Professeurs en théologie de l'Université de Bordeaux contre un écrit intitulé, *Lettre d'un Théologien à un Officier du Parlement touchant la question si le livre intitulé Ludovici Montaltii epistolæ... est hérétique.* — 1660.
16. — Remarques sur le Formulaire du serment de Foy qui se trouve dans le procez-verbal du Clergé. — 1660.
17. — Defensio formulæ fidei adversus hæreticorum calumnias... 1661.
18. — Lettre au R. P. Amelote sur son *Traité des souscriptions.*
19. — Seconde lettre au même.

23. — De la signature du Formulaire. Pour servir d'Apologie à ceux qui refusent de signer le Formulaire sans restriction.
24. — Lettre escrite à Mgr l'Ev. de Chaalons-sur-Marne par Mgr l'Ev. d'Alet, touchant la signature du Formulaire.
25. — Lettre du même à Mess. de l'Assemblée du Clergé. — 1661.
26. — Lettre de Mgr l'Evêque d'Alet à M. le Curé de S. Nicolas du Chardonnet, touchant la signature du Formulaire.
27. — Lettre de Mgr l'Ev. d'Angers au Roy, sur le sujet de la signature du Formulaire du Clergé. — 1661.
28. — Response de Mgr l'Ev. d'Angers à la lettre que M. de Lionne luy avoit écrite, après avoir présenté et leu au Roy celle dudit sieur Evesque à Sa Majesté. Du 6 Juillet 1661.
30. — Epistola ill. et rev. Andegavensium Episcopi ad Alexandrum VII de Fidei formulâ à Cleri Gallicani conventu conditâ. Cui accessit Tractatus de distinctione juris et facti (in causa Janseniana.)
31. — Epistola Vicariorum generalium Arch. Par. ad summum Pont. Alexandrum VII.
32. — Déclaration des Curez de Paris sur le Mandement de MM. les Grands-Vicaires de Mgr le Cardinal de Rets.
33. — Ill. ac rev. Episcop. Vencensis epistola ad Alexandrum VII P. M. de formulæ fidei subscriptione.
34. — Lettre écrite au Roy par Mgr l'Evesque de Vence, touchant la signature de Formulaire.
35. — Advis à MM. les Ev. de France sur la surprise qu'on prétend faire au Pape, pour luy faire donner quelque atteinte au Mandement de MM. les Vicaires généraux de Mgr le Card. de Rets.
36. — Theses propugnatæ a Jesuitis die 12 Dec. 1661 in Collegio Claramontano Par... in quarum XIXa. manifesta continetur hæresis qua fidei catholicæ fundamentum et Ecclesiæ gallicanæ doctrina concutiuntur...
37. — La nouvelle hérésie des Jésuites soutenue publiquement à Paris dans le Collége de Clermont par des thèses imprimées du 12 Déc. 1661, dénoncée à tous les Evesques de France.
38. — Expositio theseos in Coll. Clarom. propositæ 12 Dec. 1661, quâ Jesuitæ non modo non ejurant assertam à se hæresim, verum etiam confirmant...
39. — Les illusions des Jésuites dans leur escrit intitulé : *Expositio theseos*.. pour empescher la condamnation de leur nouvelle hérésie.
40. — Decreta consulti-simæ Facultatis Juris canonici die 21 et 23 Martii An. Dom. MDCLXII.
42. — Arrest du Conseil d'Estat par lequel Sa Majesté exhorte tous les Arch. et Ev. de son Royaume qui n'ont point encore signé ni fait

signer le Formulaire, de faire leur mandement pur et simple pour procéder à la siguature d'iceluy. — 1662.

43. — F. I. Fronto Cl. V. M. F. sacræ Theol. Doctori. — 1661.

Tome V :

1. — Censura sacræ Facultatis Theologiæ Parisiensis lata in libellum cui titulus est, *Seconde lettre de M. Arnauld… à un Duc et Pair…* **Parisiis. 1656. Meturas.**

2. — Traduction française.

3. — Lettre d'un Docteur de Sorbonne (*Ant.* Arnauld) à une personne de condition: sur ce qui est arrivé depuis peu, dans une Parroisse de Paris, à un Seigneur de la Cour.

4. — Seconde lettre de M. Arnauld à un Duc et Pair de France, pour servir de responce à plusieurs escrits, qui ont esté publiez contre sa première lettre, sur ce qui est arrivé à un Seigneur de la Cour, dans une Parroisse de Paris.

5. — Considérations sur ce qui s'est passé en l'Assemblée de la Faculté de Théologie de Paris, tenue en Sorbonne le 4 Nov. 1655, sur le sujet de la Seconde lettre de M. Arnauld. (Par *A.* Arnauld). **Paris. 1655.**

6. — Epistola et scriptum *Antonii* Arnaldi… ad sacram Facultatem Par. in Sorbonâ congregatam, die 6 Dec. anni 1655.

7. — Epistola et alter apologeticus *Antonii* Arnaldi ad sacram Facult. Par. in Sorbonâ congregatam die 17 Jan. 1656. **Parisiis. 1656. G. Desprez.**

8. 9. 10. — Première, seconde et troisième lettre apologétique de M. Arnauld à un Evesque. — 1656.

11. — Response à l'escrit que M. Arnauld a fait présenter aux Docteurs de la sacrée Faculté de Théologie, assemblez en Sorbonne pour la censure de sa seconde lettre. Par le Sieur de Marandé. **Paris. 1655. S. et G. Cramoisy.**

12. — Réflexion sur la censure que les Docteurs de la sacrée Faculté de Théologie assemblez en Sorbonne, ont faite de la seconde lettre de M. Arnauld, le 1 de Février 1656. Par le Sieur de Marandé. **Paris. 1656. S. et G. Cramoisy.**

15. — Lettre de M. Arnauld, escritte le 24 de ce mois (1655), à M. Messier, Curé de S. Landry.

16. — Alexandro Septimo Pont. Max. (*Ant.* Arnoldus). — 1655.

17. — Traduction de deux lettres de M. Arnauld, l'une adressée au Pape, et l'autre à la Faculté. — 1655.

18. — Acte signifié le 27 jour de Janvier (1655) à MM. les Doyen,

Syndic et Greffier de la Faculté de Théologie, à la requeste de M. Arnauld.

20. — *Antonii* ARNALDI dissertatio theologica.   N° 7060.
21. — Lettre d'un Bachelier à un Docteur de Sorbonne. (Avec la réponse).
22. — Eclaircissement de cette question morale et ecclésiastique. Si un Docteur ou un Bachelier peut en sûreté de conscience souscrire une censure qui condamne comme hérétique et impie une proposition qu'il sçait estre véritable et catholique... Par *Ant.* ARNAULD et *P.* NICOLE. 2ᵉ éd. — 1656.
23. — Faussetez contenues dans une requeste faite et présentée au Parlement par M. Amiot, sous le nom de la Faculté de Théologie.

Tome VI :

1. — Epistola Theologi ad Virum clariss. in qua rationes dat propter quas decreto illust. Episcoporum in Regia Lupara congregatorum anno Domini 1654 postea confirmato ab ill. Episcopis Parisiis in Comitiis generalibus congregatis anno Domini 1656 subscribere non possit. — 1656.
4. — Eclaircissement sur le différend entre Jean d'Antioche et S. Cyrille, dont il est parlé dans la lettre de M. l'Evesque d'Angers, au Roy. (Par *Ant.* ARNAULD).
5. — Bulle de N. S. P. le Pape INNOCENT X. en latin et en françois. Où sont définies et déterminées cinq Propositions en matière de Foy. Adressée au Roy très-chrestien. — 1653.
6. — Arrest du Conseil d'Etat par lequel Sa Majesté ordonne qu'il sera informé contre les Autheurs, Imprimeurs et Libraires d'une lettre latine *ad Claudium Morel* .. et plusieurs feuilles en vers latins et françois. Avec défenses de les imprimer, vendre et débiter. **Paris. 1659. S. Cramoisy.**
7. — Extrait de plusieurs erreurs et maximes pernicieuses, contenues dans un volume du P. Thomas Tambourin, Jés., divisé en deux tomes, dont l'un est intitulé : *Explicatio Decalogi*, et l'autre *Methodus expeditæ confessionis*... — 1659.
8. — Arrest du Conseil d'Etat, le Roy y séant, confirmatif du Statut du Chapitre de l'Eglise de Beauvais, pour faire souscrire par tous ceux de sa jurisdiction, conformément au Formulaire de l'Assemblée générale du Clergé de France, la Bulle de N. S. P. le Pape Alexandre VII contre les Propositions du livre de *Jansenius*.
9. — Copies de deux extraicts du procès-verbal de l'Assemblée générale du Clergé de France concernants le Statut du Chapitre de Beauvais, pour l'observation de la Constitution du Pape Inno-

cent X du 31 May 1653 et de son Bref du 27 Sept. 1654. Lettre du Roy au Chapitre portant ordre de faire un second statut pour l'exécution de la Bulle de N. S. P. le P. Alexandre VII. **Paris. 1659.**

10. — Arrest du Conseil d'Estat portant que le libelle diffamatoire intitulé : *Lettres de l'Autheur des Reigles trés-importantes, au Sieur de Marca..* : contenant diverses propositions scandaleuses et injurieuses tant à l'authorité du S. Siége, que à l'honneur et réputation dudit sieur Archevesque, sera brûlé par l'Exécuteur de la haute justice. **Paris. 1659. S. Cramoisy.**

11. — Mandement de MM. les Vicaires généraux de Mgr l'Em. Cardinal de Retz, Arch. de Paris. Pour rendre grâces à Dieu de la paix. **Paris. 1660. Savreux.**

12. — Response d'un Docteur en Théol. sur un cas de conscience qui luy a esté proposé dans une lettre par un de ses amis. Sçavoir, si un Parroissien est obligé de déposer en justice contre son Curé lorsqu'il est accusé, et spécialement lorsque l'on procéde contre luy par censures ecclésiastiques. **Paris. 1652.**

13. — Ordonnance de MM. les Vicaires généraux de Mgr le Card. de Retz... contre la délibération de l'Assemblée du Clergé, touchant la traduction du Messel en françois. **Paris. 1661. Savreux.**

14. — Idée générale de l'esprit et du livre du P. Amelote.

15. — Lettre (de M. *Noel* DE LA LANE) au R. P. Amelote sur son traité de souscriptions.

17. — Epistola Em. Cardinalium, ill. ac rev. Archiepiscoporum, Episcoporum, totiusque Cœtus Cleri Gallicani in Comitiis generalibus Lutetiæ Par. anno 1661 congregati... super editione Missalis Rom. è latino in vernaculam linguam gallicam conversi, ejusdemque prohibitione. — 1661.

19. — Testament et protestation de Foy de l'ill. et exc. Seigneur Don Jean DE PALAFOX et MENDOZE... Avec l'épitaphe qui a esté mise sur son tombeau. **Paris. 1661. Josse.**

20. — Lettre de M. FEYDEAU à un de ses Amys, touchant le bruit qu'on a répandu partout, qu'il a quitté la foy et l'unité de l'Eglise. 1660.

21. — Ordonnance de MM. les Vicaires généraux de M. le Card. de Retz. Pour la signature du Formulaire de foy, dressé en exécution des Constitutions de nos SS.PP. les Papes Innocent X et Alexandre VII. **Paris. 1661. Savreux.**

22. — Défense de l'ordonnance de Mess. les Vicaires généraux de Mgr le Card. de Retz. Pour la signature du Formulaire. (Par Lalane).

23. — Advis à Mgr les Evesques de France sur les surprises qu'on préprétend faire au Pape, pour luy faire donner quelque atteinte au Mandement de MM. les Vicaires généraux de M. le Card. de Rets. (Par *Ant.* Arnauld et *P.* Nicole).

24. — Remarques sur le Formulaire du serment de foy qui se trouve dans le procez-verbal du Clergé. — 1660.

25. — Extrait d'une lettre du 25 May 1660 contenant la relation des extravagances que quelques-uns d'une Compagnie appellée l'Hermitage, qui est à Caen, ont faites à Argentan et à Séez. Avec la Sentence du lieutenant criminel.... — 1660.

26. — La condamnation d'un Prestre de l'Hermitage par l'Université et par le Présidial de la ville de Caen. Pour avoir soustenu dans l'un de ses actes de théologie cette doctrine fausse, impie et séditieuse. *Que le Pape a pouvoir sur le temporel des Roys, et qu'il a droict de les establir, et de les déposer.* — 1661.

27. — Mémoire pour faire connoistre l'esprit et la conduite de la Compagnie establie en la ville de Caen, appellée l'Hermitage. — 1660.

Tome VII :

3. — *Henrici* Holdeni epistola brevis ad ill. D. N.N. Anglum. In qua de vigenti duabus propositionibus ex libris Thomæ Angli ex Albiis excerptis, et a Facultate Theologica Duacena damnatis, sententiam suam dicit.

5. — Difficultez proposées à l'Assemblée générale du Clergé de France qui se tient à Paris en cette présente année 1661, sur ses délibérations touchant le Formulaire.

6. — Difficultez proposées à MM. les Docteurs de la Faculté de Théo. de Paris sur la réception qu'ils ont faite du Formulaire du Clergé dans leur assemblée tenue le 2 de May 1661. (Par *N.* de Lalane).

7. — De l'hérésie et du schisme que causeroit dans l'Eglise de France l'exécution de la signature du Formulaire du Clergé sans faire ny souffrir la distinction du fait avec le droit. (Par Arnauld et Nicole).

8. — Arrest du Conseil d'Estat portant que le Mandement de MM. les Grands-Vicaires de l'Archev. de Paris du 8 Juin (1661), pour la souscription de Formulaire de profession de Foy, contre la doctrine de Jansenius, demeurera revoqué, et comme non fait. 9 Juil. 1661. **Paris. 1661. Imprimeurs et libraires ord. du Roy.**

9. — Le procès-verbal faict par ordonnance de la Court de Parlement, de l'exécution de l'arrest donné le 6 Juin touchant les articles de la Profession de Foy d'icelle Court.
Paris. 1662. Morel.

10. — Humilis et supplex querimonia *Jacobi* Zegers adversus libellum R. P. S. I. Regiæ Capellæ Brux. Concionatoris et Theses PP. Soc. Jesu anno 1641, 22 Martii disputatas. 3ᵉ ed. — Accessit postremo Spongiola mendorum, et Clypeus adversus tela R. P. Viveri. **Lovanii. 1741. Zegers.**

14. — Lettre de la rev. Mère *Agnès* (de S. Paul Arnauld) Abbesse du Port-Royal, au Roy. (Par *Ant.* Arnauld et P. Nicole). — 1661.

15. — Lettre écrite par la Mère *Angélique* (de S. Jean Arnauld) à la Reyne Mère. (Par *Ant.* Arnauld et P. Nicole. — 1661.

16. — Lettre sur la constance et la courage qu'on doit avoir pour la vérité. Avec les sentimens de S. Bernard sur l'obéissance qu'on est obligé de rendre aux Supérieurs, et sur le discernement qu'on doit faire de ce qu'ils commandent. (Par G. Le Roy). — 1661.

Tome VIII :

1. — Relation abrégée de ce qui s'est fait depuis un an, pour terminer les contestations présentes qui sont entre les Théologiens. — 1663.

2. — Articles présentés à Mgr l'Evesque de Comenge par les Disciples de S. Augustin, et envoyés au Pape par ce Prélat, dans lesquels est contenue leur doctrine sur le sujet des cinq Propositions. — (Lat. fr.) 1663.

3. — Conférences entre les sieurs de Lalane et Girard, et le R. P. Ferrier, touchant les contestations présentes. — 1663.

4. — Lettre d'un Théologien de Rome à un Théologien de Paris, traduite de l'italien. Sur le sujet de la lettre écrite au Pape par Mgr l'Ev. de Cominge, pour terminer les contestations qui sont dans l'Eglise de France.

5. — Lettre de M. Arnauld à un de ses amis, sur ce qu'on lui attribue d'avoir eu part en l'accommodement qui a esté fait sur le sujet des cinq Propositions. — 1663.

6. — Mémoire pour justifier la conduite des Théologiens qui ne se croient pas obligez à condamner les cinq Propositions au sens de Jansénius sans explication.

7. — Délibération de l Assemblée des Evesques qui se sont trouvez à Paris, tenue aux Augustins le 2 d'Oct. pour la réception du Bref de N. S. P. le P, Alexandre VII. sur le sujet des cinq Propositions de Jansénius. — Avec les Lettres patentes du Roy pour l'exécution dudit Bref...

8. — Examen de la lettre circulaire de l'Assemblée tenue à Paris le 2 Oct. 1663. (Par *Ant.* Arnauld).

9. — Réflexions sur une délibération de quelques Prélats assemblez à Paris le 2 d'Oct. 1663. — Par *N.* de Lalane.

10. — Les justes plaintes des Théologiens contre la délibération d'une Assemblée tenue à Paris le 2 d'Oct.1663.Et la défense des Evesques improbateurs du Formulaire contre l'entreprise de cette mesme Assemblée. — (Par P. NICOLE et *Ant.* ARNAULD). — 1663.

11. — Les desseins des Jésuites représentez à Mess. les Prélats de l'Assemblée tenue aux Augustins le 2 Oct. 1663. (Par ARNAULD.)

12. — Réfutation de la fausse relation du P. Ferrier... et justification de la doctrine des Disciples de S. Augustin. (Par ARNAULD et DE LALANE). — 1664.

13. — Response au R. P. Ferrier, sur son *Idée du Jansénisme*. (Par *Martin* DE BARCOS, auteur aussi de la pièce suivante).

14. — La simple vérité opposée à la fausse idée du Jansénisme. — 1664.

15. — Lettres patentes du Roy en forme d'édict, par lesquelles S M. ordonne que les Bulles de Nos SS. PP. les Papes Innocent X et Alexandre VII au sujet des cinq Propositions extraites du livre de Jansénius, intitulé *Augustinus*... seront publiées par tout son Royaume,.. et enjoint de souscrire et signer le Formulaire.. **Paris. 1664. Imprimeurs et libraires ord. du Roy.**

16. — Remarques sur la déclaration du Roy du 29 Avril 1664. MS.

17. — Lettre d'un Advocat à un de ses amis, sur la signature du fait contenu dans le Formulaire. — 1664.

18. — Ordonnance de Mgr HARDOUIN DE PEREFIXE, Arch. de Paris. sur la signature du Formulaire de Foy, dressé en exécution des Constitutions de nos SS. PP. les Papes Innocent X et Alexandre VII. 1664

19. — Examen de cette question: si l s Evesques ont droit d'exiger une foy humaine sur le fait de Jansénius, et si on est obligé de se soumettre en ce point à leur jugement. (Par *N*. DE LALANE).

20. — Résolution de cette difficulté, s'il suffit de n'avoir point leu Jansénius, pour en pouvoir signer la condamnation en conscience. (Par *N*. DE LALANE et *Ant*. ARNAULD).

21. — De la foy humaine. (Par *Ant.* ARNAULD et *P*. NICOLE).

22. — Lettre de Mgr l'Ev. d'Alet (*Nicolas* PAVILLON) au Roy au sujet de la déclaration de S. M. sur la signature du Formulaire. 1664. MS.

23. — Esclaircissement de quelques difficultez sur la signature du fait. (Par M. DE LALANE). — 1664.

24. — Lettre au R. P. Annat, sur ses remèdes contre les scrupules. (Par *N*. DE LALANE).

25. — Des faux soupçons d'erreur sur le refus de la signature simple du Formulaire. Contre le R. P. Annat. (Par *N*. DE LALANE). — 1656.

26. — Lettre d'un Docteur sur le serment contenu dans le Formulaire du Pape. (Par *N*. DE LALANE). — 1665.

27. — Response à la démonstration prétendue du fait contesté de Jansénius réduite en abrégé dans un placard. (Par *Ant.* Arnauld).
28. — Défense des propositions de la 2. colomne de l'écrit de la distinction des sens, contre les impostures et les falsifications du P. Ferrier, avancées dans un libelle intitulé : *La soumission apparente des Jansénistes.* (Par *N.* de Lalane).
29. — Ordonnance de Mgr l'Arch. de Paris (Hardouin de Perefixe), avec la Bulle de N. S. P. le Pape Alexandre VII pour la signature du Formulaire envoyé par sa Sainteté.
Paris. 1665. Muguet.
30. — Mandement de Mgr l'Ev. de Noyon (*F.* de Clermont), même objet
31. — De Mgr l'Evêque d'Alet (*Nic.* Pavillon).
32. — De Mgr l'Evêque d'Angers (*Henry* Arnauld).
33. — De Mgr l'Ev. de Pamiès (*François* de Caulet).
34. — Mémoire (I à IX) sur la cause des Evesques qui ont distingué le fait du droit.
35. — Lettre circulaire écrite par Mess. les Ev. d'Alet, de Pamiez, de Beauvais et d'Angers à MM. les Arch. et Ev. de France, sur le sujet du Bref obtenu contre leurs Mandemens. (Par Arnauld).
36. — Lettre de plusieurs Prélats de France à N. S. P. le Pape Clément IX sur la cause des quatre Evesques. MS.
37. — Lettre de M. de Chaalons au Procureur gén. du Parlement de Paris, sur la cause des 4 Evesques. 24 May 1668.
38. — Requeste présentée à M. l'Official de Paris, le 5 Fév 1667, par MM. Thiboult et Le Fournier, sur le sujet de la signature du Formulaire.
39. — Arrest du Conseil d'Estat du Roy pour la pacification des troubles causez dans l'Eglise au sujet du livre de Jansénius. — 1668.

Tome IX :
6. — Lettre d'un Provincial à un de ses amis, sur le sujet du Journal du 28 Juin 1667.
11. — Doctrina Molinistarum circa gratiam sufficientem.
14. — Lettre écrite au Roy par Mgr l'Ev. d'Angers, touchant la signature du Formulaire. (Par *Ant.* Arnauld).
19. — Question à examiner. Si Mgr l'Arch. de Paris a droit de refuser les sacremens à l'article de la mort et la sépulture ecclésiastique, à cause du seul refus de signer et de jurer que Jansénius a enseigné cinq Propositions hérétiques. (Par *N.* de Lalane.)
21. — Lettre de Mgr l'Evesque d'Angers à Mgr l'Arch. de Paris. — 1664.
22. — Questions proposées sur le sujet de la signature, pour discerner facilement si les Religieuses de Port-Royal méritent la privation des Sacremens, même à Pasques et à la mort. — 1667.

23. — Défense de la foy des Religieuses de Port-Royal et de leurs Directeurs, contre le libelle scandaleux et diffamatoire de M. Chamillard intitulé : *Déclaration de la conduite...* — 1667.
24. — Chamillarde (1. 2. 3.) à M. Chamillard, sur sa response aux raisons que proposent les Religieuses de P. R. contre la signature du Formulaire.
25. — Lettre d'un Théologien à un de ses amis sur le livre de M. Chamillard contre les Religieuses de P. R. (Par *N.* DE LALANE.)
27. — Les pernicieuses conséquences de la nouvelle hérésie des Jésuites contre le Roy et contre l'Estat. Par un Advocat en Parlement. (*Ant.* ARNAULD).
28. — Recueil sommaire des principales preuves qui ont esté employées pour établir quelques propositions hiérarchiques d'une thèse de théologie soutenue au Séminaire arch. de la ville de Sens, les 9 et 10 Sept. 1665, touchant la juste dépendance que les Réguliers ont des Evesques dans l'administration du Sacrement de Pénitence... Par un Théologien du mesme diocèse. — 1666.
29. — Ordonnance de Mgr l'ill. et rev. HARDOUIN DE PEREFIXE, Arch. de Paris, portant défense de lire, vendre et débiter une Traduction du Nouveau Testament, imprimée à Mons — 1667.

Paris. 1667. Muguet.

30. — Abus et nullitez de l'ordonnance subreptrice de Mgr l'Arch. de Paris... (Par *Ant.* ARNAULD).
31. — Lettre en vers libres, à un Amy, sur le Mandement de Mgr l'Arch. de Paris, portant deffence de lire le Nouveau Testament, traduit en françois, imprimé à Mons.
32. — Dialogues entre deux Parroissiens de S. Hilaire du Mont, sur les ordonnances contre la traduction du Nouveau Testament...
33. — Deffense de la Traduction du Nouveau Testament imprimé à Mons, contre les Sermons du P. Meinbourg. (Par ARNAULD)

Tome X :

1. — Conformité de Jansénius avec les Thomistes, sur le sujet des cinq Propositions. Contre le P. Ferrier, avec la conviction de ses falsifications et impostures : et la réfutation de ce que le R. P. Annat a allégué dans son livre *De la conduite de l'Eglise* touchant ce point. (Par *Noel* DE LALANE) 2ᵉ éd. — 1663.
2. — Explication de la question de fait touchant les cinq Propositions condamnées par les Papes. — 1666.
5. — Examen de la conduite des Religieuses de Port-Royal touchant la signature du fait de Jansénius, selon les règles de l'Eglise et de la Morale chrestienne. (Par *N.* DE LALANE). — 1664.

8. — Relation fidelle et véritable de ce qui s'est fait depuis un an dans l'affaire des Jansénistes, pour servir de response à divers écrits qu'on a publiez sur ce sujet. Par le R. P. *Jean* FERRIER.
Paris. 1664. Muguet.

Tome XI :

1. — L'Hérésie imaginaire. (18 lettres par P. NICOLE).
2. — Réponse à la lettre adressée à l'Auteur des Hérésies imaginaires. (Par le Duc DE LUYNES).—1666.
3. — Response à l'Auteur de la lettre contre les Hérésies imaginaires et les visionnaires.—1666.
4. — Examen de la réponse à la IX Hérésie imaginaire, adressé à l'Auteur de cette réponse. — 1666.
5. — Mémoire (I à X) sur la cause des Evesques qui ont distingué le fait du droit. — 1666-1668.
6. — Relation véritable et exacte de ce qui s'est passé dans quelques Assemblées des Evesques de Languedoc pendant les Estats tenus à Carcassonne cette année 1667, à l'occasion d'un décret de la Congrégation de l'*Indice*.
7. — Sommaire du discours presché à Orléans, par le P. Crasset, le 8 Sept. 1656.—Avec quelques remarques sur le Mandement qui l'a suivy.
8 — Lettre de plusieurs Prélats de France au Roy.
9. — Lettre de Mgr l'Ev. de Comenge au Roy. — 1664.
10. — Lettre de Mgr l'Ev. d'Angers au Roy. — 1661. MS.

Tome XII :

2. — Remarques sur le livre intitulé : *Les grandeurs de l'Eglise romaine. Et sur l'Epistre adressée au Pape touchant le même livre.*
Paris, 1646. Rocolet.
3. — Lettre pastorale de Mgr l'Ev. de Chaalons (*Félix* VIALART DE HERSE) à tous les Confesseurs de son diocèse, pour les obliger à garder une conduite régulière et uniforme dans l'administration du sacrement de Pénitence.
Chaalons. 1668. Seneuze.
4. — Ordonnance de Mgr l'Ev. de Chaalons (*Gaston-Jean-Baptiste-Louis* DE NOAILLES), sur la confession paschale.— 1701.
5. — Sommaire des déclarations des Curez de Paris sur le vray sens des onze propositions extraictes et objectées contre le livre intitulé: *De l'obligation des fidèles de se confesser à leur Curé...* Par M. Jean ROUSSE. — 1657.
6. — Septième écrit des Curez de Paris, ou journal de tout ce qui s'est passé tant à Paris que dans les provinces, sur le sujet de la

Morale et de l'Apologie des Casuistes, jusques à la publication des Censures de Noss. les Arch. et Ev. et de la Fac. de Th. de Paris. **Paris. 1659.**

7. — Suite de l'Extrait de plusieurs mauvaises propositions des nouveaux Casuistes, recueillies par Mess. les Curez de Paris, et présentées à Noss. de l'Assemblée générale du Clergé de France, le 24 Nov. 1656.

8. — Principes et suites de la probabilité expliquez par Caramovel, l'un des plus célèbres entre les Casuistes nouveaux, dans un livre imprimé en 1652, intitulé *Theologia fundamentalis*.

9. — Extrait de plusieurs dangereuses propositions tirées des nouveaux Casuistes, et particulièrement du premier tome de la nouvelle Théologie morale d'Escobar...

10. — Thèse des Jésuites de Poitiers en faveur de la probabilité, censurée par l'Université de la mesme ville. Avec ce qui s'y est passé sur ce sujet. — 1666.

11. — Lettre d'un Théologien, pour servir de réplique à un second libelle publié par les Jésuites sous le titre de *Réponse chrestienne et théologique*...

12. — Lettre circulaire de Mgr l'Ev de Pamiez (*François-Etienne* DE CAULET) à tous Noss. les Prélats de France sur l'affaire des Jésuites de son diocèse qu'il a excommuniez. — 1668.

13. — Sentence d'excommunication contre trois Jésuites du Collége de Pamiez.

14. — Arrest du Conseil d'Estat sur un différent entre Mgr l'Ev. de Pamiez et les Jésuites. — 1668.

15. — Lettre circulaire de Mgr l'Evesque de Pamiez, qu'il a adressée à tous les Prélats du Royaume, en leur envoyant la relation (de son différent avec les Jésuites du Collége).

16. — Réponse à un écrit intitulé : *Nullitez de la sentence d'excommunication fulminée par Mgr l'Ev. de Pamiez contre trois Jésuites*....

17. — Requeste des Religieuses de Port-Royal des Champs, à Mgr l'Arch. de Paris... — 1664.

18. — Sentence de M. le Vicaire général de Mgr le Card. de Retz, Arch. de Paris, portant approbation du Miracle arrivé en l'Église du Monastère de Port-Royal... le vendredy 24 Mars 1656... en la personne de Marguerite Perier...
Paris. 1656. Targa.

19. — Response à un écrit publié sur le sujet des miracles qu'il a pleu à Dieu de faire à Port-Royal depuis quelque temps, par une Sainte Espine de la couronne de Notre-Seigneur. — 1656.

20. — Pour les Abbesse, Prieures et Religieuses de P. R., appellantes comme d'abus. Contre Mgr l'Arch. de Paris.
21. — Ordonnance de Mgr l'Arch. de Sens (*Louis-Henry* DE GONDRIN). (Contre les Jésuites de Provins). —1668.
22. — Lettre d'un Ecclésiastique de Provins, à un de ses Amis de Paris, sur l'ordonnance de Mgr l'Arch. de Sens.
23. — Plainte de la ville d'Amiens, contre une entreprise des Jésuites de la mesme ville.
24. — Lettre de l'ill. *Jean* DE PALAFOX DE MENDOZA, au Pape Innocent X, contenant diverses plaintes de cet Evesque contre les entreprises et les violences des Jésuites... — 1649.
26. — Traduction d'une lettre escrite par M. *Jacques* BOONEN, Arch. de Malines, à Mess. les Cardinaux de l'Inquisition de Rome, ausquels les Jésuites avoient appellé de ses ordonnances. — 1654.
27. — Censure du Catéchisme de Douay par la Faculté de Louvain. 1647.
29. — Response au P. Annat touchant les cinq Propositions attribuées à Mgr l'Evesque d'Ipres.— 1654.
30. — Deffense de la Constitution du Pape Innocent X et de la Foy de l'Eglise contre le P. Annat.
31. — Apologie pour les Casuistes, contre les calomnies des Jansénistes, par un Théologien et Professeur en Droit-canon. (Le P. PIROT).
32. — Copie d'une lettre du Sieur D. H., Ministre, au Sieur Arnauld.1644.
33. — Lettre d'un Ecclésiastique à M. Morel, sur le sujet de ses trois derniers sermons.
34. — Sermon de M. *Jean* GERSON... prononcé dans l'Eglise de Paris en une procession générale faite le 3ᵉ dimanche de Carême l'année 1409. Pour servir de response au livre du P. Bagot.

Tome XIII :

1. — Oppositions formelles entre S. Augustin, Evesque d'Hippone, et l'Augustin de Jansénius .. — Avec d'autres oppositions formelles entre la Pénitence de S. Augustin et celle de M. Arnauld, à l'occasion de sa seconde lettre. qui est refutée en quelques points considérables. Par *I.* SALABERT.
Paris. 1656. Boulanger.
2. — La Naissance du Jansénisme découverte. Par le Sieur DE PRÉVILLE.
Louvain. 1654. Vᵉ J. Gravius.
4. — Nouveau système de la grâce de N. S. J. C. inventé par un Docteur de Paris. — Pièce manuscrite.
7. — Lettre de M. BROUSSE à un de ses amis, sur les calomnies avancées contre luy dans la lettre d'un Jésuite à un Seigneur de la Cour.
11. — Response de l'Amy de M. Feydeau à la lettre qu'il luy a escrite,

touchant le bruit qu'on a répandu, qu'il a quitté la Foy et l'Unité de l'Eglise.

12. — Jansenius à Thomistis gratiæ per se ipsam efficacis defensoribus condamnatus. Authore R. P. *Francisco* ANNATO.
Parisiis. 1653. S. et G. Cramoisy.

13. — Elogium divi Augustini. Umbra ejusdem. Tumulus novæ doctrinæ, Epitaphium. Antitheses Cornelii Jansenii et divi Augustini. Authore *P*. L. (*Philippo* LABBE).
Parisiis. 1652. Fl. Lambert.

14. — Esclaircissement des diflérends meus en la Faculté de Théologie de l'Université de Paris, touchant le nombre des Bacheliers que les quatre Ordres des Mendians peuvent mettre en chaque licence, et celuy des Docteurs qu'ils ont pouvoir de députer aux Assemblées de la mesme Faculté... — 1648.

16. — Lettre d'un Abbé à M. Arnauld sur le sujet de celle qu'il a escrite à une personne de condition. — 1655.

17. — Lettre d'un Ecclésiastique à un de ses amis, sur ce qui est arrivé dans une Parroisse de Paris, à un Seigneur de la Cour. — 1655.

7331. — Recueil de pièces sur le Jansénisme. 30 vol. in-4°.
Tome I :

1. — Preuves de la liberté de l'Eglise de France dans l'acceptation de la Constitution *Unigenitus*, ou Recueil des ordres émanez de l'autorité séculière pour y faire recevoir cette Bulle (Avec le 1er et le 2e supplément).
Amsterdam. 1726. Potgieter.

2. — S. BASILIUS *Magnus*. Epistola 303 ad Monachos ab Arianis malè mulctatos. (Lat. fr.)

3. — Une des listes de ceux qui ont signé le Renouvellement d'Appel, et dont les actes ont été envoyez à Nossg les Evêques appelans.

4. — Protestation des Chartreux opposans à la Bulle *Unigenitus*, qui ont pris le parti de la fuite. — 1725.

5. — Lettre des Chartreux retirez en Hollande au R. P. Dom de Mongeffon, Prieur de la grande Chartreuse. — 1726.

6. — Lettre des Religieux de l'Abbaye d'Orval, que la persécution excitée dans ce Monastère au sujet de la Bulle *Unigenitus* a obligez de se retirer en Hollande, à leur T. R. P. Abbé.

7. — Lettre du P. QUESNEL à N, du 18 Oct. 1719, au sujet des deffenses faites de la part des Supérieurs à des Inférieurs de lire aucun des écrits faits pour ou contre la Constitution *Unigenitus*...

8. — Procez verbal dressé par les Commissaires nommés par Mgr l'Ar. d'Utrecht, à l'occasion du miracle opéré à Amsterdam le 6 Janv. 1727., sur Agathe Leenders Stouthandel..

9. — Mandement et Instruction past. de Mgr l'Ev. de Senez (*Jean* Soanen) au sujet du jubilé de l'année sainte. 1727.

10. — Acte d'appel de Mgrs les Evêq. de Senez et de Montpellier, par lequel, renouvellant et confirmant l'appel par eux interjetté le 1er Mars 1717 de la Constitution *Unigenitus*, ils portent leurs plaintes à N. S. P. le Pape et au Concile général des violemens de la Paix de l'Eglise qui a été conclue en 1668... — 1727.

11. — Questions diverses sur le Concile indiqué pour la Province d'Ambrun. — 1727.

12. — Question nouvelle. A-t-on droit d'accuser MM. les Avocats du Parlement de Paris, d'avoir passé leur pouvoir; et d'avoir traité des matières qui ne sont pas de leur compétence, dans leur célèbre Consultation sur le jugement rendu à Ambrun contre M. de Senez.

13. 14. Actes (I, II, III, IV, V, VI) que Mgr l'Ev. de Senez a fait signifier... à l'occasion du Concile d'Embrun. — 1727

15. — Lettre circulaire de Mgr l'Ev. de Senez aux Evesques de France au sujet du Concile d'Ambrun. — 1727.

16. — Récit de la mort de Mgr J. Soanen. MS.

17. — Mand. de M. le Vicaire général de Mgr l'Ev. de Senez (*Etienne* de la Porte). — 1727.

18. — Première monition de M. le Vicaire gén. de Mgr l'Ev. de Senez.

19. — Lettre circulaire de Mgr l'Ev. de Castres (*Honoré* de Quiquerand de Beaujeu) à plusieurs Ev. de France, au sujet du Concile d'Ambrun. 9 Oct. 1727.

20. — Nouvelles ecclésiastiques. — 1728.

21. — Divers actes, lettres et relations des Religieuses de Port-Royal...

22. — Actes des Religieuses de Port-Royal. Du 28 Aoust 1655. Contenant leur disposition à la vie et à la mort touchant la signature du Formulaire, et leurs sentimens en cas de refus des Sacremens à la mort. — 1722.

23. — Relation de la captivité de la sœur *Anne-Marie de sainte Eustoquie* de Flecelles de Brégi, Religieuse de Port-Royal des Champs, écrite par elle-même.

24. — Relation de ce qui s'est passé à Port-Royal, depuis le commencement de l'année 1664 jusqu'au jour de l'enlèvement des Religieuses, qui fut le 26 Aoust de la même année.

25. — Mandement de Mgr l'Ev. de Saint Papoul (*Jean-Charles* de Ségur), pour faire part à son peuple de ses sentimens sur les affaires présentes de l'Eglise, et des raisons qui le déterminent à se démettre de son Evêché. — 1735.

26. — Mandement de Mgr l'Ev. de Laon (*Etienne-Joseph* de la Fare) au

sujet d'un imprimé qui a pour titre : *Mandement de Mgr l'Ev. de S. Papoul.*

Laon. 1735. Meunier.

27. — Extrait d'une lettre écrite vers la fin du mois de Nov. 1726, au sujet des violences que l'on exerce contre les Appelans.
28. — Patrum Benedictinorum ..   N° 7329.
29. — Lettre des Bénédictins de la Province de Bourgogne, Congr. de S. Maur, au T. R. P. Dom Pierre Thibault, Supérieur général, et à quelques autres Supérieurs Majeurs, qui sollicitent les Religieux qui leur sont soumis, à recevoir et accepter la Constitution *Unigenitus*. — 1727.
30 — Réponse à une lettre que le R. P. Thibault a écrite à un de ses Religieux pour l'engager à accepter la Bulle *Unigenitus*. — 1727.
31. — Lettre circulaire de Dom THIBAULT à tous les Prieurs de la Congr.
32. — Réponse d'un Professeur de Théologie de la Congrégation de S. Maur, qui persiste dans son appel, à la lettre d'un ancien Professeur... qui a révoqué le sien.
33. — Mémoire où l'on prouve l'injustice et la nullité des excommunications dont on menace ceux qui ont appellé, ou qui appelleront au futur Concile général, de la Constitution *Unigenitus*, et où l'on marque les moyens de s'en garantir. (Par *Louis* FOET). — 1719.
34. — Arrest de la Cour de Parlement pour la suppression d'un libelle qui a pour titre : *Première conférence de l'autorité du Pape*. 1718.
35. — Arrest de la Cour de Parl. de Bretagne, qui fait itérative défense tant au R. Ev. de Dol, qu'à ses Grands Vicaires et Promoteur, de procéder à l'excommunication contre les Religieux du Tronchet. — Du 24 Nov. 1718.
36. — De l'autorité de la Bulle *In cœna Domini* dans les Pays-Bas. .1719.
37. — Liste et extraits de divers actes d'appel au futur Concile général interjettez par les Eglises, Princes, Etats, Communautés ecclésiastiques et séculières des Pays-Bas Autrichiens et François, à laquelle on a ajouté les Bulles *Unam sanctam* et *In cœna Domini*...
38. — Seconde question. Si un Curé pourra en conscience publier dans sa paroisse l'acceptation de la Bulle dans les circonstances présentes.
39. — Troisième question. S'il sera permis à des Compagnies d'enregistrer la Bulle dans les conjonctures présentes.
40. — Quatrième question. Quel est le droit et le devoir des simples fidèles par rapport à la Bulle....
41. — Reponse à la question : si les Médecins peuvent ou doivent prendre part dans les affaires de l'Eglise.
42. — Des vertus théologales.

43. — Extrait d'un écrit intitulé : *Les Bons mots du petit Père André.*
44. — La censure du Symbole des Apostres par *Théophile* RAYNAUD. 1717.

Tome II :

1. — Lettre pastorale et Mandement de son Eminence Mgr le Cardinal de NOAILLES, Arch. de Paris, au sujet de la Constitution de N. S. P. le Pape, du 8 Sept. 1713.
   Paris. 1714. Coignard.
2. — Ordonnance du même portant révocation des pouvoirs de confesser et de prêcher dans le diocèse, cy devant accordez aux Religieux de la Compagnie de Jésus.
   Paris. 1716. Delespine.
3. — Mandement du même pour la publication de l'Appel qu'il a interjetté le 3 Avril 1717, au Pape mieux conseillé, et au futur Concile général, de la Constitution de N. S. P. le P. Clément XI du 8 Sept. 1713, qui commence par ces mots *Unigenitus.* — 1718.
4. — Extrait du Registre des Actes capitulaires de l'Abbaye du Mont S. Quentin de Péronne, du diocèse de Noyon. Oct. 1718.
5. — Lettre au sujet de l'acceptation du Card. de Noailles. MS.
6. — Lettre de Mgr le Card de NOAILLES à N. S. P. le Pape, en réponse à celle que Sa Sainteté luy a fait l'honneur de luy écrire. — 1717.
7. — Mand. du même pour la publication de l'appel qu'il a interjeté le 3 Octobre 1718 au futur Concile général, des lettres de N. S. P. le Pape Clément XI adressées à tous les fidèles, publiées le 8 Sept. 1718 et qui commencent par ces mots *Pastoralis officii.* 1718.
9. — Lettre connue à Rome sous le nom de lettre des trois Puissances, écrite de France au Pape Benoist XIII vers le mois d'Octobre 1725. (Lat. franç.).
10. — Mand. de Mgr le Card. DE NOAILLES pour la publication et acceptation de la Constitution *Unigenitus*, suivant les explications approuvées par un très-grand nombre d'Evêques de France.
    Paris. 1720. Delespine.
11. — Copie de la lettre de M. l'Arch. d'Arles à M. l'Evêque de Bayonne, du 18 Oct. — Réponse de celui-ci du 29 Oct. 1718.
12. — Relation de ce qui s'est passé, tant à Rome, que de la part de M. le Card. de Noailles, sur l'affaire de la Constitution, depuis l'exaltation de N. S. P. le Pape Benoist XIII. — 1726.
13. — (Lettre des Curez de la ville et fauxbourgs de Paris) à Mgr le Card. de Noailles. — 1726.
14. — Lettre de la Faculté de Théologie de Reims à Mgr le Card. de Noailles. 24 Mars 1717.
15. — Lettre de la même à Mess. les Evêques de Mirepoix, de Senez, de Montpellier et de Boulogne. 25 Mars 1717.

16. — Hymnes latines et françoises sur le miracle opéré à la procession du Très S. Sacrement dans la Paroisse de Ste Marguerite, le 31 May 1725. — Les hymnes latines y seront chantées le dimanche 23 Juin 1726. (Par *C*. Coffin et de la Monnoye).
Paris. 1725. Thiboust.

17. — Mandement de Mgr le Card. de Noailles à l'occasion du miracle opéré dans la paroisse de Ste Marguerite, le 31 May, jour du S. Sacrement. — 1725.

18. — Mémoire présenté par trente Curez de la ville de Paris à S. E. Mgr le Card. de Noailles, leur Arch; au sujet du bruit qui s'est répandu d'une prochaine acceptation de la Bulle *Unigenitus*. 1727.

19. — Requeste des mêmes au Roy. (Placard).

20. — Apologie des Curez du diocèse de Paris, contre l'ordonnance de Mgr l'Arch. de Reims, du 4 Janvier 1717, portant condamnation d'un imprimé intitulé : *Lettre des Curez de Paris et du diocèse...* Dans laquelle ils déduisent les causes et moyens de l'Appel qu'ils ont interjetté au futur Concile général de la Constitution de N. S. P. le Pape Clément XI du 8 Sept. 1713. — 1717.

21. — Arrest de la Cour de Parlement qui ordonne la suppression de quatre écrits ou libelles sur le sujet de la Constitution de N. S. P. le Pape contre le livre des *Réflexions morales sur le Nouveau Testament...* Du 23 Oct. 1717.

22. — Copie de la lettre des Pères de l'Oratoire de Nantes à Mgr le Card. de Noailles. 19 Janvier 1717.

23. — Compliment de la sacrée Faculté de Théol. assemblée en corps, porté par M. le Doyen à S. E. le Card. de Noailles. 12 Janv. 1717.

24. — Lettre des Domicains de la rue S. Jacques au même. 14 Janv.

25. — Lettre du Clergé de la paroisse S. Etienne du Mont. 18 Jan. 1717.

26. — Procès-verbaux de plusieurs Médecins et Chirurgiens dressez par ordre de Sa Majesté au sujet de quelques personnes soi-disantes agitées de convulsions. 27 Janv. 1732.

27. — Ordonnance du Roy qui ordonne que la porte du petit Cimetière de la paroisse de S. Médard sera et demeurera fermée, du 27 Janv. 1732.

28 — Lettre de Mgr le Duc de Chatillon à Madame d'Auvergne. MS.

29. — Lettre du R. P. Dom Petitdidier, président de la Cong. de S. Vennes à Dom Guilemin, Professeur à l'abbaye de S. Michel en Lorraine.

30. — Lettre de MM. les ill. et rev. J. B. de Verthamont, Ev. de Pamiers, *J*. Soanen, Ev. de Senez, *Ch.-Joach*. Colbert de Croisy, Ev. de Montpellier, *P*. de Langle, Ev. de Boulogne, *Ch*. de Caylus, Ev. d'Auxerre, et *Mich*. Cassagnet de Tilladet, Ev. de Macon, au Roy. Par laquelle ils supplient S. M. de se faire

rendre compte de leur réponse à l'Instruction pastorale de Mgr le Card. de Bissy au sujet de la Bulle *Unigenitus*. 1723.

31. — Dénonciation à Mgr le Procureur général de l'Instruction pastorale de M. le Card. de Bissy, au sujet de la Constitution *Unigenitus.*

32. — Arrest du Conseil d'Etat du Roy qui supprime et condamne deux écrits anonimes, portans pour titre, l'un, *Dénonciation à M. le Procureur général...* l'autre, *Consultation d'un Avocat de Bordeaux...* — 1723.

33. — Consultation d'un Avocat du Parlement de Bordeaux au sujet de la dénonciation de l'Instruction de M. le Card. de Bissy. — 1722.

34. — Lettre d'un Théologien à M. le Cardinal de Bissy, au sujet de son Instruction pastorale sur la Bulle *Unigenitus.*

35 — Dénonciation de l'Instruction pastorale de M. le Card. de Bissy dattée du 7 Juin 1722, et de plusieurs autres écrits pernicieux à l'Eglise et à l'Etat, adressée à tous les Archevesques et Evesques, à tous les Parlemens, à toutes les Universitez du Roiaume, et à tous les véritables François. — 1723.

36. — Arrest de la Cour de Parl. de Dijon, portant suppression d'un Mandement de l'Ev. de Châlons-sur-Saône, pour la publication des Censures faites par la dernière Assemblée du Clergé de France, contre les livres intitulez : *Témoignage de la vérité dans l'Eglise*, et *les Hexaples ou six colonnes sur la Constitution Unigenitus....*
Paris. 1716. Delespine.

37. — Arrest de la Cour de Parlement, portant suppression de deux écrits, le premier intitulé, *Lettre d'un Curé du diocèse de Châlons, à un Curé de Rheims*, du 20 Fév. 1717 ; le second intitulé, *Sentence du Bailliage de Châlons, portant défenses d'exposer en vente un libelle intitulé, Lettre d'un Curé....*
Paris. 1717. Muguet.

38. — Actes par lesquels le Chapitre de l'Eglise Cathédrale de Chaalons en Champagne... ont adhéré à l'Appel interjetté par Noss. les Ev. de Mirepoix, Senez, Montpellier et Boulogne, de la Constitution *Unigenitus*, au futur Concile général. — 1717.

39. — Lettre de M. l'Ev. de Chaalons-sur-Marne à Mgr l'Ev. de ***, sur le projet de l'acceptation de la Bulle relative à des explications. 17 Juil. 1714.

40. — Mandement de Mgr l'Ev. de Chaalons (J. B. G. L. DE NOAILLES) pour publier l'acte du 21 Avril 1717, par lequel il a adhéré à l'Appel interjetté le 3 par Mgr le Card. de Noailles, de la Constitution *Unigenitus*, au Pape mieux conseillé et au futur Concile œcumé-

nique, en adhérant pareillement aux appels précédants du 1 et 5 Mars de la même année.
Chaalons. 1718. Seneuze.

41. — Mandement du même pour la publication de son acte d'adhésion au second Appel interjetté le 3 Oct. 1718, par Mgr le Card. de Noailles, au futur Concile général, des lettres de N. S. P. le Pape Clément XI... qui commencent par ces mots *Pastoralis officii.*
Chaalons. 1718. Seneuze.

42. — Lettre past. de Mgr l'Ev. de Pamiers au Clergé et aux fidèles de son diocèse, dans laquelle il leur fait part de ses dernières dispositions par rapport à l'affaire de la Constitution *Unigenitus.* 1727.

Tome III :

1. 2. Mandement de Mgr l'Ev. de Montpellier pour la publication de l'acte par lequel il a interjetté appel conjointement avec Mess. les Evêques de Mirepoix, de Senez et de Boulogne, au futur Concile général des lettres de N. S. P. le Pape Clément XI adressées à tous les fidèles, publiées à Rome le 8 Septembre 1718. Et renouvelle l'appel déjà interjetté de la Constitution *Unigenitus.* — Avec un mémoire qui en déduit les motifs. (Par *L.* Boursier).
Paris. 1719. Babuty.

3. — Arrest du conseil d'Estat du Roy qui ordonne qu'en conséquence de la contravention faite par le S^r Ev. de Montpellier à l'édit du mois d'Avril 1665 concernant la signature du Formulaire contre les cinq Propositions du livre de Jansénius, les revenus de son Evêché demeureront saisis... 21 Sept. 1724.

4. — Lettre circulaire de Mgr l'Ev. de Montpellier adressée à plusieurs Evêques, à l'occasion des projets d'accommodement où l'on s'étoit flatté que Rome alloit entrer vers les mois d'Avril et de May 1725.

5. — Lettre pastorale de M. l'Ev. de Montpellier.. à l'occasion du miracle opéré à Paris dans la paroisse de Ste Marguerite le 31 May 1725.

6. — Lettre past. du même.. en leur faisant part de la protestation qu'il s'est crû obligé de faire contre une délibération de l'Assemblée du du Clergé de France du 2 Oct. 1725. — 1726.

7. — Arrest de la Cour de Parlement qui ordonne la suppression de deux imprimez intitulez : *Lettre pastorale de Mgr l'Ev. de Montpellier*, l'écrit intitulé : *Protestation des Chartreux*, celui intitulé : *Apologie des Chartreux*, et celui intitulé : *Réfutation de l'Apologie.*
Paris. 1726. Simon.

8. — Arrest du Conseil d'Estat qui ordonne la suppression d'un écrit imprimé sous le titre de *Lettre circulaire de Mgr l'Ev. de Montpellier aux Evêques de France.* — 1725.

9. — Arrest de la Cour de Parlement de Bordeaux, qui déclare y avoir abus dans les Mandemens des Ev. de Saintes, d'Aire et de Limoges des 10, 24 et 27 Sept. — 1718.
10. — Instruction pastorale de Mgr l'Ev. de Montpellier... à l'occasion d'un écrit imprimé répandu dans le public, sous le titre de *Mandement de Mgr l'Ev.de Saintes.* — 1726.
11. — Ordonnance et Iustr.past. du même portant condamnation d'un livre intitulé : *Institutiones catholicæ... autore F. A.Poujet.* 1726.
12. — Lettre pastorale du même, au sujet des calomnies répandues contre lui sur un sermon qu'il a prêché dans sa Cathédrale le jour de S. Pierre de cette année 1726.
13. — Lettre à un Théologien, dans laquelle, après avoir posé pour principe, que la voix de l'Eglise se fait entendre en tout tems, on recherche comment elle se fait entendre dans le tems de trouble et de partage. — 1726.
14. 15. 16. 17. — Ire, IIe, IIIe et IVe lettre de Mgr l'Ev. de Montpellier à Mgr l'Ev. de Soissons, au sujet de la VIIe lettre pastorale de ce Prélat. — 1727.
18. — Lettre de Mgr l'Ev. de Soissons à Mgr l'Ev. de Montpellier, en réponse aux deux lettres de ce Prélat, qui ont paru en Mars 1727.
19. — Réponse de Mgr l'Ev. de Montpellier à Mgr l'Ev. de Soissons. 1727.
20. — Lettre de Mgr l'Ev. de Castres (*Honoré* DE QUIQUERAN DE BEAUJEU) au Clergé régulier et séculier et à tous les fidèles de son diocèse.
21. — Lettre écrite par Mgr l'Ev. de Chartres (*Charles François* DE MONSTIERS DE MERINVILLE) à Mgr l'Ev. de Montpellier.26 May 1727.
22. — Réponse de Mgr l'Ev. de Montpellier. — 1727.
23. — Acta appellationum ad Concilium generale à Sacra Facultate Theologiæ Parisiensis interjectarum à Constitutione SS. DD. N. Clementis Papæ XI. quæ incipit *Unigenitus*...à Decreto dato die 18 Nov. 1716, à Decreto Inquisitionis die 16 Fe. 1718, et à Litteris SS. DD. N. Clementis Papæ XI datis 5 Calendas Sept. 1718.
Parisiis. 1718. Delespine.
24. — Acta Universitatis Studii Paris. super appellatione, solenniter interjectâ nomine ejusdem Universitatis, ad futurum Concilium generale,à Constitutione pontificiâ,quæ incipit *Unigenitus Dei filius*, datâ Romæ sexto Idus Sept. 1713.
25. — Declaratio Universitatis Studii Paris. super appellatione ad futurum Concilium gen.. quam 5 die Oct. anni 1718 interposuit...
Lutetiæ Par. 1718. Thiboust.
26. — Decretum sacræ Facult. Theol. Par. super Constitutione S. D. N. Papæ Clementis XI latâ adversus librum, cui titulus est gallicè :

Le Nouveau Testament en françois avec des Réflexions morales... quæ incipit *Unigenitus*, récipiendâ et observandâ.
Parisiis. 1714. Guérin.

27. — Epistola ill. et rev. Ecclesiæ Principum *Fr.* CAILLEBOT DE LA SALLE olim Ep. Tornacensis. *J.-B.* DE VERTHAMONT, Ep. Apamiensis. J. SOANEM, Ep. Senecensis. *Car.-Joach.* COLBERT DE CROISSY, Ep. Montispessulani. *P.* DE LANGLE, Ep. Boloniensis. *Car.* DE CAYLUS, Ep. Antissiodorensis, et *Mich.* CASSAGNET DE TILLADET, Ep. Matisconensis, ad S. DD. Innocentium Papam XIII, occasione Constitutionis *Unigenitus*. — 1721.

28. — Lettre des mêmes au Roy, au sujet de l'Arrest du Conseil d'Etat du 19 Avril 1722 contre la lettre des susdits Prélats à N. S. P. le Pape Innocent XIII au sujet de la Bulle *Unigenitus*. — 1722.

29. — Lettre à N. T. S. P. le Pape Innocent XIII. sur la nécessité d'un Concile général pour terminer l'affaire de la Constitution *Unigenitus*... — 1722.

30. — Déclaration du Roy, donnée à l'occasion des biens d'Eglise alienez ou usurpez. — 1702.

31. - Déclaration du Roy portant que les biens ecclésiastiques ne sont point compris dans celle du 14 Oct. 1710... — Du 27 Oct. 1711.

32. — Remonstrances faites à l'Assemblée générale du Clergé de France sur diverses entreprises contre l'authorité episcopale et les libertez de l'Eglise. — 1665.

33 — Procez-verbal de l'Assemblée extraord. de Messg les Arch. et Ev., tenue en l'Archevêché de Paris, aux mois de Mars et de May. **Paris. 1681. Léonard.**

34. — Actes de l'Assemblée générale du Clergé de France de MDCLXXXII concernant la Religion.
Paris. 1682. Léonard.

35. — Pleinte de l'Assemblée générale du Clergé de France, contre les calomnies, injures et faussetez, que les Prétendus Reformez ont répandues et répandent tous les jours dans leurs livres et dans leurs prêches, contre la doctrine de l'Eglise, portée au Roy par le Clergé en corps, le 14 Juillet 1685.
Paris. 1685. Léonard.

36. — Edit du Roy qui défend aux Ministres et à toutes personnes de de la R. P. R. de prêcher et de composer aucuns livres contre la Foy et la Doctrine de l'Eglise... 23 Aoust 1685.

37. — Remontrance à Mgr l'Arch. de Reims sur son Ordonnance du 15 Juillet 1697, à l'occasion de deux thèses de théologie soutenues dans le Collége des Jésuites de la mesme ville, les 5 et 17 de Décembre 1696.

38. — Bref de N. S. P. le Pape Innocent X en faveur des Recteur et Jésuites du Collége d'Amiens... pour servir en la cause d'appel comme d'abus, interjetté par M⁰ Louys Pécoul...
Paris. 1745. Hist. N° 3816.

Tome IV :

1. — Mandement de Mgr l'Ev. d'Auxerre pour suspendre l'effet de l'acceptation et publication de la Constitution *Unigenitus*.
Auxerre. 1717. Troche.
2. — Lettre des Chanoines d'Auxerre appellant. — 1717. MS.
3. — Lettre des Chanoines non appellant. 25 Mai 1717. MS.
4. — Mandement de Mgr l'Ev. d'Auxerre pour la publication de l'appel qu'il a interjetté le 14 Mai 1717 ...
Paris. 1718. Delespine.
5. — Réponse du même à Mgr l'Ev. de*** qui luy avoit écrit au sujet de son Mandement du 4 Oct. 1718....
6. — Lettre pastorale du même par laquelle il adopte pour son diocèse la première Instruction pastorale de Mgr le Card. de Noailles sur la Constitution *Unigenitus*.
Paris. 1719. Delespine.
7. — Première lettre du même à Mgr l'Ev. de Soissons, au sujet de l'accusation de schisme intentée par Mgr l'Ev. de Soissons contre les Appellans. 2ᵉ éd. 1722.
8. — Seconde lettre du même au même au sujet de l'infaillibilité que ce Prélat attribue aux jugemens de Rome. — 1722.
9. — Ordonnance et Instruction past. du même, portant condamnation de plusieurs propositions extraites des cahiers dictez au Collége d'Auxerre par le Fr. Le Moyne de la Comp. de Jésus.
Paris. 1726. Delespine.
10. — Instruction pastorale du même, au sujet de la remontrance que les Jésuites lui ont adressée pour la défense des Propositions extraites des cahiers dictez... par le Fr. Le Moyne... — 1727.
11. — Recueil des principales Censures des Arch. et Ev. de France contre le livre intitulé : *Apologie pour les Casuistes, contre les colomnies des Jansénistes*, publié en 1657.
12. — Mandement de Mgr l'Ev. d'Auxerre, pour ordonner des prières publiques. — 1727.
13. — Lettre pastorale et Mandement de Mgr l'Ev. de Boulogne (*Pierre de Langle*), au sujet de la Constitution de N. S. P. le Pape du 8 Sept. 1713.
14. — Mandement et instruction du même, au sujet de l'appel qu'il a

interjetté conjointement avec Mess. les Ev. de Mirepoix, de Senez et de Montpellier...
Paris. 1717. Delespine.

15. — Mémoire dans lequel on examine ces deux questions. 1 Si l'appel de la Constitution *Unigenitus* interjetté par quatre Ev. de France.. est légitime et canonique. 2 Quelle est la force de cet appel? Suspend-t-il l'autorité de la Constitution...?

16. — Recueil de lettres concernant le différent de M. l'Arch. de Reims avec M. l'Ev. de Boulogne.

16. — Lettre d'un Avocat au Parlement de Paris, à un Docteur de Sorbonne, Curé dans le diocèse de Boulogne en Picardie, touchant le *Pridemisme*. — 1717.

18. — Lettre past. de S. A. Mgr *François Armand* DE LORRAINE, Evêq. de Bayeux, adressée aux fidèles de son diocèse, en leur faisant part de la protestation qu'il s'est cru obligé de faire contre une Délibération de l'Assemblée du Clergé de France du 2 Oct. 1725.
Paris. 1725. Delespine.

19. — Instruction past. du même. — 1727.

20. — Remontrance de la Faculté de Théol. de Caen, présentée le 28 Juin 1727 à S. A. Mgr de Lorraine, Ev. de Bayeux, au sujet d'une Instruction past. imprimée sous le nom de S. A. du 15 Janv. 1727.
Caen. 1727. Poisson.

21. — Arrest du Conseil d'Etat du Roy, qui casse et annule une ordonnance du 21 Avril, comme rendue incompétemment et par attentat sur l'authorité épiscopale. — 17 May 1739.

22. — Arrest du Conseil d'Etat qui interdit de ses fonctions pour trois mois le Sieur Boullard, Lieutenant du Bailliage royal de Villeneuve-le-Roy, diocèse de Sens, et qui casse et annulle la sentence par laquelle il avoit enjoint à un Curé d'administrer les sacremens à une personne malade. 8 Sept. 1739.

23. — Mandement de Mgr l'Ev. de Laon (*Louis* DE CLERMONT), pour la publication de l'Appel qu'il a interjetté au Pape mieux conseillé..
Laon. 1718. Meunier.

24. — Mandement de Mgr l'Ev. d'Angoulême (*Cyprien-Gabriel-Bernard* DE REZAY), pour la publication de l'appel qu'il a interjetté...
Angoulême. 1718. Puinesge.

25. — Mandement et Instruction pastorale de Mgr l'Ev. de Bayonne (*André* DRUILLET), pour la publication de l'appel qu'il a interjetté en adhérant à celui de Mgr le Card. de Noailles...
Bayonne. 1719. Fauvet.

26. — Extrait des registres du Chapitre de l'Eglise Cathédrale de N.-D. de Bayonne, du 19 Janvier 1719. (Adhésion à l'Appel).

27. — Lettre à S. E. Mgr. le Card. de Noailles, par le Chapitre de l'Église Cathédrale N-D d'Acqs, le 12 Mars 1717. (Adhésion).
28. — Mandement de Mgr l'Ev. d'Acqs (*Bernard* D'ABBADIE D'ARBOUCAVE) pour la publication de l'appel qu'il a interjetté...

D'Acqs. 1719. Le Clercq.

29. — Arrest de la souveraine Cour de Parlement d'Aix, du 15 Juin 1716 (supprimant le Mandement de l'Ev. d'Apt).
30. — Acte d'appel interjetté du Roy mineur au Roy majeur, de la déclaration du 7 Oct. 1717, qui suspend la Constitution *Unigenitus*, et impose silence aux acceptans et non-acceptans... — 1718.
41. — Arrest de la Cour de Parlement de Provence, portant condamnation (de l'imprimé ci-dessus). 20 Déc. 1718.
32. — Mandement de Mgr l'Ev. d'Apt (*Jos.-Ignace* DE FORESTA DE COLONGUE) contenant plusieurs déclarations importantes, au sujet de la Constitution *Unigenitus*. — 1718.
33. — Actes d'appel de Mess. les ill. et rev. Ev. de Lectoure, de Condom et d'Agen au Pape mieux informé et au futur Concile général. 1717.
34 — Témoignage de la Foy de l'Eglise d'Apt, au sujet de la Constitution *Unigenitus*. — 1717.
35. — Mand. de Mgr l'Evêque de S. Malo (*Vincent-François* DESMARETZ), pour la publication de l'appel qu'il a interjetté le 21 Avril 1717.
36. — Acte d'appel au futur Concile général de la Constitution *Unigenitus*, interjetté par Mess. les nobles Doyen, Chanoines et Chapitre de l'Eglise Cathédrale de S. Malo.

Saint-Malo. 1718. R. de La Marc.

Tome V :

3. — Lettre de Mgr le Card. de ROHAN à M. l'Arch. d'Arles.
12. — Lettre du R. P. ALEXANDRE, à M. l'Abbé ***.
13. — Lettre au P. Alexandre, en réponse à celle que ce Religieux a escrite le 27 Janvier 1719 à M. l'Abbé ***.
14. — Avis aux Curez du diocèse de Soissons donnez par Mgr l'Ev. au petit synode du 30 Mars 1719. MS.
15. — Arrest de la Cour de Parl. qui déclare abusif le Mandement de M. l'Ev. de Soissons, du 8 Déc. 1718 et un avis du mesme Ev. du 30 Mars 1719... Du 7 Juin 1719.
17. — Arrest du Parl. de Paris contre l'Ev. de Soissons. — 1719. MS.
18. — Lettre de l'Ev. de Soissons à l'Ev. d'Amiens. 25 Sept. 1719. MS.
19. — Lettre de M. l'Ev. de Soissons au P. de Vitry, écrite vers Pâques de l'année 1725.
20. — Lettre du Cardinal (*Thomas-Philippe*) D'ALSACE DE BOUSSU, Archev. de Malines, au Pape Benoist XIII, du 16 Mars 1725.

21. — Déclaration du Roy par laquelle le Roy explique de nouveau ses intentions sur l'exécution des Bulles des Papes données contre le Jansénisme, et sur celle de la Constitution *Unigenitus*. 24 Mars 1730.
22. — Second lettre d'un Bourgeois d'Auxerre à un Avocat de Paris, au sujet de la mort du P. Alphonse de Chartres, Capucin.

Tome VI :

1. — Mandement de Mess. les Doyen, Chanoines et Chapitre de la sainte Église métropolitaine de Tours, le siége épiscopal vacant, pour la publication de l'Appel qu'ils ont interjetté le 30 Sept. 1718 au futur Concile général, de la Constitution *Unigenitus*...
2. — Réponse de la sainte Église métropolitaine de Tours, à la lettre de M. l'Ev. de Soissons contre le Mandement et l'Acte d'appel de ce Chapitre.
   Tours. 1719. Masson.
3. — Relation de ce qui s'est passé au Chapitre de Tours les 20 et 21 Août, au sujet du Mandement de M. l'Arch. pour la publication de la Constitution.... — 1721.
4. — Lettre du Chapitre de Tours à M. le Procureur général. MS.
5. — Lettre de Mgr l'Arch. de Tours à M⁰ de Chelles, et réponse de Madame l'Abbesse de Chelles. MS.
6. — Lettre d'un Ecclésiastique de Tours à M. de Rastignac, son Archev. — 1727.
7. — Arrest de la Cour de Parl. qui condamne un libelle imprimé, intitulé : *Justification du Sieur Poirier, Principal du Collège de Tours*, a être lacéré et jetté au feu...
   Paris. 1726. Simon.
8. — Lettre de Mgr l'Ev. d'Angers (*Michel* PONCET) à Mgr l'Ev. de Montpellier. Avril 1726.
10. — Mandement de Mgr l'ill. et rev. Ev. d'Arras (*Guy* DE SEVE DE ROCHECHOUART), au sujet de la Constitution *Unigenitus*, et des explications approuvées par un très grand nombre d'Evêques de France.
    Arras. 1721. Duchamp.
11. — Préservatifs contre le Jansénisme.
12. — Mémoire de Mgr le Dauphin pour N. S. P. le Pape.
    Paris. 1712. Impr. roy.
13. — Lettres patentes sur la Constitution du Pape en forme de Bulle, portant condamnation d'un livre intitulé : *Le Nouveau Testament*...
    Paris. 1714. Muguet.
14. — Instruction pastorale de Mgr l'Ev. d'Arras aux fidèles de son

diocèse, contenant un exposé des erreurs qu'il faut éviter et des véritez qu'il faut croire sur les matières contestées....
Arras. 1719. Duchamp.

16. — Bref de N. S. P. le Pape CLÉMENT XI du 17 Mars 1714, aux Card., Arch. et Ev. de France, assemblez à Paris en 1713 et 1714, sur l'acceptation qu'ils ont faite de la Constitution de Sa Sainteté du 8 Sept. 1713....
Paris. 1714. Ve F. Muguet.

17. — Lettre pastorale de Mgr l'ill. et rev. Ev. de Bruges (*H.-Jos.* VAN SUSTEREN). — 1718.

18. — Mandement de Mgr l'Ev. d'Amiens (*Pierre* DE SABATIER) pour la publication de la Constitution de N. S. P. le Pape Clément XI..
Amiens. 1714. Ch. Caron-Hubault.

19. — Lettre de *Fr.* TIMOTHÉE, de la Flèche, Capucin. — 1715. MS.

21. — Mandement de Mgr l'Ev. d'Amiens au sujet de la Constitution *Unigenitus* et de l'Appel qui en a esté interjetté au futur Concile. 1718.

22. — Lettre du Cardinal DE FLEURY. — 1726. MS.

23. — Différents motifs de signer le Formulaire. (En vers.) MS.

24. — Lettre de M. l'Ev. d'Amiens sur les raisons qui l'ont porté à ne point permettre de prières pour les calamités publiques dans les paroisses de S. Remy, S. Leu, et S. Pierre.. dont les Curés ont appellé. . MS. (Cette lettre n'a point été distribuée).

25. — Exhortation que fit M. d'Amiens parlant aux paroissiens de S. Remy de leur pasteur dans le cours de ses visites. — 1726. MS.

26. — Déclaration et raisons des Chanoines de l'Eglise Cathédrale d'Amiens, qui ont refusé d'appeler comme d'abus du Mandement de M. l'Ev. d'Amiens, du 23 Aoust 1718.

27. — Réponse à la déclaration...

28. — Ordonnance de Mgr l'Ev. d'Amiens portant condamnation d'un libelle qui a pour titre : *Réponse à la déclaration...* — 1718. MS.

29. — Lettre de M. l'Ev. d'Amiens à M. Filleux, Cellerier du Chapitre.

30. — Extrait des Nouvelles ecclésiastiques du 27 Juin 1740. MS.

31. — Lettre de M. l'Ev. d'Amiens (*L.-G.* DE LA MOTTE) au Chapitre. MS.

32. — Arrest de la Cour de Parl. contre quatre libelles imprimez... 14 Janvier 1719.

33. — Arrest.. qui ordonne la suppression d'un libelle intitulé : *Instruction familière sur la soumission deue à la Constitution Unigenitus.* 11 Mars 1719.

34. — Lettre de M. LE RICHE, Curé de S. Leu d'Amiens, à M. l'Ev.

35. — Réponse de l'Evêque. MS.

36. — Lettre à S. E. le Card. DE ROHAN, où l'on examine un des prin-

cipes sur quoi roule son avis sur le projet de mandement de Mgr le Cardinal de Noailles. (Par *Fr.* Masclef). 25 Février 1719.

37. — Lettre à M. l'Ev. d'Amiens où l'on montre qu'il n'est pas permis aux Ev. qui reçoivent la Constitution, même en supposant qu'ils ont raison... de séparer de la communion de l'Eglise ceux qui ne la reçoivent pas. (Par *F.* Masclef). 25 Avril 1717.

38. — Avis donné au synode d'Amiens par l'Ev. le 4 Oct. 1719. MS.

39. 40. 41. — Dénonciation (I, II, IIIe) à M. l'Ev. d'Amiens de plusieurs propositions pernicieuses, soutenues et enseignées au Collége des RR. PP. Jésuites. (Par *F.* Masclef).

42. 43. 44. 45. 46. — Lettres du Card. de Bissy. MS.

47. — Défense de par le Roi de mettre sur la tombe de Masclef autre chose que son nom et ses qualités. 19 Décembre 1728. MS.

48. — Dispositions où estoit M. Masclef sur la Constitution *Unigenitus*, escrites de sa propre main. MS.

49. 50. — Lettres de F. M. Bouquet à Masclef. MS.

51. — Profession de foy de M. Ravechet. MS.

52. — Mandement de Mgr l'Ev de Chaalons (*Nic.* de Saulx Tavanes) pour la publication de la Bulle *Unigenitus*, avec des Réflexions.

53. — Réponse de Mgr l'Ev. d'Angers à M. Dublineau, sur l'appel au futur Concile. — 1719.

54. — Lettre à M. Tournely, où l'on montre que feu M. de Fénélon a fait consister le Jansénisme dans la Grâce efficace par elle-même...

55. — IIe lettre à M. Tournely, où l'on montre que l'Equilibre qu'il soutient être nécessaire pour la liberté... n'est ni moins absurde, ni moins pernicieux que celui qu'il rejette.

36. — Epistolæ Salmanticencis Academiæ quibus diffusum ubique per summum nefas rumorem de repudiatâ ab eadem Universitate Constitutione *Unigenitus*.. esse malitiosam.. calumniam notum sit. **Salmanticæ. 1716. A. Garcia.**

57. — Extrait des actes de la Fac. de Th. de Paris. 1 Oct. 1716. (Lat. fr.)

58. — Décret de l'Université de Caen. 9 Janv. 1717.

59. — Censure portée par la Fac. de Th. de Nantes contre les propositions du P. J. H. Harivel... de Vannes en 1721. — 1722.

60. — Mémoire en l'instance d'appointé à mettre pour le Doyen.. de la Fac. de Th. de Poitiers, contre les PP. Jésuites du Collége.

61. — Censure des livres de F. P. Fr. Le Courayer, intitulés : *Dissertation... et défense de la dissertation sur la validité des ordinations des Anglois...* par les Cardinaux, Archevêques, Evêques assemblés extraordinairement à Paris. **Paris. 1727. V° Mazières et Garnier.**

62. — Arrest de la Cour de Parl. qui supprime un écrit imprimé intitulé :

Lettre de M. le Coadj. d'Orléans à M. le Card. de Fleury. — 1731.
63. — Mémoire sur la signature du Formulaire.
64. — Déclaration du Roy qui suspend toutes les disputes, contestations et différends formez dans le Royaume à l'occasion de la Constitution de N. S. P. le Pape contre le livre des *Réflexions morales*. 1717.
65. — Arrest de la Cour de Parl. qui en ordonne l'exécution.
66. — Déclaration du Roy qui ordonne l'exécution de celle du 7 Oct. 1717 et suspend pendant un an toutes les disputes. 5 Juin 1719.
67. — Arrest de la Cour de Parl. de Bretagne qui défend d'imprimer ou débiter aucun livret ou libelle sans approbation et permission...
68. — Arrest de la Cour... qui fait défense à tous les Recteurs et Supérieurs des Maisons religieuses de la province, d'empêcher les prêtres ou religieux appelans .. de dire la messe. 21 Avril 1719.
69. — Arrest de la Cour de Parl. du 19 Mars 1718. (La lettre de Mgr l'Arch. de Reims à A. R. M. le Duc d'Orléans sera lacérée).
70. — Lettre circulaire de M. le Duc Régent aux Ev. du Royaume. MS.
71. — Mémoire à S. A. R. Mgr le Régent.
72. — Arrest de la Cour de Parl. d'Aix du 22 May 1716 (qui condamne le libelle intitulé : *Mémoire pour le corps des Pasteurs*).
73. — Arrest de la Cour de Parl. de Rennes, qui condamne quelques libelles séditieux. 12 Oct. 1717.
75. — Lettre de M. Richard .. à M. l'Ev. de Langres. — 1717.
76. — Lettre du même à M. le Card. de Noailles. — 1717.
77. — Lettre écrite à Mgr l'Ev. de Seez, par MM. de Bellaunay et Martin.
78. — Lettre de Mess. les Curez du diocèse de Sees, écrite à leur Ev. au sujet de la Constitution *Unigenitus*, du 21 Janvier 1717.
79. — Lettre de M. de Monchy, Confesseur des Rel. Ursulines de Clermont, à M. l'Ev. de Beauvais. 27 Déc. 1716.
80. — Acte d'appel de la Constitution *Unigenitus*, et du Mandement imprimé de M. l'Ev. de Noyon du 16 de Sept. 1718.. Par M. Simon Dehayes et son fils. 17 Sept. 1718.
81. — Réponse à M. l'Avocat, soi-disant de la paroisse de S.... au sujet de sa lettre écrite contre MM. les sept Curez de la ville de Rouen opposez à la Constitution *Unigenitus*, faite par M. l'Abbé de... de la même paroisse.
82. — Lettre d'un Avocat, ancien habitant de la paroisse de saint.... à M. le Curé de la même paroisse, sur la lettre que lui et six autres Curez de la ville de Rouen ont écrite à Mgr l'Archevêque, le 29 Déc. 1716, au sujet de la Constitution.
84. — Copie de la lettre de M. Le Coq, Curé de Rosay, Doyenné de Longueville, à M. l'Arch. de Rouen, le 3 Janv. 1717.

86. — Lettre écrite à M. l'Arch. de Rouen par MM. les Curez de Barville, S. Denis-sur-Héricourt...
87. — Réponse d'un Docteur à un Provincial de ses amis, au sujet de la lettre de Mess. les Curez de Rouen à Mgr l'Arch. 7 Janv. 1717.
88. — Lettre du Bedeau de la paroisse de... au Docteur provincial...
89. — Lettre d'un Docteur de Sorbonne à un Curé de la ville de Rouen.
90. — Arrest de la Cour de Parl. d'Aix, du 21 Avril 1716, au sujet du Recueil des ordonnances synodales de M. l'Ev. de Marseille. 1716.
91. — Arrest de la même Cour (contre la Lettre d'un Magistrat à M. Joly de Fleury).
92. — Lettre du souverain Senat de Savoye, qui reçoit le Procureur gén. appellant comme d'abus du Mandement de l'Ev. de Bellay. 1719.
93. — Arrest de la Cour de Parl. de Dauphiné qui ordonne la suppression de : *Lettre d'un Docteur provençal à M. Rolland*. 28 Mars 1719.
94. — Arrest de la Cour de Parl. qui ordonne que le libelle *Extrait des témoignages de l'Eglise universelle*... sera lacéré.
95. — Mandement de Mgr l'Ev. de Macon (*Michel* CASSAGNET DE TILLADET) pour la publication de l'appel qu'il a interjetté le 22 Aoust 1717.
96 — Ordonn. de M. l'Ev. de Beauvais (*Fr.-Hon.-Ant.* DE BEAUVILLIER DE S. AGNAN), portant condamnation de certaines feuilles tant manuscrites qu'imprimées, adressées à mondit Seig. Evêque par plusieurs Curez... contre la Constitution *Unigenitus*. — 1716. **Beauvais. 1716. P. Desjardins.**
97. — Arrest... portant suppression d'un libelle intitulé : *Lettre d'un Evesque à un Evesque.* 11 May 1716.
98. — Arrest... portant suppression de .. : *Lettre de Noss. les Arch., Ev. et autres Députez à l'Assemblée générale du Clergé de France de l'année 1725 au Roy.* 10 Janvier 1726.
99. — Arrest... qui supprime un imprimé sous le titre de : *Lettre du Clergé assemblé en 1725 au Roy*... **Rennes. 1726. Vatar.**
100. — Arrest du Conseil d'Etat du Roy portant suppression d'un Réquisitoire du Procureur gén. du Parl. de Bretagne. 4 May 1726.
101. — Arrest qui ordonne que.. : *Lettre de M. l'Arch. de Reims à MM. les Cardinaux*, sera lacérée. — 22 Juin 1719.
102. — Arrest... qui supprime... : *Lettre de M. le Coadjuteur d'Orléans à M. le Card. de Fleury.* 19 Juin 1731.
103. — Arrest... qui renouvelle les défenses de recevoir, publier ou exécuter, imprimer, vendre ou distribuer aucunes Bulles ou Brefs de la Cour de Rome, sans lettres patentes du Roy. 16 Déc. 1716.
104. — Arrest... qui reçoit le Procureur gén. du Roy appellant comme d'abus d'un décret du Pape intitulé : *Sanctissimi Domini nostri*

Domini Clementis XI… adversus eos qui Constitutioni Sanctitatis suæ quæ incipit Unigenitus… debitam obedientiam recusaverint…

105. — Arrest de la Cour de Parl. de Rouen sur le même objet.
106. — Arrest de la même Cour, portant suppression du Mandement de Mgr l'Arch. de Rouen du 10 Sept. 1718.
107. — Arrest de la Cour de Parl. de Metz. Même objet.
Metz. 1717. B. Antoine.
108. — Arrest de la Cour de Parl. de Rennes. Même objet.
109. — Arrest de la Cour de Parl. de Paris. Même objet.
110. — Arrest de la Cour de Parl. de Bordeaux qui fait inhibitions et défenses à tous Abbés provinciaux, Prieurs… du ressort de la dite Cour, de donner ni accorder permission à aucuns de leurs Religieux pour sortir du Royaume, sans une permission expresse du Roy, et par écrit. 8 Fév. 1719.
111. — La vérité catholique sur la Constitution *Unigenitus*… démontrée en abrégé pour l'instruction des vrais fidèles de l'Archevêché de Trèves, par Mgr l'Ev. de Rosmes.
Trèves. 1719. Reulandt.
112. — Arrest… portant défenses de publier les lettres de N. S P. le P. commencant par ces mots *Pastoralis officii*… 20 Mars 1719.
113. — Arrest du Parl. de Douay.
114. — Arrest du Parl. de Metz.
115. — Lettre past. de Mgr *Jean Conrad* (DE REINACH) Ev. de Basle.., pour la publication des lettres apostoliques de N. S. P. le P. Clément XI… *Pastoralis officii.*
Porentru. 1719. Cuchot.
116. — Consultation de plusieurs Docteurs en Théologie et en droit canon, sur l'écrit intitulé : *Abus des lettres apostoliques affichées à Rome le 8 Sept.* 1718.
117. — Déclaration du Roy concernant les Jésuites. 16 Juil 1715.
118. — Arrest notable du grand Conseil, qui a déclaré abusive l'union du Prieuré cure de Pomponne au Collége des Jésuites d'Amiens. Du 24 Sept. 1718.
119. — Breves observationes super XII articulis quorum approbatio à Sede Apostolica postulatur.
120. — Conclusion du procès de M. l'Abbé Gastant pour l'affaire de Pignans.
121. — Lettre d'un Jésuite à Mgr l'Ev. de **.
122. — Mand. de Mgr l'Ev. de S. Omer (*Fr.* DE VALBELLE DE TOURVES) pour accepter la Const. *Unig.* 2 May 1714.
123. — Mand. du même. même objet.
124. — Arrest du Conseil d'Etat du Roy défendant de faire aucuns actes ni écrits autorisans le refus des Sacremens…

125. — Arrest du conseil d'Estat du Roy (sur un refus des sacremens à la Dame Durbé.)
126. — Ad Parochum et alios in sacro Ministerio sodales. MS.
127. — Lettre du P. Duplessis, au sujet des calomnies publiées contre lui par l'Auteur des Nouvelles ecclésiastiques. — 1745.
128. — Déclaration du P. Tournemine sur des écrits supposés, qui paroissent dans le second tome des Anecdotes sur la Constitution.

Tome VII :

1. — Mandement de Mgr l'Evêque de Boulogne (*Pierre* de Langle), pour la publication de l'acte par lequel il interjette appel conjointement avec Mess. les Ev. de Mirepoix, de Senez et de Montpellier. Avec un mémoire qui en déduit les motifs. **Paris. 1719. Babuty.**
2. — Le témoignage de MM. les Curez de la ville et du diocèse de Paris, au sujet de la Constitution *Unigenitus*. — 1717.
3. — Le témoignage du Clergé séculier et régulier de la ville et du diocèse de Paris, au sujet de la Constitution *Unigenitus*. — 1717.
5. — Recueil de lettres concernant le différent de M. l'Arch. de Reims avec M. l'Ev. de Boulogne.
7. — Mémoire adressé à Mess. de la Congrégation de la Mission, au sujet de ce qui s'est passé dans leur assemblée générale par rapport à la Constitution *Unigenitus*. — 1724.
8. — Relation de ce qui s'est passé dans l'Assemblée générale de la Congrégation de la Mission tenue à Paris le 1 Aoust 1724.
9. — Avertissement sur le livre des Hexaples.

Tome VIII :

1. — Sanctiss. D. N. D. Clementis Papæ XI. damnatio quamplurium propositionum... (Bulle *Unigenitus*.)
2. — Mémoire sur les doutes que Mgr d'Acqs n'a pu s'empêcher de former au sujet de ce qui lui a été communiqué par M. Pastel.
3. — Acte de soumission à l'ordonnance de M. le Card. de Noailles, Arch. de Paris, mis entre les mains de S. E. au mois de Mars 1703 (par les Docteurs de la Fac. de Théol. de Paris.)
4. — Lettre past. de Mgr l'Ev. d'Amiens. (VI. 24.)
5. — Avis donné par Mgr l'Ev. d'Amiens au sujet de ceux qui, n'étant pas soumis à la Bulle *Unigenitus*, demandent les sacremens. 1746.
6. — Arrest... qui condamne deux feuilles intitulées : *Nouvelles ecclésiastiques*... a été lacérées.... 1 Fév. 1747.
7. — Suite des Nouvelles ecclésiastiques. 27 Mars 1747.
8. — Lettre de Mgr l'Ev. d'Amiens en envoyant l'arrest ci-dessus.
9. — Lettre de Mgr l'Ev. de Vannes. (*Fr.* d'Argouges).

10. — Lettre de Mgr l'Ev. d'Angers à M. l'Abbé de Claye.
11. — Mémoire touchant l'affaire d'Ambroise Guis.
13. — Lettre du P. L. (LALLEMANT) à Mgr l'Ev. de *** (Amiens).
14. — Mand. et inst. past. de Mgr l'Ev. de Seez (J.-Ch.-Alex. LALLEMANT), pour l'acceptation de la Bulle *Unigenitus*.... — 1729.
15. — Mand. et inst. past. du même pour le bon ordre de la discipline dans son diocèse.
Sées. 1729. Briard.
16. — Inst. past. sur l'Eglise, par demandes et par réponses, par le même.
Paris. 1730. V° Mazières et Garnier.
17. — Mand. du même pour la discipline de son séminaire.
18. — Mand. de Mgr l'Ev. de Luçon (*Michel-Celse* ROGER DE RABUTIN DE BUSSY) sur la publication des nouvelles Conférences ecclésiastiques de son diocèse. Avec une instruction sur la matière de l'Eglise.
Paris. 1731. Guerin.
20. — Censura libri cui titulus *Les Hexaples*. MS.
22. — Acte par lequel la Communauté de S. Vincent du Mans, Or de S. B. a adhéré à l'appel...
23. — Examen fait par Mgr l'Ev. de Soissons de M. L. Al. De Bains.
24. — Procès-verbal de ce qui s'est passé au lit de justice tenu par le Roy au château de Versailles, le mercredy 3 Sept. 1732.
25. — Lettre d'un Recolet à l'Auteur des Nouvelles ecclésiastiques. 1733.
26. — Examen du différent de S. Cyprien avec le Pape S. Etienne, au sujet de la rebatisation des hérétiques, où l'on montre la fausseté de la comparaison prétendue entre la cause de ce saint et celle des appellans de la Bulle *Unigenitus*.
Ipres. 1720. V° J. de Rave.
27. — Recueil de quarante passages où la traduction du Nouveau Testament faite par les Jansénistes, et imprimée à Mons, favorise les hérésies de Luther et de Calvin, suit les traductions de Genève, et renouvelle la doctrine condamnée de Jansénius.
32. — Hérésie imaginaire. Lettre III.
35. — Plainte des pauvres de l'Hostel-Dieu de Pontoise, et de la plus grande partie des Religieuses hospitalières du mesme lieu, qui est de la fondation de S. Louis.
38. — Breve... INNOCENTII X in causâ Angelopolitanâ.. (Lat. fr.)
39. — Exemplar Diplomatis URBANI VIII, Constitutiones Pii V et Gregorii XIII ratificantis adversus propositiones vulgo Baianas, ab iisdem meritò prohibitas et censuratas.
40. — Acte d'Appel interjetté par M. le Procureur général au Concile, au sujet de la Bulle du Pape, concernant les franchises dans la ville de Rome... — 1088.

41. — Frère *Nicolas* Lejeune de l'ordre des Frères Mineurs, à tous les RR. PP. Gardiens, les Dames Abbesses...
42. — Déclaration du Chapitre de Nevers. 23 Nov. 1716.
43. — Révocation de l'acte d'appel au futur Concile... fait par dix religieux de l'Abbaye de S. Urbain de l'O. de S. B. 19 May 1719.
44. — Rétractation d'appel au futur Concile de la Constitution *Unigenitus* faite entre les mains de Mgr l'Ev. de Nantes par le S. Flannery.
45. — Déclaration du P. Bayon, au sujet de différentes propositions sur la réprobation et sur la liberté..
46. — Protestation de MM. des Missions étrangères, sur trois nouveaux libelles anonimes que les Jésuites répandent partout.

Tome IX :

1. — Constitution de N. S. P. le Pape Clément XI du 8 Sept. 1713, en latin et en françois.
   Paris. 1713. Muguet.
2. — Déclaration du Roi au sujet de la Constitution... *Unigenitus*. 4 Aoust 1720.
4. — Bref du Pape Benoist XIII à Mgr le Card. de Noailles. — 1724.
9. — Acte d'appel du Card. de Noailles, au Pape, du 3 Av. 1717..
10. — Arrest qui ordonne la saisie et la suppression d'un décret de l'Inquisition portant condamnation de l'écrit intitulé, *Acte d'appel*.
13. — Abus des lettres apostoliques de Sa Sainteté affichées à Rome le 8 Sept. 1718.
16. — Cas sur la suppression du Bref de séparation de N. S. P. le Pape Clément XI.
21. — Lettre du R. P. Le Courayer à S. E. le Card. de Noailles.
27. — Lettre de M. . . Chanoine de B. à M. T. D. A.
29. — Deliberatio S. Fac. Th. Par. adversus libellum, cui titulus : *Cas de conscience*... — 1704.
30. — Bref de N. S. P. le Pape Benoit XIV au grand Inquisiteur d'Espagne. — 31 Juil. 1748.
31. — Breve... Benedicti Papæ XIV. — 1756.

Tome X :

1. — Nouveau recueil de plusieurs pièces qui ont paru depuis l'année 1717 ou environ, au sujet des affaires de la Constitution *Unigenitus*. — 1721.
2. — Lettre (I. II. III. IV. V. VI.) de Mgr l'Ev. de N. à S. E. M. de Card. de Noailles, au sujet de son mandement pour la publication de l'appel qu'il a interjetté... — 1719.
3 — Lettre de Mgr l'Ev. d'Angers aux Ecclésiastiques de son diocèse. 12 Déc. 1718.

4. — Réponse que fit M. l'Arch. d'Arles le 23 Juin 1716, à une Lettre circulaire de M. le Duc de Noailles.

5. — Réflexions consolantes fondées sur la première instruction pastorale de S. E. Mgr le Card. de Noailles, du 14 Janv. 1719, et adressées par Mgr l'Ev. d'Angers aux fidèles de son diocèse, pour les confirmer dans leur foi. — 1719.

6. — Lettre de Mgr l'Ev. d'Angers à M. le Marquis de...

7. — Lettre de Mgr l'Arch. de Reims (*Fr.* DE MAILLY) à Mgr le Duc d'Orléans, Régent du Royaume. — 1719.

8. — Lettres du R. P. GOURDAN sur la Constitution *Unigenitus*. — 1720.

9. — Avis d'un Théologien sur quelques points décisifs, contenus dans l'Instruction pastorale de M. le Cardinal de...

10. — Les ennemis déclarez de la Constitution *Unigenitus* privez de toute juridiction spirituelle dans l'Eglise.
Nancy. 1719. Barbier.

12. — Lettres de M. l'Abbé... à Mgr l'Arch. de Reims... sur les erreurs des novateurs, et leur résistance au S. Siége, et au Corps des Evêques. — 1719.

13. — Lettre d'un Docteur de Sorbonne adressée à M. l'Abbé de la Trappe au sujet de l'Inst. past. de Mgr le Card. de Noailles...

14. — Lettre des Séminaristes de Reims, à MM. du Chapitre, pour leur apprendre les raisons qu'ils ont eu de ne pas communier de leurs mains. 10 Fév. 1719.

15. — Mand. de Mgr l'Ev. de Laon (*Louis* DE CLERMONT) pour la publication de l'appel qu'il interjette.
Laon. 1719. Meunier.

16. — Mand. et Inst. past. de Mgr l'Ev. de Laon (*Charles* DE SAINT-ALBIN) 20 Juin 1722.

17. — Mandement du même pour la tenue du synode. 8 Juil. 1722.

18. — Mand. de Mgr l'Ev. de Noyon (*Ch.-Fr.* DE CHATEAUNEUF DE ROCHEBONNE) portant condamnation de deux livres intitulés, l'un, *Dissertation sur la validité des ordinations des Anglois...* et l'autre, *Défense de la dissertation.*
S. Quentin. 1727. Boscher.

20. — Mand. et Inst. past. de Mgr l'Arch. de Cambray portant condamnation de trois écrits... : *Vie de M. de Paris.*
Paris. 1732. Bordelet.

Tome XI :

1. — Mémoire de Mgr le Dauphin pour N. S. P. le Pape.
Paris. 1712. Imprimerie royale.

2. — Bref de N. S. P. le Pape au Roy sur le mémoire de Mgr le Dauphin.

4. — Lettres patentes du Roy sur la Constitution du Pape.. 1714.
5. — Arrest du Conseil d'Etat portant que le Mandem. et Instr. past. du S' Ev. de Metz du 20 Juin... demeureront supprimez... 1714.
7. — Arrest.. qui ordonne la suppression de feuilles imprimées à Rome sous le titre de : *Illustr. et rev. Dom. Auditoris generalis rev. Cameræ apostolicæ litteræ monitoriæ.* 15 Janv. 1716.
8. — Arrest... portant suppression d'un libelle intitulé : *Mémoire pour le Corps des Pasteurs...* 1716.
9. — Arrest du Parl. de Provence qui déclare n'y avoir point abus en la sentence de l'Official de Toulon qui condamne M. Becue, Curé.. pour s'être rétracté de la publication de la Bulle *Unigenitus*. 1717.
10. — Arrest de la Cour du Parl. de Douay, qui condamne la thèse de F. B. Hutchinson. — 1716.
13. — Copie de la lettre écrite par M. le Régent à MM. les Premiers Présidens et Procureurs généraux des Parlemens, et Conseils supérieurs d'Alsace et de Roussillon. — 1718.
14. — Copie de la lettre de Mgr l'Arch. d'Arles à Mgr le Duc d'Orléans.
17. — Déclaration du Roy touchant la conciliation des Evesques du Royaume, à l'occasion de la Constitution *Unigenitus*. — 1720.
18. — Lettres patentes portant évocation et attribution au Parlement de Paris, séant à Pontoise, de toutes les contestations nées et à naistre au sujet de la Constitution *Unigenitus*. — 1720.
19. — Arrest du Conseil d'Estat . qui ordonne que trois libelles, ensemble le Mandement de Mgr l'Ev. de Bayeux du 17 Juillet.. demeureront supprimez. — 1724.
20. — Arrest.. qui ordonne que l'écrit imprimé ayant pour titre, *Lettre de S. A. R. Mad. d'Orléans Abbesse de Chelles, à une de ses amies,* sera et demeurera supprimé. — 1725.
21. — Parodie (d'un Arrêt et d'un Mandement de 1725.)
25. — Arrest... qui condamne un libelle intitulé : *Avis aux fidéles de l'Eglise de Paris, sur ce qu'ils ont à craindre de la part des Confesseurs qui acceptent la Constitution Unigenitus...* — 1731.
26. — Arrest du Conseil d'Estat.. pour faire cesser toutes disputes et contestations au sujet de la Constitution *Unigenitus*. — 1731.
27. — Arrest.. qui condamne plusieurs feuilles intitulées : *Nouvelles ecclésiastiques*. — 1731.
28. — Déclaration du Roy en forme d'édit, pour l'exécution de la Bulle de N. S. P. le Pape du 15 Fév. 1665. — Avril 1665.
29. — Arrest.. qui ordonne la suppression d'une thèse soutenue en Sorbonne le 31 Déc. 1731 (par J. Hanharan).
30. — Arrest.. qui ordonne la suppression d'un imprimé intitulé : *Lettre de M. Leullier à M. le Premier Président...* — 1733.

32. — Lettre de l'abbé de Maupeou. 12 Déc. 1716. (Signée).
33. — Arrest.. à l'occasion des disputes qui se sont élevées au sujet des deux puissances. — 1731.
34. — Lettre du Roy (même sujet, signéee Louis et Phelippeaux). MS.
35. — Arrest... qui ordonne que l'imprimé qui a pour titre : *Observations sur le Bref du Pape, qui establit M. le Card, de Bissy et Mgr l'Arch. de Rouen, Commissaires apostoliques pour le gouvernement et la réformation de l'Ordre de Cluny.* 1731, sera et demeurera supprimé — 1731.
36. — Arrest qui ordonne la suppression d'une thèse. — 1731.
37. — Arrest... qui ordonne qu'un libelle intitulé, *Mémoire touchant l'origine et l'autorité du Parlement...* sera lacéré... — 1732.
38. — Arrest... qui casse et annule une ordonnance comme rendue incompétemment et par attentat sur l'authorité episcopale.—1739.
39. — Arrest (contre l'Inst. past. da l'Év. de Laon). — 1740.
41. — Extrait des registres de Parlement (de Dijon, contre l'Histoire du Quillotisme).
44. — Acta et decreta sacræ Facultatis Theologiæ Parisiensis super Constitutione S. D. N. Papæ Clementis XI quæ incipit *Unigenitus Dei Filius*, observandâ et executioni demandandâ Pars 1ᵃ et 2ᵃ.
Parisiis. 1730-1731. Vᵉ Mazières et J.-B. Garnier.
45. — Nomina et ordo Magistrorum S. Fac. Theol. Par. juxtà quorum sententiam latum est ejusdem S. Fac. decretum diei 15 Déc. 1729, et eorum qui vel huic decreto adhæserunt, vel se Constitutioni *Unigenitus* obsequentes, cen scripto, ceu vivâ voce professi sunt.
46. — Décret de l'Université de Caen pour la retractation de l'appel interjetté sous son nom le 19 Nov. 1718 de la Constitution *Unigenitus...* et pour l'acceptation de la dite Constitution.
Caen. 1718. Cavelier.
47. — Decretum S. Fac. Theol. Bituricensis de subscribendâ Alexandri VII formulâ. — 1710.
48 — Actes de la Fac. de Theol. de Nantes, au sujet de la Constitution *Unigenitus.*
49. — Decretum S. Facult. Andegavensis. 3 Jan. 1716. MS
50 — Decretum S. Fac. Pictaviensis. 2 Jan. 1723. (Lat. fr.).
51. — Decretum S. Fac. Th Par. iu Henricum Fiot nuper apud Calvinianos apostatum. — 1712.
52. — Conclusio S. Fac. Th. Par. — 1718.
54. — Lettre de MM. les Ev. de Senez, de Montpellier et de Boulogne au Roi, au sujet de l'Arrest du Conseil d'Estat du 31 Déc. 1720 portant suppression de leurs mandemens.... — 1721.

Tome XII :

1. — Histoire de la condamnation de M. l'Ev. de Senez, par les Prélats assemblez à Ambrun. (Par J.-B. Cadry). — 1728.
2. — Lettre de M. l'Arch. d'Embrun envoyant les actes du Concile. MS.
3. — Lettre du même demandant un exemplaire de ce qui aura été fait dans le Synode par rapport au Concile d'Embrun. MS.
4. — Lettre de S. E. M. le Card. d'Alsace, Arch. de Malines, et de MM. les Ev. des Pays-Bas catholiques, à M. l'Arch. d'Embrun, au sujet du Concile d'Embrun. — 1729.
5. — Recueil contenant le Bref de N. S. P. le Pape Clément XII et diverses lettres écrites d'Italie et d'Espagne, au sujet du Concile d'Embrun.
7. — Arrest... rendu au sujet d'une déclaration donnée par quarante Avocats au Parlement de Paris. — 1730.
8. — Arrest... sur le mémoire des Avocats au Parlement. — 1731.
9. — Très humbles et très respectueuses remontrances que présentent au Roy... les gens tenant la Cour de son Parlement. Avec la déclaration du Roy du 18 Août, des observations sur chaque article, et les deux arrestés du Parlement. — 1732.
10. — Mémoire où l'on donne une idée juste et précise de l'affaire présente du Parlement.
11. — Projet de remontrances ou mémoire pour y servir.
15. — Mémoire pour le Corps des Evêques qui ont reçu la Constitution *Unigenitus*.
16. — Lettre d'un Magistrat à M. Joly de Fleuri, sur son discours au Parlement touchant le Mémoire au Corps des Evêques.
17. — Lettre d'un Evêque à M. Joly de Fleury.
18. — Lettre de M l'Ev. de Chalon à M. l'Avocat général de Dijon.
19. — Lettre d'un Docteur françois à M. Du Parcq, Avoc. gén. du Parl. de Douay.
20. — Lettre à M. Gilbert des Voisins, Av. gén. au Parl. de Paris.
21. — Remarques sur le discours de l'Avocat général du Parl. de Paris contre le Mand. et l'Inst. past. de M. l'Arch. d'Embrun.
22. — Mémoire d'un Prélat sur le projet de lettre de M. le Duc d'Orléans, pour demander des explications sur la Constitution.
23 — Réponse d'un Evêque à la question d'un Magistrat. S'il n'est pas vrai que dans l'Assemblée de 1713 et 1714, il a reçu la Constitution *Unigenitus* avec relation?
26. — Instruction past. de Mgr l'Ev. d'Evreux (Jean Le Normant) au sujet de la consultation des 50 Avocats du Parl. de Paris, du 30 Oct. 1727, contre le Concile d'Embrun.— 1731.

27. — Inst. past. et Ord. de Mgr l'Arch. d'Embrun (*Pierre de Guerin de Tencin*) portant défense de lire et de garder divers écrits publiez sous le nom de M. l'Ev. de Montpellier. — 1730.
28. — Arrest... qui ordonne la suppression de deux lettres imprimées sous le nom de *Lettres de M. l'Arch. d'Embrun à M. le Card. de Rohan.* — 1731.
29. — Lettre de M. l'Arch. d'Embrun à M. le Card. de Rohan.
30. — Arrest... qui condamne un imprimé intitulé : *Lettre de M. l'ancien Evêque d'Apt...* — 1731.

Tome XIII :

3. — Mand. de Mgr l'Ev. de Laon (*Estienne-Joseph de la Fare*) sur la soumission due à la Constitution *Unigenitus*... — 1730.
4. — Arrest... qui reçoit le Procureur gén. appellant comme d'abus d'un Mand. de M. l'Ev. de Laon, du 30 Nov. 1730.
5. — Arrest qui ordonne la suppression d'un écrit intitulé : *Lettre past. de M. l'Evêque de Laon.*
6. — Instruction past. de M. l'Ev. de Laon contre les réquisitoires de M. Gilbert, Avocat gén. au sujet de son Mand., de sa Lettre past. et de l'Inst. past. de M. l'Arch. de Paris qu'il a adoptée. — 1731.
7. — Arrest du Conseil... qui ordonne la suppression de l'Inst. past. de M. l'Ev. de Laon. — 1731.
8. — Réflexions de M. l'Ev. de Laon sur l'Arrest du Conseil.—1731.
9. — Acte de dépôt d'une lettre du Garde des sceaux par l'Ev. de Laon.
10. — Arrest du Conseil qui ordonne la suppression d'un libelle intitulé : *Réflexions de M. l'Ev. de Laon.* — 1731.
11. — Lettre de l'Ev. de Laon. 1 Janv. 1732. MS.
12. — Permission de prêcher et de confesser, par l'Ev. de Laon. (Lat.).
13. — Mandement de l'Év. de Toulon. — 1716.
14. — Arrest portant suppression d'un libelle intitulé : *Lettre d'un Evesque à un Evesque.* — 1716.
16. — Mand. et Inst. past. de Mgr le Card. de Bissy, Ev. de Meaux, contenant la réfutation d'un écrit adopté par MM. les Ev. de Pamiers, de Senez, de Montpellier, de Boulogne, d'Auxerre et de Macon, et intitulé : *Réponse à l'Inst. past. de M. le Card. de Bissy de 1722 sur la Constitution Unigenitus.* — 1725.
19. — Dénonciation aux Ev. de France d'un libelle intitulé : *Dénonciation à M. le Procureur gén. de Dijon de la lettre de M. l'Ev. de Chalons-sur-Saône,* pour servir de réponse à celle que M. de Cruge luy avoit écrite au sujet de son Mandement sur le livre des Hexaples..
20. — Lettre d'un Théologien à un de ses Amis, touchant le Bref du

Pape adressé depuis peu aux Religieux de l'Ordre des Fr. Prêcheurs.

21. — Réflexions sur le Bref de N. S. P. le Pape Benoist XIII du 6 Nov. 1724, adressé aux Dominicains.

22. — Acta in Capitulo provinciali FF. Prædicatorum celebrato Lovanii die 3 Maii 1719. (Lat. fr.).

25. — Mandement de Mgr l'Ev. d'Embrun portant condamnation d'un écrit signé par 40 Avocats. MS.

26. — Lettre de M. l'Abbé *** à M. le Card. de Fleury. MS.

27. — Réponse à l'Ev. d'Amiens sur la manière dont il se doit comporter à l'égard des Ecclésiastiques appellans. MS.

28. — Lettre de l'Arch. de Cambray. — 1720. MS.

Tome XIV :

5. — Second mémoire pour la Dame Tournay. — 1737.

6. — Ordonn. et Inst. past. de Mgr l'Arch. de Paris portant condamnation d'un écrit qui a pour titre : *Mémoire pour les Sieurs Samson, Curé d'Olivet..* appellans comme d'abus. Janv. 1731.

7. — Arrest.. qui reçoit le Procureur général appellant comme d'abus (de l'ordonnance ci-dessus).

8. — Mémoire présenté au Roy au sujet de l'arrest précédent.

9. — Arrest du Conseil. par lequel le Roy évoque à sa personne la connaissance (de cet appel).

10. — Arrest du Parlement du 7 Sept. 1731. MS.

11. — Arrest du 8 Sept. 1731. MS.

12. — Mand. de Mgr l'Arch. de Paris portant condamnation de plusieurs libelles qui ont pour titre : *Nouvelles ecclésiastiques.* — 1732.

13. — Arrest concernant ce Mandement.

16. — Remonstrance à Mgr l'Ev. d'Auxerre. au sujet de son Ordon. et Instr. past. portant condamnation de plusieurs propositions extraites des cahiers dictez au Collége d'Auxerre par le P. Le Moyne. — 1726.

17. — Arrest.. qui ordonne la suppression de deux imprimez intitulez : *Lett. past. de Mg. l'Ev. de Montpellier du 20 Oct .. Protestation des Chartreux... Apologie pour les Chartreux...* — 1726.

18. — Arrest.. portant suppression d'un écrit imprimé en françois sous le titre de *Lettre prétendue écrite à sa Majesté.* — 1733.

19. — Arrest.. qui ordonne.. que les revenus de l'Evêché de Montpellier seront saisis. — 1724.

20. — Lettre du P. LALLEMANT à M. l'Abbé de***. MS.

21. — Arrest.. qui déclare abusifs le Mand. de Mgr l'Ev. de Soissons du 8 déc. 1718 et un écrit du même Ev. du 30 Mars 1719.

22. — Lettre de Mgr l'Ev. de Soissons à S. A. R. M. le Duc d'Orléans.
23. — Avis aux Curez du diocèse de Soissons. — 1719.
25. — Ord. de Mgr l'Ev. de Beauvais portant condamnation des livres du F. Fr. Le Courayer intitulez : *Dissertation*...
26. — Avertissement de Mgr l'Ev. de Beauvais. — 1716.
28. — Lettre de M. le Curé de Rosé, sur la publication de la Constitution *Unigenitus*.
29. — Réponse à la lettre de M. le Curé de Rosé.
32. — Lettre de M gr l'Ev. de Beauvais à la Sœur Des Essarts, dite de Sainte Victoire, qui s'étoit déclarée contre la Constitution.
33. — Lettre past. de Mgr l'Ev. d'Alais (*Charles* DE BANNES D'AVEJAN) au sujet de l'Apostasie du sieur Lacroix. — 1722.
34. — Lettre de M. ESNAULT, à Mgr l'Ev. d'Alais.
35. — Déclaration donnée à Mgr l'Arch. de Paris, par le P. Pinchon, au sujet de la thèse qu'il a fait soutenir. — 1732.
36. — Recueil de pièces concernant le rescrit de l'Empereur dans la cause du S. Hoffreumont, Curé de Grace, dioc. de Liége.
38. — Lettre d'un Père de l'Oratoire à un de ses confrères, sur la soumission aux dernières décisions de l'Eglise, et principalement à la Bulle *Unigenitus*...
39. — Mémoire fait en 1717, où l'on démontre que l'Appel interjetté de la Bulle *Unigenitus* au futur Concile, est manifestement nul et insoutenable. — 1718.
40. — Traité de l'obéissance due aux Bulles dogmatiques émanées du S. Siège, en forme de loix et de constitutions.
41. — Sentimens de l'Abbé de S. PIERRE sur ce qui se passe en France, au sujet de la Constitution de N. S. P. le Pape qui commence par ces mots, *Unigenitus Dei filius*.
Bruxelles. 1718. Hoienx.
42. — Réponse à un Vicaire général sur ces paroles : je ne prens point de parti, lettre dogmatique. — 1722.
43. — Le fanatisme des Quesnellistes découvert à S. Urbain, dans le diocèse de Châlons-sur-Marne... 1724.
45. — Consultation de 40 Docteurs de Sorbonne, sur la question de savoir si les Arrêts du Conseil qui cassent ceux du Parlement de Paris, suffisent pour relever les Vicaires et Porte-Dieu de S. Etienne du Mont, et le Curé de S. Pierre le Puellier de Tours. — 1752.

Tome XV

1 — Mandement et Inst. past. de Mgr l'Ev. de Troyes (*Jacques-Bénigne* BOSSUET), au sujet d'un office imprimé..., qui commence par ces mots : *Die XXV Maii, in festo S. Gregorii VII*. — 1729.

2. — Réponse de M. l'Ev. de Troyes à Mgr l'Arch. de Sens.

3. — Lettre past. de M. l'Ev. de Troyes, pour fait part à son diocèse d'une lettre qu'il a écrite à M. l'Ev. d'Auxerre, au sujet de sa lettre pastorale du 28 Fév. 1732 et de celle de Mgr l'Arch. de Sens du 15 Août 1731. — 1732.

5. — Requeste de M. l'Ev. de Troyes à Noss. du Parlement. — 1733.

7. — Mand. du même pour défendre le Mand. de Mgr l'Arch. de Sens, en date du 20 Avril, et pour enjoindre de nouveau l'usage du nouveau Missel de Troyes. — 1737.

8. 9. 10. — I, II, IIIe Inst. past. du même pour servir de réponse au Mand. de M. l'Arch. de Sens du 20 Avril 1737 au sujet du nouveau Missel de Troyes. — 1738.

11. — Essai d'une dissertation où l'on fait voir l'inutilité des nouveaux formulaires, les véritables causes des troubles de l'Eglise, et les moyens d'y rétablir la paix. — 1738.

12. — Lettre de M. *** à M T. P. C. R. D. P. S. A. P. C. D. N. D. S. L. A. — 1735.

13. — Réponse à une question captieuse qu'on fait sur la Bulle *Unigenitus*, avec les préjugés contre ce décret tirés des principes sur l'obéissance raisonnable qui est due à l'autorité en matière de doctrine. — 1734.

14. — Lettre d'un Laïc de Paris, en réponse à un de ses amis, Chanoine d'une Métropole, contre l'argument du prétendu Corps pastoral en faveur de la Constitution *Unigenitus*.

Tome XVI :

1 — Lettre de M. l'Ev. d'Auxerre à M. l'Arch. de Paris, Président de l'Assemblée générale du clergé de France. — 1730.

2. — Lettre du même à MM. les Arch. et Ev. et autres Députés de l'Assemblée générale du Clergé de France. — 1730.

4. — Consultation de MM. les Avocats du Parl. de Paris au sujet d'un Bref de Rome contre le Mandement de M. l'Ev. d'Auxerre sur la Légende de Grégoire VII. — 1730.

6. — Lettre de Noss. les Ev. d'Auxerre, de Bayeux et de Rodez au Pape Benoist XIII, au sujet du décret du S Office du 14 Juillet 1723, qui condamne leurs Lettre, Mand. et Inst. past. (Lat. fr.). 1724.

8. — Lettre pastorale de M. l'Ev. d'Auxerre... au sujet de la seconde lettre de M. l'Arch. de Sens. — 1733.

9. — Quatrième lettre du même à M. l'Arch. de Sens. — 1733.

11. 20. — Mand. du même portant permission de manger des œufs pendant le Carême de 1733 et de 1736.

12. — Mand. de M. l'Ev. de Laon, sur trois imprimés qui paroissent depuis peu dans son diocèse. — 1736.

14. — Lettre d'un très grand nombre de Curés, Chanoines et autres Ecclésiastiques, à M. l'Ev. d'Auxerre.
15. — Courtes réflexions d'un Laïque au sujet de l'Arrest du Conseil contre le Mand. de M. d'Auxerre, qui publie un miracle opéré dans son diocèse par l'intercession de M. de Paris.
18. — Inst. past. de Mgr l'Ev. d'Aux. au sujet d'une feuille... *Très-humbles remontrances de quelques Curés du diocèse d'Aux.* — 1726.
19. — Très-humbles et très-respectueuses remontrances de Mgr l'Ev. d'Auxerre au Roy, au sujet d'un Arrêt du Conseil du 18 Déc. 1735, qui supprime son Catéchisme. — 1736.
21. — Cinquième lettre du même à Mgr l'Arch. de Sens. — 1737.
22. — Lettre d'un Théologien à Mgr l'Ev. de Blois, au sujet de la Théologie de Poitiers...
23. — Consultation de MM. les Avocats du Parl. de Paris, au sujet de la Bulle de N. S. P. le Pape du 16 Juin 1737, qui a pour titre : *Canonisatio B. Vincentii à Paulo.*—Avec l'opposition de MM. les Curés de Paris... — 1738.
24. — Lettre d'un Chanoine de province à un des Curez de Paris opposans à l'enregistrement de toutes lettres patentes pour la Bulle qui a pour titre : *Canonisatio B. Vincentii à Paulo....* — 1738.
25. — Relation de la mort de D. Maurice Roussel, Chartreux. — 1732.
26. — Relation de la conversion et de la mort édifiante d'une jeune fille complice d'un assassinat, exécutée à Paris au mois de Janvier 1737.
27. — Justification de la démarche de D. Pacôme... forcé de se retirer en Hollande pour la défense de la vérité. — 1737.
28. — Lettre de M. D. A. M. L. F. D. S. M. sur la lettre de deux Amis à M. l'Abbé d'Asfeld. — 1738.
29. — Justification du F. *Pierre de S. Jacques* Arnoult, Feuillant.. 1738.
30. — Témoignage des RR. PP. Camaldules contre la Constitution *Unigenitus*, et la signature pure et simple du Formulaire. — 1727.
31. — Ecrit de Mme *Anne* de Gonzagues de Cleves, Princesse Palatine, où elle rend compte de ce qui a été l'occasion de sa conversion, avec l'Oraison funèbre de cette Princesse, prononcé par feu M. Bossuet.
32. — Lettre d'un laïc d'Aux... à M. B***laïc, au sujet de l'art. 70 des Mémoires de Trévoux pour le mois de Juillet 1735.

Tome XVII :

1. — Procez-verbal de ce qui s'est passé dans l'Assemblée des Députez nommez par la Faculté de Théologie de Paris, pour examiner ce qui s'est fait pendant le syndicat de M. Le Rouge; avec les conclusions de la Faculté de Théologie de Paris, depuis le 2 Décembre 1715 jusqu'au 23 Avril 1716.
Paris. 1716. J.-B. Delespine.

2. — Actes d'appels interjettez au futur Concile général par la sacrée Faculté de Théologie de Paris, de la Constitution de N. S. P. le Pape Clément XI qui commence par ces mots *Unigenitus Dei Filius*; du décret donné le 18 Nov. 1716 ; du décret de l'Inquisition du 16 Fév. 1718, et des lettres de N. S. P. le Pape Clément XI du 28 Aoust 1718.
Paris. 1718. J.-B. Delespine.

6. — Très-humbles supplications présentées au Roy par la Faculté de Théologie de Paris, au sujet d'un arrêt rendu par le Parlement de Paris, le 17 Mai 1730. Et la Lettre de M. le Comte DE MAUREPAS, écrite en réponse par ordre de Sa Majesté.
Paris. 1730. Ve Mazières et Garnier.

Tome XVIII :

1. — Les très-humbles remontrances des Curés de Paris qui ont présenté à S. E. M. le Cardinal de Noailles un mémoire au sujet du bruit qui s'est répandu d'une prochaine acceptation de la Bulle *Unigenitus*, lequel a été supprimé... — 1727. MS.

2. — Les très-humbles remontrances faites au Roy, par S. A. feu M. DE LORRAINE, Ev. de Bayeux... — 1730.

5. — Explication de quelques prophéties touchant la conversion future des Juifs...

7. — Mémoire sur la déclaration du Roy du 24 Mars 1730.

8. — Arrêtés de Mess. du Parlement au sujet de la Déclaration du 24 Mars 1730, et du Lit de justice du 3 Avril.

9. — Remontrances du Parlement au Roy. 19 Avril 1730. MS.

10. — Relation de ce qui s'est fait au Parlement de Rouen au sujet de la nouvelle Déclaration du Roy, depuis le 28 Avril, jusqu'au 19 Mai 1730.

11. — Très-humbles remontrances du Parlement de Bretagne sur la déclaration du 24 Mars 1730.

16. — Mandement de Mg l'Arch. d'Utrechk qui ordonne des prières publiques et particulières pour le repos de l'âme de Benoist XIII...

17. — Justification de MM. les Curés de Paris, contre la lettre de M. l'Arch. au Roy, du 8 Fév. 1730.

18. — Mémoire sur les très-humbles supplications présentées au Roy par la nouvelle Faculté de Théologie de Paris au sujet de l'arrêt du Parlement, le 17 May 1730.

21. — Très-humbles remontrances du Parl. de Toulouse au Roy, sur l'évocation du procès du S^r Le Noir avec M. l'Ev. de Montpellier.

22. — Mémoire pour les Sieurs Samson, Curé d'Olivet, Couët, Curé de Darvoi, Gaucher, Chanoine de Jargeau, diocèse d'Orléans, et

autres Ecclésiastiques de différens diocèses, appelans comme d'abus... — 1730.
23. — Arrest du Conseil.. au sujet de l'écrit ci-dessus. 30 Oct. 1730.
24. — Requête de MM. les Avocats du Parl. de Paris (au Roy) au sujet de l'arrêt du Conseil... du 30 Oct. 1730.
25. — Arrest... rendu au sujet d'une déclaration donnée suivant l'arrest du 30 Oct. 1730....
26. — Réflexions sur un endroit important de la harangue faite au Roy, à Versailles, le 17 Sept. 1730, pour M l'Ev. de Nimes, pour la clôture de l'Assemblée générale du Clergé...
27. — Mémoire pour les Sieurs de Lattaignant, Du Sault et Consors, contre le S. de Romigny, Syndic de la Fac. de Théol. de Paris.
28. — Lettre de S. A. E. Mg le Card. DE ROHAN, Ev. de Strasbourg, écrite à M. de Romigny. 2 Oct. 1730.
31. — Harangue faite par M. HÉRAULT aux Ecoliers de Sainte-Barbe. MS.
32. — Mémoire ou requête présentés à Sa Majesté. — 1730.
33. — Mémoire sur un endroit de la lettre de l'Ass. gén. du Clergé de Fr. au Roy, dans laquelle on prétend réfuter la distinction de la double autorité de juridiction et de persuasion fondée sur la certitude de la tradition de l'Eglise....
35. — Ire partie. Préjugez légitimes contre la Constitution *Unigenitus*.
39. — Mandement de Mgr l'Ev. d'Utrect sur la légende du Pape Grégoire VII. 12 May 1730.
40. — La cause de l'Etat abandonnée par le Clergé de France : ou Réflexions sur la lettre de l'Ass. du Clergé au Roy du 11 Sept. 1730.

Tome XIX :

1. — Ire, IIe et IIIe partie de la doctrine de la Sacrée Faculté de Théologie de Paris.
Paris. 1717. Delespine.
6. — Acte d'Appel de Mess. les Evêq. de Mirepoix, de Senez, de Montpellier et de Boulogne, par lequel ils renouvellent et confirment les appels par eux interjettés.. — 1720.
7. — Remarques sur le dispositif dressé pour l'acceptation de la Bulle *Unigenitus* projettée nouvellement par plusieurs Prélats de France dont Mgr le Card. de Noailles est le chef. — 1720.
8. — Apologie pour les Chartreux que la persécution excitée contre eux au sujet de la Bulle *Unigenitus* a obligez de sortir de leurs monastères. (Par J. B. CADRY).
Amsterdam. 1725. Potgieter.
9. — Défense des Chartreux fugitifs, où l'on traite particulièrement de la fuite dans les persécutions à l'occasion de deux écrits, dont l'un a pour titre : *Lettre de Mgr l'Ev. de*** touchant la protestation des*

Chartreux ; et l'autre, *Réfutation de l'Apologie des Chartreux*.1725.

14. — Recueil des témoignages de différens diocèses de l'Eglise de France en faveur de la cause de Mg l'Evêque de Senez, à l'occasion du jugement rendu à Ambrun contre ce Prélat. — 1728.
15. — Lettre de Mgr l'Ev. de Senez au Roy, au sujet de la sentence prononcée contre luy par les Evêques assemblés à Embrun. 1729.
16. — Mémoire sur le silence que gardent les Eglises d'Allemagne et des autres Etats catholiques dans l'affaire de la Constitution *Unigenitus* qui fait depuis si longtemps un si grand éclat dans l'Eglise de France. — 1728.
17. — Réflexions sur divers endroits de quelques libelles publiez sous le titre de *Mémoires sur les projets des Jansénistes*. — 1729.
20. — Remontrances des Curez de Rhodez à Mgr leur Evêque, contre plusieurs propositions quiétistes et autres injurieuses aux SS. Pères, que le P. Lamejou enseigne au séminaire de cette ville.1732.
21. — Mémoire contenant des difficultez sur les propositions condamnées par la Bulle *Unigenitus*, qui regardent les vertus théologales, et surtout celles où il est parlé de la charité et de l'amour de Dieu.

Tome XX :

1. — Lettre de M. V*** au R. P. De la Tour, Principal du Collége de Louis-le-Grand. — 1746.
2. — Observations sur plusieurs Bulles qui ont été publiées dans le Concile de Constance, et qui ont rapport à la Constitution *Unigenitus*, et aux affaires présentes de l'Eglise.
3. — Observations sur le refus que fait le Chastelet de reconnoître la Chambre royale.
En France. 1754.
4. — Lettre d'une Evêque de Province à l'Ass. gén. du Clergé. — 1755.
5. — Lettre circulaire de l'Assemblée générale du Clergé aux Archevêques et Evêques de France. — 1755.
6. — Discours de M. le premier Président au Roi, au sujet de la lettre circulaire (ci-dessus).
7. — Extrait des registres des arrêtés du Parl. de Provence. — 1756.
8. — Lettre à Madame la Marquise de ** en lui envoyant des Réflexions au sujet de l'Assemblée de Clergé de 1755.
9. — Réflexions sur la notoriété de droit et de fait.
10. — Arrest qui condamne l'écrit précédent. — 17 Juin 1755.
11. — Lettre de Mgr l'Arch. d'Auch au Pape. — 5 Juillet 1755.
12. — Instruction en forme de lettre à une personne indécise, contenant le Précis des sentimens de M. Bossuet, Ev. de Meaux, par rapport aux disputes présentes.
Bruxelles. 1755.

13. — Réflexions d'un C. S. C. adressées à M. **, Conseiller au Parl.
14. — Lettre de M. ***, Conseiller de la Grand'-Chambre, à M. ***, Président des enquêtes, sur l'intérêt que le Parlement prend à la gloire du Roi et au bien de la Religion. — 1755.
15. — Lettre d'un saint Prêtre en réponse à Mme la Comtesse de **.1756.
16. — Mand. de M. l'Ev. de Troyes (*Mathias* Poncet de la Rivière), pour ordonner des prières de quarante heures dans toute l'étendue de son diocèse. — 1756.
17. — Instruction familière sur la soumission due à la Constitution *Unigenitus*.
18. — Arrest du Conseil prov. d'Artois portant suppression d'un écrit anonime... intitulé : *Instruction familière*.. . — 1754.
19. — Consultation de quarante Docteurs de Paris, sur les billets de confession. 13 Mars 1753.
20. — Consultation de plusieurs Canonistes et Avocats de Paris, sur la compétence des Juges séculiers par rapport au refus des sacremens.
22. 23. 24. — Lettre (I, II, IIIe) d'un Docteur en Théologie à un jeune magistrat d'un Parlement de Province, au sujet des affaires qui troublent l'Eglise depuis la fin de l'année 1750. — 1753.
25. — Réflexions d'un Ev. de Languedoc sur les Remontrances du Parl. de Toulouse, du 17 Juillet 1752.
26. — Arrest du Parlement.. qui condamne l'écrit ci-dessus.
27. — Réflexions d'un Ev. de Languedoc sur quelques nouveaux arrests du Parl. de Toulouse.— 1753
28. — Mand. de Mg l'Ev. de Boulogne (*Fr.-Jos.-Gaston* de Partz de Pressy), qui ordonne qu'on chantera dans toutes les églises de son diocèse une messe solemnelle et le *Te Deum* en actions de grâces de la protection qu'il a plu à Dieu d'accorder à ce Roiaume, en sauvant le Roi. . — 1757.
29. — Lettre d'un Ecclésiastique à un Curé, où l'on expose le plan d'un nouveau Bréviaire.
30. — Mand. de Mg l'Ev. de Saint-Pons (*Paul-Alexandre* de Guenet) par lequel il adopte le Mand. et Inst. past. de Mgr l'Arch. de Paris par lui publiés le 19 Sept 1756, et en ordonne l'exécution. A **Saint-Pons. 1756**.
31. — Mand. de Mg l'Ev. de Metz (*Claude* de S. Simon). Même objet.
32. — Mand. de M. l'Arch. de Tours (*H.-M. Bernardin* de Rosset de Fleury). Même objet.
33. — Mand. de M. l'Ev. d'Orléans (*L.-Joseph* de Montmorency-Laval).
34. — Mand. de M. l'Ev. de Chartres (*P.-A.-B.* de Rosset de Fleury).
35. — Second Mand. de M. l'Arch. de Paris (*Christophe* de Beaumont).
36. — Lettre (I, II, III) d'un homme désintéressé.

39. — Recueil de pièces importantes relatives à l'Instruction pastorale de M. l'Arch. de Paris. — 1756.

Tome XXI :

1. — Lettre past. de Mgr l'Arch. de Sens (*L. H.* DE GONDRIN). Pour disposer ses diocésains à gaigner saintement le Jubilé.
Sens. 1668. Prussurot.
2. — Réponse d'un Ecclésiastique de la ville de Caen, à un de ses amis.
3. — Morale corrompue des prétendus Disciples de S. Augustin, dénoncée à l'Assemblée du Clergé de France.
Liége. 1700. H. Stréel.
4. — Résultat de la VI⁰ conférence ecclésiastique du diocèse de Sens. 1658.
5. — Lettre du D. *Jean* MABILLON à un de ses Amis, touchant le premier institut de l'Abbaye de Remiremont.
Paris. 1687. Coignard.
6. — Réflexions succinctes sur l'accommodement au sujet de la Constitution, déclaré le 13 Mars 1720.
7. — Bref de N. S. P. le Pape Innocent XIII au Roy, et à M. le Duc d'Orléans, du 24 Mars 1722.
9. — Lettre des Religieuses de Montmartre sur la mort de leur Abbesse (Madame Marie-Eléonor de Bellefons). — 10 Nov. 1717.
10 — Secret du Jansénisme, avec une lettre circulaire de MM. les Disciples de S. Augustin. — 1733.
11. — Lettre du P. MARCETON à un Docteur de Paris... contre les accusations injustes d'un partisan de la nouvelle hérésie. — 1681.
12. — Relation de la découverte du corps de S. Augustin, trouvé à Pavie dans l'Eglise de S. Pierre du Ciel d'or.
Paris. 1728. V⁰ Mergé.
13. — Jugement... qui condamne Cl. Jourdain.. pour avoir imprimé plusieurs ouvrages prohibez... — 1736.
14. — Lettre des Dames de la paroisse de S. Louis dans l'Isle, au R. P. Le Fevre, à l'occasion d'un sermon... où il a prétendu prouver qu'il n'étoit pas permis aux femmes de parler de Religion. 1734.
15. — Lettre des Dames de Sens au P. Dorival Même sujet. — 1735.
16. — Relation de ce qui s'est passé dans l'Assemblée de Sorbonne du 4 Juin 1721.
17. — Conférences ecclésiastiques du diocèse de Paris pour l'année 1706.
18. — Lettre de Mgr l'Ev. d'Amiens pour le Carême de 1723.
20. — Tertia pars articulorum proponendorum sacræ Facultati. De gratia et libero arbitrio...
21. — Homélie de N. S. P. le P. CLÉMENT XI. — 1703.
22. — Apologie de S. Paul, contre l'Apologiste de Charlote, où l'on montre que cet Apostre n'a fait ni une fausse prophétie, ni une

fausse prédiction, en disant à ceux de Milet : *Je sçais que vous ne verrez plus mon visage*. (Par J.-B. DESESSARTZ). — 1736.

22. — Mémoire présenté à S. A. R. M. le Duc d'Orléans, Régent du Royaume, pour la défense de l'Université. Contre un mémoire de quelques Prélats de France. — 1717.

24. — Lettre anonyme adressée au Général de la Congrégation de l'Oratoire. — 1738

25. — Remontrances des Bourgeois et habitans de la ville de Laon, adressées au Roy . (contre l'établissement des Jésuites au Collège).1736.

26. — Mémoire où l'on dévoile les fourberies des RR. PP. Jésuites dans l'affaire d'Ambroise Guis .. — 1733.

27. — Cruauté inouie commise en la ville de Munau par les RR. PP. Jésuites de Liége... — 1736.

28 — Anti-coton... — 1736.   Hist. des Rel. N° 1292.

29. — Mémoire sur l'exclusion des Docteurs, Licentiez et Bacheliers de Sorbonne qui n'ont point signé la Censure de M. Arnauld.

31. — Réflexions sur le Bref *Apostolicæ Providentiæ* du 2 Oct. 1733.

32. — Discours au Roy Henri IV par M. ARNAULD. Et la consultation de M. *Charles* DUMOULIN... sur l'utilité ou les inconvéniens de la nouvelle secte ou espèce d'ordre religieux des Jésuites. Adressé à MM. les Maire et Echevins de la ville de Laon. — 1735.

33. — Réponse à l'apologie que le P. de Genes Jésuite a fait de sa Société, par M***

34. — Litanies pour le Roy, tirées des seules paroles de l'Ecriture Sainte. Traduites et composées par M. le Marquis de CRUSSOL D'USEZ. **Paris. 1700. Josse.**

35. — Réponse des Officiers du Conseil provincial et supérieur d'Artois.. au dernier mémoire imprimé de Mgr l'Ev. d'Arras. — 1708.

36. — Mémoire pour M. Jos. Alph. de Valbelle, Ev. de St-Omer, contre Dom Benoist Petit-Pas, Abbé de S. Bertin. **Paris. 1735. Alix.**

Tome XXII :

2. — Lettre de M. l'Ev. Duc de Laon (*Et.-Jos* DE LA FARE) à M. le Card. de Fleury. — 1731.

3. 4. — Lettres des Religieux Bén. de la Cong. de S. Maur écrites à S. E. Mgr le Card. de Fleury et à leur Père général, aux fins d'obtenir la liberté des suffrages, qui leur a été ôtée dans leurs trois derniers Chapitres généraux. — 21 Mars 1732.

7. — Lettre de Mess. les Curés de Paris à Mgr l'Arch. au sujet de son Mandement. — 1732.

8. — Mand. de M. l'Ev. de Laon (contre la lettre précédente). — 1732.

9. — Lettre écrite à un Curé de Paris par les fidèles de sa paroisse, au sujet du Mandement de Mgr l'Arch.— 1732.
10. — Lettres patentes.. du 25 May 1732.
12. — Mémoire succint sur la démarche présente de MM. du Parlement.
13. — Accommodement entre le Roy Louis XI et son Parlement..
14. — Arrest . qui ordonne la suppression des exemplaires d'un écrit portant permission de lire les livres défendus et condamnez.
15. — Lettres patentes. — 1591.
17. — Mémoire touchant l'origine et l'autorité du Parlement de France appellé *Judicium Francorum*. MS.
18. — Arrest qui condamne ce mémoire. — 13 Août 1732.
21. — Mand. de M. l'Ev. d'Arles (Jaques DE FORBIN DE JANSON) pour implorer sur le pontificat de N. S. P. le Pape Clément XII la continuation des secours de Dieu, afin de bien gouverner la sainte Eglise catholique. — 1732.
22. — Précis du plaidoyer de M. DE GAUDEFRY, Avocat gén. au Parl. de Provence, au sujet de ce Mandement.
23. — Discours que prononça M. PARQUET dans la salle de l'Archevêché, le jour qu'il prit le bonnet de docteur en 1718.
25. — Lettre où l'on examine quelle est la source d'où M. l'Evêque de Soissons, maintenant Archevêque de Sens, tire les passages dont il enrichit ses ouvrages.
26. — Lettre de plusieurs Curez du diocèse de Nevers à M. leur Ev ,à l'occasion de la lettre des Curez du diocèse de Sens à M. leur Arch., au sujet de la Charité. — 1731.
27. — Lettre des Curez de la Ville de Troyes à leur Evêque. — 1731
28. — Requeste des Curez de la Campagne du diocèse de Paris, adressée à Mgr l'Arch., au sujet de son Ordonnance et Instruction past. du 29 Sept. 1729. — 1732.
29. — Lettre de M. l'Ev. de Senez aux Religieuses de ***.— 1731.
30. — Réflexions sur l'Inst. past. de M. l'Ev. de Rhodez au sujet des erreurs de Jansénius.
33. — Extrait d'une lettre de M. l'Ev. d'Auxerre : au sujet de la vie de Marie-à-la-Coque, composée par M. l'Arch. de Sens.
34. — Motifs des juges du Parl. de Provence qui ont été d'avis de condamner le P. J.-B. Girard. — 1733.
36. — Remarques importantes sur le nouveau Catéchisme que M. Linguet, Arch. de Sens, a donné à son diocèse.
37. — Avis aux personnes chargées de l'instruction de la Jeunesse dans le diocèse de Sens, touchant l'usage du nouveau catéchisme.
38. — Lettre à un Ecclésiastique du diocèse de Sens... 1733.
39. — Remontrances respectueuses des Curés, Chanoines et autres Ecclé-

siastiques de la ville et du diocèse de Sens à M. leur Arch., au sujet de son nouveau catéchisme. — 1733.

40. — Dénonciation faite par MM. les Curez de la ville de Sens à M. l'Arch. d'une thèse.. soutenue par le P. Busserot. — 1733.

41. — Ordonnance du Roy contre les prétendus convulsionnaires.

42. — Formulaire que M. de Brancas, Arch. d'Aix, fait signer à tous les Ecclésiastiques de son diocèse.

45. — Arrest... qui ordonne la suppression d'un livre intitulé : *Elenchus privilegiorum regularium*...

46. — Arrest.. qui condamne un libelle intitulé : *Lettre de Louis XIV à Louis XV*. 20 Mars 1733.

47. — Arrest.. qui condamne un libelle... *Réflexions pour les Ev. de Fr*.

49. — Ordonnance et Inst. past. de M. l'Ev. de Rodez (J.-Armand DE LA VOYE DE TOUROUVRE) pour la condamnation du Traité des actes humains par le P. Cabrespine. — 1721.

50. — Lettre past. de M. l'Ev. de Rodez. 25 Sept. 1729.

51 — Mand. et Ordon. de M. l'Ev. d'Acqs (Bernard D'ABBADIE D'ARBOUCAVE), au sujet de la Constitution *Unigenitus*. — 1730.

52. — Lettre past. de Mgr l'Ev. de Rodez. 14 Fév. 1730.

52 bis. — Lettre du R. P. DE LAGORRÉE.. à Mgr l'Ev. de Rodez. — 1730.

53. — Lettre de M. de Senez. du 10 Avril 1733. MS.

54. — Arrest qui ordonne la suppression de plusieurs livres. 25 Av. 1733.

55. — Arrest du conseil d'Etat du 1 Mai 1733.

56. — Arrest du Parlement du 6 May 1733. Avec les Remontrances au Roy du 15 du même mois.

59. — Ordonnance de Mgr l'Ev. d'Auxerre au sujet des entreprises de quelques Jésuites contre la hiérarchie et les droits des Curés.1733.

60. — Decretum Universitatis. (Par..) 30 Dec. 1732. (Lat. fr.)

61. — Mémoire touchant l'Assemblée prochaine de l'Oratoire. — 1733.

62. — Lettre à un Prestre de l'Oratoire, au sujet de l'Assemblée de cette Congrégation indiquée au 12 Juin 1733.

63. — Remontrances adressées aux rév. PP. Supérieurs de la Congrégation de S. Maur, assemblés pour la tenue du Chapitre général de 1733.

Tome XXIII :

3. — Arrest de la Cour de Parl. portant suppression d'une feuille imprimée, à laquelle on a donné pour titre : *Lettre de Noss. les Arch., Ev. et autres Députés de l'Assemblée générale du Clergé de France de l'année 1725 au Roy*. — 10 Janvier 1726.

6. — Arrest.. qui condamne un libelle (*Réponse d'un Conseiller*...) à être lacéré et brûlé. 31 Janv. 1731.

14. — Arrest.. qui ordonne la suppression d'une thèse. Du 10 Mai 1730.

18. — Mand. de Mgr l'Ev. de Metz (*Henri-Charles* du Cambout) qui défend de reciter l'officice.. *Die XXV Maii. In festo S. Gregorii VII.*.
19. — Mand. de Mgr l'Ev. d'Auxerre. Même objet.
20. — Mand. de Mgr l'Ev. de Montpellier. Même objet.
22. — Arrest... qui déclare abusifs quatre brefs ou decrets au sujet de la Légende de Grégoire VII. Du 28 Fév. 1730..
23. — Listes des Seigneurs qui composent l'Assemblée générale du Clergé de France, qui se tient à Paris aux Grands Augustins en l'année 1725, et leur logement.
31. — .... en l'année 1730 ..
24. — Harangue faite au Roi, à Versailles, par Mgr l'Arch. de Toulouse (*Henri* de Nesmond), prés. de l'Ass. gén. du Clergé. — 1725.
25. — ... Par Mgr l'Ev. de Luçon (*M.-C. Roger* de Bussy-Rabutin).
26. — ... Par Mgr l'Ev. de Langres (*P.* de Pardaillan).
27. — Harangue faite à la Reine, à Fontainebleau, le 10 Sept. 1725, par Mgr l'Ev. d'Angers (*Michel* Poncet de la Riviere).
28. — Harangues faites au Roy et à la Reine, à Fontainebleau, le 3 Oct. 1726. Par Mgr l'Arch. d'Aix, (*C. G. G.* de Vintimille) Président de l'Assemblée gén. du Clergé... en l'année 1726.
29. — Cahier présenté à sa Majesté par les Arch. et Ev. et autres Ecclésiastiques assemblez par permission de sa Maj. en la ville de Paris, en l'année 1725, contenant les articles qui concernent la juridiction ecclésiastique, qu'ils supplient... leur vouloir accorder.
30. — Cahier. . contenant les articles qui concernent les biens temporels.
32. — Harangue faite au Roy par Mgr l'Arch. de Paris (*C. G. G.* de Vintimille) Président de l'Ass. gén. du Clergé de Fr. — 1730.
33. — Lettre écrite au Roy par l'Assemblée gén. du Clergé de France, tenue à Paris.. en l'année 1730.
34. — Ord. de Mgr l'Arch. de Paris portant révocation des pouvoirs de prêcher et confesser dans le diocèse, ci-devant accordés. 1729.
35. — Lettre past. de Mgr l'Ev. de Blois (*J. Fr. P.* Le Fèvre de Caumartin) au sujet de l'Ordon. de Mgr l'Arch. de Paris.
36. — Lettre de Mgr l'Arch. de Paris au Roy. — 8 Fév. 1730.
37. — Arrest qui ordonne qu'un libelle intitulé : *Remontrances des fidèles du diocèse de Paris à Mgr leur Arch.* sera lacéré et brûlé. — 1730.

Tome XXIV :

1. — Bref de N. S. P. le P. Clément XII qui établit et délègue l'Arch. de Paris Visiteur et Commissaire apostolique des monastères des Religieuses de la Cong. du Calvaire établis à Paris. (Lat. fr)—1738.
2. — Mémoire pour les Religieuses de la Congrégation du Calvaire, délibéré à Paris le 2 Sept. 1740.
3. — Pièces concernant le Bref de N. S. P. le P. Clément XII. — 1739.

4. — Recueil des consultations de MM. les Avocats du Parl. de Paris, au sujet de la procédure extraordinaire instruite à l'Officialité de de Cambrai, contre les S⁹ Bardon, Chanoine de Leuze, sur son refus de souscrire aux Bulles contre Baius et Jansénius, et à la Bulle *Unigenitus*. — 1740.

5. — Mandement de Mgr l'Arch. Duc de Cambrai (Charles DE S. ALBIN, contre ce Recueil). — 1747.

6. — Décret de la sacrée Congrégation des Em. et Rév. Cardinaux de l'Eglise Romaine... contre ce Recueil. (Lat. fr.) — 6 Déc. 1741.

7. — Ecrit pour engager *** à l'acceptation de la Bulle *Unigenitus* avec la réponse à cet écrit, et des réflexions et notes abrégées sur les remarques de l'Auteur. — 1736.

8. — L'autorité de l'Eglise et de la tradition défendue, contre quelques nouveaux écrits, et en particulier contre un libelle intitulé : *Dernière lettre à M. l'Evêque de Senez* ; ou *Réponse aux Réflexions judicieuses*. En deux parties. — 1739.

9. — Quatrième et dernière instruction pastorale de Mgr l'Ev. de Troyes, au sujet du nouveau Missel de Troyes. — 1739.

10. — Mandement de Mgr J.-B. BOSSUET, Ev. de Troyes, au Clergé séculier et régulier et à tous les fidèles de son diocèse. — 1742.

11. — Consultation de MM. les Avocats du Parlement au sujet de la procédure faite contre M. Villebrun, Curé de Ste Anne de Montpellier, et du Mand. de Mgr l'Ev. de Montpellier du 7 Mars 1739 concernant la signature du Formulaire d'Alexandre VII. — 1740.

13. — Mand. de Mgr l'Arch. de Sens au sujet d'un miracle arrivé en la ville de Sens, par l'intercession de S. Vincent de Paul. — 1742.

14. — Très-humbles remontrances des fidèles aux Evêques de France.

15. — Lettre de BENOIST XIV, Pape, donnée à Rome le 3 Déc. 1740.

16. — Confirmatio et innovatio Constitutionis incipientis : *Ex illa Die* : à Clementi Papa XI in causa Rituum, seu Ceremoniarum Sinensium editæ... (Lat. fr.)
Romæ. 1742. Camera apostolica.

Tome XXV :

1. — Mémoire pour les trois Docteurs et Curez de Reims, au sujet des poursuites contre eux faites pour raison de la Constitution *Unigenitus*. — 1716.

2. — Mémoire des mêmes pour obtenir le renvoy au Parlement de la cause intentée contre eux. — 1716.

3. — Mémoire pour les mêmes, appellans comme d'abus d'une sentence d'excommunication prononcée contre eux... — 1716.

4. — Au Roy (l'Université de Reims).

6. — Plaidoyers de M. JOLY, en faveur des trois Chanoines et des trois

Curez de Reims, pour être déchargez de la sentence d'excommunication prononcée contre eux, le 17 Juin 1715, au sujet de la Constitution *Unigenitus*. — 1716.

7. — Ordon. de Mgr l'Arch. de Reims (*Fr.* DE MAILLY) portant condamnation d'un livre intitulé : *Le Témoignage de la vérité*...
Reims. 1716. Multeau.

8. — Ord. du même, portant déclaration de suspense encourue par divers Chanoines de son Eglise. — 1716.

9. — Inst. past. du même, aux fidèles de son diocèse. — 1717.

10. — Ord. du même portant condamnation d'un imprimé intitulé : *Discours prononcé dans l'Assemblée générale de l'Université de Paris, le 22 Juin* 1716...

11. — Ord. du même, du 20 Mars 1717.

12. — Mémoire pour le Chapitre de l'Eglise métropolitaine de Reims, et autres appellans comme d'abus des Ordonnances de M. l'Arch. de Reims, des 5 Oct. et 9 Déc. 1716 et 20 Mars 1717.

13. — Mémoire pour la Faculté de Th. de Reims. Même sujet.

14. — Mémoire pour les Curez de la ville et du diocèse de Reims. (Même sujet). — 1716.

15. — Lettre de la Faculté de Th. de Reims à la Fac. de Th. de Paris. Du 28 Sept. 1717.

16. — Réponse à la lettre précédente. 1 Déc. 1717.

17 — Apologie des Curez du diocèse de Paris, contre l'Ord. de Mgr l'Arch. de Reims, du 4 Janv. 1717...

18. — Lettre de Mg l'Arch. de Reims à Mgr le Régent. 20 Janv. 1718. MS.

19. — Dénonciation à Mgr l'Arch. de Reims, par la Faculté de Th. de Reims, de plusieurs propositions enseignées par les Jésuites de la même ville. — 1718.

20. — Mand. de Mgr l'Arch. de Reims, au sujet de la Constitution *Unigenitus*. — 1718.

21. — Lettre du même à Noss. les Card., Arch. et Ev. du Roiaume qui sont soumis à la Bulle *Unigenitus*. — 14 Mai 1719.

22. — Ordon. du même pour la signature du Formulaire. 18 Juil. 1719.

23. — Decreta Universitatis et sacræ Facultatis Theologiæ Remensis.
Remis. 1723. Pottier.

24. — Lettre de Mg l'Arch. de R. à Mg l'Ev. de Boulogne. 29 Av. 1723.

25. — Lettre du même au même. 13 Juin 1723.

26. — Réplique de Mgr l'Ev. de Boulogne. 24 Juillet 1723.

27. — Mémoire justificatif pour M. J.-B. LE ROUX... contre MM. les Docteurs de la Fac. de Th. de Reims. — 1716.

28. — Instruzione o dispaccio mandato dalla parte di Sua Santità al

Signor Abate Borio .. a soggetto della promozione del Signor di Mailly al Cardinalato, li 29 Nov. 1720. (Ital. fr.).

Tome XXVI :

1. — Mémoire pour les trois Chanoines, Docteurs de la Fac. de Th. de Reims, appellans comme d'abus d'une sentence d'excommunication prononcée contre eux au sujet de la Constitution *Unigenitus*.
Paris. 1716. Jouenne.

2. — Remontrance à Noss. du Parl. pour Mess. les trois Curez de Reims au sujet de l'excommunication. (Par M. Prevost).—1715.

2 bis. Relation de ce qui s'est passé dans l'affaire de la censure portée le 14 Janvier 1716, par la Faculté de Théol. de Reims, contre neuf propositions de M. Le Roux. — 1716.

3. — Censura sacræ Facultatis Theol. Paris. adversus propositiones excerptas è codicibus M. Le Roux — 1716.

4. — Mémoire où l'on examine s'il est permis à ceux qui croyent la Constitution *Unigenitus* erronée, de la lire, ou de la faire lire publiquement, par soumission pour les Supérieurs.

5. — Les blasphèmes de la fausse lettre de Chelles. — 1725.

6. — Mémoire pour M. J.-B. Fortemps, Prêtre, appellant comme d'abus. Contre Mess. Fr. de Mailly, Arch. de Reims.—1717.

7. — Mémoire (II, III, IV, V, VI, VII) sur les projets des Jansénistes.
Paris. 1728-1729. V° Mazières et J.-B. Garnier.

8. — Réflexions sur divers endroits de quelques libelles publiez sous le titre de *Mémoires sur les projets des Jansénistes*. — 1729.

9. — Lettre de M. Petitpied à un de ses amis qui lui avoit demandé quelque éclaircissement sur deux écrits... *Mémoire sur l'état présent des réfugiez en Hollande au sujet de la religion*, et le second *Mémoire sur les projets des Jansénistes*). — 1729.

10. — Lettre de M. Petitpied (à l'Auteur des *Mémoires sur les projets des Jansénistes*. — 1729.

11. — La Foi des Appellans justifiée contre les calomnies contenues dans une lettre pastorale de M. Berger de Charancy, Ev. de Montpellier, en datte du 24 Sept. 1740.

12. — D. Z. B. Van Espen propriis scriptis jugulatus, sive responsio pacifica Theologi Romano-catholici ad quædam dubia proposita ab A. R. D. Pastore Ecclesiæ Parochialis N. concernentia hæresim Quesnellianam... 2ª ed.
Mechliniæ. 1728. Van der Elst.

13. — Remarques pour ceux qui n'ayans pas le livre de Jansénius doutent encore si les cinq propositions condamnées par les Papes Innocent X et Alexandre VII sont dans Jansénius. (Par le P. Annat).

14. — Censure donnée le XI May 1651 dans la Congrégation générale de la saincte et universelle Inquisition de Rome... Contre le venin de l'hérésie et contre les libelles des Evesques de Maline et de Gand, composez pour la deffense de Jansénius. — 1651.
15. - Lettre de Mgr le Prince (*Henry* DE BOURBON) pour remerciement à M. Habert, du livre de la *Deffense de la Foy de l'Eglise* qu'il luy a dédié. — 1644.
16 — L'idée véritable du Jansénisme, avec les conclusions que l'on doit prendre pour empescher le progrès de cette hérésie. (Par le P. FERRIER).
   Paris. 1664. Muguet.
17. — Justification du procédé des Catholiques contre les Jansénistes, tirée de S. Augustin.
18. — Très-humble remontrance faite à la Reyne (touchant le Jansénisme) par le R. P. F. YVES *de Paris*. — 1644.
20. — Lettre d'importance sur le livre du Jansénisme confondu, composé par le R. P. Brisacier, contre le sieur Callaghan.— 1642.
21. — Indiculus propositionum excerptarum è thesibus F. Bonaventuræ Hutchinson propugnatis Duaci... 16 Julii 1716.
22. — Régles de M. NICOLE, pour les temps d'épreuve et de persécution.
23. — Mémoire pour justifier le droit de l'Université de Paris d'être entendue dans les matières qui concernent la religion, avant l'enregistrement des édits et déclarations du Roy qui y ont rapport.
24. — Mémoire sur le droit de la Faculté de Théologie de Paris, d'être entendue sur les décisions de doctrine proposées pour servir de loi dans le Roiaume.
25. — Mémoire pour Noss. de Parlement, sur l'enregistrement de la déclaration qui autorise l'accommodement conclu entre plusieurs Evêques touchant la Constitution *Unigenitus*.
26. — Mémoire pour prouver qu'on ne peut proposer la Bulle, comme lo de discipline.
27. — Pensées d'un Magistrat sur la déclaration qui doit être portée au Parlement.
28. — Pensées d'un Théologien sur le parti proposé par quelques Magistrats de recevoir la déclaration du Roy avec des modifications.

Tome XXVII :

1. — Mandement de S. Altesse Mgr *François-Armand* DE LORRAINE, Ev. de Bayeux, contenant le jugement qu'il a porté sur différentes propositions qui lui ont été dénoncées.
   Paris. 1722. Delespine.
2. — Lettre de Mess. les Juges de Bayeux à M. le Chancelier, contenant leurs très-humbles remontrances, au sujet des ordres qu'il

ont reçus pour suspendre une procédure criminelle commencée contre plusieurs fanatiques de Bayeux. 4 Mai 1733.

3. — Remontrances des fidèles de la ville de Bayeux à M. de Luynes, leur Evêque. 20 Av. 1732.

4. — Mand et Inst. past. de Mgr l'Evêque de Bayonne (*Pierre-Guill.* de la Vieuxville), portant acceptation de la Bulle *Unigenitus*, la condamnation du livre des Réflexions morales et des 101 Propositions qui en sont extraites, l'obligation de signer le Formulaire d'Alexandre VII... — 1729.

5 — Lettre pastorale de Mgr l'Ev. de Boulogne (*Pierre* de Langle) au peuple de la ville de Calais ; pour l'exhorter à la soumission et au respect qu'il doit à ses Pasteurs. — 10 Jan. 1721.

6. — Relation de ce qui s'est passé durant la maladie et à la mort de l'Ill. et rév. Père en Dieu M. Pierre de Langle, Ev. de Boulogne, avec quelques traits principaux de la vie sainte et laborieuse qu'il a menée durant son épiscopat.

7. — Mand. et Inst. past. de Mgr l'Arch. de Cambray (*Charles* de S. Albin) portant condamnation d'un écrit qui a pour titre : *Mémoire pour les Sieurs Samson, Curé d'Olivet*...

8. — Lettre past. de Mgr l'Ev. et Prince de Grenoble (*Jean* de Caulet) adressée aux Archiprêtres de son diocèse.
Grenoble. 1728. Petit.

9. — Lettre de Noss. les Card. de Bissy et de Fleury à la Faculté de Théologie de Paris. 12 Nov. 1730. (Lat. fr.)

10. — Mand. de S. E. Mgr le Card. de Bissy, Ev. de Meaux, au sujet de la Constitution *Unigenitus*, et de l'appel qui en a été interjetté au futur Concile. — 1718.

11. — Lettre past. du même avec une Instruction contre l'Apel interjetté de la Bulle *Unigenitus* au futur Concile gén. — 1728.

12. — Remarques sur les remarques de M. le Card. de Bissy, sur le projet de Mand. de M. le Card. de Noailles.. où l'on examine par les principes de M. le Card. de Bissy l'affaire de la Constitution *Unigenitus.* — 1719.

13. — Lettre de M. le Card. d'Authann, Ministre de l'Empereur à la Cour de Rome, écrite à M. le Card. de Bissy. — 1722.

14. — Eclaircissement d'un point de la vie de Saint Basile.

15. — Mandement de Mgr l'Ev. de Saint-Malo (*Vincent-François* Desmaretz), pour l'acceptation de la Constitution de N. S. P. le Pape Clément XI qui commence par ces mots, *Unigenitus*.
Saint-Malo. 1728. R. de La Mare.

16. — Mandement de Mgr le Card. de Rohan, Ev de Strasbourg, au sujet de la Constitution *Unigenitus*. 7 Juin 1718.

Tome XVIII :

1. — Mémoires présentés par plusieurs Cardinaux, Arch. et Ev. à son Altesse royale Mgr le Duc d'Orléans, Régent du Royaume. **Paris. 1717. Muguet.**

2 — Lettre pastorale de Mgr l'Evêq. de Marseille (*Henry-François-Xavier* DE BELSUNCE DE CASTELMORON)... à l'occasion des disputes qui se sont élevées au sujet des deux puissances. **Marseille. 1731. Brebion.**

3. — Avertissement du même sur les faux bruits que l'on fait courir à l'occasion d'une lettre circulaire écrite à tous les Evêques du Royaume de la part de Sa Majesté. — 1731.

4. — Lettre past. du même à l'occasion de l'Arrêt du Conseil d'Etat, pour faire cesser toutes disputes et contestations au sujet de la Constitution *Unigenitus*. 23 Sept. 1731.

5. — Lettre du même à Mgr l'Ev. de Montpellier... servant de réponse à la Lettre past. de Mgr l'Ev. de Montpellier, au sujet de l'Inst. past. de Mgr l'Ev. de Marseille, et condamnation d'un livre intitulé : *Morale chrétienne rapportée aux instructions que J.-C. nous donne dans l'Oraison dominicale*. (Lettre I à X) **Paris 1731. Vᵉ Mazières et Garnier.**

6. — Mandement de Mgr l'Ev. de Mirepoix (*Pierre* DE LA BROUE) pour la publication de l'acte par lequel il interjette appel conjointement avec Mess les Ev. de Senez, de Montpellier et de Boulogne... Avec un mémoire qui en déduit les motifs. **Paris. 1719. Babuty.**

7. — Très-humbles remontrances de plusieurs Religieux Bénédictins de la Cong. de S. Maur, à son Em. Mgr le Card. de Bissy, à Mgr l'Arch. d'Embrun... au sujet des approbations qu'ils ont données à la seconde lettre de D. Vincent Thuillier.... — 1731.

Tome XXIX :

1. — Epistola ad R. P. Congregationis S. Mauri Præpositum generalem, quâ confutantur quæcumque ab uno ex eâdem congregatione scripta sunt adversus quinque Sorbonicos conficientes Indicem actorum, chronicorùm, historiarum... **Paris. 1735. Thiboust.**

2. — Les chimères de M. Jurieu. Seconde partie, ou sa clarté prophétique, et l'origine de cette clarté.

3. — Lettre d'un Particulier à un Bourgeois de Lille au sujet de quelques controverses agitées entre M. Desqueux, Doyen et Pasteur de S. Etienne, et M. de Merveilleux, Capitaine et Ingénieur. 1710.

4. — Mand. de Mgr l'Ev. de Verdun (*Ch.-François* D'HALLENCOURT. 1729.

5. — Ordonnance de Mgr l'Ev. de Castres (*Honoré* Quiqueran de Beaujeu.) 11 Nov. 1729.

6. — Très-humble remontrance à Mgr l'Ill. et rev. Ev. de Blois au sujet de sa lettre pastorale du 7 Juin (1733).

7. — La vraye défense des sentimens du vén. serviteur de Dieu Vincent de Paul. Touchant quelques opinions de feu M. l'Abbé de S. Cyran. Contre les discours injurieux d'un libelle anonyme faussement intitulé, *Défense de feu M. Vincent de Paul*. Par Me *Louis* Abelly.
Paris. 1668. F. Lambert.

8. — Réflexions sur l'escrit qui a paru depuis peu contre les Réguliers.

9. — Responce des Curez de Paris, pour soustenir le factum par eux présenté à MM. les Vicaires généraux, pour demander la censure de l'*Apologie des Casuistes*... — 24 Juillet 1658.

10. — Réfutation des calomnies nouvellement publiées contre les Jésuites par les Autheurs d'un factum qui a paru sous le nom de MM. les Curés de Paris, à l'occasion d'un livre intitulé, *Apologie pour les Casuistes contre les calomnies des Jansénistes*.

11. — Response d'un Théologien aux propositions extraites des lettres des Jansénistes par quelques Curez de Rouen : présentée à Mess. les Evesques de l'Assemblée générale du Clergé.

12. — Requeste présentée au Roy par les Jésuites, le 29 de Fév. 1668, contre l'Ordonnance de Mgr l'Arch. de Sens.

13. — Exposition des motifs de l'appel interjetté par l'Université de Paris au futur Concile général, le 5 Oct. 1718, de la Constitution du Pape Clément XI.

14. — Première liste des Chanoines, Curés, Docteurs, et Ecclésiastiques séculiers et réguliers de différens diocèses de l'Eglise de France, qui ont déclaré... qu'ils persistent dans leur appel... — 1721.

15. — Les très-humbles remontrances de la Faculté de Théo. de P. dont le présent projet, dressé en conséquence de la délibération du 1 Juil. 1721... a été remis entre les mains de M. le Premier Président qui a bien voulu se charger de les présenter à Sa Majesté.

16. — Lettre de M. Sabathier, Grand-Vicaire de Mgr l'Ev. de Mirepoix, sur la dernière maladie de ce Prélat, à Mgr l'Ev. de Pamiers.

17. — Acte de protestation du 1 Mars 1723 signifié à ceux d'entre les Docteurs de la Faculté de Th. de Nantes qui ont publié l'écrit intitulé : *Décret de la Fac. de Théol. du 1 Fév. 1723*.

18. — Lettre de l'Empereur (Charles V.) à M. le Card. d'Althan, son ministre à Rome. (Lat. fr.) — 1721.

19. — Lettre à un Docteur en Th. qui aiant appellé de la Constitution *Unig*, demandoit s'il étoit obligé de renouveller son appel. 1723.

20. — Examen critique des réflexions sur le Bref de N. S. P. le Pape Benoist XIII du 6 Nov. 1724 adressé aux Dominicains.

21. — Gravamina R. ac Ampl. Dom. Petri Paradanus Abbatis Monasterii Vlierbacensis in visitatione apostolica comperta : insuper sententiæ in præfatum Abbatem nec non tres ejus Monachos latæ.

23. — Extrait d'un écrit latin intitulé : *Breves observationes super XII articulis quorum approbatio à Sede Apostolica postulatur*. — 1726.

25. — Lettre à M. Nicole sur son principe. *De la plus grande autorité visible* dont il fait la vraye règle de Foi. — 1726.

26 — La calomnie portée au dernier excez contre les Appellans, par MM. de Marseille, de Cambray et de Beauvais. Nᵉ éd. — 1728.

27. — Observations sur la Déclaration du 18 Août 1732, envoyée au Parlement pour y être enregistrée.

28. — Mémoire sommaire par Nicolas Philippe, garçon bonnetier, prisonnier à la Conciergerie depuis le 23 Avril 1731, accusé (d'avoir colporté les *Nouvelles ecclésiastiques*).

30. — Réflexions sur le Bref *Apostolicæ Providentiæ* du 2 Oct. 1733.

31. — Lettre de M. l'Abbé d'Eaubonne, Chanoine de Paris, à un de ses amis de province. Au sujet des notes que Madame Mol a faites sur sa lettre du 22 Mars 1734.

32. — Conjectures des derniers temps par le Cardinal de Cusa, extraites fidèlement de ses ouvrages, traduites autrefois par M. Bohier, Ev. de S. Malo, et imprimées en 1562. — 1733.

33. — Oratio ab Ampliss. Rectore M. *Joanne-Gabriele* Petit de Montempuys, habita in Comitiis generalibus Universitatis apud Maturinenses die 22 Junii 1716. Cum conclusionibus Universitatis, S. Theol. Facultatis, et præclaræ Facultatis artium. Adjecta est gallica versio. **Lutetiæ Par. 1717. Thiboust.**

Tome XXX :

1. — Mand. de M. le Vicaire général de Mgr François de Mailly Arch. de Reims, pour la publication des sentences d'excommunication rendues le 17 de Juin 1715 par M. l'Official.. contre M. Cl. R. Hillet.. J. F. Debeine... L. Geoffroy... N. Legros... Cl. Baudouin.. J. F. Maillefer... refusans de se soumettre à la Constitution de N. S. P. le P. Clément XI du 13 Sept. 1713... **Reims. 1715. Multeau.**

2. — Lettre de Mgr l'Arch. de Reims (*François* de Mailly) à Mess. les Cardinaux, Arch. et Ev. assemblez à Paris. — 1716.

3. — Arrest du Parl. qui ordonne que cette lettre sera lacérée. 1719.

4. — Sentence du Bailliage de Chaalons, portant défenses d'exposer en vente un libelle intitulé, *Lettre d'un Curé du diocèse de Chaalons à un Curé de Reims*. — 1717.

5. — Sentence de l'Officialité de Reims, rendue contre un Curé du même diocèse, pour avoir mal parlé de la Constitution *Unigenitus*. 1725.
6. — Extrait des registres des conclusions du Chapitre de S. Symphorien de Reims, du 1 Août 1721.
7. — Aux diocésains de Reims, poëme, dans lequel un Catholique, de l'aveu d'un Janséniste, qu'il fait parler, met à découvert une partie des erreurs de Quénel.
8. — Decretum Ill. et Rev. Archiep. Remensis. — 1717.
9. — Indiculus propositionum excerptarum ex Tractatu de pœnitentia M. Le Roux.. Propositiones Censuræ Remensi confixæ cum affixis notis à Facultate Remensi, et observationibus Deputatorum S. Facultatis Theologiæ Parisiensis. — 1716.
10. — Censure de la sacrée Faculté de Théologie de Paris, contre des propositions extraites des cahiers de M. Le Roux. — 1716.
11. — Abrégé d'un différend survenu dans le diocèse d'Arras, au sujet de l'administration des sacremens faite par des Réguliers à une personne séculière demeurant dans un monastère exempt — 1672.
12. — A Monseigneur d'Arras. (Sur un sermon du scapulaire,)
13. — Mand. de Mgr l'Ev. d'Arras (Guy DE SEVE DE ROCHECHOUART) pour deffendre le Cabaret aux Ecclésiastiques. — 1696.
14. — Discours présenté par M. LE FEBVRE Prévost et Théologal d'Arras, à Mess. les Ambassadeurs de Siam. — 1686.
15. — Censure faite par Mgr l'Ev. d'Arras, de certaines propositions avancées dans son diocèse par un Prédicateur, dans un sermon prêché le 21 Juillet 1697.
16. — Mand. du même au sujet des tragédies qui se représentent dans les Colléges de son diocèse. — 1698.
17. — Copie d'une lettre d'un Officier de la garnison d'Arras, touchant ce mandement.
18. — Censure faite par Mgr l'Ev. d'Arras, d'un libelle anonyme contre le sceau de la confession. — 1708.
19. — Mand. du même contre la fausse maxime que le liquide ne rompt point le jeune. — 1718.
20. — Mand. de Mgr l'Ev. de Marseille (*H. F. X.* DE BELSUNCE DE CASTELMORON), portant ordre de faire des processions et prières publiques pour demander la pluie au Seigneur.
21. — Fait du procez mû en l'Officialité de Marseille... contre M. Fr. Feraporte, Prêtre du diocèse de Fréjus.
22. — Lettre de Mgr l'Ev. de Marseille à quelques Prêtres et Ecclésiastiques de Marseille soupçonnez d'avoir secrettement adhéré à l'appel interjetté de la Constitution *Unigenitus*... — 1718.
23. — Mand. du même portant condamnation de plusieurs propositions

contraires à la doctrine de l'Eglise touchant le très-S. Sacrement de l'Eucharistie, enseignées cette année 1718 dans le Collége des Pères de l'Oratoire de Marseille.... — 1718.

24. — Mand. du même portant condamnation d'un libelle diffamatoire.
25. — Réponse de Mgr l'Ev. de Marseille à une lettre de Madame de***.
26. — Projet de Mandement envoyé (de Meaux et de Chateau-Thierry) à plusieurs Evêques du Languedoc au mois de Sept. 1717. MS.
27. — Mand. de Mgr l'Arch. d'Embrun. — 1730. MS.
28. — Lettre past. de Mgr l'Ev. de Fréjus (*A. H. de Fleury*) lorsqu'il étoit sur le point de quitter le gouvernement du diocèse. — 1715
29. — Discours de Mgr l'Ev. d'Angers prononcé au Sinode tenu à Angers le 16 May 1714.
31. — Mand. de Mgr l'Archev. d'Aix (*Ch.-G.-G. de Vintimille*) portant condamnation des écrits du Sr Leget, Supérieur du Séminaire d'Aix.
33 — Nouvelle gazette contenant les mensonges des Jansénistes.
34. — Supplément à la Gazette d'Hollande. — 1719-20-21.
35. — Mand. de Mgr l'Arch. d'Arles. — 1720.
36. — Retractation faite par M. Vaisse remise au greffe de l'Arch. d'Arles.
37. — Copie d'une lettre de Mgr l'Ev. d'Arles à M. Cotel.— 1 Nov. 1722.
41. — Protestation de M. Rillard, Chanoine de l'Eglise de Laon, contre l'appel de son Chapitre.
42. — La catholicité du système suivi par Mess. Lengrand, Maréchal et Michaux, Professeurs du diocèse d'Arras, touchant la grâce efficace... — 1722.
43. — Réflexions d'un Cavalier et Officier du diocèse sur l'Affiche et Mandement de Mgr l'Ev. d'Arras, en date du 17 Avril 1710, lu et publié le même jour Jeudy Saint 17 Avril 1710, à Bapaume, à l'issue d'un sermon, après Ténèbres à la Paroisse et affiché le lendemain Vendredi Saint aux portes des Eglises auparavant la Passion. Ledit Mandement avec les Réflexions du Cavalier adressez par le Cavalier même à un de ses amis. — 1712.
44. — Mand. de Mgr l'Ev. d'Arras au sujet de deux propositions sur la probabilité, soutenues dans son diocèse — 1718.
45. — Instruction past. du même aux fidèles de son diocèse. — 1719.
46. — Suite de la première difficulté proposée à Mgr l'Ev. d'Arras au nom et à la prière de ses plus fidèles diocésains et particulièrement des paroissiens de S. Jacques de la ville de Douay. — 1720.
47. — Réponse de M. *** à la lettre de M. *** Paroissien de S. Jacques de Douay. Au sujet du Mand. de M. l'Ev. d'Arras qui ordonne aux Paroissiens de S. Jacques à Douay de faire leurs Pâques dans leur paroisse.
48. — Acte d'adhésion de M^{rs}. les Physiciens du Collége d'Arras à

l'Appel au futur Concile, interjetté par les Rhétoriciens, de l'ordonnance du rev. Guy, Ev. d'Arras... le 19 Mars 1720.
50. — Sentence rendue par Mgr l'Ev. d'Arras portant interdit contre le sieur Willay, Chanoine pénitencier de la Cathédrale d'Arras. 1723.
51. — Mand. du même pour l'acceptation de la Constitution *Unigenitus.*
52. — Mand. du même au sujet d'un miracle opéré dans l'Église des rev. Pères Jésuites de cette ville le 19 Mars 1738.
54. — Lettre de Mgr l'Arch. de Reims à Mgr l'Ev. de Boulogne. 29 Avr. 1723. Avec la réponse.
55. — Lettre du même au même. 13 Juin 1723.
56. — Mand. de Mgr l'Ev. de Boulogne pour la publication du Jubilé. 1721.
57. — Lettre past. du même, sur certains bruits faux et calomnieux. 1717.
58. — Remontrances de la ville de Calais à Mgr l'Ev. de Boulogne. 1721.
59. — Lettres (4) à M. l'Evesque de *** au sujet de l'accommodement des affaires de l'Eglise.
60. — Mand. et Inst. past. de Mgr l'Ev. de Boulogne *(Jean-Marie* Hanriau), pour l'acceptation de la Bulle *Unigenitus.*
Paris. 1724. V° Mazière.

Chapitre ix. — Quiétisme.

Ecrits pour et contre le Quiétisme.

7332. — Les sentimens de l'Abbé Philerème sur l'oraison mentale. (Par M. de Barcos).
Cologne. 1696. P. Du Marteau. 1 vol. in-12.
— Avis à M. Arnauld et à ses disciples, sur la nouvelle censure de leurs erreurs qui viennent encore d'estre condamnées à Rome. 1691.
— Paralelle des propositions de M. Arnauld avec celles que l'Eglise a déjà pour la pluspart condamnées cinq ou six fois, et qui viennent encore d'estre censurées tout de nouveau par un decret du 7 de Décembre 1690. Pour servir de réponse à la question curieuse, *Si M. Arnauld est hérétique ?* — 1691.
— Lettre d'un Abbé à un Prélat de la Cour de Rome. Sur le decret de l'Inquisition du 7 Décembre 1690. Contre XXXI propositions. (Par le P. *P.* Quesnel). 2ᵉ éd.
— Lettre aux Religieuses de la Visitation du Monastère de Paris, pour la justification des Religieuses de Port-Royal. Contre l'Auteur de la *Vie de la R. Mère Eugénie de Fontaine,.. 3ᵉ éd. augm. de quel-

ques lettres nouvelles de S. François de Sales et de la V. Mère de Chantal, de l'*Image abrégée de la conduite et de l'esprit des Filles de Port-Royal, et de plusieurs autres pièces.* Le tout adressé aux Monastères de la Visitation des Provinces Wallones. — 1697.

7333. — Guide spirituelle pour dégager l'ame des objets sensibles, et pour la conduire par le chemin intérieur à la Contemplation parfaite, et à la Paix intérieure. Par *Michel* de Molinos. Traduite sur la dernière édition italienne imprimée à Venise....
1 vol. in-8°. Sans titre.

— Traité de la communion quotidienne. Traduit de l'Espagnol de *Michel* de Molinos.

— L'innocence opprimée...

Voyez : Hist. des Rel. N° 1419.

7334. — Recueuil de diverses pièces concernant le Quiétisme et les Quiétistes, ou Molinos, ses sentimens et ses disciples. (Par *J.* Cornand de la Crose).
Amsterdam. 1688. Wolfgang et Savouret. 1 vol. in-12.

7335. — Le Quiétiste, ou les illusions de la nouvelle oraison de quiétude. (Traduit de l'italien de *Paul* Segneri par l'Abbé Dumas).
Paris. 1687. S. Mabre-Cramoisy. 1 vol. in-12.

7336. — Réfutation des principales erreurs des Quiétistes contenues dans les livres censurez par l'ordonnance de Mgr l'Archev. de Paris, du 16 Oct. 1694. (Par P. Nicole).
Paris. 1695. Josset. 1 vol. in-12.

7337. — Le Quiétisme contraire à la doctrine des sacremens. Avec l'histoire et la réfutation de cette hérésie. Par M. J. Granoolas.
Paris. 1695. Anisson. 1 vol. in-12.

7338. — Instruction sur les estats d'oraison, où sont exposées les erreurs des faux mystiques de nos jours : avec les actes de leur condamnation. Par Messire *Jacques Benigne* Bossuet. 2e édit.
Paris. 1697. Anisson. 1 vol. in-8°.

7339. — Explication des Maximes des Saints sur la vie intérieure. Par Mess. *François* DE SALIGNAC FÉNELON.
Paris. 1697. Aubouin 1 vol. in-12.

7340. — Même ouvrage, Avec une Instruction pastorale et quelques lettres de ce Prélat sur le même sujet.
Brusselles. 1698. Marchant. 1 vol. in-12.

7341. — Instruction past. de Mgr l'Arch. de Paris (LOUIS ANTOINE DE NOAILLES) sur la perfection chrétienne et sur la vie intérieure. Contre les illusions des faux mystiques. 2ᵉ édit.
Toulouse. 1698. Douladoure. 1 vol. in-8°.

7342. — I, II, III, IVᵉ lettre de Mgr l'Arch. Duc de Cambray (FÉNÉLON) à Mgr l'Arch. de Paris, sur son Instruction pastorale du 27 jour d'Octobre. 1697.
S. n. n. l. n. d. 1 vol. in-12.

7343. — Iʳᵉ, IIᵉ, IIIᵉ lettre de Mgr l'Arch. Duc de Cambray (FÉNÉLON) à Mgr l'Arch. de Paris,...
S. n. n. l. n. d. 1 vol. in-8'.

— Première lettre du même à Mgr l'Ev. de Meaux.

— Ordonnance et instruction pastorale du même... pour la publication de la Constitution de N. S. P. le Pape Clément XI du 17 Juillet 1705.
Valenciennes. 1706. Henry. 1 vol. in-8°.

— Confirmation et rénovation des Constitutions des Papes Inn. X.. et Alex. VII par N. T. S. P. CLÉMENT XI.

— Ordonnance de Mgr l'Archevêque de Reims (*Ch. M.* LE TELLIER) portant condamnation d'un libelle intitulé, *Véritable tradition de l'Eglise sur la Prédestination, et la Grâce,* imprimé à Liége en 1702.
Paris. 1703. Anisson. 1 vol. in-8°.

— Mandatum Episcopi sancti Pontii (P. *J. Fr.* DE PERCIN DE MONTGAILLARD) de publicatione sententiæ plurimorum S. Facult. Paris. Doctor. quos de variis propositionibus consuluit.
Biterris. 1699. Barbut.

7344. — Réponse de Mgr l'Ar. de Paris (*L. Ant.* DE NOAILLES) aux quatre lettres de Mgr l'Arch. de Cambray.
S. n. n. l. n. d. 1698. 1 vol. in-12.

7345. — Lettre sur l'oraison des Quiétistes, où l'on fait voir les sources de leur égarement. (Par M. DE VILLIERS.)
Paris. 1697. Collombat. 1 vol. in-12.

7346. — Ire, IIe, IIIe, IVe, V^e lettre de Mgr l'Archevesque de Cambray (FÉNÉLON) à Mgr l'Evesque de Meaux.
S. n. n. l. 1 vol. in-12.

7347. — Ire, IIe lettre du même au même sur les douze propositions qu'il veut faire censurer par des Docteurs de Paris.
S. n. n. l. n. d. 1 vol. in-12.

— Lettre du même au même sur la Charité.
— Lettre du même sur la réponse de M. l'Evêque de Meaux à l'ouvrage intitulé : *Préjugez décisifs.*

7348. — Reponse de M. l'Arch. de Cambray à l'escrit de M. l'Ev. de Meaux intitulé, *Relation sur le Quiétisme.*
S. n. n. l. n. d. 1 vol. in-12.

— I^e, IIe, IIIe lettre de M. l'Archevêque de Cambray pour servir de réponse à celle de M. l'Evesque de Meaux.

7349. — Divers écrits ou Mémoires sur le livre intitulé : *Explication des Maximes des Saints...* Sommaire des doctrines de ce livre, en latin et en françois. — Déclaration des sentiments de trois Evesques, aussi en latin et françois... Par Me *Jacques-Bénigne* BOSSUET.
Paris. 1698. Anisson. 1 vol. in-8°.

7350. — Lettre de M. l'Archevêque Duc de Cambray sur la réponse de M. l'Evêque de Meaux à l'ouvrage intitulé : *Préjugez décisifs.*

— 1re et IIe lettre de M. l'Arch. de Cambray. N° 7347.
— Ire et IIe lettre de M. l'Archev. Duc de Cambray à M. l'Evêque de Meaux, en réponse à l'écrit intitulé, *Les passages éclaircis etc,.*
— Réponse de M. l'Archev. de Cambray à l'écrit de M. l'Evêque de Meaux intitulé : *Relation sur le Quiétisme.*

— Ire, IIe et IIIe lettre de M l'Arch. de Cambray pour servir de réponse à celle de M. l'Ev. de Meaux.

— Lettre d'un Docteur de Sorbonne à un de ses amis sur l'avis doctrinal demandé aux Docteurs sur 12 propositions extraittes du livre de M. l'Archev. Duc de Cambray.

— Recueil de lettres tant en prose qu'en vers, sur le livre intitulé, *Explication des Maximes des Saints*. 1699

7351. — Ire et IIe lettre de M. l'Arch. D. de Cambray pour servir de réponse à la lettre past. de M. l'Ev. de Chartres sur le livre intitulé *Explication des Maximes*.
S. n. n. l. 1 vol. in-12.

7352. — Réponses de M. l'Archev. de Cambray à la déclaration de M. l'Archevêque de Paris, de M. l'Evêque Meaux, et de M. l'Evêque de Chartres, et à l'ouvrage de M. de Meaux, intitulé : *Summa*, etc., contre le livre intitulé : *Explication des Maximes des Saints*.
S. n. n. l. 1698. 1 vol. in-12.

7353. — Responsio D. Archiepiscopi Cameracencis Declarationi D. Archiepiscopi Parisiensis, D. Episcopi Meldensis, et D. Episcopi Carnotensis, in librum cui titulus est *Explication des Maximes des Saints*.
S. n. n. l. 1698. 1 vol. in-12.

— Veræ oppositiones inter doctrinam Meldensis Episcopi, et doctrinam Archiepiscopi Camer. Authore D. Fr. DE SALIGNAC DE LA MOTHE FENELON.
S. n. n. l. 1698. in-12.

7354. — Instruction pastorale de Messire *François* DE SALIGNAC DE LA MOTHE FÉNÉLON. (15 Sept. 1697).
Lyon. 1698. Boudet. 1 vol. in-12.

7355. — De nova questione tractatus tres. I. Mystici in tuto. II. Schola in tuto. III. Quietismus redivivus. Auctore *Jacobo Benigno* BOSSUET.
Parisiis. 1698. Anisson. 1 vol. in-8º.

7356. — Lettres de M. l'Archevêque Duc de Cambray à M. l'Evêque de Meaux pour répondre à son traité latin

intitulé : *Mistici in tuto* sur l'Oraison passive. *Scolastici in tuto* sur la Charité. — *Quæstiuncula*... avec ses *Préjugez décisifs.*
S. n. n. l. n. d. 1 vol. in-12.

7357. — Remarques sur la Réponse de M. l'Archev. de Cambray, à la Relation sur le Quiétisme. Par Mess. *Jacques Bénigne* Bossuet.
Paris. 1698. Anisson. 1 vol. in-8°.

7358. — Réponse de M. l'Arch. Duc de Cambray aux Remarques de M. l'Evêque de Meaux, sur la réponse de la Relation.
S. n. n. l. n. d. 1 vol. in-12.

7359. — Les passages éclaircis, ou réponse au livre intitulé: *Les principales propositions du livre des Maximes des Saints...* Par Mess. *Jacques Bénigne* Bossuet.
Paris. 1699. Anisson. 1 vol. in-8°.

— Réponse de Mgr l'Evesque de Meaux à quatre lettres de Mgr l'Archevêque Duc de Cambray.
Paris. 1698. Anisson. in-8°.

7360. — Les sources de la vraye et de la fausse dévotion, où l'on découvre le fond de la nouvelle spiritualité, et son opposition à celle de S. François de Sales.
S. n. n. l. 1698. 1 vol. in-12.

7361. — Apologie de l'amour, qui nous fait désirer véritablement de posséder Dieu seul, par le motif de trouver notre bonheur dans sa connoissance et son amour. Avec des remarques fort-importantes sur les Principes et les Maximes que M. l'Arch. de Cambrai établit, sur l'Amour de Dieu, dans son livre intitulé *Explication des Maximes des SS...* Par*** (*Ch.* Du Plessis d'Argentré.
Amsterdam. 1698. Roger. 1 vol. in-8°.

— Ἰρενικὸν sive epistola pacifica *Christiani* Philireni Ecclesiæ in Fœderato Belgio catholicæ Presbyteri. S. T. P. qua suæ, quam communem putat, de famosis *V Propositionibus* sententiæ rationem reddit. — 1708.

— Hérésie impie contre le commandement d'aimer Dieu, renouvellée

après les condamnations solemnelles de l'Eglise, par une thèse soutenue chez les Jésuites.
Cologne. 1690. Schouten. in-12.

7362. — Les désirs du ciel, ou les témoignages de l'Ecriture Sainte contre le pur amour des nouveaux mystiques. Par M. l'Abbé DE CORDEMOY.
Paris. 1698. Couterot. 1 vol. in-12.

7363. — Lettre d'un Ecclésiastique de Flandre, à un de ses amis de Paris, où on démontre l'injustice des accusations que fait M. l'Evêque de Meaux, contre M. l'Archev. de Cambray dans son livre, qui a pour titre, *Divers écrits ou mémoires sur le livre intitulé, Explication des Maximes des Saints.*
Liége. 1698. Hoyoux. 1 vol. in-12.

7364 — Les principales propositions du livre des Maximes des Saints justifiées par des expressions plus fortes des SS. Auteurs. (Par FÉNÉLON).
— Préjugez décisifs de M l'Arch. de Cambray contre M, l'Ev. de Meaux.
S. n. n. l. n. d. 1 vol. in-8°.

7365. — Traité de la véritable oraison, où les erreurs des Quiétistes sont réfutées, et les Maximes des Saints sur la vie intérieure, sont expliquées selon les principes de S. Thomas. Par le R.P. *Antonin* MASSOULIÉ.
Paris. 1699. Couterot. 1 vol. in-12.

7366. — Dialogues posthumes du Sieur DE LA BRUYÈRE, sur le Quiétisme. (Augm. de deux par *L. Ell.* DU PIN).
Paris. 1699. Osmont. 1 vol. in-12.

7367. — Les véritables Maximes des Saints sur l'Amour de Dieu, tirées de l'Ecriture Sainte et des Saints Pères. Par M. LEGET. Nᵉ édit.
Paris. 1699. Mariette. 1 vol. in-12.

7368. — Réponse à l'Apologie en forme de requeste présentée à l'Official de Dijon, par *Claude* QUILLOT, Prêtre de ladite ville, ci-devant déclaré atteint et convaincu de Quiétisme par sentence dudit Official....
Zell. 1703. Hermille. 1 vol. in-4°.

7369. — Introduction à la vie intérieure en forme d'entretien; ou explication familière des dispositions nécessaires au Chrétien, pour être intérieur, et homme d'oraison.
— Le bonheur d'une âme qui a trouvé Dieu dans l'oraison, et qui se repose en lui, expliqué par la doctrine de plusieurs Saints, en forme d'entretien. (Par COURBON).
Nancy. 1736. Baltazard. 1 vol. in-8°.

7370. — Recueil de pièces concernant la condamnation des *Maximes des Saints*.
1 vol. in-4°, contenant :
1. — Procès-verbaux des assemblées des Evesques de provinces de Alby, Ambrun, Arles, Auch, Bordeaux, Cambray, Lyon, Narbonne, Normandie, Paris, Sens, Toulouse, Tours et Vienne, tenues par ordre de Sa Majesté.
Paris. 1699. Muguet. — Rouen. 1699. Viret.
2. — Mandement de Mgr l'Ev. d'Amiens (H. FEYDEAU DE BROU) pour la publication de la Constitution de N S. P. le Pape Innocent XII du 12 Mars 1699, portant condamnation et défense du livre intitulé *Explications des Maximes des Saints sur la vie intérieure*.
Amiens. 1699. Nic. Caron Hubault.
3. — Instruction pastorale de Mgr l'Arch. de Paris. N° 7341.
3*. — Déclaration du Roy du 4 Août 1699.
4. — Arrest de la Cour du Parlement portant enregistrement des lettres patentes du Roy... 14 Août 1699.
5. — Lettre pastorale de Mgr l'Ev. de Chartres (Paul GODET DES MARETS).. sur le livre intitulé, *Explications des Maximes des Saints*.. et sur les Explications différentes que M. l'Arch. de Cambray en a données.
Paris. 1693. Dezallier.
6. — Première réponse donnée par M. l'Arch. Duc de Cambray aux difficultez de Mgr l'Ev. de Chartres sur le livre de l'*Explication des Maximes des Saints*...
7. — Lettre pastorale de Mgr l'Arch. de Rouen *(Jacques-Nicolas* COLBERT) aux Curez de son diocèse, au sujet des nouveaux réunis.
Rouen. 1699. Viret.
8. — Deliberatio sacræ Facultatis Theol. Paris. adversus libellum cui titulus est, *Cas de conscience*.

TITRE VI.

Théologie hétérodoxe.

I. — Wiclefisme et Hussitisme.

**— *De causa Bohemica.* Voyez N° 6640.

7371. — Lux in tenebris, hoc est prophetiæ donum quo Deus Ecclesiam Evangelicam (in Regno Bohemiæ et incorporatis Provinciis) sub tempus horrendæ ejus pro Evangelio persequutionis, extremæque dissipationis, ornare, ac paternè solari, dignatus est. Submissis de statu Ecclesiæ in terris, præsenti et mox futuro, per *Christophorum* Cotterum *Silesium, Christinam* Poniatoviam *Bohemam et Nicolaum* Drabicium *Moravum*, revelationibus verè divinis, ab anno 1616 usque ad annum 1656 continuatis. Quæ nunc è vernaculo in latinum translatæ (à *Joanne-Amos* Comenio)... in lucem dantur.
s. n. n. l. 1657. 1 vol. in-4°

7372. — Ratio disciplinæ ordinisque ecclesiastici in Unitate Fratrum Bohemorum. — Recens è bohemico latina facta.
s. n. n. l. 1643. 1 vol. in-8°.

II. — Luthéranisme.

7373. — Enarrationes seu postillæ *Martini* Lutheri in lectiones, quæ ex Evangelicis historiis, Apostolorum scriptis, aliisque Sacræ Scripturæ literis desumptæ, per universum annum, tam in diebus dominicis, quam Divorum memoriæ sacris, super Missam faciendum, recitantur....
Argentorati. 1535. Ulricherus. 1 vol. in-fol.

7374. — De bonis operibus Doc. *Martini* Lutheri liber.
Vuittenbergæ. 1520. 1 vol. in-4°.

— Conclusiones sedecim R. P. D. *Martini* Lutheri de fide et cerimoniis. — Ejusdem de fide et operibus saluberrima declaratio — Ceremoniarum eruditissima resolutio quid sint et quomodo eis utendum. —Conclusiones quinquaginta ejusdem pro timoratis conscientiis consolandis.
Vittenberghe. S. n. n. d. in-4°.

— Insignium theologorum Domini *Martini* Lutheri, Domini*Andree* Carolostadii, *Philippi* Melanthonis et aliorum conclusiones varie pro divine gratie defensione ac commendatione : contra scolasticos et pelagianos : disputate in preclara academia vuitten bergensi.
Vuittenberge. 1520. in-4°.

— Adversus furiosum Parisiensium Theologastrorum decretum *Ph.* Melanthonis pro Luthero apologia.
Vuittemberge. 1520. in-4°.

— Loci communes rerum theologicarum, seu hypotyposes theologicæ. Auctore *Philippo* Melanchtone.
Wittembergæ. 1521. in-4°.

— Farrago Wesseli. M. Wesseli Groningensis Lux mundi olim vulgo dicti,.. notulæ aliquot et propositiones....
S. n. n l. n. d. in-4°.

— Adversus execrabilem Antichristi bullam, *Martinus* Lutherus.
S. n. n. l. 1520. in-4°.

7375. — Loci communes theologici, summa cura ac diligentia postremùm recogniti, et aucti, per *Philippum* Melanthonem. — Item Appendix Disputationis de conjugio : Ad hæc, Definitiones theologicæ, quarum in Ecclesia usus est, eodem autore. — Accesserunt præterea *Leonardi* Steckelii annotationes in Locos communes...
Basileæ. 1561. J. Oporinus. 1 vol. in-8°.

7376. — De l'office des Princes, que Dieu leur commande, touchant d'oster les abuz qui sont en l'Eglise, avec la maniére d'apprendre la théologie. Par M. *Philippe* MELANCHTON.
S. n. n. l. 1645. 1 vol. in-12.
— Remonstrances aux fidèles, qui conversent entre les Papistes : et principalement à ceux qui sont en court, et qui ont offices publiques, touchant les moyens qu'ilz doivent tenir en leur vocation, à l'exemple des anciens serviteurs de Dieu...
— Epistre envoyée aux fidèles qui conversent entre les Papistes, pour leur remonstrer comment ilz se doyvent garder d'estre souillez et polluz par les superstitions et idolatries d'iceux et de deshonnorer Jésus-Christ par icelles...
— De la communication des fidèles qui cognoissent la vérité de l'Evangile, aux cérémonies des Papistes, et principalement à leurs Baptesmes, Mariages, Messes, Funérailles, et Obséques pour les trespassez.
— Admonition et consolation aux fidèles qui délibèrent de sortir d'entre les Papistes, pour éviter idolatrie, contre les tentations qui leur peuvent advenir... Par *Pierre* VIRET.
Geneve. 1647. Girard. 1 vol. in-12.

7377. — Contra Theologiam scholasticam de Pœnitentia libri tres, in quibus omnes ferè loci doctrinæ christianæ comprehenduntur, et multa perniciosa Sophistarum commenta refutantur, ex quibus facilè deprehendes præstigias, sophismata et errores Thomæ et aliorum Sententiariorum. Authore *Christophoro* HOFFMAN.
— Item initio additum est scriptum pium et eruditum de Pœnitentia, continens refutationem præstigiarum de satisfactionibus recens excogitatarum, hoc tempore contra quosdam Sophistas et anguillas valde utile. Autore *Philippo* MELANTHONE.
Francoforti. 1553. Brubachius. 1 vol. in-fol.

7378. — Loci communes sacræ Theologiæ, jam recens recogniti et emendati. Per *Wolfgangum* MUSCULUM.
Basileæ. 1564. Hervagius. 1 vol. in-fol.

7379. — Theologiæ sinceræ loci communes de Deo et Homine perpetuis explicati tabulis et Scholasticorum dogmatis illustrati per *Stephanum* SZEGEDINUM.
Basileæ. 1585. Waldkirch. 1 vol. in-fol.

7380 — Bellum Jesuiticum sive ducentarum et quinque Jesuiticarum contradictionum index... Duo libelli de Opificio Missæ.. Praxis de Cerimoniis et Canone Missæ... Per *Andream* CHRASTOVIUM *Polonum.*
Basileæ. 1593. Waldkirchius. 1 vol. in-4°.

7381. — *Joachimi* WESTPHALI justa defensio, adversus insignia mendacia Joannis à Lasco quæ in epistola ad Sereniss. Poloniæ Regem... contra Saxonicas Ecclesias sparsit, cujus exemplar.. sub finem adjecimus.
Argentorati. 1557. Blasius Fabricius. 1 vol. in-8°.

— De corruptiss. seculi hujus moribus, variisque atque turbulentis in religione christiana doctrinis, *Alberti* NOVICAMPANI oratio.— Item de doctrina et moribus pseudo evangelicorum ERASMI Epistolæ duæ...
Coloniæ. 1561. M. Cholinus. 1 vol. in-8°.

7382. — Confessio fidei anno MDXXX in Comitiis Augustanis Invictissimo Imperatori Carolo V. exhibita: ejusdemque Confessionis Apologia. Una cum... Commentario in Académia Argentoratensi publicè proposito, à *Johanne* PAPPO.— Accesserunt Confessionis Augustanæ et Augustinianæ Παράλληλα, eodem authore.
Francoforti ad Mœnum. 1595. Spiessius. 1 vol. in-4°.

7383. — Veræ et sanæ confessionis de præsentia corporis Christi, in cœna Domini, pia defensio adversus cavillos et calumnias, I. Johannis Calvini. II. Petri Boquini. III. Theodori Bezæ. IIII. Wilhelmi Cleinwitzii. Authore D. *Tilemano* HESHUSIO.
Magdeburgæ. 1562. Wolfgangus Kirchener. 1 vol. in-4°

7384. — Enchiridion controversiarum quas Augustanæ

Confessionis Theologi habent cum Calvinianis. Authore M. *Luca* Osiandro.
Lubecæ. 1603. Typis Albrechtianis. 1 vol. in-12.

7385. — Ad Jesuitarum assertiones, ex Epistota priori divi Pauli ad Timotheum, in Schola Dilingana disputatas, quibus totum Papatum stabilire conati sunt, pia responsio.Autoribus *D. Wilhelmo* Bidenbacchio et *D. Luca* Osiandro.
Tubingæ. 1566. 1 vol. in-4°.

7386. — Acta et scripta Theologorum Wirtembergensium, et Patriarchæ Constantinopolitani D. Hieremiæ : quæ utrique ab anno MDLXXVI usque ad annum MDLXXXI de Augustana Confessione inter se miserunt : græcè et latinè ab iisdem Theologis edita.
Witebergæ. 1584. Job. Crato. 1 vol. in-fol.

7387. — Literatus felicissimus, sacræ Metanoeæ proselytus ; sive de conversione Literatorum commentarius... Authore *Theophilo* Spizelio.—Accessit ejusdem pius literati hominis secessus...
Augustæ Vindel. 1685. Hæred. Goebelii. 2 vol. in-8°.

7388. — Catechismus major DN. *Georgii* Wicelii, recens innovatus, iterumque per Authorem ipsum.. adauctus: et nunc denuò latinè editus, interprete *Bartholomæo* (*Laurentii Laurentis* vulgò Poyn dicti, filio).
Coloniæ. 1556. Quentel. 1 vol. in-8°.

— De libero arbitrio christiani hominis... authore *Georgio* Wicelio.
Coloniæ. 1548. Quentel. in-8°.

7389. — Promptuarium allegoriarum sacrarum, præcipua fidei christianæ capita illustrantium : authore *Johanne* Botsacco.
Amstelædami. 1668. Ravesteinius. 1 vol. in-8°.

7390. — Catalogus testium veritatis, qui ante nostram ætatem Pontifici Romano atque Papismi erroribus reclamarunt. (Per *Mathiam* Flacium).
Lugduni. 1597. Candidus. 2 en 1 vol. in-4°.

III. *Calvinisme.*

7391. — *H.*Bullingeri adversus Anabaptistas libri VI, nunc primùm è germanico sermone in latinum conversi, per *Josiam* Simlerum. — Addita etiam est Anabaptistarum apologia...
Tiguri. 1560. Froschoverus. 1 vol. in-8°.

** — De gratia Dei justificante nos propter Christum, *Henrycho* Bullingero authore. Voyez N° 864.

7392. — Institutio christianæ religionis. *Johanne* Calvino authore.
Oliva Roberti Stephani. 1553. 1 vol. in-fol.

7393. — D. *Joannis* Calvini institutio christianæ religionis, ab ipso authore anno 1559, et in libros quatuor digesta... et tum aucta... Cum indice per locos communes opera *N.* Colladonis tunc contexto. Additi sunt postea duo indices ab *Augustino* Marlorato collecti anno 1562...
Lausannæ. 1576. F. Le Preux. 1 vol. in-8°.

7394. — Institution de la Religion chrestienne, nouvellement mise en quatre livres... Par *Jean* Calvin.
Genève. 1561. C. Badius. 1 vol. in-4°.

7395. — Institution de la Religion chrestienne, comprise en quatre livres,... par *Jean* Calvin.
Genève. 1609. Stœr. 1 vol. in-fol.

7396. — Recueil des opuscules c'est-à-dire, petits traictez de M. *Jean* Calvin, les uns reveus et corrigez sur le latin ; les autres translatez de latin en françois. 2ᵉ éd. ...Préface de M. *Théodore* de Bèze.
Genève. 1611. Stœr. 1 vol. in-fol.

7397. — Interim adultero germanum. Cui adjecta est vera christianæ pacificationis, et Ecclesiæ reformandæ ratio. Per *Johannem* Calvinum.
S. n. n. l. 1549. 1 vol. in-8°.

— De sacramento altaris seu cœna dominica et missa

disputatio et capita proposita, à *Bernardo* ZIGLERO.
Anno MDXLVIII.

— Quod locus Lucæ VII. Dico tibi remissa sunt ei peccata multa, nam dilexit multum, nihil Pharisaicæ justiciæ patrocinetur Per *Matth.* FLACIUM.
Magadaburgi. 1549. in-8°.

— Oratio de conjunctione et unitate Christianorum, contra non necessarias separationes, et æmulationes perversas, recitata... à *Bernardo* ZIGLERO.
Lipsiæ. 1549. V. Papa. in-8°.

7398. — Loci communes D. *Petri* MARTYRIS VERMILII, ex variis ipsius authoris scriptis, in unum librum collecti, et in quatuor classes distributi.
Tiguri. 1587. Froschoverus. 1 vol. in-fol.

7399. — Dialogus de utraque in Christo natura quomodo coeant in unam Christi personam inseparabilem, ut interim non amittant suas proprietates. Authore D. *Petro* MARTYRE VERMILIO
Tiguri. 1563. Froschoverus. 1 vol. in-8°

7400. — De Peste quæstiones duæ explicatæ: una, sitne contagiosa: altera, an et quatenus sit Christianis per secessionem vitanda. *Theodoro* BEZA auctore.
Genevæ. 1580. Vignon. 1 vol. in-8°.

— Tractatus duo: primus de amicitia Christiana. Secundus de ludo aleæ. *L.* DANÆO autore.
Genevæ. 1579. E. Vignon. in-8°.

7401. — Response de M. *Th.* DE BEZE aux Actes de la conférence de Mombelliard imprimés à Tubinge.
Genève. 1587. Le Preux. 1 vol. in-4°.

7402. — D. *Benedicti* ARETII lectiones septem de Coenâ Domini ex variis Scripturæ locis sumptæ.
Morgiis. 1581. Le Preux. 1 vol. in-8°.

7403. — Satanæ stratagemata libri octo. *Jacobo* ACONTIO Authore...
Basileæ. 1565. Perna. 1 vol. in-4°.

7404. — Stratagematum Satanæ libri octo. *Jacobo* ACONTIO authore. Ed. noviss.
Amstelrædami. 1664. Ravesteinius. 1 vol. in-16.

7405. — Le Monde à l'empire et le Monde démoniacle, fait par dialogues. Par *Pierre* VIRET.
Paris. 1561. J. Bres. 1 vol. in-8°.

7406. — Exposition de l'Oraison de nostre Seigneur Jésus-Christ. Par M. *Pierre* VIRET.
S. n. 1558. Estienne Anastaize. 1 vol. in-16.

7407. — Theologiæ Jesuitarum præcipua capita. Ex quadam ipsorum censura, quæ Coloniæ anno 60 edita est, annotata per *Martinum* KEMNICIUM.
Lipsiæ. 1563. 1 vol. in-8°.

— R. P. *Andreæ* EUDÆMON-JOANNIS Cydonii, ad actionem proditoriam Edouardi Coqui, apologia pro R. P. Henrico Garneto.
Coloniæ Agripp. 1610. Kinckius. 1 vol. in-8°.

— Instructio ad tyronem theologum de methodo theologica octo regulis perstricta, ab insulsis Jesuitæ Estrix cavillis vindicata.
S. n. n l. m. d. in-8°.

7408. — *Antonii* SADEELIS CHANDEI (*Antoine* LA ROCHE DE CHANDIEU) opera theologica quæ ipso adhuc vivente fuerunt edita... in quibus Adversariorum tractatus adversus superstitem illum editi, refelluntur.
Officina Sanctandreana. 1593. 1 vol. in-4°.

7409. — Tractatus de Antichristo, in quo antichristiani regni locus... Per *Lambertum* DANÆUM, 2ª edit.
Genevæ. 1582. Vignon. 1 vol. in-8°.

— *Georgii* BUCHANANI Franciscanus. Varia ejusdem authoris pœmata.
Basileæ. 1566. in-8°.

7410. — Traicté du sacrement de la saincte Cène du Seigneur. Auquel cette doctrine est esclaircie. Par *Philippe* DE MARNIX, Seigneur du *Mont Ste Aldegonde*.
Leyden. 1599. Paets et Bandewin. 1 vol. in-8°.

7411. — *Jacobi* Arminii orationes, itemque tractatus insigniores aliquot : in quibus quidnam sentiat de quamplurimis in S. Theologia hoc tempore controversis questionibus, ingenuè atque apertè profitetur.
Lugduni Batav. 1601. Basson. 1 vol. in-8°.

7412. — Sacrorum parallelorum libri tres: id est, comparatio locorum Scripturæ sacræ, qui ex Testamento vetere in Novo adducuntur ... *Francisci* Junii.
Heidelbergæ. 1588. 1 vol. in-4°.

7413. — Syntagma theologiæ christianæ ab *Amando* Polano à *Polansdorf* juxta leges ordinis methodici conformatum atque in libros decem tributum.
Hanoviæ. 1610. Marnius et Aubrius. 2 vol. in-4°.

7414. — La foy fondée sur les saintes Escritures. Contre les nouveaux Méthodistes. Par *Jean* Daillé.
Charenton. 1634. Mondière. 1 vol. in-8°.

7415. — *Joannis* Dallæi de cultibus religiosis Latinorum libri novem. 1. De Baptismi cærimoniis. II. De Confirmatione. Reliqui VII de Eucharistiæ ritibus. Quibus demonstratur novitas cærimoniarum, quæ ad duo sacramenta à Christo instituta, præsertim ad Eucharistiam, in Communione Romana adjectæ sunt. Opus posthumum.
Genevæ. 1671. A. et S. De Tournes. 1 vol. in-4°.

7416. — *Joannis* Dallæi adversus Latinorum de cultus religiosi objecto traditionem, disputatio, qua demonstratur vetustissimis ad A. D. ccc. Christianis ignotos et inusitatos fuisse eos cultus...
Genevæ et Carentoni. 1664. O. de Varennes. 1 v. in-4°.

7417. — *Joannis* Dallæi de duobus Latinorum ex unctione sacramentis Confirmatione et extrema ut vocant Unctione disputatio.
Genevæ. 1659. A. et S. De Tournes. 1 vol. in-4°.

7418. — *Joannis* Dallæi de sacramentali sive auriculari Latinorum Confessione disputatio.
Genevæ. 1661. A. et S De Tournes. 1 vol. in-4°.

7419. — *Joannis* Dallæi de imaginibus libri IV.
Lugd. Batav. 1642. Off. Elzeviriana. 1 vol. in-8°.

7420. — Apologie des Eglises réformées, où est monstrée la nécessité de leur séparation d'avec l'Eglise Romaine. Par *Jean* Daillé.
Charenton. 1647. Vendosme. 1 vol. in-8°.

— Lettre du R. P. *J.-B.* de la Barre à M. Bochard. Sur le sujet de l'union que ceux de sa Religion ont faite avec les Luthériens. Avec la demande d'une responsse précise sur les points proposez.
Rouen. 1661. Maurry. in-8°.

— Response de M. Bochart, Ministre à Caen, à la lettre de M. De la Barre, Jésuite. — 1661.

— Lettre de *Jean* Daillé à M. de Monglat, où il respond aux remarques faites sur son *Apologie* par M° *Jean de Chaumont*.
Charenton. 1634. Bourdin. in-8°.

7421. — Replique de *Jean* Daillé aux deux livres que MM. Adam et Cottiby ont publiez contre luy. 2° édit.
Genève. 1669. A. et S. De Tournes. 1 vol. in-4°.

7422. — Esamine di varii giudicii de i politici : e della dottrina e de i fatti de i Protestanti veri, et de i Cattolici Romani. Per *Gio. Batt.* Avrellio.
In Londra. 1587. Wolfio. 1 vol. in-4°.

7423. — Dispute de la vocation des Ministres en l'Eglise réformée, contre Jacques Davy, dit du Perron, Ev. d'Evreux : par *Daniel* Chamier.
La Rochelle. 1598. Haultin. 1 vol. in-8°.

7424. — *Danielis* Chamieri epistolæ jesuiticæ.
Genevæ. 1599-1601. De la Rovière. 1 vol. in-8°.

— Introductio in artem jesuiticam, in eorum gratiam qui ejus artis mysteriis aut jam initiati, aut propediem initiandi sunt, conscripta *A Gabriele* Bariaco.
S. n. n. l. 1599. in-8°.

7425. — Response aux trois discours du Jésuite Lois

Richeome, sur le sujet des Miracles, des Saincts, et des Images. Par *B.* DE LOQUE.
La Rochelle. 1600. Hautin. 1 vol. in-8°.

7426. — Ignorantia Jesuitarum, ab *Isaaco* CHEIRONO, in apricum prolata.
Genevæ. 1613. De la Rovière. 1 vol. in-8°.

7427. — Acta Colloquiorum Swalbacensium, inter tres Doctores Jesuitas Moguntinos:et *Davidem* PAREUM:mense Maio,anno 1608 habitorum. De variis theologiæ controversiis...
Heidelbergæ. 1619. Rosa. 1 vol. in-4°.

7428. — De la vérité de la Religion chrestienne : contre les Athées, Epicuriens, Payens, Juifs,Mahumédistes,et autres infidèles. Par *Philippes* DE MORNAY,Sieur DU PLESSY MARLY.
Anvers. 1581. Plantin. 1 vol. in-4°.

7429. — De veritate religionis christianæ liber; adversus Atheos, Epicureos,Ethnicos, Judæos,Mahumedistas et cœteros infideles. *A Philippo* MORNEO *Plessiaci* Domino, gallicè primum conscriptus, nunc autem ab eodem latinè versus.
Antuerpiæ. 1583. Plantinus. 1 vol. in-8°.

7430. — Della verita della religione christiana. Contra gli Athei, Epicurei... Da *Philippo* MORNAYO. (Tradotto da *Francesco* PERROTTO).
Salmur. 1612. Portau. 1 vol. in-8°.

7431. — Traitté de l'Eglise, auquel sont disputées les principales questions meues sur ce poinct, en nostre temps. Par M. *Philippes* DE MORNAI...
La Rochelle. 1600. Haultin. 1 vol. in-8°.

7432. — Vérification des lieux impugnez de faux en l'Institution de la Saincte Eucharistie par le Jésuite Richeome en ses quatre livres de la Messe. Par Messire *Philippes* DE MORNAY...
Saumur. 1604. Portau. 1 vol. in-8°.

7433. — De l'institution, usage et doctrine du sainct Sacrement de l'Eucharistie en l'Eglise ancienne. Ensemble quand, comment, et par quels degrez la Messe s'est introduicte en sa place. Le tout en quatre livres. Par *Philippes* DE MORNAY.. 2ᵉ éd.
Saumur. 1604. Portau. 1 vol. in-fol.

7434. — Le mystère d'iniquité, c'est-à-dire, l'histoire de la Papauté, par quels progrets elle est montée à ce comble, et quelles oppositions les gens de bien luy ont faict de temps en temps. Par *Philippes* DE MORNAY.
Genève. 1612. Albert. 1 vol. in-8º.

7435. — Responce au tiltre et préface du livre de Philipe de Mornay intitulé : *le Mystére de l'Iniquité*. Par Mᵉ R. D. B. dit de S. G. Ausmonier de Mʳ frère du Roy. (*Raymond* DU BRAY dit S. GERMAIN).
Paris. 1611. Laguehay. 1 vol. in-8º.

7436. — Méditation chrestienne sur l'excellence de l'Oraison de nostre Seigneur Jésus-Christ, où la religion catholique se voit examinée à la touche d'icelle Oraison. Par *Gerhard* DE PROVNING surnommé de DEVENTER.
Leyde L. de Hastens. 1600. 1 vol. in-8º.

7437. — Collatio scripto habita Hagæ comitis anno ab incarnato Domino 1611. inter quosdam Ecclesiastas de divina Prædestinatione, et ejus appendicibus. Decreto N. P. Dominorum ordinum Hollandiæ et Westfrisiæ vernaculè impressa... latina facta interprete *Henrico* BRANDIO. Huic est etiam subjecta Collatio inter sex Ecclesiastas Delphis habita anno 1613.
Zirigæ. 1615. Vivarius. 1 vol. in-4º.

— Scripta adversaria Collationis Hagiensis habitæ anno MDCXI inter quosdam Ecclesiarum Pastores de divina Prædestinatione et capitibus ei adnexis, quæ ex Belgicis autoritate ill. Hollandiæ et Westfrisiæ Ordinum jampridem editis, latina fecit *Petrus* BERTIUS.
Lugduni Batav. 1615. J. Patius. in-4º.

7438. — Examen consultationis Lessianæ, de optione fidei, et religionis capessendæ... Examinatore et responsore *Henrico* Brandio Willemsonio.
Lugduni Bat. 1592. Basson. 1 vol in-8°.

** — *Rodolphi* Hospiniani historiæ sacramentariæ partes duo.
Voyez : Hist. des Relig. N° 241.

** — *Abrahami* Sculteti medula theologiæ Patrum. Voyez N° 1965-66.

7439. — *Joannis* Cameronis τα σωζομενα sive opera partim ab Auctore ipso edita, partim post ejus obitum vulgata, partim nusquam hactenus publicata, vel è gallico idiomate nunc primùm in latinam linguam translata. In unum collecta...
Genevæ. 1658. Chouet. 1 vol. in-fol.

7440. — Dissertatio theologica de duabus quæstionibus hoc tempore controversis, quarum prima est de reconciliatione per mortem Christi impetrata omnibus ac singulis hominibus ; altera, de electione ex fide prævisa. Sermone primùm inchoata, postea verô scripto continuata, inter *Guilielmum* Amesium et *Nicolaum* Grevinchovium.
Roterodami Batav. 1615. M. Sebastiani. 1 v. in-4°

7441. — *Petri* Bertii hymenæus desertor, sive de Sanctorum apostasia problemata duo. I. An fieri possit ut justus deserat justitiam suam ? 2. An quæ deseritur fuerit vera justitia?
Francofurti ad Moenum. 1612. 1 vol. in-4°.

7442 — Copie de deux lettres écrites par M. le Comte de Laval sur ses doutes touchant la religion. Avec les responses qui lui ont esté faites. (Par *Dan.* Tilenus).
S. n. n. l. 1605 1 vol. in-12

7443. — Christianæ catecheseos sciagraphia : ubi sub S. Scripturæ textu apposito, singulæ dominicæ catech. reformatæ breviter, solidè, doctè et perspicuè enodantur... Autore *Guilielmo* Amesio.
Franckeræ. 1635. B. à Berentsma. 1 vol. in-12.

— Utriusque epistolæ divi Petri Apostoli explicatio

analytica... nec non III conciones in selectiora quædam S. Scripturæ loca. Authore eodem.
Amsterdami. 1635. Blavius. 1 vol. in-12.

7444. — *Guil.* Amesii anti-synodalia scripta, vel animadversiones in dogmatica illa, quæ Remonstrantes in Synodo Dordracena exhibuerunt, et postea divulgarunt.
Amsterdami. 1633. Blaeu. 1 vol. in-12.

— *Guilielmi* Amesii de conscientia, et ejus jure, vel casibus, libri quinque. Editio nova.
Amstelodami. 1635. Janssonius. 1 vol. in-12.

7445. — *Guil.* Amesii rescriptio scholastica et brevis ad Nic. Grevinchovii responsum illud prolixum, quod opposuit dissertationi de Redemptione generali, et Electione ex fide prævisa. Accesserunt ejusdem disceptatio scholastica de circulo pontificio, aliique theologici tractatus. Editio altera.
Hardervici. 1645. N. à Wieringen. 1 vol. in-12.

— Coronis ad collationem Hagiensem, quâ argumenta Pastorum Hollandiæ adversus Remonstrantium quinque articulos de divinâ Prædestinatione, et capitibus ei adnexis, producta, ab horum exceptionibus vindicantur. Auctore *Guilielmo* Amesio. 3ª ed.
Amstelodami. 1636. Janssonius. 1 vol. in-12.

7446. — Bellarminus enervatus à *Guilielmo* Amesio.
Amstelodami. 1658. Janssonius. 4 en 2 vol. in-12.

7447. — Maximiliani Sandæi castigatio conscientiæ jesuiticæ cauteriatæ confictæ in Hollandiâ à *Jacobo* Laurentio.
Herbipoli. 1617. C. Schwindtlauff. 1 vol. in-8°.

7448. — Dialogus eucharisticus, hoc est, universa materia de sacrosancto Eucharistiæ Sacramento per modum dialogi, tum ex Scripturâ sacrâ, tum ex universâ Antiquitate dilucidè explicata... Operâ ac studio *Jacobi* Laurentii.
Amsteldami. 1637. H. Laurentius. 1 vol. in-4°.

7449. — Fabula papistica infernalis tripartita, hoc est, doctrina Ecclesiæ Romanæ de tribus fictitiis locis infernalibus, Purgatorio, Limbo puerorum et Limbo patrum. Detecta, confutata, edita, operâ et studio *Jacobi* Laurentii.

Amstelredami. 1632. M. Laurentius. 1 vol. in-4°.

7450. — Hugo Grotius papizans, hoc est, notæ ad quædam loca in Hugonis Grotii appendice de *Antichristo*, Papam Romanum et doctrinam ac religionem papisticam spectantia... Authore *Jacobo* Laurentio.

Amsteldami. 1642. H. Laurentius. 1 vol. in-8°.

7451. — *Francisci* Gomari opera theologica omnia, maximam partem posthuma.

Amstelodami. 1664. Janssonius. 1 vol. in-fol.

7452. — *Henrici* Alting Theologia problematica nova sive systema problematum theologicorum, in inclytâ Academiâ Groningæ et Omlandiæ publicis prælectionibus propositum.

Amstelodami. 1662. Janssonius. 1 vol. in-4°.

7453. — La deffense des droicts de l'Eglise universelle contre les prétentions des Confréries, ou traitté contre les Confréries, et spécialement contre celle qu'on appelle du Sacrement de l'Eucharistie. Par *Jacques* Gaultier.

Saumur. 1642. Lesnier. 1 vol. in-8°.

7454. — *Hugonis* Grotii opera omnia theologica, in tres tomos divisa, ante quidem per partes, nunc autem conjunctim et accuratiùs edita.

Amstelædami. 1779. Joan. Blaeu. 4 vol. in-fol.

7455. — *Hugo* Grotius de veritate religionis christianæ.

Amstelodami. 1669. Off. Elzeviriana. 1 vol. in-12.

7456. — Idem opus. Ed. noviss.

Amstelædami. 1684. Wetstenius. 1 vol. in-12.

7457. — La vérité de la religion chrestienne. Ouvrage traduit du latin de M. Grottius.

Paris. s. d. Moreau. 1 vol. in-8°.

7458. — Traité de la vérité de la religion chrétienne. Traduit du latin de Grotius, par P. Le Jeune. Nouvelle

édition augmentée de deux Dissertations de M. Le Clerc, qui ont raport à la matière.
Amsterdam. 1728. Led t et C. 1 vol. in-12.

7459. — Traité de la vérité de la religion chrétienne, traduit du latin de Grotius, par M. l'abbé Goujet, N° éd. rev. corr. et augm. de la Vie de l'Auteur et de nouvelles remarques.
Paris. 1754. Lottin. 2 vol. in-12.

7460. — Via ad pacem ecclesiasticam. In qua continentur Confessio Fidei, secundum Conc. Trid. — Confessio Fidei Augustana.—Consultatio Cassandri.— Annotata *H.* Grotii in Consult. Cassandri. — *H.* Grotii Poema de Baptismate. — Poema de Eucharistia. — Disquisitio Pelagiana.
S. n. n. l. 1642. 1 vol. in-8°.

7461. — *H.* Grotii de imperio summarum potestatum circa sacra commentarius postumus. 3ª ed. — Scolia accesserunt Cl. *Davidis* Blondelli; cum ejusdem Tractatu de jure plebis in regimine ecclesiastico.
Hagæ-Comitis 1652. Vlacq. 1 vol. in-8°.

7462. — *Guilielmi* Twissi opera tribus tomis distincta, quorum primus tractatus de vindiciis, Gratiæ, Potentiæ ac Providentiæ Dei, hoc est, examen Libelli Perkinsiani de Prædestinationis modo et ordine, institutum à Jacobo Arminio responsio scolastica. Secundus de Scientia media dissertatio contra Propugnaculum libertatis humanæ Gabrielis Pennotti et Francisci Suaresii libros de Scientia Dei. Tertius ad collationem Jacobi Arminii cum Francisco Junio, et Joh. Arnoldi Corvini defensionem sententiæ Arminianæ de Prædestinatione, Gratia et Libero arbitrio... quam adversus Danielis Tileni Considerationem edidit animadversiones.
Amstelodami. 1652. Janssonius. 3 en 2 vol. in-fol.

7463. — M. *Simonis* Episcopii opera theologica. 2ª ed.
Amstelœdami. 1678. Waesbergiana off. 1 vol. in-fol.

7464. — Antiqua et vera fides, et sola servans, demonstrata plurimis SS. Scripturæ, sanctorum Patrum testimoniis, quæ collegit *Timannus* Gesselius.
Trajecti ad Rhenum. 1664. G. Zilius. 1 vol. in-4⁰.

— Simplicitas fidei christianæ, sive synopsis locorum S. Scripturæ, Patrum et recentiorum Theologorum, quibus demonstratur, quænam sint ad salutem creditu necessaria et sufficientia, quæ collegit *Timannus* Gesselius.
Trajecti ad Rhenum. 1666. G. à Zyll. in-4⁰.

7465. — Sommaire et abrégé des controverses de nostre temps touchant la Religion : auquel la vraye et fausse doctrine se pourront discerner, par la confrontation des deux escrits contraires : l'un le Catéchisme des controverses qu'a dressé... Guillaume Baile Jésuite; l'autre l'Examen et Response que lui a opposée de poinct en poinct, *André* Rivet. 2ᵉ édit.—A la fin est adjousté l'Antiprodrome opposé à l'Avant coureur jésuitique.
Genève. 1609. Albert. 1 vol. in-8⁰.

7466. — *Andreæ* Riveti instructio præparatoria accessuris ad Sacram Domini mensam.—Accesserunt ejusdem homiliæ duæ, ad eamdem rem pertinentes.
Amstelodami. 1636. Janssonius. 1 vol. in 16.

7467. — *Andreæ* Riveti Catholicus orthodoxus, oppositus Catholico Papistæ... — Accesserunt huic editioni *Jesuita vapulans*, contra Sylvestrem Petra Sancta, et opuscula adversaria *Hugonis* Grotii et *Andreæ* Riveti, de syncretismo inter Orthodoxos et Pontificios.
Genevæ. 1644. Chouet. 2 en 1 vol. in-fol

7468. — Le Catholique orthodoxe opposé au Catholique papiste, en IV traitez.. par *André* Rivet. 3ᵉ édit.
Saumur. 1616. Portau. 1 vol. in-4⁰.

7469. — Instruction du Prince chrestien, par dialogues entre un jeune Prince et son directeur. Avec une méditation sur le Vœu de David au Ps. CI. Par *And.* Rivet.
Leyde. 1642. Maire, 1 vol. in-8⁰.

7470. — Triomphe de la vérité, en suite du Sommaire des controverses de nostre temps, touchant la Religion. Pour examen et destruction des restes de la fausse doctrine de Guillaume Baile, Jésuite, adjoustées en la dernière éd. de son Catéchisme.. Par *André* Rivet.
Saumur. 1610. Portau. 1 vol. in-8°.

7471. — De Eucharistiæ, sive cœnæ dominicæ sacramento libri tres. Contra præcipuos adversariarum partium scriptores. Authore *Edmundo* Albertino.
Daventriæ. 1654. Columbius. 1 vol. in-fol.

7472. — L'Eucharistie de l'ancienne Eglise, ou traitté auquel il est monstré quelle a esté devant les six premiers siècles depuis l'institution de l'Eucharistie, la créance de l'Eglise touchant ce sacrement. . Par *Edme* Aubertin.
Genève. 1633. Aubert. 1 vol. in-fol.

7473. — *Walonis* Messalini (*Claudii* Salmasii) de Episcopis et Presbyteris contra D. Petavium Loiolitam dissertatio prima.
Lugduni Bat. 1641. Maire. 1 vol. in-8°.

7474. — Pseudo-Isidorus et Turrianus vapulantes : seu editio et censura nova Epistolarum omnium, quas piissimis Urbis Romæ Præsulibus à B. Clemente ad Siricium,.. nefando ausu, infelici eventu, Isidorus cognomento Mercator supposuit, Franciscus Turrianus Jesuita, adversus Magdeburgensium ελεγχοις.. defendere conatus est. Recensuit... *David* Blondellus.
Genevæ. 1628. Chouet. 1 vol. in-4°.

7475. — Traité historique de la primauté en l'Eglise, auquel les Annales ecclésiastiques du Cardinal Baronius, les Controverses du Card. Bellarmin, la Replique du Card. du Perron, et autres, sont confrontées avec la Response du Séréniss. Roy de la Grande Bretagne. Par *D.* Blondel.
Genève. 1641. Chouet. 1 vol. in-fol.

7476. — De formulæ regnante Christo in veterum monu-

mentis usu, justas pro Regibus maximis Philippo I et II, summaque Regum omnium potestate, vindicias complexa diatribe. Auctore *D.* Blondello.
Amstelodami. 1646. Blacu. 1 vol. in-4°.

7477. — Theses theologicæ disputatæ in Academia Sedanensi, præside *Daniele* Tileno.
Sedani. 1601-1610. 1 vol. in-4°.

7478. — Traité de l'adoration des images. Avec quelques observations sur l'escrit du sieur Jean Roberti, Jésuite. Par *Abraham* Rambour.
Sedan. 1635. Jannon. 1 vol. in-8°.

7479. — Traitté de l'Eglise. Par *Jean* Mestrezat.
Genève. 1649. Chouet. 1 vol. in-4°.

7480. — De la communion à Jésus-Christ, au sacrement de de l'Eucharistie. Contre les Cardinaux Bellarmin et Du Perron. Par *Jean* Mestrezat. 2e édit.
Sedan 1625 Janon. 1 vol. in-8°.

7481. — La trompette de Sion, ou la répréhension des pêchez. Avec une exhortation à repentance, jeusne, prières, et bonnes œuvres. Par *Gilbert* Primerose.
Bergerac. 1621. Vernoy. 1 vol. in-8°.

7482. — Eaulx de Siloë, pour esteindre le feu de purgatoire et noyer les traditions, les limbes, les satisfactions humaines et les indulgences papales. Contre les raisons et allégations d'un Cordelier Portugais, défendues par trois escrits : dont l'un est du mesme Cordelier, intitulé, *Le torrent de feu.* Les autres de deux Docteurs de Sorb. : l'un intitulé, *La fournaise ardente*, l'autre *Le feu d'Hélie.* Par *P.* du Moulin.
La Rochelle. 1608. 1 vol. in-8°.

— Trente-deux demandes proposées par le P. Cotton. Avec les solutions adjoustées au bout de chasque demande. Item soixante-quatre demandes proposées en contr'eschange. Par *Pierre* Du Moulin.
Sainct-Maurice. 1612. Joallin. 1 vol. in-8°.

— Défense de la confession des Eglises réformées de

France, contre les accusations du sieur Arnoux Jésuite... (Par Montigny, du Moulin, Durant, Mestrezat.)
La Rochelle. 1617. Auvray. 1 vol. in-8°.

— De la toute-puissance de Dieu et de sa volonté. Par P. D. M. (*Pierre* du Moulin).
La Rochelle. 1617. 1 vol. in-8°.

7483. — Défense de la foy catholique contenue au livre du très-puissant Jaques I.. Contre la response de F.N. Coeffeteau. Par *Pierre* du Moulin.
S. n. n. l. 1611. 1 vol. in-8°.

7484. — Bouclier de la foy ou défense de la confession de foy des Eglises réformées du Royaume de France contre les objections du S. Arnoux. Par P. du Moulin. 2ᵉ éd.
Charenton. 1619. Pacard. 1 vol. in-8°. Sans titre.

7485. — De la vocation des Pasteurs. Par *P.* du Moulin.
Sedan. 1618. Jannon. 1 vol. in-8°.

7486. — Anatome Arminianismi seu, enucleatio controversiarum quæ in Belgio agitantur, super doctrinâ de Providentiâ, de Prædestinatione, de morte Christi de naturâ et Gratiâ. Authore *Petro* Molinæo.
Lugduni Batav. 1617. B. Elzevir. 1 vol. in-4°

7487. — Du juge des controverses. Traitté auquel est défendue l'authorité et la perfection de la Saincte Escriture contre les usurpations et accusations de l'Eglise Romaine. Par *Pierre* du Moulin.
Genève. 1630. Aubert. 1 vol. in-8°.

7488. — Des traditions et de la perfection et suffisance de l'Escriture Saincte. Qui est le quatriesme traitté du juge des controverses. Avec un catalogue ou dénombrement des traditions romaines. Par *P.* du Moulin.
Sedan. 1631. Jannon. 1 vol. in-8°.

7489. — Esclaircissement des controverses Salmuriennes, ou défense de la doctrine des Eglises réformées sur l'immutabilité des décrets de Dieu, l'efficace de la

mort de Christ, la grace universelle, l'impuissance à se convertir... Par *Pierre* DU MOULIN.
Leyden. 1648. Maire. 1 vol. in-8°.

7490. — Nouveauté du Papisme opposée à l'antiquité du vray Christianisme. Contre le livre de M. le Cardinal du Perron intitulé: *Réplique à la Responsc du Sérénissime Roy Jacques I*.... Par *Pierre* DU MOULIN.
Sedan. 1627. Jannon. 1 vol. in-fol.

7491. — La vie et religion de deux bons Papes Léon I et Grégoire I. Où est monstré que la doctrine et religion de ces Pontifes tant célèbre, est contraire à la religion romaine de ce temps. Par *Pierre* DU MOULIN.
Sedan. 1650. Chayer. 1 vol. in-8°.

7492. — Catéchisme auquel les controverses de ce temps sont briefvement décidées par la parole de Dieu. Par *Cyrus* DU MOULIN. N° éd.
Genève. 1666. A. et S. De Tournes. 1 vol. in-8°.

— Sommaire de la vie de M. (*Pierre*) DU MOULIN avec les exhortations par luy faites à ses enfans quelque temps avant sa mort, et les regrets sur icelle.. Ensemble le catalogue des œuvres qu'il a composées pendant 62 années, dressé par le S. C. M. D. E. M.
Charenton. 1658. G. De Varennes. 1 vol. in-8°.

7493. — Du langage incogneu tant ès prières des particuliers qu'au service public. Par *Pierre* DU MOULIN.
Genève. 1629. Aubert. 1 vol. in-8°.

— Conseil sur le faict du Concile de Trente. Par *Ch.* DU MOULIN.
Voyez : N° 1813.

7494. — Apologie pour un escrit intitulé : *les Rodomontades du Sieur Hollandre rabatues* : contre les faussetés, calomnies et impostures vomies en une Replique par le mesme Hollandre. Par *J.-B.* BUGNET.
Sédan. 1625. Jannon. 1 vol. in-8°.

7495. — Les œuvres de *Jean* DESPAGNE.
Genève. 1671. De Tournes. 3 vol. in-12.

7496. — La response aux calomnies de Jacques Beaufès, par le Sieur *Pierre* JARRIGE.
S. n. n. l. 1649. 1 vol. in-8°.

7497. — *Mosis* AMYRALDI de secessione ab Ecclesia Romana, deque ratione pacis inter Evangelicos in Religionis negocio constituendæ, disputatio.
Salmurii. 1647. Desbordes. 1 vol. in-8°.

7498. — Discours de l'estat des fidèles après la mort. Par *Moyse* AMYRAUT.
Saumur. 1646. Lesnier. 1 vol. in-4°.

7499. — Six livres de la vocation des Pasteurs. Par *Moyse* AMYRAUT.
Saumur. 1649. Lesnier. 1 vol. in-8°.

7500. — In Orationem dominicam exercitatio. Autore *Mose* AMYRALDO.
Salmurii. 1662. D. de Lerpinière. 1 vol. in-8°.

— In Symbolum Apostolorum exercitatio. Auctore *Mose* AMYRALDO.
Salmurii. 1663. Desbordes. in-8°.

7501. — Mellificium theologicum ad disputandum et concionandum proficuum... Colligente et producente M. *Johanne* BINCHIO.
Amstelodami. 1666. Schipper. 2 vol. in-4°.

7502. — *Laurentii* BANCK de tyrannide Papæ in Reges et Principes christianos, diascepsis. Cui, addita in fine est, *Laurentii* VALLA declamatio.
Franequeræ. 1649. Arcerius. 1 vol. in-12.

7503. — *Josuæ* PLACÆI opuscula nonnulla, magna ex parte posthuma, post Authoris obitum in lucem edita.
Salmurii. 1656. J. Lesnerius. 1 vol. in-4°.

7504. — Disputationum pro divina Dom. nostri Jesu Christi essentia. Authore *Josuc* PLACAEO.
Salmurii. 1657. Lesnerius. 1 vol. in-4°.

7505. — Disputationes de argumentis, quibus efficitur, Christum prius fuisse, quam in utero Beatæ Virginis secundum carnem conciperetur, in Academia Salmuriensi variis temporibus habitæ, sub præsidio D. Josue PLACEI.

Salmurii. 1649. Lesnerius. 1 vol. in-4°,

7506. — Summa doctrinæ de fœdere et testamento Dei. Explicata à Johanne COCCEJO. 2ª ed.

Lugd. Batav. 1654. Elsevirii. 1 vol. in-12.

7507. — Summa theologiæ ex Scripturis repetita à *Johanne* COCCEJO. Edit. noviss.

Amstelodami. 1669. Ravesteinius. 1 vol. in-4°.

7508. — *Johannis* HOORNBEEK summa controversiarum religionis ; cum infidelibus, hæreticis, schismaticis...

Trajecti ad Rhenum. 1658. J. à Waesberge. 1 v. in-8°.

7509. — Traité des justes causes de la séparation des Protestans d'avec l'Eglise Romaine, et particulièrement de l'Adoration de la Croix, de l'Adoration du Sacrement et de la transsubtantiation. Par *Ch.* DRELINCOURT.

Charenton. 1649. Vandosme. 1 vol. in-4°.

7510. — Du Jubilé des Eglises réformées. Avec l'examen du Jubilé de l'Eglise Romaine. Par *Ch.* DRELINCOURT.

Charenton. 1627. Joallin. 1 vol. in-8°.

7511. — De l'invocation des Saincts, ou examen de la Replique de M. l'Ev. de Belley à la Response qui luy a esté faite sur la qualité de l'honneur qui est deu à la Saincte et Bienheureuse Vierge. Par *Charles* DRELINCOURT.

Charenton. 1644. Coilier. 1 vol. in-8°.

7512. — Les visites charitables, ou les consolations chrétiennes, pour toutes sortes de personnes affligées. Par *Charles* DRELINCOURT.

Charenton. 1666. O. De Varennes. 3 vol. in-8°.

7513. — Les consolations de l'âme fidelle contre les frayeurs de la mort, avec les dispositions et les préparations pour bien mourir. Par *Charles* DRELINCOURT. 14ᵉ éd.

Quevilly. 1683. Cailloué. 1 vol. in-8°.

7514. — Avertissement sur les disputes et le procédé des Missionnaires. Par *Charles* DRELINCOURT.

Charenton. 1654. Vendosme. 1 vol. in-8°

7515. — Réponse de *Charles* Drelincourt à la lettre écrite par Mgr le Prince Ernest, Landgrave de Hesse, aux cinq Ministres de Paris, qui ont leur exercice à Charenton. 2ᵉ édit.
Genève. 1664. A. et S. De Tournes. 1 vol. in-8°.

— De la Créance des Pères sur le fait des images par *Jean* Daillé.
Genève. 1641. J. De Tournes. 1 vol. in-8°.

— Discours sur le chant des Pseaumes. Par *Jean* Bruguier.
Genève. 1663. A. et S. De Tournes. 1 vol. in-8°.

7516. — Première apologie pour M. De Labadie, et pour la justice de sa déclaration contre la nouvelle Eglise Romaine convaincue par l'examen de l'Épistre de S. Paul aux Romains, de n'être ni de la foi, ni de la conduite de l'ancienne, et n'estre ni catholique ni apostolique. Par E. Dufeu, dit de Blanc-Mont, répondant à la lettre d'Antoine Sabré, Hermite, sujet affidé de M. S. Martineau, Evesque de Bazas.
S. n. n. l. 1651. 1 vol. in-8°.

7517. — Propositions et moyens pour parvenir à la réunion des deux religions en France. (Par Dyze.)
S. n. n. l. 1677. 1 vol. in-fol.

7518. — Causa Dei, seu *Alexandri* Mori de Scripturâ sacrâ exercitationes Genevenses.
Medioburgi. 1653. A. De Later. 1 vol. in-4°.

7519. — Collegium theologicum, sive systema breve universæ theologiæ ; à *Samuele* Maresio (1). Ed. 6ᵃ. — Huic tres accesserunt disputationes celebres, I. De syncretismo et reconciliatione partium in Religione dissidentium. II. De legitimis causis nostræ ab Ecclesia Romana secessionis. III. De peccato in Spiritum Sanctum.
Genevæ. 1662. Ant. et Sam. De Tournes. 1 vol. in-4°.

7520. — *Samuelis* Maresii dissertatio theologica de peccato

---

(1) Desmarets (*Samuel*) né à Oisemont le 9 Août 1599, mourut à Groningue le 18 Mai 1673.

in Spiritum Sanctum. Nec non appendix Ubbeniana ad trutinam rationis appensa, sive liberum judicium de nupera Appendice D. Martini Ubbenii...
Groningæ. 1651. J. Nicolaus. 1 vol. in-4°.

7521. — Concordia discors et Antichristus revelatus. Id est Hug. Grotii Apologia pro Papa et Papismo.. modestè refutata duobus libris, per *Samuelem* MARESIUM.
Amstelodami. 1642. Joan. et Jod. Janssonii. 2 v. in-8°.

— Dissertatio de Antichristo, quà expenditur et refutatur nupera commentatio ad illustriora eâ de re Novi Testamenti loca, Il. V. Hugonis Grotii credita; sumulque Ecclesiarum Reformatarum sententia de Antichristo Romano defenditur et confirmatur ; authore *Samuele* MARESIO.
Amstelodami. 1640. J. Janssonius. in-8°.

7522. — Réponse à la méthode de M. le Cardinal de Richelieu. (Par MARTEL).
Quevilly. 1674. Lucas. 1 vol. in-4°.

7523. — Réponse sommaire au livre de M. le Cardinal de Richelieu, intitulé : *Traité pour convertir ceux qui se sont séparez de l'Eglise*. Par le S^r DE LA RUELLE (*Theodore* MAIMBOURG). Avec une petite Préface de M. *Samuel* DES MARETS.
Groningue. 1664. Gillot. 1 vol. in-4°.

7524. — Réponse au livre de M. l'Evêque de Condom intitulé : *Exposition de la doctrine de l'Eglise catholique sur les matières de controverse*. Par *David* NOGUIER.
Orange. 1673. Rabann. 1 vol. in-12.

7525. — Le tombeau de la messe. Par *David* DERODON.
Genève. 1654. Aubert. 1 vol. in-8°.

7526. — Traittez et lettres de feu M. DE GOMBAUD, touchant la Religion.
Amsterdam. 1670. Lanclume. 1 vol. in-12.

7527. — Conformité de la discipline ecclésiastique des Protestans de France avec celle des anciens Chrétiens. (Par *Mathieu* LARROQUE).
Quevilly et Rouen. 1678. Cailloué. 1 vol. in-4°

7528. — Response à un livre intitulé : l'*Office du S. Sacrement, ou tradition de l'Eglise touchant l'Eucharistie, recueillie des Saints Pères...* (Par *Mathieu* LARROQUE.)
Charenton. 1665. Lucas. 1 vol. in-8°.

7529. — Examen du livre de la réunion du christianisme. Ou traitté de la tolérance en matière de Religion.
S. n. n. l. 1671. 1 vol. in-12.

7530. — Défense de la Religion chrétienne, et de l'Ecriture Sainte contre les Déistes (Par *J.-B.* DE ROSEMOND).
Paris. 1681. Lucas. 1 vol. in-12.

7531. — Relation de l'estat de la religion, et par quels desseins, et artifices, elle a esté forgée, et gouvernée en divers Estats de ces parties occidentales du Monde. Tirée de l'Anglois, du Chevalier *Edwin* SANDIS. Avec des additions notables (de *Paolo* SARPI. Le tout traduit en françois par *Jean* DIODATI).
Genève. 1626. Aubert. 1 vol. in-8°.

7532. — *Gisberti* VOETII dissertatio epistolica, de termino vitæ. Editio altera. — Addita est propter argumenti affinitatem ejusdem Disputatio de peste.
Ultrajecti. 1641. Wilhelmus. 1 vol. in-8°.

7533. — Réponse aux deux traitez intitulez, *La perpétuité de la foy de l'Eglise catholique touchant l'Eucharistie.* (Par *Jean* CLAUDE). 7ᵉ édit.
Charenton. 1668. Cellier. 1 vol. in-4°.

7534. — Réponse au livre de M. Arnaud intitulé : *La perpétuité de la foy de l'Eglise catholique touchant l'Eucharistie défendue.* (Par *Jean* CLAUDE).
Quevilly et Rouen. 1670. Lucas. 1 vol. in-4°.

7535. — Réponse au livre du P. Nouet, sur le sujet du Saint Sacrement de l'Eucharistie. (Par *Jean* CLAUDE).
Amsterdam. 1668. Smith. 1 vol. in-8°.

7536. — Considérations sur les lettres circulaires de l'Assemblée du Clergé de France, de l'année MDCLXXXII. (Par *Jean* CLAUDE).
La Haye. 1683. Arondeus. 1 vol. in-12.

7537. — Réponse au livre de M. l'Evêque de Meaux intitulé, *Conférence avec M. Claude.* (Par Jean CLAUDE).
Charenton. 1683. O. de Varennes. 1 vol. in-8°.

7538. — La défense de la Réformation contre le livre intitulé, *Préjugez légitimes contre les Calvinistes.* (Par Jean CLAUDE). 3ᵉ édit.
Amsterdam. 1683. Hoorn. 2 vol. in-12.

7539. — L'Examen de soy-mesme, pour se bien préparer à la Communion. (Par Jean CLAUDE). 2ᵉ édit.
Charenton. 1682. Lucas. 1 vol. in-12.

— Pseaumes qui se chantent les jours de cène.
Charenton. 1682. Lucas. in-12.

— Préparation à la sainte cène. Avec des élévations d'esprit tirées du livre de la Pratique des vertus chrestiennes. (Par M. ALLIX).
Paris et La Rochelle. 1683. Savouret. in-12.

7540. — *Henrici* BOXHORNII commentariorum de Eucharisticâ harmoniâ libri tres, adversus transsubstantiationem pontificiam, missæ idolomaniam et manducationem carnis Jesu Christi corporalem....
Lugduni. Batav. 1595. Paetsius et Elzevirus. 1 vol. in-8°

7541. — *Philippi* A LIMBORCH theologia christiana ad praxin pietatis ac promotionem pacis christianæ unicè directa. 5ᵃ ed. — Adjecta est relatio historica de origine et et progressu controversiarum in Fœderato Belgio de Prædestinatione. Tractatus posthumus.
Amstelædami. 1730. Lakeman. 1 vol. in-fol. Port.

7542. — Brieve explication de la Pate-nostre.
S. n. n. l. n. d. 1 vol. in-8°.

** — Theologia germanica... N° 1772, 5205, 5206.

7543. — Le christianisme raisonnable, tel qu'il nous est représenté dans l'Ecriture sainte. Traduit de l'anglois de M. LOCKE (par P. COSTE). 2ᵉ édit.
Amsterdam. 1715. L'Honoré et Chatelain. 2 vol. in-12

** — Pensées diverses par *P.* BAYLE. Voyez œuvres de P. BAYLE.

7544. — Profession de foy de M. *Yves* DE VALLONE, ci-devant

Chanoine de l'Eglise royale de Ste-Geneviève...
Swobach. 1697. Hagen. 1 vol. in-8°.

** — Dissertation sur le Messie.. Par M. JACQUELOT. N° 6633.

7545. — La politique du Clergé de France, ou entretiens curieux de deux Catholiques Romains, l'un Parisien et l'autre Provincial, sur les moyens dont on se sert aujourd'hui pour destruire la Religion protestante dans ce royaume. (Par M. *Pierre* JURIEU). 2ᵉ édit. rev., corr. et augm. de plusieurs lettres sur le mesme sujet, et principalement de celle de M. SPON au P. La Chèze.
La Haye. 1681. Arondeus. 1 vol. in-16.

7546. — Les derniers efforts de l'innocence affligée. Avec une lettre curieuse d'un Particulier à un de ses Amis. (Par M. *Pierre* JURIEU). 2ᵉ édit.
Villefranche. 1682. Dufour. 2 vol. in-12.

7547. — L'esprit de M. Arnaud, tiré de sa conduite, et des écrits de luy et de ses Disciples, particulièrement de l'Apologie pour les Catholiques. (Par *P.* JURIEU).
Deventer. 1684. Colombius. 2 vol. in-12.

7548. — L'accomplissement des prophéties ou la délivrance prochaine de l'Eglise. Par le S. P. J. P. E. P. E. Th. A. R. (*Pierre* JURIEU).
Rotterdam. 1686. Acher. 2 vol. in-12.

7549. — Le vray système de l'Eglise et la véritable analyse de la foy. Pour servir principalement de responce au livre de M. Nicole intitulé : *les Prétendus réformés convaincus de schisme*. Par le S. JURIEU.
Dordrecht. 1686. Vᵉ de Caspar. 1 vol. in-8°.

7550. — Le Janséniste convaincu de vaine sophistiquerie, ou examen des réflexions de M. Arnaud sur le *Préservatif contre le changement de religion*. (Par P. JURIEU).
Amsterdam. 1683. Desbordes. 1 vol. in-12.

7551. — Préjugez légitimes contre le Papisme, ouvrage où l'on considère l'Eglise Romaine dans tous ses dehors, et où l'on fait voir par l'histoire de sa conduite quelle

ne peut être la véritable Eglise, à l'exclusion de toutes les autres Communions du Christianisme, comme elle prétend. (Par P. JURIEU).
Amsterdam. 1685. Desbordes. 2 en 1 vol. in-4°.

7552. — Traité de la dévotion. (Par *Pierre* JURIEU).
Quevilly. 1675. Lucas. 1 vol. in-12.

7553. — Traité historique, contenant le jugement d'un Protestant sur la Théologie mystique, sur le Quiétisme, et sur les démêlés de l'Evêque de Meaux avec l'Archev. de Cambray, jusqu'à la Bulle d'Innocent XII et l'Assemblée provinciale de Paris, du 13 Mai 1699 inclusivement. Avec le *Problème ecclésiastique* contre l'Arch. de Paris. (Par P. JURIEU.) 2ᵉ édit.
S. n. d. l. 1700. 1 vol. in-12.

7554. — Dialogues sur les matières du temps, concernant la religion. 2ᵉ édit. Avec une suite contenant la bulle *In Cœna Domini*, et quelques autres pièces curieuses touchant la foi violée à Jean Hus au Concile de Constance; avec le Decret qui annule en ce cas la foi promise aux Hérétiques.
Amsterdam. 1700. Pain. 2 en 1 vol. in-8°.

7555. — Traité de la repentance tardive par *Jaq.* BERNARD.
La Haye. 1741. Gibert. 1 vol. in-8°.

7556. — *Joannis* LA PLACETE observationes historico-ecclesiasticæ, quibus eruitur veteris Ecclesiæ sensus circa Pontificis Rom. potestatem in definiendis fidei rebus.
Amstelodami. 1695. Gallet. 1 vol. in-8°.

7557. — Dissertations sur divers sujets de morale et de théologie. Par *Jean* LA PLACETTE.
Amsterdam. 1704. Brunel. 1 vol. in-12.

7558. — Réflexions chrétiennes sur divers sujets. Par *Jean* LA PLACETTE.
Amsterdam. 1797. Brunel. 1 vol. in-12.

7559. — Essais de morale. Par *Jean* LA PLACETTE. 2ᵉ édit.
Amsterdam. 1716. Du Villard. 4 vol. in-12.

7560. — Nouveaux essais de morale. Par M. LA PLACETTE.
La Haye. 1715. Scheuzlecr. 2 vol. in-12.

7561. — Traité de l'autorité des sens contre la transsubstantiation. Par *Jean* LA PLACETTE.
Amsterdam. 1700. Gallet. 1 vol. in-12.

7562. — La communion dévote, ou la manière de participer saintement et utilement à l'Eucaristie. Par *Jean* LA PLACETTE. 6° édit.
Amsterdam. 1706. Gallet. 2 en 1 vol. in-12.

7563. — Traité de l'aumône, où l'on trouvera la résolution des cas de conscience qui ont du rapport à cette matière... Par *Jean* LA PLACETTE.
Amsterdam. 1699. Pain. 1 vol. in-12.

7564. — Traité des bonnes œuvres en général. Par *Jean* LA PLACETTE.
Amsterdam. 1700. Pain. 1 vol. in-12.

7565. — Traité de l'orgueil. Par *Jean* LA PLACETTE. 2° édit.
Amsterdam. 1700. Marret. 1 vol. in-12.

7566. — Traité des jeux de hazard défendu contre les Objections de M. De Joncourt, et de quelques autres. Par *Jean* LA PLACETTE.
La Haye. 1714. Scheurleer. 1 vol. in-12.

7567. — La mort des justes, ou la manière de bien mourir. Par *Jean* LA PLACETTE. 2° édit.
Amsterdam. 1714. Roger. 2 en 1 vol. in-8°.

7568. — De la félicité de la vie à venir et des moyens pour y parvenir. Traduit de l'anglois.
Amsterdam. 1700. Gallet. 2 en 1 vol. in-8°.

7569. — Traité de la conscience, dans lequel on examine sa nature, ses illusions, ses craintes, ses doutes, ses scrupules, sa paix etc,.. Par M. (*Jacques*) BASNAGE.
Amsterdam. 1696. Brunel. 2 vol. in-12.

7570. — Traité des préjugez faux et légitimes, ou Réponse aux Lettres et Instructions pastorales de quatre Prélats, M'^s. de Noailles, Arch. de Paris, Colbert, Arch. de Rouen, Bossuet, Evêq. de Meaux, et Nesmond, Evêq. de Montauban. (Par *J.* BASNAGE).
Delft. 1701. Beman. 3 en 2 vol. in-8°.

7571. — L'unité, la visibilité, l'autorité de l'Eglise et la vérité renversées par la Constitution de Clément XI *Unigenitus*, et par la manière dont elle est reçue. (Par *Jacques* BASNAGE).
Amsterdam. 1716. 1 vol. in-12.
— Lettre à M. *** servant de réponse à M. Basnage sur son livre de *L'Unité*, et d'éclaircissement au *Témoignage de la vérité*. — 1717.

7572. — Les entretiens des voyayeurs sur la mer. (Par *Gédéon* FLOURNOIS).
Cologne. 1704. Marteau. 2 en 1 vol. in-8°.

7573. — Même ouvrage.
Cologne. 1715. Marteau. 4 vol. in-12.

7574. — Mélange de remarques critiques, historiques, philosophiques, théologiques sur les deux dissertations de M. Toland, intitulées : l'une, *L'homme sans superstition*, et l'autre, *Les origines judaïques*... Par *Elie* BENOIST.
Delf. 1712. Beman. 1 vol. in-8°.

7575. — Le tombeau de la Constitution de Clément XI en cinq entretiens sur l'état de la religion en France.
Amsterdam. 1718. 1 vol. in-12.

7576. — Saintes conversations d'un chrestien qui désire travailler à son salut, avec son Pasteur. Par *B.* PICTET.
Rotterdam. 1713. Acher. 1 vol. in-8°.

7577. — La connoissance de l'âme par l'Ecriture, selon ses trois diférens états, d'union, de séparation, et de réunion, avec le corps. Par *A.* TESTAS.
Londres. 1708-1710. Delage. 2 vol. in-8°.

7578. — Déclaration d'*Eleazar* CHARLES, d'Avignon, autrefois Frère ISIDORE, de la Comp. des Augustins, touchant sa conversion faite à l'Eglise réformée de Grenoble. Item la comparaison de la doctrine de S. Augustin à celle des Augustins d'aujourd'hui.
Jouxte la copie imprimée en Dauphiné. 1725. 1 v. in-12.

7579. — De l'incrédulité, où l'on examine les motifs et les

raisons générales qui portent les incrédules à rejetter la Religion chrétienne. Par M. Le Clerc. 3° éd.
Amsterdam. 1733. Covens et Mortier. 1 vol. in-12.

7580. — Monumens authentiques de la Religion des Grecs, et de la fausseté de plusieurs confessions de foi des Chrétiens orientaux, produites contre les Théologiens reformez, par les Prélats de France et les Docteurs de Port Roial dans leur fameux ouvrage de : *La perpétuité de la foi de l'Eglise catholique.* Par le Sr J. Aymon.
La Haye. 1708. Delo. 1 vol. in-4°.

7581. — Traité de la vérité de la Religion chrétienne. (Par *Jacques* Abbadie). N° édit.
Rotterdam. 1720-1724. R. Leers. 3 vol. in-12.

7582. — Traité de la vérité de la Religion chrétienne, ou l'on établit la Religion chrétienne par ses propres caractères. Par *Jacques* Abbadie.
La Haye. 1771. Neaulme. 3 vol. in-12.

7583. — Les devoirs des communians. Par *J. R.* Ostervald.
Basle. 1745. J. Pistorius. 1 vol. in-8°.

7584. — Traité de la vérité de la Religion chrétienne, tiré en partie du latin de M. *J. Alphonse* Turrettin. Par M. *J.* Vernet. Rev. et corr. par un Théologien cathol
Paris. 1753. Garnier. 2 vol. in-12.

7585. — Pièces fugitives sur l'Eucharistie. (Publiées par *J.* Vernet).
Genève. 1730. Bousquet. 1 vol. in 8°.

— Dissertation sur l'honoraire des messes. (Par *A.* Guiard).
S. n. n. l. 1748. in-8°.

7586. — La Religion chrétienne prouvée par le raisonnement. Par *Jean* Des Champs.
Cassel. 1753. Estienne. 1 vol. in-8°.

7587. — Confidence philosophique. (Par *Jacob* Vernes). 2° éd.
Genève. 1776. 2 en 1 vol. in-8.

7588. — Offrande aux autels et à la Patrie. Contenant :

Défense du Christianisme ou réfutation du chap. VIII du Contract social. — Examen historique des Quatre beaux siècles de M. de Voltaire. — Quels sont les moyens de tirer un peuple de sa corruption. Par M. Ant. Jaq. ROUSTAN.
Amsterdam. 1764. Rey. 1 vol. in-8°.

7589. — Catechesis religionis christianæ, in Ecclesiis et Scholis plerisque reformatis usitata...
Amstelodami. 1643. Janssonius. 1 vol. in 8°.

7590. — Instruction des chrestiens, contenant la manière de prier Dieu, avec deux sommaires des principaux poincts de la Religion chrestienne. Puis un Petit catéchisme, par *Théodore* DE BÈZE. Item le miroir de la jeunesse. Par *Matthieu* CORDIER.
Campen. 1643. Worst. 1 vol. in-12.

7591. — Catéchisme ou instruction familière sur les principaux points de la Religion chrestienne. Fait par M. DRELINCOURT en faveur de sa famille.
Charenton. 1662. Vendosme. 1 vol. in-8°.

7592. — Catéchisme. N° édit.
Charenton. 1671. O. de Varennes. 1 vol. in-12.

7593. — Catéchisme ou instruction dans la religion chrétienne, par *J.-F.* OSTERWALD. N° édit.
Neufchatel. 1730. Boyne. 1 vol in-8°.

7594. — Entretien instructif d'un Père avec son Fils, sur les premiers principes de la Religion et de la Morale, ou Catéchisme raisonné. Traduit de l'anglois. Par Milord***.
Amsterdam. 1732. Wetsteins et Smith. 1 vol. in-12.

7595. — Abrégé de la Théologie et de la Morale chrétienne en forme de catéchisme, par feu M. *Jaques* SAURIN.
Amsterdam. 1737. Humbert. 1 vol. in-8°. Port,

7596. — *Abrahami* SCULTETI idea concionum dominicalium,

ad populum Haidelbergensem habitarum ; confecta operâ et studio *Balthasari* TILESII. Ed. nov.
Hanoviæ. 1608. Wechelius. 1 vol. in-8°.

7597. — Idem opus.
Hanoviæ. 1651. Lasché. 1 vol. in-8°.

** — *R.* GUALTHERI Οἰκητής sive servus ecclesiasticus.   N° 864.

7598. — Sylva homiliarum in textus ex quatuor Evangelistis dominicales. Studio et operâ *Wilhelmi* ZEPPERI.
Herbornæ Nassoviorum. 1605. 1 vol. in-4°.

7599. — *Jacobi* LAURENTII conciones sacræ habitæ ad populum Amstelredamensem.
Hardervici Geldr. 1629. Wieringen. 2 vol. in-4.

7600. — Antidotum ambitionis, à Jesu Christo servatore nostro Matth. XVIII. vers. 1. 2. 3. 4. Discipulis suis præscriptum : et à *Casparo* SIBELIO concionibus tribus explicatum.
Daventriæ 1646. Conradus Thomæus. 1 vol. in-4°.

7601. — *Caspari* SIBELII homiliæ septem in Matth. XVIII. vers. 5. 6. 7. 8. 9. de cavendis scandalis, et refrænandis pravis affectibus.
Daventriæ. 1646. Conradus Thomæus. 1 vol. in-4°.

7602. — *Gaspari* SIBELII homiliæ sex in Matth. XVIII. vers. 10. 11. 12. 13. 14. de vitando contemtu parvorum.
Daventriæ. 1647. Conradus Thomæus. 1 vol. in-4°.

7603. — *Gaspari* SIBELII in decimum-sextum caput Apostoli et Evangelistæ Matthæi conciones sacræ. 2ª edit.
Amstelredami. 1640. H. Laurentius. 1 v. in-4°.

7604. — Encomium fraternæ concordiæ, seu Psalmus centesimus tricesimus tertius regii Prophetæ Davidis, à *Casparo* SIBELIO homiliis duodecim explicatus.
Daventriæ. 1640. Conradus Thomæus. 1 vol. in-4°.

— Vaticinium de Christi exinanitione et exaltatione, seu Psalmus vicesimus-secundus Davidis, homiliis XXI explicatus à *Casparo* SIBELIO.
Daventriæ. 1641. C. Thomæus. in-4°.

7605. — Sermons de *Jean* CALVIN sur les dix commandemens

de la Loy donnée de Dieu par Moyse, autrement appelez le Décalogue...

Genève. 1562. François Estienne. 1 vol. in-8°.

— Sermons de *Jehan* CALVIN sur le Cantique que fait le bon Roy Ezechias après qu'il eut esté malade et affligé de la main de Dieu, selon qu'il est contenu en Isaie, chapitre XXXVIII.

Genève. 1562. François Estienne. in-8°.

7606. — Recueil de sermons, 1 vol. in-8° contenant :

1. — Deux sermons de *Jean* DAILLÉ sur la conversation de la Bienheureuse Vierge, et de Sainte Elizabeth.
   Charenton. 1652. Cellier 1 vol. in-8°.

2. — Sermon sur l'Espitre de S. Paul à Tite, ch 3, v. 8. Par *J.* DAILLÉ.
   Charenton. 1654. S. Perier. in-8°.

3. — Sermon sur S. Luc, ch. 13, v. 1, 2, 3, 4 et 5 par *Ch.* DRELINCOURT.
   Quevilly. 1654. Cailloué. in-8°.

4. — La repentance de l'Enfant prodigue, ou sermon sur le XV de S. Luc, depuis le v. 11 jusques au 24. Par *Charles* DRELINCOURT.
   Charenton. 1658. Cellier. in-8°.

5. — Action de graces pour la publication de la paix entre l'Angleterre et les Provinces unies, ou sermon sur le Pseaume CXXII, v. 6. Prononcé le 2 Juin 1654.... Par *Raymond* GACHES.
   Charenton. 1654. L. Vendosme. in-8°.

6. — Le Consolateur promis aux Apostres, ou sermon sur le chapitre XVI de l'Evangile selon S. Jean, v. 7. Par *Raymond* GACHES.
   Charenton. 1655. L. Vendosme. in-8°.

7. — Sermon sur le livre d'Esaye le Prophète, ch. 58, v. 1. 2 et 3.... Par *Raymond* GACHES.
   Charenton. 1663. Lucas. in-8°.

8. — De l'imposition des mains, ou sermon sur l'Epistre de S. Paul aux Romains, ch. 10, v. 15.... Par *Raymond* GACHES.
   Charenton. 1658. O. De Varennes. in-8°.

9. — Sermon sur le chapitre premier de l'Epistre aux Colossiens, v. 27. Par *David* EUSTACHE.
   Charenton. 1660. L. Vendosme. in-8°.

10. — Sermon sur le chapitre douzième de l'Ecclésiaste, v 9. Par *David* EUSTACHE.
    Charenton. 1660. L. Vendosme. in-8°.

11. — La sacrificature royale, ou sermon sur le v. 6 du ch. I de l'Apocalypse de S. Jean... Par M. DE MEIANES.
    Charenton. 1660. N. Du Pin. in-8°.

12. — Sermon presché dans l'Eglise françoise de la Savoye le 28 Nov. 1675, jour de l'abjuration de deux personnes de l'Eglise Romaine. Par *Richard* DU MARE. — 1676

7607. — Le thrône de grâce, ou sermon sur les paroles Hébr. 4. 16. *Allons donques avec asseurance au throne de grace*. Par *Frideric* SPANHEIM.
Leiden. 1644. J. Maire. 1 vol. in-12.

7608. — L'Athée convaincu, en quatre sermons sur les paroles du Ps. 14. v. 1 : *L'insensé a dit en son cœur, il n'y a point de Dieu*, prononcez par *Frid.* SPANHEIM.
Leyde. 1676. D. à Gaesbeeck. 1 vol. in-12.

7609. — Six sermons de la réconciliation de l'homme avec Dieu. Preschez par *Gilbert* PRIMEROSE.
Sedan. 1624. 1 vol. in-8°.

7610. — Des fruits de la foy en vertus chrestiennes, ou sermons sur les chapitres XII et XIII de l'Epistre aux Hébreux, prononcés... par *Jean* MESTREZAT.
Genève. 1655. Chouet. 1 vol. in-8°.

7611. — Sermons sur les chapitres IIIe, IVe, V^e et VIe de l'Epistre aux Hébreux... Par *Jean* MESTREZAT.
Genève. 1653. Chouet. 1 vol. in-8°.

7612. — De la sacrificature de Jésus Christ nostre Seigneur: ou sermons sur les chapitres VII, VIII, IX et partie du Xe de l'Epistre aux Hébreux. Par *J.* MESTREZAT.
Genève. 1653. Chouet. 1 vol. in-8°.

7613. — Treize sermons sur tout le premier chapitre de la I. Epitre de S. Paul aux Thessaloniciens, et sur une partie du deuzième. Par *Michel* LE FAUCHEUR.
— Treize sermons sur le IV chapitre de l'Epistre de S. Paul aux Ephésiens. Par *Michel* LE FAUCHEUR.
Genève. 1665. A. et S. De Tournes. 1 vol. in-8°.

7614. — Deuxième decade de sermons. Par *P.* DU MOULIN.
Genève. 1643. Chouet. 1 vol. in-8°.

7615. — Troisième decade de sermons. Par *P.* DU MOULIN.
Quevilly et Rouen. 1639. Berthelin. 1 vol. in-8°.

7616. — Quatrième decade de sermons. Par *P.* DU MOULIN.
Genève. 1643. Chouet. 1 vol. in-8°.

7617. — Cinquième decade de sermons. Par P. DU MOULIN.
Charenton. 1642. Bourdin et Perier. 1 vol. in-8°.
7618. — Sermons par *Raymond* GACHES. 1 vol. in-8° contenant:
1. — Le triomphe de l'Evangile, ou sermon sur la II. Epistre de S. Paul aux Corinthiens, chap. 2. v. 14... 2ᵉ éd.
2. — Jésus dans l'agonie, ou sermon sur S. Matthieu, ch. 26, v. 37 et 38.
Charenton. 1654-1655. Vendosme.
3. — Le consolateur promis aux Apostres. N° 7606.
4. — Action de grâces... N° 7606.
5. — L'athéisme confondu, ou sermon sur ces paroles, *L'insensé a dit en son cœur, il n'y a point de Dieu.*
6. — Le fondement de l'espérance du Chrestien, ou sermon sur le V chapitre de l'Epistre aux Romains, v. 3
Charenton. 1654-1655. Perier.

7619. — Recueil de sermons sur divers passages de l'Ecriture Sainte, avec quelques prières et méditations, par *Charles* DRELINCOURT.
Genève. 1658. A et S. De Tournes. 2 vol. in-8°.

7620. — Fragmens des sermons de M. MORUS; avec ses dernières heures.
La Haye. 1685. Troyel. 1 vol. in-12.

7621. — Sermons par *Jean* CLAUDE. 1 vol. in-8° contenant:
1. — Explication de la section LIII du Catéchisme.
Quevilly. 1683. A. De la Motte.
2. — Sermon sur ces paroles de l'Epistre de S. Paul aux Ephésiens, Ch. 4, v. 30, *Ne contristez point le Saint Esprit de Dieu...*
Charenton. 1670. Vendosme.
3. — La parabole des noces, expliquée en cinq sermons sur le Chap. 22 de S. Matthieu jusqu'au verset 14.
4. — Les fruits de la repentance, ou sermon sur ces paroles de Salomon: *Il y aura propiciation pour l'iniquité par gratuité et vérité...*
Charenton. 1686. O. De Varennes.

7622. — Recueil de sermons. 1 vol. in-8° contenant:
1. — Explication de la section LIII du Catéchisme. Par *Jean* CLAUDE.
Charenton. 1682. Lucas.
2. — Sermon sur ces paroles... N° 7621.
Charenton. 1666. Dan. Du Fresne.
3. — La doctrine de la grâce, ou sermon sur ces paroles de S. Paul, en son Epistre aux Ephésiens, ch. 2, v. 8. *Car vous estes sauvés par Grace.* Par *Pierre* DU BOSC. — 1661.

4. — Les larmes de S. Pierre, ou sermon sur les paroles de l'Évangile selon Saint Luc, ch. 22, v. 62. Par Pierre Du Bosc.
Charenton. 1659. Vendosme.

5. — Les estoiles du ciel de l'Eglise, ou sermon sur ces paroles de S. Jean en l'Apocalypse, ch. 1, v. 16. *Et il avoit en la main droite sept estoiles.* Par *Pierre* Du Bosc.
Quevilly et Charenton. 1683. O. De Varennes.

6. — Sermon prononcé en l'Eglise françoise, qui a ses exercices ordinaires en la Chapelle de la Savoye, la première fois que le service de Dieu y a esté célébré selon la liturgie de l'Eglise Anglicane. Par *Jean* Durel.
Londres. 1661. Godbid.

7. — La messe trouvée dans l'Escriture. — 1646.

7623. — Sermons sur divers textes de l'Ecriture Sainte. Par M. *Jean-Jaques* Claude.
Genève. 1724. Du Villard et Jacquier. 1 vol. in-8°.

7624. — Sermons sur divers textes de l'Ecriture Sainte, par *Pierre* Du Bosc.
Rotterdam. 1687. Reinier Leers. 1 vol. in-8°.

7625. — Sermons sur l'Epitre de St. Paul aux Ephésiens, contenans l'explication des principales matières contenues dans les trois premiers chapitres de cette Epitre. Par feu M. Du Bosc.
Rotterdam. 1699. Reinier Leers. 3 vol. in-8°.

7626. — Sermons sur divers textes de l'Ecriture Sainte, par feu M. Jacquelot.
Genève. 1750. E. Du Villard. 2 vol. in-12.

7627. — Sermon sur ces paroles de S. Paul, 1 Cor. chap. xi v. 23 : *J'ai reçu du Seigneur ce que je vous ay donné.* Par M. Jurieu.
Quevilly. 1660. Abraham De la Motte. 1 vol. in-8°.

7628. — La voye véritable de la vie, ou sermon sur ces paroles de Jésus-Christ : *Je suis la Voye, la Vérité, et la Vie,* Jean 14, v. 6. Par *Jean* Sauvage.
Charenton. 1645. Louis Vandosme. 1 vol. in-12.

7629. — Sermons sur divers textes de l'Ecriture Sainte. Par *David* Martin.
Amsterdam. 1708. Brunel. 1 vol. in-8°.

7630. — Nouveaux sermons avec des prières pour les différens états de la vie, de la pénitence, et de la mort. Par M. Basnage.
La Haye. 1720. Le Vier. 1 vol. in-8°.

7631. — Les caractères du Chrestien et du Christianisme, marquez dans trois sermons sur divers textes de l'Evangile... Preschez par M. Abbadie.
La Haye. 1697. Troyel. 1 vol. in-12.

7632. — Sermons et panégyriques par *Jaques* Abbadie. Auxquels on a joint quatre Lettres du même Auteur et un Essai historique sur sa vie et ses ouvrages.
Amsterdam. 1760. Changuion. 3 vol. in-12.

7633. — Sermons sur divers textes de l'Ecriture Sainte, par feu M. *Jaques* Saurin.
Genève. 1734-1738. Fabri et Barillot. 9 vol. in-12.

7634. — Nouveaux sermons sur l'histoire de la passion de notre Seigneur Jésus-Christ, et sur des sujets qui y ont du raport : par feu M. *Jaques* Saurin.
Genève. 1733. Fabri et Barillot. 2 vol. in-12.

7635. — Sermons sur divers textes de l'Ecriture Sainte. Par *Jaques* Saurin. Nᵉ éd.
Lausanne. 1759-1761. Bousquet. 12 vol. in-8°.

7636. — Extraits analysés des sermons de M. Saurin.
Paris. 1764. Hérissant. 2 vol. in-12.

7637. — Sermons sur des vérités importantes de la religion auxquels on ajoute des considérations sur la réunion des Protestans. Par *Samuel* Wrenfels.
Basle. 1715. Ludi. 1 vol. in-8°.

7638. — Sermons sur divers textes de l'Ecriture Sainte, par *Claude* Groteste de la Mothe.
Amsterdam. 1715. L'Honoré et Chatelain. 1 vol. in-8°.

7639. — Sermons sur divers textes de l'Ecriture Sainte, par *Jacob* Bessonnet.
Genève. 1728. Bousquet. 1 vol. in-8°.

7640. — Sermons sur divers textes de l'Ecriture Sainte, par *Théodore* Huet.
Amsterdam. 1732. L'Honoré. 1 vol. in-8°.

7641. — Discours moraux, ou sermons sur divers textes de l'Ecriture Sainte. (Par *Jean* Olivier).
La Haye. 1771. 1 vol. in-12.

7642. — Le voyage de Beth-el avec les préparations, prières et méditations, pour participer dignement à la Sainte Cène. Par divers Autheurs. (*Jean* de Focquembergues. — *Michel* le Faucheur. — *Samuel* Durand. — *Pierre* du Moulin. — *Raymond* Gaches).
Charenton. 1665. Cellier. 1 vol. in-12.

7643. — Recueil de piété. 1 vol. in 12, contenant :
1. — Préparation à la S. Cène, avec les prières qui se disent devant et après la Communion. Par *Raymond* Gaches 4ᵉ édit. rev., corr. et augm.
2. — Méditation pour se préparer à la S. Cène. Par *Pierre* Du Moulin.
3. — Espreuve du Fidéle, pour se préparer à la S. Cène, avec les prières pour y participer dignement, et en bonne conscience. Par *Samuel* Durand.
4. — Recueil des Pseaumes qui se chantent aux jours de la S. Cène. Par divers Autheurs.
5. — Le voyage de Beth-el, ou les devoirs de l'Ame fidèle en allant au Temple... Par *Jean* de Focquembergues.
Genève. 1665. J. Stoer. 1666. P. Chouet. 1 vol. in-12.

7644. — Prières pour tous les jours de la semaine, et sur divers sujets. Par *B.* Pictet. Nᵉ édit.
Genève. 1769. Nic. Gallay. 1 vol. in-12.

7645. — Thrésor de prières, méditations et instructions chrestiennes recueillies des plus célèbres Autheurs
Charenton. s. d. Vendosme. 1 vol. in-12.

7646. — Die Harpff Davids, das ist Dreissig ausserlesene Psalmen mit schonen Melodeyen...
Heydelberg. 1624. Leonh. Neander. 1 vol. in-24.

7647. — Geistliches Handbuchlein vor die Reysenden von newen in diese geschmeidige Form geordnet.
Luneburg. 1628. Sternen. 1 vol. in-16.

IV. — Anglicanisme.

7648. — Défence de la vraye et catholique doctrine du sacrement du corps et sang de nostre sauveur Christ. Faite par Rev. Pére en Dieu, *Thomas* (Cranmer), Arch. de Canturbie... Translatée de langue angloise en françois, par *François* Philippe.
   S. n. n. l. 1561. 1 vol. in-8°.

7649. — *Guilielmi* Whitakeri opera theologica, duobus tomis nunc primùm collecta. Subjuncta est de Auctoris vita et morte descriptio.
   Genevæ. 1610. Crispinus. 2 en 1 vol. in-fol.

7650. — Disputatio de Sacra Scriptura; contra hujus temporis Papistas, imprimis Robertum Bellarminum Jesuitam, et Thomam Stapletonum : sex quæstionibus proposita et tractata à *Guilielmo* Whitakero.
   Herbornæ. 1600. Corvinus. 1 vol. in 8°.

7651. — Tractatus doctissimi viri *Guilielmi* Whitakeri de peccato originali, in tres libros distributus, adversus tres primos libros Thomæ Stapletoni de universà Justificationis doctrinà hodiè controversà. Editus operâ et curâ *Joannis* Allenson.
   Hanoviæ. 1604. Antonius. 1 vol. in-8°

7652. — Le ciel sur la terre, ou discours de la vraye tranquillité de l'esprit. Par M. *Joseph* Hall. (Traduit par *P.* Gosselin.
   Paris. 1620. Joallin. 1 vol. in-12.

7653. — Œuvres diverses de M. *Joseph* Hall, traduites de l'anglois par *Théodore* Jaquemot.
   Genève. 1626-1629. Aubert. 1 vol. in-12 contenant :

   1. — La Senèque chrestien, ou considérations philosophiques et applications morales. 2ᵉ édit.
   2. — Le ciel sur la terre...   N° 7652.
   3. — Les caractères de vertus et de vices.

4. — Ample et naifve paraphrase sur le Cantique des Cantiques de Salomon.
5. — Sermon de la passion de N. S. Jésus-Christ.
6. — La devise de Dieu. Plus sermon d'adieu presché à la famille du Prince Henri, sur le jour de la dissolution d'icelle. Et, le sainct Panégyric.
7. — Le juste Mammon. Sermon d'hospitalité presché en l'Assemblée solennelle de la cité de Londres,... l'an 1618.
8. — Quo vadis ? Ou censure des voyages, ainsi qu'ordinairement ils sont entrepris par les Seigneurs et Gentils-hommes.
9. — Comparaison du Pharisaisme et Christianisme.

7654. — Œuvres diverses de M. *Joseph* HALL, traduites de l'anglois par *Théodore* JAQUEMOT.
Genève. 1626-1629. Aubert. 1 vol. in-12 contenant :
N°s 9. 5 2. 3. 4. 6. 8. 7 du Recueil précédent.
1. — Sérieuse dissuasion d'adhérer à la Papauté.
10. — Nulle paix avec Rome. En quoy se prouve, que en l'estat que sont maintenant les affaires, il ne se peut faire aucune réconciliation de la Religion Réformée avec la Romaine : et que la faute en est toute aux Romanistes.— Ensemble un brief récit des principes de Religion.

7655. — Caractères de vertus et de vices. Tirez de l'anglois de M. *Joseph* HALL. (Trad. par DE TOURVAL). 2ᵉ éd.
Paris. 1619. Perier. 1 vol. in-12.

7656. — Le vray chrestien ou anatomie spirituelle, traduite de l'anglois de *Guil.* COWPER.(Par *David* LE CLERC).
Genève. 1747. Stoer. 1 vol. in-12.

7657. — *Georgii* BULLI opera omnia, quibus duo præcipui catholicæ fidei articuli, de S. Trinitate et Justificatione, orthodoxè, perspicuè ac solidè explanantur, illustrantur, confirmantur... Quibus jam accessit ejusdem Tractatus hactenus ineditus, de Primitivâ

et apostolicâ traditione dogmatis de Jesu-Christi divinitate, contra Dan. Zuickerum. Subnexa insuper... Annotata *Joan. Ern.* Grabe. Cujus præfatio.
Londini. 1703. Bridge. 1 vol. in-fol.

7658. — Defensio fidei Nicænæ, ex scriptis, quæ exstant, catholicorum Doctorum, qui intra tria prima Ecclesiæ christianæ secula floruerunt. In qua obiter quoque Constantinopolitana confessio, de Spiritu Sancto, Antiquiorum testimoniis adstruitur. Authore *Georgio* Bullo. 2ª ed.
Oxonii è Theatro. 1688. 1 vol. in-4°.

7659. — Judicium Ecclesiæ catholicæ trium primorum seculorum, de necessitate credendi quod Dominus noster Jesus Christus sit verus Deus, assertum contra M. Simonem Episcopium aliosque. Authore *Georgio* Bullo.
Amstelodami. 1697. Gallet. 1 vol. in-8°.

7660. — *Johannis* Prideaux opera theologica quæ latinè extant omnia...
Tiguri. 1672. D. Gessnerus. 1 vol. in-4°.

7661. — Exetasis scientiæ requisitæ in Theologo ad censuras sententiis theologicis inferendas... A *Thoma* Anglo ex *Albiis East-Saxonum* (*Th.* White).
S. n. n. l. 1662. 1 vol. in-12.

7662. — Institutionum peripateticarum ad mentem Kenelmi Equit. Digbæi, pars theorica. Item Appendix theologica de origine mundi. Authore *Thomas* Anglo...
Londini. 1647. R. Whitakerus. 1 vol. in-12.

7663. — Institutionum sacrarum peripateticis inædificatarum; hoc est, theologiæ, super fundamentis in Peripateticâ Digbæanâ jactis, extructæ, pars theorica. Authore *Thomas* Anglo.
S. n. n. l. 1652. 2 vol. in-12.

7664. — Institutionum ethicarum, sive stateræ morum, aptis rationum momentis libratæ, tomi tres. Authore *Thoma* Anglo ex *Albiis*.
Londini. 1660. 3 vol. in-12.

7665. — Villicationis suæ de medio animarum statu ratio Episcopo Chalcedonensi reddita à *Thoma* ANGLO...
Parisiis. 1653. 1 vol. in-12.

7666. — Exceptiones duorum Theologorum Parisiensium adversus doctrinam Albianam de medio animarum statu, et aliis : cum responsis ad easdem. Authore *Thoma* ANGLO ex *Albiis*.
S. n. n. l. 1662. 1 vol. in-12.

7667. — Sonus buccinæ : sive tres Tractatus de virtutibus Fidei et Theologiæ, de principiis earundem, et de erroribus oppositis. Quibus accesserunt Quæstio theologica, de Gratia, de libero Arbitrio, Mens Augustini de Gratià Adami, et Ratio villicationis de medio animarum statu. Authore *Thoma* ANGLO...
Coloniæ Agrippinæ. 1659, Kinckius. 1 vol. in-12.

7668. — Tabulæ suffragiales de terminandis Fidei litibus, ab Ecclesia catholica fixæ : occasione tesseræ ψευδωνύμως Romanæ, inscriptæ adversus folium unum Soni buccinæ. Authore *Thoma* ANGLO *ex Albiis*
Londini. 1655. 1 vol. in-12.

7669. — Monumetham excantatus, sive animadversiones in libellum famosum, inscriptum *De Anglicani Cleri retinendâ in Apostolicam Sedem observantiâ*... Authore *Thoma* ANGLO.
Rotomagi. 1660 1 vol. in-12.

— Muscarium ad immissos à Jona Thamone calumniarum *Crabones* et sophismatum *Scarabœos* Censuræ Duacenæ vindices, abigendos. Authore *Thoma* ALBIO.
Londini. 1661. in-12.

— Statera appensa quoad salutis assequendæ facilitatem. Authore *I*. S.
Londini. 1661. in-12.

— Stateræ equilibrium, quoad salutis assequendæ facilitatem. Authore *Thoma* ANGLO *ex Albiis*.
Londini. 1661. in-12.

— Apologia pro doctrina sua. Adversus calumniatores. Authore *Thoma* ALBIO.
Londini. 1661. in-12.

7670. — Theatrum vitæ civilis ac sacræ: sive de moribus Reipublicæ christianæ commentaria, in quinque libros distributa. Authore *Edouardo* WESTONO.
Brugis. 1626. G. De Neve. 1 vol. in-fol.

7671. — La voye seure conduisant un chacun Chrestien, par les tesmoignages et confessions de nos plus doctes adversaires, à la vraye et ancienne Foy catholique, dont on fait maintenant profession en l'Eglise d'Angleterre, et autres Eglises réformées. Traduite de l'anglois de M° *Humfrey* LYNDE. Par *I* DE LA MONTAGNE. Sur la 5° éd. angl.

— La voye esgarée faisant fourvoyer les esprits foibles et vacillans ès dangereux sentiers d'erreur... Descouverte par M° *Humphrey* LYNDE, et traduite en françois par I. DE LA MONTAGNE.
Charenton. 1645. Vendosme. 1 vol. in-8°.

7672. — Considerationes modestæ et pacificæ controversiarum, de Justificatione, Purgatorio, Invocatione Sanctorum et Christo mediatore, Eucharistia. Per *Gulielmum* FORBESIUM.
Londini. 1658. Roycroft. 1 vol. in-8°.

7673. — La sonde de la conscience, par *Daniel* DYKE. Traduit de l'anglois par *Jean* VERNUEIL. 2° éd.
Genève. 1636. Chouet. 1 vol. in-12

7674. — A treatise of the Sabbath and the Lords-Day. Written in french by *David* PRIMEROSE. Englished out of his french manuscript by his Father G.P. D D.
London 1636. Badger. 1 vol. in-4°.

7675. — The right receiving of, and rooting in Christ. Delivered in sundry sermons by *Jer.* DYKE.
London. 1640. H. Overton. 1 vol. in-12.

7676. — The Honey-Combe of free justification by Christ alone. Preached and delivrered by *John* EATON.
London. 1642. R. Lancaster. 1 vol. in-4°.

7677. — Excellent encouragements against afflictions ; or expositions of four select Psalmes: the XXVII, LXXXIV, LXXXV, and LXXXVII. By M. *Thomas* PIERSON.
London. 1647. Legatt. 1 vol. in-4°.

7678. — Lignum vitæ. Libellus ad utilitatem cujusque animæ in altiorem vitæ perfectionem suspirantis, nuperrimè editus. Authore *Richardo* BRATHWAIT.
Londini. 1659. Grismond. 1 vol. in-8°.

7679. — Three treatises ; I. The Christians charter, shewing the priviledges of a Believer. II. The art of divine contentment. III. A discourse of meditation: to which is added several sermons preached occasionally. By *Thomas* WATSON. 6 edit.
London. 1660. Smith. 1 vol. in-4°.

7680. — The practise of pietie directing a Christian how to walke that he may please God. (By *Lewes* BAYLY).
London. 1616. Hodgets. 1 vol. in-12.

7681. — La pratique de piété, traduite de l'anglois de *Louys* BAYLE, par *Jean* VERNUIL, B. 13ᵉ édit.
Charenton. 1668. Cellier. 1 vol. in-8°.

7682. — Traité de la vie chrétienne, traduit de l'anglois du docteur SCOT.
Amsterdam. 1699. Desbordes. 2 vol. in-12.

7683. — La voix de Dieu qui appelle les pécheurs à la repentance, ou discours sur Ezéchiel, chapitre XXXIII, v. XI. Traité fait en anglois, par *Richard* BAXTER, et traduit par J. B. S.
Berlin. 1705. Roger. 1 vol. in-12.

7684. — La pratique des vertus chrétiennes, ou le devoir de l'homme. Avec des dévotions particulières, et des prières pour toute sorte d'occasions. Traduit de l'anglois (DE *W.* CHAPPELL, par Mˡˡᵉ DUREL). Traduction rev. et corr. par *Jean-Armand* DUBOURDIEU.
Londres. 1719. J. Tonson et J. Watts. 1 vol. in-8°.

7685. — Traité sur la providence. Par *Guillaume* SHERLOCK. Traduit de l'anglois. (Par *Elie* DE JONCOURT).
La Haye. 1731. Neaulme. 1 vol. in-8°. Port.

7686. — De la mort. Par *Guillaume* Sherlock. Traduit de l'anglois par *David* Mazel. N° édit.
Amsterdam. 1712. Humbert. 1 vol. in-8°.

7687. — De l'immortalité de l'ame, et de la vie éternelle. Par *Guillaume* Sherlock. Traduit de l'anglois (par M. de Marmande).
Amsterdam. 1708. Humbert. 1 vol. in-8°.

7688. — De fide et officiis Christianorum liber. Authore *Thoma* Burnetio.
Londini. 1727. 1 vol. in-8°.

7689. — La nature et l'excellence de la Religion chrétienne, avec une préface de M. *Gilbert* Burnet. — Lettre de l'Archev. Tillotson. — Pensées chrétiennes pour tous les jours du mois, de M. le Docteur Lucas. Le tout trad. de l'anglois (par *Armand* de la Chapelle).
Delf. 1722. Boitet. 1 vol. in-8°.

— Discours de la véritable félicité. 4° édit.
Amsterdam. 1700. Marret. in-12.

7690. — Défense de la Religion tant naturelle que révélée contre les infidèles et les incrédules : extraite des écrits publiés pour la Fondation de M. Boyle, par les plus habiles gens d'Angleterre; et traduite de l'anglois de M. *Gilbert* Burnet (par *A*. de la Chapelle).
La Haye. 1738-1741. Paupie. 4 vol. in-12.

7691. — De statu mortuorum et resurgentium tractatus. Adjicitur Appendix de futurâ Judæorum restauratione, nunc primùm evulgatâ. Authore *Thomas* Burnetio. Accedunt ejusdem epistolæ duæ de Archæologiis philosophicis.
Roterodami. 1729. Hofhout. 1 vol. in-8°. Port.

7692. — La Religion chrétienne démontrée par la résurrection de Notre Seigneur Jésus-Christ... Avec un Supplément, où l'on développe les principaux points de la religion naturelle. Par feu M. *Homfroi* Ditton. Trad. de l'anglois par A.D.L.C. (*A.* de la Chapelle).
Paris. 1729. Chaubert 1 vol. in-4°.

7693. — Alciphron,ou le petit philosophe; en sept dialogues: contenant une apologie de la Religion chrétienne contre ceux qu'on nomme Esprits-forts. (Traduit de l'anglois de G. BERKELEY, par E. DE JONCOURT).
La Haye. 1734. Gosse et Neaulme. 2 vol. in-12.

** — Traité de l'existence et des attributs de Dieu .. par M. CLARKE. Traduit par M. RICOTIER. Voyez: N° 4.

7694. — La religion chrétienne démontrée par la conversion et l'apostolat de S. Paul. Ouvrage traduit de l'anglois de Milord *George* LYTTELTON. — Avec deux Discours sur l'excellence intrinsèque de l'Ecriture Sainte, traduits de l'anglois de M. *Jérémie* SEED. (Par l'Abbé *Ant.* GUENÉE).
Paris. 1754. Tilliard. 1 vol. in-12.

7695. — Nouvelle démonstration évangélique,où l'on prouve l'utilité et la nécessité de la Révélation chrétienne par l'état de la Religion dans le Paganisme... Par *J.* LELAND. Ouvrage traduit de l'anglois.
Liége. 1768. Plomteux. 4 vol. in-12.

7696. — Coup-d'œil sur les preuves intrinsèques de la religion chrétienne. Traduit de l'anglois, de M. *Soame* JENYNS, sur la 5° édit. (Par *P.* LE TOURNEUR).
Bruxelles et Abbeville. 1778. Devérité. 1 vol. in-12.

7697. — Examen de l'évidence intrinsèque du christianisme par M. *Soame* JENYNS.—Traduit de l'anglois. N° éd. augmentée par les Observations de M. FLEXIER DE RÉVAL. (l'Abbé *F. X.* DE FELLER).
Liége. 1779. D. de Boubers. 1 vol. in-12.

7698. — Recherches sur la nature du feu de l'Enfer,et du lieu où il est situé. Par M. SWINDEN. Traduit de l'anglois par M. (*J.*) BION..
Leide. 1733. Bonte. 1 vol. in-8°. Fig.

7699. — Même ouvrage.
Amsterdam. 1757. 1 vol. in-8°. Fig.

7700. — Traité sur les miracles, dans lequel on prouve que le Diable n'en sauroit faire pour confirmer l'erreur; et

où l'on examine le système opposé, tel que l'a établi le Dr Samuel Clarke, dans le Ch. xix du II. Vol de son Traité *sur la religion naturelle et chrétienne.* Par *Jaques* SERCES.
Amsterdam. 1729. Humbert. 1 vol. in-8º.

7701. — Commentaire philosophique sur ces paroles de Jésus-Christ : *contrain-les d'entrer*; ou Traité de la tolérance universelle. Par M. (*Pierre*) BAYLE. Nᵉ éd.
Rotterdam. 1713. Fritsch et Bohm. 2 vol. in-12.

7702. — Censura librorum apogryphorum Veteris Testamenti, adversum Pontificios, imprimis Robertum Bellarminum... tractata à *Johanne* RAINOLDO.
In nobili Oppenheimio. 1611. Gallerus. 2 vol. in-4º.

7703. — Apologia pro S. Ecclesiæ Patribus, adversus Joan. Dallæum *De usu Patrum,* etc. Accedit Apologia pro Ecclesiâ Anglicanâ adversus nuperum schisma. Authore *Matthœo* SCRIVENERO.
Londini. 1672. Wells et Scott. 1 vol. in-4º.

7704. — Latitudinarius orthodoxus. I. In genere, de Fide in Religione naturali, mosaicâ et christianâ. II. In particulari, de christianæ religionis mysteriis, sancta Trinitate, Christi incarnatione, corporis Resurrectione, Cœna dominica. Accesserunt Vindiciæ Libertatis christianæ, Ecclesiæ Anglicanæ, et *Arthuri* BURY contrà ineptias et calumnias P. Jurieu.
Londini. 1697 S. Buckley. 1 vol. in-8º.

7705. — Le sens littéral de l'Ecriture Sainte, défendu contre les principales objections des Anti-scripturaires et des incrédules modernes. Traduit de l'anglois de M. STACKHOUSE. Avec une Dissertation du Traducteur sur les Démoniaques dont il est fait mention dans l'Evangile. (Par *Pierre* CHAIS).
La Haye. 1741. Gallois. 2 vol. in-8º.

7706. — Cours de lectures, sur les questions les plus importantes de la Métaphysique, de la Morale et de la

Théologie, traitées dans la forme géométrique... Ouvrage posthume du Dr DODDRIGE, traduit de l'anglois en françois.
Liège. 1768. Plomteux. 4 vol. in-12.

7707. — De supremâ potestate regiâ exercitationes habitæ in Academiâ Oxoniensi, contra Rob. Bellarminum et Francisc. Suarez. Auctore *Rob.* ABBOT.
Londini. 1619. Billius. 1 vol. in-4°.

7708. — Antichristi demonstratio contra fabulas pontificias, et ineptam Rob. Bellarmini de Antichristo disputationem. Authore *Roberto* ABBATTO.—Accessit JACOBI VI Angliæ... Regis, de Antichristo... commentatio.
Londini. 1608. Barkerus. 1 vol in-8°.

7709. — Papa purus putus Antichristus, sive decima quæstio de Antichristo, authore *Andrea* WILLETTO, interprete *Thoma* DRAXO.
Francofurti. 1619. Hulsius. 1 vol. in-8.

7710. — Papa Antichristus, sive Diatriba de Antichristo, cujus duæ partes : Prior, Κατασκευη, quâ orthodoxa Seren. Regis Jacobi, de Antichristo sententia demonstratur : Posterior Ανασκευη, quâ Leonardi Lessii sedecim demonstrationes, Monotoriæ Regis Præfationi oppositæ, refutantur. Auctore R. P. *Georgio* DOUNAMO.
Londini. 1620. Billius. 1 vol. in-4°

7711. — Histoire de la Sainte Écriture du Vieil et du Nouveau Testament, en forme de Catéchisme. (Par E. PAGIT). Traduite de l'anglois.
Charenton. 1622. Lucas. 2 vol. in-8.

7712. — An abridgment of christian doctrine. With proofs of Scripture for points controverted. Catechistically explained, by way of question and answer.
Basileæ. 1680. 1 vol. in-12.

7713 — The whole duty of man laid down in a plain and familiar way for the use of all, but especially the meanest reader : divided into XVII chapters, one

whereof being read every Lords Day, the whole may be read over thrice in the year.
London. 1603. Garthwait. 1 vol. in-8°.

7714. — La liturgie angloise, ou le livre des Prières publiques, de l'Administration des Sacremens, et autres Ordres et Cérémonies de l'Eglise d'Angleterre. Nouvellement traduit en françois par l'ordonnance de sa Majesté de la Grande Bretaigne.
Londres. 1616. Jehan Bill. 1 vol. in-4°.

7715. — The book of common prayer, and administration of the Sacraments, and other Rites and Ceremonies of the Church, according to the use of the Church of England: together with the Psalter or Psalms of David, pointed as they are to be sung or said in Churches.
Oxford. 1699. The University-printers. 1 v. in-12. Fig.

7716. — The same.
Oxford. 1776. Wright and Gill. 1 vol. in-8°.

7717. — Traitez historiques de l'état primitif de l'Episcopat et des Liturgies. Par *David* CLARKSON. Traduits de l'anglois.
Rotterdam. 1716. Acher. 2 en 1 vol. in-8°.

7718. — Ten sermons, tending chiefly to the fitting of men for the worthy receiving of the Lords Supper. The sixe first, by I. DOD. The foure last, by R. CLEAVER.
London. 1628. William Sheffard. 1 vol. in-4°.

7719. — A treatise of the institution, right administration and receiving of the sacrament of the Lords-Supper. Delivered in xx sermons at S. Laurence-jury, London. By the Rev. M. *Richard* VINES. 2 ed.
London. 1660. Webb. 1 vol. in-4°

7720. — Life eternall or a treatise of the knowledge of the Divine Essence and Attributes. Delivered in xviii sermons. By *John* PRESTON.
London. 1631. Bourne. 1 vol. in-4°.

7721. — XCVI sermons by the Right Honourable and Reverend Father in God, *Lancelot* ANDREWES. 2 ed.
London. 1635. Badger. 1 vol. fol.

7722. — The Gospel-Covenant; or the Covenant of Grace opened. Preached by *Peter* BULKELEY. 2 edit.
London. 1651. Simmons. 1 vol. in-4°.

7723. — Sermons sur diverses matières importantes, par feu M. TILLOTSON, Arch. de Cantorberi. Traduit de l'anglois par *Jean* BARBEYRAC. 2ᵉ édit.
Amsterdam. 1722-29. Humbert et Bernard. 6 vol. in-12.

7724. — Sermons sur la repentance par feu M. TILLOTSON. Traduit de l'anglois par *C. L.* DE BEAUSOBRE.
Amsterdam. 1728. Bernard. 1 vol. in-12.

7725. — Sermons de M. SHERLOCK. Traduits de l'anglois par le P. HOUBIGANT.
Lyon. 1768. Duplain. 1 vol. in-12.

7726. — Sermons pour les jeunes Dames et les jeunes Demoiselles. Par M. *James* FORDYCE. Traduits de l'anglois. (Par *Robert* ESTIENNE).
Paris. 1778. Estienne. 1 vol. in-12.

7727. — Nouveaux sermons de M. *Hugh* BLAIR; traduits de l'anglois, sur la 11ᵉ éd. par M. B. S. FROSSARD.
Lyon. 1786. A. de la Roche. 1 vol. in-8°.

V. — *Synodes des Eglises Réformées.*

7728. — Tractatus synodicus ad Synodum Dordracenam in quo de Synodorum sive Conciliorum institutione, usu, causis, firmitate, authoritate et prærogativa. Authore *Laurentio* BEYERLINCK.
Antuerpiæ. 1619. G. à Tongris. 1 vol. in-8°.

" — Actes authentiques des Eglises réformées de France, Germanie, Grande-Bretaigne, Pologne, Hongrie, Païs-Bas etc. Touchant la paix et charité fraternelle que tous les serviteurs de Dieu doivent sainctement entretenir avec les Protestants etc. Par *David* BLONDEL
Amsterdam. 1655. Blaeu. 1 vol. in-4°.

Voyez : Hist. des Rel. N° 664.

7729. — La discipline des Eglises réformées de France; ou l'ordre par lequel elles sont conduites et gouvernées. (Par J. D'HUISSEAU).
Charenton. 1663. L. Vendosme. 1 vol. in-12.

7730. — Tous les Synodes nationaux des Eglises réformées de France, auxquels on a joint des Mandemens roiaux, et plusieurs Lettres politiques sur ces matières synodales... Par M. AYMON.
La Haye. 1710. Delo. 2 vol. in-4°.

7731. — Decreti Synodi nationalis Carentonii ad Matronam sub finem anni 1644 et initium anni 1645 congregatæ. — Nec non sententiæ *Josue* PLACÆI illi decreto consentaneæ, de Imputatione primi Adæ peccati, explicatio et defensio.
Sans titre. 1 vol. in-4°.

7732. — Constitutiones sive canones ecclesiastici, per Episcopum Londinensem, Præsidem Synodi pro Cantuariensi Provincia, ac reliquos Episcopos, et Clerum ejusdem Provinciæ ex regia authoritate tractati, et conclusi in ipsorum Synodo inchoata Londini, anno Salutis MDCIII...
Londini. 1604. Norton. 1 vol. in-4°.

VI. — *Antitrinitaires.* — *Sociniens.* — *Quakers.* — *Préadamites.*

7733. — Bibliotheca Fratrum Polonorum quos *Unitarios* vocant, instructa operibus omnibus *Fausti* SOCINI, *Johannis* CRELLII, *Jonæ* SLICHTINGII à *Bucowietz, Joh. Ludovici* WOLZOGENII, et *Samuelis* PRZIPCOVII quæ omnia simul juncta totius Novi Testamenti explicationem complectuntur.
Irenopoli (Amstelodami). 1656-92. 10 en 7 vol. in-fol.

7734. — Bibliotheca Anti-trinitariorum, sive catalogus Scriptorum, et succincta narratio de vita eorum Auctorum, qui præterito et hoc seculo, vulgo receptum dogma de tribus in unico Deo per omnia æqualibus personis vel impugnarunt, vel docuerunt solum Patrem D. N. J. Christi esse illum verum seu altissimum Deum. Opus posthumum *Christophori Chr.* SANDII.—Accedunt alia quædam scripta.. quæ omnia simul juncta compendium Historiæ ecclesiasticæ Unitariorum, qui Sociniani vulgo audiunt, exhibent.

Freistadii. 1684. Aconius. 1 vol. in-8°.

7735. — *Joh. Henr.* BISTERFELDII, de uno Deo, Patre, Filio, ac Spiritu Sancto, mysterium pietatis, contra Johannis Crellii de uno Deo Patre, libros duos, breviter defensum.

Lugduni Batav. 1639. Off. Elseviriana. 1 vol. in-4°.

7736. — *Joh. Adami* SCHERZERI Collegii anti-sociniani CLIV ante XII, et quod excurrit, annos, dissertationibus academicis absoluti editio altera.

Lipsiæ. 1684. Richter. 1 vol. in-4°.

7737. — Point de croix, point de couronne : ou traité sur la nature et la discipline de la Sainte Croix de Christ... Par *Guillaume* PENN. Traduit de l'original par *Claude* GAY. 2ᵉ édit.

Bristol. 1746. Farley. 1 vol. in-12.

7738. — Præadamitæ. Sive exercitatio super versibus XII, XIII, XIV, cap. V. Epistolæ D. Pauli ad Romanos. Quibus inducuntur primi homines ante Adamum conditi. (Authore *Isaaco* D'AUZOLES DE LA PEYRE).

S. n. n. l. 1655. 1 vol. in-12.

— Animadversiones in librum Præadamitarum, in quibus confutatur nuperus scriptor, et, primum omnium hominum fuisse Adamum, defenditur. Autho-

re Eusebio *Romano*. (*Philippo* Priorio, Le Prieur)
S. n. n. l. 1656. 1 vol. in-12.

— *Johannis* Hilperti disquisitio de Præadamitis, anonymo exercitationis et systematis theologici Auctori opposita.
Amstelredami. 1656. Janssonius Junior. 1 vol. in-12.

7739. — Animadversiones in libros Præ-Adamitarum, seu anti-exercitatio super versibus xii, xiii et xiv Capitis quinti Epistolæ sancti Pauli ad Romanos. (Authore *P.* Dormay).
Parisiis. 1657. Thierry. 1 vol. in-8°.

7740. — Libri de Præadamitis brevis analysis... Auctore *Bediano* Morange.
Lugduni. 1656. Jullieron. 1 vol. in-12.

7741. — Refutatio compendiosa erronei ac detestandi libri de Præ-Adamitis. Auctore *Joan-Baptista* Morino.
Parisiis. 1657. Menard. 1 vol. in-12.

VII. — *Swédenborgisme ou Nouvelle-Jérusalem.*

** — Autobiographie de Swédenborg. Sous ce titre : *Réponse à une lettre qu'un ami m'a écrite.* Trad. du latin par *J. F. E.* le Boys des Guays.
Saint-Amand (Cher). 1850. 1 v. in-18. V. : Hist N° 4496.

7742. — Doctrine de vie pour la Nouvelle-Jérusalem, d'après les préceptes du Décalogue. Par *Emmanuel* Swédenborg, Serviteur du Seigneur Jésus-Christ. Traduite par *J. F. E.* le Boys des Guays, et publiée par une société de Novi-Jérusalémites.
Saint-Amand (Cher). 1840. 1 vol. in-18.

7743. — Arcanes célestes de l'Ecriture Sainte ou parole du Seigneur dévoilés, ainsi que les merveilles qui ont été vues dans le Monde des Esprits et dans le ciel des Anges. Ouvrage d'*Emmanuel* Swédenborg. Traduit par *J. F. E.* le Boys des Guays.
Paris et Saint-Amand (Cher). 1841-1854. 16 vol. in-8°.

7744. — l'Apocalypse expliquée selon le sens spirituel, où sont révélés les Arcanes qui y sont prédits, et qui jusqu'à présent ont été profondément cachés. Ouvrage posthume d'*Emmanuel* Swédenborg, traduit du latin par *J. F. E.* le Boys des Guays.
Saint-Amand (Cher). 1855-56. 2 vol. in-8°.

7745. — L'Apocalypse dans son sens spirituel, d'après l'Apocalypse relevée et l'Apocalypse expliquée d'*Emm.* Swédenborg, suivie du sens spirituel du xxiv⁰ chapitre de Matthieu, d'après les Arcanes célestes du même auteur, par *J. F. E.* le Boys des Guays.
Saint-Amand (Cher). 1841. 1 vol. in-8°.

7746. — Doctrine de la Nouvelle-Jérusalem sur l'Ecriture Sainte, par *Emmanuel* Swédenborg, traduite du latin... par *J. F. E.* le Boys des Guays...
Saint-Amand (Cher). 1842. 1 vol. in-18.

7747. — Doctrine de la Nouvelle Jérusalem sur la foi, par *Emmanuel* Swédenborg, traduite du latin par *J. F. E.* le Boys des Guays...
Saint-Amand (Cher). 1844. 1 vol. in-8°.

7748. — Doctrine de la nouvelle Jérusalem sur le Seigneur, par *Emmanuel* Swédenborg, traduite du latin par J. F. E. Le Boys des Guays...
Saint-Amand (Cher). 1844. 1 vol in-8°.

7749. — Exposition sommaire du sens interne des livres prophétiques de l'Ancien Testament et des Psaumes de David, avec un double index des matières, par *Emmanuel* Swédenborg, (ouvrage posthume) traduit du latin par J. F. E. Le Boys des Guays,
Saint-Amand (Cher). 1845. 1 vol. in-8°.

7750. — Exposition sommaire de la doctrine de la nouvelle église qui est entendue dans l'Apocalypse par la Nouvelle Jérusalem, par *Emmanuel* Swédenborg, traduite du latin par J. F. E. Le Boys des Guays.
Saint-Amand (Cher). 1847. 1 vol. in-18.

7751. — Du commerce de l'ame et du corps, que l'on croit exister ou par influx physique, ou par influx spirituel, ou par harmonie préétablie. Par *Emmanuel* Swédenborg. Traduit du latin par J. F. E. Le Boys des Guays...
Saint-Amand (Cher). 1848. 1 vol. in-18.

7752. — Neuf questions sur la Trinité..., proposées à Emmanuel Swédenborg par *Thomas* Hartley, et réponses de Swédenborg, traduites du latin par J. F. E. Le Boys des Guays...
Saint-Amand (Cher). 1850. 1 vol. in-18.

7753. — Couronnement ou appendice à la vraie religion chrétienne, dans lequel il s'agit des quatre Eglises sur cette terre depuis la création du monde ; de leurs périodes, et de leur consommation. Puis, de la Nouvelle Eglise qui doit succéder à ces quatre Eglises, et sera véritablement chrétienne, et la couronne des précédentes. De l'Avénement du Seigneur à cette Eglise, et de son divin auspice en elle pour l'éternité ; et enfin du Mystère de la Rédemption. Par *Emmanuel* Swédenborg. (Ouvrage posthume). Traduit du latin par J. F. E. Le Boys des Guays...
Saint-Amand (Cher). 1850. 1 vol. in-18.

7754. — Du jugement dernier et de la Babylonie détruite ; qu'ainsi tout ce qui a été prédit dans l'Apocalypse est aujourd'hui accompli. D'après ce qui a été entendu et vu. Par *Emmanuel* Swédenborg, traduit du latin par J. F. E. Le Boys des Guays...
Saint-Amand (Cher). 1850. 1 vol. in-18.

7755. — Continuation sur le jugement dernier et sur le monde spirituel, par *Emmanuel* Swédenborg (1763), traduit du latin par J. F. E. Le Boys des Guays.
Saint-Amand (Cher). 1850. 1 vol. in-18.

7756. — Du Ciel et de ses merveilles, et de l'Enfer, d'après ce qui a été entendu et vu par *Emm.* Swédenborg.

Traduit du latin par J. F. E Le Boys des Guays.
Saint-Amand (Cher). 1850. 1 vol. in-18.

7757. — La sagesse angélique sur le divin amour et sur la divine sagesse, par *Emmanuel* Swédenborg. Traduit du latin par J. F. E. Le Boys des Guays...
Saint-Amand (Cher). 1851. 1 vol. in-18.

7758. — Des terres dans notre monde solaire, qui sont appelées planètes, et des terres dans le ciel astral ; de leurs habitants, de leurs esprits et de leurs anges, d'après ce qui a été entendu et vu. Par *Emmanuel* Swédenborg, traduit du latin par J. F. E. Le Boys des Guays.
Saint-Amand (Cher). 1851. 1 vol. in-18.

7759. — La vraie religion chrétienne contenant toute la théologie de la Nouvelle Eglise, prédite par le Seigneur dans Daniel, VII, 13, 14; et dans l'Apocalypse XXI, 1, 2. Par *Emmanuel* Swédenborg. Traduit du latin par J. F. E. Le Boys des Guays...
Saint-Amand (Cher). 1852-1853. 3 vol. in-18.

7760. — De la parole et de sa sainteté par *Emmanuel* Swédenborg. Traduit du latin par J. F. E. Le Boys des Guays. 2ᵉ édit.
Saint-Amand (Cher). 1853. 1 vol. in-18.

7761. — De la toute-présence et de la toute-science de Dieu par *Emmanuel* Swédenborg. Traduit du latin par J. F. E. Le Boys des Guays.
Saint-Amand (Cher). 1853. 1 vol. in-18.

7762. — Doctrine de la Nouvelle Jérusalem sur la charité. Ouvrage posthume d'*Emmanuel* Swédenborg, trad. du latin par J. F. E. Le Boys des Guays. 2ᵉ édit.
Saint-Amand (Cher). 1853. 1 vol. in-18.

7763. — Des biens de la charité ou bonnes œuvres et explication du Décalogue, par *Emmanuel* Swédenborg. Trad. du latin par J.F.E. Le Boys des Guays 2ᵉ éd.
Saint-Amand (Cher). 1853. 1 vol. in-18.

7764. — Doctrine de la charité par *Emmanuel* Swédenborg,

extraite des Arcanes célestes, traduite du latin par J. F. E. Le Boys des Guays. 2ᵉ édit.
Saint-Amand (Cher). 1853. 1 vol. in-18.

7765. — La sagesse angélique sur la divine providence. Par *Emmanuel* Swédenborg. Traduit du latin par J. F. E. Le Boys des Guays...
Saint-Amand (Cher). 1854. 1 vol. in-18.

7766. — Doctrine de la Nouvelle Jérusalem sur Dieu triun, par *Emmanuel* Swédenborg, traduite du latin par J. F. E. Le Boys des Guays et publiée par un Disciple (L. de Z...) (Lino de Zaroa), des doctrines de la vraie Religion chrétienne.
Saint-Amand (Cher). 1855. 1 vol. in-18.

7767. — Les délices de la sagesse sur l'amour conjugal. A la suite sont placées les voluptés de la folie sur l'amour scortatoire. Par *Emmanuel* Swédenborg. Traduit du latin par J. F. E. Le Boys des Guays...
Saint-Amand (Cher). 1855. 2 vol. in-18.

7768. — Lettres à un homme du monde qui voudrait croire, par *J. F. E.* le Boys des Guays, publiées par un disciple (L. de Z.) (Lino de Zaroa) de la vraie religion chrétienne. — Première série.
Saint-Amand (Cher). 1852. 1 vol. in-18. Tome I.

7769. — Exposition populaire de la vraie religion chrétienne à l'usage de toutes les communions chrétiennes, par S. A. Blanchet.
Saint-Amand (Cher). 1842. 1 vol. in-18.

7770. — La Nouvelle Jérusalem, revue religieuse et scientifique. (Publiée, par *J. F. E* le Boys des Guays, de mars 1838 à mars 1848).
Saint-Amand (Cher). 1838-48. 9 vol. in-8°. 1ᵉʳ manque.

VIII. — *Systèmes religieux divers.*

7771. — Religio medici.(Authore *Thoma* Brown. In latinum convertit *Jo.* Merryweather).
Lug. Bat. (Parisiis). 1644. 1 vol. in-16.

7772. — La religion du médecin, c'est-à-dire : description nécessaire par *Thomas* Brown...; touchant son opinion accordante avec le pur service divin d'Angleterre. (Traduit du latin de Merryweather, par *Nicolas* Le Febvre).
S. n. n. l. 1668. 1 vol. in-12.

7773. — *Guillelmi* Postelli de universitate libri duo : in quibus Astronomiæ, Doctrinæve Cœlestis compendium. Editio tertia.
Lugduni Bat. 1635. J. Maire. 1 vol. in-16.

7774. — Quatuor librorum de orbis terræ concordia primus. *Guilielmo* Postello authore.
Parisiis. 1543. Petrus Gromorsus. 1 vol. in-8°.

7775. — *Bernardini* Ochini liber de corporis Christi præsentiâ in Cœnæ Sacramento, in quo acuta est tractatio de Missæ origine atque erroribus ; altera de conciliatione controversiæ inter reformatas Ecclesias... Cui adjunximus ejusdem authoris Labyrinthos de divina Prænotione, et libero seu servo hominis Arbitrio. Omnia nunc primum ex italico in latinum sermonem translata (à *Thadœo* Duno).
Basileæ..... P. Perna. 1 vol. in-8°.

7776. — Dissertations sur l'union de la Religion, de la Morale et de la Politique. Tirées d'un ouvrage de M. Warburton (par *Et.* de Silhouette).
Londres. 1742. Darrès. 2 vol. in-12.

TROISIÈME DIVISION.

Religions des peuples orientaux.

I. — *Mahométisme.*

7777. — Machumetis Saracenorum principis, ejusque successorum vitæ, doctrina, ac ipse Alcoran, quo velut authentico legum divinarum codice Agareni et Turcæ, aliique Christo adversantes populi reguntur, quæ ante annos cccc... D. Petrus Abbas Cluniacensis... ex arabica lingua in latinam transferri curavit (à Roberto *Retenensi*). — His adjunctæ sunt confutationes multorum authorum... unà cum... *Ph.* Melanothonis præmonitione... Adjecti sunt etiam de Turcarum, sive Sarracenorum... origine ac rebus gestis... Hæc omnia in unum volumen redacta sunt, opera et studio *Th.* Bibliandri.
— Confutationes legis Mahumeticæ, quam vocant Alcoranum, singulari industria ac pietate à doctissimis atque optimis viris, partim latinè, partim græcè, ad impiæ sectæ illius, errorumque ejus impugnationem... olim scriptæ... inque lucem editæ.
— Adjecta quoque est *Lodovici* Vivis de Mahumete et Alcorano ejus censura... — Item *Joannis* Cantacuzeni... contra Mahometicam fidem christiana et orthodoxa assertio... per *Rod.* Gualtherum è greco ante ferè cc scripto in latinum sermonem conversa.
— Historiæ de Saracenorum sive Turcarum origine, moribus, nequitia, religione, rebus gestis...
(**Tiguri**). **1550. 2 vol. fol.**

7778. — L'Alcoran de Mahomet, translaté d'Arabe en françois par le Sieur du Ryer, Sieur *de la Garde Malezair*.
Paris. 1649. A. de Sommaville. 1 vol. in-8°.

7779. — Même ouvrage. N° édit.
Amsterdam. 1734. Mortier. 2 en 1 vol. in-12.

7780. — Alcorani seu legis Mahometi et Evangelistarum concordiæ liber, in quo de calamitatibus orbi christiano imminentibus tractatur. Additus est libellus de universalis conversionis, judiciive tempore...
— Sacrarum apodixeon, seu Euclidis christiani lib. II. (Autore *Gulielmo* POSTELLO).
Parisiis. 1543. P. Gromorsus. 1 vol. in-8°.

7781. — Religion ou Théologie des Turcs. Par ECHIALLE *Mufti* — Avec la profession de foi de MAHOMET fils de *Pir Ali*. — Seconde partie.
Bruxelles. 1707. Foppens. 2 vol. in-12. le 1er manque.

Voyez : Hist. des Religions N° 2238 et suiv.
Histoire de l'Empire Ottoman.
Histoire des Arabes et des Sarrasins.
Consultez aussi : Mémoires de l'Acad. des Inscrip. et Bell. Lett.

2.— *Magisme.* — *Brahmanisme.* — *Bouddhisme.*

7782. — Zend-Avesta, ouvrage de ZOROASTE, contenant les idées théologiques, physiques et morales de ce Législateur, les cérémonies du culte religieux qu'il a établi, et plusieurs traits importans relatifs à l'ancienne histoire des Perses : traduit en françois sur l'original zend, avec des Remarques ; et accompagné de plusieurs Traités propres à éclaircir les matières qui en sont l'objet. Par M. ANQUETIL DU PERRON.
Paris. 1771. Tilliard. 2 en 3 vol. in-4°.

7783. — Commentaire sur le Yaçna, l'un des livres religieux des Parses, ouvrage contenant le texte zend expliqué pour la première fois, les variantes des quatre manuscrits de la Bibliothèque royale, et la version sanscrite inédite de NERIOSENGH, par *Eug.* BURNOUF.
Paris. 1833-35. Imp. Royale. 1 vol. in-4°.

7784. — Vendidad Sadé, l'un des livres de ZOROASTRE, lithographié (par MM. JOUY et RACINET) d'après le manuscrit Zend de la Bibliothèque Royale, et publié par M. E. BURNOUF.
Paris. 1829-1843. Dumont. 1 vol. in-fol.

7785. — Oupnek'hat (id est, secretum tegendum) : opus ipsa in India rarissimum, continens antiquam et arcanam, seu theologicam et philosophicam, doctrinam, ex quatuor sacris Indorum libris, Rak Beid, Djedjr Beid, Sam Beid, Athrban Beid, excerptam ; ad verbum, è Persico idiomate, Samskreticis vocabulis intermixto, in Latinum conversum; dissertationibus et annotationibus, difficiliora explanantibus, illustratam : studio et opera ANQUETIL DU PERRON.
Argentorati. 1801-1802. Levrault Fr. 2 vol. in-4°.

7786. — Introduction à l'histoire du Buddhisme indien. Par *E.* BURNOUF. Tome Ier. (Seul publié).
Paris. 1844. Imprimerie royale. 1 vol. in-4°.

7787. — Le Lotus de la bonne foi, traduit du sanscrit, accompagné d'un commentaire et de vingt et un mémoires relatifs au Buddhisme, par M. *E.* BURNOUF.
Paris. 1852. Imprimerie nationale. 1 vol. in-4°.

7788. — Rgya tch'er rol pa, ou développement des jeux, contenant l'histoire du Bouddha Çakya-Mouni, traduit sur la version tibétaine du Bakh hgyour, et revu sur l'original sanscrit (Lalitavistâra). Par *Ph. Ed.* FOUCAUX.
Paris. 1847-1848. Impr. roy. et nat. 2 en 1 vol. in-4°.

7789. — Du Nirvana indien, ou de l'affranchissement de l'âme après la mort, selon les Brâhmanes et les Bouddhistes, par *J. B. F.* OBRY.
Amiens. 1856. Duval et Herment. 1 vol. in-8°.

7790. — Du Nirvana Bouddhique, en réponse à M. Barthélemy Saint-Hilaire. Par *J. B. F.* OBRY.
Amiens. 1863. E Yvert. 1 vol. in-8°.

** — Rigveda-Sanhita... edidit *Frid.* Rosen.
                                              Voyez : Belles Lettres. N° 1969.
** — Rig-Veda ou livre des hymnes, traduit du sanscrit par M. Langlois .   Voyez : Belles-Lettres. N° 1970.
** — Le Bhâgavata Purâna... traduit par M. *Eug.* Burnouf.
                                             Voyez : Belles-Lettres. N° 1968.
** — Système théologique des Perses. Par M. Anquetil Du Perron.
                        Voyez : Mém. de l'Acad. des Inscript. XXXVII.
** — Traité historique de la religion des Perses. Par l'Abbé Paul Foucher. Voy.: Mém. de l'Acad. des Inscrip. Tom. XXV à XXXIX.
** — Mémoire concernant l'Histoire, les Sciences, les Arts, les Mœurs et les Usages des Chinois...
** — Consultez aussi :
** — Bibliothèque orientale de d'Herbelot.   Histoire N° 4015
** — Recherches asiatiques.   Ibid. N° 4017.
** — Journal asiatique.   Ibid. N° 4018.
** — Mélanges asiatiques. Par *Abel* Rémusat.
** — Mémoires de l'Académie des Inscriptions et Belles-Lettres.
** — Journal des Savants.

QUATRIÈME DIVISION.

Polythéisme.

** — Mémoire sur l'opinion de Platon sur les Dieux par *T. H.* Martin.
            Voyez : *Mém. de l'Acad. des Sc., mor. et pol. Sav. étr.* II.
** — Défense du paganisme, par l'Empereur Julien, traduite du grec en français par le Marquis d'Argens, et revue par M. Tourlet.
                        Voyez : Œuvres de l'Empereur Julien. III.
** — *M. T.* Ciceronis de natura Deorum libri III.
                                Vide : M. T. Ciceronis opera.
— Iidem. Cum selectis veterum et recentiorum notis, curante et emendante m. N. Bouillet.
                                      Vide : *Bibl. class. lat.*
** — Cicéron de la nature des Dieux, de la traduction de M. du Ryer.
    Voyez : Œuvres de Cicéron de la traduction de M. du Ryer. Tome XI.

7791. — Cicéron, de la nature des Dieux, latin et françois, avec des remarques critiques et historiques. Par M. l'Abbé Le Masson.
Paris. 1721. C. Joubert. 3 vol. in-12.
•• — Cicéron. De la nature des Dieux. Traduction de *V.* Verger.
Voyez : Œuvres complètes de M. T. Cicéron. T. xxiii, xxiv.
•• — De la nature des Dieux. Traduction de l'Abbé d'Olivet, revue par J. V. le Clerc.
Voyez : Œuvres complètes de Cicéron. — Edition publiée. par J. V. le Clerc. T. xxv.
•• — De la nature des Dieux. Traduction nouvelle par M. Matter.
Voyez : *Bibl. lat. fr.*

7792. — *Xisti* Betuleii in M. T. Ciceronis libros III. de natura Deorum, et Paradoxa, Commentarii, multa ac varia eruditione referti, nuncque primùm in lucem editi.
Basileæ. 1550. Oporinus. 1 vol. in 8°.
•• — Consultez aussi : Hist. des Relig. N° 23 et suiv.

TABLE ALPHABÉTIQUE

DES NOMS DES AUTEURS.

(Les chiffres indiquent les numéros du Catalogue.)

A

Abagarus, 2202.
Abbadie, J., 7581-7582-7631-7632.
Abbadie d'Arboucave, B. d', 7331.
Abbo, Floriac., 1784.
Abbot, R., 7707-7708.
Abélard, 2433.
Abelly, L., 2703-2826-2924-2935 2936-3241-5138-5220-5221-5222-5683-6210-6257-7331.
Abillon, And. d', 6539-7016.
Ablancourt, Perrot d', 2165.
Abra de Raconis, 2973-3157-3161-3164-4432-6772.
Abrahamus Ecchellensis, 1133-1809-2138.
Abramus, N., 1172.
Abravanel, 17.
Absalo, D, 528.
Abucara, Th., 2149.
Acciajolus, Z., 640.

Accursius, M., 2371.
Achery, Luc d', 2417-2426-4388-6399.
Acontius, J., 7403-7404.
Acosta, J., 4169.
Acuto, Affinati d', 3410.
Adam, Jean, 6811.
Adam de Prémontré, 2666-4120.
Adélaïde de Bavière, 5881.
Adelmannus, 2227.
Adorny, Catherine d', 5070.
Adrien, Card., 2030.
Adrien IV, Pape, 2343.
Ægidius de Præsentatione, 2829.
Aelredus, 2458.
Æmilius, G., 5791.
Affinati d'Acuto, 3410.
Agapet, 2140.
Agathopodes, 2020.
Agellius, A., 548.
Agobard, 2396-2397.

Aguire, S. de, 1842.
Agylæus, H., 1781.
Aiala, M. P., 2954.
Aiguebelles,Lasne d',5459-6134.
Ailly, Pierre d', 653-1768-2505-2643-2985-4848.
Alagona, P., 2621.
Alain de l'Isle, Alanus de Insulis ou Insulensis, 2629.
Alarcon, B. de, 2812-2929.
Alardus, 3105-3985.
Alarius, Th., 3577.
Alba et Astorga, P. de, 2904.
Albaspinæus,G.,1252-1253-2212-2213-1322.
Albert-le-Grand, 632-832-967-1988-2511-2553-4065-4843-4844-4845-4846-4854.
Albert, Ant., 3931.
Albert de Luynes,L. Ch. d',431-432-565-1594-1595-1991-1992 2113-2311-4053-5466-5467.
Albert de Paris, 3905-3954.
Albert de S. Jacques, 2887.
Albertinus, E., 7471-7472.
Albertinus, Fr., 2600-6035.
Albertus, Patav., 4076.
Albinus ou Alcuinus, 670-1241-1242-1772-2065-2392-4026.
Albius, Thomas, ou Thomas ex Albiis, alias White, 7661 à 7669.
Albin de Valzerge, J. d', 6717.
Alcantara, Pierre d', 5177.
Alcasar, Lud. ab., 977.
Alcuin, 670-1241-1242-1772-2065-2392-4026.
Aldrovande, U., 3527.
Aleaume, J., 2504.

Alegiani, 3522.
Alègre, le P. d', 4802.
Alethinus, Ch., 3418.
Alethinus, Th., 2677.
Alethophilus, Char., 7037.
Alethophilus, Christ., 3699.
Alexander à S. Francisco,4847.
Alexander de Ales, Alensis ou Halensis, (Alexandre de Ales ou de Hales), 980-2551-2552-3408-4120.
Alexander de Salo, 5569-6005.
Alexander, Lyc., 1973.
Alexander, Nat.(Alexandre,Noël) 797-874-1132-2725-2726-3085 3086-3942-6973-7118-7331.
Alexandre III, Pape, 2464.
Alexandre VII, 7330.
Alfontius, 6628-6634.
Alger ou Algerus, 2418.
Algrin, Jean, 654.
Alix, Mich., 2986.
Allard, Cl., 3413.
Allatius, L. (Alacci), 2057-2120-2820-2878.
Alleaume, G., 5115-5204.
Allemand, le P., 4032.
Allenson, J., 7651.
Alletz, P. A., 1064-1968-2498-3484-3485-3884-3997-6056-6444.
Alliaco, ou Allyaco, Petrus de, 653-1768-2505-2643-2985-4848.
Allix, P., 1359-2178-7539.
Allotte, G., 3999.
Alloza, J. de, 3551.
Almain, J., 2547-2643-3607.
Alois, P., 813.

Alouette Ph. L', 1236.
Aloysius Legion., 664.
Alphonse de Castro, (Alphonsus à Castro), 3251-6483-6484.
Alphonse de Herrera, 6653.
Alphonse de Jesu Maria, 6367.
Alphonsus à Spina, 6627.
Alphonsus, Petrus, 6628-6634.
Alsace, Th. Ph. d', 7331.
Alstedius, H., 6497.
Altenstaig, J., 2492.
Althamerus, A., 398-1231.
Althann, le Card. d', 7331.
Alting, H., 7452.
Alulfus, 2379.
Alvarez, D., 2793-2838-4017.
Alvarez, Gab., 716.
Alvarez de Paz. J., 4849.
Alvimare, Baron d', 6625.
Amable de Volvic, 7029.
Amalaire ou Amalarius, 1241-1242.
Amama, S., 1212.
Amariton, L., 4343
Amat de Graveson, 7271.
Amboesius, Fr., 2433.
Ambroise (Saint), (Ambrosius), 524-2220-à-2226-2228-2229-4026-6049.
Ambroise de Lombez, 5223-5224 5225.
Ambrosius Camald., 2146.
Ambrosius, Frat., 4033.
Ambrosius, Mon., 2118.
Ambrosius à Rusconibus, 6493.
Ambrun. P., 1181.
Amédée de Bayeux, 3940.
Amédée de Lausanne, 2349.
Amelincourt, 2850-3955.

Ameline, Cl., 5227.
Amelot de Gournay, 3854.
Amelot de la Houssaye, 4346-5139.
Amelote, D., 248-249-250-1092-2764-7066.
Amerpachius, V., 2410.
Ames ou Amesius, G., 965-7440-7443-7444-7445-7446.
Amicus, Fr., 2695.
Amalon, 2397-2401.
Amounet de Hailly, 4516.
Amort, Eus., 3017.
Amphilochius ou Amphiloque, 854-2088.
Amyraldus, (Amyraut), M., 924-7497-7498-7499-7500.
Anastase, Ant., 2149.
Anastase, Bibl., 2169.
Anconitus, Tr., 908-5981.
Andræas à Jesu, 5169.
Andræas à Matre Dei, 3225.
André, Jehan, 6636.
André (l'Abbé), 3661.
André de Grazac, 7263.
André de Jérusalem, 1363.
André de Jésus, 5169.
André de la Mère de Dieu, 3225.
Andreas, Ant., 2537.
Andreas, B., 1817-1818.
Andreas, Cret., 2088.
Andreas, Ebor., 3919.
Andrewes L., 7721.
Andrianus, Z., 1295.
Andriez, L., 5934.
Andry, A., 2448-4851-5041.
Andry, Nic., 3003.
Ange de la Passion, 7210.
Ange de Raconis, 6757.

Augelus de Clavasio, 3559.
Angelus Fortis, 7011.
Angevin, R., 7124.
Angles, B. d', 6067.
Angles, Jos., 2545.
Anglois, Jean l', 1086
Auglus, Th., 7661-7662-7663-7664-7665-7666-7667-7668-7669.
Angyranus, M., 6972.
Annat, Fr., 3702-7030-7042-7047 7051-7059-7061-7072-7074-7330-7331.
Annat, P., 2728.
Anne des Anges, 5645.
Anquetil du Perron, 7782-7785.
Ans, Ruth d', 5701.
Ansart, J., 676.
Ansbertus, Amb., 971.
Anselme(Saint),(Anselmus),2421 2422-2423-4843-5081.
Anselme, Ant., 4711-4712.
Antecourt, le P. d', 6897-6898.
Anthoine, voyez Antoine.
Anthonius, Mon., 3980.
Antiochus, 2150.
Antist, J., 2219-6307.
Antoine (Saint), 2022-2138.
Antoine, G., 3238-5641.
Antoine, P. J., 2748.
Antoine de Dominis, 6790.
Antoine de Foix, 3952.
Antoine de Jésus, 4336.
Antoine de Lebrixa, 2230.
Antoine de Padoue, 2474-2475-4061.
Antoine de Paris, 3633.
Antoine de Portugal, 4850-4851.
Antoine de S. Gabriel, 2440-2447-4054-4055.

Antoine de S. Martin, 6099.
Antoine de S. Pierre, 5228-5229.
Antoine du S. Esprit, 3445.
Antoine de Sienne, 2558-6299.
Antoninus Florentinus, (Antonin de Forciglioni), 2690-2691.
Antonius Magnus, 2022-2138.
Antonius, Mon., 3980.
Antonius de Dominis, 6790.
Antonius à Spiritu Sancto, 3445.
Antonius à Trejo, 2913.
Antonius de Guevara, 761.
Antonius Melissa, 1988-3980.
Antonius, Nic., 3574.
Antonius Nebris., 2230.
Antonius Senensis, 2558-6299.
Antonius Serpensis, 3136.
Antonius de Balinghem, 3966-5617.
Antonius de Rampelogis, 954-3979.
Apolinarius ou Apollinaire l'ancien, 502.
Aquarius, M., 2528.
Aquævilla, Nic. ab, 4074.
Aquaviva, Cl., 601-4852-4853.
Aquilanus, J., 4095-4242.
Aquin, Ph. d', 13-21.
Aquin, Thomas d', Thomas Aquinas,de Aquino ou de Aquinate, 436-777-973-1312-2502-2507-2554-à-2565-2985-4062-6209-6338.
Aranthon, J. d', 3725.
Arboreus, J., 310-644-785.
Arboucave,B. d'Abbadie d',7331.
Arbouze, G. de Veny d', 3816.
Archange, le P., 5817-6074.
Archevesque, Nic. l', 5995.

Arcudius, P., 2819-3036.
Arcy, Guillard d', 6221-6222.
Aresi, P., 4269-4270-4271-4722.
Arethas, 851-2160.
Aretius, B., 846-7402.
Argentré, Ch. du Plessis d', 2735-2737-6505-7361.
Argentan, L. François d', 5230-5231-6008.
Argonne, B. d', 1956.
Argouges, Fr. d', 7331.
Argyropilus, Joannes, 2013.
Arias, Fr., 3413-5107-5108-5109-5979-5980.
AriasMontanus, B., 38-83-86-216-217 218-412-451-452-453-752-857-1210.
Aristeas, 640-1136.
Armandus de Bellovisu, 4079.
Arminius, Jac., 7411.
Arnaldus Vesalius, 2535.
Arnaudin,... d', 7192.
Arnauld, Ant., 65-145-146-1021-1022-1023-1024-1025-1026-1141-1149-1150-1197-1199-1200-1594-1595-1770-2274-2299-2300-2302-2306-2307-3151-3155-3156-3158-3159-3169-3368-3705-5232-6812-6842-6853-6857 6862-6863-6994-7008-7009-7012-7039-7045-7060-7094-7095-7097-7102-7103-7105-7120-7128-7131-7137-7140-7214-7265-7330.
Arnaud, Cl., 1259-1260.
Arnauld, Isaac, 5233.
Arnauld d'Andilly, 2147-2148-2274-2275-2337-4212-5111-5193-5194-5195-5200-5357-5658.
Arnauld (Catherine Agnès), 6395-7330.
Arnauld, Marie Angélique, 5234-6406-6407-6408-7329-7330.
Arnaya, Nic. de, 5110.
Arnobe, (Arnobius), 525-2170-2190-2197-2198.
Arnoldus ab Ischa, 1651.
Arnoldus, Carn., 2457.
Arnoult, P. de S. Jac., 7331.
Arnoulx, Fr., 5235.
Arnoux, J., 6766.
Arnulphus, Lex., 2017-2462.
Arroy, B., 3310.
Artémidore, 2286.
Artus, Désiré, 6677.
Ascensius, Badius, 524.
Asfeld, Bidel d', 66-67-377-389-421-444-582-693-722.
Asselin, G. Th., 4765-4766.
Assermet, Fr., 2854.
Assignies, J. d', 3399,
Assigny, L. Troya d', 3372-6198 6975-7282-7303-7313.
Assise, François, d', Franciscus Assisias, 2474-2475-2476.
Astère (Saint), (Asterus), 2349-4037.
Astesanus, 3556-3557.
Astorga, P. de, 2904.
Astroy, B. d', 2326.
Astruc, J., 1187.
Athanase (Saint), (Athanasius), 464-533-2037-2058-à-2064.
Athenagoras, 2025-2029-2030-6618.
Attichi, Doni d', 1138.
Aubert, J., 2125.

Aubert de Versé, N., 6871-6939.
Aubertin, E., 7471-7472.
Aubespine, Gab. de l', 1252-1253 1322-2212-2213.
Aubigné, Cl. M. d', 2732-7327.
Aubry, 5909.
Auge, And. de l', 4480.
Auger, Ath., 2079-2111.
Auger, D., 2886.
Auguis, R. 3685.
Auguste de St-Lô, 3331.
Augustin(Saint),(Augustinus),329 520-521-524-587-597-841-888-889-960-961-2196-2243-à-2321 4026-4048-4049-4050-4057-6338-6911.
Augustinus de Quiros, 314.
Augustinus, Th., 7052.
Aumont, l'Abbé d', 4532.
Auratus, J., 506.
Auratus, P., (Pierre Doré), 603-5338-5339-5340-5341-6471.
Aurelius, P., 3070-7013.
Aurelius Avitus, 7028.
Aurelius Petrus (de Witte), 7125.
Aureolus, P., 306-2515.
Aurificus, Nic., 3190-5085.
Autun, Pierre d', 4260.

Auvray, J., 5236-7012.
Auzoles La Peire, ou La Peyre, J. d', 56-1032.
Avancinus, R., 1093.
Avedichian, G., 1240.
Aveillon, le P, 1604.
Avejan, C. de Bannes d', 7331.
Avendano, Chr. de, 4329-4330-4331-4332-4333-4334-4335.
Avendano, D. de, 2770.
Averoult, Ant. d', 3914-3915-3916-3917-3918.
Aversa, R., 3061.
Aveugle, le Père, 4519.
Avila, Fr. d', 319.
Avila, J. d', 5111-5112-5113-5114.
Avit (Saint) ou Avitus, 2056.
Avitus, Aur., 7028.
Avrellius, J. B., 7422.
Avrillon, E., 3670-5237-5238-5239-5240-5241-5242-5243-5766-5843-5915.
Ayguanus, M., 559-2542.
Aymé, l'Abbé, 3888-3889.
Aymon, J., 7580-7730.
Ayneff, G. d', 2365.
Azorius, J., 3560.
Azpilcueta, M., 3440.

B

Babin, Fr., 3722.
Bacchini, B., 6918.
Bacherius, P., 5787.
Bachonus, J., 2523-2524.
Bacone, L., 3239.
Badius Ascensius, 524.
Badoire, P., 4806.

Baeza, D. de, 1015-1215.
Baglion de la Salle, François de, 3806-5892.
Bagnacavallo, G. de, 5081.
Bagot, J., 3074-6438-7052.
Bail, L., 1796-1797-2626-2627-3192-3929-5244-7050.

Baile, G., 6748.
Baillet, Adr., 2940-3467.
Bailly, L., 2970-6443.
Baiole, André, 5245.
Baius, M., 3900-6680-6695-6696.
Balainius, J., 2509.
Balde, H., 6073.
Baldellus, N., 3217.
Baldesanus, G., 6113.
Balduinus, F., 2163-2213-5207-6710.
Balinghem, Ant. de, 3996-5617.
Ballester, L., 1234.
Ballet, Fr., 2945-4752-4753-6920.
Bally, P. A., 7093.
Balsamon, Th., 1776-1781.
Baltazard de Canizal, 3582.
Baltus, Fr., 1963-6941.
Baluze, Et., 1791-1853-2358-2366-2397-2403-2412.
ancel, L., 2719-3205.
Banck, L., 7502.
Bandelis, V. de, 2906.
Banneret, J., 6993.
Bannes, D., 2570.
Bannes d'Avejan, C. de, 7331.
Bar, Fr., 4844.
Bar, H. de, 3312-3794-3820-3821.
Baradat, H. de, 1918-3834.
Barbæus, D., 2724.
Barbançon, Constantin de, 5246.
Barbault, 7329.
Barberin, Ant., 1930.
Barberin, Fr., 1844.
Barbeyrac, J., 1964. 7723.
Barbosa, A., 1817-1818-1828.
Barchman, 3305.
Barclay, J., 6765.
Barcos, M. de, 2972-3365-7012-7028-7112-7131-7172-7330-7332.

Bardin, P., 652.
Bardou, J., 6604.
Barelete, Gab., 4093-4094.
Bariacus, G., 7424.
Barlaam, 2123.
Barnabé (Saint), (Barnabas), 2000-2001-2002-2019.
Barnabé, le Sr de, 3152.
Barnabé, 7327.
Barnes, J., 3285-3286.
Baron, J., 1862.
Baron, V., 3293-4517-6835.
Baronius, R., 7330.
Barradius, Seb., 360-1014.
Barral, P., 80.
Barrault, J. de. 6785.
Barre, J., 1180-2489.
Barré, le P., 5247-5248.
Barretti, A., 4259-4264.
Barry, Ferd. de, 4261-4262-4263.
Barry, Paul de, 5249-5662-5663-5997-5998-6034.
Barthélemy de S. Faust, (Bartholomæus à S. Fausto), 1289-6310.
Barthélemy, Ev. d'Urbino, (Bartholomæus Urbinas Ep.), 2223-2260.
Barthélemy des Martyrs, (Bartholomæus de Martyribus), 4854-4855-6275-6276.
Barthius, G., 2213.
Bartholinus, Th., 5921.
Bartoli, D., 5066-5818.
Bary, R., 3951.
Basile (Saint), (Basilius), 1360-2013-2047-2063-2068-à-2080-2818-3628-4034-4035-4036-4037-4842-7331.
Basile de Séleucie, 2049-2076-2108-2128.

— 678 —

Basile de Soissons, 3779-4579-4580-4581-5824-6076-6511-6514-6848-6869.
Basnage, J., 2109-7326-7569-7570-7571-7630.
Basoches, R. de, 1040.
Bassean ou Basseanus, B., 6151-6152-6153-6154.
Bassecourt, Cl. de, 5925.
Basset ,3122.
Basso, And., 6283-6284.
Bassolis, J. de, 2529.
Bastard, D., 5437.
Baston, R., 2971-3082-3201.
Batt, Ant., 4856.
Baudoin,J. Baudouin et Baudouyn 608-4259-4268-4334-5174.
Baudouin, Fr., 2163-2213-5207-6710.
Baudran, B., 3926-4820-5250-à-5256-5728-5961-6032-6033-6614.
Baudunio, M. à., 2706.
Baugrand, M., 3756.
Baujeu,... de, 5907.
Bauldry, M., 1262.
Baulne, R. de, 1891.
Bauny, St., 3218-3588.
Bauqnemare, M. de, 4448.
Bausset. 707.
Bavière, Adélaïde de, 5881.
Baxter, R., 7683.
Bay, J. de, 164.
Bayle, L., 7680-7681.
Bayle, P., 7701.
Bayly, L., 7680-7681.
Baynus, R., 632.
Bayon, le P., 7331.
Bayus, J., 3133-3751-3752.

Bazin de Besons, A., 6994.
Beaubrun.., de, 145.
Beaufort, J. de, 7135.
Beaugendre, A., 2425.
Beaujeu, Quiqueran de, 7331.
Beaumont, Ch. de, 1927-3840-5875-7331.
Beaupré,G. F. de Choyseul,6994 7322.
Beaupuis, Vallon de, 5589.
Beausobre, L. de, 7724.
Beaussieu, S. M., 5273.
Beauvau, G. de, 3832.
Beauvillier de S. Agnan, F. H. de, 324-7331.
Beauvoir, A. de, 4079.
Beauxamis,Th.,1007-3901-4158-4159-4160.
Becan ou Becanus,M., 1162-2671 2672-6783-6799.
Becillus, C., 1020.
Beda ou Bède le Vén., 888-889-891-2390-4026.
Bède, N., 6654.
Begault, 4736.
Begue, 7331.
Beya, L. de, 3562.
Beleth, 1250.
Belin, Alb. de, 5740.
Belingan, Pringuet de, 5778-5779-5906.
Bellarin, J., 3583-3754.
Bellarmin, R., 560-2665-2810-2811-3006-3755-4189-4857-à-4866-6191-6256-6688.
Bellaunay,.. de,6994-7329-7331.
Bellefons, Le Tellier de, 4636.
Bellefons, Mᶜ M. El. de, 7331.
Belleforest, F. de, 2269.

Bellegarde, M. de, 50-628-2112-3652-4037-4038-4042-4043-4051-6049.
Bellegarde, O. de, 1941-2297.
Bellelli, F., 7185.
Bellenger, Fr., 469-470-471.
Bellet, Ch., 6921.
Bellier, P., 1997.
Bellintanus, M., 4176-5620.
Bellotte, Ant., 1497.
Bellovisu, Armandus de, 4079.
Belluot, P., 5876.
Belon, Nic., 6238.
Belplas, Gros de, 6571.
Belsunze, H. F. de, 7331.
Bence, J., 795-875.
Benedictus, J. (Benoist, J.), 114-223-334-3586.
Benedictus, Ren. (Benoist, Réné), 149-1086-1330-1613-3130-3131-6491.
Benevento, Marcus de, 2507.
Benoist, Dom., 7237.
Benoist, Elie, 7574.
Benoist, L., 4246.
Benoist, le P., 5257.
Benoist XIV, 3025-7331.
Benzonius, R., 625.
Berarducius, A., 3409.
Bercheure, Berchoire, Berchorius et Bertorius, P., 300-3203-3981.
Bergame, Marie de, 5941.
Berger, P., 3137.
Bergier, N. S., 2499-6464-6577-6583-6584-6589-6590.
Bergis, Guill. à (G. des Bergues), 1893.
Bergis, Max. à, (Max. des Bergues), 1892-1893.
Bergomo, Pet. de, 2534.

Berkeley, G., 7692.
Berlaymont, Lud. de, 1892.
Berlaymont, Ph. de, 3920.
Berlendi, J. P., 4265.
Bermyer, Ph., 6273-6956-6959.
Bernard (Saint) (Bernardus), 2063 à -2451-2976-4054-à-4057.
Bernard, Dom., 6790.
Bernard, J., 6656.
Bernard, Jac., 7555.
Bernard, N., 5109-5925.
Bernard, le P. J. B., 6994.
Bernard d'Arras, 3090-3180.
Bernard de Fontaine, 5372.
Bernardin de Paris, 5719-5802-6007-6327-6369-6400.
Bernardin de Picquigny, (Bernardinus de Pinconio), 798-905-906 907-5840.
Bernardin de Poitiers, 6826.
Bernardin de Sienne, (Bernardinus Senensis), 3264-4086.
Bernardin, Th., 6060-6309.
Bernardinus de Busto, 4112-4113.
Bernardus de Parentinis, 1291.
Bernezai, Max. de, 5258.
Bernières Louvigny, J. de, 5259-5260-5261-5262.
Bernon, 1241-1242-1293.
Berruyer, Is. J., 4714.
Bertaut, B., 3466.
Bertet, Th., 4638.
Bertherius, S., 4003.
Berthod, Fr., 1127.
Berti, J. L., 7305-7318.
Bertin, P. J., 4819.
Bertius, P., 7437-7441.
Bertram, C. B., 170-171.
Bertramus ou Bertramnus, 2407-2408-3105-3106.

43*

Bertus, L., 2687.
Bertus, P., 550.
Berulle, P. de, 1596-5263-5264-6895-6047-6411-6745.
Besnier, P., 245-246.
Besoigne, Jér., 696-697-1144-3521-6373-7325.
Besombes, J., 3232.
Bessarion, 1360-2819.
Besse, P. de, 143-271-4185-4423-4424-à-4427-5265-5266-5801-6215-6397.
Bessin, G., 1935-2379.
Besson, A., 4429.
Besson, Gasp., 3784.
Bessonnet, J., 7639.
Bethune d'Orval, A. Ede, 6425.
Betuleius, X., 997-7792.
Beuil, le Sieur de, 5045-5046.
Beurerus, J., 2027.
Beurier, V. T., 4786-6609.
Beurrey, 3337.
Beurrier, P., 4576-4577-4578-6441.
Beuvelet. M., 1315-4502-4508-6248.
Beveregius, G. (Beveridge), 1779-1780.
Beyerlinck, L., 139-4194-7728.
Bèze, Th. de, 140-167-170-171-173-219-226-231-232-262-263-507-515-516-7396-7400-7401-7590.
Bezons, Bazin de, 6994.
Bibliander, Th., 7777.
Bidault de Ste-Marie, 5738-6025.
Bidel d'Asfeld, 66-67-377-389-421-444-582-693-722.
Bidenbach, W., 7385.
Biel, Gab., 1295-2533-4101-4102-4103.

Bienville, Ol., 5267.
Bigat, Ant., 4867.
Bigeon, (Bigeonius), G, 2671-2672.
Bigex, 996.
Billard de Lorière, 6994.
Billiad, Ladvocat, 2926-2927.
Billecocq, J. F., 5268-5269.
Billick, E., 6646.
Billius, J., 2085-2100-2119.
Billot, J., 4762.
Billuart, R., 2749-3145.
Billy, Catherine de, 3886.
Billy, J. de, 2156-6477-6478.
Binard, 6808.
Binchius, J., 7501.
Binet, Est., 2884-3377-5270-5271-5272-5799-5896-5994-6318-6319.
Binet, M., 1563.
Binet, N. J., 3943-4301-5179-6208.
Binsfeld, P., 6272-6273.
Binius, S., 1787-1788.
Bion, J., 7698-7699.
Biroat, J., 4488-à-4496.
Birzechffa, A., 5169.
Bissus, B., 1238.
Bissy, H. de Thyard de, 7174-7216-7270-7278-7329-7331.
Bisterfeldius, H., 7735.
Biver, P., 4868.
Bizault, 4815-7329.
Blache, 6895-6994.
Blair, Al. de, 6861.
Blair, H., 7727.
Blairye, Nic. de, 3425-3587.
Blampignon, N., 4491.
Blampin, Th., 2250-2251-2273.
Blanchart, Ant., 5834-5835-5836.

Blanchet, S. A., 7769.
Blanchot, P., 4027-4406-4407.
Blanckwalt, 2461.
Blanc-Mont, E. de, 7516.
Blancone, J., 512-4254-4255-4265-4308.
Blaru, Guillet de, 7316.
Blassel, 5802.
Blois, L. de, 4869-4870-4871-4872-4873-6301-6302-6303.
Blondel, D., 7461-7474-7475-7476.
Blondel, L., 3874.
Blony, Nic. de, 4107.
Blosius, L., 4869-4870-4871-4872-4873-6301-6302-6303.
Bochart, S., 1225-1226.
Bochart de Saron, 7329-7420.
Bochellus, L., 1849.
Bocquet Nic., 6065.
Bocquier, 7325.
Bocquillot, L., 1275-4723-4724-4725-7329.
Boderianus, F. G., 209-1219-6432-6636.
Bodius, H., 6944.
Boèce à Bolswert, 4955-5011.
Bohier, 7331.
Boickwy, A., 784-809.
Boidct, 3010-6950.
Boileau, Ch., 4673-4674.
Boileau, J., 1333-2408-3084-3143-3503-3663-3671-6263.
Bois, Paul, 5258.
Boissonnet, 1239.
Boissy, Desprez de, 3354.
Bolduc et Bolducius, J., 440-3135.
Bolcran, M., 1041.
Bollo, P, de, 2977.

Bolzani, J.-B., 1342.
Bombelles, M. de, 1870.
Bompar, M., 6737.
Bon, 6994.
Bona, J., 1255-1331-4874-4875-4876-4877-4878-4879.
Bona, L., 2932.
Bonacina, M., 2794-3204-3224.
Bonadus, Fr., 503.
Bonæ-Spei, Fr., 2679.
Bonal, Fr., 3634.
Bonal, R., 3245.
Bonaldus, Fr., 5984.
Bonaventura Ling., 2701.
Bonaventure, (Saint), 2508-2509-2630-2631-2632-4064-4880-4881-6254-6255-6323-6338.
Bonaventure J., 1292.
Bonavoglia, B., 4173.
Bonetus de Locatellis, 1248.
Bonfrère, (Bonfrerius), J., 355-406.
Bongiorno, F., 4882.
Bonhome, Fr., 1892.
Bonichon, Fr., 1336.
Boniface, (Saint), 2391.
Bonifacius de Ceva, 4118.
Bonis, Emery de, 3161-3163.
Bonnaire, H. de, 5710-6950-6951-6954.
Bonnefons, Am., 3381-3773-5913.
Bonnet, P., 2244-2359.
Bonnet, Th., 5999.
Bonrecueil, Duranti de, 2225-2226-4044.
Bonvallet des Brosses, 5382.
Boonen, J., 7060-7330.
Bootius, A., 1171-1175.
Bordes, J. de, 6727.

Borgarucci, B., 4242.
Borgia, Fr., 5115-6272-6273.
Boria, Al. de, 1161.
Borromée, Ch., 1847-1848-2936-3452-5067-5068-6268-6269-6270.
Borromée, Fr., 1847.
Bosc, le P. de,, 4332.
Bosius, J., 5918.
Bosquier, Th., 4201-4410.
Bossemius, M., 6242.
Bossius, A., 3612.
Bossuet, J.-B., 468-583-626-988-1203-1307-1915-1951-2862-2967-3348-3516-3823-3824-4656-4657-4658-4672-5275-5692-6515-6517-6858-6866-7135-7338-7349-7353-7357-7359.
Bossuet, J.-B., neveu, 5276-5694-7331.
Botsaccus, J., 7389.
Boucat, A., 2744.
Boucher, Jean, 6537-6759.
Boucher, J.-B.-D.-J., 3960.
Boucher, le P., 2759-4402-4403-4404-4405-5277.
Boucquet, J., 6307.
Boudart, J., 2713.
Boudinet, A., 1875-1876-4836.
Boudon, H. M., 2778-2997-3733-5278-à-5281-5643-5726-5940-6017-6093-6232.
Boudot, J., 5091.
Bougeant, G. H., 3875-3876.
Bougis, S., 6414.
Bouhours, D., 245-246-1994-3708-4032-5282-5283-5831-6448.
Bouillon, Fr., 4338-4339.

Bouillon, J., 1244.
Bouju, Th., 6768.
Boulanger, N. A., 1082.
Boulainvilliers, L. V. de, 6546.
Boullard, 7325.
Boullier, D. R., 30.
Boulogne, 4828.
Bouques, Ch. de, 1126.
Bouquet, F. M., 7331.
Bouquin, C., 2619.
Bourbon, Anne-Géneviève de, 5483.
Bourbon, Arm. de, 3346-7099.
Bourbon, H. de, 7331.
Bourdaille, M., 685-3637-5283.
Bourdaloue, L., 3672-3673-4659-à-4672.
Bourdoise, Ad., 6224.
Bourée, E. B., 4650-4651-4652.
Bourgeois, Ch., 5718.
Bourgeois, J., 3168-3169.
Bourgesius, J., 6024.
Bourghesius, J., 1018.
Bourgoing, E., 5072.
Bourgoing, Fr., 1332-4205-4499-4516-5668-6293.
Bourgoing, P., 4513.
Bourgoing de Villefore, 2284-2298.
Bourlon, Ch. de, 1945.
Bourrée, E. B., 3543.
Bourret, A., 5108.
Boursac, Fr. de La Cropte de, 3797-3835.
Boursier, F. L., 7189-7190-7191-7205-7206-7236-7331.
Bourzeis, A. de, 4518-6809-6810-7027-7029-7046.
Boussar, 5284.

Boussard, G., 588.
Boussemar, H., 7330.
Boussey, Cl. Drouas de, 3853-6291.
Boussu, Th. Ph. de, 7331.
Boutaud, le P., 694-695.
Boutauld, M., 2762-5285.
Bouthillier de Rancé, 2144-4587-5541-à-5546-5688-6193-6351-à-6357-6364.
Boutin, le P.,7325.
Bovelles, Ch. de, 845-3608.
Boves, Petrus ad, 4128.
Bovillus, C., 845-3608.
Boyis, J., 4485-4486.
Bovius, C., 1783.
Bovosius, R., 277.
Boxhornius, H., 7540.
Boyenval, A. de, 3970-5792.
Boyer, Fr., 51-52-6947-6948-7264.
Boyman, J., 4883.
Boyvin, G., 2637.
Bozius, Th., 2959.
Bozzi, P., 5069.
Brachet de la Milletière, 6805-6806.
Bradwardinus, Th., 2837.
Brainville,... de, 4792.
Bralion, Nic. de, 1334-1411.
Brancat, L., 2851.
Branche, J., 4447.
Brandimarte, F., 4295.
Brandius, H., 7437-7438.
Branteghem, G. de, 1087.
Brassicanus, A., 2336-2353.
Brathwait, R., 7678.
Brébeuf, G. de, 6841.
Bredembach, M., 599-6662.
Bredembach, Tilmannus, 765-4356-5207.

Breguet, Est., 6849.
Brehun, M., 5116.
Brentius, J., 398-1231.
Bretagne, Claude de, 6371-6372.
Breton, J., 5117.
Bretonneau, G., 3117-4714.
Bretteville, l'Abbé de, 4588-4589-4590.
Breugne, B., 2885.
Brevicoxa, J., 2643.
Brewer, 6442.
Brianson, G., 2548.
Brianville, C. O. de, 1072.
Brias, Ch. de, 7085.
Bricoure, 5286.
Brienne, E. Ch. de, 1947.
Brienne, L. H. de Loménie de, 56-5212-5213-1947.
Brierleius, J., 6926.
Brigitte (Sainte), 4884-4885.
Brignon, J., 4866-4873-5047-5121-5123-5124-5130-5386-5579-6068.
Brigtmannus, Th., 978.
Brimbert, Ant., 2398.
Brion, l'Abbé de, 5287.
Brisacier, J., 7021.
Broglie, Am. de, 1877-6586.
Broide, Ph. de, 5288.
Bromyard, J. de, 4001-4002-4003.
Brou, H. Feydeau de,1859-1860-1861-7112-7370.
Broughton, H., 1039.
Brousse, 7330.
Brovet, J. 1924.
Browerus, Ch., 2373.
Brown, Th., 7771-7772.
Brueys, A. de, 6869-6880-6894.
Bruguier, J., 7515.

Brun, P., 4400.
Bruneau, J., 2454.
Brunet, J.-Fr., 4811.
Brunet, Jos., 3459-3460.
Brunfelsius, O., 3977.
Bruno, Astensis, 2427.
Bruno (Saint), Carthus., 2419.
Bruno, Vinc., 2925.
Brunon, 890.
Brunus, G., 95.
Brusoni, G., 4345.
Bruyant, B., 4558.
Bruyer, C., 4018.
Bruzeau, P., 6699-6865.
Bubalus, St., 2824.
Bucaille, 1618.
Bucerus, M., 537-563.
Buchanan, G., 507-508-509-7409.
Buchman, Th., 7777.
Buffier, Cl., 5289-6285.
Bugent, A., 7028-7330.
Bugnet, J.-B., 7494.
Bulkeley, P., 7722.
Bullet, 6-6603.
Bullinger, H., 864-1767-7391.
Bullioud, P. de, 800.
Bullocus, G., 270.
Bullus, G., 7657-7658-7659.

Bulteau, L., 2382-3308-3309-3321.
Bunderen ou Bunderius, J., 6659-6660.
Burgo, Joh. de, 2547.
Burigny, J. de, 1.
Burlat, H., 4153-4428.
Burnet, G., 7689-7690.
Burnet, Th., 7688-7691.
Burnouf, Eug., 7783-7784-7786-7787.
Bury, Arth., 7704.
Bus, César de, 3782.
Busée, (Busæus), J., 2410-2465-2467-4010-4011-4024-4025-4886-5020-5086-6051.
Busenbaum, H., 3221-3222.
Busnot, Dom., 1751.
Bussières, J. de, 4284.
Bussy, M.-C.-R. de Rabutin de, 7331.
Bustamantinus, J.-C., 1224.
Busto, Bernardinus de, 4112-4113.
Butzlinus, G., 4939.
Buxeda, M., 5882.
Buxtorf, J., 11-1167.
Buzenval, Ch. de, 1885-7330.
Bzovius, Ab., 4202-4203-4204.

C

Cabali, U. de, 2955.
Cabanes, l'Abbé de, 991.
Cabart, Nic., 5619.
Cabasila, Nic., 1360.
Cabassut, J., 1800-1801.
Cabezudo Nugno, 2612.
Cabrera, Petrus de, 2609-2610.
Cabrinus, J., 3601.

Cabrisseau, N., 426-929-5712-5780.
Cacherat, G., 6795.
Cadenet, P. de, 567.
Cadry, J.-B., 7205-7325-7331.
Cæsare, R. de, 3018-3561.
Cæsarius Arel., Césaire, (Saint). 2366-2367.

Cæsarius Heisterb., 4058.
Cæsarius, Theol., 2086.
Cahen, S., 189.
Caignet, Ant., 4528-4529-5667.
Cailleau, G., 2014.
Caillebot de la Salle, 7331.
Caillieu, N., 2477.
Cajetan, Marie de Bergame, 5941.
Cajetanus, Const., 2415.
Cajetanus, Th. do Vio, 287-333-2558-2650-3550.
Calabre, E., 613.
Calamatus, Al., 4223-4224.
Calderarius, C., 612.
Calecas, M., 1973.
Calixtus, Luth., 6499.
Calmel, J., 5290.
Calmet, Aug., 77-78-79-289-290-291-292-293-1058-1059-1060-1102.
Calvi, P., 717.
Calvin, J., 349-562-742-749-750-847-855-876-877-1008-1009-7392-7393-7394.
Camart, G., 1081-4206-4401.
Cambacerès, l'Abbé de, 4822.
Camblat, B., 2581.
Camerarius, J., 231-232-698.
Cameron, J., 7439.
Camet, l'Abbé, 489.
Campaing, 1319.
Campanella, Th., 6538.
Campen, J. de, ou Campensis, J., 542.
Campian, A., 2181.
Campigny, C., 2655.
Campos, Fr., 4162.
Camus, Bon., 4119.

Camus, J.-P., 2993-3154-3170-3171-3861-4450 à 4466-5291 à 5310-5623-6063-6156-6158 à 6164-6218-6258-6335 à 6346 6792-6793-6798-6803-6910.
Canaye, J., 3406.
Candidus, V., 3572.
Canisius, P., 2242-2905-3744-3745-3746-3747-4163-4164.
Canizal, B. de, 3582.
Cannes, H. de, 3506.
Canova, Jonselmus de, 4078.
Cantacuzène, M., 669.
Cantacuzène, J., 7777.
Cantarellus, G., 3266.
Canteleu, Nic., 4941.
Canterus, G., 2117.
Canterus, Th., 2198.
Canturani, S., 5673.
Cano ou Canus, M., 2484-2485.
Capalla, J.-M., 849.
Capiglia, Andr., 5118.
Capite Fontium, Ch. de, 3405.
Capitis Firminus, 4153.
Capnion, 2060.
Cappellanus, Cl., 10.
Cappel ou Cappellus, J., 1173
Cappel ou Cappellus, L., 1173-1174.
Capponus à Porrecta, 352-2622.
Capreolus, (Cavriolo), J., 2528-7024.
Caraccioli, A. de, 3026.
Caramuel, J., 3220-3292.
Carbajalus, L., 2479.
Carben, V. de, 6635.
Carbo, L., 2480-2575-4887-4888-4889-4890.
Carbonellus, H., 4184.

Carcano, Michaël de, 4097.
Carcat, A., 5653.
Carle, L. de, 6477-6478-6668.
Caro, E., 7.
Carolostadius, A., 7374.
Carolus Magnus, (Charlemagne), 2410.
Carolus ab Assumptione, 3491-3495-7085.
Carolus à Mansfeldt, 6244.
Caron, L.-H., 34-1216-1217-6990-6991.
Caron, R., 6289-6501.
Carpegna, Card., 6269.
Carraciole, H., 4266.
Carranza, B., 1802-1803.
Carraria, P., 3565.
Carrel, L.-J., 3318.
Carrière, Fr., 308.
Carrières, L. de, 147-148-295-343-878-1035.
Carteron, N., 3746.
Carthagène, J. de, 4180.
Casalicchius, C., 3579.
Casali ou Casalius, J.-B., 1254.
Casali ou Casalius, C., 3112.
Casaubon, Is., 202-1167-2090.
Casaubon, Mer., 2213.
Casimir (Saint), 4854.
Caspensis, Lud., 2696-2697.
Cassagnet de Tilladet, 7331.
Cassander,(Cassandre), G., 2656-3063-6690.
Cassia, S. de, 999-1000.
Cassianus, Chr., 6666.
Cassianus, J., ou Cassien, 2152-2328-à-2331.
Cassiodore, 522-523-2370-2371-2372.
Castagniza, J. de, 5091.

Castaldo, A. P., 1683.
Castalion, Séb., 138-225-1772-5036-5205-5206.
Castana, Fr., 4317.
Castanæus de la Roche Pozai,H. L., 370-801-2675.
Castellanu ,Alb., 98-1400-1405.
Castellanus, P., 2366.
Castellio, Séb., 138-225-1772-5036-5205-5206.
Castillon, A., 4509-4510-4511.
Castol, J, 604.
Castro, Alf. à, 3251-6483-6484.
Castro, Chr. à, 725-755.
Castro, Leone, 764.
Castro, M. à, 1004.
Castrovillare, C. à, 1774.
Catacænus, 7028.
Catharin, Ambr., (Catharinus Politus), 362-869-949-2659-6470.
Catherine de Gènes, 5070.
Catherine de Sienne, 5071-5072-5073.
Caussade, le P., 5641.
Caulet, F. de, 7330.
Caulet, J. de, 7331.
Caumartin, Le Fevre de, 7331.
Caussel, 2814-2815.
Caussin, Nic., 418-3701-4444-4445-4446-4891-6193-6194.
Cavellus, H., 2514.
Cavriolo, J., 2528-7024.
Caylus, Ch. Gab. de, 1883-3809-6553-3179-6694-7309-7310-7331.
Ceisselo, Cl. de, 2909.
Celada, D. de, 390-414-425-427-429-745.
Célestin de Soissons, 3216-3598

Cellot, (Cellotius), L., 1902.
Cerle, 3704.
Cerné, Ch., 3781.
Cervantes, G., 690.
Césaire (d'Arles), 2366-2367.
Césaire d'Heisterbach, 4058.
Césaire le théol., 2086.
César, le P., 5654.
César, Camille, 2992.
Césare, G., 2895.
Césare, R. de, 3018-3561.
Ceva, Bonifacius de, 4118.
Chabons, Gallien de, 1871.
Chaduc, le P., 4601.
Chahu, Ph., 5311.
Chais, P., 7705.
Chalvet, Hyac., 2698.
Chamart, Nic., 2452.
Chamillard, Et., 1341.
Champeils, L., 6829.
Champerius, (Champier) S., 2022.
Champflour, Et. de, 1932-7175.
Chamier, D., 7423-7424.
Champigny, 4680.
Champier, S., 2022.
Champion, P., 5580-5581.
Champion de Pontarlier, 5312.
Chandeus, (La Roche de Chandieu), A., 7408.
Chantal, Fr. de, 5313-7332.
Chantelou, Cl., 4837.
Chanut, M., 1824-1825-2028-5201.
Chapeaville, J., 3055-3603.
Chappe de Ligny, 5198.
Chaponnel, R., 1284.
Chappell, W., 7684.
Chapuis, Chappuis et Chappuys, Gab., 730-4245-4249-4251-4304-4306-4307-4312-5114-5189-5191.

Chapt de Rastignac, J. de, 3260-3261.
Charaud, 4741.
Chardon, C., 3050.
Chardon, L., 5073-5314.
Charlemagne, 2410.
Charlemagne, Jos., 61.
Charles V, Emp., 7331.
Charles, Eléazar, 7578.
Charles, Fr., 6972.
Charles de l'Assomption, 3491-3495-7085.
Charpy de Sainte-Croix, 1148-3137.
Charron, P., 4383-6530-6531.
Charruau, N., 4626.
Chartonnet, le P., 5315-6178-6179-6375-à-6378.
Chastaigner de la Rochepozay, 830-831-2675.
Chastelain, P., 5893.
Chastellain, G., 592.
Chastillon, Joulet de, 4040.
Chatillon, le Duc de, 7331.
Chatardus, J., 767.
Chateaubriand, 39-40.
Chateauneuf de Rochebonne, C. Fr. de, 7331.
Chateauvillars, C. de, 1774.
Chauchemer, Fr., 4682.
Chaudon, E. J., 6430.
Chaulmer, C., 2495.
Chaumont, Paparin de, 1904.
Chaumont, Ph. de, 6520.
Cheironus, Is., 7426.
Cheminais, T., 4563.
Chaves, Thomas à, 3031.
Cheffontaines, Ch. de, 3405.
Chemnitz, M., (Chemnicius, Chemnitius et Kemnicius), 1834-7407

Chenart, L., 4634.
Cheron, J., 5316-6388.
Cherponty, 232.
Cherubinus à S. Joseph, 1161.
Chesneau, Aug., 5739.
Chesneau, R., 4898-6332.
Chesnois, Ant., 5317.
Chevalier, C., 1619.
Chevalier, L., 7325.
Chevannes, J. de, 6343.
Chevassu, J., 4743-5713.
Cheverin, J., 4080.
Chevillier, 1363,
Chifflet, Fr., 2369-4892.
Chifflet, Ph., 1019-1820-5035.
Chiron, J., 1205.
Chizzolai, H., 4268.
Choart de Buzenval, 1885-7330.
Choiseul-Beaupré, G.-F. de, 6994-7322.
Choiseul du Plessis-Praslain, G. de, 3455-6445-6446-7330.
Choisy, Th. de, 570.
Chomel, ... de, 5684.
Chompré, P.-C., 81.
Choquet, H., 319-2839.
Chouin, Joly de, 1285.
Chrastovius, And., 7380.
Chrestien, M., 3154.
Christianus, J., 1017.
Christophorus à Castro, 725-755.
Christophorus de Capite fontium, 3405.
Chrysippus, 4030.
Chrysologue, Pierre, 2332 à 2335-2346-2349.
Chrysostôme, Jean, 328-824-840-852-854-885-886-888-889-890-1360-2037-2103 à 2113-2767-2976-4026-4040-à 4044-4514-6199.

Christus, Jesus, 2022.
Chytrée (Chytræus), N., 508.
Ciantes, J., 2564-6259.
Cibo Ghisi, I., 4259.
Ciceron, M.-T., 7791.
Cigongné, D. de, 1590.
Cisnerius, G., 1288.
Cisneros, X. de, 82.
Civoré, Ant., 5318.
Clario, Is. de, ou (Clarius, Isid.), 4149.
Clarke, R., 1125.
Clarke, Sam., 4.
Clarkson, D., 7717.
Claude, J., 931-7533 à 7539-7621-7622.
Claude, J.-J., 7623.
Claude de Bretagne, 6371-6372.
Claude de Paris, 1188.
Clavasio, A. de, 3559.
Cleaver, R., 7719.
Clemangis, N. de, 1768-2645.
Clémence, J.-G., 6582.
Clémencet, Ch., 6408-6994.
Clément d'Alex, (Saint), (Titus Flavius Clemens), 1973-1978-2034 à 2037.
Clément I., Pape, 1782-1783-2001-2002-2011 à 2015.
Clément VIII, 7009-7067-7330.
Clément XI, 4239-7178-7327-7329-7331-7343.
Clément XII, 7331.
Clement, D.-X., 4772 à 4775-5164-5734.
Clément, Fr., 1186.
Clérée, J., 4081-4116.
Clericus, J., 337-356-405-1051-1182-1184-2237-2677-4472-6264-6284-6942-7579.

Clermont, Fr. de, 1919-1920-3834-5888-7211-7329.
Clermont, L. de, 1908-7331.
Clert, Fr., 7244-7249.
Clèves, Anne de Gonzagues de, 7331.
Clichtove ou Clichtoveus, J., 1379-1380-2155-2908-2909-4133-4893-6190-6200-6484-6643.
Climacus, Joannes, (Climaque, Jean), 2145 à 2148.
Clingius, C., 6670.
Clivier, Ant., 6824.
Clodius, D., 1225.
Clonsinnil...de, 7330.
Clotzius, F., 3995.
Cloyseault, E., 6296.
Clugny, Fr. de, 5681-5682.
Clutius, (Cluyt), R., 3359-4066 à 4069.
Cocburn, P., 2953.
Coccejus, J., 7506-7507.
Coccius, J., 6487.
Cocheletius, Anas., 6755.
Cochemensis, M., 1321.
Cochin, D., 4814-5319-5785.
Cochlæus, J., 6650-6651-6652.
Cocq, Fl. de, 2720-3257.
Cocquebert, Th., 3193.
Codurc, Ph., 3118.
Cueffeteau, N., 2757-4266-5320-6735-6740-6746-6758-6775.
Cœlestinus, Suess., 3216-3598.
Coffin, C., 7331.
Coignet, J., 4894.
Coislin, le Duc de, 487.
Colbert, Cl. Joach., 3826-3827-3828-7286-7287-7329-7331.
Colbert, J.-Nic., 7113-7114-7115-7370.

Colerus, J., 6546.
Colin, N., 3760.
Colin du Juanet, 2297.
Colinot, And., 5323.
Colladon, N., 7393.
Collard, l'Abbé, 5321-5322.
Collart, D., 6323.
Collet, P., 1281-1282-2752-3011-3236-3237-3314-3554-4768-4769-6103-6129-6174-6177-6287.
Collier, (Collierius), J., 2260.
Collin, J., 6253.
Collin, Nic., 1282.
Collius, Fr., 3142
Collot, P., 3789-3897-3898-6142-6143-6298.
Colongue, Foresta de, 7331.
Columna, Æg., 2567-2639.
Columna, P., 6629-6630.
Colvenerius, G., 2405.
Combalot, Th., 4830.
Combefis, Fr., 1972-1973-2075-2076-2088-21082151-3010-4028-4029.
Comenius, J.-Amos, 7371.
Comestor, Petrus, 1036 à 1038-
Comiers, 6852.
Comitin, (Comitinus), J.-B., 4895-4896-6503-6820.
Compaing, 6237.
Comitolus, P., 3233.
Commodianus, 2190.
Compagnon, 7329.
Compan, 3669.
Compans, 1106.
Concina, D., 3234-3235-3299-3307-3490-6994.
Condé, Nic. de, 5661.
Condren, Ch. de, 5325-5326-6231-6801.

— 690 —

Coninck, Æg. de, 2617-3362.
Coninck, D. de, 3071.
Conrius, Fl., 7011-7012.
Constantin de Barbançon, 5246.
Constantinus à Castro Villare, 1774.
Constantius, M.-A., 6675.
Constantius, P., 6640.
Constantius à Sarnano, 2537.
Constanzo, J.-B. de, 6274.
Contarenus, G. (Contarini),2654-3030.
Contenson, V., 2714-2715.
Conti, Arm. de, 3346-7099.
Contzen, Ad., 790-922.
Copel, J.-Fr., 4788.
Coppenstein, And., 4058-4065-4191-4192-6489.
Coppin, P., 1043.
Copus, Al., 1089-6924.
Coquæus, L., 6751-6762.
Coquerel, Ph., 3865.
Corbin, J., 152-4305-6774.
Corblet, J., 1350.
Cordelier, 6420.
Cordemoy, G. de, 2950-6702-6703-6914-6940-7362.
Corderius,(Cordier), B.,441-553-724-823-833-2005-2143.
Cordes, J. de, ou Cordesius, J., 2411.
Cordier, J., 5324-6104.
Cordier, M., 7590.
Coret le P., 5327-6873.
Corgne de Launay, P., 2195.
Coriolano, Longus à, 1794-1795-3604.
Cornand de la Crose, 7334.
Cornarius, J., 2100-2101.
Corneille, P., 1614-5054.

Corneille de Vérone, (Cornelius Veronensis), 2507.
Cornelis de Leeuw, 178.
Cornelius à Lapide, 285.
Cornuere, G., 3410.
Cornutæus, A., 4235.
Cornuty, J., 6254.
Coronel, Marie, 6011-6012.
Corroy, S. à, 1005.
Corrozet, G., 1075-1076.
Corsettus, B., 1298.
Cortade, G., 4547.
Cosma, Ægyptius, 2064.
Cossart, G., 1790.
Cotelerius,J.-B.,(Cotelier), 1980-2001.
Cotelle de la Blandinière, 3722.
Cotolendi, 5796.
Coton, P., 2762-4399-5894-6749.
Cotonius, Ant., 3574.
Coste, P., 7543.
Coster, Fr., 3749-3750-4358-5916-5982-5983-6685 à 6688.
Cotreau, J., 4381-4382.
Cotterus, Ch., 7371.
Coublaut, Ant., 5328.
Coudrette, Ch., 3345-7191.
Couët, B., 7125.
Courbeville, Fr. de, 3464-3499-3656-5097-5769-5980-5989.
Courbon, 5329-5330-5926-7369.
Courcelles, Et. de, 203.
Courcelles, F. de, 2897.
Courtin, P., 4168-4380.
Courtot, J., 5575-5576-6384-7036-7037.
Coussord, Cl., 6638.
Coustant, P., 2211-2250-2251.
Couston, 7325.
Coutino, Ign., 4344.

Couvreur, And., 4477.
Cowper, G., 7656.
Cranmer, Th., 7648.
Coyffier, G. de, 6720.
Cramezel, le Ch. de, 5331.
Crampon, A., 799-3960.
Crasset, J., 2939-3367-5332-5626-5679-5704-5716-5720-5757-5758-5813-à-5816.
Cratepoleus, P., 6693.
Cratina, G. de, 2365.
Creder, L., 5107.
Crellius, J., 7733.
Crespet, P., 2655-3361-4378-4379-5924.
Cresollius, L., 2978-2979.
Crisconius, 2369.
Cristi, J., 4362-4363-4364-4365.
Croaria, H. de, 1811.
Crocius, J., 6499.
Crocquet, And., 3748.
Crocus, Corn., 3105.
Croiset, J., 1104-3665-5698-5699-5747-5718-5749-5877-5950-5951-5952-6089.
Croius, J., 1191-1959.
Crombecius, J., 4897-4898-5616.

Cromer, Th., 5207-6474.
Croset, Th., 6011-6012.
Croy, Rob. de, 1893.
Croy, J. de, (J. Croius), 1191-1959.
Crussol d'Uzès, le Mᵉ de, 7331.
Cueillens, F., 4599-4600.
Cuilly, Oliv. de, 4396.
Cumel, Fr., 2576.
Cumiranus, S., 318-319.
Curcellæus, St., 203.
Curiel, A., 2604.
Curterius, J., 713.
Curtius, Corn., 5921.
Cusa, Nic. de, 2653-6066-7331.
Cusson, J., 5049.
Cydo, Dem., 2819.
Cyprianus de Valera, 170.
Cyprien (Saint), 2166-2181-2188-à-2196-6241.
Cyprien de Gamaches, 5333.
Cyprien de la Nativité, 5185-5192-5202-4957-5171-6326.
Cyprien de Valera, 170.
Cyrille d'Alex., (Saint), 347-724-2067-2125-2126.
Cyrille de Jésus., 2081-2082-2083.
Cyrille de la Passion, 5334.

D

Dabillon, A., 6539-7016.
Dacherius, Lucas, (Luc d'Achéry) 2417-2426-4388-6399.
Dacryan, 6301-à-6303.
Dadræus, J., 2055.
Dagoneau, J., 744-6363.
Dagonel, P., 3376-6064.
Dagoumer, G., 7245-7319-7327.

Daillé, J., et Dallæus, 1957-1958-2009-7414-à-7421-7315-7606.
Dalier, O., 4700-5755.
Damascène, J., (Saint), 1360-2152-à-2156.
Damascène, le P. Jean, 4793.
Damase (Saint), (Damasius), 2217.
Damen, H., 3454.

Damian ou Damien, (Damianus), P., 2415-2976.
Damvilliers, le S^r de, 7077.
Danæus, (Danes), Lamb. 2287-3822-7400-7409.
Daniel, G , 3662-3691-3692-3694 7116-7117-7144-7153.
Daniel de Jésus. 6928.
Daniel de Paris, 4800.
Daniel de S. Joseph, 4501.
Dantine, M., 477.
Danton, le P., 7226.
Daon, R. F., 3481 à-3483.
Daret de la Villeneuve, 3467.
Dargnies, l'Abbé, 1862.
Dartis, J., 3078.
Dassier, Laz., 4565-à-4571.
Dathenus, P., 178-1772.
Daures, L., 6899.
Dauroultius, Ant., et Dauroutius, (Ant. d'Averoult), 3914-à-3918.
Dausquo, (Dausqucius), Cl., 2049-2128.
Davenport, F., 2680.
David, Æg., 674.
David, J., 5917-6050.
David, P., 4234.
Davila, D., 5202.
Davy du Perron, J., 6723-6731-6732-6764-6778-à-6780-6933.
Décambolas, J., 923-7035.
Decourt, J. Fr., 3931.
Dehayes, S., 7331.
Delalande, P., 1851,
Delan, F., 3325.
Delaunoy, J., (ou De Launoy), 1810-2849-2917-2999-3083-3094-3181-3374-7150.
Delarue, N., (De la Rue), 4248-4259-4258-4702-à-4707.

Delaur, An., 5929.
Delbecque, N., 2686-3457-7168.
Del Bene, A., 1922.
Del Bene, Th., 2700.
Delfau, Fr., 2250-2251.
Delidel, Cl., 7684.
Deligny, Fr., (De Ligny), 1105.
Del Pas, Ang., 837.
Del-Rio, M., 367-661-1160-5968.
Dely, A., 3764.
Demandolx, F., 1869-3856.
Demia, Ch., 6234.
Demochares, Ant., 3112-6709.
Denattes, F., 3102.
Denhoff, Cardinal, 3462.
Denis, Aréopagite, 1360-2003-à-2008-2022.
Denis le Chartreux, 330-348-403-404-535-708-909-1005-2006-2532-2646-2872-2873-3357-4092-4899-à-4901-6201-6251 6252-6300.
Denis, H., 7158.
Denis de la Mère de Dieu, 4397.
Denise, Cl., 6211.
Denyse, Nic., 2521.
De Paris, le P., 6843.
Der Kennis, Ig., 2784,
Derodon, D., 7525.
Desbois de Rochefort, 1867.
Desbords des Doires, 2850-3955.
Des Brosses, Bonvallet, 5382.
Deschamps, Et., 7018-7022-7041-7053-7103.
Deschamps, J., 721-6993.
Deschamps, Jac., 7586.
Des Champsneufs, P., 4902.
Descobar, Barth., 4190.
Des Doires, Desbords, 2850-3955.
Desessarts, Al., 2313.

Desessartz, J. B., 6946-6949-6952-6953-6954-7331.
Des Fontaines, Guyot, 6457.
Des Granges, Le Masson, 6576.
Des Guays, Le Boys, 7742-à-7768-7770.
Des Hayes, J., 3747.
Desiderius, Abb. Cass., 2416.
Desilles, Nic., 6790.
Désiré, Artus, 1924.
Deslyons, J., 2934.
Des Mahis, 6522-6879.
Des Marais, Regnier, 5180-5181.
Desmares, Jos., 2400-2443.
Desmarest, Fr., 3287.
Des Marests, J., 683-5335-5336.
Des Marets, S., 172-7519-à-7521-7523.
Desmarets, H., 172.
Des Marets, P. Godet, 7370.
Desmarestz, G., 187.
Desmaretz, V. F., 7331.
Desmasures, M., 4974.
Desmay, J., 3843.
Des Monceaux, Fr., (Moncæius), 659-1211-1231.
Despagne, J., 7495.
Despont, Ph., 1974.
Desprez l'Abbé, 4798.
Desprez de Boissy, 3354.
Desqueux, Cl., 5337-5635-6320.
Desrey, P., 814.
Desruelles, B., 1094.
Destaing, J., 1901.
Desvillars, 6389.
Devert, Cl., 1276.
Devoisin, J., 6631.
Deza, P., 4316.
Diaconus, P. ou Diacre, Paul, 2379.

Diaconus, J., ou Diacre, J., 2379.
Diadochus, 2124-2142.
Diana, Ant., 3573-3574-3575.
Diaz, Nic., 2895.
Dicastellio, J., de, 3581.
Didier, Abbé, 2416.
Didymus, Alex., 951-1973.
Dierkens, B., 4903-6333.
Diez, Ph., 4004-4162-4308.
Dinet, G., 1914.
Dinouart, J. A. P., 6286-6428.
Diodati, J., 7531.
Dionysius Areopagita, Voyez : Denis l'Aréopagite.
Dionysius Carthusianus, Voyez : Denis le Chartreux.
Diotalevi, A., 5988.
Diroys, F., 6513.
Dirrhaimer, Ud., 4300.
Ditton, H., 7692.
Dobrowloski, A., 4904.
Docæus, J., 1110-4143.
Dod, I., 7718.
Dodwell, (Dodwellus), H., 2191.
Doddrige, ou Doddridge, Ph., 7706.
Dognon, R., 6172-6277.
Dollone, 5518.
Dominique de Jesu Maria, 5074-5075.
Dominique de Marinis, 2598.
Dominique de la SS. Trinité, 2708.
Dominis, Ant. de, 6790.
Donatien de St-Nicolas, 5437.
Donatus, Gr., 2559.
Doni d'Attichi, 1138.
Dorbelle, P., 4119.
Doré, Pierre, (Auratus), 603-5338-5339-5340-5341-6471.

Dorhoff, B., 4013.
Dorigny, 6994.
Dorlandus, P., 1084.
Dormay, P., 7739.
Dorothée, (Saint), (Dorotheus), 2142-2143-2144.
Dorron, C., 4905.
Doucin, L., 6889-6890-7135-7152.
Doujat, Fr., 5342-5343.
Dounamus, G., 7710.
Dovelle, Ans., 4324.
Doyza, M., 4174.
Dozenne, P., 3636.
Drabicius, N., 7371.
Dracontius, 2387.
Drapier, G., 3182.
Draxe, Th., 7709.
Drelincourt, Ch., 7509-à-7515-7591-7606-7619.
Drexelius, H., 3969-4906 à 4933-5614.
Driedo à Turnhout, 2652-2834.
Drogo, 2065.
Droinet, 3904.
Drouas de Boussey, C. de, 3853-6291.
Drouaux, Et., 1656.
Drouet de Maupertuy, 2357.
Drouven, R.-H., 3046-3047.
Druillet, A., 7331.
Drusius, J., 353-1163-1212.
Du Bec, J., 4376.
Du Bec, Ph., 4031.4377.
Dubois, C.-J., 1143-1188.
Du Bois, Est., 4588-4589-4590.
Du Bois de la Cour, 23-27.
Dubois de Launay, 6616.
Du Bois, Nic., 861-963.
Du Bois, Ph. Goibaud, 2276-2277-2285-2289-2290-2291-2301-2316-2317-2318-6874.

Dubos, C.-F., 3728-4708.
Du Bosc, le P., 3175-7054-7057-7071.
Du Bosc, P., 7622-7624-7625.
Du Bosc de Montandré, 5613-6184.
Du Boscq, 4277.
Dubourdieu, A., 7684.
Du Bray, R., 7435.
Du Breul, J., 2383.
Du Buc, Alex., 5344.
Du Duc, Fronton, ou Ducæus, Fr., 1971-2074-2092-2104-2107-2322.
Du Cambout, Ch., 487-1916-7329-7331.
Du Cambout, Jos., 621-622.
Du Cerceau, Ant., 3694-7323.
Du Chatel, P., 2366.
Du Chesne, And., 2392-2433.
Du Clausel, Rev., 3068.
Ducos, J.-C., 3788.
Dudithius, 1827.
Duez, P., 5182.
Du Fay, J.-G., 4776-4777-4778.
Du Fay, P., 3073.
Du Feu, E., 7516.
Du Fossé, Th., 293-294.
Du Four, Jos., 6976-7325.
Du Fournel, 5345.
Du Frische, J., 2222.
Dugon, J.-Ph., 3734.
Du Gué, Cl., 1838.
Duguet, J.-J., 66-67-327-377-388-389-421-444-582-693-722-930-1115-1119 à 3062-3280-3385-3386-3387-3658-3859-3660.
Du Hamel, J.-A., 6958.
Du Hamel, J.-B., 132-133-134-472-627-2721-2722.

Du Hamel, H., 7327.
Du Hamel, R.-A., 6557.
Duhan, Fr., 6830.
Du Ion, Fr., 6725.
Du Jardin, Th., 7276.
Du Jarric, P., 4845.
Du Jarry, 3958-4732-4733-4734-4735.
Dujat de Villeneuve, 2367.
Du Juanet, Colin, 2297.
Du Laurens, L., 5746-6817.
Dulcken, A., 5984.
Du Manoir, l'Abbé, 7121.
Du Mare, R., 7606.
Dumas, F., 3946.
Du Mas, G., 2164.
Dumas, Hil., 5044-7335.
Dumas, Jos., 4331.
Du Metz, J., 2709-2710.
Du Molin, 1271.
Du Molinet, Cl., 2468.
Dumont, J., 1545.
Du Mont, P., 3911-5144-5160.
Du Mothier, Gréard, 6259.
Du Moulin, Ch., 1813-1830-7331.
Du Moulin, Cyrus, 7492.
Du Moulin, P., 6790-7482 à 7493-7614 à 7617-7642-7643.
Duneau, Fr., 4539 à 4542.
Duns Scot, J., 2513-2514-2534-2633-2634.
Dunus, Th., 7775.
Du Parc, J. Le Noir, 5431.
Dupasquier, S., 3098.
Du Perron, Anquetil, 7782-7785.
Du Perron, J. Davy, 6723-6731-9732-6764-6778-6779-6780-6933.

Du Perron, le Hayer, 4940.
Du Petit Chateau, 6461.
Du Pin, L. Ellies, 60-358-474-475-483-2214-2490-2643-3120-3284-3368-5346-6452-7366.
Du Plan, Suère, 461.
Duplessis, F.-X., 5744-5745.
Duplessis, le P., 7331.
Du Plessis d'Argentré, 2735-2737-6505-7361.
Du Pont, L., 668-5119 à 5128-
Du Pont, Nic., 3402.
Du Pré, J., 6744.
Du Préau, G., 5348-6473.
Du Préaux, l'Abbé, 6087.
Du Prelard, G., 2961.
Dupuis, J., 2574.
Du Puis, Fr., 526.
Dupuis, Fr., 3893.
Du Puy, B., 3313.
Dupuy, G., 6726.
Dupuy, J., 3728-5689.
Dupuy Herbault, Gab., 4368-4369-3289.
Du Puys, Cl., 5349.
Du Quesne, A.-B., 5685-5686-5687-5772-6019.
Durand, B., 6504.
Durand, C., 838.
Durand, Jacques, 564.
Durand, Jean, 4677.
Durand, et Durant, Sam., 7482-7642-7643.
Durandi, G., 1246-1247-1248-1249-1768.
Durand de S. Porcien, (Durandus de S. Portiano), 2518-2519.
Durandus, Abb., 2417.
Duranti, G., 1246-1247-1248-1249-1768.

Duranti, St., 1251.
Duranti de Bonrecueil, 2225-2226-4044.
Durantus, C., 4884.
Durel, J., 7622.
Durel, Mlle, 7684.
Durelleus, J., 2482.
Duret, 4947.
Du Rosier, 6713.
Du Roujoux, V., 2746.
Du Ryer, P., 2356-4850-7778-7779.
Du Sault, J.-P., 5727-5833-5925-6387.
Du Sault, N., 3369-5350.
Du Saussay, And., 1335-1337-1340-1356-5615.
Du Saussoy, Dusaussoy ou Dusaussois, 7237-à-6240-7246.
Du Sellier, Osmont, 1771-7281-7285-7304.

Du Suel, Fr., 3507-5351.
Du Tertre, J., 3315.
Du Tertre, R., 6551-7327.
Du Tronc, P., 6527.
Du Vair, G., 5352-5353.
Duval, And., 2605.
Duval, Ant., 1630.
Duvan, L.-F., 7248.
Du Verger de Haurane, 1270-3070-3862-3863-5354-à-5357-5589-5670-5804-6219-6536-6980-7013.
Du Verger, Jos., 6821.
Du Vivier, E.-V., 3194-6229.
Du Voisin, J.-B., 8-6602-6607-6922.
Du Vuert, G., 2874.
Dyke, D., 7673.
Dyke, J., 7675.
Dyvolé, P., 4365-4366.
Dyze, 7517.

E

Eadmer, Eadmerus et Edmer, 2422.
Eaton, J., 7676.
Eaubonne, l'Abbé d', 7331.
Ecchellensis, Abrahamus, 1133-1809-2138.
Echialle, 7781.
Eckius, J., 4137-6644-6645-6646.
Eckius, N., 4934.
Eder, G., 42.
Efrem, 2066-2067-4033.
Eisengrein, M., 810-6481.
Elbecque, N. d', 2686-3457-7168.

Elbing, Schultes, 3288.
Eldefonsus, Hisp., 3149.
Elias, Cretensis 2085-2086.
Elias à S. Theresa, 2881.
Elinga, Janssens, 1803-2928.
Elisée, le P., 4788.
Elizabeth, 4840.
Elmenhorstius, G., 2198.
Emans, Jac., 4274-4275-4286-4288-4290.
Emanuel à Schelstrate, 1835-6876.
Embser, 267.
Emery, le P., 46.
Emery, J.-A., 5321.

Emilius, G., 5791.
Emmanuel de Naxera, 4345.
Emonerius, F.-S., 3283.
Emotte, P., 6482.
Engelgrave, H., 3968.
Ennodius, 2362.
Eobanus, 504.
Ephraem, Ephrem et Efrem, 2066-2067-4033.
Epiphane, 851-2097 à 2102-4030.
Episcopius, S., 7463.
Epo, Boetius, 2388.
Eraniste, Eusèbe, 3300.
Erard, J., 4363.
Erasme, D., 106-137-211 à 215-221-331-332-868-1064-1065-1189-2031-2039-2060-2201-2204-2208-2233-2361-2418-2818-3546-3933-3934-5613-5789-5790-5791-6181-à-6184-7381.
Erberg, Liban, 3704.
Ernsten zu Hessen, 6499.
Erricus, Sabilius, 2103.
Erynachus, P., 2831.
Eschius, Nic., 5214.
Escobar et Mendoza, Ant. de, 288-3576-4230.
Esnault, 7331.
Espagne J. d', 7495.
Espence, Cl. d', ou Espencæus, Cl., 944-2657-2823-3112-3394-4150.
Esprit, 3363.
Estienne, Amb., 6333.
Estienne, Ant., 3527.
Estienne, H., 2027.
Estienne, Rob., 103-202-1232-1233.
Estienne, R., 7726.
Etienne de Tournay, 2413-2468.
Estius, G., 283-286-317-873-2539-2540-2660.
Ettemarre, L. d', 7180-7200-7205-7252.
Eucher (Saint), (Eucherius), 2142-2336-2337-2338-4045-5093.
Eudæmon-Joannes, 7407.
Eudemare, F. d', 4469-4470.
Eudes, J., 3465-3502-3775-5800-5801.
Eugène, (Eugenius, Ep., Tol.), 2387.
Eugubinus, Aug. Steuchus, 325-384-2893.
Eupistinus, Ph., 7078-à-7081.
Eusèbe Pamphyle, Év. de Césarée, 221-1036-2064-713-2051-à-2056-6300.
Eusèbe d'Emissée, 2065-4045.
Eusèbe Nieremberg, 41-3278-4218-5129-5130-5131-5977.
Eusebius Romanus, 7738.
Eustache, Dav., 7606.
Eustache de la Conception, 6039.
Eustache de S. Paul, 5359.
Eustathe, (Eustathius), 2057.
Euthenius, J., 2160.
Euthyme, (Euthymius), 536-783 2161.
Eveillon, J., 1353.
Evia, Fr., 5158.
Ewich, H., 6499.
Eycaguirre, F. de, 5387.
Eymar, J., 607.
Eymery de Bonis, 3161-3163.
Eynatten, M. Ab., 1329.

F

Faber, Hon., 3290-3690.
Faber, Jac. Stap., 160-320-779-891-895-1000-2155-6675.
Faber, Joh., 3395-6676.
Faber, Math., 4220-4221.
Faber, Ph., 2541.
Faber, Volph., 450.
Faber ab Hailbrun, 765-5207.
Fabre, J. Cl., 3894.,
Fabricius, And., 6679.
Fabricius, G., 1365-6712.
Fabricius, J. A., 994.
Facie, (Fatius), J.,-5076-5077.
Facundus, Herm. Ep., 2213-2368.
Fagundez, St., 3275.
Faius, J., 3913.
Falconi, J., 5132-5735.
Fanestre, S. A., 3360.
Farnèze, le Card., 4260.
Fasolus, H., 2590.
Fasseau, P., 7082.
Fatius, J., 5076-5077.
Faugère, P., 26.
Faure, Ch., 6402-6403-6404.
Faure, Fr., 1857-1858-3794-5887.
Faustinus, Ep, 2361.
Faustinus, Presb., 2389.
Faustus, Ep., 2361.
Favières, Moreau de, 6816.
Favre de Certolz, 6563.
Faydit, V., 2787-2789.
Fedele à S. Filippo, 4273-à-4275.
Feguernekinus, 4000.
Fejacq, le P., 4032.
Felinus, A., 537.
Félix, Fr, 2638-2796.

Félix, le P. N., 4832-à-4834.
Félix de S. Joseph, 3873.
Fell, (Fellus), J., 204-2191.
Feller, X. de, 6596-7697
Fellon, B., 580-5360-5361.
Femme, R., 2203.
Fénélon, Fr., 5-28-4687-4688-5362-à-5367-6279-6541-7145-à-7149-7166-7167-7198-7208-7327-7339-à-7343-7346 à 7348 7350-à-7354-7356-7358-7364-7370.
Fenis, L. de, 6868-6885.
Feo, A., 4347.
Féraud, L., 5368.
Ferdinandi, Ant., 4324.
Ferdinandus, J., 642.
Ferey, F., 4436.
Fernand de S. Jacques, 4321-4322.
Fernandius, Ant., 1213.
Fernandius, B., 368.
Fernando, (San), 6185.
Ferraige, J., 4885.
Ferrand, L., 561-1207-6878.
Ferrandus, Carth., 2369.
Ferrari, (Ferrarius), F. B., 3928.
Ferrier, Jér., 2902.
Ferrier, J., 7330-7331.
Ferrier, Vincent, 4081-4854.
Ferron de Mondion, 7325.
Ferrouilh, E., 4478.
Ferus, J., 825-842-853-854-921-1111-3190-4349-à-4353.
Feu, Fr., 2723.
Feu-Ardent, Fr., 2032-2033-2067-2186-6724-6728-6734.
Feuillet, Marie, 4911.

Feydeau, l'Abbé, 7330.
Feydeau de Brou, H., 1859-1860-1861-7115.
Fiamma, G., 4031-4246.
Ficin, M., 6432.
Fidèle de Pau, 5369.
Fidèle de S. Philippe, 4273-4274-4275.
Figon, L. de, 4827.
Figueiro, Paet, 729.
Filassier, M., 5842.
Filère, J., 5370-6071.
Filesac, (Filesacus), J., 1924-2325-2668-2669-3072.
Filiarcus, et Philiarcus, C., 2982.
Filleau de la Chaise, 23-27.
Filliucius, V., 3570-3571.
Fillon, A., 3264.
Firmanus, S., 5078.
Firminus Maternus, 2190-2207.
Firminus Capitis, 4153.
Fisher, J., (Roffen. Ep.), 6647-6648-6649-6686-6694.
Fitz James, Fr. de, 3851-6964-6965.
Flacius, M., 1135-2122-7390-7397.
Flaminio, (Flaminius), A., 540.
Flavigny, V. de, 6993.
Flavin, M. de, 2882.
Flecelles, A.-M. de, 7331.
Fléchier, Esp., 4678-4679.
Flesche, Alb., 5371.
Fleury, Cl., 3906-3907-6148-6149-6516-6517.
Fleury, A.-H. Card. de, 7331.
Fleury, Joly de, 345-3651.
Flexier de Reval, 6596-7697.
Floravantius, H., 2781.
Florentius, Had., 2543.

Floriot, P., 3243-3244-3539-4564.
Floris, J.-B.-Th., 6600.
Flournois, G., 7572-7573.
Floydus, J., 6928-6929.
Focquembergues, J. de, 7642-7643.
Fogasses de la Bastie, J. de, 2828.
Foggino, Fr., 2304.
Foinard, F.-M., 376.
Foix, M.-Ant. de, 3952.
Folingius, J.-B., 538-952.
Foliot, G., 670.
Fontaine, Nic., 329-852-886-1053-1054-1055-1070-1071-2037-2331-2899-4953.
Fontanier Pellisson, 5724-6886-6902-6903.
Fontanus, Fr., 277.
Fontanus, S., 413.
Fontidonius, P., 1829.
Fontigny, Varet de, 3710-3741.
Forbes, D., 29.
Forbesius, J., 6500.
Forbesius, G., 7672.
Forbin-Janson, T. de, 1480-1886-3794-7331.
Forciglioni, Ant. da, 2690-2691.
Fordyce, J., 7726.
Foreiro, (Forerius), F., 714.
Foresta de Colongue, J.-I. de, 7331.
Forestier, N., 3009.
Forgemont, J., 6769.
Forgemoultius, 4072.
Forget, L., 5372.
Foris, J.-P. de, 6575.
Formentin, A., 3035.
Formey, S., 3962.
Fornari, (Fornarius), M., 3450-3451-3566-3567-3568.

Fornerius, (Fournier),G., 2372.
Fornet,M.,3450-3451-3566 à 3568.
Fornier, R., 6061.
Fortin de la Hognette, 1944.
Fortunat, 2373.
Fossanus, Rob., 4182.
Fossard, S., 7727.
Foucaux, Ed., 7788.
Fouillou, J., 7141-7142-7150-7162-7177-7187-7194-7203-7204-7205-7232-7265-7300.
Fouqueré, M., 1836.
Fouquet, L., 3296.
Fourmont, Et., 56-68-6458.
Fourquevaux, R. Pavie de, 70-6994-7282.
Franc, Ant., 5373.
Francesco da Sestri, 4294.
Francesco di Longobardi, 5080.
Francesco di Paola, 5079-5080.
Franchi, Cyr., 3020.
Franciscus ab Ossuna, 4131.
Franciscus à Jesu-Maria, 981-3225.
Franciscus à Messana, 771.
Franciscus à S. Clara, 2680-2840.
Franciscus de Sylvestris, 6472.
Franciscus de Mayronis, 2531.
Franciscus de Pavinis, 2980.
Franciscus de Victoria, 2651-3031.
Franciscus, Mich., 3989.
François, Cl., 7032.
François, Laur., 6558-6559-6580.
François, Tim., 6788.
François d'Argentan, L., 5230-5231-6008.
François d'Assises, 2474-2475-2476.

François de Paule, 5079-5080.
François de Reims, 3589.
François de Sales, 4398-5374-à 5388-6512-7332.
François de Sestri, 4294.
François de Toulouse, 4534.
François des Lombards, 5080.
François Xavier, 5133 à 5138-5282.
Françoise du Très-S. Sacrement, 2887.
Frassen, Cl., 1131-1179-2324-2634.
Frayssinous, D., 6469.
Freilinck, J., 4341.
Frellon, Fr., 1075-1076.
Fremiot, J.-Françoise, Baronne de Chantal, 5313-7332.
Fremy, Cl., 2420.
Frenicle, Ep., 1268.
Fresnoy, J. de, 1086.
Freux, And. des,(Frusius), 5161.
Frévier, J., 1142.
Frey de Neuville, Ch., 4780.
Frey de Neuville, P.-Cl., 4779.
Frezeau de la Frezillière, 3726.
Friard, Th., 3947.
Frigon, Nic., 5127.
Fromageau, 3553.
Froment, Fr., 5949.
Fromentières, J.-L. de, 4559 à 4562.
Fromond, Lib., 673-860-871-2286-2830-6797-7014-7015.
Fronteau,(Fronto),J.,2962-5033-6813-7330.
Frontignières,.. de, 2328.
Fronton du Duc, 1971-2074-2092-2104-2107-2322.
Frusius, And., 5161.

— 701 —

Fuente, Gaspar de la, 2904.
Fuet, L., 7331.
Fulbert, 2414.
Fulgence, (Saint), (Fulgentius), Rusp. Episc.,2349-2363-2364-2365-2369.

Fumel, H. de, 5957.
Fumus, Bart., 3549.
Furetière, Ant., 3923.
Fuschs, 6465.

G

Gabriel de S. Vincent, 7063.
Gabriel Sionitas, 458-459-3755.
Gache, 6816.
Gaches, R., 7606-7618-7642-7643.
Gagnæus, J., 283-286-334-335-899.
Gaichiès, J., 3957-4697.
Gaigneus, (Ganeius), J.;(Gaigny, J. de), 505-2065-2455-2809.
Gaillande, N., 7178.
Gaitte, Jac., 3306.
Galatinus, P., 6629-6630.
Galeardus, P., 2227.
Galenus, M., 948-3748.
Galet, J., 3016.
Gallandius, P., 2366.
Gallant, S., 1948.
Gallemart, J., 1817-1818.
Gallettus, Th., 6308.
Gallien de Chabons, 1871.
Galliffet, J. de, 2946-5953.
Gallucio, P., 3759.
Gallus, Chr., 4935.
Galopin, G., 2469.
Galvarro, J., 4328.
Gamachæus, Ph., (Ph. de Gamaches), 2674.
Gambart, A., 4591-à-4593-6334.
Ganeius, J., 405-2065-2455-2809.
Gandon, R., 6903.
Garasse, Fr., 2758-6533-6535-6770.

Garcia del Valle, Fr., 4188.
Garet, J., 2370-2879-3108 à 3110.
Garnerius, (Garnier), J., 2141-2231-3461.
Garnier, Julien, 2071.
Gaseteau, 4583.
Gaspar de la Mère de Dieu, 6367.
Gaspar de la Fuentes, 2904.
Gasquet, H. de, 3328.
Gast, H., 3104.
Gastineau, 6851.
Gauchat, G., 6599.
Gaudentius, (Gaudenzio), Pag., 13-2227.
Gaudier, Ant., 4936-4937-5167.
Gaudin, Al., 6856-6911.
Gaudin, J., 2925.
Gaudran, N., 4392-6508.
Gaufredy, 7331.
Gaultier, Jac., 7453.
Gaultier, J. B., 7300-7301-7329.
Gaultier, R., 5118-5119-5170-5622-6206-6207-6961-6994.
Gaultier, Curé de Poitiers, 7325.
Gautier, Chan. rég, 6592.
Gautier, le P., 7329.
Gavanti, (Gavantus), B., 1257-à-1260-1383.
Gay, Cl., 7737.
Gazaignes, A., 1617.
Gazæus, (Gazée), Al., 1352-2328.

Gelabert, M., 6245-6246.
Gelen, Vict., 4938.
Gelenius, S., 1996-2044-2197.
Genard, Fr., 3668.
Gence, J.-B., 1107.
Genebrard, G., 15-545-546-2040-2657-3112-3534-6653.
Genet, Fr., 3591-à-3593.
Genevaux, D., 3925.
Genlis, Mad. de, 6468.
Gennes, le P. de, 7251-7326.
Gentil, Cl., 6010-6233.
Gentillet, J., 1831.
Geoffroy de Vendome, 2428.
Geoffroy, le P., 4787.
Georges d'Amiens, (Georgius Ambianas), 904-2174.
Georges Pachymère, (Georgius Pachymera), 2003-à-2005.
Georgius à Reginà Angelorum, 4333.
Georgius de Rhodes, 2681.
Georgius, Fr., 1218-1219.
Georgius Trapez., (Georges de Trébizonde), 2013-2054.
Georgius Venetus, 304.
Gerard, Armand de, 686.
Gerard, J., 1188.
Gerard, L. Ph., 4825.
Gérard de Deventer, ou Gérard de Provning, 7436.
Gerardus, Mon., 4939.
Gerardus Senensis, 2546.
Géraud de Cordemoy, 2950-6702-6703-6914-6940-7362.
Gerberon, Gab., 2422-2833-2936 3013-3504-3505-3513-3667-3704-5091-5538-6837-6934-6996-7089-7090-7104-7124.
Gerbert, 2413.

Gerbet, Ph., 1645.
Gerlac, 4940.
Germain, M., 1243.
Germain (Quesnel), 7001-7120.
Germanus, Const., 1360-2108.
Geronimo de la Madre de Dios, 5155.
Germes, G. de, 5187-5188.
Gersen, J., 5027-à-5064.
Gerson, 1292-2641-à-2643-2985-3264-5026-à-5064-6150-7330.
Gerson, Chanoine de S. Quentin, 4411.
Gertrude, (Sainte), 4941-à-4943.
Gervais de Paris, 4582.
Gervais de Prémontré, (Gervasius Præmons.t), 2477.
Gesselius, Tim, 7464.
Gessner, Conr., 3980.
Gestas,.. de, 4830.
Gesvres, Fr., 7132.
Getius, F., 3206-3207.
Ghiselbertus, G., 2666.
Ghislerius, M., 667-727.
Gibalinus, J., 3303.
Gibbon, A., 6828.
Gibbon, R., 2458-3567-3568.
Gibert, J. P., 3049-3103-3197-3202.
Gibieuf, G., 6368-6999.
Gigault, V., 1766.
Gilbert, P., 3510.
Gilbert, Vinc., ou Giliberto, 608-4267.
Gilles de la Présentation, 2829.
Gillis, L., 5060.
Gillot, J., 1826-3739.
Gillotte, C., 3599.
Ginoulhiac, 35.
Giovanni Aquilano, 4095-4212.

Giovano, J., 6480.
Girard, Ant., 1068-1069-1317-2344-3762-3763-4872-4914-5048-5142-5146-5149-5150-5153-6306-6315.
Girard, Curé de S. Loup, 4803.
Girard, 7330.
Girard de Ville-Thierry, 593-2996-3364-3401-3532-5389 à 5392-6095-6107-6109-6140-6141-6147-6216-6381.
Girardeau, B., 5685-5686-5687.
Girardot, Bon., 4809.
Giraud, 2497.
Girbertus, 1923.
Girodon, Ant., 6825.
Giroult, Th., 4434-4435.
Giroust, J., 4556-4557.
Giry, L., 2177-2178-2185-2319.
Gisbert, B., 3959-3960-3973.
Gisbert, J., 2718.
Giuglaris, L., 4291-4292.
Giuliano, G.-B., 4279.
Giuseppe di Como, 4289.
Giuvara, P., 3441.
Givry, Cl. de, 1878.
Glen, J. de, 6105.
Glielmo, Ant., 5082.
Goar, J., 1361.
Gobi, J., 4944.
Gobinet, Ch., 3871-6121 à 6125-6137.
Godeau, Ant., 243-880-926-950-1905-2995-3189-3414-3415-3838-4520-4521-4855-5393-5394-5721-6214-6247-6286.
Goddam, A., 2516.
Godefridus à Lit., (Godefroy de Lit.), 4186.
Godemé, Cl., 5128.

Godet des Marets, P., 7370.
Godin, A., 1934.
Gody, S., 3938.
Goetghebuer, 2398.
Goethals, H., 2649,
Goffar, Ant., 3204-3568-6930.
Goffridus, Vindoc., 2428.
Goibaud du Bois, 2276-2277-2285-2289-2290-2291-2301-2316-2317-2318-6874.
Golefer, P. de, 841-2075.
Gomarus, Fr., 7451.
Gombaud, J. de, 7526.
Gomez, Et., et Gomezius, St., 610.
Gondon, G., 3511.
Gondrin, H. de, 1942-1943-3794-3847-7330-7331.
Gonet, J.-B., 2586-2587-2712.
Gonnelieu, Jér. de, 5049-5050-5395-5396-5397.
Gononus, B., 5972.
Gontery, J., 5398-6763.
Gonzagues, Anne de, 7331.
Gonzales, Chr. de, 4337.
Gonzalez, F., 3298.
Gonzalez de Cratina, 2365.
Gonzalez de Léon, 7170.
Gonzalez de Santalla, 6637.
Gopylus, J., 947.
Gorcus, J. à, 901.
Gordon, J., 281-3215-6993.
Gorgeu, M., 5553-6255.
Gorichem, H., 2502.
Gorra, Nic. de, ou Gorranus, Nic., 781-4080.
Gorse, P., 638.
Gorus, J.-B., 4183.
Gossard, le P., 594.
Gosselin, P., 7652.

45

Goudin, Ant., 7256.
Goujet, C.-P., 3010-3641-5705-7459.
Goulart, S., 170-171-2133.
Goulde, 3121.
Goultes, l'Abbé, 3334.
Goulu, J., 2007-2008-4036-6771.
Goulu, N., 2139.
Gourcy, l'Abbé de, 6618.
Gourdan, S., 5399-5400-5401-7198-7331.
Gourlin, J.-Et., 7299-7314-7315.
Gourlin, P.-S., 3260-3890-6967.
Gournay, Amelot de, 3854.
Goussault, 1206.
Gousset, J., 1931.
Goussin, C., 3783-3795.
Grabe, E., 2033-7657.
Gracian, B., 5139.
Gracian, Ger. de, 5155.
Gradi ou Gradius, St., 3294.
Graffiis, J. de, 3563-4170.
Granadus, Jac., 2573.
Grancolas, J., 1277-1278-1279-1280-1316-2083-3069-3148-3271-3470-7337.
Grandin, M., 2736.
Grangier, le P., 3326.
Gras, Et., 4032.
Graserus, C., 747.
Grasse, J. de, 6994.
Grataroli ou Gratarolus, G., 1953.
Gratianus Brixianus, 2513.
Gratianus à S. Elia, 4287.
Gratianus, Lib., 7165.
Gratien, F., 481.
Gravatius, Æg., 3984.

Gravelin, M., 276.
Graveron, le P. de, 4804.
Graveson, Amat de, 7271.
Gravina, D., 3186-6495.
Greard du Mothier, 6259.
Gregentius, 2139.
Grégoire (Saint), 431-432-737-738-900-2196-2374 à 2382-2976-4026-4032-4053-6263-6264-6265.
Grégoire de Nazianze, 2013-2084-2085-2086-2087-4038-6198-6253.
Grégoire de Néocésarée, 2048-2049.
Grégoire de Nysse, 854-1360-2089 à 2093.
Grégoire de Valence, 2568-6721.
Grégoire XIII, 908.
Grégoire de S. Martin, 2937.
Grégoras, Nicéphore, 2115-2116.
Gregorius, Fr., 974.
Gregorius, Presbyter, 2084.
Gregorius, Theol., 2047.
Grenade, L. de, 3758 à 3763-3943-3990-4157-4301-5055-5056-5057-5140 à 6159-5730-6260.
Grenier, Nic., 6697.
Grenier, P., 2938.
Gretserus, J., 2149-2813-6689-6754.
Grève, Philippe de, 4060.
Grevinchovius, N., 7440.
Griffet, H., 31-4771-5706-5714-5736.
Grillot, J.-J., 7240.
Grimaldi, H.-A. de, 3188-3836-7326.
Grimaud, G., 1273-1274.

Grimbricus, 6399.
Grimod, B., 5941.
Grisel, J., 4482-4483-5402.
Grisot, Urb., 3487.
Gritsch, J., 4085.
Grivault, B., 3742.
Grodecius, J., 2081.
Gropper, J., 1837-3743-6666.
Gros de Belplas, 6571.
Grossus, G., 1153.
Groteste de la Mothe, 7638.
Grotius, H., 6937-7454 à 7461-7467.
Grou, J., 3631-5403-5404.
Gruytrodius, J., 4965.
Grynæus, J., 1969.
Guadagno, And., 3574.
Guadalupense, Hier., 763.
Gualtherus, Rod., 751-835-864-2131-7777.
Gualtieri, 596.
Guaraldus, 2601.
Gudver, 7188-7279.
Guellin, R., 5986.
Guenard, 6963.
Guenée, Ant., 6593-6594-7694.
Guenet, P.-A., de, 7331.
Guéranger, P., 1286.
Guerard, Rob., 1057.
Gueret, L.-G., 6994.
Guerin, P., 2140-5405.
Guerin de Tencin, P. de, 1903-6951-7331.
Guernerius, F., 298.
Guernerus, Carth., 2418.
Guerricus, 2455-2456.
Guerry, Et., 6165.
Guesnié, Cl., 2250-2251.
Guesnois, 7302.
Guevara, Ant. de, 761.

Guiard, A., 7585.
Guibert de Nogent, 2426.
Guicciardi, S., 2546.
Guidacerio, Guidacerius, Guidacier, A., 602.
Guidi, Cipr., 2538.
Guidi, L., 6994.
Guidi, M., 5084.
Guido de Perpiniaco, 1016.
Guilermus Paris., 2549-2874-3029-4070-4839.
Guilielmus Alvernus, 2550.
Guillard d'Arcy, 6221-6222.
Guillaume d'Autun, 2506.
Guillaume d'Auvergne, 2550.
Guillaume de Paris, 2549-2874-3029-4070-4839.
Guillebert, J., 7028.
Guillebert, Nic., 490-637-692-703-718-815-934-5406.
Guilleminot, J., 5407.
Guillery, 3774.
Guillet de Blaru, 7316.
Guilliaudus, Cl., 826-843-896-897-953-954-4136.
Guillelmus Altissiodorensis, 2506.
Guilhelmus et Guilhermus Paris., 2549-2874-3029-4070-4839.
Guillelmus, Rhed., 3211.
Guillielmus de Branteghem, 1087.
Guillon, N.-S., 1986.
Guilloré, F., 5408 à 5413-5775-5811.
Guisardus, H., 949.
Guitaud, l'Abbé de, 7329.
Guizot, F., 38.
Gulonius, N., 2139.
Guntherus, J., 4349.

Gussanvilla, P. de, 2466.
Gutierrez, J., 2904.
Guy de Perpignan, 1016.
Guyard, B., 7055.
Guyart, Rob., 3944.
Guyert, Marie, 5495.
Guyet, C., 1351-1404.

Guymenius, Am., 3223.
Guyon, Madame, 684-5414.
Guyon, Cl.-M., 3885-6567-6568.
Guyot, J.-A., 4821.
Guyot des Fontaines, 6457.
Guyse, L. de, 1928-1929.

H

Haberkornius, P., 6499.
Habert, Is., 1362-3855-7010-7019.
Habert, L., 2739-2740-2742-3479.
Hache, Fr., 4022.
Hadrianus, Card., 2030.
Hadrianus IV, Papa, 2543.
Haeftenus, B., 4945-4946.
Hailly, Amounet de, 4516.
Haimon, 528-892-970-4026.
Halgrinus, J., 654.
Hall, J., 7632 à 7633.
Hallencourt, C.-F. d', 7331.
Hallier, J., 4889-6115-6979.
Hallus, R., 3277.
Haloander, G., 2012.
Hammond, H., 337.
Hamon, J., 620-621-622-687-2063-2312-3403-3428-3517-4947-5415 à 5419-5656-6088.
Hanapus, Nic., ou de Hanapis, 3986-3987.
Hailbrun, Faber ab, 765-5207.
Hangest, H. ab, 3609-6641.
Hanriau, J.-B., 7331.
Haræus, Fr., 120-902.
Harderwick, G. de, 2511.
Hardouin, J., 2803-6982-6985.
Hardouin de Péréfixe, 3838-7330.

Hardy, Séb., 2134-4916-5140.
Haresche, Ph., 918.
Harlay, Fr. de, 925-1925-3536-3839-3840-6794-6927.
Harph, H., 657-4948-4949-5076.
Harpsfeld, N., 6924.
Hartley, Th., 7752.
Harveng, Ph., 2452.
Hautecourt, P. d', 4808.
Hautesere de Salvaizon, 2915.
Hauteville, N. de, 381-2625-3948-4497-4498.
Hauzeur, M., 2256.
Havermans, M., 3227-3228-3375-3418-3492.
Hayer, H., 5910.
Haymon, 528-892-970-4026.
Hayneufve, J., 5420-5421-5664-5665-5666-5754-5773.
Hayus, J., 6719.
Heauville, M. d', 3791.
Hébert, Fr., 4726-7329.
Hébert, H., 2182.
Hébert, l'Abbé, 7306.
Heckenhaub, J., 2508.
Hechtermans, H., 3757-4344.
Hecquet, Ad., 6472.
Hecquet, Ph., 3001-3002.
Hédouin, J.-B.-A., 3961.

Heidegger, 47.
Heinsius, D., 1167-1190-2035.
Héliodore de Paris, 3256-4632-6887.
Helmesius, H., 4145-4146.
Héloïse, 2433.
Helvicus, Ch., 949.
Helyot, P., 5422-5822.
Hemeræus, (Hémeré), Cl., 6398.
Henao, G. de, 2888.
Henart, N., 4468.
Henin, Ant. de, 2405.
Henneguier, J., 2933-7083.
Hennequinæus, Æm., 1296.
Hennequin, Cl., 136-7325.
Hennus, Fr., 2738.
Henricus, G., 4208.
Henricus à S. Ignatio, Henry de St-Ignace, 3623-3624-3625-3699-4950.
Henricus de Hassia, 2643.
Henricus Seynensis, 2981.
Henriet, Pr., 1027.
Henriquez, H., 3213.
Henry VIII, 6647.
Henry, P.-J., 3891.
Hentenius, J., 783-851.
Heraldus, D., 2176-2198.
Hérault, 7331.
Herbanus, 2139.
Herbet, L.-J.-H., 5031 à 5053-5423 à 5426-5659-5729-6020-6021-6135-6136-6144-6145.
Herborn, Nic., 4132-6490.
Hercules, le P., 5427.
Hérédie de Ste-Anne, 6166.
Hericus, 4026.
Herincx, G., 2707.
Herissé, M., 4467.
Herman, Nic., 5464.

Hermannus Monach., 2426.
Hermannus à S. Norberto, 6311.
Hermannus de Petra, 4082-4083.
Hermant, G., 2767-3165-4701-4842-6282-6812-7011.
Hermas, 4840.
Hermias, 2001-2002-2025.
Hernando de Santiago, 4321-4322.
Herolt, J., 4087.
Herouville, l'Abbé d', 5428-5959-5960-6016.
Herp, H., 6300.
Herrera, A. de, 6653.
Hersant, Ant., 5732.
Hersent, Ch., 681-3160-7330.
Hervé, Bénigne, 6908.
Hervé, Dan., 984-3537-4575.
Hervet, G., 1360-1768-1776-1821-1822-1973-2036-2137-2269-6677-6790.
Hervieux, le Ch. d', 686.
Hervilly de Devise, C. d', 3812.
Heshusius, J., 7383.
Hespelle, A., 6601.
Hessels, J., 945-962-3107-3265-3753-3900-6648.
Hesychius, 2094-2124-4630.
Heuzet, J., 1049-1050.
Heyendal, N., 7184.
Hezecque, R. de, 717-4347-5429.
Hibernicus, Th., 4019-4020-4021.
Hieremias, D., 7386.
Hieronymus, (Sanctus), (Saint Jérôme), 530-531-951-2233 à 2247-2329-2976-4026.
Hieronymus ab Oleastro, 350-717.
Hieronymus de Croaria, 1811.

Hieronymus de Ferraria, ou Ferrariensis, (Savonarola), 609-2219-3435-4241-5002 à 5007-5098.
Hieronymus Guadalupensis, 763.
Higatus, R., 2445.
Hilaire, (Saint),(Hilarius Pict.), 2208-2209-2210-2211-2347-2348.
Hilarianus, J., 2202.
Hilarion, Dom., 7215.
Hildebert, (Hildebertus), 2425.
Hildefonsus, Hisp., 3149.
Hildegarde, (Sainte), 2410-2461-4840.
Hillerin, J., de, 6000.
Hilpertus, Hilpert, (H.-J.), 7738.
Himbert, 881.
Hincmar, 1902-2409-2410-2411.
Hippolyte (Saint), Hippolytus et Hypolitus, 1973-2029.
Hiquaeus, Ant., 837.
Hittorpius, M., 1241-1242.
Hoeschelius, D., 1996-2044.
Hoet, 1063.
Hoffman, Ch., 7377.
Hofmeister, J., 803-853-854-856-6665.
Hofstadius, Ad., 4165.
Hoius, And., 5086-5979.
Holbius, H., 1075-1076.
Holden, H., 6435-6436-7330.
Holen, G., 3263-4108.
Holgot, et Holkot, Rop., 689-2527.
Hollandre, J. de, 6781.
Hollandus, H., 3114.
Hollen, G., 3263-4108.
Holstenius, L., 1844-3057.
Holthusius, J., 3190.

Homen, Em., 2903.
Hommey, J., 1983-2380.
Homo, 7325.
Hondorffius, A., 3912.
Honestis, Petrus de, 2415.
Honoré de Cannes, 3506.
Honoré de Paris, 6116.
Honoré de Sainte-Marie, 2010-5430-7247-7261.
Hoochstratus, J., Hoogstraaten, Jacques, 6490.
Hooke, J., 6442.
Hoornbekius, Hoornbeek, J., 6938-7508.
Hopkins, J., 175-176-266.
Hopkinson, J., 949.
Hopil, Cl, 680.
Horantius, Fr., 6711.
Horstius, Merlo, 873-2436-2976-4951 à 4953-5015-5034.
Hortolanus, D., 658.
Hosius, Stan., 5207-6476-6477-6478-6667-6668.
Hotman, Infandic, 2773.
Hottinger, H., 383-1166.
Houbigant, Fr., 29-55-191-1185-7725.
Houbraken, 1063.
Houdry, V., 3973-4730.
Houllebraque, R., 4374.
Houtteville..., de, 6455-6456.
Hrabanus Maurus,(Raban Maur), 644-1241-1242-2373-2405-2406-2412.
Hubert, le P., 4689.
Hubert, Curé de Puché, 7325-7329.
Huby, V., 5431-5432-5781.
Huelamo, M. de, 4302.
Huet, D., 1208-2042-3794-6437.

Huet, Th., 7640.
Hugo, C.-L., 2788-2790.
Hugo, Herman, 4954-4955.
Hugo, Ling. Ep., 2417.
Hugo, Ludolp., 3254.
Hugo de Prato florido, 4075.
Hugo de Sancto Charo, (Hugues de S. Cher), 272-273-274-275-284.
Hugo à S. Victore, (Hugues de S. Victor), 2431-2432-4839.
Hugo, Rothom., Arch. 2426.
Hugot, Nic., 3391.
Hugues, J., 1377.
Hugues de Pré fleury, 4075.
Hugues de Paris, 1188.
Huisseau, J. d', 7729.
Huleu, G., 3141-6212-6213.
Hulsius, G., 6499.
Humbelot, M., 54.

Humbert, P.-H., 3423-3677-6127.
Humbertus, G., 6299.
Humblot, Fr., 4473-4474-4475-4476-6756.
Hungerus, Alb., 5852.
Huré, Ch., 76-293-294-1192.
Hurez, L., 6292.
Hurtado, Th., 2613-2614-3613-3614-6978.
Hurtaut, Rob., 1188.
Hus, J., 6640.
Hutterus, Elias, 457.
Hutterus, H., 816.
Huygens, G, 2727-2853-3488-3489.
Hyacinthe d'Alençon, 3939.
Hyacinthe d'Amiens, 5433.
Hylaret, M., 4171-4172.
Hyperechius, 2037.
Hypolitus, 1973-2029.

J

Iarchus, S. 21.
Iconius.
Ignace (Saint), (Ignatius), 2001-2002-2016-à-2022-4852-4853.
Ignace de Loyola, 5161 à 5168.
Igout, J., 7070.
Ilharat de la Chambre, 2491-2855-2968-2969-7290-7292-7293-7295.
Illaire, J. d', 6752.
Ilovius, Stan., 4035
Imbert, P. d', 6860.
Incarnatus, F. 3191.
Inchino, G., 4255-4256.
Infandic Hotman, 2773.
Inghen et Inguen, 2520.
Innocent III, 2470 à 2473.

Innocent V, 2510.
Innocent X, 7330-7331.
Innocent XI, 7125.
Innocent XIII, 7331.
Irenæus, Paulus, 7060.
Irénée (Saint), (Irenæus), 2031-2032-2033.
Irenée de S Jacques, 2943.
Irenée d'Eu, 5434.
Ischa, Arn. ab, 1651.
Isidore, Ch.-El., 7578.
Isidore de Péluse, (Isidorus Pelusiota), 2119.
Isidore de Seville, (Isidorus, Hisp.),1241-1242-2383 à 2386-3105-5026.
Isle, J. de l', 3000.

Ismaël ben Abraham, 68-6458.
Isnard, Et., 4625.
Isnard, J.-B. d', 7329.
Isselt, Mich. ab, 2146-5156 à 5159.
Isychius, 397.
Ives de Chartres, (Ivo Carn.), 1241-1242-2424.
Ives de Paris, 2760-3417-3632-5435-6196-6379.
Jabineau, H., 3124-6994.
Jacobs, J., 1261.
Jacobus à Laosana, 4073.
Jacobus à Passione Domini, 1113.
Jacobus à S. Dominico, 3139-3252-3295-3622-7075.
Jacobus de Graffiis, 3563-4170.
Jacobus de Montefrio, 48.
Jacobus de Vitriaco, 4059.
Jacobus de Voragine, 2282-4066 à 4069.
Jacobus, Brit. Rex, 829.
Jacquelot, Is., 2-3-1122-1147-6633-7626.
Jacquemot, J., 170-171.
Jacques d'Autun, 4531-5436.
Jacques de Laosana, 4073.
Jacques de la Passion, 1113.
Jacques de S. Dominique, 3139-3252-3295-3622-7075.
Jacques de Vitry, 4059.
Jacques de Voragine, 2282-4066-4067-4068-4069.
Jacques, Roi d'Angleterre, 829.
Jacquinot, B., 6053-6782.
Jacquinot, J., 6037.
Jager, J.-N., 89.
James, Th., 1137.
Jamin, Nic., 3279-6096-6528-6529.

Janinus, L, 5131.
Janocius de Manectis. 4887.
Jansenius, Corn., 357-544-633-699-794-1002-1003-1004-4211-4212-6797-7003-7004-7005-7006-7059.
Janson, T. de Forbin de, 1480-1886-3794.
Jansonius, J., 549-660-3113.
Janssens, Elinga, 1803-2928.
Jante, L., 1862.
Janvier, Amb., 557-2463.
Jaquelot, Is., 2-3-1122-1147-6633-7626.
Jaquemot, Th., 7653-7654.
Jard, 4767-5710.
Jarrige, P., 7496.
Jaubert de Barrault, 6785.
Jean-Baptiste de Bouillon, 1188.
Jean Chrysostome, 328-824-840-852-854-885-886-888-à-890-1360-2037-2103-à-2113-2767-2976-4026-4040-à-4044-4514-6199.
Jean Climaque, 2145-à-2148.
Jean Damascène, 1360-2152-à-2156.
Jean Damascène, le P., 4793.
Jean d'Aquilée, 4095-4242.
Jean d'Avranches, 1245.
Jean de Bassoles, 2529.
Jean de Castagniza, 5091.
Jean de la Croix, 5169-à-5172.
Jean de Portugal, 2822.
Jean de S. François, 2007-2008-4036-6771.
Jean de S. Samson, 5437.
Jean de S. Thomas, 3757.
Jean de Sainte Géneviève, 2827.
Jean des Anges, 678.

Jean François de Reims, 5138.
Jean Marie de Paris, 1188.
Jeanne, J., 5992.
Jegou, J., 3469.
Jenyns, S., 7696-7697.
Jérémie, D., 7386.
Jérome, (Saint), 530-531-951-2233-à-2247-2329-2976-4026.
Jérome d'Arras, 445-476-493-651-733-762-1188.
Jérome de la Mère de Dieu, 5155.
Jérome de Paris, 4794-4795.
Jesus Christus, 2022.
Joachim, Abbas, 969.
Joan de Sancta Maria, 6506.
Joannes, Abrinc., 1245.
Joannes à Cruce, 5169-à-5172.
Joannes Argyropilus, 2013.
Joannes à Gorcum, 901.
Joannes à Jesu Maria, 666-4956-à-4958-5621-5793-6314-6325-6326-6331.
Joannes à S. Thomas, 2704-2705-3040.
Joannes à Via, 4350-à-4352-6672.
Joannes de Burgo, 2547.
Joannes de Carthagena, 4180.
Joannes de Colonia, 2635.
Joannes de Combis, 2689.
Joannes de Friburgo, 3059-3060.
Joannes de Lapide, 1292.
Joannes de Neapoli, 2640.
Joannes de Ovando, 4175.
Joannes de Paris, 1091.
Joannes de S. Geminiano, 3983. 3984-4071-4072-4108.
Joannes de Secubia, 269.
Joannes de Varenis, 2643.
Joannes de Yanguas, 2804.

Joannes Camærensis, 1224.
Joannes Climacus, 2145-à-2148.
Joannes Evangelista, 673.
Joannes Saresbur., 2413.
Joannes Scholasticus, 2145 à 2148.
Joannes Scotus, 2513-2514-2534-2633-2634.
Jobert, 3367.
Johanne, 7325.
Johannes, voyez : Joannes.
Joliot, F., 3042.
Joly, Cl., 1290-2921 2922-3014-3342-3792-3793-4522-à-4525-6120.
Joly, J. R., 3930-4823-4824.
Joly de Chouin, 1285.
Joly de Fleury, 345-3651-7331.
Jonas, Aur., 2398-à-2400.
Jonas, J., 1772-1773.
Joncourt, E. de, 7685-7693.
Joncoux, M. de, 3684.
Jonghen, H., 4231-4232.
Jonselmus de Canova, 4078.
Jordanus, Fr., 6653.
Jordanus, Rav., 2372-4959-4960.
Jorgius, Th., 550.
Joseph, Flav., 1973.
Joseph, le Père, 5624.
Joseph de Jésus, 4325.
Joseph de Morlais, le P., 6796.
Joseph de Paris, le P., 5624.
Joseph de Troyes, 2309-2864-à-2867.
Josse, Ch., 4471.
Joubert, Fr., 711-758-992-6946.
Jouin, Nic., 6994.
Joulet, Fr., 4040.
Jourdain, Am., 1109-5439.
Jourdain, Ed., 4831.

45*

Jourdain, Chan. de Meaux, 7325.
Jourdan, 6953.
Journé, J., 6790.
Jouvency, J., 3692.
Jouy, 7784.
Jouyac, J. de, 6752.
Joverius, Fr., 436.
Jovye, Ch., 5104-5621.
Joyeuse, Card. de, 1946.
Judde, Cl., 5440-5784-6391.
Juenin, G., 2730-2731-3041-3048-3049-3600.
Juigné, L. de. 6994.
Julianus, Tolet., 2388.
Junius, Bald., 4199-4200.

Junius, Fr., 87-140-351-6935-7412.
Junius, Pat., 430-670-2015.
Juretus, Fr., 2228.
Jurieu, P., 3713-7545-a-7553-7627.
Justellus, Chr., 1781.
Justin, (Saint), (Justinus), 1360-2023 à 2028-6618.
Justinelli, P., 3396.
Justinianus, A., 644.
Justinianus, B., 870-956.
Justinianus, F., 44-423.
Justinianus, Laur., 4961.
Juvernay, P., 3091-5807-6804.
Juvet, P., 796.

K

Keisersperg, G., 4120-4126.
Kellison, M., 6761.
Kemnicius, M., 1834-7407.
Kempis, Thomas à, 5013-à-5015-5027-à-5064.
Kerchove, W. de, 6267.
Kettembeillius, 1253.
Keyserspergius, J., 4120-4126.
Khetz, M., 951.

Kien, Ones. de, 4342.
Kimhi et Kimhhi, D., 180-557-759.
Kircher, H., 983.
Koelhoff, J., 2451.
Koellin, C., 2601-6655.
Krantzovius, Fr., 1082.
Kyspenningius, H., 5855.

L

Labadie, J. de, 3538-5441.
Labarde, J. de, 3162.
La Barre, J.-B. de, 7420.
La Barre, L. de, 2170.
La Bastide, A. de, 2407.
La Bastie, Fogasses de, 2828.
Labata, Fr., 4008-4009.
Labbe, Ph., 1790-1793-1816-7040-7064-7330.
La Bellière, C. de, 3242.

La Berthonye, H. de, 6606.
La Bigne, M. de, 1970-1974.
Là Blandinière, C. de, 3722.
La Boderie, Lefèvre de, 209-1219-6432-6636.
La Boissière, l'Abbé de, 4790-4791.
La Borde, Vidien de, 3519-5770-7195-7196.
La Borie, F. de, 2825.

La Brosse, le Sr de, 2181-3726.
La Broue, P. de, 7250-7331.
La Brunetière, G. de, 3846.
La Bruyère, J. de, 7366.
La Calprenède,... de, 6220.
Lacan, l'Abbé de, 2780.
La Canorgue, M. de, 4805-6252.
La Carcel, M. de, 606-607.
Lacerda, L. de, 1154-2171.
La Chaise, Filleau de, 23-27.
La Chambre, Ilharat de, 2491-2855-2968-2969-7290-7292-7293-7295.
La Chapelle, A. de, 7689-7690-7692.
La Chétardie, T. de, 989-3392-3541-3813-3814-4238-5711-5966-7178.
La Clorivière, P. de, 6044.
La Colombière, Cl., 4543-4544-4545-5743.
La Combe, le P. de, 5442.
La Coste, H. de, 5927.
La Coste, P. de, 4370-4371-4372.
La Cour, l'Abbé, 4546.
La Cour, Du Bois de, 23-27.
La Croix, B. de, 2379.
La Croix, Cl. de, 2990.
La Croix, Jean de, 5169-5170-5171-5172.
La Croix, Jos. de, 5810.
La Croix, Séraphin de, 6784.
La Croix Christ... de, 2292.
La Cropte de Boursac, F. de, 3797-3835.
La Crose, Cornand de, 7334.
La Cruz, J. de, 3443.
Lactance, (Lactantius), 2199 à 2206.
Ladvocat, J.-B., 584-614.

Ladvocat Billiad, N., 2926-2927.
La Fare, Et.-J. de, 7331.
La Faye, A. de, 170-171.
La Fayette, Fr. de, 1909-1910.
La Fayolle, N. de, 2187.
La Feuille, G. de, 3248-3869-5695.
Lafitau, P.-F., 4759-4760-5752.
Lafon, Jacq., 3246.
La Fond, Sigaud de, 6620.
Lafont, A., 1987.
La Font... de, 3476-3594-4653-4654-4655.
La Forest, le Sr de, 6823.
La Forest, A. de, 3332-3333.
La Fosse, F., 2717.
La Frézillière, F. de, 3726.
La Fuentes, Gasp. de, 2904.
La Garde Malezair, 7778-7779.
La Gauterie, G. de, 2164.
Laget, H.-V., 3211.
La Gibonnais, A. de, 3320.
Lagorrée, le P. de, 7331.
La Grange, Ch. de, 4641-5639.
La Grange, L. de, 3463.
La Grange, Ursule de, 7329.
La Guitonnière, L. de, 6871.
Laharpe, Fr., 494.
La Haye, J. de, 283-286-371-392-788-979-980-1011-2474-2475-4086.
La Haye, P. de, 3737-3738.
La Hoguette, Fortin de, 1944.
La Houssaye, Amelot de, 4346-5139.
Lairuelz, Serv. de, 6324.
Laisné, 720.
Lalande, Ant., 5805.
Lalande, P. de, 1851.

Lalane, N. de, 7028-7034-7056-7060-7067-7330.
Lallemandet, J., 2702.
Lalemant, le P., 5837.
Lallemant, J.-C.-A., 1938-7331.
Lallemant, J.-Ph., 344-485-486-591-4962-7159-7212-7288-7289-7327-7331.
Lalouette, Ph., 57-1236.
La Luzerne, G. de, 6467.
La Marche, J.-F. de, 6549-6550.
Lamare, l'Abbé de, 5692.
Lambert, B., 3124.
Lambert, C., 6223.
Lambert, J., 3895-4696-6173-6235-6236-6521.
Lambert (de Châlons), 6394.
Lambertini, P., 3606.
Lambertus, Fr., 655.
Lambertus, L., 550.
La Mennais, J.-M.-R. de, 32-33.
Lamet-Hénencourt, A. de, 600.
Lamet, A. de Bussy de, 3553.
La Milletière, Brachet de, 6805-6806.
La Monnoye,... de, 7331.
Lamont, J. de, 2966-4584-4585.
La Montagne, I. de, 7671.
La Mothe Guyon, Mad. de, 684-5414.
La Mothe, Groteste de, 7638.
La Motte, Domin. de, 4622.
La Motte, Gab. d'Orléans de, 1863-1864-5443-6585.
La Motte, le P. de, 7327.
Lamourette, Ad., 5444-6393-6611-6619.
Lamy, (Le Maistre), 2446.

Lamy, et Lami, Bern., 49 à 52-1029-1030-3653.
Lamy, F., 2252-2254-3655-5445-5446-6385-6543-6544-6546.
La Nause, M. de, 6303.
Lancelot, Cl., 56-124.
Lancelloti et Lancellottus, Aug., 386.
Lancelotz, H., 964.
Lancicius, Nic., 4963.
Lancilottus, H., 6692.
La Neuville, A.-J. de, 5709.
Lanfranc, 2219-2417.
Langevin, Am., 3802.
Langevin, L.-A., 6701.
Langhecrucius, J., 6202.
Langle, P. de, 7331.
Langlois, Cl., 1188.
Langlois, et l'Anglois, Jean, 1086.
Langlois, J.-B., 2252-2253-3404.
Languedoc, le P., 344.
Languet, J.-J., 488-3370-3848-3849-3850-5890-7266-7267-7311-7326-7327.
Lange et Langus, J., 2025.
La Nicolle, C. de, 3242.
Lannel, J. de, 3397.
La Noc Mesnard, J. de, 3805.
La Noue, Mich. de, 4027-4406.
Lansperg, J., 4134-4135-4964-4965-4966-4967.
Lansselius, P., 278-2004.
Lanuza, J. de, 4342-4343.
La Paluelle, And. de, 3595-3596.
La Parisière... de, 4710-6951.
La Pause, Plantevit de, 1227-1228-1229-7219.

La Peire, ou la Peyre, J. d'Auzoles, 56-1032.
La Peyrère, Is. de, 7738.
La Pesse, 3654.
La Peyrie, A., 5223-5224-5225.
Lapide, Cornelius à, 285.
Lapide, J. de, 1292.
La Pierre, Corneille de, 285.
La Pierre, J. de, 1292.
La Place, Cl. de, 6155.
La Place, Jean de, 3021.
La Place, Josué de, 7503-7504-7505-7731.
Laplace, le P., 4032.
La Placette, J., 7556 à 7567.
La Plonce-Richette, Est. de, 3439.
La Porte, Ant. de, 6099.
La Porte, B. de, 6994.
La Porte, Et. de, 7331.
La Porte, Jacques de, 6002-6090.
La Porte, J.-B. de, 3329-3330-3335-5958.
La Porte, Luc de, 5112.
La Poype de Vertrieu, J.-C. de, 2750.
Larben, Fr. de, 161-4844.
Lardenoy, M., 5650-5651-5652.
La Rivière, L. de, 6003.
La Rivière, M.-Poncet de, 3804-4787-7246-7331.
La Rivière, Polyc. de, 5447-5448-5449.
La Roche, J. de, 4747 à 4750.
La Roche, L. de, 5450.
La Roche de Chandieu, 7408.
La Rochefoucault, le Card. de, 3134-6787.

La Rochepozay, C. de, 370-801-2675.
La Ronde, M., 5633.
Larrière, N. de, 3124.
Larroque, M., 7527-7528.
La Rue, N. de, 4248-4258-4259-4702 à 4707.
La Ruelle, le Sr de, 7523.
La Russalière, J. de, 1990-5451-5936.
La Ruyelle, Venant de, 6993.
La Salle, F. de Baglion de, 3806-5892.
La Salle, Fr., Caillebot de, 7331.
La Salle Signys, P. de, 6834.
La Sante, 1641.
La Sausse, J.-B., 3522-3858-5226-5715-5750.
Lascaris, Al. de, 1285.
La Selve, Z., 4237.
La Serre, Dan. de, 2729.
La Serre, P. de, 1746-5452-à-5458-5800-4642-4643.
Las Infantas, F. de, 616.
Lasne d'Aiguebelles, 5459-6134.
Latinius, Lat., 2169.
Latiniacus, P., 4968.
La Terrasse, 679
Latigny... de, 7330.
Latomus, J., 6301-6707.
La Torre, Raph. de, 2606.
La Touche-Loisi, J.-I. de, 5460 à 5463.
La Tour, B. de, 4784.
La Tour, Sim. de, 2750.
La Tour d'Auvergne-Lauragai, 3807.
La Tour de Pin, R. de, 4761.
Lattaignant, J.-C., 578-5832.

Laubrussel, le P. de, 6427.
Laugar, B., 4323.
Laugier, M.-A., 7325-7329.
Launay, Corgne de, 2195.
Launay, Dubois de, 6616.
Launoi, ou Launoy, J. de, ou Delaunoy, 1810-2849-2917-2999-3083-3094-3181-3374-7150.
Laurent de Zamore, 2786.
Laurent de la Résurrection, 5464.
Laurent de Paris, 5465.
Laurent de St-Roch, 4619.
Laurentis, Bart., 2201-4354-7388.
Laurentius, Jac., 7447 à 7450-7599.
Laurentius à Jesu, 590.
Laurentius à Villavicentio, 3964-4152.
Laurentius Vallensis, 1189-7502.
Lauretus, H., 302.
Laurimanus, c., 1250.
Laval, le Sr de, 431-432-565-1594-1595-1991-1992-2113-2321-4053-5466-5467.
Laval, le Cte de, 7442.
La Vallée, R. de, 3340.
La Vallière, Me de, 5468-5469.
Lavardin, J. de, 2243-2330-6477-6478.
La Vega, Didaco de, 3411-4178-4179-4304 à 4307.
La Verdure, J. de, 3297-3456.
La Vergne, P. de Tressan de, 3526-3844.
La Vieuxville, P.-G. de, 7331.
La Ville, L. de, 6855.
La Villeneuve, Daret de, 3467.

La Volpilière... de, 4647-4648-4649-5470-6100.
Lavorius, J., 3007.
La Vove de Tourouvre, A., de 7331.
Laymann, P., 3230.
Laynez, J., 4303.
Lazerda, J. de, 428-5974.
Leander à S. Martino, 282-319-2648-4975-5985.
Leander de SS. Sacramento, 3226.
Leander, Div., 4228.
Leau, J., 5691.
Le Bègue, 7329.
Le Bel, Ph., 6305.
Le Bigot, H., 3782.
Le Blanc, Th., 556-6171.
Le Blanc, 7327.
Le Bossu, J., 7155.
Leboulenger, L.-E., 1474.
Le Boultz, Cl., 1854.
Lebourg de Monmorel, 4675.
Le Bouthillier de Rancé, 2144-4587-5541 à 5546-5688-6195-6351 à 6357-6364.
Le Boux, 4574.
Le Boys des Guays, J.-F.-E. 7742 à 7768-7770.
Le Brun, J.-B., 2199.
Lebrun, Laur., 649-6114.
Le Brun, P., 1308-3350.
Le Brun des Marettes, 420-1415-2323-2341.
Le Camus, Et., 1906-1907.
Le Cerf, N., 5210.
Le Chapelain, C.-J.-B., 4782-4783.
Le Charron, P., pour Charron, 4383-6530-6531.

Le Chevalier, Eng., 3866.
Leckzinski, Stan., 6561.
Le Clerc, Dav., 7656.
Le Clerc, J., 337-356-405-1051-1182-1184-2237-2677-4472-6264-6284-7579-6942.
Le Clerc, P., 738-6556.
Le Clerc du Tremblay, Fr., 5624.
Le Contat, J.-J., 6415-6416-6417.
Le Conte, Michel, 3777.
Le Coq, Curé de Rosé, 7331.
Le Correur, 3311.
Le Courayer, P., 6981-6984-7331.
Le Cousturier, N.-J., 4781.
L'Ecuy, Fr., 3961.
Ledesma, P. de, 2836-3198.
Le Drou, L., 3099.
Le Duc, Cl., 2110.
Le Duc, Nic., 5703.
Leeuven, Corn. de, 178.
Le Faucheur, M., 7613-7642-7643.
Le Febvre, Hy., 2802-2870-2898-3512-4538-5819.
Le Febvre d'Arras, 4594 à 4598-7331.
Lefebvre, Nic., 7772.
Lefèbvre, Turien, 4516-5939.
Le Felon, Ant., 3496.
Le Feron, 6854.
Le Fèvre de Caumartin, J.-Fr.-P., 7331.
Le Fèvre d'Etaples, Jac., 160-320-779-891-895-1000-2155-6675.
Le Fèvre de la Boderie, 209-1219-6432-6636.
Le Fèvre, J., 6547-6569-6859-6888-7205.
Le Fèvre, Turien, 4516-5939.
Le Fournier, 7330.
Le Franc, l'Abbé, 6624.
Le Franc de Pompignan, J.-J., 5471.
Le Franc de Pompignan, J.-G., 6562-6563-6565-6578-6595.
Le Gall de Querdu, 5638.
Le Gaudier, ou Gaudier, Ant., 4936-4937-5167.
Legault, Ign., 4394-4395.
Leget, Ant., 6423-7367.
Le Goupil, G., 6502.
Le Gouverneur, G., 1936,
Le Gouverneur, Jos., 4501.
Le Grand, L., 2798.
Le Gras, Ant., 2002.
Le Gras, P., 146-995.
Le Gros, Max., 5501.
Le Gros, N., 159-959-3127-3305-3322-5700-5780-6976-7241-7281-7304.
Le Hayer Du Perron, 4940.
Le Heudre, P., 1266-3269.
Le Heurt, M., 5347.
Leibnitz, G. de, 6902.
Leidradus, 2396-2397.
Leight, Ed., 1158.
Le Jau, J.-P., 5472.
Le Jay, G.-F., 5095.
Le Jay, M., 84.
Le Jeune, Jean (dit le Père Aveugle), 4519.
Lejeune, Nic., 7331.
Le Jeune, P., 7458.
Leland, J., 7695.
Le Large, Fr., 5771.
Lelong, J., 1140.

Le Lorrain, J., 1283.
Le Louchier, Jac., 2394.
Le Loyer, P., 5990.
Le Machois, 7325-7329.
Le Maire, Nic., 62-3319-6838-6881.
Le Maistre, Ant., 2446-2449-3161-3162-3379-3683-6199-7008-7017-7330.
Le Maistre, Ch., 5671.
Le Maistre de Sacy, 144 à 146-153 à 158-251-252-253-260-293-294-295-478-479-575-619-822-824-1545-1053 à 1055-1070-1071-5045 à 5047.
Le Man, M., 5500.
Le Marcant, J., 3778-6169.
Le Mascrier, J.-B., 5440.
Le Masson, J., 5473.
Le Masson des Granges, 6576.
Le Menand, G., 1085.
Le Mère, Ign., 840.
Lemnius, L., 1220-1221-1222.
Le Moine, Ant., 5068.
Le Moine, P., 6070.
Lemos, Th. de, 2847.
Le Moyne, Alp., 7033.
Le Nain, P., 4681.
Le Nain de Tillemont, 2316-2317-2318.
Lenfant, D., 296-2117-2258-2261.
Lenfant Jac., 3959.
Lenglet du Fresnoy, 239-2199-3089-3707.
Lenis, Vinc., 7014-7015.
Le Noble, Eust., 484.
Le Noir, J., 6845-7086-7096.
Le Noir, M., 3012.
Le Noir, Ph., 1126.

Le Noir du Parc, J., 5431.
Le Normant, J., 3797-7331.?
Le Nourry, N., 1975-1976-2205-2223.
Lensæus, J., 6667-6680-6681.
Léon, Empereur, 2037.
Léon, Pape, 2345 à 2350-4051-5859.
Léon, le P., 2763-3493-3533-4512-5474-5475.
Leon, Salvator de, 702.
Léonard, M.-A., 69-71.
Leonardi, Th., 5920-6696-6831.
Leonardus de Utino, 4090-4091.
Leotardus, H., 3302.
Le Paige, L.-A., 6994.
Le Pelletier, Cl., 1209-2881-2890-3088-5844-7228-7229-7242-7327.
Le Picart, Fr., 4359-4360-4361.
Lepippe, L., 6152-6153-6154.
Le Porcq, J., 7129.
Le Prevost d'Herblay, 566-1097-1098.
Le Prieur, Ph., 2172-2190-2213-7738.
Le Prince de Beaumont, 3882-3883-6466.
Lequeux, Cl., 2310-2343-3518-3880-5702-5705-5908.
Le Quien, M., 2153-6983-6987.
Leraillé, R.-J., 4835.
Le Riche, 7331.
Le Ridant, P., 2313-2920.
Lerin y Garcia, 5173.
Le Roi, Ch.-Fr., 583.
Le Roux, J.-B., 7331.
Le Roux, Séb., 1031.
Le Roy, Ch., 3771.

Le Roy, G., 64-521-2062-2063-2441-2949-3628-4057-5476-5651-5652-5862-5863-6088-7330.
Le Roy, J., 7197.
Lescalopier et l'Escalopier, Nic., 3945-4630.
Lescarbot, M., 6270.
Le Scène d'Ettemare, 7180-7200-7205-7252.
Lescure, F. de, 7175.
Le Semellier, J.-C., 3272-3327-3674.
Lespagnol, G., 4969.
Lessius, Léon., 2615-2616-2664-2775-2901-4970-6750.
Lestang, D.-T., Sr de, 587.
Lestang,...de, 3908.
Lestocq, Nic. de, 5717.
Le Sueur, N., 2135.
Le Tellier, Mic., 245-246-1201-3712-3841-7115-7159-7343.
Le Tellier de Bellefons, 4636.
Le Tourneur, P., 7696.
Le Tourneux, N., 420-927-1373-1378-2766-3426-3427-3540-3548-5701-5702-6086-6882.
Leurin, F.-Ad., 2224-5482.
Leusden, J., 206-455-1157-1159-1177-1226-1237.
Leuterbreuver, Ch., 3523.
Leuvenklavius, 2086.
Leuvis, Denys de, 330-348-403-404-535-708-909-1005-2006-2532-2646-2872-2873-3357-4092-4899-4900-4901-6201-6251-6252-6300.
Leuze, Nic. de, 161.
Le Valois, L., 5478-6855.
Le Vasseur, J., 5480.

Le Vassor, M., 6449-6523.
Lévesque, Catherine, 5481.
Lévesque de Burigny, 1.
Levi, R., 21.
Le Ville, Nic. de, 5987.
Le Vol, Cl., 1739.
Le Vray, J.-B., 4535.
L'Herminier, N., 2733-3043.
Lhomond, C.-Fr., 3892.
Liban, Erberg, O., 3704.
Liberatus, Archid., 2141.
Licinius à S. Scholastica, 3255.
Licio, Robertus de, 4098-4099.
Liger, l'Abbé, 6617.
Lightfoot, J., 862-1159.
Ligny, Chappe de, 5198.
Ligny, Dominique de, 1915-3794-7103.
Ligny, Fr. de, ou Deligny, 1105.
Liguori, Al., 5728.
Limborch, Ph. à, 6632-7541.
Lin (Saint), Linus, 6491.
Lindanus, W., 3108-3395-6475-6479-6666-6674-6676-6677.
Lindeborn, J., 3200-3547.
Lindsellus, A., 887.
Lingendes, Cl. de, 4225-4226-4227-4487.
Lingue, J. de, 5160.
Lino de Zaroa, 7766-7768.
Lion, Cl., 4604-4605-4606.
Lippomani et Lippomanus, Al., 391.
Lira, Nic. de, ou Liranus, 282-286-518-778-3264.
L'Isle (Alain de), 2629.
L'Isle, J. de, 3000.
Lisle, P. de, 6394.
Lit, Godefridus à, 4186.
Livineius, J., 2093-4045.

Livoy, Th. de, 6994.
Lizet, P., 2956-6661.
Loarte, G., 3450-3451-5086.
Loasana, Jac. à 4073.
Lobbet, J., 812-3412-4233.
Locatellis, B. de, 1248.
Lochon, E., 3473-3474.
Locke, J., 7543.
Loemelius, H., 6928-6929.
Logotimus, 3937.
Loir, A., 6409-6410.
Loiseleur, l'Abbé, 6454.
Lombard, N., 422-3166.
Lombard, Pierre, 534-894-2501-à-2504.
Lombard, le P., 6525.
Lombert, P., 2193-2194-2270-4056.
Loménie de Brienne, L.-H. de, 56-1947-5212-5213.
Longbi, Cl. de, 1878.
Longueterre... de, 5993.
Longueville, la Duchesse de, 5483.
Longus à Coriolano, 1794-1795-3604.
Lonicer, Ph., 3912.
Lopez, D., 1145-4006-5337.
Lopez, J., 4007.
Lopez, L., 3301.
Loppin, J., 2059-3808.
Loque, B. de, 6058-7425.
Lor, Ant. de, 4408-4409.
Lordelot, B., 6101.
Loredano, J.-F., 1077.
Lorgues... de, 5590.
Lorichius, G., 299-4354-4355.
Lorichius, Jod., 2493.
Lorière, Billard de, 6994.

Lorinus, J., 400-401-402-551-643-858-955.
Loriot, J., 573-4683-à-4686.
Lorrain, P., 1306.
Lorraine, F.-A. de, 7331.
Loryot, Fr., 5484-5485.
Losier, El., 4319-4320.
Los Rios et Alarcon, B. de, 2812-2929.
Loth, L.-B., 372-3615.
Lothaire ou Lotharius, 2410.
Louail J,., 3874-7205.
Louis de Blois, 4869 à 4873-6301-6302-6303.
Louis de Compiègne, 18-19-20.
Louis de Poix, 445-476-493-651-733-762-1143-1188.
Louis de Sales, 5376.
Louis de Ste-Thérèse, 5171.
Louis de Vervins, 1917.
Louis, Epiph., 5486.
Louis, 3728.
Louis XIII, 1560.
Louis XIV, 7331.
Loup de Ferrière, 2403-2404-2410.
Louvigny, Bernières de, 5259-5260-5261-5262.
Loyck, P., 617.
Loyer, F., 6992.
Loyer, V., 581.
Loyola, Ignace de, 5161 à 5168.
Lozier, Ant., 4031.
Lubin, Aug., 3941.
Luc d'Achery, 2417-2426-4388-6399.
Luca, Card. de, 1818.
Lucas, le Dr, 7689.
Lucas, Brug., 786.

Lucas, Fr., 272 à 275.
Lucas, (Ludov. à S. Petro), 4222.
Luciferus, 2216.
Lucius et Lutius, Hor., 1814-1815-1817-1818.
Ludolphe de Saxe, (Ludolphus de Saxonia), 554-1083 à 1086.
Ludovicus à S. Petro, 4222.
Ludovicus ab Alcasar, 977.
Ludovicus Caspensis, 2696 2697.
Ludwellus, W., 3305.
Lugo, Fr. de, 2783.
Lugo, J. de, 2795-3053-3075-3258-3616.
Lulle, R., 2907.
Lumnius, J.-F., 2894-4971.
Lupus, Chr., 1792-2180.
Lupus, Ferrar., 2403-2404-2410.
Luther, M., 363-966-1772-1773-2950-6651-7373-7374.
Lutz, R., 4147.
Luvois, le S^r de, 5371.
Luydus, J., 2123.
Luynes, le Duc de, 431-432-565 1594-1595-1991-1992-2113-2321-4053-5466-5467.
Luynes, le Card. de, 6588-7330.
Luysius, Legion., 664.
Luzarches, V., 1592.
Lybault, A., 6401.
Lynde, H., 7671.
Lyra, Nic. de, (Lyranus), 282-286-518-778-3264.
Lyttelton, G., 7694.

M

Mabillon, J., 1243-1414-2437-à-2439-2463-2951-3149-5830-6349-6350-6358-6359-7331.
Macaire, (Saint) ou Macarius, Ægypt., 2049-4039.
Macé, Fr., 569-1056-1557.
Macé, J., 5474-5475.
Macedo, Aug., de, 7025.
Macer, D., 74.
Macer, C., 74.
Machado, Fr., 416.
Machault, C. de, 1865-1866.
Machumet, Mahomet et Mahumet, 7777-7778-7779.
Machou, V., 5487.
Maclot, E., 1067.
Macrinus, S., 585.
Mæratius, S., 2578.
Mæstræus, M., 2018.
Maffei et Maffeus, Raph., 2013-2647.
Maffeo Vegio, 6431.
Magalianus, C., 395-409-411-917.
Magallanæus, P., 2868.
Magister, R., 473-5850.
Magius, H., 2893.
Magnetius, L., 510.
Magnon, 5866.
Magnus, Jac., 3208-3209-3210.
Magnus, Val., 6499.
Magrius, D., 320.
Mahomet, fils, 7781.
Mahusius, 782.
Maidalchinus, Fr., 4223.
Maiemonidas, M., 18-19-20.
Maignan, Em., 2678-3304.
Maillard, J., 5172-6294-6386-6418.
Maillard, Olivier, 4093-4114-4115.
Maille, J.-A., 2751-6955.

Maillet, 7325.
Mailly, le Ch. de, 1077.
Mailly, Fr. de, 7324-7325-7331.
Maimbourg, L., 4548-6846.
Maimbourg, Th., 7523.
Major, G., 942.
Major, J., 780-2516-2643-3607-3917-3918.
Malaval, Fr., 5488-5489-5490.
Malderus, J., 673.
Maldonat, J., 326-709-792-2825-3037-3038.
Malebranche, Nic., 2348-3638-5491-5492-6447-7098-7164-7193.
Malechant, G., 6491.
Maleville, G., 6560.
Malfillastre, J. de, 2087.
Malingre de S. Lazare, 2335-5182-6059.
Malingre, Nic. de, 6082.
Mallet, Ch., 1198.
Mallet de Chilly, 495-677-705.
Malletus, Car., 3219.
Malvenda, Th., 322-2900.
Malvin de Montazet, A. de, 6605-6963-6989-6994.
Mamerot, R., 4156.
Mancini, J.-B., 3577.
Manducator, Petrus, 1036-à-1038.
Manectis, Janocius de, 4887.
Manentus, B., 2534.
Maner, J., 5945.
Manessier, F., 2183.
Mangeant, U., 2341-2364.
Mangeart, Th., 4758.
Mangin, l'Abbé de, 3486-4799.
Mangot, Ad., 4195.
Manno, A., 5083.
Manrrique, F., 3619.

Mansfeld, Car. à, 6244.
Maran, Prud., 2071-2807-6552-6960-6994.
Marandé, L. de, 2623-2624-3034-3240-2761-5493-7049-7069-7330.
Marasca, Chr., 2524.
Marbode, (Marbodus), 2425.
Marcellinus, Presb., 2389.
Marcellinus de Pise, 3967.
Marcellius, H., 3993.
Marcellus, Chr., 1256.
Marcellus, R.-P., 2632.
Marceton, le P., 7331.
Marchant, J., 2986-3033-4216-4217-6204.
Marchant, P., 3116-3448.
Marchelli, R., 4296.
Marchesinus, J., 518-1152.
Marchesius, M., 2427.
Marchinus, Ph., 3183.
Marchisio, 594.
Marconi, 3500-3522.
Marcus de Benevento, 2507.
Marcus, Eph., 1360.
Marcus, Eremita, 2094.
Marcus, Exercitator, 2094.
Maréchal, B., 1961.
Maresius, S., 172-7519-7520-7521-7523.
Mareuil, le P. de, 4896.
Margat, 5765.
Margon, l'Abbé de, 1227-1228-1229-7219.
Margotin, 4530.
Marguerite, Fr., 7329.
Marguerite du S. Sacrement, 1604.
Mari, J.-B., 2416.
Maria Virgo, 2022.

Mariales, X., 2580.
Mariana, J., 278-303-901.
Marie, Ph., 3501.
Marie, Pierre, 5494.
Marie de Bergame, 5941.
Marie de Jésus, 6011-6012.
Marie de l'Incarnation, 5495-5759-5760.
Marie de S. Bonaventure, 558.
Marie de S. Joseph, 3580.
Marie de Ste-Thérèse, 5496.
Marillac, M. de, 514-5042-5043.
Marin, M.-A., 6396-6570.
Marinarius, Ant., 2816.
Marinis, Dom. de, 2598.
Marius, Leon., 354.
Marloratus, Aug., 374-715 3994-6718-7393.
Marmande... de, 7687.
Marnix, Ph. de, 7410.
Marolles, M. de, 247-491-1372-1590.
Maronis, Fr. de, 653-2265-2531.
Marot, Cl., 167-171-173-262-263-515-516.
Marrier, M., 434.
Marselaer, F. de, 4973.
Marsilius, 2520.
Marsilly, P.-A. de, 328-824-6265.
Martel, G., 5768.
Martel, 7522.
Martene, Ed., 1264-1265-1655.
Martianay, J., 257-380-639-821-1146-1151-1205-2235-2236.
Martimbos, Nic. à, 2519.
Martin, Cl., 5495-5497-5669.
Martin, Dav., 1073-7629.
Martin, Edmé, 2800.
Martin, Gab., 6789-6818.
Martin, Jacq., 1169-2278.

Martin, L., 6994.
Martin, Mat., 6186-6698.
Martin, Sim., 3761-5113-5141-5145-5753.
Martin, Curé de Manneville, 7325-7331.
Martin de la Mére de Dieu, (Martinus à Matre Dei), 2793.
Martin de Laon, (Martinus de Lauduno), 2478.
Martin le Lydien, 2645.
Martineau, 5776.
Martinengus, Asc., 375.
Martinez, M., 4908.
Martinon, J., 2699-7044.
Martinus, And., 2259.
Martinus, Bruc., 2338.
Martinus, Lydius, 2645.
Martinus, M., 653.
Martinus, R., 6631.
Martonne,... de, 7325.
Martyr, Vermilius, 364-410-419-920-933-7398-7399.
Martyrs, Barthélemy des, 4854-4855-6275-6276.
Maruc, l'Abbé de, 4533.
Marulus, M., 3909-3910-3911.
Mascarenhas, Em., 3039.
Mascaron, J. de, 3792.
Masclef, Fr., 3715-3796-3797-6994-7234-7331.
Massotto, O., 5088-5092.
Massana, Fr. à, 771.
Massillon, J.-B., 3124-4715-à-4720-5498-6090.
Masson, Ant., 379-1078-2889.
Masson, Cl., 4644 à 4646.
Masson, Pap., 2404.
Massoulié, Ant., 7160-7365.
Massuet, R., 2033-2252.

Masurius, M., 4974.
Maternus, F., 2190-2207.
Mathieu de S. Jean, 3021.
Mathieu de S. Jean-Baptiste, 5975.
Mathoud, J., 2500.
Mathurin de Ste-Anne, 2776.
Matignon, L. de, 1911.
Matthæus, P., 763-2977.
Matthæus à Castro, 1004.
Matthieu, P., 763-2977-4253.
Maubert, P., 6188.
Mauburnus, J., 4975.
Maucorps, P., et Maucors, 442-719-731-757-5499.
Maucroix, F. de, 2206-4041.
Mauden, David à, 4214.
Mauduit, M., 866-882-990-1034-6540-6541.
Maufredo, 4258.
Maugras, J.-F., 3356-3384.
Mauguin, G., 2832.
Maultrot, G.-N., 3335-6994.
Maumont, J. de, 2026.
Maupas du Tour, H. de, 5313.
Maupeou, Marguerite de, 5198.
Maupeou, P. de, 3054.
Maupeou, C.-A. de, 7331.
Maupertuy, Drouet de, 2357.
Maupied, F.-L.-M., 37.
Maupin, Fr., 1548.
Maupoint, 1562.
Maur de l'Enfant-Jésus, 5500.
Maurage, J.-B., 3398.
Maurepas, le Comte de, 7331.
Maurice de S. Mathieu, 5018.
Maury, J., 446-648.
Mautini da Narni, 4276-4277.
Mavden, David à, 424.

Maxime (Saint) Maximus, 1360-1988-2003-à-2005-2151.
Maximilianus ab Eynatten, 1329.
Maximin de Ste-Marie-Magdelaine, 5501.
Maximus, Taurin., 2346-2349.
May de Termont, G. de, 6994.
Mayeul, L., 6430.
Mayol, J., 3268.
Mayou, 7325-7326.
Mayr, G., 1607.
Mayronis, Fr. de, 653-2265-2531.
Mazarini, J., 4247-4248.
Mazel, D., 7686.
Mazuchellus, Ol., 3605.
Mechtildis, 4840.
Médaille, P., 5707.
Mediavilla, Ricardus de, 2512.
Medicis, H. de, 2584.
Medicis, Seb., 3610.
Medina, B. de, 2602-2603-3561.
Medina, J., 3437.
Meffreth, 4117.
Meganck, F., 3822.
Mège, J., 668-2399-4943.
Mejanes... de, 7606.
Melancthon, Ph., et Melanthon, 634-7374 à 7377.
Melchior de Huelamo, 4302.
Melicques, J. de, 480.
Melissa, Ant., 1988-3980.
Meliton, 6348.
Mello, G. de, 4607-5905-6276.
Ménard, H., 1311-2000 2001.
Ménard, Prieur d'Aubert, 704.
Ménard (de Nantes), 3832.
Menasseh ben Israël, 12.
Mendo, And., 3617-3618.
Mendoza, Fr. de, 416-1843.

Mendoza, Ferd. de, 1843.
Mendoza, Ant. de Escobar et, 288-3576-4230.
Ménétrier, C.-F., 3344.
Mengus, Hier., 1325-1326-1328.
Menochius, J.-St., 279-280-285-286.
Menot, Mich., 4127.
Meot, G., 6739.
Merati et Meratus, C.-M., 1258.
Merbès, B. de, et Merbesius, B., 2685.
Mercato, M., 2231-2232.
Mercerus, J., 2169.
Mercerus, G., 2611.
Merchiston, 985.
Mercier, Ch., 2887.
Mercier, G., 2611.
Mercier, J., 2169.
Mercorus, J., 3291.
Mérez, l'Abbé de, 3870.
Mérinville, Fr. de, 7331.
Merlin, Ch., 3051-6548.
Merlin, J., 1785-2518.
Merlo-Horstius, 873-2436-2976-4951-4952-4953-5015-5034.
Meronus, J., 624.
Merryweather, J., 7771-7772.
Merssæus, P., 6693.
Mersenne, Mar., 369.
Méry de la Canorgue, 4805-6252.
Mésenguy, Ph., 258-259-1047-3877-à-3881.
Mesler, Th., 5059.
Mesnier, 6994.
Mespolié, 6029.
Messalinus, W., 7473.
Mestrezat, J., 6817-7479-7480-7482-7610-7611-7612.

Metezeau, P., 512-513-5502-5503.
Methodius, 1973-2050-2088.
Mettayer, (Mettayerus), D., 198.
Meurier, H., 1302-1929-3005.
Meurisse, M., 4322.
Meusy, Nic., 3899.
Mey, Cl., 3126-3127.
Meyer, Liv., 1130-7165.
Meynier, Bern., 6850.
Michael, J., 4976.
Michael, Episc. Mersp., 4356.
Michael ab Isselt, 2146-5156-5157-5158-5159.
Michael de Carcano, 4097.
Michael de Hungariis, 4125.
Michael de Mediolano, 4096.
Michael Syngelus, 2003-2006.
Michaelis, Ant., 4514.
Michaelis, Seb., 4393.
Michel-Ange de Gueret, 5504-5802.
Middoch, H. à, 1158.
Miechoviensis, J., 4215.
Miffant, J., 6790.
Mignot, A., 4047.
Mignot, Et., 3322-3324-6950.
Milet, B., 4330.
Milhard, P., 6271.
Milbet, 53.
Milletière, B. de la, 6805-6806.
Minois, Cl., 2462.
Minucius Felix, 2163-à-2166-2176-2190-6618.
Mioland, J.-M., 1856-1872-3801.
Mita, D., 2332.
Modeste de S. Amable, 6228-6316-6317.
Moissy, l'Abbé de, 1962.
Molanus, J., 3753.

Molina, A., 5622-6205-à-6208.
Molina, L., 2589-6997.
Molinæus, Du Moulin, P., 6790-7482 à 7493-7614 à 7617-7642-7643.
Molinier, Et., 4437-à-4443.
Molinier, J.-B., 4737-4738.
Molinos, M. de, 7333.
Moller, Moeller et Mollerus, H., 552.
Momigno, Ev. da, 4281-4282.
Monachus, Amb., 2060.
Moncæius, Fr., 659-1211-1231.
Moncæus, Ph., 2618.
Monchiacenus, Ant., Monchy, Ant. de, 3112-6709.
Monchy, le P. de, 3174.
Monchy, Aug., 3982.
Monchy,... de, 7331.
Moncourt et Moncurtius, G., 2481.
Mondion, Ferron de, 7325.
Monestier, B., 5505.
Mongin, Ed., 4739.
Monluc, J. de, 1952-1953-4367.
Monmorel, L. de, 4675.
Monnet, l'Abbé, 4662.
Monnierius, R., 1124.
Mons, Cl. de, 6069.
Monstiers de Mérinville, F. de, 7331.
Montacutius, Montagu, R., 1121-2053-2158.
Montagne, L., 2745-2771-3044.
Montagnon, Ant., 5506.
Montagu, H. de, 5927.
Montalte, L. de, 3678-à-3682-3685-à-3689.
Montandré, Du Bosc de, 5613-6184.
Montanus, Arias, 38-83-86-216-à-218-412-451-à-453-752-857-1210.
Montanus, Pet., 6301.
Montanus, Ph., 776-887.
Montargon, H. de, 3976.
Montazet, Malvin de, 6605-6963-6989-6994.
Montbroux de la Nause, 6303.
Monte Calerio, Philippus de, 4078.
Montefrio, Jac. de, 48.
Montempuys, Petit de, 7331.
Montereul, B. de, 865-986-987-1096.
Monte Rocherii, G. de, 2984-2985.
Montfaucon, B. de, 2043-2059-2064-2105-2106-2252-4851.
Montgaillard, Percin de, 3119-7329-7343.
Montgeffond, A. de, 7329.
Montigni, 7482.
Montignon, H., 6957.
Montigny, Servien de, 5248.
Montis, l'Abbé de, 4813-6321.
Montlyard, J. de, 4252.
Montmeslier, R. de, 3583.
Montmorency, N. de, 4181.
Montmorency-Laval, L.-J. de, 7331.
Mont-Ouvert, C. de, 6796.
Mony, 7163.
Moraines, Ant., 7044.
Morales, P., 828.
Morange, Bod., 7740.
Moreau, Ch., 2175-2333-5507.
Moreau, Fr., 1285.
Moreau, L., 2279.
Moreau, P., 1338.
Moreau de Favière, 6816.
Morel, Cl., 7064.
Morel, Morellus, Fed., 1610-1998-1999-2025-2085-2160.

Morel, J.-B., 4047.
Morel, Morellus P., 2162.
Morel, R., 579-5696-5697-5841-6390-6424.
Morel (d'Amiens), 7234-7325.
Morelles, Cosma, 2554-2558.
Morénas, 3555.
Morenne, Cl. de, 4385.
Moret, V., 3393.
Morgues, M. de, 3380-4032.
Morice, J., 4901.
Morillon, G. de, 447.
Morin, (Morinus,) J., 89-1176-3057-3087-3184.
Morin, (Morinus,) J.-B., 7741.
Morin, P., 3396.
Morin, Et., Morinus, St., 1226.
Mornay, Ph. de, 7428-à-7434.
Morus, Al., 949-7518-7620.
Morvan, Paul, 5899.

Morvan de Bellegarde, 50-628-2112-3652-4037-4038-4042-4043-4051-6049.
Mory, L., 6230.
Mosseus, Rabi, 644.
Mougenot, P., 2857.
Moulin, 7325-7329.
Moulinier, Et., 6197.
Mourcourt, P., 4198.
Moya, M. de, 3223.
Mozolinus S., 4129.
Muis, S. de, 555.
Munster, Seb., 137-188-630.
Muranus, P., 4257.
Muratori, L.-A., 3389-5084.
Muret, 935.
Murillo, D., 4318-4319-4320.
Musculus, W, 364-539-2072-7378.
Musso, Corn., 4243-4244-4245.
Musso, Gios., 4244.
Musson Gab. 3045-6439.

N

Naclantus, 938-939.
Naisle, Æm., 4977.
Nanning et Nannius, P., 2061.
Nantilly, le Sr de, 5257.
Napeir, J., 985.
Narni, Mautuni da, 4276-4277.
Natalis, Herveus, 2517.
Natalis, Hier., 811.
Nau, 817.
Nausea, Fr., 4141.
Navarra, Petrus à, 3341.
Navarrette, B., 2566.
Naveus, M., 3056.
Naxera, Emm. de, 4345.
Nazarius, P., 2572.
Neercassel, J. de, 63-64-2948-2949-3097-3509-3510.

Neesen, Laur., 2684.
Nepos, Sylvanus, 2095.
Nepveu, F., 5508-5509-5672-5673-5761-5777-5821-5911-6297.
Neri, Fil., 5083.
Neriosengh, 7783.
Nervèze, A. de, 5510-5511.
Nesmond, Fr. de, 1884-3810.
Nesmond, H. de, 4722-7331.
Neufville, Cam. de, 1912.
Neusser, B., 4282.
Neuville, Ch.-Frey de, 4780.
Neuville, Cl.-Frey de, 4779.
Niécphore Grégoras, Nicephorus Gregoras, 2115-2116.
Nicetas, 430-1973-2162-4046.

Nicolas, Aug., 36.

„ Nicolas de Bayonne, Nicolaus Bayonensis, 3032.

Nicolas de Dijon, 4608-à-4614.

Nicolas de Jesu-Maria, 5169.

Nicolaus, Joan., 2494-2560-2561-2998-3064.

Nicolaus, Jul., 7088.

Nicolaus, Meth., 1360.

Nicolaus, Presb., 2094-2411.

Nicolaus ab Aquavilla, 4074.

Nicolaus, Arch. Jadrensis, 1766.

Nicolaus de Clemangiis, 1768-2645.

Nicolaus de Cusa, 2653-6066-7331.

Nicolaus de Gorra, 781-4080.

Nicolaus Hanapus, ou de Hanapis, 3986-3987.

Nicolaus de Lira, de Lyra, et Liranus, 282-286-518-778-3264.

Nicolaus de Orbellis, 2530.

Nicolaus de Saliceto, 5851.

Nicole, P., 687-1197-1594-1595. 3150-3151-3221-3640-3642-à-3650-3684-3688-3689-5646-5647-6088-6518-6839-6842-6847-6864-6893-7060-7073-7076-7077-7213-7283-7327. 7330-7331-7336.

Nicollet, Gab., 5955.

Nicosius, C., 4978.

Nicolo Aurifico, 3190-5085.

Nicque, 6094.

Nicquet, H., 2930-5921-5978.

Nider, J., 3250-3276-3433-6307.

Nieremberg, E., 41-3278-4218. 5129-5130-5131-5977.

Nil (Saint), (Nilus), 1781-2037-2120-à-2124-2385.

Ninguarda, F., 2659.

Nitar, J., 380.

Nivelle, G.-N., 7205-7233-7307-7308.

Nivers, G., 1538-1558.

Noailles, L.-Ant. de, 1899-1900-1926-5891-6951-7235-7275-7280-7327-7329-7331-7341-7344.

Noailles, G.-J.-B.-L. de, 7330-7331.

Noctinot, Aus., 3574.

Nodin, J., 394.

Noguier, D., 7524.

Nompareil, 985.

Nonius, 2085.

Nonnotte, Cl.-F., 6429-6591-6623.

Nopelius, J., 6485.

Noris, H. de, 7087.

Noskowic, J., 908.

Nouet, J., 3153-5512-5513-5514-5903-6036-7330.

Novarinus, Al., 791-903-1164.

Novelletius, St., 306.

Novicampus, Alb., 7381.

Novitianus, 2172.

Nublé, Ægid., 2796.

Nugno Cabezudo, 2612.

O

Obeilh, le P. d', 6006.

Obenheinius, C., 4023.

Obry, J.-B.-F., 16-7789-7790.

Ochinus, B., 7775.

Ockam, G. de, 2525-2526.

Oddo, Ast., 2427.

Odespun, L., 1852.
Odo, Cluniac., 434.
Œcolampadius, 775-2155.
Œcumenius, 851-2160.
Ogier, Fr., 4526-4527-6534.
O'Kenny, 1652.
Oleastro, Hier. ab, 350-717.
Olier, J.-J., 1305-3187-5515-5516-5517.
Oliva, J.-P., 316-4032-4283-4284.
Olivetan, P.-R., 167.
Olivier, J., 7641.
Olonne, l'Abbé d', 5518.
Olympiodorus, 640.
Ona, P. de, 5174.
Oonselius, G., 3989-4014-4015-4016.
Opmersensis, P., 6693.
Opstraet, J., 2486-2487-2488-2747-3067-3101-3102-6281-6282-7136-7157-7220.
Optatus, 2212-à-2215.
Oranus, Nic., 4196.
Orbellis, N. de, 2530.
Orchi da Como, E., 4280.
Origenes, 2038-à-2047-2057-4026-6618.
Orio, F. de, 2184.
Oriol, (Aureolus), P., 306-2515.

Orléans, Mg. Ph. Duc d', 7326-7329.
Orléans, Mme la Duch., 7329.
Orléans, le P. P.-J. d', 2944-4586-5126-5519.
Orléans de la Motte, Gab. d' 1863-1864-5443-6585.
Ormesson, le P. d', 6004.
Orval, A.-E. de Bethune d', 6425.
Osiander, A., 1001.
Osiander, L. 7384-7385.
Osmont du Sellier, 1771-7281-7285-7304.
Osoma, Petrus de, 3276.
Osorio et Osorius, Hier., 312-1924.
Osorio et Osorius, Joan, 4161.
Ossuna, Fr. ab, 4131.
Ostervald, J.-R., 7583.
Osterwald, J.-F., 3422-7593.
Ottherus, J., 4126.
Oudeau, 4503-à-4506.
Oudin, P., 6075.
Oudoux, 1514.
Oursel, 7329.
Outreman, Ph. d', 6068.
Ouvrard, R., 1210-6833.
Ovando, J. de, 4175.

P

Pacaud, 4751.
Paccori, Amb., 5520-5521-5655-6083-6084-6130-6131-6168.
Pachome, (Pachomius), 2329.
Pachymera, Pachymère, G., 2003-2004-2005.
Pacianus, 2218.
Pacome, Dom., 7331.

Paës, B., 321.
Pagit, E., 7711.
Pagnini, X., 86-179-451-452-453-456-466-1129.
Paini, Ap., 4254.
Palacio, M. de, 2536.
Palæologus, Phil., 5650-5651-5652.

Palæophilus, V., 7125.
Palafox, J. de, 2887-4346-4940-5175-5176-5196-6261-7330.
Palanterius, P., 547.
Palatio, P. de, 753-827.
Palazol, J., 7126.
Palladius, Helenop, 2118.
Palladius, P., 3106.
Pallu, M., 2876-3388-3531-4721-5522-6013-6460.
Palmerius, (Palmieri), M., 640.
Palomèque, 2987.
Paludanus, M., 2286.
Paludanus, J., 6496.
Palude, Petrus de, 4077.
Pamele, Jacq. de, (Pamelius, J.), 1384-2168-2169-2172-2173-2189-2405.
Pamphyle, Eusèbe, 221-713-2036-2064-2051-à-2056-6300.
Panigarole, F., 564-730-4249-à-4253.
Pannonius, C., 974.
Paola, Francesco di, 5079-5080.
Paolacci, Dom., 4278.
Paoletti, A., 4286-4287-4288.
Paparin de Chaumont, 1904.
Papin, Is., 6913-6915.
Pappus, J., 7382.
Paræus, Dav., 366-1965-7427.
Pardaillac, P. de, 7331.
Parentinis, B. de, 1291.
Parez, J., 524.
Paris, Ed., 822.
Paris, Et., 940-4144.
Paris, Fr. de, 581-928-937-3172-3173-3270-7298.
Paris, Jérome de, 4794-4795.
Paris, N.-J. de, 3837.
Paris, le P. de. 6843.

Pariset, Est., 93.
Parquet, 7331.
Partz de Pressy, G. de, 1889-6621-6622-7331.
Pascal, Bl., 23-à-27-3678-à-3682-3685-à-3689.
Pascal, E., 1240.
Paschase Radbert, 2402.
Paschal et Paschalius, Car., 5857.
Passavant, J., 2265.
Passerinus, P.-M., 2607-2608-3008.
Pastel, 2741.
Pastorini, 993.
Paterius, 2379.
Patin, J., 1095.
Patouillet, L., 6994.
Patuzzi, Vinc., 3046-3047.
Paul d'Aquilée, Paulus Aquileiensis, 2392.
Paul de Lagny, 5523-5629.
Paul de Lyon, 7244-7249-7253.
Paul de Ste-Catherine, 4631.
Paulin (Saint), (Paulinus), 2322-2323-2324.
Paulus, Burg. Epis., 282.
Paulus Diaconus, 2379.
Paulus, Ord. Min., 2768.
Paulus Soncinas, 2507.
Paulutius, F., 336-789.
Pavie de Fourquevaux, 70-6994-7282.
Pavillon, Nic., 1416-1855-7076-7330.
Pavinis, Fr. de, 2980.
Payen, 7103.
Payva, Andradio, 6671.
Péan de la Croullardière, Fr., 359-3902-3903-5524-6815-6822-6870-7317.

Péan du Manoir, 6509-6836.
Pearson, J., 1155-2021-2191.
Pearson, R., 1155-6925.
Pégurier, L., 3349.
Pelagius, Alv., 2960.
Pelbart, 2538-4109-4110-4111-5981.
Pelhestre, P., 1936-2324.
Pelisson et Pellisson, 5724-6886-6902-6905.
Pellegrin, S.-J., 1061-1062.
Pellicot, Fr., 5176-5196.
Peltanus, Th., 635-3395.
Pelvert, 3081-3125-3128-6463.
Penn, G., 7737.
Pennafiel, L., 2599.
Pennafort, R. de, 2547-3059-3211.
Pepin, G., 372-589-4130.
Peraldus, G., 3359-3986-3987-4063-6299.
Peralta, Ferd., 4326.
Pérard, J., 4421-4422.
Perault, G., 3359-3986-3987-4063-6299.
Percin de Montgaillard, 3119-7329-7343.
Perdoulx, 3896.
Perdu, J.-B., 6626.
Péréfixe, Hardouin de, 3838-7330.
Pererius, B., 313-315-365-743.
Perez, Ant., 932.
Perez, 6098.
Périer, Mad., 23.
Périon et Perionus, J., 1088-2026.
Perlinus, J., 2912.
Perrault, Nic., 3696-3697-3698.
Péronnet, D., et Perronatus, 2457-4386-4387-4388.

Perrimezzi, G.-M., 4297.
Perrin, C.-J., 4763-4764.
Perrin, V., 6329.
Perrot d'Ablancourt, 2165.
Perrotto, F., 7430.
Perthuis, 7325-7329.
Perusseau, S., 4742.
Pesantius, Al., 2569.
Pessellius, J., 2255.
Petau, D., 511-2081-2098-2099-2116-2676-2677-2842-2843-2844-3079-3093-7023-7026.
Petit, Jacq., 3449.
Petit de Montempuys, 7331.
Petit, Jean, 2245-4261.
Petit-Didier, M., 1178-3693-7230-7331.
Petit-Pied, Nic., 1770-2863-3305-7127-7141-7155-7168-7173-7177-7180-7202-7225-7231-7307-7308-7327-7329-7331.
Petit-Puy de Roseville, 2473.
Petra, Hermannus, cognomento de, 4082-4083.
Petreus et Petreius, Th., 2186-4358.
Petrus Alphonsus, 6628-6634.
Petrus, Bart., 859.
Petrus Blesensis, 2465-2466-2467-2976.
Petrus Cantor, 2469.
Petrus Cellensis, 2463-2464.
Petrus Chrysologus, 2332-2333-2334-2335-2346-2349.
Petrus, Abbas Clun., 7777.
Petrus Comestor, ou Manducator, 1036-1037-1038.
Petrus Pictaviensis, 2500.
Petrus Posnaniensis, 4209.

Petrus Suffridus, 2030.
Petrus Venerabilis, 2453-2454.
Petrus à Figueiro, 729.
Petrus à Navarra, 3341.
Petrus à S. Joseph, 2694-2861-7007-7020-7058-7068.
Petrus à Valle Clausa, 6943.
Petrus ad Boves, 4128.
Petrus de Alliaco, Allyaco, ou Ailliaco, 653-1768-2505-2643-2985-4848.
Petrus de Monte Martyrum, 2453.
Petrus de Ona, 5174.
Petrus de Osoma, 3276.
Petrus de Honestis, 2415.
Petrus de Palude, 4077.
Petrus de Tarentasia, 2510.
Petrus de Valuas, 2904.
Pey, 2755-2756-6592-6608-6706.
Peyronet, 1272.
Pezenne,... de, 4635.
Pezron, P., 1033.
Pfaffius, 2202.
Phalesius, H., 272-à-275.
Philastrius, 2219.
Philalethes Eupistinus, G., 7078-à-7081.
Philalethes, Germ., 7085.
Philaletes, 7028.
Philérème, 7332.
Philiarcus, C., 2982.
Phelippeaux, J., 5525-5526-5527.
Phelippeaux, R.-B. de, 7331.
Philippe, Fr., 7648.
Philippe de Carthagène, 4336.
Philippe de Grève, 4060.
Philippe de S. François, 4698-4699.
Philippe de Walckenisse, 2459.
Philippes d'Angoumois, 5528.

Philippus à Limborch, 6632-7541.
Philippus à Sanctissima Trinitate, 2582-2916.
Philippus de Mantua, 969.
Philippus de Monte-Calerio, 4078.
Philippus, Harveng, 2452.
Philippus, Presbyter, 433-529.
Philippy, M., 3578.
Philirenus, Ch., 7361.
Philon, 1079-1995-à-1999-2020-4841.
Philopatrus, And., 6925.
Photius, 1777-1781-1973-2158.
Pianesse, le Mis de, 6448.
Pic de la Mirandole, 1219-2029-2049-2094-2768-4030-4039-6432.
Pic, l'Abbé, J. 5529.
Picard de S. Adon, 6526.
Picardus, J., 2421-2435.
Picart, Alb., 5722.
Picart, B., 1063.
Piconne, Ig., 6450.
Pichard, J.-B., 6777.
Pichery, J., 1304.
Pichon, J., 3176-3177.
Picinelli, F., 4293.
Picot de la Clorivière, 6044.
Picquigny, Bernardin de, 698-905-906-907-5840.
Pictet, B., 7576.
Pierre Alphonse, 6628-6634.
Pierre Chrysologue, 2332-à-2335-2346-2349.
Pierre d'Ailly, 653-1768-2505-2643-2985-4848.
Pierre d'Alcantara, 5177.
Pierre d'Autun, 4260.

Pierre de Blois, 2465-2466-2467-2976.
Pierre de la Mère de Dieu, 5197-5898.
Pierre de l'Annonciation, 5197.
Pierre de Ona, 5174.
Pierre de S. Joseph, 2694-2861-7007-7020-7058-7068.
Pierre Diègue de la Présentation, 5197.
Pierre le Mangeur, 1036-à-1038.
Pierre le Vénérable, 2453-2454.
Pierquin, 2803.
Pierson, Th., 7677.
Piettre de S. Benoist, 6916.
Pighius, Alb., 3900-6658.
Pignard, J., 3520.
Pijart, P., 2806-4027-5530.
Pilé, 2313.
Pillon, 6900.
Pina, G. de, 700.
Pinamonti, J.-B., 3464-5094-à-5097-5166-5769-5839.
Pinault, Ol., 5067.
Pineau, H., 6150.
Pineda, J. de, 438-645-1080.
Pinelli, L., 5086-6365.
Pinot d'Hautecourt, 4808.
Pinthereau, F., 3095-3700-7021.
Pintus, H., 710.
Pintus, Jac., 3991.
Piny, Al., 5531-5532-5533-5637.
Pipet, J., 3407.
Pirot, G., 7065-7330.
Pirrus Siculus, 1289-6310.
Pisant, L., 5534.
Pisanus, Alph., 3395.
Piscara Castaldo, 1683.
Piscatorius, J., 2255.

Pithoeus, (Pithou), Fr., 1784.
Pithoeus, (Pithou) P., 1784-5861.
Pithoys, Cl., 6348.
Pius, V., 667-727.
Placæus, J., 7503-7504-7505-7731.
Placidus, 541.
Plaimpel, N., 4676.
Planchette, B., 4537.
Plantavit, J., ou Plantevit, 1227-1228-1229-7219.
Plantin, C., 274-275.
Planudes, 2819.
Platel, J., 2711-7078-à-7081.
Platus, J., 6304-6305-6306.
Plessis d'Argentré, Ch. du, 3429.
Plessis Praslain, G. du, 3455-6445-6446-7330.
Pline, Plinius Secundus, 2020.
Ploue, Nic. de, 1312.
Plowden, Fr., 3123.
Pluche, N.-A., 492.
Pochard, J., 3487.
Poinsot, J., 2704-2705-3757.
Poiré, Fr., 5535-5536-5751-5996.
Poiret, P., 5206-5537.
Poisson, Nic., 1804.
Poisson, P., 4032.
Polancus, J., 5796.
Polanus, A., 746-4000-7413.
Polinier, J., 572.
Politianus, A., 464-2060.
Politus, Amb.-Cath., 362-869-949-2659-6470.
Polmanus, 2483.
Polonus, Nic., 4193.
Polus, M., 1156-1157.
Polycarpe (Saint), (Polycarpus), 2001-2002-2020-2022-2032.

Polydorus, Val., 1325.
Pommeraye, Fr., 1934.
Ponce de Léon, 2102-4323.
Poncet, Maurice, 1186.
Poncet de la Rivière, M., 3804-4787-7246-7331.
Pontchartrain, le Cte de, 7329.
Ponchier, Et. de, 1939.
Poncius, B., 3071-3199.
Poncius, J., 2636-2716.
Poniatovia, Ch., 7371.
Ponisson, Fr., 6266-6267.
Ponte, Laur. à, 691.
Ponte, Lud. de, (Louis du Pont), 668-5119-à-5128.
Pontanus, Jac., 3574.
Pontanus, G.-B., 3966-4240.
Pontas, J., 3477-3552-4709-5825-5826.
Pontbriand,... de 5944.
Pontchateau, J. de, 621-622.
Pontius, B., 6971.
Porcacchi, J.-B., 5152.
Porée, le P., 7329.
Porsena, Chr., 2060.
Porta, M., 7259.
Porta, Santius, 4084.
Portel, L. de, 4207.
Porthæsius, J., 4373.
Portus, Fr., 2117.
Posnaniensis, P., 4209.
Possevin, B., 6267.
Possin, (Possinus),823-2050-4046-5134-5135-5136-6189.
Postel, Postellus, G., 7773-7774-7780.
Pothron, Fr., 6323.
Potier, Aug., 1885.
Potier, Urb., 768.
Pouget, F.·A., 3826-à-3830-7325.

Poujet, A., 2059-2235.
Poulle, 4785.
Pouppart, Th., 6046.
Poursanus, Ant., 2670.
Poyn, B., 2201-4354-7388.
Poza, J., 2911.
Pozzo, Fr. da, 496.
Pradel, Ch. de, 3825.
Pradal, J.-B. de, 4812.
Pradus, Hier., 739-740.
Prateolus,(Du Préau),Gab.,5348-6473.
Prato, Ant. à, 1940.
Prato florido, Hugo de, 4075.
Précipian, G. de, 7327-7329.
Prédeseigle, 7329.
Presles, R. de, 2267-2268.
Pressigny,... de, 5538.
Pressy, G. de Partz de, 1889-6621-6622-7331.
Preston, J., 7720.
Preville,... de, 7330.
Prevost, l'Abbé, 6265.
Prevost (de Reims), 7331.
Prevot Sansac, 1887.
Prevotius, J., 1245-2081.
Prideaux, J., 7660.
Prierio, Sylvester à, 4129.
Priezac, D. de, 6001.
Primasius, 893-972.
Primerose, D., 7674.
Primerose, G., 7481-7609.
Pringuet de Belingan, 5778-5779-5906.
Priolus, L., 2542.
Priorius, Ph., 2172-2190-2213-7738.
Proclus, 1360-2037-2127.
Procope, 713.
Prolæus, And., 6936.

Prosper, (Saint,) 2340-à-2344-2349-2976.
Proust, Cl., 6170.
Prudence, Prudentius, A., 2230.
Przipcovius, S., 7733.
Psellus, 2085-2086.
Pujol, B., 2947.

Pullus, 2500.
Puteanus, (Dupuis,) J., 2574.
Puteo, Fr. de, (Fr. Du Puis), 526.
Putherbeus, Dupuy-Herbault, G., 3289-4368-4369.
Puys, B., 6154.

Q

Quadratus, Quarré, M., 760-770.
Quantin, G., 2765-6884.
Quarré, J.-H., 3378-5539-5540.
Quentin, J., 1292.
Quéras, M., 3096.
Quercetanus, (Du Chesne) And., 2392-2433.
Querdu, le Gall de, 5638.
Quesnel, P., 338-à-312-1993-2347-2348-3127-3168-3657-5674-à-5678-5767-5828-5829-5937-6221-6222-6231-6238-6994-7100-7101-7106-7120-7121-7125-7128-7134-7135-7137-7140-7151-7152-7171-7176-7177-7181-7205-7221-7222-7325-7326-7327-7329-7331-7332.
Quétif, J., 5098.
Quevedo de Villegas, P. de, 5203.
Quignon, Fr., 1367.
Quillot, Cl., 7368.
Quinquarboreus, 819.
Quintinus, J., 1778-4148.
Quiqueran de Beaujeu, 7331.
Quiros, Aug. de, 314.
Quistorp, J., 305.

R

Raban Maur, Rabanus Maurus, 644-1241-1242-2373-2405-2406-2412.
Rabrullius, J., 831.
Rabutin, M.-C. de Bussy, 7331.
Racinet, 7784.
Raconis, Abra de, 2973-3157-3161-3164-4432-6772.
Raconis, Ange. de, 6757.
Radbert, Paschase, 2402.
Raderus, M., 2145.
Radulphus, Flav., 397.
Radulphus, Pict., 2420.

Ragon, J.-B., 2801-4507-4508.
Ragot, V., 1416-1417-3590.
Raguenet, 1045.
Raguier, J., 1949.
Rahtman, H., 6936.
Raimond, D., 7067.
Rainoldus, J., 7702.
Rainssant, J.-F., 5690.
Ralle, Cl., 321.
Rambour, A., 7478.
Ramirez, A.-P., 672-2914.
Rampelogis, Ant. de, 954-3979.
Rampertus, 2227.

Rancé, A.-J. de, 2144-4587-5541-à-5546-5688-6195-6351-à-6357-6364.
Ranchin, G., 1832.
Rangolius, Cl., 415.
Ranty... de, 5345.
Rantzovius, Ch., 6499.
Raoul de Flavy, 397.
Raoul de Poitiers, 2420.
Raphael de Cæsare, 3018-3561.
Raphael de Dieppe, 6807-6832.
Rapin, R., 1301-3366-5547-5548-5549.
Rapine, Ch., 911-912-913.
Rapine, Pascal, 2963-2964-2965.
Rassler, Max., 3498-4298-4299-5100-à-5103.
Rastignac, Chapt de, 3260-3261.
Ratramne, 2407-2408-3105-3106.
Raucourt, 3497-3504-3505.
Raulin, J., 2877-4122-4123-4124.
Ravanelle, P., 72-73.
Ravechet, 7331.
Ravenel, Th., 4479.
Ravesteyn, J., 6683-7155.
Raymond d'Avignon, 618.
Raymond de Pennafort, 2547-3059-3211.
Raynaud, G., 4623-6722.
Raynaud, Th., 2349-2423-2616-2682-2799-2841-2860-2931-3283-3340-3358-4959-6243-6943-7331.
Raynerius, G., 6926.
Reade, R., 5093.
Rebellus, F., 3253.
Rebreviettes, G. de, 6532.
Rebullosa, J., 4316.

Rechac, J. de, 4449-6028.
Recuperus, D., 631.
Recupit, J.-C., 2869-5806.
Redanus, P., 449.
Reginaldetus, P., 2874.
Reginaldus, Ant., 7155.
Reginaldus, G., 4623-6722.
Reginaldus, Reginale, V., 3438-3439-3569.
Reginon, 2412.
Regis, S., 6451.
Regius, Æg., 3362.
Regius, Car., 3936.
Regius, V., 1013.
Regnier-des-Marais, 5180-5181.
Reguis, 4807.
Reina, Th., 4290.
Reinach, J.-D. de, 7331.
Remi, J., 4838.
Remigius, Antiss., 529-851.
Remon, A., 6097.
Remond, Florimond de, 6738.
Remy, Ev. d'Autun, 529-851.
Remy, Fr., 5550.
Renaudianus, J., 3988.
Renaudot, Eus., 1358-3151.
Requieu, G. de, 6510.
Rescius, St., 6684.
Reuchlinus, J., 6629-6630.
Reval, Flexier de, 6596.
Reveroni du Clausel, 3068.
Revol, Fr. de, 1921.
Reyna, C., 179.
Reynardus, J., 4121.
Reynaud, M.-A., 6587.
Reyre, 6134.
Reyroles, J. de, 772-4628-4629-5928.
Rezay, C.-G.-B. de, 7331.

Rhenanus, B., 2039-2167-4126.
Rhodes, Georges de, 2681.
Ribadeneira, P., 1010-2280-4845.
Ribemont, P. de, 6759.
Ribera, F., 22-754-975.
Ribier, G., 5865.
Ribittus, J., 3980.
Ricardus de Mediavilla, 2512.
Ricardus et Richardus de S. Victore, 968-2459-2460-4085.
Ricardus, Ant., 7018-7022-7053.
Ricardus, V., 669-2127.
Ricci, Scipion des, 3127.
Riccius, B., 1019-1090.
Richard, C.-L., 1806-2497-3047-3273-6597-6613-7331.
Richard, D., 394.
Richard, l'Abbé Jean, 1214-6278-6901-5723-6519-6542.
Richard, Jean, Avocat, 3974-4690-à-4795.
Richardot, Fr., 1878.
Richard de Moyenneville, Ricardus de Mediavilla, 2512.
Richard de S. Victor, Richardus de S. Victore, 968-2459-2460-4085.
Richardus, Fr., 529-534-951.
Richardus, J., 2230.
Richebourg... de, 6572.
Richel et Rikel, Denys de, 330-348-403-404-535-708-909-1005-2006-2532-2646-2872-2873-3357-4092-4899-à-4901-6201-6251-6252-6300.
Richelieu, J.-A., de, 3859-3860-5551-5552-5553-6800-6802.

Richeome, L., 2896-3004-5554-5555-5556-6022-6729-6730-6736-6737-6747-6760.
Richesource, M. de, 3949.
Richette, E. de la Plonce, 3439.
Riclot, 916.
Ricoldus, 6635.
Ricotier, 4.
Ricourt, 3831.
Ridder, Fr., 5217.
Rigault, (Rigaltius), Nic., 2166-2172-2173-2190.
Rigberius, 2232.
Rillard, 7327-7331.
Rinaldus, M., 2456.
Rio, M. del, 367-661-1160-5968.
Rioset Alarcon, B. de los, 2812-2929.
Ripa, R., 2588.
Ripaut, A., 5557-5558.
Ritterhusius, 1253-2119.
Rives, G. de, 1799.
Rivet, And., 1960-7465-à-7470.
Rivière, (Pelvert), B.-F., 3081-3125-3128-6463.
Rivière, B. de, 2252.
Rivius, J., 3753.
Roa, M. de, 635-2883.
Robbe, J., 1310-3140.
Robertson, G., 454.
Roberti, J., 1012-6653.
Robertus, F., 4840.
Robertus, Abrinc. Ep., 5790.
Robertus, Reten., 7777.
Robertus à Crypta-Minervæ, 5973.
Robertus de Licio, 4098-4099.
Robertus de Monte, 2426.

Robine, N., 5559.
Rocca, Ang., 908-2537-5981.
Rochebonne, C. de, 7331.
Rochechouart, G. de, 1880-3471-3472-6993-7331.
Rochechouart, C. de, 3811.
Rochefort, C. de, 1052.
Rochefort, Desbois de, 1867.
Rochefoucault, F. de la, 3134-6787.
Rochepozay, Chast. de la, 370-801-2675.
Rodriguez, Al., 5178-à-5184.
Rodriguez et Rodriquez, M., 3581-3582.
Roffignac, H. de, 6827.
Roger, L., 850.
Rohan, A.-J. de, 3842.
Rohan, A.-G.-M. de, 7331.
Rohan, M.-El. de, 629.
Roias, Antoine de, 5184-5185.
Roignac... de, 4967.
Roigny, le Mis de, 6834.
Rolle, J., 4340.
Romæus, Nic., 6776.
Romainville, le S^r de, 1202.
Rondet, L.-Et., 295-3420-6994.
Roparz, E., 5064.
Roquelaure, Arm. de 4826.
Roquette, G. de, 1881.
Rose, J.-B., 6598.
Rose-Marie, 5496.
Rosemond, J.-B. de, 7530.
Roseville, P. de, 2473.
Rosignoli, C.-G., 5820.
Rosignolio, B., 4997.
Rossel, 6840.
Rosset, F. de, 1823-4318-6331.
Rosset de Fleury, H.-M. de, 7331.
Rosset de Fleury, P.-A., de 7331.
Ros-Weyde, (Ros-Weydus), H., 2322-5043-5058-5061-6639.
Roterus, Sp., 6708.
Rouault, L., 2875.
Roubaud, J.-M., 3500.
Rouen, L. de, 6625.
Rougane, 3338.
Rougemont, L. de, 6139.
Rounat, C., 4602-4603.
Rous, Fr., 1989.
Rousse, J., 7330.
Rousseau, le P., 5731.
Rousseau de Basoches, 1040.
Roussel, Ch., 4433.
Roussel, Cl., 2974-6554.
Roussel, G., 2247.
Roussin, J., 5620.
Rousson, J., 5991.
Roustan, J., 7588.
Rouvière, 6919.
Rovenius, Ph., 6052.
Roy, N.-J., 6205.
Royard, J., 4138-4139-4140.
Royaumont, le S^r de, 1053-1054-1055-1070-1071.
Rubæus, Ant., 4891.
Rubenus, L., 3027.
Ruberic, S., 5561-5897.
Rubione, Guill. de, 2522.
Rubus, J., 1006.
Ruel, 3336.
Rueus, Fr., 1220-1221-1222.
Rufin, (Rufinus), 598-2012-2013-2096.
Ruinart, Th., 2360.
Ruiz, Did., 2591-à-2595.
Ruiz, Fr., 43.
Rulié, P., 3334-6579.
Rumet, L., 1223.

Rupert, 1244-2429-2430.
Rupert de S. Gaspar, 3015.
Rusbrochius, J., 5208-5560.
Rusconibus, Amb. à, 6493.

Ruteus, Ant., 2597.
Ruth d'Ans, 5701.
Rycke, J. de, ou Rycquius, J., 3019.

S

Sa, Em., 283-307-787-3446-3447.
Sabatier, P., ou Sabathier, 142-7331.
Sabatier, P. de, 1862-7331.
Sabilius Erricus, 2103.
Sabré, Ant., 6812.
Sacrobosco, Ch. à, 6494.
Sacy, Le Maistre, de, 144-145-146-153-à-158-251-à-253-260-293-à-295-478-479-575-619-822-824-1053-à-1055-1070-1071-1545-5045-à-5047.
Sadeel-Chandæus, A., 7408.
Sadeler, R., 4998.
Saenz de Aguire, 1842.
Saguens, J., 2852-3144-3146-4239.
Sailly, Th., 5853-5854.
Sainctes, Cl. de, 1360-1933-4374-4375-6712-6713-6715-6716.
Saint-Adon, P. de, 6526.
Saint-Agatance,... de, 6344.
Saint Agnan, B. de, 324-7331.
Saint-Agran,... de, 6343.
Saint-Albin, Ch. de, 7277-7284-7331.
Saint-Aldegonde, Marnix de, 7410.
Saint-Faust, Barthélemy de, 1289-6310.

Saint-Foy, Flore de, 7089.
Saint-Gaspar, Rupert de, 3015.
Saint-Gelais, Ch. de, 448.
Saint-George, Cl. de, 1913.
Saint-Germain, R. de, 7435.
Saint-Germain, M. de, 3380-3526.
Saint-Hilaire... de, 6342.
Saint-Julien,... de 6812.
Saint-Jure, J.-B., 5562-5563-5564-5741-5803-5904-5930-5931-5932-6370.
Saint-Lazare, M. de, 2335-5182-6059.
Saint-Mamert-Beaussieu, 5273.
Saint-Martin, G. de, 4615-à-4618.
Saint-Martin de la Porte, Ant, 3508.
Saint-Pard, l'Abbé de, 5563-5737-5931.
Saint-Paul... de, 1188.
Saint-Pé, F. de, 3065-3066-5566.
Saint-Pierre, l'Abbé de, 7331.
Saint-Réal, 1099.
Saint-Réné, Théodoric de, 6986.
Saint-Romain, F. de, 7064.
Saint Simon, C. de, 7331.
Saincte-Foy, Sorbin de, 4031-4384.
Sainte-Anne, Hérédie de, 6166.

Sainte-Beuve, Jacques de, 3058-3584-3585.
Sainte-Beuve, Jérome de, 3058.
Sainte-Catherine, T. de, 914-915.
Sainte-Croix-Charpy, L. de, 3137.
Sainte-Croix, N. Charpy de, 1148.
Sainte-Foy, J. de, 5577-5578.
Sainte-Marie, B. de, 5738-6025.
Sainte-Marthe, Cl. de, 5567-5568-6240.
Sainte-Marthe, D. de, 2252-2379-6360-6361-6877.
Salabert, J., 7330.
Salamo, S., 6245-6246.
Salas, 6133.
Salazar, Amb. de, 5186-5765.
Salazar, F. de, 3499.
Salazar, Q. de, 636-2910.
Sales, François de, 4398-5374-à-5388-6512-7332.
Sales, Louis de, 5376.
Saleur, J., 1743.
Salian et Salianus, J., 4999-4500.
Saliceto, Nic. de, 5851.
Saligny, le Sr de, 2331.
Salinis, A. de, 1873-1874-2975-4831.
Salmasius, Cl., 2123-7473.
Salmeron, A., 1010-4155.
Salmon, Fr., 1765.
Salo, Al. de, 5569-6005.
Salton ou Saltou, S.-J., 2750.
Salvador, 1108.
Salvaizon, H. de, 2915.
Salvator de Léon, 702.
Salvianus, (Salvien) D., 2352-à-2359-2976.

Samona, 1360.
Samuel, Rabbi, 6628-6634.
Sanadon, N., 5570-5764.
Sanchez, J., 3052.
Sanchez, Th., 3544-3545-3564-3611.
Sanctius, G., 439-712-726-741-756.
S. Fausto, B. à, 1289-6310.
S. Geminiano, J., 3983-3984-4071-4072-4108.
S. Martino, Leander à, 282-319-2648-4975-5985.
Sandæus, M., 4213-5001-6767.
Sanderus, N., 1145-2958-6682.
Sandis, Ed., 7531.
Sandius, Ch., 7734.
Sanguin, Cl., 5867.
Sanrey, A.-B., 2821.
Sanson, Nic., 124-857.
Santalla, Gonzales de, 6637.
Santarel, A., 3021.
Santeul, Cl., 2324.
Santiago, Hernando de, 4321-4322.
Santius de Porta, 4084.
Sapetz, P. de, 6741.
Sarazanius, 2217.
Sarazin, P., 4573-5812.
Saron, Bochart de, 7329.
Sarpi, P., 7531.
Sarria, Th. de, 3186.
Sarthe, 6994.
Sasbout, Ad., 311.
Saturnin de Tous-les-Saints, 5632.
Saulnier, J., 3764.
Saulus, Ph., 536.
Saulx-Tavannes, N. de, 7331.

Saumaise, Cl. de, 2123-7473.
Sauret, A., 5571.
Saurin, J., 1063-7595-7633-à-7636.
Sauvage, J., 7628.
Savaron, J., 2352-3355-3356.
Savary, A., 723-736.
Savonarole, H., 609-2219-3435-4241-5002-à-5007-5098.
Sayrus, Gr., 3214.
Sayve, B. de, 2688.
Scaliger, J., 202.
Scheffmacher, J.-J., 6704-6705.
Schelstrate, E. à, 1835-6876.
Schenkel ou Schenckelius, P., 748.
Scherertzius, 1165.
Scherzerus, A., 7736.
Schevichavius, G., 6203.
Schickardius, 1167-1170.
Schillinckius, D., 528.
Schlegel et Schlegelius, Ch., 949.
Schopp, Schoppus, Scioppus, G., 3018.
Schott, (Schottus), And., 2074-2119.
Schultes Elbing, J., 3288.
Schultingus, C., 2238.
Scialac, V., 459-3755.
Sclater, W., 943.
Scorsus, Fr., 2157.
Scotus, Joannes, 2513-2514-2534-2633-2634.
Scribani et Scribanius, C., 5008-5009-5919-6313.
Scribonius, J.-M., 2693.
Scrivenerus, M., 7703.
Scultet, Ab., 1965-1966-7596-7597.

Scupoli, L., 5087-à-5092.
Scutteputæus, H., 2385.
Sébastien de Senlis, 5572-5573.
Sebille, Al., 7043.
Sebunde, R. de, 2644.
Secubia, J. de, 269.
Seed, J., 7694.
Sedulius, 891.
Segard, R., 3441.
Segaud, G. de, 4740-5574.
Segneri, P., 3493-3498-4298-4299-4300-5094-5095-5099-à-5103-5657-5691-5989-6285-7335.
Seguenot, Cl., 2311-5630.
Segui, J., 2290-2308.
Seguier, Dom., 1882-1915.
Seguiran, 4627.
Ségur, J.-Ch. de, 7331.
Seguy, Jos., 4032-4754-à-4757.
Seinerus, J., 1016.
Seissel et Seyssel, Cl., 839.
Senault, Fr., 443-2845-2846-4515-4516.
Sennyeus, Lad., 3195.
Sensaric, J.-B., 4746.
Sequart, Cl., 2769.
Séraphin, le P., 4639.
Séraphin de la Croix, 6784.
Séraphin de Paris, 445-476-493-651-733-762-1188.
Serapion, 2032.
Serarius, Nic., 408-957-2391-6790.
Serces, J., 7700.
Sergé, 3639.
Seripando, Jér., ou Seripandius. Hier., 936.
Seroux, L., 1128.
Serpensis, Ant., 3136.

Serra, M., 2583.
Serranus, P., 399.
Serre, Ant., 6904-6909.
Serroni, H., 571.
Serronius, Nic., 2085.
Serry, J.-H., 2485-7143-7150-7156-7259.
Servatius à S. Petro, 5922.
Servien de Montigny, 5248.
Servius, Ph., 5794.
Sestri, Fr. da, 4294.
Sève de Rochechouart, G. de, 1880-3471-3472-6993-7331.
Severianus, 1973-2108.
Severinus, V., 7030.
Severtius, J., 3602.
Severus, D., 1365.
Sevoy, F.-H., 6239.
Sfondrate, Card., 7062.
Sherlock, G., 7685-7686-7687-7725.
Sherlogus, P., 671.
Shirwode, R., 641.
Sianda, J., 2444.
Sidoine-Apollinaire, Sidonius, Apollinaris, 2351-2352.
Sibelius, G., 7600-à-7604.
Sifanus, L., 853-854-2091.
Sigaud de la Fond, 6620.
Signys, L. de la Salle, 6834.
Silhouette, E. de, 1082-7776.
Sillery, la Marquise de, 6468.
Silvestrani, Ch., 623.
Silvestrius à S. Angelo, 2512.
Siméon, Ant., 4262-4311-4313-4314-4315.
Simeon et Simon, (Logotheta) 4034-4035.
Simler, J., 364-2791.
Simon de Cassia, 999-1000.

Simon, G., 6440-6555.
Simon, Hon., 3780.
Simon, Jules, 9.
Simon, Richard, 236-1181-1183-1193-1194-1195-1196-1202-6910.
Simon, R., 75.
Simon de la Vierge, 4727-4728-4729.
Simonel, D., 7312.
Singlin, Ant. de, 3635.
Sinnichius, J., 3267-6192-6695-7028.
Sinsart, 2892.
Sionitas, G., 456-459-3755.
Sirmond, J., 1850-1982-1984-2056-2096-2129-2159-2331-2362-2389-2395-2401-2402-2406-2409-2428-2464-3092-7002.
Sixte de Vesoul, 1188.
Size, F., 4327.
Slinchtingius, J., 7733.
Slotanus, J., 6664.
Smaragdus, 2393-2394.
Smising, Th., 2782.
Smythæus, R., 3900-6669-6678.
Soanen, J., 4713-6951-7269-7331.
Soarez, J., 804.
Socinus, F., 7733.
Solarius, Th., 1748.
Solier, Fr., 4316-5077-6035.
Solinhac, J., 4337.
Solminihac, A. de, 1894-1897.
Solutive, Bart., 5104.
Sommalius, H., 4843-5014-5032.
Sommier, J -C., 6453.
Soncinas, Paulus, 2507.
Sonnet, M., 1323-1535.

Sonnius, Fr., 6479.
Snoygoudanus, R., 530-531-532.
Sophronius, 2084.
Sopranis, H., 417.
Sorbin, A., 4031-4384.
Soteallus, J., 1814-1815-1817-1818.
Soto, And. de, 5187-5188-5923-6312.
Soto, Dom., 919-2544-2835.
Soto, P. de, 2983-6663-7155.
Soto-Maior et Sotto-Maior, Lud., 662-663-946.
Souastre, le P. de, 2942.
Souciet, Et., 1168-7053.
Soufflier, F. de, 1267.
Souillac, G. de, 3727.
Soulfour, Nic. de, 5140.
Sourdis, Fr. de, 1888.
Soyer, le P., 5575-5576.
Spangenberg, C., 3106.
Spanheim, F., 949-7607-7608.
Spencer et Spencerus, G., 2045.
Spenel, A., 4484.
Speranza, J., 3992.
Spina, Alph. à, 6627.
Spina, J. de, 6713.
Spinelli, Ant., 5970-5971.
Spitholdius, F., 5010.
Spizelius, Th., 7387.
Spoelberg, G., 4197.
Spon, J., 7545.
Spondanus, H. ou H. de Sponde, 1042-1043.
Stackhouse, 7705.
Stadiera, Fr., 5105.
Stanihurst, R., 5969.
Stanislas de Pologne, 6561.
Staphylus, F., 3108-3395-6490-6676-6691.

Stapleton, Th., 4166-4167-6773.
Steckelius, L., 7375.
Stejart et Stejartius, M, 3626-3627.
Stella, Cl., 1290.
Stella, Did., 834.
Stella, Diego de, 3935-5189-5190-5191.
Stellartius, P., 625.
Stempa, Ant., 1325.
Stengelius, C., 5965.
Stephanus, Ant.. 3527.
Stephanus, H., 2027.
Stephanus, Rob., 103-202-1232-1233.
Stephanus, Torn., 2413-2468.
Sternhold, Th., 175-176-266.
Steuchus, (Steucco), Eugub., 325-384-2893.
Stewechius, G., 2198.
Steyaert, M., 3229-3626-3627.
Strabo, Fuld., 282.
Strabo, Pac., 7259.
Strabo, W., 1241-1242.
Strigelius, V., 2136.
Stubrockius, B., 3690.
Studita, Th., 1984-4045.
Stunica, D. à, 437-764-1189.
Suard, 7325.
Suarès, ou Suaresius, J.-M., 2121.
Suarez, Fr., 2661-2662-2663-3577.
Suarez, Jac., 4177-4321-4389-4390-4391.
Suarez, L., 2663.
Subert, P., 2980.
Suchon, G., 6112.
Sucquet, Ant., 5011.
Suère du Plan, 461.

Suffren, J., 3022-4430-4431-5660-5803-5868.
Suffridus Petri, 2030.
Suicardus, J., 5858.
Suidas, 2084.
Sulpitius à S. Pelagià, 3196.
Surian, J.-B. de, 4745.
Surin, J., 5577-à-5581.
Surius, Laur., 1786-4348-4356-5208-5209-5214-6490.
Suson, H., 5209-5210.
Sutor, P., 1134-1189.
Suze, L. de, 6906.
Swédenborg, Em., 7742-à-7767.
Swinden, 7698-7699.
Sybilla, Bart., 2647-2648.
Sylburgius, F., 2035.

Sylvanus Nepos, 2095.
Sylveira, J. da., 863-982-1028-3621.
Sylvester à Prièrio, 4129.
Sylvestre, Pape, 2413.
Sylvestre de Laval, 6742.
Sylvestris, Fr. de, 6472.
Sylvius, F., 373-393-1802-1803-2585-2686-6269-6272-6498.
Symeon, Thess. Arch., 3184.
Symmachus et Symmaque, 2228-2229.
Symon, 4797.
Symonnet, B., 482.
Synesius, 2081-2115-2116-2117.
Syngelus, Michael, 2003-2006.
Szegedinus, St., 7379.

T

Tailhé, J., 6994.
Talea Petra, H.-M. de, 4326.
Tallepied, N., 728.
Talon, J., 3864-5150-5214.
Talon, Nic., 1044-1066-5582.
Tamayo, Fr., 4327.
Tambaco, J. de, 5012.
Tamburinus, Th., 1299.
Tandy, L., 2708.
Tanner et Tannerus, Ad., 2673.
Tapper, R., 2658-7155.
Tarin et Tarinus, J., 2045-2047.
Tarissius, G., 2430.
Tataretus, P., 2534.
Tatianus, (Tatien), 1988-2025-2027.
Telesio, B., 7596-7597.
Tellez, G., 1843.
Tena, L., 949.

Tencin, Guerin de, 1903-6951-7331.
Térèse et (Thérèse-Sainte), 5079-5192-à-5201-5658.
Teretius, G., 3444.
Terrasson, And., 4697.
Terrasson, G., 3259-4744.
Tertullianus, Tertullien, 2168-à-2187-6618.
Testas, A., 7577.
Testefort, 6026.
Texier, Cl., 4549 à-4555-5774.
Thaulère, J., 4348-5211-à-5214.
Théodoret, 851-2129-à-2137.
Théodoric de S. René, 6986.
Theodorus, Arch. Cant., 3449.
Theodorus Studita, 1984-4045.
Theodorus Vitus, 504.

Theodotus, 2108.
Theodulfus, 2395-2410.
Theophanes, 2157.
Théophile d'Antioche, 1988-2025-6618.
Théophile, J., 1772-5205-5206.
Théophylacte, 773-à-776-853-854-887-6189.
Thérèse de S. Joseph, 5198.
Théru, Nic., 6128.
Thésut, l'Abbé de, 1769.
Thibault, P., 7331.
Thiboult, 7330.
Thiébaut, 4818.
Thiers, J.-B., 1339-1343-1344-1348-1349-1710-3028-3343-3382-3620-5583-6362.
Thieulaine, Max., 3913.
Thomas de Chaves, 3031.
Thomas à Kempis, 5013 à 5015-5027-à-5064.
Thomas Cister., 654.
Thomas d'Aquin, 436-777-973-1312-2502-2507-2554-à-2565-2985-4062-6209-6338.
Thomas de Cantipré, 5016.
Thomas de Charmes, 2753.
Thomas de Jésus, 5017-5018-5202-5204-5618-5619.
Thomas de S. Bernard, 2774.
Thomas de S. Cyrille, 5975.
Thomas de Ste-Marie, 682-732.
Thomas de Trugillo, 3965.
Thomas de Villacastin, 5627.
Thomas de Villeneuve, 4142.
Thomas de Vio Cajetanus, 287-333-2558-2650-3550.
Thomas, Ant., 2919-6027.
Thomas Anglus, 7661-à-7669.
Thomas, J., 688.

Thomas Hibernicus, 4019-4020-4021.
Thomassin, L., 1808-2683-2858-3282-3316-3383-3535-6892.
Thompson, G., 985.
Thorentier, J., 3315-4633-5823.
Thoringus, Mat., 282.
Thou, N. de, 1303.
Thuet, Cl., 3768-3769.
Thuillier, Vincent, 7268-7272.
Thyard de Bissy, H. de, 7174-7216-7220-7278-7329-7331.
Thyæus, P., 2817.
Tiberge, 5782-5783.
Tiberianus, 2020.
Tigeou, J., 2192-2269.
Tilenus, D., 7442-7477.
Tilesius, B., 7596-7597.
Tilius, J., 820.
Tilladet, C. de, 7331.
Tillemont, Le Nain de, 2316-2317-2318.
Tillotson, J., 7689-7723-7724.
Tilmannus, G., 301-2150.
Timotheus, 854.
Timothée de la Flèche, 7331.
Tiphaine et Tiphanus, Cl., 2772.
Tirin, (Tirinus), J., 283-286-309.
Tischendorf, 89.
Tissier, B., 1985.
Titelmannus, Fr., 435-526-527-646-656-802-867-1294-5019.
Titreville, le Sr de, 2179.
Todischus, R., 3978.
Tolet, F., 836-844-3566-3567-3568.
Tollenarius, J., 647.
Topiarius, Æg., 4152-4154.
Torné, P.-A., 4819.

Torquemada, J. de, 2957-4088-4089-4884-6634.
Torrensis, J., 2257.
Torres, L. de, 4309.
Torrubia, Th., 5165.
Torsellino, H., 5133.
Toscano et Toscanus, M., 506.
Tossanus, P., 3995.
Tostat, A., 277-2648-5985-5986.
Totanus, G., 2874-6627.
Touret, 914-915.
Tournely, H., 387-2745-2771-2785-2797-2856-3044-7102.
Tournemine, P. de, 136.
Tournemine, R.-J., 280-6994-7331.
Tournet, J., 4934.
Touron, A., 2779-6564-6976.
Tourouvre, A. de, 7331.
Tourval,... de, 7655.
Tourves, L.-A. de Valbelle de, 1937.
Tourves, J.-A. de Valbelle de, 3846.
Tourves, Fr. de Valbelle de, 1937-7331.
Touttée, A., 2082.
Trajan, Trajanus, 2020.
Tracy, B. de, 4816.
Tranquille de Bayeux, 1771-7281-7285-7304.
Trapezuntius, G., 2013-2054.
Trébuchet, 3351.
Trejo, Ant. à, 2913.
Tremellius, J., 140-208.
Trepier, 7064.
Tressan de la Vergne, L. de, 3526-3844.
Treuvé, S.-M., 2281-2496-3530-4731-6080-6280-7138-7139.

Trevet, N., 2918.
Trevinnius, M., 5122.
Tribolet, 5838.
Tricalet, P.-J., 1967-5183-5383-6566-6574.
Tricassinus, oJos., 2309-2864-à-2867.
Tripier, 3340.
Trithème et Trithemius, J., 2467-2648-5020-5985.
Triumphus, A., 908-5981.
Triveth, N., 2263-2264-2265.
Tronson, L., 2988-2989-6290.
Trotti de la Chétardie, 989-3392-3541-3813-3814-4238-5711-5966-7178.
Trovamala, B., 3558.
Troya d'Assigny, L., 3372-6198-6975-7282-7303-7313.
Troyes, Joseph de, 2309-2864-à-2867.
Trublet, J., 4770.
Trugillo, Th. de, 3965.
Tubœuf, E., 5948.
Tufo, Octavianus de, 701.
Turgot, J., 3334.
Turlot, Nic., 3776.
Turnèbe, Ad., 1079-1996-2117.
Turpin, C.-A., 6392.
Turranus, Ch., 3932.
Turrecremata, J. de, 2957-4088-4089-4884-6634.
Turretin, A., 7584.
Turrianus et Turrien, Fr., 1782-2140-2667.
Tursellinus, H., 5133.
Twissus, G., 7462.
Tympius, M., 4012-4013.
Tyroboscus, L., 543.

U

Ubaldinus, L., 4847.
Ubaye, P. d', 5584.
Ubertinus de Cabali, 2955.
Ugetinus, 4840.
Ulenberg, C., 177.
Urbain, VIII, 7331.

Ursinus, J., 1833.
Usher et Usserius, J., 124-670-1167-2020.
Utino, Leonardus de, 4090-4091.
Uzès,... de Crussol d', 7331.

V

Væuræus, J., 1079.
Vairlenius, S., 2016-2017.
Valbelle de Tourves, F. de, 1937-7331.
Valbelle de Tourves, J.-A. de, 3846.
Valbelle de Tourves, L.-A. de, 1937.
Valderama, P. de, 4310-à-4316.
Valdery de Lescure, F. de, 7175.
Valdory, Cl., 5933.
Valentin, l'Abbé, 7090.
Valentinus, St, 1355.
Valeriano, (Valerianus), P., 1342.
Valerien (St.), Valerianus, 2339-2349.
Valesius, H., 2099.
Valgrave, Fr., 5027.
Valla, J., 2754.
Valla, Laur., 1189-7502.
Valladier, And., 4412-à-4420.
Vallart, J., 240-3921-3922-5038-5039.
Valle, Garcia del, 4188.
Valle clausa, P. à, 6943.
Vallemont, L. de, 1306.
Vallensis, Laur., 1189-7502.
Vallésius, Fr., 1220-1221.

Vallon de Beaupuis, 5589.
Vallone, Yves de, 7544.
Valois, H., 2099.
Valois, Th., 2263-2264-2265.
Valois, Yves, 6412.
Valperga, B., 6185.
Valuas, P. de, 2904.
Valzorge, Albert de, 6717.
Vanblotaque, P.-N., 5565-5737-5931.
Van Dale, Ant., 1136.
Van den Bossche, 3767.
Van der Burch, 1297.
Van der Horst, G., 5190.
Van der Meer, 7207.
Van Drival, 1345-1347.
Van Espen, B., 1805-7125.
Van Hondegem, Fr., 5976.
Van Hoorn, C., 4236.
Van Lochom, 5582.
Vanni, P., 3765-3766.
Van Roy, Léon., 3231-3458.
Van Vianen, M., 3267.
Vanzelle, B., 2010-5430-7247-7261.
Varembault, 7325.
Varenis, Jo. de, 2643.
Varet, Al.-L., 5179-5585-6118-6119.

Varet de Fontigny, Fr., 3740-3741.
Varlet, D.-M., 7258.
Vasquez, Gab., 908-2571.
Vassor, Lud., 4148.
Vatable, Fr., 112-141-180-466.
Vatar, G., 1354-3023.
Vatier, Ant., 2303-5168.
Vaubert, L., 5725.
Vaudelin, Gilles, 3790.
Vaudron, 998.
Vauge, G., 3478-3771-3819.
Vavassor, Fr., 2805-7031-7048.
Veccus, J., 2819.
Vega, And., 6998.
Vega, Did. de la, 3411-4178-4179-4304-à-4307.
Vega, Ch. de, 3501.
Vega, P. de, 595.
Vegius, M., 6431.
Vehoff, 6499.
Veil, C.-M. de, 675-766.
Velasco, Al. de, 3254.
Velasquez, A., 615-941.
Velles, J. de, 6459.
Vellosillus, F., 2248.
Venant de le Ruyelle, 6993.
Vence, H.-Fr. de, 295.
Veny d'Arbouze, G. de, 3816.
Verbiale, J., 4335-4338.
Verdonck, T., 4867.
Vergy... de, 3389.
Verjus, l'Abbé de, 4500.
Vermeil, Fr., 2596.
Vermilius, Mart., 364-410-419-920-933-7398-7399.
Vernage, Fr., 6084.
Vernant, J, 6166.
Veron, Fr., 4817-6786-6791.
Vernes, J., 7587.

Vernet, J., 7584-7585.
Vernueil, J., 7673-7681.
Veronius, Séb., 665.
Verrepeus, Sim., 5856.
Verricelli, 2994.
Versé, Aubert de, 6871-6939.
Verthamon, S.-G. de, 6994-7331.
Vertrieu, L.-P. de, 2750.
Vesthemerus, B., 1230-1235.
Via, Joannes à, 4350-4351-4352-6672.
Via, Vincentius de, 5021.
Viaixnes, Th. de, 145.
Vialart de Herse, F., 1895-1896-1897-3815-7330.
Vicecomes, J., 1318-1326-1327.
Victon, Fr., 1357.
Victor, Ambr., 2259.
Victor et Victorius, Marianus, 2234-3080.
Victor III, Pape, 2416.
Victor, Vit., 2360.
Victorellus, And., 3566-3567-3568-6267.
Victorin, 5586.
Victrice (Saint), 4047.
Vidian et Vidien de la Borde, 3519-5770-7195-7196.
Vidouze, J., 6790.
Viegas, B., 976.
Viel, P., 2215.
Vielmius, H., 385.
Viexmontius, Cl., 3442.
Vigerius, M., 2792.
Viger et Vigerus, Fr., 2052.
Vignacourt... de, 5587.
Vigne, 6883.
Vignier, Henri, 574-3524.
Vignier, Jér., 2249.

Vignier, Nic., 6790.
Vignon, L.-F., 3339.
Vigor, Sim., 1812-4362-à-4365-6492-6713.
Viguerius, J., 2692.
Villacastin, Th. de, 5627.
Villagagnon, N., 6714.
Villalobos, H. de, 3239.
Villalpandus, J.-B., 739-740.
Villanova, Thomas à, 4142.
Villaret, 1868.
Villaroel, M. de, 5132.
Villars, Savaron de, 2352-3355-3356.
Villavicentio, L. à, 3964-4152.
Ville, Fr. de, 7096.
Villefore, B. de, 2284-2298.
Villefroy, G. de, 1143.
Villegas, Quevedo de, 5203.
Villemain, A.-F., 3686-3687.
Villemial, J. de, 6499.
Villemandy, P. de, 1226.
Villeneuve, Daret de la, 3467.
Villeneuve, Dujat de, 2367.
Villeneuve, Th. de, 4142.
Villers de Billy, Cath. de, 3886.
Ville-Thierry, Girard de, 593-2996-3364-3401-3532-5389-à-5292-6095-6107-6109-6140-6141-6147-6216-6381.
Villette, Cl., 1269.
Villiers, Ch. de, 2414.
Villiers, P. de, 3373-3666-6994-7345.
Vilson, Jac., 993.
Vincart, J., 5967.
Vincent de Lerins, 2181-2325-2326-2327-2358-2359-2976.
Vincent, J.-B., 4801.
Vincent, Ph., 734.

Vincent de Rouen, 5588.
Vincent Ferrier, Vincentius Ferrariensis, 4081-4854.
Vincentius de Via, 5021.
Vines, R., 7719.
Vintimille, A. de, 1285.
Vintimille, Ch. de, 2942.
Vintimille, C.-G. de, 7280-7331.
Vio, Thomas de, Cajetanus, 287-333-2558-2650-3550.
Viou, J.-P., 6974.
Viret, L., 6581.
Viret, P., 7376-7405-7406.
Viringus, W., 3115.
Virvesius, A., 6657.
Visconti, Jos., 1318-1326-1327.
Viseur, R., 6733-6743-6753.
Vitalis, J., 4005.
Vitry, Jacques de, 4059.
Vivant, Fr., 6988.
Vitse, le P., 1645.
Vivaldus, A., 3212.
Vivaldus, L., 2266-2269-3436-5022-6433-6434.
Vives, L., 2266-2269-3436-5022-6433-6434-7777.
Vivien, M., 3971.
Voclin, J.-B., 3800.
Voetius, G., 7532.
Voilard, l'Abbé, 6610.
Voisin, J. de, 14-1588-3347.
Volaterranus, R., 2013-2647.
Vollant, 3868.
Voltaire, 996.
Volvic, Amable de, 7029.
Voragine, Jacques de, 4066-à-4069.
Vorstius, G., 17.
Vos, P. de, 3969-4906.
Vossius, D., 12.

Vossius, Ger., 1112-2048-2049-2066-6937.
Vossius, Is., 2019-2021.

Vrin, P. de, 4536.
Vuarnier, J., 6366.
Vulcanius, B. 2123.

W

Wadding, L., 837-2913-2476.
Wael, G. de, 5946.
Waer Seyger, 1113.
Wailly, F. de, 1065.
Walckenisse, Ph. de, 2450.
Walden, Th., 6642.
Walenburgh, Ad. de, 1139-5023-6499-6507.
Walenburgh, P. de, 1139-5023-6499-6507.
Walkiers, Ant., 5215.
Wallon de Beaupuis, 5589.
Walmesly, C., 993.
Walton, B., 45-85-1167.
Wan, P., 4187.
Warburton, G., 7776.
Wastelius, P., 2095.
Waterloop, Cl., 7329.
Watson, Th., 7679.
Wedderburn, Al., 2320.
Weischer, W., 5795.
Wellerus, H., 808.
Wemmers, P., 4270.
Wendrock, G., 3684-3688-3689.
Wenus, J.-B., 769.
Werenfels, S., 7637.
Wesphalius, J., 7381.
Wesselus, M., 7374.
Wetstenius, R., 2046.

Whestonus, E., 7660.
Whitakerus, G., 7649-7650-7651.
White, Al., 6931.
White, Th., 7661-à-7669.
Wiart, R., 2503-2504.
Wicelius, G., 3978-4354-4355-7388.
Wichmans, 2952.
Wierx, 811.
Wiggers, J., 2577.
Wigo, 2338.
Wildeck, 2635.
Wilhelmus Paris., 2549-2874-3029-4070-4839.
Willart, J., 5024.
Willemart, J., 519.
Willettus, A., 7709.
Wils, J.-B., 2881.
Wiltheim, H., 6315.
Winceslas, Cl., 6706.
Winghe, Ant. de, 4869.
Witasse, Ch., 2490-2743-3076-3185-7119.
Witte, G. de, 7125.
Wolphius, J., 419.
Wolzogenius, L., 7733.
Wower, A., 2207.

X

Xavier, François, 5133-à-5138-5282.

Ximenes de Cisneros, 82.

Y

Yanguas, J. de, 2804.
Yepez, J., 5169-à-5172.
Ysambert, Et., 2379.
Ysidorus, Hisp., 1241-1243-2383-à-2386-3105-5026.
Yvan, A., 3511-5590.

Yvelin, Fr., 6302.
Yves de Chartres, 1241-1242. 2424.
Yves de Paris, 2760-3417-3632-5435-6196-6379-7331.
Yves de Vallone, 7544.

Z

Zacagnius, Al., 1981.
Zacharias, Chrys., 775-2108.
Zacharie de Lisieux, 5591-5592.
Zaroa, Lino de, 7766-7768.
Zegers, Jac., 2286-7330.
Zegerus, N., 793.
Zepeda, A. de, 2907.

Zepper, W., 7598.
Zigler, B., 7397.
Zinus, Fr., 2161.
Zmaragdus, 2393-2394.
Zonares, J., 1778-2049.
Zoroaste, 7782-7784.
Zuccolius, V., 2649.

ERRATA.

Nos 18-19-20. *Ludovicus* DE COMPIÈGNE, lisez LUDOVICUS *de Compiègne*.
41. EUSEBIUS *Nierembergius*, lisez *Eusebius* NIEREMBERGIUS.
56. Par *Cl.* LANCELOT et *L.-H.* DE LOMÉNIE DE BRIENNE.
101. Ajoutez : editio data per *Joannem* DE GRADIBUS.
107. Operà *Rob.* STEPHANI, juvante *Guill.* FABRITIO.
125. Operà *Francisci* CHEMINANT, Presbytero Cenomanensi.
789. C'est le 1 vol. du n° 336.
805. Sans date, effacez 1510.
2488. Ajoutez : traduit par *André* DE BEAUCHÊNE.
2833-2936-3504-3505-3704-5091-5538. Au lieu de BERGERON, *lisez* GERBERON.
3030. Après le second « ejusdem, » supprimez « commentariolus ».
3274. Par BOISTEL D'EXAUVILLEZ (*Philippe-Iréné*), né à Amiens, le 5 décembre 1786.
3768. THUET *Claude*, né à Péronne en 1559, mourut en 1646.
3858-5226. Par *J.-B.* LA SAUSSE.
4794. *Jérome* DE PARIS ou JÉROME *de Paris*.
5770. *Vivien* lisez *Vidien*.
6009. Par la Mère BOUETTE DE BLÉMUR.
6491. LINUS, Apocryphus *Guill.* MALECHANT.
IIe PARTIE. — Page 147. Avant d. *Mystiques grecs et latins*, Placez :
I. **Mélanges d'œuvres ascétiques**.

TABLE DES MATIÈRES.

THÉOLOGIE.

Introduction. — Théologie naturelle. 1-9

PREMIÈRE DIVISION.
JUDAÏSME.

Doctrine. — Culte. — Institutions. 10-22.

SECONDE DIVISION.
CHRISTIANISME,

Introduction. 23-40.

TITRE Ier.
THÉOLOGIE BIBLIQUE.

Introduction. — Dictionnaires. 41-81.

Ire SECTION.
TEXTES ET VERSIONS DE LA BIBLE.

CHAPITRE Ier. — BIBLES ENTIÈRES.

    a. — *Bibles polyglottes.* 82-85.
    b. — *Bibles en hébreux et en latin.* 86.
    c. — *Bibles en grec.* 87.

    d. — *Bibles en grec et en latin.* 88-89.
    e. — *Bibles en latin.* — *Vulgate.* — 90-136.
    f. — *Bibles en latin.* — *Versions diverses.* — 137-142.
    g. — *Bibles en latin et en français.* 143-148.
    h. — *Bibles en français.* 149-159.
    i. — *Bibles de Louvain.* 160-166.
    k. — *Bibles de Genève.* 167-173.
    l. — *Bibles en anglais.* 174-176.
    m. — *Bibles en allemand.* 177.
    n. — *Bibles en hollandais.* 178.
    o. — *Bibles en espagnol.* 179.

CHAPITRE II. — ANCIEN TESTAMENT.

    a. — *En hébreu.* 180-187.
    b. — *En hébreu et en latin.* 188.
    c. — *En hébreu et en français.* 189.
    d. — *En grec.* 190.
    e. — *En latin.* 191.

CHAPITRE III. — NOUVEAU TESTAMENT.

    a. — *En grec.* 192-207.
    b. — *En grec, en latin et en syriaque.* 208-209.
    c. — *En grec, en latin et en français.* 210.
    d. — *En grec et en latin.* 211-220.
    e. — *En latin.* 221-240.
    f. — *En latin et en français.* 241-246.
    g. — *En français.* 247-263.
    h. — *En espagnol.* 264.
    i. — *En anglais.* 265-266.
    k. — *En allemand,* 267.
    l. — *En hollandais.* 268.

CHAPITRE IV.

Concordances de la Bible. 269-296.

IIe SECTION.

COMMENTAIRES.

a. — *Interprétés de l'Ancien et du Nouveau Testament.* 277-321.
b. — *Interprétes de tout ou partie de l'Ancien Testament.* 322-327.
c. — *Interprétes du Nouveau Testament.* 328-345.

IIIe SECTION.

A. *Livres séparés de l'Ancien Testament, avec ou sans commentaires*

a. — *Pentateuque et ses divers livres.* 346-402.
b. — *Livres historiques.* 403-449.
c. — *Psaumes.* 450-625.
d. — *Livres sapientiaux.* 626-704.
e. — *Prophétes.* 705-772.

B. *Livres séparés du Nouveau Testament, avec ou sans commentaires.*

a. — *Évangiles.* 773-850.
b. — *Actes des Apôtres.* 851-866.
c. — *Épitres des Apôtres.* 867-966.
d. — *Apocalypse.* 967-993.
e. — *Apocryphes.* 994-996.
f. — *Histoire et concorde des Évangiles.* 997-1035.

IVe SECTION.

HISTOIRE DE LA BIBLE.

a. — *Histoire de l'Ancien et du Nouveau Testament.* 1036-1067.
b. — *Figures de la Bible.* 1068-1076.
c. — *Biographies bibliques.* 1077-1082.
d. — *Vie de Jésus-Christ.* 1083-1128.

Vᵉ SECTION.

PHILOLOGIE SACREE.

a. — *Examen et autorité des textes.* 1129-1151.
b. — *Critiques généraux.* 1152-1169.
c. — *Traités critiques sur l'Ancien Testament.* 1170-1188.
d. — *Traités critiques sur le Nouveau Testament.* 1189-1205.
e. — *Dissertations sur certains points de l'Écriture Sainte.* 1206-1217.
f. — *Physique et histoire naturelle de la Bible.* 1218-1226.
g. — *Dictionnaires.* 1227-1237.

TITRE II.

LITURGIE.

CHAPITRE Iᵉʳ. — INTRODUCTION ET TRAITÉS GÉNÉRAUX. 1238-1286.

CHAPITRE II. — TRAITÉS PARTICULIERS.

a. — *Heures canoniales.* 1287-1290.
b. — *De la Messe.* 1291-1310.
c. — *Sacrements.* — *Exorcismes.* — *Sacre.* 2311-1330.
d. — *De la Psalmodie.* 1331-1332.
e. — *Des Vêtements.* 1333-1342.
f. — *Des Églises et de leur Mobilier.* 1343-1350.
g. — *Des Processions, des Fêtes et autres Cérémonies.* 1351-1356.
h. — *De la Canonisation.* 1357.

CHAPITRE III. — LITURGIE DES ÉGLISES ORIENTALES ET DES ÉGLISES GRECQUES. 1358-1365.

CHAPITRE IV. — LITURGIE ROMAINE.

a. — *Bréviaire et ses différentes parties.* 1366-1383.
b. — *Missel et ses différentes parties.* 1384-1399.
c. — *Rituel et ses parties.* 1400-1413.

CHAPITRE V. — LITURGIE DE FRANCE.

    A. — *Traités généraux.* 1414-1415.
    B. — *Traités particuliers.*
    a. — *Liturgie des divers diocèses.* 1416-1585.
    b. — *Offices particuliers.* 1586-1646.

CHAPITRE VI. — LITURGIE DES ÉGLISES DE BELGIQUE. 1647-1651.

CHAPITRE VII. — LITURGIE DES ÉGLISES D'ANGLETERRE. 1652-1654.

CHAPITRE VIII. — LITURGIE DES ORDRES MONASTIQUES.

    a. — *Traités généraux.* 1655-1656.
    b. — *Liturgies particulières.* 1657-1764.

TITRE III.

CONCILES.

CHAPITRE Ier. — TRAITÉS CONCERNANT LES CONCILES. 1765-1773.

CHAPITRE II. — COLLECTIONS D'ACTES ET DE CANONS.

    a. — *Actes des Apôtres.* 1174-1784.
    b. — *Collections de Conciles.* 1785-1792.
    c. — *Abrégés et extraits.* 1793-1808.

CHAPITRE III. — CONCILES GÉNÉRAUX.

    a. — *Conciles de l'Église grecque.* 1809-1810.
    b. — *Conciles de l'Église latine.* 1811-1834.

CHAPITRE IV. — CONCILES PARTICULIERS.

    a. — *Conciles d'Asie.* 1835-1836.
    b. — *Conciles d'Allemagne.* 1837-1841.
    c. — *Conciles d'Espagne.* 1842-1843.
    d. — *Conciles d'Italie.* 1844-1848.

CHAPITRE V. — CONCILES, SYNODES, STATUTS ET MANDEMENTS DES ÉVÊQUES DE FRANCE.

a. — *Conciles.* 1849-1853.

b. — *Synodes, Statuts synodaux et Mandements des Évêques.* 1854-1955.

TITRE IV.

PATROLOGIE.

CHAPITRE Ier. — INTRODUCTION A L'ÉTUDE DES SS. PÈRES. 1956-1968.

CHAPITRE II. — COLLECTIONS ET EXTRAITS DES ŒUVRES DES SS. PÈRES. 1969-1994.

CHAPITRE III. — ŒUVRES DES SS. PÈRES.

A. — *SS. Pères grecs.*

        Ier Siècle. **1995-2015**.
        IIe Siècle. **2016-2033**.
        IIIe Siècle. **2034-2049**.
        IVe Siècle. **2050-2096**.
        Ve Siècle. **2097-2139**.
        VIe Siècle. **2140-2148**.
        VIIe Siècle. **2149-2151**.
        VIIIe Siècle. **2152-2156**.
        IXe Siècle. **2157-2159**.
        Xe Siècle. **2160**.
        XIIe Siècle. **2161**.
        XIIIe Siècle. **2162**.

B. — *SS. Pères latins.*

        IIIe Siècle. **2163-2197**.
        IVe Siècle. **2198-2229**.
        Ve Siècle. **2230-2361**.
        VIe Siècle. **2362-2373**.
        VIIe Siècle. **2374-2388**.
        VIIIe Siècle. **2389-2391**.
        IXe Siècle. **2392-2411**.
        Xe Siècle. **2412**.
        XIe Siècle. **2413-2418**.
        XIIe Siècle. **2419-2467**.
        XIIIe Siècle. **2468-2478**.

TITRE V.

THÉOLOGIE DIDACTIQUE.

Introduction et Dictionnaires. 2479-2499.

Chapitre Ier. — Œuvres de Théologiens. 2500-2688.

Chapitre II. — Théologie dogmatique.

- A. — *Cours de Théologie.* 2689-2766.
- B. — *Traités particuliers.*
- a. — *De Dieu et des Personnes divines.* 2767-2822.
- b. — *Des Anges et des Démons.* 2823-2828.
- c. — *De l'Homme, de la Grace, du Libre-Arbitre, de la Prédestination, des Quatre fins.* 2829-2899.
- d. — *De l'Antéchrist.* 2900-2903.
- e. — *De la Vierge.* 2904-2946.
- f. — *Des Saints.* 2947-2952.
- g. — *Des Traditions.* 2953-2954.
- h. — *De l'Église, de sa constitution et de ses marques.* 2955-2975.
- i. — *Des Personnes ecclésiastiques.* 2976-2995.
- k. — *Des Églises, des Fêtes, des Pélerinages, des Indulgences, des Jubilés, des Supertitions.* 2996-3028.
- l. — *Des Sacrements.* 3029-3202.

Chapitre III. — Théologie Morale.

- A. — *Dictionnaires et Traités généraux.* 3203-3249.
- B. — *Traités particuliers.*
- a. — *Des Lois et des Préceptes.* 3250-3275.
- b. — *De la Conscience, du Serment, du Probabilisme.* 3276-3300.
- c. — *Des Prêts, de l'Usure et de la Restitution.* 3301-3342.
- d. — *Des Jeux, des Divertissements, des Spectacles.* 3343-3356.
- e. — *Des Vertus et des Vices.* 3357-3424.
- f. — *Des Sacrements en général.* 3425-3430.
- g. — *Des Sacrements en particulier.* 3431-3548.
- h. — *Des cas de Conscience* 3549-3606.
- C. — *Mélanges de Théologie morale.* 3607-3732.

Chapitre IV. — Théologie Catéchétique.

a. — *Catéchismes généraux.* 3733-3791.
b. — *Catéchismes des divers diocèses.* 3792-3858.
c. — *Explications des principales vérités de la religion.* 3859-3899.
d. — *Traités spéciaux.* 3900-3905.
e. — *Catéchismes historiques et histoires édifiantes.* 3906-3927.

Chapitre V. — Théologie Parénétique.

1. — *Introduction à la science du Prédicateur.* 3928-3963.
2. — *Répertoires, Dictionnaires, Plans de sermons.* 3964-4025.
3. — *Recueils de sermons.* 4026-4032.
4. — *Prédicateurs grecs.* 4033-4046.
5. — *Prédicateurs latins.* 4047-4240.
6. — *Prédicateurs italiens.* 4241-4300.
7. — *Prédicateurs espagnols et portugais.* 4301-4347.
8. — *Prédicateurs allemands et belges.* 4348-4358.
9. — *Prédicateurs français.* 4359-4836.

Chapitre VI. — Théologie Ascétique.

I. — Mélanges d'œuvres ascétiques.

a. — *Mystiques grecs et latins.* 4837-5065.
b. — *Mystiques italiens.* 5066-5106.
c. — *Mystiques espagnols.* 5107-5204.
d. — *Mystiques allemands, anglais, flamands.* 5205-5219.
e. — *Mystiques français.* 5220-5612.

II. — Traités particuliers.

a. — *De l'oraison.* 5613-5659.
b. — *Méditations ou considérations chrétiennes pour tous les jours de l'année ou du mois.* 5660-5716.
c. — *Méditations sur les Sacrements.* 5717-5740.
d. — *Retraites.* 5741-5786.
e. — *Préparation à la mort.* 5787-5849.
f. — *Recueils de prières.* 5850-5892.

III. — Dévotions particulières.

    a. — *Dévotion à Jésus-Christ.* 5893-5965.
    b. — » *au Saint-Esprit.* 5966.
    c. — » *à la Vierge.* 5967-6029.
    d. — » *aux Sacrés-Cœurs de Jésus et de Marie.* 6030-6033.
    e. — » *aux Anges et aux Saints.* 6034-6048.

IV. — Devoirs et moyens de sanctification dans les divers états

    a. — *Direction générale.* 6049-6098.
    b. — *Vie de famille.* 6099-6170.
    c. — *Vie du monde dans diverses conditions.* 6171-6197.
    d. — *Vie ecclésiastique.* 6198-6298.
    e. — *Vie religieuse.* 6299-6426.

Chapitre VII. — Théologie polémique.

    a. — *Introduction.* 6427-6430.
    b. — *Traités de la vérité de la religion.* 6431-6469.
    c. — *Défense de la religion chrétienne. Traités généraux.* 6470-6529.
    d. — *Traités contre les Athées, les Déistes, les Incrédules.* 6530-6626.
    e. — *Traité contre les Juifs.* 6627-6633.
    f. — » *contre les Mahométans.* 6634-6637.
    g. — » *contre les Vaudois, les Hussites.* . . . . . 6638-6640.
    h. — » *contre les Luthériens.* 6641-6706.
    i. — » *contre les Calvinistes.* 6707-6923.
    l. — « *contre les Anglicans.* 6924-6934.
    m. — » *contre les Sociniens.* 6935-6941.
    n. — *Controverses entre Catholiques.* 9942-6994.

Chapitre VIII. — Jansénisme,

Écrits pour et contre le Jansénisme. 6995-7331.

Chapitre IX. — Quiétisme.

Écrits pour et contre le Quiétisme. 7332-7370.

TITRE VI.

THEOLOGIE HETERODOXE.

I. *Wicléfisme et Hussitisme.* 7371-7372.
II. *Luthéranisme.* 7373-7390.
III. *Calvinisme.* 7391-7647.
IV. *Anglicanisme.* 7648-7727.
V. *Synodes des églises réformées.* 7728-7732.
VI. *Anti-Trinitaires, Sociniens, Quakers, Préadamites.* 7733-7741.
VII. *Swédenborgisme ou Nouvelle-Jérusalem.* 7742-7770.
VIII. *Systèmes religieux divers.* 7771-7776.

TROISIÈME DIVISION.

RELIGIONS DES PEUPLES DE L'ORIENT.

1. *Mahométisme.* 7777-7781.
2. *Magisme. Brahmanisme. Bouddhisme.* 7782-7790.

QUATRIÈME DIVISION.

Polythéisme. 7791-7792.

Table alphabétique des noms des auteurs. . . . page 671
Errata. . . . . — 752
Table des matières 753

FIN.

Amiens — Imp. YVERT, rue des Trois-Cailloux, 64.

www.ingramcontent.com/pod-product-compliance
Lightning Source LLC
Chambersburg PA
CBHW060900300426
44112CB00011B/1278